承德避暑山庄及周围寺庙文化遗产
保护工程实录系列丛书

承德

普樂寺

文物保护工程实录

文物出版社

图书在版编目（CIP）数据

承德普乐寺文物保护工程实录/承德市文物局，承
德避暑山庄及周围寺庙文化遗产保护工程指挥部工作办公室编
著 . -- 北京：文物出版社，2020.5
（承德避暑山庄及周围寺庙文化遗产保护工程实录系
列丛书）
ISBN 978-7-5010-6420-5

Ⅰ . ① 承… Ⅱ . ① 承… ② 承… Ⅲ . ① 寺庙—文物保
护—研究报告—承德 Ⅳ . ① K878.64

中国版本图书馆 CIP 数据核字（2019）第 263439 号

承德普乐寺文物保护工程实录

编　　著：承德市文物局
　　　　　承德避暑山庄及周围寺庙文化遗产保护工程指挥部工作办公室

责任编辑：宋　丹　李　睿
责任印制：张　丽
封面摄影：陈　东
装帧设计：谭德毅

出版发行：文物出版社
社　　址：北京东直门内北小街 2 号楼
邮政编码：100007
网　　址：http://www.wenwu.com
邮　　箱：web@wenwu.com
经　　销：新华书店
制版印刷：北京荣宝艺品印刷有限公司
开　　本：889×1194毫米　1/8
印　　张：58
版　　次：2020年5月第1版
印　　次：2020年5月第1次印刷
书　　号：ISBN 978-7-5010-6420-5
定　　价：980.00元

《承德避暑山庄及周围寺庙文化遗产保护工程实录系列丛书》
编辑委员会

《承德普乐寺文物保护工程实录》
编辑委员会

序　言

三百多年前的 1703 年，清康熙皇帝为"合内外之心，成巩固之业"，选择"道近神京、往来无过两日"的承德，修建了世界上现存最大的皇家园林——避暑山庄，随后，又在避暑山庄周围，以众星拱月之势，修建了众多金碧辉煌的皇家寺庙。自此，避暑山庄及周围寺庙在巩固边防、团结边疆少数民族、维护国家统一方面发挥了重要作用。普乐寺正是避暑山庄周围皇家寺庙之一，和避暑山庄以及其他皇家寺庙一起构成了举世瞩目的世界文化遗产。

三百多年，历经沧桑，避暑山庄及周围寺庙从清代的辉煌走到了清末的衰落。新中国成立后，党和国家高度重视避暑山庄及周围寺庙的保护工作，继承德"三个十年保护规划"实施后，"十二五期间"，国家投资 6 亿元实施承德避暑山庄及周围寺庙文化遗产保护工程。对此，承德人民在感沐中央、省各级领导关怀的同时，由市领导挂帅、组建机构、遴选人才、建立制度，举全市之力积极推进工程建设，围绕古建筑保护修缮、安消防能力提升、遗址保护、文物科技保护、避暑山庄水环境综合治理、文物保护基础工作等 6 个方面，在国家、省文物部门及各相关部门的大力支持下，实施了包括普乐寺文物保护工程（含 8 个单体工程）在内的 105 个单体工程项目，2019 年全部工程均已完工并通过验收。

普乐寺建于乾隆三十一年（1766 年），占地面积 21177m²。整座寺庙具有典型的汉藏结合式建筑风格，体现了中华民族的团结统一。普乐寺文物保护工程共涉及古建筑保护修缮、安防、消防、防雷、石质文物科技保护、虫蛀佛像保护、阇城琉璃塔塔刹补配、面叶补配等 8 项单体工程，总投资约 3500 万元。该系列工程自 2012 年 4 月实施以来，遴选国内一流设计、施工、监理单位参与，保障了工程质量，2015 年，普乐寺（古建筑）保护修缮工程获得国家文物局颁发的"第二届（2014 年度）全国十佳文物保护工程"称号，这也是国内文物保护领域最高的荣誉。2017 年 11 月，普乐寺全部文物保护工程完工并通过工程验收。

普乐寺文物保护工程可以说是真正的"精品工程、典范工程"，它严格按照"最小干预"和"不改变文物原状"的文物保护原则组织施工，严格设计标准和要求，坚持原工艺、原材料、原做法，严控工程质量和施工安全；注重秉承和延续传统工艺做法，积极探索古建筑保护行之有效的新工艺、新方法，解决

了传统古建筑修缮技术解决不了的难题，得到了国家文物局专家的一致好评和赞赏。

通过实施此次普乐寺文物保护工程，彻底消除了文物安全隐患，使古建筑的历史信息和历史风貌得以更好的延续和展示；初步建立了完善的消防系统、安防监控、古建筑防雷三大文物安全防护体系，安消防设施水平达到了国家一级风险单位标准；恢复了普乐寺古建筑独特的外观风貌，更好的体现了文物的完整性；消除了蛀干性害虫对古建筑和木制佛像、须弥座产生的危害，探索出一条适合承德文物科技保护的新道路，为以后承德古建筑附属文物得到科学、合理、有效的保护和研究奠定了良好的基础。

对于古建筑来说，文物保护工程本身就是值得研究和记载的历史，也是开展传统文物建筑研究千载难逢的机遇。《普乐寺文物保护工程实录》不仅全面、翔实、客观的记录了这次文物保护工程实施的全过程，从繁杂的各种工程资料中撷选、归纳、总结工程实录，为以后再次实施文物保护工程总结和积累了经验。同时，《普乐寺文物保护工程实录》也是一部对普乐寺历史、建筑、艺术、文化综合研究的专著，为后人留下珍贵的档案资料，为未来普乐寺的保护、研究、利用奠定了非常好的基础。

承德避暑山庄及周围寺庙是世界上面积最大、保存最完整的古代园林与寺庙建筑群，是全国重点文物保护单位，也是世界文化遗产。承德文化遗产保护工程也是我国迄今为止规模最大的单项文物保护维修工程，受到国际、国内各界的广泛关注。普乐寺文物保护工程只是其中涉及的 10 个文物保护单位之一，但《普乐寺文物保护工程实录》是承德文化遗产保护工程报告系列丛书的第一部，同时也是承德文物保护历史中的第一部工程报告，希望它的出版能为承德其他文物保护工程报告的编写提供借鉴和参考，起到抛砖引玉的作用，促进尽早完成承德文化遗产保护工程报告系列丛书的编辑与出版，为今后承德世界文化遗产的保护、研究和利用提供宝贵经验。

2019 年 10 月于承德避暑山庄

目 录

001 普乐寺全景（郭峰、张冲 摄影）

002 俯瞰普乐寺（陈东 摄影）

前言

普乐寺位于河北省承德市武烈河东岸山麓的台地上，始建于清乾隆三十一年（1766 年），占地面积 21177m² （图 001，002，003）。普乐寺是清帝为巩固西北边疆、促进民族融合而在承德敕建的皇家寺庙之一，与外八庙其他寺庙呈众星捧月般环绕在避暑山庄的东侧和北侧。普乐寺整体布局和建筑样式将传统的汉、藏建筑风格巧妙地融合在一起，并以其独特的建筑和造像艺术闻名于世，是清代汉藏建筑相互融合的典范，其殿堂陈设、造像艺术及其深厚的宗教蕴涵，在避暑山庄周围皇家寺庙中独树一帜，具有极高的历史、艺术、文化及社会价值。

004 普乐寺山门墙体上的世界遗产标志

003 承德普乐寺（陈东 摄影）

1961 年，普乐寺被批准为全国重点文物保护单位，1994 年作为避暑山庄和周围寺庙的重要组成部分被联合国教科文组织列入世界文化遗产名录（图 004）。

清朝末年至民国期间，普乐寺遭到了严重破坏，古树被大量砍伐，古建筑几近坍塌。新中国成立以来，避暑山庄及周围寺庙的保护工作得到了中央、省、市各级政府和领导的高度重视，20 世纪 50 和 60 年代，对外八庙进行了抢救性维修，自 1976 到 2005 年，国家先后实施了三个十年整修规划，对避暑山庄及周围寺庙进行了全面的保护修缮。其中，1965 和 1980 年分别对普乐寺进行了重点维修和全面整修，使一批珍贵的文物资源得到了抢救和保护。2009 年，距离上次大修已近 30 年，普乐寺的古建筑出现了一些新的安全隐患和亟待解决的问题，例如主体建筑阁城城台渗水、寺内宗印殿、旭光阁、钟鼓楼等古建筑椽飞、望板局部糟朽，精美的石雕构件风化严重、殿堂内佛像及须弥座出现虫蛀危害等，严重影响了文物建筑的安全性与稳定性，普乐寺又进入了新的维修周期。

为切实保护好承德避暑山庄及周围寺庙这一珍贵的世界文化遗产，2010 年 7 月 10 日，原中共中央政治局常委李长春同志到承德视察调研，对加强世界文化遗产避暑山庄及周围寺庙保护利用、深入挖掘其政治历史文化内涵作出重要指示。为落

005a 国家六部委领导视察承德文化遗产（孔凡敏 摄影）

005b 为落实李长春同志指示精神，国家六部委在承德召开现场办公会（孔凡敏 摄影）

实李长春同志指示精神，2010年8月9日，中宣部、国家发改委、财政部、国家文物局、住建部、国家民委等国家六部委召开了承德现场办公会议（图005a，005b），确定十二五期间中央财政投入资金6亿元保护承德避暑山庄及周围寺庙，并成立了由国家文物局、国家有关部委、河北省人民政府、承德市人民政府及相关部门组成的承德文化遗产保护工程领导小组，领导小组办公室设在河北省文物局，协调解决工程实施中的重大事项；在项目推进实施层面，承德市委、市政府成立了由主管副市长任指挥长，文物、住建、水务、财政、监察、审计等部门为成员单位的承德文化遗产保护工程指挥部，下设工作办公室，专门负责遗产保护工程的具体实施管理。承德避暑山庄及周围寺庙文化遗产保护工程范围包括避暑山庄、普陀宗乘之庙、须弥福寿之庙、殊像寺、普宁寺、普佑寺、安远庙、普乐寺、溥仁寺、广缘寺10个文物保护单位，涉及古建筑保护修缮、安防消防能力提升、古建筑遗址保护、文物科技保护、避暑山庄水环境综合整治、文物保护基础工作等6个方面，共计105个工程项目。

006 普乐寺修缮工程开工仪式暨"国际古迹遗址日"宣传活动（孔凡敏 摄影）

其中涉及普乐寺的文物保护工程项目有古建筑保护修缮、安防、消防、防雷、石质文物科技保护、虫蛀佛像保护、阁城琉璃塔塔刹补配、面叶补配等8项工程，工程总投资约3500万元。

2012年4月18日，在第30个国际古迹遗址日当天，承德文化遗产保护工程中的普乐寺古建筑保护修缮工程开工仪式暨"国际古迹遗址日"宣传活动在承德举行（图006，007），标志着普乐寺文物保护工程正式开工。至2017年11月1日，普乐寺各项文物保护工程陆续完工并通过了工程竣工验收。其中，2014年普乐寺（古建筑）保护修缮工程被国家文物局评为全国十佳文物保护工程（图008）。

普乐寺文物保护工程按照"不改变文物原状"和文物保护"最小干预"的原则，对普乐寺所有古建筑进行了一次系统、全面、科学的修缮，解决了阁城严重渗漏问题，排除了古建筑安全隐患，提高了文物安全防范能力，并对普乐寺石质文物、佛像、面叶、琉璃塔塔刹等附属文物实施了专项保护，有效地保护了这一珍贵的世界文化遗产。

007 普乐寺修缮工程开工仪式暨"国际古迹遗址日"宣传活动——开工典礼

008 普乐寺保护修缮工程被评为全国十佳文物保护工程

综述研究篇

◎ 第一篇

承德普乐寺文物保护工程实录

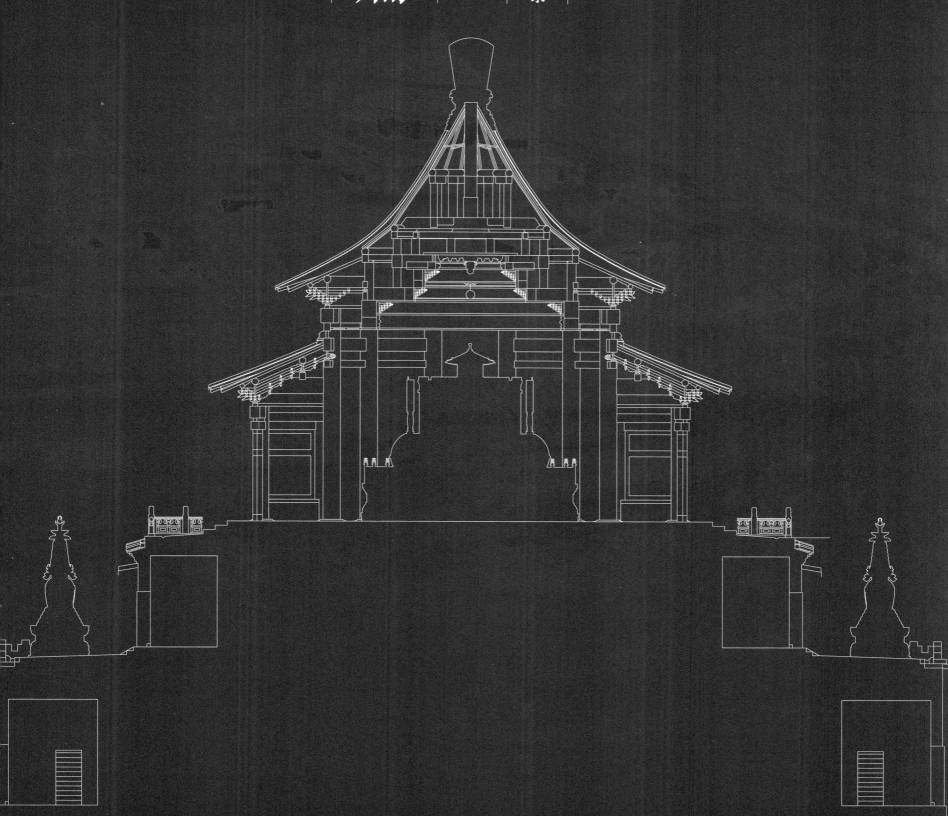

一、承德概况

承德市位于河北省东北部（图009），地理坐标位于东经115°54′～119°15′，北纬40°11′～42°40′之间。承德市西南与南分别紧邻北京与天津，北临内蒙古、辽宁，距北京市221公里；省内与秦皇岛、唐山两座沿海城市以及张家口市相邻。承德地区属暖温带季风气候区，春季干旱少雨；夏季炎热多雨；秋季凉爽，昼夜温差大；冬季寒冷干燥。年平均气温9.0℃，年平均降水量542mm，夏季较多，冬季较少。

普乐寺所在的承德市武烈河东岸（图010），早在新石器

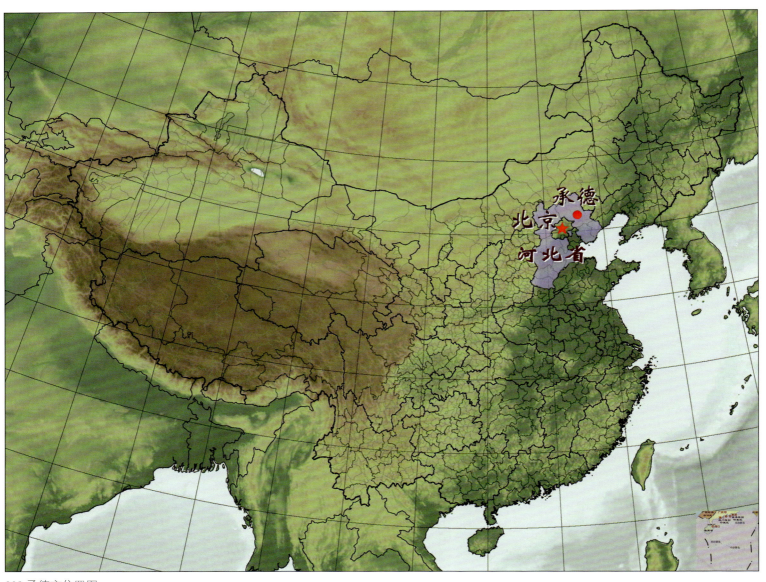

009 承德市位置图

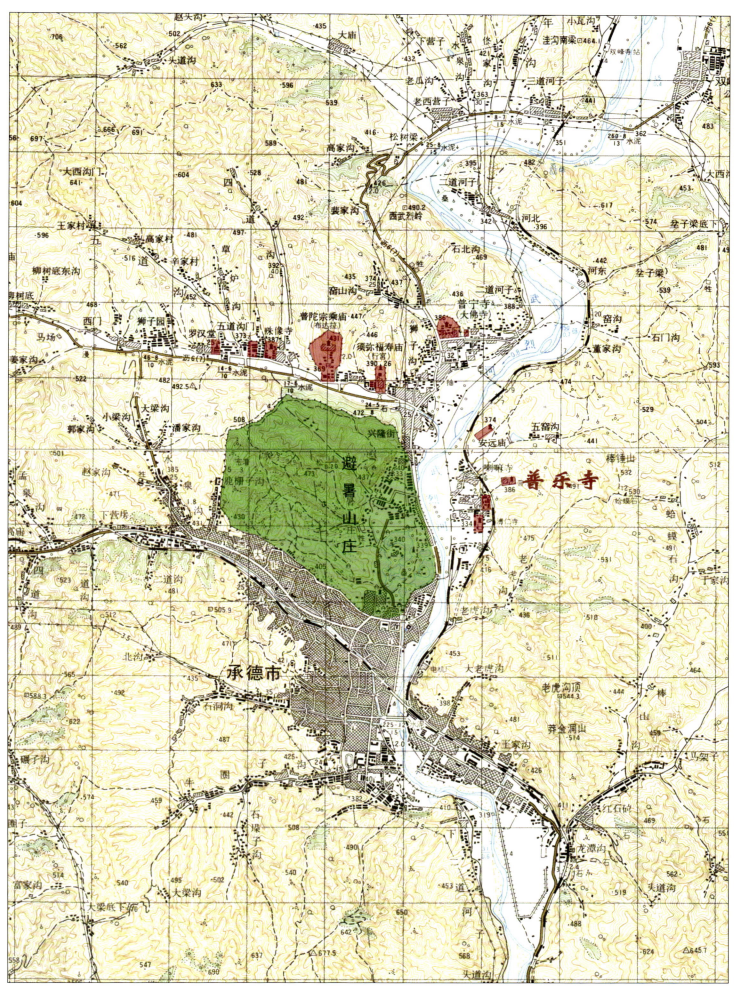

010 普乐寺、避暑山庄及外八庙其他庙宇在承德的位置图

图例

避暑山庄

外八庙

时代晚期（距今约 5000 年）就有古人类活动，曾在这一区域发现大量新石器时期古人类活动遗迹。战国时期，现在的承德市区域属燕国领地。秦汉至唐宋时期，匈奴、鲜卑、库莫奚、契丹、女真等少数民族曾先后在此游牧。北魏郦道元曾在《水经注》中描述承德的山水地形："（武烈水）东南历石挺下，挺在层峦之上，孤石云举，临崖危峻，可高百余仞。牧守所经，命选练之士，弯张弧矢，无能届其崇标者"，这里所说的"石挺"，就是普乐寺用于借景的奇特自然山峰磬锤峰（图 011、012），俗称棒槌山。元明时期，承德属北平府，为喀喇沁、翁牛特、察哈尔等蒙古族的游牧地。明代这里属"边外弃地"，无人居住，林木得以繁茂。

清初，现今的承德附近只有名为"热河上营"的小村庄，是一个"名号不掌于职方"的小村落。康熙四十二年（1703 年），康熙皇帝北巡木兰秋狝，在武烈河西岸修建行宫，八年后定名为避暑山庄。为适应皇帝每年都要到承德避暑的需要，各蒙古王公、朝廷大臣争相在承德建设府邸宅院，康熙又在避暑山庄的东面修建了皇家寺庙溥仁寺和溥善寺，承德的工商业也随之

高速发展，附近人口与日俱增，逐渐形成了"生理农桑事、聚民至万家"的盛况。雍正元年（1723 年）在承德设热河厅，次年设热河总管，统理东蒙民政事务。雍正十一年（1733 年），胤禛取承受先祖德泽之义，取消热河厅，设立承德直隶州，此是"承德"名称的始源。乾隆六年（1741 年），乾隆皇帝开始恢复木兰秋狝，承德再次进入繁荣期。乾隆时期，陆续在避暑山庄的东面和北面修建了 10 座大型藏传佛教皇家寺庙，还在承德市敕建了热河城隍庙、关帝庙、热河文庙等道教寺庙和儒教建筑群。乾隆四十三年（1778 年），乾隆皇帝描述到："热河自皇祖建立山庄以来，迄今六十余年，户口日滋，耕桑益辟，俨然一大都会"（图 013），是年升为承德府。

辛亥革命后，废除府建制，1914 年设热河特别区，1929 年改建热河省，承德为热河省省会。1933 年，承德被日军侵占，后成立伪满州特别行政区。1945 年，承德第一次解放并成立承德市人民政府。1946 年 8 月国民党军队占领承德。1948 年承德再次获得解放。1955 年撤销热河省建制，承德市划归河北省。

011 磬锤峰（陈东 摄影）　　　　　　　　012 磬锤峰（陈东 摄影）

013 清代宫廷绘画中描绘的热河街市（佚名绘 引自避暑山庄博物馆）

014 自避暑山庄远望磬锤峰、蛤蟆石和普乐寺（左下角为避暑山庄内的永佑寺）（陈东 摄影）

二、普乐寺概况

　　乾隆二十二年（1757 年），清政府平定了准噶尔部叛乱，使生活在巴尔喀什湖一带的左、右哈萨克族和生活在葱岭以北的东西布鲁特（柯尔克孜族）从此摆脱了准噶尔叛乱势力的压榨和欺凌。不久，清军又粉碎了"回部"大小和卓的叛乱，使西北疆域更趋隐定。至此，西北各民族与清政府的关系日益密切，他们不断遣使到承德避暑山庄朝觐，奉表贡物，接受封赏，并经常伴随乾隆围场行猎。乾隆皇帝在《普乐寺碑记》中写到："乾隆乙亥，西陲大功告成，卫拉特各部长来会时事，尝肖西域三摩耶，建寺曰'普宁'。嗣是达什达瓦属人内徙，即次旅居，环匝山麓。越岁乙酉，复于迤左仿伊犁固尔札都罡，建庙曰'安远'。然自庙南延望锤峰，式垲式闳，厥壤犹隙。惟大蒙之俗，素崇黄教，将欲因其教，不易其俗，缘初构而踵成之（图 014）。且每岁山庄秋巡，内外札萨克觐光以来者，肩摩踵接。而新附之都尔伯特，及左右哈萨克，东西布鲁特，亦宜有以遂其仰瞻，兴其肃恭，俾满所欲，无二心焉。"为了表示对西北各民族宗教信仰的尊重，并为新归附的杜尔伯特、左右哈萨克、东西布鲁特等少数民族提供瞻仰的地方，进一步加强中央政权的统治，乾隆皇帝决定在承德修建庙宇，题名"普乐寺"，即希望天下统一，普天同庆之意。

　　普乐寺是承德避暑山庄周围皇家寺庙之一，位于溥仁寺和溥善寺东北山麓的缓坡台地上，与安远庙南北相峙，西面隔河遥对避暑山庄。普乐寺始建于乾隆三十年（1765 年）春季，于次年（1766 年）秋季竣工。寺庙选址、规划和佛像供奉是乾隆皇帝根据著名的宗教

015 普乐寺卫星图（2003 年）

普乐寺平面图

北

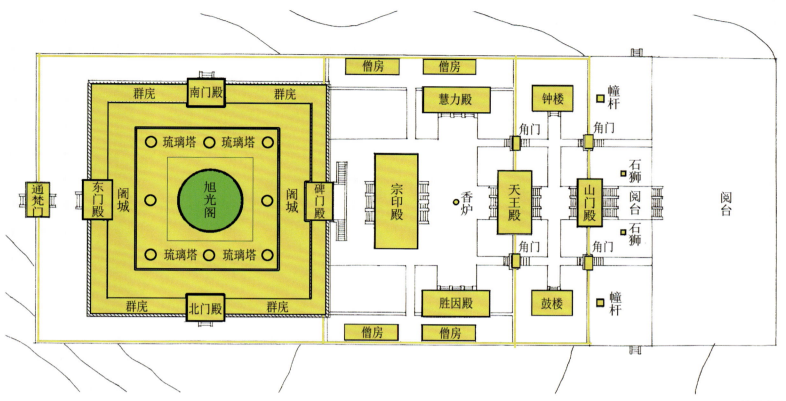

017 普乐寺北侧全景（陈东 摄影）

首领章嘉国师的提议，按宗教意图设计建造的。普乐寺的朝向与传统寺庙不同，它坐东面西，寺庙中轴线的东面正对承德十大名山之首磬锤峰，西侧正对避暑山庄。普乐寺所在地海拔高度386m，寺庙平面呈规则的长方形，南北宽92.72m，东西长228.40m，占地面积21177.25m²，建筑面积3635.65m²，最外圈围墙周长487m（不含建筑）。普乐寺由前后两部分组成，共有30余座建筑。前半部分为传统汉式寺庙布局，建筑排列依次为山门殿、钟楼、鼓楼、天王殿、角门（腰门4座）、宗印殿、慧力殿、胜因殿、僧房；后半部分是藏传佛教的坛城布局，被称作阁城，由碑门殿、东门殿、南门殿、北门殿、群庑（68间）、琉璃塔（8座）、风雨亭（6座）和旭光阁组成；寺庙最东面设有通梵门，遥对磬锤峰（图015，016，017）。

018（清）官念慈绘《热河行宫图》（引自美国国会图书馆）

第
二
章
　
历
史
沿
革

一、修建避暑山庄及周围寺庙的历史背景

康熙二十年（1681 年），康熙皇帝在承德北部设立木兰围场，以"习武绥远"，训练军队，团结边疆少数民族，即历史上的"木兰秋狝"。为了驻跸需要，康熙皇帝在北京至木兰围场的途中修建了多处行宫，并将其中的热河上营行宫进行大规模扩建，至康熙五十年（1711 年）命名为避暑山庄。此后，历经康熙、雍正、乾隆、嘉庆四代皇帝百余年的整修经营，避暑山庄内具备了康熙、乾隆钦定的72景，拥有殿、堂、楼、馆、亭、榭、阁、轩、斋、寺等建筑一百余处，成为中国现存最大的皇家园林。清代康熙、乾隆、嘉庆三代帝王通常每年驻跸这里达半年之久，在此进行避暑、行猎、理政、召见、宴赏等多项活动，使避暑山庄成为当时中国的第二政治中心。

修建避暑山庄之后，康熙和乾隆在避暑山庄周围陆续修建了 12 座藏传佛教寺庙（图018），这些寺庙的建立都是在特定的历史背景下，为了一定的政治目的而建。或庆祝平定西陲，以示纪念；或部落来归，迁居于此；或诸藩、法王朝觐，以示升平；或庆祝乾隆七旬万寿、班禅来朝等原因。清代，广建藏传佛寺是朝廷既定的宗教政策，即实行"因其教而不易其俗""以习俗为治"来怀柔蒙、藏及边疆各少数民族。乾隆皇帝在晚年深刻总结了修建这些寺庙的原因："山庄城外北山一带崇建寺庙（图019），如普宁寺乾隆二十年平定西陲，四卫拉特来觐，仿西藏三摩耶庙式，建此以纪武成。安远庙则二十四年因降人达什达瓦部落迁居于此，仿伊犁固尔札庙式为之。普乐寺则三十一年所建，以备诸藩瞻觐。至布达拉庙成于三十五年，仿西藏大昭式敬建，以祝慈釐。扎什伦布庙乃四十五年班禅额尔德呢来热河为予祝七旬万寿时仿后藏班禅所居创建者。其他如殊像寺、广安寺、罗汉堂诸所营建，实以旧藩新附，接踵输忱，其俗皆崇信黄教，用构兹梵宇以遂瞻礼而寓绥怀，非徒侈巨丽之观也。"也就是乾隆皇帝所说的"兴黄教，即所以安众蒙古，所系非小，故不可不保护之"。通过"深仁厚泽"来"柔远能迩"，以达到清王朝"合内外之心，成巩固之业"的政治目的。

019 避暑山庄东北侧的磬锤峰、蛤蟆石、须弥福寿之庙、安远庙、普乐寺（陈东 摄影）

　　乾隆皇帝在《普乐寺碑记》中对于普宁寺、安远庙、普乐寺的命名，还有一番解释："自西人之濒于涂炭也，湫隘陁危，不能终日，朕则为之求宁也。既宁之后，奔奏偕徕，室家还定，朕则为之计安焉。既宁且安，其乐斯在。譬如佛影覆于鸽身，四大得所，离怖畏想，生欢喜心。薪自刹那以逮亿劫，同游春台化宇，乐其乐而不能名其乐，真上乐耳。虽然，曷易此臻哉？语曰：'民可与乐成，难与虑始'。又曰：'先天下之忧而忧，后天下之乐而乐。'是朕所由继普宁、安远，而命之为普乐者，既以自慰，且重以自勖，而匪直梵文胜因福利之云云也"。乾隆皇帝希望国家的百姓由"宁"而"安"，由"安"而"乐"，并以此愿望来命名寺庙，政治寓意可见一斑。

　　承德的这些庙宇皆为皇帝敕建寺庙，是朝廷拨款建造。康熙时期建造两座藏传佛教寺庙，为溥仁寺、溥善寺（也有观点认为建于雍正年间），乾隆时期建造十座藏传佛教寺庙，为普宁寺、普佑寺、安远庙、普乐寺、普陀宗乘之庙、广安寺、殊像寺、罗汉堂、须弥福寿之庙、广缘寺。以上寺庙中有八座由位于北京的内务府理藩院管理，因位于长城口外，故俗称之为"外八庙"。但是，严格的说，普乐寺并不是严格意义上的"外八庙"之一。因为，"道光二十六年四月十八日，理藩院尚书吉伦泰等谨奏，臣等查热河寺庙十二处，内除广安寺、罗汉堂、普乐寺三处事宜不归臣院办理外，其余普陀宗乘之庙即布达拉、须弥福寿之庙即扎什伦布、普宁寺、普佑寺、溥善寺、溥仁寺、殊像寺、广缘寺等八庙喇嘛、班第、升转、钱粮均有热河都统及京城喇嘛印务处行文，臣院办理。"而且，清代在广安寺、罗汉堂、普乐寺三座寺庙中不设置僧人，均由士兵维护管理。但由于近现代的误解，现代普遍将包含普乐寺、广安寺、罗汉堂在内的这十二座寺庙泛称为外八庙。1994 年，承德古建筑群申请列入世界文化遗产，为了避免外八庙这一称呼的不准确性，将其称为"避暑山庄及周围寺庙"（表 1）。

表 1　承德避暑山庄周围藏传佛教寺庙建造情况表

寺庙名称	修建年代	建筑风格	建造缘起
溥仁寺	康熙五十二年（1713 年）	汉式	康熙 52 岁寿辰，蒙古诸部诣阙朝贺，为帝祝釐
溥善寺	康熙五十二年（1713 年）	汉式	康熙 52 岁寿辰，蒙古诸部诣阙朝贺，为帝祝釐
普宁寺	乾隆二十年（1755 年）~ 二十三年（1758 年）	汉藏混合式	纪念平定准噶尔部达瓦齐的叛乱，在承德大宴蒙古厄鲁特四部首领，建筑仿西藏桑耶寺。
普佑寺	乾隆二十五年（1760 年）	汉式	为普宁寺的辅寺
安远庙	乾隆二十九年（1764 年）	汉藏混合式	为满足迁居热河的准噶尔部达什达瓦部信仰需求，建筑仿新疆固尔札庙
普乐寺	乾隆三十一年（1766 年）	汉藏混合式	哈萨克、布鲁特首领来热河朝觐，按坛城形制建造
普陀宗乘之庙	乾隆三十二年（1767 年）~ 三十六年（1771 年）	藏式	庆祝乾隆帝 60 寿辰、皇太后 80 寿辰，同时纪念土尔扈特部万里回归，首领渥巴锡来热河朝觐，建筑仿西藏布达拉宫
广安寺	乾隆三十七年（1772 年）	藏式	为皇太后祝釐，内有戒台
殊像寺	乾隆三十九年（1774 年）	汉式	为皇太后祝釐，仿五台山殊像寺
罗汉堂	乾隆三十九年（1774 年）	汉式	仿浙江海宁安国寺罗汉堂
须弥福寿之庙	乾隆四十五年（1780 年）	汉藏混合式	庆祝乾隆 70 寿辰，六世班禅来热河朝觐，建筑仿西藏扎什伦布寺
广缘寺	乾隆四十五年（1780 年）	汉式	

二、修建普乐寺的历史背景 *

　　按照乾隆皇帝撰写的《普乐寺碑记》（图020），普乐寺的兴建主要是为了团结蒙古、维吾尔以及哈萨克、布鲁特各少数民族。

　　哈萨克是我国伊犁西北的一个游牧民族，位于准噶尔部之西。在18世纪初期，有一部分哈萨克族游牧在塔拉斯河流域。雍正元年（1723年），准噶尔部的军队进攻哈萨克族，哈萨克族向西逃走，有的到达萨马尔罕和布哈拉周围，以后，准噶尔统治者仍不断对其进行征伐和掠夺。哈萨克族三个"玉兹"中，中玉兹（鄂尔图玉兹，即左部）和大玉兹（乌拉玉兹，即右部）都臣服于准噶尔。

　　乾隆二十二年（1757年），清朝政府彻底平定了

[*]：本段主要内容摘自《承德避暑山庄》一书，承德市文物局、中国人民大学清史研究所编1980年出版。

020 碑门殿中的《普乐寺碑记》石碑（陈东 摄影）

准噶尔部封建贵族的叛乱，准噶尔封建贵族对哈萨克族的征伐和沉重征调也随之解除，这对于哈萨克族经济文化的发展有着重大的意义。

早在乾隆二十一年（1756 年），阿睦尔撒纳的叛乱还未平定，清政府与左部哈萨克汗阿布赉处即不断有信使往来。次年，阿睦尔撒纳之乱基本平定，阿布赉遣使臣向清朝政府献马，并上表清廷，表示归附，表文中有"今祇奉大皇帝谕旨，加恩边末部落，臣暨臣属，靡不欢忭，感慕皇仁。臣阿布赉愿率哈萨克全部，归于鸿化，永为中国臣仆。"阿布赉的使者被护送至围场朝觐乾隆、九月初五（10 月 17 日），乾隆在布呼图大营接见了他们。乾隆二十三年（1758 年），清军将领富德追阿睦尔撒纳余党进兵至右部哈萨克，右部哈萨克汗阿布勒比斯（阿比里斯）表示"愿竭衰驽，奋勉自效，永无二心"，愿意归附清朝政府。这一年的 11 月初，右部哈萨克使者卓藏等到达北京，十月初五（11 月 5 日），参加了南苑的阅兵，备受优礼。此后左右哈萨克，特别是左部哈萨克同清朝政府的关系甚为密切，在冬季，经清政府批准，左部哈萨克几乎每年都到塔城的冬季牧场放牧。每马百匹交税马一匹，每羊一千，交税羊一只。以后不断地有哈萨克族人（主要是左部哈萨克族人）搬到北疆居住，其使臣经常到避暑山庄，并随围观猎。随着关系的密切，哈萨克族与西北和内地各族人民的经济来往也日益频繁。从乾隆二十三年开始，每年夏秋两季，哈萨克族赶着牛、羊、马、驼以及各种畜产如毡片、牛皮等物，到指定的地点（最早在乌鲁木齐，以后又扩大至伊犁、塔城，科布多等处）交换内地出产的丝绸、布匹、茶叶、粮食等。哈萨克族驯养的马匹，在一段时间内保证了清朝政府西北地区的军用和屯田的需要，而内地的产品也为哈萨克族所必需。

布鲁特自称柯尔克孜，是当时中国境内的少数民族之一，布鲁特是准噶尔对他们的称呼，清代沿用了这种叫法。布鲁特在清代并没有统一的组织，清朝政府把住在天山以北（伊犁西南）的这部分柯尔克孜族称为东布鲁特；把居住在天山以南（喀什噶尔西北至西南）的这一部分柯尔克孜族称为西布鲁特。

柯尔克孜族人民以游牧为业，是勤劳勇敢的人民。在准噶尔割据势力强大的时候，也和哈萨克族一样深受其害，阿睦尔撒纳逃亡之后，叛乱势力已经覆灭，但仍有一小部分残余分子四处流窜，其中也有一些逃至东布鲁特地区。乾隆二十三年（1758 年），清朝政府定边将军兆惠带兵进至伊克塞湖（特穆尔图诺尔）以西，东布鲁特的五个部落相继请求归附，清朝政府接受了他们的要求。七月十九日（8 月 22 日），定边将军兆惠奏报东布鲁特使舍尔伯克等入觐。9 月，东布鲁特使者到达围场，九月初三（10 月 4 日），乾隆在布呼图口接见了他们，因为乾隆二十年的准噶尔噶勒藏多尔济、二十二年的左部哈萨克使者以及本年的东布鲁特使者都恰恰在此地接见，特将"布呼图口"改名"伊绵峪"（伊绵为满语，会极归极之意）。行围结束以后，使者们跟随乾隆回到避暑山庄。乾隆又多次在万树园赐宴、放焰火、演杂技招待他们，以后又随乾隆回到北京参加了南苑的阅兵。

这时，正当天山北路的叛乱势力已经平定，西北方面的统一即将完成的时候，天山南路以布拉呢敦及霍集占（即大小和

卓。"和卓"是伊斯兰教创始人穆罕默德的的后裔的称呼，意为"圣裔"）为首的一小撮维吾尔族封建贵族们又在天山南路发动了叛乱，妄图把南疆从祖国大家庭中分裂出去。清朝政府又将面临一场严重的斗争。

天山南路（南疆），清代称为"回部"，也和天山北路一样，自古以来就是我国领土不可分割的一部分。在清朝入关以后，当时南疆地区的地方封建政权即向清朝政府"朝贡"，并同内地进行贸易往来。到了康熙十七年（1678 年），准噶尔部叛乱头目噶尔丹趁清朝政府尽全力平定"三藩"之乱，无力处理西部问题的时机，进兵天山南路，把南疆维吾尔族人民置于他的残酷统治之下，还把许多维吾尔族封建贵族和伊斯兰教宗教领袖迁到了伊犁，其中就有大小和卓的祖父阿布都实特。噶尔丹败亡以后，阿布都实特"自拔来归"，清政府将其遣送故地叶尔羌。策妄阿拉布坦父子统治准噶尔时，对维吾尔族人民的压迫是非常沉重的，准噶尔统治者把维吾尔族人民视为他们的"阿拉巴图"（蒙语：农奴）。维吾尔族人自己说过："吾遭受准噶尔残虐数十年，赋繁役重，民不聊生"。准噶尔统治者还把许多维吾尔族人民驱赶到伊犁地区为他们种地。霍集占的父亲玛罕木特因为是"众所尊服"的"和卓"，策妄父子曾命其"总理回地各城"。后因玛罕木特企图摆脱准噶尔贵族的统治，又被噶尔丹策零俘至伊犁禁锢。玛罕木特于伊犁时生二子，即布拉呢敦和霍集占。玛罕木特死后，霍集占兄弟仍被禁锢于伊犁，直至乾隆二十年（1755 年）清朝政府平定了达瓦齐的割据势力之后，才获得自由。清朝政府以霍集占兄弟世代为南疆宗教领袖，于是遣布拉呢敦返回叶尔羌，"使统其旧部"，而把霍集占留在伊犁，统辖伊犁的维吾尔族人。不久，阿睦尔撒纳叛乱失败之后，霍集占潜回叶尔羌，拥兵自雄，自称"巴图尔汗"，发动武装分裂割据，迅速占了喀什噶尔、叶尔羌、和阗东至库车等南疆各城。杀害了清朝政府派往南疆的高级官吏。清朝政府原来打算利用霍集占兄弟在宗教上的地位和影响，"招服叶尔羌、喀什噶尔人众"和平统一南疆地区，但事与愿违，清朝政府乃决定采取军事行动，以消灭这股割据势力，统一新疆全境。

霍集占兄弟煽动的暴乱是很不得人心的。几十年来，南疆维吾尔族人民处于准噶尔的残暴统治之下，现准噶尔部的割据叛乱势力已被消灭，国家的统一已经是不可避免的历史大势，这也是经过几十年变乱的维吾尔族人民的愿望。清朝政府进军新疆，顺应了这一统一的历史潮流，不仅得到其他各族的支持，也得到维吾尔族人民的支持。所以，哈密、吐鲁番和库车的维吾尔族首领额敏和卓、玉素布、鄂对等均率部从军、参与作战。乌什和阿克苏的维吾尔族首领霍集斯在大小和卓势力狷獗时曾一度被迫附和叛军，清军一到，立即倒戈向内。至于被大小和卓裹胁的维吾尔族人民，更不愿意为大小和卓不义的事业卖力。

乾隆二十三年（1758 年）六月，清军开始围攻库车。秋天，霍集占弃库车逃走，阿克苏、乌什不战而下。八月，清军即进至叶尔羌，因兵少被围，撤回阿克苏。乾隆二十四年（1759 年）夏天，清军分两路进兵，一路向叶尔羌，一路向喀什噶尔。大小和卓知人心已去，无力抵抗，率领一万余人逃往边境以外的巴达克山。清军奋力追赶，在边境上的伊什勒库池（叶什勒库

勒诺尔），追上了霍集占，被裹胁的维吾尔族人民早已不满霍集占兄弟的胡作妄为，此时更反对把他们流落异乡，因此稍一接触，即有一万二千余人放下武器，回返祖国。霍集占兄弟只带着家眷和随从几百人狼狈逃窜，终于身死异乡。为了纪念这一战役，乾隆于当年十一月写了《御制平定回部勒铭叶什勒库勒诺尔之碑》，立于叶什勒池之北岸。

大小和卓叛乱势力的覆灭，使被准噶尔隔绝了多年的西布鲁特（天山以南的柯尔克孜族）人民，又恢复了同中央政府的联系。清军进兵喀什噶尔，柯尔克孜族人民即充当向导，并协同清军作战；大小和卓叛乱平定以后，西布鲁特各部落纷纷表示归诚。九月，额德格纳部落头人阿济比在给乾隆的表文中，代表西布鲁特十五个部落说："我等情愿投诚，布哈尔以东我等二十一万人，皆为臣仆。"在中国境内的柯尔克孜族，重新回归中央政府的管辖之下，阿济比派人来北京朝觐乾隆，参加了南苑的阅兵，以后朝觐不绝。乾隆二十六年（1761年），给与东布鲁特头领额木尔贝三品顶戴，次年又给西布鲁特部落之一头领阿瓦勒比四品顶戴，以后又陆续对布鲁特各部首领分别给以不同品级的顶戴，东、西布鲁特被给予二品以下顶戴的有15个部落的头领共61人。他们接受清朝政府的委任，有的人每年还由清朝政府发给俸饷；有的替清朝政府管理牧群；柯尔克孜族人民则负担了一些卡伦（哨所）的勤杂任务。

在南北疆割据势力被粉碎之后，清朝政府在新疆设置了相当完备的统治机构。乾隆二十七年设"总统伊犁等处将军"（简称"伊犁将军"）。伊犁将军是统辖新疆全区的最高长官。在北疆的塔尔巴哈台设立参赞大臣，负责北疆边防事务；负责南疆事务的是喀什噶尔参赞大臣。在喀什噶尔参赞大臣之下，南疆各城均设办事大臣或领队大臣。柯尔克孜族就是直接接受喀什噶尔参赞大臣的统辖。

统一全疆，结束了几十年来分裂混战的局面，给各族人民带来了和平，在全疆平定后的一段时间，新疆各族人民的负担比过去准噶尔统治时期有了一定的减轻。清朝政府为了维持新疆和内地的交通，设立了通往南北疆各处的驿站，花费了不少力量维持跨越天山的南北疆通道。不少汉族士兵和人民大量迁移新疆，屯垦耕种，使粮食产量自给有余。许多汉族商人也不断前往贸易，在一段时间之内新疆地区的人口有了明显的增长，生产也有显著的恢复和发展。在这样的基础上，各族的经济交流十分活跃，数量也相当庞大。柯尔克孜族生产的肥羊是很著名的，每年有数十万只羊和其他牲畜送到喀什噶尔、乌什和伊犁等地，换回他们所需用的绸缎、布匹、茶叶等。嘉庆初年，著名的学者洪亮吉被充军伊犁，他曾写过一首诗描写柯尔克孜族在伊犁进行贸易的盛况："谁夸明驼天半回？传呼布鲁特人来。牛羊十万鞭驱至，三日城西路不开。"可见其贸易的规模了。

此后，南疆各城维吾尔族头目被编入"年班"，按期前往北京朝觐。哈萨克和布鲁特的代表也经常来北京和避暑山庄，还不时随从乾隆到围场打猎。至今在避暑山庄门壁上还保留有乾隆写于庚辰年（乾隆二十五年，1760年）的《射一首》。乾隆在诗的小注中记述了当时的情况："时回部郡王霍集斯伯克等，自京扈跸，都尔伯特亲王策凌乌巴什以入觐，扈从秋蒐，而

哈萨克陪臣都勒特赫勒等，亦赴木兰朝谒。既命观围，并携至山庄赐宴"。正是在这种情况下，乾隆于三十一年（1766年）建立了普乐寺，它和普宁寺、安远庙一样，都是与统一西北地区的历史有关的。乾隆在《普乐寺碑记》中对于三个寺庙的命名，还有一番解释，就是由"宁"而"安"，由"安"而"乐"，意在从此西北乃至全国都可以"普乐"了。

新疆的维吾尔族、哈萨克族、柯尔克孜族，除了柯尔克孜族有一小部分信仰喇嘛教外，都信仰伊斯兰教。乾隆并没有要求他们改变宗教信仰的意思。普乐寺的修建，主要是出于"表镇抚而资宜慰"的政治目的，用宏大的规模和精美的艺术，显示朝廷的威严和豪华。

清朝政府经过前后八十年的斗争，统一了全疆，设立了完整的管理机构，对于我国统一多民族国家的巩固和发展，确是有重大历史意义的事件。普乐寺，也正是这一历史事件的见证。

三、清代的改建和维修

本章节依据清代档案文献按照时间的先后顺序对普乐寺的修建经过和清代的维修情况进行介绍（文献出处详见本书第四篇第一章）。

（一）乾隆年间

普乐寺是乾隆皇帝敕建的皇家寺庙，建筑精美，规模宏大，但它的修建只用了不到2年的时间。乾隆皇帝在《普乐寺碑记》中写到普乐寺修建自："丙戌（乾隆三十一年，1766年）正月经始，洎丁亥（乾隆三十二年，1767年）八月讫工"。实际按照文献记载，乾隆皇帝在乾隆三十年（1765年）就已经开始筹备普乐寺工程，自七月二十二日（1765年9月6日）委任"原任卿三格、现任郎中萨哈亮监造""上乐王佛亭铜镀金宝顶"普乐寺工程，这一阶段应该主要是工程的勘察、设计和工程备料。乾隆皇帝最后选定的开工吉日是乾隆三十一年正月。乾隆三十二年八月，普乐寺工程正式竣工，乾隆皇帝专门撰写《普乐寺碑记》，落款为"乾隆三十二年岁在丁亥仲秋月吉御笔"。

据嘉庆六年活计档记载。乾隆三十三年（1768年）七月初七日，造办处由京送来"普乐寺宗印殿内挂高宗御笔黑漆金字挂对一副"。这幅乾隆御笔的黑漆金字挂对现在依旧挂在宗印殿室内（图021）。

普乐寺落成之后，深得乾隆皇帝喜爱，一时瞻礼者云集，他们无不被建筑的宏丽和其深厚的宗教文化内涵所折服。乾隆和嘉庆皇帝每次来到承德，也会多次到普乐寺瞻礼。例如：乾隆三十八年五月十五日、六月十五日、八月十三日（乾隆皇帝诞辰）、八月十五日乾隆皇帝曾4次到普乐寺上香，均使用"头号红香二支"。

乾隆三十九年，乾隆皇帝下旨，将"热河园内外各庙旗杆上之琉璃顶及古色铜顶皆换铜镀金顶"，其中即包括"普乐寺旗杆顶一对"。并且要求管工大臣"照依热河原来尺寸样式，画得纸样一张，并拟改得样式，照原尺寸画得纸样一张。"经乾隆皇帝亲自审定修改后"照改画得旗杆顶样式成造"。"铸炉处换造铜镀金顶已得"还需"安在养心殿呈览""呈览后即交该员等带往安设。"由此可见乾隆皇帝对承德敕建寺庙的重视

021 宗印殿内乾隆御笔黑漆金字挂对（陈东 摄影）

程度，也可以说明，普乐寺山门前的旗杆顶修建之初为"琉璃顶"，8 年以后按照乾隆要求改为"铜镀金顶"，现旗杆已无存，仅存夹杆石（图022，023）。

乾隆四十年四月，乾隆皇帝下旨："普乐寺上乐王佛亭铜镀金顶……再镀金一次。"

乾隆四十年，乾隆皇帝下旨："普乐寺挂黑漆匾一面，俱向造办处要云头钉、挺钩安挂。钦此"。

乾隆四十四年，大臣福隆安、和珅奏请"热河各庙所存仪仗颜色糟旧，奏请一律更换鲜明，以壮观瞻"。乾隆皇帝下旨："将各庙仪仗俱各换新"，其中普乐寺仪仗如下：

红妆缎伞一对；白妆缎伞一对；

红罗缎单龙扇一对；红罗缎双龙扇一对；

黄罗缎单龙扇一对；三色罗缎筒子旙二对；

黄缎金鼓旗一对；红缎画金熊旗一件；

红缎画金罴旗一件；红缎画金麟旗一件；

红缎画金天马旗一件；豹尾枪二对。

共十二对。

咸丰十一年（1861 年）这些仪仗被移至避暑山庄芳园居存放。

乾隆四十六年六月二十七日，乾隆皇帝下旨中正殿喇嘛"绘画普乐寺坛城上下券洞佛像八轴"，画完后经过乾隆圣览后下旨进行修改"将挂像金刚佛八轴，宽减去二尺，高减去一尺，作为

022 普乐寺山门南侧的庭院、石狮和旗杆夹杆石（旗杆不存）

023 普乐寺山门南侧的旗杆夹杆石（旗杆不存）和门前庭院

长方式样金刚法身，撺小些从新绘画，得时发往热河，遇有朕拈香并办道场之日悬挂，其寻常日期敬谨收贮。钦此。""其护法不必收小，得时俱厢锦边，安紫檀木轴头"。这8幅画轴作为普乐寺阁城8个入口券门的"护法"，在乾隆皇帝"拈香并办道场之日悬挂"。之后，乾隆皇帝又专门下旨："普乐工程明岁夏初未必能完，暂将此画像八张交永和收供，俟明岁驾幸热河时再行成做。钦此。"说明这一年普乐寺曾经有一次较大规模的维修或拆改工程，但目前未查到这次维修更为详细的文献记载。

乾隆五十九年三月初八日（1794年4月7日），普乐寺再次经过了一次大规模的大修。"普乐寺旭光阁圆式亭一座拆盖，改换柏木鑴金柱，挑换枋桁大木，俱已做得。现在成做方台，安砌大料石，背砌砖块"。普乐寺内"所有佛像、陈设找补地仗、添加格窗、粘补菱花、雕做龙井天花，均按估如法成做"。普乐寺建庙仅仅27年就对阁城和旭光阁进行了如此大规模的拆修，说明建庙之初这种大体量城台式建筑在排水和防水设计、施工技术方面并不十分成熟，加之工期较紧，极大地缩短了建筑的寿命（图024）。

（二）嘉庆年间
嘉庆四年八月，"普乐寺山门外挑换糟朽挡众木二十三架"。

嘉庆六年三月，热河总管奏报"普乐寺宗印殿雨搭十架，开条断线，布里破烂，应请一事修理，以昭整肃"。"普乐寺宗印殿内挂一副漆饰爆裂""又查得普乐寺宗印殿内挂高宗御笔黑漆金字挂对一副，漆满迸裂吊落，系乾隆三十三年七月初七日造办处副催长安庆由京送来"。

嘉庆十一年十月十八日庆杰、穆腾额跪奏，"为查看热河各处殿宇应修活计，恭折奏闻请旨事。据苑丞石良功呈报，热河布达拉等十一处庙宇所有殿座房间经今年夏秋以来雨水浸淋，有渗漏残坏，墙垣闪裂坍塌等各情形呈报前来，奴才等随赴各该处逐一详细查看，所报情形属实，均应修理"。

嘉庆十二年十月二十二日，内务府向皇帝奏报："各庙活计繁多，亦未便全行修葺。奴才等谨择其渗漏残坏较重并坍塌倒坏者八项，恭折奏闻请旨。伤交总理工程大臣派员踏勘，另行核估具奏。谨将应修处所另缮清单，恭呈御览。为此谨奏请旨。"

嘉庆年间"普乐寺补安山门、天王殿琉璃垂兽二只、兽座二件"。

嘉庆十五年十月十六日，内务府向皇帝奏报："热河普宁寺等十处庙宇经今夏雨水浸淋，所有殿宇房间均有渗漏残坏、墙垣闪裂坍塌、吗呢杆木植糟朽各情形呈报前来。奴才等随赴各该处逐一详查，均属相符，但处所繁多，未便全行修葺。奴

024 普乐寺南侧全景（陈东 摄影）

才等择其渗漏残坏过重并坍塌倒坏者五项，恭折奏闻请旨，饬交总理工程大臣派员踏勘，另行核估具奏，谨将应修处所另缮清单，恭呈御览。为此谨奏请旨。"

嘉庆十六年十一月初四日，内务府向皇帝奏报："为查看热河各处庙宇应修活计，恭折奏闻请旨事。据苑丞石良功呈报，热河普宁寺等九处庙宇，经今夏雨水浸淋，所有殿宇房间均有渗漏残坏，墙垣闪裂坍塌各情形呈报前来。奴才等随赴各该处逐一详查，均属相符。但处所繁多，未便全行修葺。奴才等谨择其渗漏残坏过重，并坍塌倒坏者十二项，恭折奏闻请旨饬交总理工程大臣派员踏勘，另行核估具奏。"

嘉庆二十年十月二十九日，内务府向皇帝奏报："扎什伦布等处庙宇经今岁夏秋雨水浸淋，所有殿宇房间均有渗漏残坏，墙垣闪裂坍塌各情形呈报前来。奴才等随赴各该处逐一详细查勘，虽属相符，但处所繁多，未便全行修葺。奴才等谨择其渗漏残坏情形过重，并坍塌倒坏者五项，恭折奏闻请旨，饬交总理工程大臣派员踏勘，另行核估具奏。谨将应修处所另缮清单，恭呈御览，为此谨奏请旨。"

嘉庆二十一年十月二十二日，内务府向皇帝奏报："布达拉等处庙宇经今岁夏秋雨水浸淋，所有殿宇房间均有渗漏残坏，墙垣闪裂，台顶坍塌各情形呈报前来。奴才等随赴各该处逐一详细查勘，虽属相符，但处所繁多，未便全行修葺。奴才等谨择其渗漏残坏情形过重并坍塌倒坏者六项，恭折奏闻请旨，饬交总理工程大臣派员踏勘，另行核估具奏，谨将应修处所另缮清单，恭呈御览。为此谨奏请旨。"

嘉庆二十二年"普乐寺揭瓦外库房五间；修砌大墙一段，长四丈五尺"。

嘉庆年间"普乐寺挑换挡众木二十八架；栅栏门三座；无量杆一根；北边山坡下石平桥一座，补安栏板抱鼓"。

嘉庆二十三年七月接准都虞司文称，由总管内务府抄出，理藩院具奏："科尔沁扎萨克和硕吐什奕亲王、诺尔布林沁等十盟应呈进造佛银四万两。又阿拉沙扎萨克和硕亲王吗哈巴拉应呈进造佛银一千两等因，于嘉庆二十三年六月二十九日奉旨著将此项银两送至热河，交常显，作为收饰庙工之用。钦此钦遵。行知前来，遵即踏勘粘修普乐寺庙宇工程钱粮数目，与此项银两勘敷需工之用。本总管于本年十月具奏，奉到硃批另有旨。钦此。嗣于十月十九日奉旨此项普乐寺工程，著总理工程处于部院司员及内务府司员，则其谙习工程各派一员，前往热河作为监督，仍令常显会同办理，理藩院毋庸派员前往。钦此，钦遵照办。适经该蒙古王公等陆续将造佛银两派员如数解交前来，即饬交普乐寺庙工监督照数领出，分发各商与工修理，该监督具稿存案。"

嘉庆二十三年十月十五日，皇帝下旨"蒙古王公呈进嘉庆二十四年皇上六旬万寿大庆造佛银四万一千两，据理藩院据呈具奏，于本年六月二十九日奉旨着将此项银两送至热河，交常显作为庙工之用，钦此"。内务府向嘉庆皇帝奏报："外庙各该处详细履勘，均有残坏渗漏，但处所繁多，钱粮浩大，势难一律修理。惟查河东普乐寺殿宇房间情形较重，自应及时乘修。现在核估得：旭光阁园亭一座，踏跺罩六座，每座三间；南值房一座五间；天王殿、南山门楼一座，俱拟揭砌；山门外旗杆

二座，拟拆修；山门一座三间；天王殿一座五间；宗印殿一座七间；南北配殿二座，每座五间；钟鼓楼二座，每座三间；围房门四座，每座三间；转角围房四座，每座十七间；上下方城二座；后山门一座三间；门楼三座；大墙看墙宇墙凑长……；外围堆拨房二座，每座三间，俱拟粘修。挑换挡众木、栅栏门，刨筑灰土，海墁拆墁月台丹陛，院内砖石海墁甬路散水，石座见新，以及各殿座油饰彩画，装颜佛像，漆饰供桌供器，字匾对联，糊饰窗心，拆锭檐网，修补雨搭帘刷，成搭圈厂棚座，出运渣土，清理地面并办买椴木杉木颜料黄缎杭细布匹绒绳绒丝高丽纸张等项工程，按例估需工料银四万一千二百八十三两一钱二分三厘，查前项奏明修理庙工银四万一千两，此内尚不敷银二百八十余两，奴才愚昧之见，令其于原估内通融办理，不准另款开销。谨将估销银两细数另缮清单，恭呈御览。为此谨奏。"此次为普乐寺建庙以来的第三次大修工程，但这次维修以屋顶、装修、油饰、台基、道路等一般性修缮为主，没有涉及大木结构和地基的整修。

嘉庆二十三年十月十九日奉旨："此项普乐寺工程著总理工程处与部院司员及内务府司员内择其谙习工程者，各派一员前往热河作为监督，仍令常显会同办理。理藩院毋庸派员前往。"后改为"理藩院派员会同钦派大臣之司员等监修并监放钱粮"。

嘉庆二十四年九月二十八日，普乐寺大修工程完工，嘉庆皇帝派大臣进行验收"所修活计于该工册开丈尺做法均属相符，理合将查验得情形据实奏闻。等因于八月十一日具奏，奉旨：知道了。钦此，钦遵。移咨前来。奴才常显现已奉旨回京，所有奏销普乐寺工程自应奴才祥绍遵照尚书松筠、侍郎禧恩实查丈尺做法，按例详细合算，所有修理得：

普乐寺庙揭瓦旭光阁圆亭一座；踏跺罩六座，每座三间；南值房一座五间；天王殿南山角门一座；拆修旗杆二座；粘修山门一座三间；天王殿一座五间；宗印殿一座七间；南北配殿二座，每座五间；钟鼓楼二座，每座三间；围房门四座，每座三间；转角围房四座，每座十七间；上下方城二座；后山门一座三间；门楼三座；外围堆拨房二座，每座三间；挑换挡众木、栅栏门，粘修大墙看墙宇墙，刨筑灰土，海墁拆墁月台丹陛，院内砖石海墁甬路散水，石座见新，以及各殿座油饰彩画、装颜佛像、漆饰供案供器字匾对联、糊饰窗心，拆锭檐网；修补雨搭帘刷，成搭圈厂棚座，出运渣土，清理地面等项工程，按例销算工料银四万一千二百八十三两一钱二分三厘。查前项奏明蒙古王公呈进修理庙工银四万一千两，今奏销银四万一千二百八十三两一钱二分三厘，此内尚不敷银二百八十三两一钱二分三厘。奴才常显前于奏估时，曾经奏明所有不敷银两在于估内通融办理，不请另款开销。谨将用过工料银两细数另缮黄册，一并恭呈御览。为此谨奏。"

（三）清朝末年

道光九年四月"揭瓦普乐寺等处值房二座，计八间"。

道光十一年三月"普乐寺天王殿两边拆修门楼二座"。

同治六年八月（1867年9月）普乐寺"天王殿五间，檐椽糟朽，瓦片间有脱落。御座房四间，椽望糟朽，头停渗漏，瓦片脱落"。

表 2　普乐寺清代大事年表

序号	年号	年代	事件	文献出处
1	乾隆三十年 七月二十二日	1765 年 9 月 6 日	乾隆皇帝派大臣三格、萨哈亮监造普乐寺工程	《清宫热河档案》
2	乾隆三十一年	1766 年	普乐寺工程于正月开工	乾隆御制诗
3	乾隆三十二年	1767 年	普乐寺工程于八月竣工	乾隆御制诗
4	乾隆三十二年	1767 年	乾隆皇帝题写普乐寺碑记	钦定热河志
5	乾隆三十三年 七月初七日	1768 年 8 月 18 日	普乐寺宗印殿内挂高宗御笔黑漆金字挂对一副	《清宫热河档案》
6	乾隆三十九年	1774 年	普乐寺旗杆顶一对，琉璃顶换铜镀金顶	《清宫热河档案》
7	乾隆四十年四月	1775 年 5 月	普乐寺上乐王佛亭铜镀金顶即著金再镀金一次	《清宫热河档案》
8	乾隆四十年	1775 年	普乐寺挂黑漆匾一面	《清宫热河档案》
9	乾隆四十年	1775 年	普乐寺所存仪仗颜色糟旧，俱各换新	《清宫热河档案》
10	乾隆四十年	1775 年	乾隆皇帝题写《渡河诣普乐寺瞻礼》诗	钦定热河志
11	乾隆四十六年 六月廿七日	1781 年 8 月 16 日	中正殿喇嘛绘画普乐寺坛城上下券洞佛像八轴	《清宫热河档案》
12	乾隆四十六年 四十七年	1781—1782 年	普乐工程明岁夏初未必能完，暂将此画像八张交永和收供	《清宫热河档案》
13	乾隆五十年	1785 年	乾隆皇帝题写普乐寺诗一首	高宗御制诗文全集
14	乾隆五十九年 三月初八日	1794 年 4 月 7 日	普乐寺旭光阁圆式亭一座拆盖，改换柏木镶金柱，挑换枋桁大木，成做方台，安砌大料石，背砌砖块。所有佛像、陈设找补地仗、添加格窗、粘补菱花、雕做龙井天花，均按估如法成做	《清宫热河档案》
15	嘉庆四年八月	1799 年 9 月	普乐寺山门外挑换糟朽挡众木二十三架	《清宫热河档案》
16	嘉庆六年三月	1801 年	普乐寺宗印殿雨搭十架，开条断线，布里破烂，应请一事修理，以昭整肃"。"普乐寺宗印殿内挂对一副漆饰爆裂"；"又查得普乐寺宗印殿内挂高宗御笔黑漆金字挂对一副，漆满进裂吊落	《清宫热河档案》
17	嘉庆十一年 十月十八日	1806 年 11 月 27 日	热河布达拉等十一处庙宇所有殿座房间经今年夏秋以来雨水浸淋，有渗漏残坏	《清宫热河档案》
18	嘉庆年间		普乐寺补安山门、天王殿琉璃垂兽二只，兽座二件	《清宫热河档案》
19	嘉庆二十二年	1817 年	普乐寺揭瓦外库房五间；修砌大墙一段，长四丈五尺	《清宫热河档案》
20	嘉庆年间		普乐寺挑换挡众木二十八架；栅栏门三座；无量杆一根；北边山坡下石平桥一座，补安栏板抱鼓	《清宫热河档案》
21	嘉庆二十三年十月—嘉庆二十四年九月	1818—1819 年	蒙古王公呈进嘉庆二十四笔皇上六旬万寿大庆造佛银四万一千两，奉旨着将此项银两作为庙工之用，对普乐寺进行全面的大修	《清宫热河档案》
22	道光九年四月	1829 年 5 月	揭瓦普乐寺等处值房二座，计八间	《清宫热河档案》
23	道光十一年三月	1831 年 4 月	普乐寺天王殿两边拆修门楼二座	《清宫热河档案》
24	同治六年八月	1867 年 9 月	天王殿五间，檐椽糟朽，瓦片间有脱落。御座房四间，椽望糟朽，头停渗漏，瓦片脱落	热河园庭则例

四、近现代的历史变迁

清朝末年，清政府内忧外患，无力承担承德规模庞大的园林和寺庙的维修，自嘉庆二十四年（1819年），利用蒙古王公呈进嘉庆皇上六旬万寿大庆造佛银四万一千两，清政府最后一次全面维修了普乐寺，此后一直只能对普乐寺进行小型的维修保养。同治六年八月（1867年9月）由于年久失修，普乐寺的古建筑日益残坏，天王殿、群庑（围房）等建筑开始出现檐头糟朽的现象，但清朝政府已经没有能力来进行全面的维修。

恩斯特·柏诗曼（Ernst Boerschmann，1873—1949年）是一名德国建筑师，他在1906—1909年间曾拍摄了几张清末普乐寺的照片，并绘制了比较准确的普乐寺平面图和琉璃塔立面图（图025，026）。从清末至民国初年的历史照片可知，当时普乐寺内的建筑和树木整体保存还十分完整，所有的古建筑、围墙都没有出现严重的坍塌和缺失，阁城上琉璃塔的塔刹还都完好无缺。但是绝大部分的古建筑都已经开始出现檐头糟朽、瓦件残坏、缺失的现象，尤其是群庑、风雨亭、东门殿、通梵门瓦面残坏较为严重，阁城一、二层地面和三层的琉璃挑檐上杂草灌木丛生，已经开始出现了严重的渗漏。

清朝灭亡后，1914年军阀姜桂题占据热河时，盗走普乐寺宗印殿的部分陈设；1926年军阀汤玉麟在热河期间，从普乐寺盗走鎏金塔、楠木塔、珐琅塔四座，琉璃塔的镀金顶塔刹八个，拆毁普乐寺阁城群庑68间。

从1933—1934年日本人关野真、竹岛卓一，1935—1937年德国女摄影师海达·莫理循等人拍摄的历史照片分析（详见

025 德国柏诗曼1909年拍摄的普乐寺照片

本书第四篇第二章），由于年久失修和大量的人为破坏，日伪时期的普乐寺和民国初年相比已经有了非常大的变化。一是庙前月台的宇墙在清末还保留十分完整，此时已经全部坍塌；阁城上的群庑已经被拆除，仅保留建筑台基和部分残存的墙体；阁城上琉璃塔的铜质塔刹大部分缺失不存。二是普乐寺现存古建筑残坏更加严重，大部分建筑都出现严重的椽望糟朽、屋顶漏雨、屋脊脱落、装修缺失、油饰彩画剥落的现象，特别是山门、鼓楼、天王殿、宗印殿、胜因殿的檐头出现大面积塌陷，已经露出了斗拱和檐檩；旭光阁和风雨亭的装修大面积残坏、缺失；但从照片上看各建筑的墙体、台基、大木梁架、佛像、陈设和建筑基础保存相对较好，只是有少量的风门和建筑构件缺失，没有出现严重的安全隐患。三是庙内外的古树遭到了大

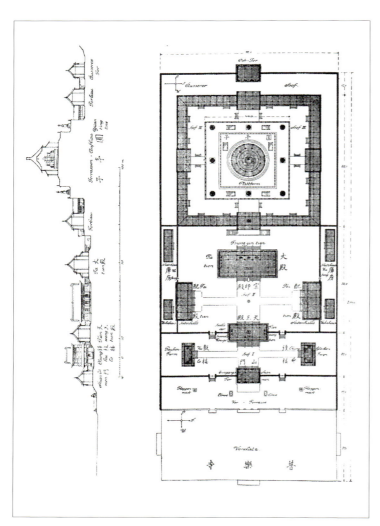

026 普乐寺平面图（引自德国柏诗曼著《中国建筑》）

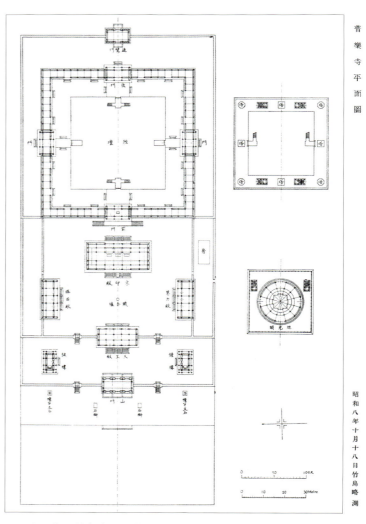

027 关野真、竹岛卓一绘普乐寺平面图（引自《热河解说》）

量的砍伐，普乐寺周围和通往溥仁寺御路两侧的树木已经被盗伐一空，普乐寺庙内的古松也至少有一多半被砍伐。1902年的照片显示，自武烈河眺望普乐寺只能看见山门和旭光阁的二层屋顶，其他建筑都被茂密的松林覆盖。但1933年相似位置的照片可以透过松林清晰的看见钟鼓楼、宗印殿和北门殿。

据档案记载，1933年，日本侵略军占领热河，对外八庙进行了明目张胆的掠夺，从外八庙抢劫各式镀金银佛像143尊，殿内陈设文物200余件。在此期间，柏诗曼、关野真、竹岛卓一等人详细地勘绘了普乐寺的建筑平面（图027），并拍摄了大量照片（详见本书第四篇第二章）。

1945—1948年，南京国民政府统治后期，国民党十三军肆意砍伐古树木，盗窃文物和鎏金瓦，至此外八庙又遭受一次空前浩劫。到解放前夕，历尽沧桑的普乐寺古建筑群已是残垣断壁、画栋剥落、满目疮痍。

五、现代的保护修缮 *

（一）建立保护机构和抢救性维修

新中国成立以来，避暑山庄及周围寺庙的保护工作得到了中央、省、市各级政府和领导的高度重视。1948年11月12日，承德解放后，在党和人民政府的高度重视下成立了外八庙管委会，隶属民族事务委员会，专门对普乐寺和其他皇家寺庙进行保护维修。1949年初，经中共热河省委、省政府批准，成立了热河省文物保管所。1951年，建立了外八庙管理处。

1952年7月，成立了离宫管理处，下设热河省博物馆筹备处、园林队、园务处、古建队，管辖外八庙。1953年，文化部发出《关于保护热河承德古建筑及文物的通知》。1954年，经热河省政府批准，成立了热河省文物管理委员会。在此期间，组织专人对外八庙文物进行全面系统地调查整理，对古建进行重点测绘，使外八庙文物、古建得到了较好的保护和管理，并开放普宁寺、普佑寺。

1961年3月4日，国务院将外八庙之中的普宁寺、普乐寺、普陀宗乘之庙和须弥福寿之庙列为第一批全国重点文物保护单位。

1962年，普乐寺旭光阁内胜乐王佛被盗，后经公安部门侦破案件，追回了失窃的佛像，但已造成佛像局部损坏，后在天津进行佛像修复后重新安置回原处。

1965年，地方政府对普乐寺宗印殿、旭光阁等建筑进行了抢险加固，并安装了避雷设备。这一时期的工程维修档案十分稀少，但是从1979年普乐寺大修前照片与20世纪30年代照片相对比，在20世纪60至70年代曾经对普乐寺所有古建筑进行了一次较为全面的抢救性保护加固和维修。由于当时经费紧张、保护人员较少等原因，这一期间的维修主要以现状抢险加固为主，以确保各古建筑不塌、不漏，不出现严重的安全隐患。根据对比分析1979年维修前的工程照片，可以推测这次抢救性维修的工程范围包括了山门、钟鼓楼、天王殿、宗印殿、慧

力殿、胜因殿、僧房、碑门殿、东门殿、南门殿、北门殿、阇城、风雨亭（6座）和旭光阁，主要工程内容是对屋顶进行现状加固整修，包括对屋顶渗漏部位进行局部挑顶维修，更换严重糟朽的椽飞望板，对檐头塌陷的部位补配必要的椽飞望板，现有瓦面仅作必要的捉节夹垄和揭瓦，缺失瓦件的屋面仅作好屋顶苫背，补配少量缺失瓦件和屋脊构件。很多屋面虽然缺失了大量的琉璃瓦件，但都没有补配完整，只做好苫背保证屋顶不漏雨。以上古建筑的墙体、装修、台基、油饰等不涉及古建筑重大安全的部位在这一期间内都没有进行维修加固和补配。

（二）20世纪80年代的全面整修

1974年，国务院提出"承德是清代第二个政治中心，是北方难得的自然风景区，应当保护好"。此后邓小平、贺龙、陈毅、聂荣臻、谷牧、余秋里等老一辈中央领导先后就承德文物保护作出重要批示。从此避暑山庄及周围寺庙进入有计划、有组织保护和整修的新阶段。1975年3月，为进一步加强避暑山庄、外八庙的保护工作，经承德市革委会批准，正式成立了承德市文物事业管理局。同年，国务院批准了《避暑山庄及外八庙十年整修规划》，其中就包括对普乐寺进行全面的保护修缮。现根据承德市文物局档案室所存的工程档案资料对这次修缮工程进行整理和总结（图028）。

1979—1982年对普乐寺进行全面的保护修缮，这是新中国成立以来对普乐寺进行的第二次大规模修缮，和20世纪60年代的临时性抢险加固不同，这次维修有专业的设计施工队伍，有详细的勘察设计，有充足的古建专项经费支持，有较为详细的工程记录，可以说是普乐寺自嘉庆二十四年（1819年）大修160年之后的一次全面而系统的保护维修。这次维修的范围涉及到了普乐寺所有的古建筑以及道路和围墙，工程内容包括屋顶、大木构件、装修、墙体、台基、散水的全面整修，但油饰彩画仅作断白处理。现对主要建筑的维修内容分述如下：

1、庙前广场及月台

制安庙前广场压面石180延长米，规格460mm×180mm，台帮以25号水泥砂浆按照原标高择砌毛石台帮，并以青麻刀灰勾小股子缝，总计砌体约240m³。广场内地面平整，坑洼处垫平，周围压面石间地面以4:6掺灰泥夯实，平整面积2975㎡。广场周围做一封书小砖散水170m。

月台女墙择砌，按照原样补配迎头角柱6件及转角角柱1件，女墙下肩开条砖5层干摆77㎡，墙身糙砌27m³，红灰抹饰，刷化学防护涂料68㎡，小青砖硬顶墙帽116m，修复前正面磟礋三间及两侧各一间，按原样补配平头土衬石约13m，月台台帮勾缝，并做一封书小砖散水75m。

2、山门殿

1982年，由于屋顶渗漏，山门殿后檐檐步坍塌，斗拱、桁枋及四角角梁糟朽。1976年唐山地震殿内门券上墙皮砖块塌落。工程做法为瓦顶拆落，清扫整理瓦件、残缺

[*]：本篇由东海梅、李维民根据承德市文物局档案馆工程资料整理

028 1981年普乐寺进行全面整修（承德市文物局档案馆提供 张生同 摄影）

瓦件及宝顶补配整齐。琉璃件大部残坏，北部大吻缺剑把、背兽，南侧大吻缺上部的两拼（共4拼），垂、又兽及仙人、跑兽全无。布瓦换五分之四，琉璃博缝瓦南侧缺3件，博缝全部完好。大木、斗拱、椽望检查剔换，补配后檐斗拱，补配剔换挑檐桁、正心桁、扶脊木及糟朽外拽枋、正心枋，剔换糟朽椽飞、望板、连檐、瓦口，补修天花支条，油饰断白，补墁散水。

3、钟鼓楼

由于屋顶坍塌渗漏，瓦件大部残缺无存，大木糟朽，鼓楼后檐廊部上下层大木坍塌无存，斗拱部分无存、部分损坏，椽望糟朽严重，装修（上层栈板墙、雀替、华板）无存、鼓楼楼梯、外檐栏杆无存，确定如下工程内容：

1）**屋顶**：瓦顶挑顶大修，挂檐按照原制式补配，横铺望板涂刷防腐油、护板灰一道、焦渣背一道，掺灰泥瓦瓦，青麻刀灰捉节夹垄。

2）**椽望**：按照原制式补配飞椽、檐椽。

3）**大木**：钟楼补修仔角梁，补配擎檐枋、间枋各一件，平垂挂檐板、燕尾枋撤换。鼓楼补做平座童柱、额枋、脊枋、平板枋、燕翅枋、挂檐板、承重梁、穿插枋九间。仔角梁上下檐撤换8件、老角梁撤换3件、抹角梁1件。撤换补配挑檐桁、正心桁7间。上檐补配擎檐柱、擎檐枋、穿插枋6间，换脊桁、扶脊木3间。

4）**斗拱**：钟楼基本完好。鼓楼平座斗拱制安平身科12攒，角科一攒，柱头科4攒。整修角科2攒、柱头科3攒，下檐斗拱修正平身科11攒，修正柱头科2攒、角科2攒。

5）**装修**：原样修复小栈板（不做门窗）平座上木栏杆、上下檐明次间雀替、棋盘门、楼梯口栏杆等。楼梯架、楼梯及

上下层雀替、华板均按照原样制作安装。坍塌处楼板、棋坊板均按照原式样添配补齐，楼梯最下级补做踏步一步。

6）**砖墙**：按照原样补砌，局部找补抹饰。

7）**地面及石活**：上层平座压面石（鹦鹉岩）及楼梯口照原样制安，下层地面石局部补墁归整，鼓楼上层室内、廊部地面按照原样做掺灰泥细墁，钟楼上层室内地面找补细墁砖地，廊内细墁方砖地。周围散水按照原样补墁。

8）**油饰断白**：新换大木做三道灰地仗，不彩画。上檐室内大木新换者，刷二朱红二道，擎檐柱及栏杆、望柱做一麻五灰地仗，柱刷二朱红油，栏杆捉腻子，按规制简单彩画，平座及下檐斗拱新换者随旧刷色，角梁外露部分做一麻五灰地仗，刷蓝绿，下檐柱找补地仗，刷二朱红。

4、天王殿

天王殿年久失修，残坏严重，前后檐头糟朽坍塌，角梁、飞头无存，檐椽糟朽严重，有的已经无存，挑尖梁梁身及东南角抹角梁糟朽，西部檐柱严重外闪，挑檐桁及个别挑尖梁梁头糟朽，周围外层栈板全部无存，天花板大部无存、支条缺损。

1）**屋面**：前后檐及四角檐步瓦顶全部坍塌残坏，岔脊无存，垂脊仅存部分，脊兽全无。屋面按照规制补配琉璃瓦件，望板刷防腐油、护板灰一遍，焦渣背一层厚约80mm，掺灰泥瓦瓦，青麻刀灰捉节夹垄，调脊安宝塔。

2）**椽飞、望板、连檐、瓦口**：檐椽除两山少部分尚存，其余绝大部分无存，后换的小断面杂木飞头无存，花架、脑椽小部分糟朽，望板全部糟朽，部分坍塌。按照原样更换、补配椽飞、连檐、瓦口，望板横铺柳叶缝。

3）**大木**：正心檩、挑檐檩、扶脊木大部糟朽，金檩枋、

脊檩个别糟朽、残坏。挑尖梁糟朽，塌落一间，檐柱芯糟，有两件下沉。老仔角梁糟朽无存，仅存老角梁1件。糟朽之梁、枋、檩撤换，挑尖梁头糟朽后部完好者，拼接修补。计：挑檐檩13件、正心檩11件、金脊檩11件、扶脊木4件、挑尖梁换一头4件、角梁7件、墩接檐柱补配包镶6件、檩间、角梁后尾安装铁活。

4）斗拱：东檐南次间平身科、柱头科全部糟朽、塌落。东南、东北二角科糟朽无存，其余除山面外，各间平身科残坏严重。按照原样制作修配，新作角科2攒、修补角科1攒、新作柱头科2攒、新作平身科6攒、修补平身科39攒。

5）装修：天花支条残缺、天花板大部无存，按照原规格补配修整天花板及支条，并更换大木有碍处拆安支条，支条共计133根，天花板200块。

三交六椀菱花窗仅残存1槛，现存一槛修正，新作三槛按照原式制作。

6）大门：实榻大门前后六槛，都有稍残，东沿下槛普遍糟朽一半，稍加修正上下槛框补配整齐。

前后栈板壁、横枋仅存单槽且部分糟朽坍塌。按照原式补配外沿栈板，外钉掩缝木条，栈板改为40mm厚宽150mm宽，门窗券雕饰卷草花。共修缮栈板11间。

7）油饰：外檐彩画全部无存，内檐彩画、油饰大部完好，天花无存。新换栈板、下槛、大门找补、角梁外檐部分地仗做一麻五灰地仗。椽飞头、挑尖梁头做三道灰地仗。菱花窗、斗拱、椽望、新换上架大木、檩枋、天花板、支条挂腻子或靠骨灰，栈板、大门、窗、椽望、连檐油饰。

8）石活：西部台阶、踏步走闪、沉陷，进行归安修缮。

9）山花：因拆换椽望、大木必须拆落，并按照原制式修缮。

5、四角门

内角门两座改为钢筋砼屋顶，瓦筒板瓦。择砌砖腿子墙身至原高度，筑打砼过木，座浆挂绿琉璃挂檐。外角门两座按照原做法维修。四角门过木以上四角门同，筑打砼屋面，砌筑山花博缝，苫背采用掺灰泥背和青灰背，瓦瓦采用掺灰泥瓦瓦（绿剪边、布瓦心），麻刀青灰捉节夹垄，红墙找补抹灰，刷红浆，安装门框、棋盘门、安装铁钉钑、门闩、铁垫、门轴箍。门、框及过木露明处二朱红油饰，一麻五灰地仗。

6、第一进院

甬路、踏步、土衬石整修，甬路方砖、牙子砖为水泥制品。天王殿前补配320mm×200mm土衬石3.1m，歪闪踏步归整20m。十字甬路细墁砼方砖，另四角门纵向及钟鼓楼横向均为三路方砖加牙子砖，方砖：380mm×380mm，牙子砖200mm×400mm×100mm。

7、宗印殿

1）屋顶：由于上下檐头大部坍塌，瓦件残缺严重，后换瓦件均为六样。大吻无存，大脊仅存四分之一，八宝仅存八分之三，脊中琉璃塔以上无存，垂脊、岔脊仅存二分之一，垂兽、岔兽无存。修缮方法是拆落全部瓦顶，瓦件拆落后清扫码放，琉璃釉保存二分之一的留用。添配瓦件改用六样，残缺瓦件、脊兽、吻等添配整齐。苫背：角梁部位做二毡三油，油毡层宽1mm。望板上刷防腐油一道，护板灰一层，厚15-20mm，苫焦渣背一层，厚约80mm，再苫青麻刀灰背一层，厚约20mm，掺灰泥瓦瓦，红麻刀灰捉节夹垄（图029）。

029 1981年旭光阁重点修缮（承德市文物局档案馆提供）

2）椽飞、望板、连檐、瓦口：椽望板大部残坏、糟朽，飞头大部坍塌无存，连檐瓦口缺欠、大部无存。修缮方法：按照原样添配椽飞、连檐、瓦口，望板改为30mm厚、横铺、柳叶缝。

3）斗拱：上檐东部平身科、柱头科大部残坏，尤以二昂以上严重，东北、东南角科压坏、破碎、倾圮。下檐个别升、拱残缺。修缮方法：照原样添配椽飞、连檐、瓦口。角科斗拱重做二整攒，东部上檐平身科38攒，拆落新作（部分拱、翘、升、斗用原有），柱头科修补，下檐个别残坏者修配。

4）大木：大木残坏隆曲，扶脊木、脊桁糟朽，北次间有一脊枋脱榫下垂，东部及南北转角处挑檐桁、正心桁严重糟朽、檐步坍塌，四角角梁糟朽无存，部分已无存。挑尖梁及随梁头糟朽，下檐个别挑檐桁及仔角梁糟朽。修缮方法：更换挑檐桁、正心桁、扶脊木。修补加固挑尖梁，挑尖随梁，脊瓜柱加抱柱。

5）装修：窗芯残坏约20扇，帘架6槛无存，天花及支条残缺。修缮方法：门窗天花拆除，编号码放，残坏窗芯补配，天花、支条、冒梁按原样制作添配。

6）油饰：室内彩画色彩艳丽如新，天花彩画大部剥落。室外上架彩画灰暗，部分无存。下架油饰大部脱落无存。修缮方法：上架彩画不做，保持原状，室内梁枋彩画以塑料薄膜铺垫保护，天花彩画脱落下坠者，以球皮钉压纸板固定，残缺者补画，檩枋、斗拱彩画凡新换构件补画，下架油饰按照一麻五灰地仗做，饰广红油二道，檐头捉腻子，椽飞头做三道灰，刷调和漆二道，望板、连檐、瓦口均为广红色，角梁一麻五灰地仗，斗拱捉腻子刷蓝绿。

8、胜因殿

1）大木：由于后檐金柱芯大部糟朽，挑檐檩大部无存，正心金桁大部糟朽，后檐挑尖梁头糟朽，西北角梁无存，东北东南仔角梁糟朽，扶脊木糟朽，挑尖顺梁糟朽，金垫板、金枋大部分糟朽。采取的修缮方法：金柱糟朽者更换柱芯3件，墩接柱子三件，并加160×160抱柱支顶。挑檐檩补配撤换9件，正心金桁补配撤换13件，撤换老角梁1件，仔角梁3件，挑尖梁头修补2件，扶脊木撤换4件，挑尖顺梁撤换1件，金垫板撤换1件，金枋撤换3件，间枋补配6件。

2）斗拱：西北角科斗拱无存，后檐西稍间平身科全部无存，前后檐平身科局部糟朽，挑檐枋大部残缺。修缮方法：制安角科斗拱 2 攒，制安平身科斗拱 5 攒，补配、修补前后檐平身科及挑檐枋。

3）椽望：檐椽仅存山面局部，其余无存，花架、脑椽局部糟朽，飞椽、翘飞椽全部无存，望板糟朽严重，连檐瓦口无存。修缮方法：全部拆落，添配制作檐椽 280 根，花架、脑椽糟朽者以旧檐椽改 20 根，飞椽、翘飞椽全部制安 140 根，望板全部更换，横铺柳叶缝计 300 ㎡。大连檐、椽椀闸挡板新制。

4）瓦顶：由于后檐瓦件全部无存，前檐瓦件尚存二分之一，垂脊局部无存，岔脊全部无存，博缝残坏，大脊隆曲，正吻塌落残缺。修缮方法：望板涂刷防腐油，麻刀护板灰一层，苦焦渣背 70mm 一层，苦 25mm 厚马刀青灰背一层。

5）砖墙：后檐墙顶部因为地震坍塌。局部择砌。

6）石活：台阶走闪，按照原样归安，灌水泥砂浆。

7）装修：帘架无存，槛窗、隔扇、菱花芯等都只存一层，其中一扇窗芯残坏无存，雀替残缺。修缮：新作帘架三樘，补做窗芯一扇，雀替按原样补配整齐。

8）油饰断白：彩画部分剥落，新换大木、椽望、斗拱装修都无油饰，斗拱统做原貌色调。梁枋新换者，做二道灰地仗，不做彩画。角梁、外檐柱雀替做一麻五灰地仗，金柱、槛窗装修、找补地仗，随旧做广红油饰。

9、慧力殿

1）瓦顶：檐头坍塌，琉璃瓦件残缺，屋顶渗漏（前檐瓦件大部残坏，后檐瓦件残坏二分之一），修缮方法：添配琉璃瓦件，揭瓦挑顶，拆落瓦件灰背，苦背：望板刷防腐油一道、抹护板灰一层、80mm 厚焦渣背一层、25mm 青灰背一层、掺灰泥瓦瓦，调脊坐兽。

2）椽望：前檐椽糟朽严重，飞头无存，两山后檐飞头糟朽严重，望板糟朽，瓦口无存。修缮方法：按原样换全部飞头，剔换翼角及正身檐椽、花架、脑椽。更换全部望板厚 25mm，改为横铺、柳叶缝。计 300 ㎡。檐椽新作，旧檐椽改花架脑椽。

3）大木：前檐明次间正心桁，挑檐桁糟朽，明间脊桁及各间扶脊木糟朽，修缮方法：明间换正心桁、脊桁 2 件，撤换明次间挑檐桁 3 件，撤换扶脊木 5 件。

4）斗拱：基本完好，部分残坏按照原样修补。

5）装修：帘架无存，槛窗缺一扇菱花芯，雀替缺三件。修缮方法：新作槛窗一扇，按原样做补做雀替 3 件。

10、北门殿、南门殿、碑门殿、东门殿、通梵门

四门殿大木糟朽（北门殿最严重，后檐廊部大木坍塌无存，东门殿后檐大木糟朽严重，南门殿东北角角梁糟朽），檐头坍塌，瓦件脱节残缺，装修无存（门、隔扇、天花、槛窗大部无存）。斗拱残坏、部分无存（北门殿）。

1）**修缮方法**：补配柱梁、角梁、檩枋等大木。南门殿补修东北仔角梁，补配整修斗拱，补配椽飞、望板、连檐、瓦口。补配装修（棋盘门、余塞板、隔扇、槛窗、雀替、井口支条与天花板、槛框、楊板等）。碑门殿内补做天花 64 块，两廊部 26 块，南门殿内补天花 62 块，两廊部 26 块，东门殿内补天花 78 块，两廊部 26 块。东门殿补做大门及装修，次间补做走马板及槛框。局部接瓦，补齐瓦件，宝顶。苦背瓦瓦、补配瓦件、补砌槛墙、

墁方砖地面、油饰断白等。通梵门门龙以上择砌 1.6m³。

北门殿由于损坏严重，予以落架重修：

2）**大木**：制安檐柱 4 件，制安大小额枋、由额垫板 5 件，制作平板枋 5 件，制安正心桁、挑檐桁各 5 件，制安仔角梁、老角梁各 2 件，制安挑尖梁、穿插枋各 2 件，踩步金梁补修、金柱墩接。

3）**斗拱**：制安角科两攒，制安柱头科 4 攒，制安平身科 14 攒。

4）**椽望**：制安全部飞椽，檐椽补配二分之一。望板全部补配，横铺柳叶缝。连檐、瓦口、里口木全部补配。

5）**瓦顶**：接瓦瓦顶，望板刷防腐油、苦马刀护板灰一道、80mm 焦渣背一道、做掺灰泥瓦瓦，调脊，中间安放琉璃塔，瓦件补配整齐。山花干摆砖垒砌，挂绿琉璃博缝。

6）**砖墙**：按照原样槛墙干摆，墙身糙砌，找补抹灰，室内抹饰包金土，按原纹饰彩绘边框，室外红灰抹饰。

7）**装修**：按原制式安装槛框、楊板。制配菱花隔扇 4 扇，槛窗 8 苫，帘架 1 扇，制配棋盘门、余塞板、棋坊板 3 间，制配天花支条及天花板，制配雀替 12 件（6 间）。

8）**油饰断白**：额枋以下槛框、楊板一麻五灰地仗，广红油饰。新换梁枋斗拱，按三道灰地仗，原样彩画，支条、燕尾、天花板、门窗、帘架靠骨灰地仗，广红油饰。门窗安装玻璃。

11、旭光阁及阁城

旭光阁瓦顶勾抹扫拢，清除草树。旭光阁外檐下架油饰（内檐金柱找补油饰）一麻五灰地仗。地仗装修做靠骨灰地仗，二朱红油饰，补安玻璃。旭光阁佛台补修、门窗修缮，阁城上檐琉璃檐头坐灰浆重新调脊、提节夹垄总面积月 150 ㎡，阁城各门洞墙身抹灰，刷包金土，面积 90 ㎡。上层以旧砖砍磨后细墁，下层以预制水泥砖细墁，补配、制安石制水沟、栏杆、铜沟嘴，补配大门。

12、风雨亭（六座）

大木拨正、补配椽飞、望板、连檐、瓦口，重新苦背、瓦瓦，补砌槛墙，补配槛框、楊板，油饰断白。

13、琉璃塔

维修八座喇嘛塔，不添加现代琉璃瓦件，全部用旧琉璃件，残坏构件全部用环氧树脂粘合，无存的琉璃件用砖雕刻替代。

14、其他

围墙整修、群庑阶条石归整、后墙择砌、抹灰、院落清理等。

（三）重点修缮与岁修保养

自 1982 年对普乐寺进行全面的保护修缮之后，以后每年均安排普乐寺的岁修保养和维护，主要包括瓦面勾抹扫垄、排水沟清淤、墙面局部整修、走闪台基归安、墙体下碱局部找补青灰勾缝、古建筑台基及遗址除草等内容。

1998 年，由承德市文物局组织对普乐寺 6 座风雨亭进行重点修缮，主要工程内容是修补台基，归整槛墙，整修檐头，瓦顶勾抹扫陇，重做墨线大点金旋子彩画。

1999 年，旭光阁屋顶出现漏雨情形，经勘查发现瓦件大面积脱釉，部分瓦件不存，上下檐椽望、连檐、瓦口大部糟朽；梁架内扒梁断裂下沉，下金瓜抱头梁头与井口枋之间拔榫，藻井斗拱残缺，天花板残坏，内外檐油皮地仗脱落，台明部分风化，

个别柱顶石残碎。1999—2000年，承德市文物局组织对旭光阁进行了重点修缮（图030，031）。具体修缮内容如下：

1、用鹦鹉岩更换残碎台明约20m，用青白石料更换破碎柱顶石3件，约合6.4m³。

2、拆卸屋面瓦件并编号，补配残坏瓦件，筒瓦约5200件左右，板瓦约9500件，勾头、滴水补440件。拆除望板已糟朽处的灰背约520m³，保留部分原作的灰背，并在瓦下重新布Φ6两道避雷线，拆安宝顶，更换酥碎的宝顶琉璃座饰件。

3、更换糟朽雷公柱、太平梁、由戗、上金桁枋、扒梁、金瓜柱等约15件大木，并拼木打铁骨加固。更换糟朽的椽檐约180件，更换全部连檐瓦口。

4、原彩画加固保留，无存部分做一麻一布六灰地仗。下架朱红油饰，上架做金龙和玺彩画。斗拱三道灰地仗平金彩画，椽望三道灰地仗、油饰、饰件贴金。

030 2000年旭光阁瓦面修缮（承德市文物局古建处提供）

031 2000年对旭光阁藻井进行局部修补（承德市文物局古建处提供）

第三章 建筑特色

一、建筑风格

　　承德清代藏传佛教建筑的建筑风格，因营建时期、建造目的、仿建对象的不同，主要分成三种风格。其一为汉式风格为主，即寺院布局采用一正两厢轴线对称的格局，在中轴线上为山门、天王殿、大雄宝殿，轴线两侧对称布置钟鼓楼、东西配殿。其建筑构造仍采用汉族木构坡屋顶的一般寺庙建筑形式，仅在供奉的佛像及建筑细部装饰上有些藏传佛教的风格。如溥仁寺、殊像寺等（图032，033）。其二是汉藏混合式风格。其布局有所变化，寺庙的部分区域采用藏式建筑的都罡法式布局，有的将山门、主殿等建筑改为多建筑组合的大经堂，并在其后部增加佛阁、坛城、塔幢等。其建筑风格即在木构坡顶殿

032 从山顶俯瞰武烈河东岸的溥仁寺（中）、普乐寺（右）和安远庙（左）（陈东 摄影）

堂的基础上，掺杂部分平屋顶建筑（平顶碉房），伴随着收分的墙体、梯形的盲窗、藏式喇嘛塔等。具体造型亦有多样化的表现，此式在承德应用较为普遍，而且根据寺庙的不同，汉藏风格的结合方式也各具特色。如乾隆早期兴建的普宁寺、安远庙、普乐寺主要是部分引用了藏式寺庙的布局特征，藏式平顶碉房、盲窗、藏式喇嘛塔的使用较少，乾隆后期修建的普陀宗乘之庙和须弥福寿之庙（图034）则大量使用了藏式的建筑要素，汉式建筑的比例明显减少。其三为藏式风格为主，即按西藏碉房式寺庙构造原则修建的寺庙。其布局多因山就势，自由灵活，不再拘泥于中轴对称原则，一座寺庙中可以有多座佛殿、经堂，并配有学院、僧舍等。其建筑构造采用石墙、平顶、鎏金铜瓦屋面，有都罡式的大经堂、各式喇嘛塔等，与汉式的风格迥异。此式多用在青海、川西、西藏等地区，在承德采用这种风格的寺庙只有广安寺。在承德，12座皇家寺庙的建筑风格涵盖了上述三种藏传佛寺的形制，并且还有所变通发展，是清代藏传佛寺建筑艺术的重要实例。其中普乐寺是清代在承德创建汉藏混合式风格寺庙的初期实例，该寺以其统一完整的建筑布局，极具特色的主体建筑风格，以及主体建筑内神秘的藏传佛像而蜚声国内外 *。

乾隆皇帝下令敕建普乐寺时，避暑山庄外东侧和东北侧的山峦冈埠上已经成建了溥仁寺、溥善寺（以上二寺建于康熙时期）、普宁寺、普佑寺和安远庙5座皇家寺庙。这些庙宇或为汉式，或为汉藏混合式风格，初步形成了承德皇家寺庙群风格多样的寺庙建筑形式。按照《普乐寺碑记》描述，普乐寺的建造是乾隆皇帝按照章嘉活佛的规划思想修建的，寺庙用以供奉《大藏经》中记载的上乐王佛（即胜乐王佛）。胜乐王佛是持轮王的化身，居常东向，普渡众生。并建议此庙应当外辟二层墙门，开三条大道，中建广殿，后营阇城，其内设置蹬道，供上乐王佛，与磬锤峰相对，面向避暑山庄，如此营建，可使天人皈依，人人都服从皇帝的统治。

033 殊像寺全景（陈东 摄影）

034 自普乐寺远望普陀宗乘之庙和须弥福寿之庙（陈东 摄影）

035 中轴线各建筑正脊中心安设琉璃覆钵塔以突出轴线（自阇城西望）

036 中轴线各建筑正脊中心安设琉璃覆钵塔以突出轴线（自阇城东望）

二、寺庙布局

中国传统的寺庙布局一般都是坐北朝南，但避暑山庄周围寺庙中的普乐寺和安远庙却是坐东朝西面向西侧的避暑山庄；其他寺庙均朝向正南，这与乾隆皇帝对承德皇家寺庙的整体规划思想和寺庙本身的规划要求有关。乾隆时期所建各庙，均朝向避暑山庄，好似众星拱月一般，含有拱卫中央政权的喻意。其中建筑布局最特殊的就是普乐寺，普乐寺前半部是传统汉式寺庙轴线对称的格局，后半部则为曼陀罗坛城的形式。它设有东西两座山门，正面的西山门、前殿宗印殿以及寺庙前半部都是朝西的，即朝向避暑山庄；寺庙的后半部阇城，包括东面的通梵门和主殿旭光阁都是朝东的，也就是朝向磬锤峰，旭光阁的匾额也是面向东悬挂的。在面向磬锤峰的东方，阇城还专门设有东山门，即通梵门，正对磬锤峰。普乐寺中轴线的延伸线完全正对避暑山庄和磬锤峰，而且所有位于中轴线的建筑正脊中心都安放琉璃覆钵塔脊刹以突出这一轴线（图035、036、037）。之所以采用这种寺庙布局形制，乾隆在《普乐寺碑记》中特别说明，这是源于章嘉国师的规划思想，即："大藏所载，有上乐王佛，乃持轮王佛化身，居常东向，洪济群品。必若外辟重闉，疏三

037 普乐寺中轴线的延伸线正对磬锤峰（曲大维 摄影）

涂，中翼广殿，后规阁城内叠磴悬折而上，置龛正与峰对者，则人天咸遂皈仰。"章嘉为乾隆描述了这样一个规划蓝图：大藏经上记载，有一个上乐王佛，是扶轮王佛的化身，他的居所是向东的，济渡众生。要建造上乐王佛的寺庙，必须外有两道门，开三条大道，中间建一座大殿，后面建一座"阁城"，由蹬道攀折而上到达阁城中心。"阁城"中置龛，正与磬锤峰相对，如此这般，便人人皈依佛法。乾隆听了以后，正对心怀，于是下令依照章嘉的说法建普乐寺。

在寺庙的布局上，普乐寺的设计者可谓匠心独具，建筑构思极其丰富合理。普乐寺依山势而建，西低东高，寺庙的整体布局分为前后两个部分，建筑按照对称方式布置格局。宗印殿以前的两进院落是寺庙的前半部分，为传统汉式寺庙布局，这部分采用轴线对称手法，给人以严谨庄重的感觉。称作"阁城"的是寺庙的后半部分，是仿西藏萨迦寺的"坛城"规制修建的，呈辐射对称布局。阁城分上、中、下三层，第三层围以栏杆，中设圆形殿座旭光阁。在阁内石须弥座上，建一大型立体木质"曼陀罗"，内置铜铸密宗本尊佛像。寺庙的前后两个部分形

成统一的中轴线贯穿始终，山门、天王殿、宗印殿、旭光阁、通梵门等主体建筑都位于中轴线上，附属建筑位于轴线两侧，反映出主附建筑分明有别。

普乐寺后院主体建筑群阁城是按藏传佛教曼陀罗形式建造的巨大石砌三层城台，城台顶正中为圆形主殿旭光阁，有迎东方曙光之意，与东方磬锤峰相对，更强调了寺庙主轴线的意义。旭光阁与北京天坛祈年殿做法相近，在整个造型处理上极为成功，两层石台的高度占总高的近三分之一，比例适中，旭光阁屋顶的延长线与两层高台，构成一个近似等边三角形，形成整体轮廓秀丽端庄，稳定性极好。

普乐寺的山门前有两层与寺庙南北宽度相等的台地广场。第一层台地广场被称作阅台，俗称月台，南北长 92.7m，东西宽 38.48m，面积 3567m²。阅台三面为高约 0.5m 的台帮，虎皮石砌筑，上置鹦鹉岩（凝灰岩）压面，再上砌低矮的砖围墙，因其矮小而称为女儿墙，也称宇墙。女儿墙上对称设 7 个门口，其中正面中部设三樘，正面两侧各一樘，南北山面各一樘，门口前均设石质礓磋坡道。清代 7 个门口各建棂星门一座，现木

039 庙前月台与广场

制棂星门已不存，仅存门口。阁台上山门两侧置石狮一对，蹲坐在雕刻精美的须弥座上。石狮的外侧分别立一幢杆，现仅存夹杆石。在清代木制幢杆固定在带雕刻的夹杆石中，幢杆之上用以悬挂宗教内容的彩色布饰，有如旗帜一般随风飘摆摇曳。阁台主路和支路均由青砖铺墁，路间绿地遍植松树。身临庙前阁台，仰视山门，你会感到极为浓厚的宗教气氛，庄严肃穆而又无比神圣（图039）。

第二层广场低于第一层阁台约0.5m，长同阁台亦为93m，宽40m，面积3720m²。这里原为候场，每当举行重大宗教活动时，各阶层宗教人士、官员、侍从等在此等候按规定的顺序进入庙内，清代也可能在此举行跳布扎仪式。候场外圈由两排石压面围合，上置挡众木，压面外砌筑虎皮石台帮。候场正南面设礓磜坡道，清代有土路向西南盘曲下山，通往避暑山庄和溥仁寺、溥善寺。现在这条路变成了菜地，通往避暑山庄的道路改为普乐寺西北方向。

普乐寺前部分第一进院位于中轴线上的建筑是山门殿和天王殿，轴线两侧是钟楼和鼓楼，此外还包括山门殿和天王殿两侧的腰墙和4座角门；前部分第二进院中轴线上的主殿是宗印殿，慧力殿和胜因殿2座配殿位于两侧，慧力殿和胜因殿后墙处设院墙，墙外是设立僧房的南北跨院，通过随墙门可出入僧房院。从宗印殿后面上阁城前两侧的抄手踏跺到达碑门殿，穿过碑门殿便到达了后半部仿西藏萨迦寺的"坛城"的阁城，这是普乐寺建筑群最主要的部分。阁城由上、中、下三层组成（图038）。下层建筑布置主要是四方门殿和群庑，正中为阁城的主要部分石砌城台，四方门殿除西面为碑门殿外，其余为南门殿、北门殿、东门殿。从城台东西两面的券门内上台阶均能到达阁城中层台面，台面布置了4座风雨亭，遮挡风雨，防止券洞台阶被雨水侵蚀；中层在四正面及角部设置8座琉璃塔，台面四周砌筑雉堞围护，中层的南北两侧各设券门可达阁城上层；上层中部为圆形重檐攒尖顶建筑旭光阁，样式与北京祈年殿相似，台面四周设石质栏板、望柱围护，东北和东南分别建风雨亭一座。自阁城下层东面穿过东门殿可到达普乐寺最后面的建筑通梵门。由通梵门可出普乐寺去磬锤峰。

038 阁城东侧（陈东 摄影）

三、单体建筑特色

1、山门殿

山门殿坐东朝西（图040，041），是普乐寺的正门殿，为中轴线上的第一座建筑。此建筑建在高1.6m的台基上，面阔三间，明间4.24m，次间4.205m，通面阔12.65m，进深一间5.98m。台明通长14.68m，宽7.9m，建筑面积115.79m²。山门殿四面均由檐墙封护，前后墙明、次间辟拱券门三堂，前后均设礓磜坡道。屋顶形式为单檐歇山顶，瓦面布瓦心绿琉璃瓦剪边，施绿琉璃脊兽，正脊中设琉璃脊刹，檐下施斗栱。前檐明间拱券上方正中嵌有乾隆御笔"普乐寺"满、汉、藏、蒙4种文字的石匾（图042，043）。

台基：前檐台明高1.6m；后檐台明高0.51m。台帮为陡板石包砌，四面设角柱石，上施阶条石压面。阶条石断面尺寸525×200mm；西侧两个角柱高1400mm，宽600mm；东侧两个角柱高400mm，宽600mm。台基前后均设三路礓磜坡道，每间柱中线位置用垂带石相隔，垂带宽580×190mm。台基四周用条砖铺墁散水，条砖规格为400×200×100mm，散水宽730mm。以上所有露明台基石构件材质均为鹦鹉岩（本地产凝灰岩，下同）。

地面：室内方砖顺铺，墁地方砖规格为400×400mm。檐柱均包砌在檐墙内，内墙面做出八字柱门露出檐柱，柱下施鼓镜柱顶石，共12件，规格为890×890mm，鼓径620mm，高30mm。

040 山门正面（西立面）（陈东 摄影）

041 山门西南面（陈东 摄影）

墙体：下碱青砖干摆，高1000mm，厚780mm，青砖规格为390×195×95mm，下碱外墙根部柱位施柱门透风砖。下碱墙转角施石质角柱石，上置腰线石，高200mm，均为鹦鹉岩材质。墙体上身二样城砖糙砌，靠骨灰做底，外抹饰红灰，室内抹饰包金土界绿边。前后檐门券为石质，浮雕官式西番莲纹饰。明间石券脸宽1875mm，高2100mm，次间宽1740mm，高1900mm。

梁架结构：采用清官式抬梁式歇山结构，五檩五架梁用二柱。梁架中施檩、垫、枋，脊部三架梁上施角背、瓜柱，五架梁上施柁墩承托三架梁，下施五架随梁。步架分4步，檐部步架1185mm，举架五举，脊部步架1795mm，举架六举。檐柱12根，圆形，直径480mm，高3540mm。

斗栱：檐下施单翘单昂五踩斗栱。前后檐明间平身科6攒，次间平身科6攒，进深平身科6攒，柱头科共8攒，角科4攒，总计60攒。斗口为64mm，单材为90mm，足材为128mm（图044）。

042 山门石券门与乾隆御笔石匾（熊炜 摄影）

043 山门正面远景（陈东 摄影）

044 山门室内斗拱、彩画及天花（陈东 摄影）

檐头：檐出 1460mm，其中檐椽平出 980mm，飞椽平出 480mm。椽径 90mm。明间 20 椽，次间 16 椽，翼角 11 翘。大连檐高 80mm，望板厚 30mm。

彩画：较为完好的保存清代原有的金线大点金旋子彩画，一字枋心，室内井口天花纹饰为片金二龙戏珠。

装修：前后檐明、次间均安实榻木板门，共 12 扇。室内为井口天花。板门为一麻五灰地仗，二珠红油饰。

瓦顶：屋面为布瓦心绿剪边做法。筒板瓦是官式六样琉璃瓦，明间 14 垄，次间 12 垄，翼角 10 垄。正脊为官式正脊样式，正脊中设黄绿琉璃藏式琉璃塔刹，官式绿琉璃正吻。四条垂脊为官式垂脊样式，顶端制安绿琉璃垂兽。岔脊置仙人，后为龙、凤、狮、海马、天马绿琉璃官式脊兽。

2、钟、鼓楼

一进院山门两侧为钟鼓楼，其中南侧为钟楼，北侧为鼓楼，建筑形制完全相同，均为两层平座样式，屋顶样式为单檐歇山顶，瓦面是布瓦心绿琉璃瓦剪边。钟鼓楼台明长 11.54m，宽 7.63m，建筑面积 88.05m²。底层面阔三间，进深一间，四周廊，四面封护墙体，前檐明间中部设楼门。室内次间设楼梯三跑，到达二层。二层面阔三间，进深一间，檐部位置四面木栈板墙封护，前后檐明间设门，次间和山面设窗。

台基：台基高 600mm，台帮为陡板石包砌，四角施角柱石，宽 540mm；台明四周用 510×250mm 阶条石压面。前檐出垂带踏跺三级，垂带宽 420×190mm。台基四周为褥子面砖散水，后改水泥砖，散水宽 510mm，牙子砖宽 70mm；鼓楼后檐保留原条砖褥子面散水，条砖规格为 390×195×95mm。以上所有露明台基石构件材质均为鹦鹉岩。

地面：底层室内外地面为方砖墁地，方砖规格为 400×400mm。廊柱柱顶石 16 件，规格为 660×660mm，鼓径 420mm，高 65mm。金柱柱顶石 8 件，规格为 660×660mm。二层地面，室内及外檐廊部坐掺灰泥细墁方砖地面，四周采用阶条石压面，阶条石下用琉璃挂檐板。用砖的规格与下层地面砖相同。

墙体：一层金柱位置砌筑墙体，下碱用 390×195×95mm 条砖干摆砌筑，高 1150mm，墙厚 630mm，下碱外墙根部施柱门透风砖。鹦鹉岩腰线石，高 200mm，上身青砖糙砌，外墙面抹灰饰红，内墙面抹金包土。前檐明间券门上施券脸石，雕刻西番莲纹饰。二层金里装木栈板墙。

大木构架：下檐周围廊，檐柱、额枋、承重梁、楞木、支承楼板，柱头科桃尖梁上利用插柱承托平座斗拱，施间枋、承重梁承托二层构架。上檐构架为清官式抬梁式五檩歇山构架做法，周围廊擎檐柱式。檩部构件为檩、垫、枋三件，柱间施平板枋、额枋，柱上置斗拱、五架梁、五架随梁，前后、左右用穿插枋与擎檐柱相连。下檐檐柱 16 根，直径 350mm，柱高 3220mm。下檐金柱 8 根，直径 370mm，柱高 9200mm，为通柱。擎檐柱 16 根，方形 160×160mm，下檐柱与上檐擎檐柱间均安有雀替，上檐擎檐柱间雕刻花板。

檐头：圆椽直径 90mm。下檐檐出 1440mm，其中檐椽平出 1065mm，飞椽平出 375mm。上檐檐出 1660mm，其中檐椽平出 1190mm，飞椽平出 470mm。

斗拱：下层檐单翘单昂五踩斗拱，斗口为 64mm，单材 90mm，斗拱布置前后檐明间 4 攒，次间 2 攒，梢间 1 攒，柱头科共 4 攒，角科 4 攒，山面明间 4 攒，次间 1 攒，柱头科 2 攒。平座重翘五踩品字科；各层翘的后尾直接插入金柱内。前后檐明间平身科 4 攒，次间平身科 2 攒，柱头科 4 攒，角科 4 攒，山面明间平身科 4 攒，次间平身科 1 攒。上檐施一斗二升十字交麻叶斗拱，前后檐平身科明间 4 攒，次间平身科 2 攒。山面明间平身科 4 攒，次间平身科 2 攒。

装修：上下层周围廊各间均安雀替共 32 件，其中廊部为骑马雀替。平座上安擎檐柱，柱间安木雕雀替、卷草纹绦华板、荷叶净瓶栏杆。上层金里装木栈板墙，明间前后券门，次间和山面设券窗，现仅存门窗口，未恢复窗扇。

彩画：外檐梁枋大木绘墨线小点金旋子彩画，龙锦枋心；室内大木为二珠红油饰二道；下架为一麻五灰地仗，二珠红油饰。

钟楼上层悬挂铜钟一口，铜钟高四尺，钟钮高一尺，钟口径二尺四寸，上铸有"大明万历四十年岁次丁巳四月吉旦"及"敕赐宝塔寺住持胜宝""敕建大护国慈寿管事奉御闾鸾"，说明这口铜钟铸于明朝万历年间，后移来承德普乐寺。鼓楼上鼓已无存。《热河园庭现行则例》记载："钟楼悬挂铜钟高四尺，钟钮高一尺，钟口径二尺四寸，系前明万历四十五年岁次丁巳四月吉旦"。承德的清代皇家寺庙不仅普乐寺悬挂了前朝的钟，殊像寺钟鼓楼的钟同样也是明代遗物。

每逢初一、十五，溥仁寺、溥善寺、安远庙的喇嘛 20 多人在寺内鸣钟诵经，寺内钟鸣 108 下。每逢皇帝和王公大臣来此赡礼，鸣钟击鼓，以示庄重（图 045-049）。

3、天王殿

中轴线上第二座建筑为天王殿，面阔五间、进深三间，建于 1.755m 高的台基上，台明长 20.94m，宽 10.94m，建筑面积 229.08m²。建筑形式为单檐歇山绿琉璃剪边布瓦顶，施脊兽，檐下施斗拱。前檐明间正中悬挂乾隆御笔"天王殿"浮雕云龙陡匾一块，现匾已不存。前后檐为木栈板墙，两山为砖墙围护。前后檐明、次间均设两扇实榻大门，梢间为券窗。室内中部供奉木雕韦陀、弥勒，两山供奉泥塑四大天王。前檐台前设三路九步垂带踏跺，后檐为三路三步垂带踏跺，垂带宽 645mm。

台基：均为鹦鹉岩石材，陡板石台帮、角部施角柱石，阶条石压面，规格为 650×200mm；角柱石 4 件，高 510mm，宽 540mm。

地面：方石墁地顺铺，规格为 660×640mm。凝灰岩柱顶石，檐柱柱顶石共 16 件，规格为 840×840mm，鼓径 680mm，高 50mm。金柱顶石共 8 件，970×970mm，鼓径 680mm，高 50mm。台基四周铺墁青砖 400×200×100mm 散水，现条砖为水泥制品，后修所致。水泥条砖规格为 420×210×70mm，散水宽 720mm。

墙体：前后檐为木栈板墙，木板双层墙厚 380mm；两山砖墙，下碱用 390×195×95mm 条砖干摆砌筑，墙身内墙为包金土，外红灰抹饰。

梁架结构：前后檐双步梁插金三架梁九檩歇山造，四角抹角扒梁法。檐柱直径 440mm，16 根，高 4410mm。步架分 6 步，

045 钟楼正面（陈东 摄影）

046 钟楼室内楼梯（陈东 摄影）

047 钟楼梁架（陈东 摄影）

048 钟楼内的钟（陈东 摄影）

049 鼓楼（陈东 摄影）

檐部步架 1470mm，举架五举，金部步架 1470mm，举架为六举，脊步 1440mm，举架为七五举。

斗栱：单翘单昂五踩斗栱，斗口为 64mm，单材为 90mm，足材为 128mm。斗栱布置为前后檐明间平身科 6 攒，次间平身科 6 攒，稍间平身科 5 攒；进深平身科 12 攒，柱头科共 12 攒，角科 4 攒；总计 96 攒。

瓦顶：正脊为祥云纹黄绿琉璃花脊，中安覆钵塔形黄绿琉璃脊刹三座，居于脊正中的一座体量略大，正脊端安黄琉璃龙形花脊正吻，垂脊和岔脊为卷草纹绿琉璃花脊，脊端安绿琉璃龙形花脊垂兽，大小样式相同。

装修与彩画：前后檐明、次间设木券门，各间施实踏大门两扇，稍间设木栈板拱券窗，心屉为三交六椀六角菱花。梁枋大木为金线大点金旋子彩画，一字枋心；室内为井口天花，彩绘六字真言。

塑像：殿内正中供奉弥勒（布袋和尚）木雕佛像。弥勒佛两侧的木栅栏内置泥塑彩绘四大天王，手持宝剑的为南方增长天王，抱琵琶的是东方持国天王，持蛇者为西方广目天王，手持宝幢的是北方多闻天王，弥勒佛像的背后立一尊手持降魔杵的木雕护法神韦陀（图 050–053）。

050 天王殿屋顶（陈东 摄影）

051 天王殿东面（陈东 摄影）

052 天王殿东北（陈东 摄影）

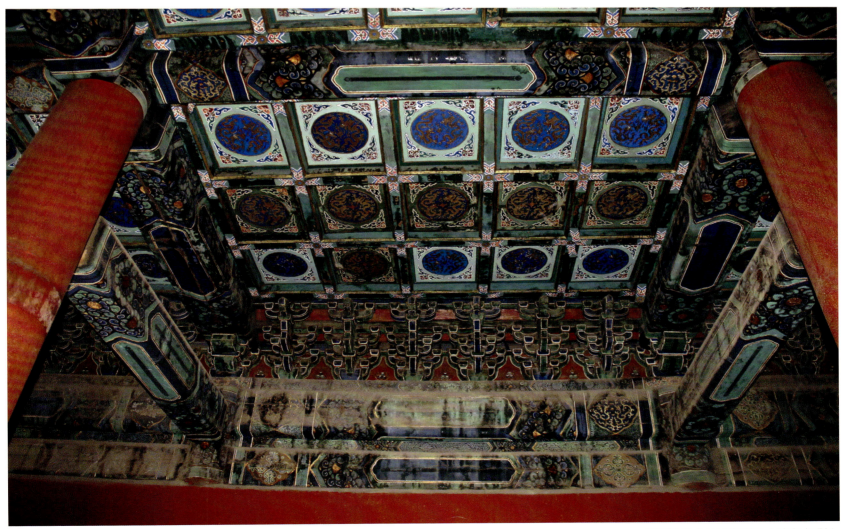

053 天王殿室内斗拱和彩画（陈东 摄影）

4、角门

第一进院有角门（腰门）4 座，分别设置在山门殿和天王殿两侧的腰墙上，砖石结构建筑，屋顶为单檐歇山布瓦心绿琉璃剪边，安官式脊兽。角门墙体下碱为城砖干摆，上身外饰红灰抹饰。上槛以上为过木及琉璃砖贴面砖檐，其上为琉璃瓦顶，两山墙中安木板门两扇，红色油饰。角门前后施垂带踏跺，台基四周铺墁散水，前后有甬路相通（图 054，055）。

5、胜因殿、慧力殿

两座建筑坐落在宗印殿前南北两侧，均为配殿，北为胜因殿，南为慧力殿。两座配殿大小、形式相同，均面阔五间，进深二间，前出廊，单体建筑面积为 183m²，两座建筑共 366m²。屋顶形式为单檐歇山绿琉璃剪边布瓦顶，施官式脊兽，檐下施斗拱；金里安装修，明、次间制安隔扇，稍间制安槛窗，两山和后檐砌筑檐墙。室内与廊部均为方砖墁地，台前施三路三级垂带踏跺。台基四周铺墁条砖散水，条砖规格为 400×200×100mm。

墙体：下碱为干摆做法，角部施角柱石，上部施腰线石，墙身内墙为包金土，外墙为红灰抹饰。

梁架：七檩歇山露明造，进深设五架梁，前后设单步梁（桃尖梁），脊部施瓜柱、角背，五架梁下施随梁枋。廊部施穿插枋，柱间施额枋、雀替；柱上为平板枋、斗拱。檩上铺钉圆椽，施檐椽、花架椽、脑椽，檐部施飞椽，椽上均为望板。

斗拱：单翘单昂五踩斗拱，斗口为 64mm。斗拱布置，前后檐明、次、稍间平身科均为 4 攒，山面明间 6 攒，次间 1 攒，柱头科 8 攒，角科 4 攒，共 56 攒。

瓦顶：单檐歇山布瓦心绿琉璃剪边，脊安吻兽，岔脊兽前小兽 5 件。

装修：前檐金里装修，明、次间为四扇六抹隔扇门，门前设帘架，稍间为四扇四抹槛窗，心屉均为三交六椀六角菱花。

梁枋大木为墨线小点金旋子彩画，龙锦枋心，下架为一麻五灰地仗，二朱红油饰（图 056，057）。

054 角门（陈东 摄影）

055 角门（陈东 摄影）

056 胜因殿（陈东 摄影）

057 慧力殿（陈东 摄影）

058 宗印殿西南（陈东 摄影）

6、宗印殿

宗印殿是普乐寺前半部分主体建筑，重檐歇山黄琉璃顶建筑。面阔七间，台基面阔31.3m，进深五间，台基进深14.36m；基台高1.4m，建筑面积为465.12m²。檐下施斗拱，殿前悬挂"宗印殿"陡匾一块。宗印殿室内减去前檐内金柱，使空间扩大，后檐内（通）金柱明、次间设三座须弥座佛台，供奉三世佛；两山设须弥座佛台供奉八大菩萨。前后檐明、次间为隔扇门，前檐稍间、尽间为槛窗，其余为墙体围护。

台基：鹦鹉岩石质台明、阶条石、陡板石、角柱石，台基前后明次间均设三路七步垂带踏跺。正中路中部设二龙戏珠浮雕丹陛，雕刻十分精美。室内为鹦鹉岩方形石板顺铺地面，规格为700×700mm。台基四周铺墁青砖散水，现为水泥条砖墁地，条砖规格为400×200×100mm，散水宽900mm。

墙体：前檐稍、尽间施槛墙，后檐稍、尽间施后檐墙，两山为山墙。墙体下碱用390×195×95mm条砖干摆砌筑，角部施角柱石，上部施腰线石；墙体上身内墙为包金土，外红灰抹饰。

大木构架：单层重檐歇山造，脊部中施檩、垫、枋三件，其两侧又施檩枋二件，并列在脊部，使脊瓜柱加大直接承托三列檩枋，在建筑中这种做法不多见，仅用于脊部饰件过重的建筑。用柱为檐柱24根，直径为600mm；老檐柱16根，直径为700mm；通金柱4根，直径为750mm。柱间施大额枋、小额枋，柱上为平板枋、斗拱。檩上为圆椽，方飞椽，望板为顺望板。

斗拱：下檐施单翘重昂七踩斗拱，斗口为70mm。

斗拱布置：前后檐明、次、稍、尽间均为6攒，两山

明间6攒，次间、稍间均为2攒；平身科共68攒；柱头科20攒，角科4攒，共92攒。上檐施重翘重昂九踩斗拱，斗口70mm，斗拱布置前后檐除尽间为2攒外，其余与下檐相同；上檐山面明间6攒、次间2攒，平身科共56攒，柱头科16攒，角科4攒，共76攒。宗印殿室内穿插枋和桃尖梁之间还装饰有隔架斗拱，并可以增强承重梁架的抗弯能力。

瓦顶：屋面为五样黄琉璃瓦件，正脊为黄绿两色琉璃云龙纹饰花脊，脊上布黄绿琉璃佛八宝饰件，脊中央置黄绿琉璃覆钵塔脊刹，垂脊、岔脊、围脊均为黄绿两色琉璃卷草花饰，吻、兽采用黄琉璃花脊龙吻。

装修：前后檐明、次间设帘架，制安四扇六抹三交六椀菱花隔扇；前檐稍间、尽间制安四扇四抹三交六椀菱花槛窗；横披、帘架三交六椀菱花心屉。

室内施井口天花，天花板彩绘为六字真言。上架绘金龙和玺彩画，下架二朱红油饰。

塑像：殿内供奉三世佛，三尊佛像体量大小相同，形态相似，均有木雕背光，前置铜珐琅钵三件，三座内置铜佛十五尊楠木龛，在三方佛两侧的石须弥座上置八尊木雕金漆菩萨像。室内明间金柱御笔黑漆金字挂对一副。原室内还置殿钟一口，殿鼓一面，现已无存。《热河园庭现行则例》记载"普乐寺宗印殿内悬挂铜钟高二尺八寸五分，钟钮高七寸，钟口径二尺四寸，系康熙六十年岁次辛丑四月初八日吉旦"。

宗印殿殿前庭院正中放置铁香炉一个，上铸八卦仙鹤纹（图058-064）。

059 宗印殿背面（东面）

060 宗印殿背面（东南面）

061 宗印殿室内斗拱

062 普乐寺香炉

063 宗印殿室内斗拱与彩画（陈东 摄影）

064 宗印殿室内供奉的
三世佛（陈东 摄影）

7、阇城

普乐寺阇城位于寺庙的后半部分（宗印殿之后），用规整的条石砌筑成方形的三层高台，总高 16.00m。它既是普乐寺主殿旭光阁的基台，本身又是一组巨大的古建筑物，建筑形式特殊，有较高的历史和艺术价值。普乐寺阇城一词出现在乾隆《普乐寺碑记》章嘉国师对普乐寺规划的建议"必若外辟重闉，疏三涂，中翼广殿，后规阇城内叠磴悬折而上，置龛正与峰对者，则人天咸遂皈仰。"热河志中称其为"经坛"，清代工程档案则称其为"方城"，现在一般把阇城称作"坛城"或"曼陀罗""曼荼罗"。曼荼罗是梵文 Mandala 的音译，本意是指圆或圆形的东西。在佛教中曼荼罗被赋予了各种各样抽象和神秘的含义，藏传佛教中的曼荼罗起源于古代印度密宗修法活动修建的坛城，修行者将曼荼罗作为观想或者修行的辅助。普乐寺的阇城是乾隆皇帝专门修建的胜乐王佛的道场（图 065）。

阇城下层城台是边长为 74.70m 的正方形台地，墙高 3.50m，四边用 6 层料石砌筑成金刚墙。西面中部设抄手蹑道 19 级，通过碑门殿到达下层城台台面。台面的四个正面建有东、西、南、北 4 座门殿以及 68 间群庑，西门殿即为碑门殿，内置乾隆普乐寺碑记卧碑。下层城台地面均为条石墁地，条石规格不一，四面门殿与阇城中层石的券门间有甬路相连，甬路高于地面 300mm，其上也为条石墁地。

通往中层的四个石券门中南北为假门，东西为券门磴道。

阇城中层为边长 44.90m 的正方形台地，高 7.00m，由 14 层条石砌筑而成。台地上由 4 座风雨亭和 8 座五色喇嘛塔组成。在东西两侧的券门出口处各设置 2 座单檐卷棚歇山黄琉璃瓦顶的风雨亭防止雨水倒灌至券洞内。8 座喇嘛塔大小和样式基本相同，正面均朝向阇城中心，其中阇城四角设置的是白台，安置在八角形平面的石质须弥座，4 个正面分别设置黄、黑、紫、蓝 4 色塔，石质须弥座平面为正方形。城台边缘设有城砖砌雉堞垛口，垛口墙里设石质排水沟及下泄排水口，并每面安 4 个铜质排水嘴。中层城台地面为条砖墁地，20 世纪 80 年代改为水泥条砖 400×195×95mm，本次修缮恢复为原有规格的青砖墁地。阇城中层四面也有 4 个券洞，但与下层不同，东西券洞为假门，南北券洞是券门磴道，可直达阇城上层。

阇城上层为宽 30.41m 的正方形台地，9 层条石砌筑金刚墙，高 5.51m。金刚墙上部设鹦鹉岩挑檐石，雕刻矩形石椽飞，挑檐石上做黄琉璃瓦屋檐，屋檐之上设石质栏杆。栏杆自下向上分别是地伏、栏板、望柱，栏板为寻杖栏板，内雕刻荷叶净瓶和海棠池子，望柱柱身雕刻海棠池子，云龙纹饰望柱头。每面有栏板 19 档，栏板居中，四角为望柱，共计有栏板望柱各 76 档。阇城上层中心是主体建筑旭光阁。上层在券门磴道上建风雨亭 2 座，分别位于上层的东北角和东南角。上层台地为条砖墁地，条砖规格为 400×195×95mm。城台边缘设石质排水沟及下泄排水口，并每面安 2 个铜质排水嘴。

从承德市文物局档案馆查阅的普乐寺资料看，阇城在 20 世纪 70—90 年代曾做过修缮，台面做法为条砖两层，从上往下为细墁地面一层、糙墁地面一层，最下为灰土垫层。修缮时在原有的做法上增加了防水层。具体做法：将原地面砖（面层、垫层）揭除、扫净，分糙砖、细砖分别码放。连同原有揭下之地面砖确定统一尺寸大致砍磨、备用。检查灰土基层，残坏裂缝处清理至坚实基层，边沿扫净泼水，然后以 3∶7 白灰（泼浆过筛）找补齐后，铺一毡二油防水层，坐掺灰泥墁糙砖垫层，然后铺墁细砖，按行灌足白灰浆。

065 普乐寺阁城（陈东 摄影）

8、碑门殿

碑门殿又称西门殿，坐落在阁城西面下层，因殿内置有乾隆御制石碑故称碑门殿。此殿是寺庙前、后两部分的过渡，从前院到达寺庙后半部的阁城，碑门殿是必经之路。殿前设抄手踏跺19级，踏跺西侧设女儿墙围护。碑门殿坐东朝西，面阔三间，进深一间，前后廊，檐下施单翘单昂五踩斗拱，单檐歇山绿琉璃瓦剪边布瓦顶，建筑面积109.62m²。除前后檐明、次间施装修外，其两山墙体围护。室内中部有石质方形须弥座和石碑，用汉、满、蒙、藏四种文字，刻《普乐寺碑记》碑，此碑记述了建寺的年代与经过。室内、廊部地面均为方砖墁地，台前设一步台阶，其前两侧设抄手踏跺，后檐一步与甬路持平。

梁架：七檩五架梁前后单步梁用四柱，踩步金歇山式，檩部构件施檩、垫、枋三件，五架梁下施五架随梁。室内施井口天花。

装修：前后金里安装修，前后檐明、次间隔扇门、帘架，心屉均为三交六椀菱花。

梁枋彩画为墨线大点金旋子彩画，外檐檩枋为龙锦枋心，内檐为一字枋心。

墙体：山墙下碱为干摆砌法，墙身里皮包土金，墙外为红灰抹饰。

斗拱：单翘单昂五踩斗拱，斗口为64mm。斗拱布置，前后檐明、次间平身科均为4攒，山面明间6攒，次间1攒，柱头科8攒，角科4攒，共52攒。

瓦顶：单檐歇山布瓦心绿琉璃剪边，施绿琉璃清官式脊兽，岔脊兽前骑鹤仙人1件，小兽5件，正脊中置琉璃脊刹（图066，067，068）。

066 碑门殿东南面（陈东 摄影）

067 碑门殿室内斗拱与彩画（陈东 摄影）

068 碑门殿斗拱与彩画（陈东 摄影）

9、东、南、北门殿

三座建筑的体量、型制和碑门殿基本相同，均面阔三间，进深一间，前后廊，檐下施单翘单昂五踩斗拱，单檐歇山绿琉璃瓦剪边布瓦顶，单体建筑面积109.62m²。台基前檐设三步垂带踏跺，后檐一步与甬路平（图069，070，071）。

069 东门殿（陈东 摄影）　　　　　　　　　　070 南门殿（陈东 摄影）

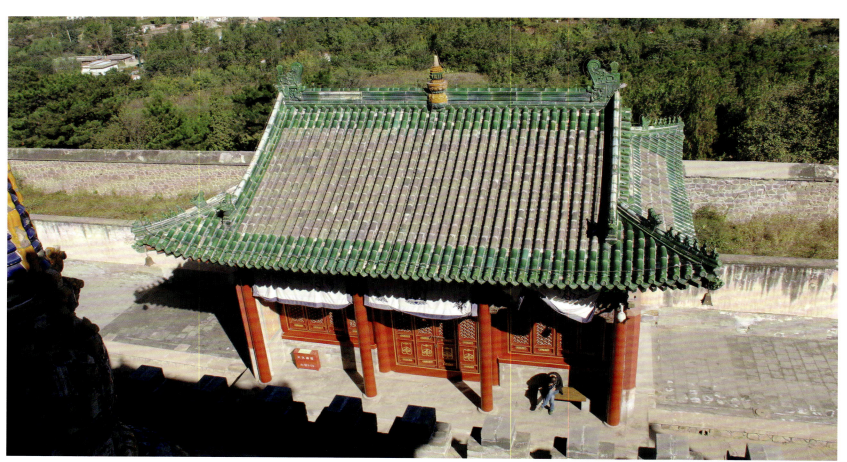

071 北门殿（陈东 摄影）

072 普乐寺全景（曲大维 摄影）

10、琉璃塔（8 座）

琉璃塔位于阁城二层城台上，共 8 座，鹦鹉岩雕刻须弥座，彩色琉璃塔身，十三相轮、铜质透雕卷草天地盘及铜鎏金日月宝珠、云罐。阁城的四角分别放置塔身为白色的琉璃塔，共 4 座，须弥座平面为八角形；其余 4 座分别放置在阁城的 4 个正面的中部，琉璃塔平面为正方形，西紫色、东黑色、南黄色、北蓝色。白、紫、黑、蓝 4 种颜色的琉璃塔用黄琉璃装饰镶边，塔身装饰黄色琉璃龛，龛内有蓝色朗久旺丹图形；黄颜色的琉璃塔用绿琉璃装饰镶边（图 073）。

073 普乐寺阁城二层的琉璃塔（可见南侧和东侧的 5 座 郭峰摄影）

11、风雨亭（6 座）

风雨亭建在阁城中层和上层蹬道顶的出口上，中层城台上 4 座，上层城台上 2 座，共 6 座，建筑形式、大小相同，建筑面积均为 15.65m²。风雨亭均面阔三间，进深一间，单檐歇山卷棚黄琉璃顶。平面进深方向（也就是上下出入口）一间为出入口外，其余用槛墙、槛窗围护。梁架为四檩四架梁用二柱。柱间施额枋，柱上不施平板枋，额枋之上直接施单

074 风雨亭

拱交麻叶斗拱。梁架中只施垫枋，不施垫板，檩上施檐椽、罗锅椽，檐头施飞椽。

斗拱：斗口 64mm，单材 90mm，足材 128mm；柱头 4 攒，角科 4 攒，平身科 20 攒，共 28 攒。

装修：槛墙上为木榻板，上施两扇三抹槛窗，槛窗心屉均为三交六椀六角菱花。

瓦顶：卷棚歇山黄琉璃瓦面，施官式脊兽（图 074）。

12、群庑（68 间）

普乐寺群庑位于普乐寺后院阁城一层城台上四周，连接四面 4 座门殿形成封闭回廊式建筑，是章嘉国师设计的"曼陀罗"建筑布局的重要组成部分。目前见到的群庑历史照片是 1909 年德国摄影师柏诗曼自东南角俯视拍摄的。此时 68 间群庑基本保存完整，只有局部屋檐坍塌。但是在 1915 年前后普乐寺的历史照片中群庑就已经完全被拆除了，只在碑门殿和南北山门的山墙上能够看见部分群庑拆除后残存的山墙痕迹。据说是 1926 年前后，军阀汤玉麟在热河期间拆除了即将坍塌的群庑，变卖木材和砖瓦用于充当军款。

目前普乐寺群庑遗址保存相对较好，遗址上除了保存柱顶石、阶条石、毛石台帮、踏步外，还保留大部分的原有后墙和少量的槛墙、墁地砖。基址轴线柱网清晰明确，形制为每面 17 间，每间进深一间，共有 68 间。每间面阔相同，均为 3250mm，进深均为 4200mm，前出 680mm，山出 400mm，山墙厚 570mm，高 2750mm，后墙下碱高 900mm，厚 570mm、槛墙高 780mm、红砂岩阶条石宽 450mm，高 200mm，红砂岩如意踏步，柱顶石 460×460mm 见方，360×360mm 方砖墁地，墀头小台 160（图 075-077）。

根据历史照片可知，原有建筑样式为单檐硬山布瓦顶绿剪边，建筑结构主要做法如下：

（1）大木做法

大木采用清代官式 5 檩硬山抬梁式做法，无斗拱。根据柱顶石和墙高判断，柱径为 280mm，高约 3000mm。檐步架 1050mm，五举，举高 520mm。脊部架 1050mm，七举，举高 730mm。五架梁上置三架梁，其上承载脊瓜柱、角背、脊枋、脊垫板。椽径约为 80mm，檐平出 600mm，飞平出 300mm。

（2）墙体

山墙下碱均为干摆做法，15 层青砖砌筑，高 0.9m，厚 0.42m。山墙墙体上身丝缝砌筑。后墙墙体下碱为干摆做法，高 0.90m，厚 0.57m。上身高 1850mm，退花碱 20mm，青砖掺灰泥砌筑；外抹红麻刀灰；内饰包金土。后檐墙拔檐砖一层高 60mm，至檐枋下棱做签尖，青灰抹肩。槛墙为干摆做法，13 层青砖砌筑。檐柱对应檐墙处设柱门，制安砖雕风门。

（3）装修

根据相关数据推测，隔扇、槛窗均为三交六椀菱花，每间 4 扇，每扇宽约 680mm，其中隔扇通高 2480mm。抱框约为 80×120mm，下槛约高 200mm，厚 80mm，上槛约高 90mm。室内吊顶应为井口天花做法。

（4）屋面

群庑瓦面为七样琉璃筒板瓦，布瓦心绿琉璃瓦剪边，剪边部位一勾二筒。正脊四个转角处各制安琉璃塔刹一座，高约

1500mm，径约 500mm。根据历史照片，屋脊做法为清代官式做法，即正脊由当沟、压当条、群色条、正脊筒、盖脊瓦组成，正吻高约 500mm。垂脊兽后由斜当沟、压当条、垂脊筒、盖脊瓦组成，制安垂兽。垂脊兽前由斜当沟、压当条、三连砖、盖脊瓦组成，依次制安仙人、龙、凤、狮。

（5）油饰彩画

群庑彩画做法应为绘墨线小点金旋子彩画。油饰做法为二珠红油饰。

075 群庑遗址

076 群庑遗址

077 群庑遗址

13、旭光阁

旭光阁是普乐寺后半部分的主体建筑，坐西朝东，柱网布置为圆形，面阔12间，进深三间，檐柱、金柱各12根，环布成两个同心圆。建筑台基直径21.77m，建筑面积372.23m²，建筑通高23.1m，屋顶为重檐圆顶黄琉璃攒尖顶，檐下施镏金斗栱。殿正东方二层檐下悬挂乾隆皇帝御笔"旭光阁"匾一面。旭光阁殿内正中设圆形鹦鹉岩雕刻须弥座，上置佛龛；佛龛为木质曼陀罗立体造型，上绘精美彩绘，内供铜镀金上乐王佛像一尊。室内地面为鹦鹉岩方石墁地，台阶四周条砖墁地。台明为圆形，3级台阶均为圆形石材，每阶宽580mm（图078，079）。

大木构架：为清官式木构做法，柱间施平板枋、额枋、柱上施斗栱。下檐镏金斗栱后尾挑杆直挑到金柱处，其里为天花板、藻井。金柱直通上檐，承托斗栱、梁架。梁架采用扒梁、太平梁、瓜柱、雷公柱等构件组成圆形构架方式，檐柱径600mm，金柱径780mm。圆檩之上铺钉圆椽、望板。下檐檐柱与金柱之间施单步梁、双步梁、穿插枋，所有额枋、垫板和檐枋、檩枋均制成圆弧状。室内中部施圆形斗栱藻井，其余为井口天花。

斗栱：下檐单翘重昂七踩鎏金斗栱，柱头科12攒，平身科72攒，下檐斗栱共84攒；上檐重翘重昂九踩斗栱，柱头科12攒，平身科48攒，上檐斗栱共60攒。藻井用三层九踩斗栱，层层递进，手法简练，精巧华丽。

装修、藻井、天花：檐柱间四正面均为四扇六抹隔扇门，其余为四扇四抹槛窗，心屉均为三交六椀菱花。

藻井内天花浮雕由外而内依次为流云、龙、凤各种雕刻构件均满贴金，中部天花上置蟠龙藻井，悬宝珠。室内天花呈放射状，由里向外逐渐变大，天花彩绘为六字真言。上架大木绘金龙和玺彩画，下架朱红油饰。

墙体：槛墙干摆做法，室内墙面画龟背锦花饰。

瓦顶：重檐圆形攒尖顶，黄琉璃瓦面、宝顶，上下檐所有瓦件均为特制，每块由上而下逐渐增大。

彩画：下架为一麻六灰地仗，二朱红油饰，上架为金龙和玺彩绘；斗栱为三道灰地仗平金彩画，椽望三道灰地仗，椽头虎眼、飞头万字；装修三道灰地仗、油饰，饰件贴金。

中心设圆形石质须弥座，上设木设坛城和"上乐王佛佛像"（详见本篇第四章）。

078 旭光阁外景（陈东 摄影）　　　　　079 旭光阁室内鎏金斗拱与残存清代彩画（陈东 摄影）

14、通梵门

在阁城东面的东门殿以东，位于中轴线最东端的是通梵门。面阔三间，进深一间，前后明间券门，次间石盲窗，其余墙体围护，建筑面积为85.27m²。殿前明间挂御笔"通梵门"陡匾一面（图080）。

墙体：前后檐明、次间施石券脸，券石雕卷草花饰；前檐无门，后檐实榻门；次间石雕三抹槛窗，心屉为仿木三交六椀菱花。墙体下碱城砖干摆，施角柱石、腰线石；墙身外红灰抹饰，里为包金土。

木构架：彻上露明造，五檩五架梁用二柱歇山式，墨线旋子彩画。后加吊顶。

斗栱：单翘单昂五踩斗栱，斗口为64mm。斗栱布置，前后檐平身科明间5攒，次间3攒，山面明间3攒，次间1攒，柱头科8攒，角科4攒，共44攒。

瓦顶：九脊歇山顶，绿琉璃剪边，布瓦心，施脊兽。

15、僧房

第二进院胜因殿、慧力殿后身南北两侧跨院中分别建有2座僧房，现仅存南面的一栋，作为普乐寺文保所办公室使用。北面僧房改建为公共厕所，其余仅存遗址。现存僧房面阔五间，进深一间，卷棚硬山布瓦顶披水排山式建筑（图081）。

16、道路

普乐寺甬路主要分布在寺庙前半部分，即两进院内及山门殿前月台上，均为方砖道路。东西向与寺庙中轴线平行的共三路，位于中轴线上的为主路，两侧角门处为附路，钟鼓楼、配殿之间有支路。山门殿前阁台中轴线为方砖海墁，其两侧角门前是三路方砖甬路；一进院山门殿至天王殿是十字相交的方砖甬路；二进院天王殿至宗印殿随天王殿垂带宽设甬路，胜因殿至慧力殿随踏步宽设甬路，角门甬路宽为1.34m，均为方砖铺墁。从通往胜因殿、慧力殿的甬路东侧，顺角门甬路宽度延伸到阁城城台前抄手踏跺处，为方砖甬路，其宗印殿四周除甬路外均

080 通梵门和旭光阁（陈东 摄影）

081 僧房

082 普乐寺宗印殿前清代道路和海墁

为条砖海墁地面。在宗印殿前分别向两侧又设通往僧房的甬路。二进院宗印殿前道路以外区域全部使用方砖海墁地面。

排水：寺院地势东高西低，为自然排水，主要设在前半部分院落内。阁城地面另设排水设施，各层地面均设泛水，雨水向四周城台边缘排泄，边缘有石质排水沟，沟底设圆孔排水口，每面四个向下排泄雨水，并在孔下安排水嘴延伸到墙外。阁城一层四周有群庑，中部为石质城台，两者之间地面为条石墁地，雨水从城台向群庑方向排泄，群庑台明前各面设排水口四处，通过群庑台明下暗沟排出，流到前半部分宗印殿后檐。前半部院落除围墙、腰墙下部设排水口外，各条甬路留出排水槽，槽口宽230mm，使雨水排出寺外。阁台女儿墙内侧留有排水口沟漏四个，从女儿墙下部台明侧面流出（图082）。

083 普乐寺山门南侧院墙（陈东 摄影）

17、围墙

寺院前半部第二进院为双重围墙，外围四周长475.2m；里围墙（含腰墙）天王殿至城台根部、天王殿两侧腰墙、西面城台两侧腰墙等合计长135.4m；围墙、腰墙总计610.6m。围墙、腰墙型制、做法相同，基础为虎皮石墙，上施条石台明，台明上砌筑条砖下碱，下碱为城砖干摆，施腰线石、角柱石，墙身饰红灰抹饰，砖砌冰盘檐，筒板瓦屋面墙帽，施正脊。宗印殿东北侧围墙上设有后期开辟的消防通道门。

腰墙分布在山门殿、天王殿、角门两侧，腰墙基础为虎皮石墙，下碱城砖干摆，上身外抹红灰，墙帽为筒板瓦屋面，施脊。

月台的西面、南面、北面三面台明上除中部与两侧面设门外，其余均砌筑女儿墙，墙高1.2m，长116m，墙体下碱开条砖五层干摆，墙身糙砌，外抹红灰，小青砖假硬顶墙帽（图083，084）。

084 山门前的两层月台（陈东 摄影）

085 宗印殿屋顶（陈东 摄影）

四、建筑的技术

（一）屋顶样式

普乐寺整组建筑规划合理，布局严谨。在屋顶样式规划中，将各建筑的屋顶做法分成了五种样式。其一是山门、天王殿、钟鼓楼、胜因殿、慧力殿、四门阁、通梵门和角门，为单檐歇山顶建筑，而且瓦面均是布瓦心绿琉璃剪边样式，其中天王殿为花脊，其余均为清官式脊兽样式。其二是前殿宗印殿和主殿旭光阁，屋顶样式明显高于以上建筑，采用重檐式屋顶，而且全部使用琉璃瓦；其中宗印殿屋顶为重檐黄琉璃瓦歇山顶，装饰黄绿相间的琉璃花脊；旭光阁是重檐攒尖顶，黄琉璃瓦面，仅在宝顶底座部分装饰了少量绿琉璃纹饰。其三是6个风雨亭，为单檐黄琉璃卷棚歇山顶，脊兽为官式做法。其四是群庑，为硬山顶，瓦面是布瓦心绿琉璃剪边样式。其五是僧房，采用卷棚硬山布瓦顶样式。这样的屋顶设计简洁有序，主次分明，使普乐寺组成一个错落有致的建筑群，主殿采用重檐的高等级屋顶样式，黄色的琉璃与附属建筑灰绿色的屋顶形成鲜明对比，再加上精心设计的琉璃花脊、脊刹和吻兽装饰，使主体建筑更加醒目和突出（图072，085）。

普乐寺的所有古建筑均为大式建筑，屋面做法一般是在望板上施护板灰、掺灰泥、青灰背和大麻刀灰，上施琉璃瓦或布瓦。重檐顶用围脊、合角吻，歇山顶建筑设正脊、正吻，山面设垂脊、戗脊，端部有垂兽、戗兽及跑兽。山门、钟鼓楼、胜因殿、四门阁的小兽均为5件。天王殿和宗印殿脊兽为花脊样式，吻兽也为特殊样式。除僧房外，各建筑勾头、滴水采用龙形图案，勾头上施帽钉。山面设铃铛排山，琉璃博缝，山花除宗印殿是木雕缦带连环贴金做法外，其余歇山建筑均为条砖干摆，有别于承德其他寺庙那样设缦带连环琉璃山花。

（二）斗拱样式

普乐寺各建筑除僧房、角门外均装饰有斗拱，其中山门、天王殿、钟鼓楼一层、胜因殿、慧力殿、四门阁、通梵门均为单翘单昂五踩斗拱，钟鼓楼一层与二层之间增设了平座重翘五踩品字科斗拱，二层设单翘交麻叶斗拱。风雨亭也采用了单拱交麻叶斗拱。宗印殿的斗拱等级较高，承德其他皇家寺庙的主体建筑一般下檐采用五踩斗拱，上檐采用七踩斗拱，但宗印殿下檐施单翘重昂七踩斗拱，上檐施重翘重昂九踩斗拱，室内穿插枋和桃尖梁之间还装饰有隔架斗拱。旭光阁一层采用单翘重昂七踩鎏金斗拱，上檐为重翘重昂九踩斗拱，藻井用三层重翘重昂九踩斗拱。普乐寺檐下斗拱斗口均为清代官式的二寸，即64mm，单材为90mm，足材为128mm，旭光阁藻井斗拱下层和上层的斗口是36mm（图086-089）。

086 宗印殿下檐斗拱（陈东 摄影）

087 宗印殿上檐斗拱（陈东 摄影）

088 旭光阁外檐斗拱（陈东 摄影）

（三）门窗做法

　　普乐寺各建筑门窗做法规律性较强。山门殿和通梵门采用石券门，雕刻西番莲纹饰；其中山门殿每面均设三间券门，没有券窗，制安实榻大门；通梵门明间为石券门，设实榻大门，两次间设石券窗，石质芯屉雕刻六角菱花图案。天王殿与钟鼓楼二层做法类似，前后檐均采用木栈板墙，设木券门券窗、券窗；钟鼓楼一层仅在正面设一个石券门和实榻大门，无窗。其他主要建筑如胜因殿、四门阁、宗印殿、旭光阁和风雨亭檐部均为六抹格扇门，设槛墙，制安四抹槛窗、格扇、槛窗和横披窗芯屉均为六角菱花图案；其中风雨亭槛窗为此次工程维修时恢复。角门采用木质攒边门。僧房原有装修样式无考。

089 旭光阁室内鎏金斗拱（陈东 摄影）

（四）大木做法

普乐寺除旭光阁为攒尖顶外，其他均为硬山或歇山顶，大木结构均为抬梁式。一般是在柱上架多层横梁，梁上承接檩垫枋，檩上承椽，柱间设水平的额枋（单层或两层）穿插枋连接，角部用45度角梁，后尾交于金柱或下金檩与踩步金的交叉点处，翼角用翘椽飞。柱头额枋上设平板枋，其上施斗拱，挑檐檩主要由柱头斗拱桃尖梁承托（图090）。

清代较大木构件采用包镶、拼装形式，旭光阁、宗印殿、天王殿等较大建筑均采用包镶柱，外拼木条包裹圆形木芯，用多道铁箍。大额枋和大梁一般用2块或3块木料上下拼合，用铁箍束紧，而小额枋一般为整料。檐椽、花架椽、脑椽均圆形，飞椽方形无卷刹。

（五）墙体做法

普乐寺除天王殿前后檐和钟鼓楼二层为木栈板墙外，其余墙体做法基本相同。无论是山墙、槛墙还是檐墙，各墙体下碱均为青砖干摆做法，青砖规格为390×195×95mm，墀头和转角部位施石质角柱石，上置腰线石，且均采用承德本地凝灰岩（鹦鹉岩）材质。下碱外墙对应柱子的部位设置砖雕透风砖，以利于柱木通风防腐。墙体上身部位基本都采用二样城砖糙砌，靠骨灰做底，外墙抹饰红灰，室内抹饰包金土红白粉边界绿框，绿框内绘墨线青地绿卷草、西番莲图案。在承德避暑山庄和周围寺庙中，其他现存古建筑墙体内包金一般都是绿大边界黑白线的素面做法，只有溥仁寺和普乐寺做法比较讲究，装饰了精美的西番莲图案（图091-095）。

090 慧力殿大木做法（陈东 摄影）

091 普乐寺山门墙体内包金装饰的壁画（陈东 摄影）

092 圣因殿室内墙体装饰的壁画（陈东 摄影）

093 普乐寺碑门殿墙体内包金装饰的壁画（陈东 摄影）

094 普乐寺宗印殿墙体内包金装饰的壁画（陈东 摄影）

095 普乐寺墙体内包金装饰的壁画（细部）（陈东 摄影）

（六）台基做法

在承德外八庙中，一般主体建筑才采用凝灰岩（当地俗称鹦鹉岩）陡板台帮，附属建筑大部分只采用红砂岩陡板台帮或者毛石砌筑台帮。但在普乐寺，各建筑台基基本全部采用凝灰岩的条石压面、陡板石台帮和角柱石。除山门在前后设礓磋外，其余建筑均设踏步、垂带（图096）。此外，为了突出主体建筑，在宗印殿前檐明间专门增设了石雕二龙戏珠丹陛石。

主体建筑宗印殿和旭光阁的室内采用凝灰岩条石地面，其余建筑室内地面均为方砖铺墁。各建筑台基四周均采用条砖散水。

（七）油饰和彩画

主体建筑宗印殿和旭光阁采用金龙和玺彩画，其余建筑均采用旋子彩画。其中山门和天王殿为金线大点金旋子彩画，一字枋心做法。各建筑室内均采用井口天花，山门的天花纹饰为片金二龙戏珠，天王殿、宗印殿和旭光阁是六字真言天花（图097-099）。

各建筑地仗做法基本相同，下架大木为二麻一布七灰地仗或一麻五灰地仗，椽飞望板三道灰地仗，装修一布四灰地仗。油饰均为二朱红色。清代椽飞头原绘虎眼和万字彩画，现各建筑椽头仅作油饰断白，椽头蓝色，飞头绿色，椽身红帮绿肚。

096 天王殿墙体与台基做法（陈东 摄影）

097 天王殿室内清代彩画（陈东 摄影）

098 宗印殿室内清代彩画（陈东 摄影）

099 慧力殿室内清代彩画（陈东 摄影）

五、建筑材料

清代在承德修建皇家寺庙，"所有动工兴修并应需物料酌量分别在京及热河就近办理"，一般高丽纸、油漆彩绘、金箔、金属等高档材料由北京内务府领取，木材、石材、砖瓦等普通材料在当地采办。普乐寺使用的古建筑材料主要包括石材、木材、砖瓦、灰土等，下面分别进行介绍。

（一）石材

普乐寺在古建筑上使用了4种不同的石材，分别是鹦鹉岩、红砂岩、花岗岩和混合石料，产地均为承德市附近。清代承德营建皇家寺庙工程所需石材一般委托"石商"按照设计要求的质地、规格和数量从本地开采。以普陀宗乘之庙工程为例，"据石作商匠王亮宽等六人在臣福隆安前呈称，从前造盖布达拉庙工所用石料，原是我们承办。四十年间，因庙内台座坍塌重修，总理工程大人仍派令我们承办豆渣石五、六万丈，定限于去年正月内拉运到工。因需用石料甚多，另觅新塘开采，甚费周章。而所开之石多有性软，不堪应用，徒费工作。且拉运艰难，运价加倍，工程限急，夫匠工时加增。又遇隆冬日短，匠役费工，各作人夫云集，米粮骤长，种种情节。所领官项不敷应用，以致赔累难堪。因思从前工程如遇雨水泥泞，米粮昂贵之时，曾有加增过钱粮之例，我们曾在管工大人处将此情形屡次具呈，恳请照例加增钱粮。迄今日久，未蒙准办。现在负债甚多，所欠夫匠车户等工食钱文被逼甚紧，实在情急无奈，所以赴案下具呈，只求查照从前工程加增钱粮之例办理等情"。"查豆渣石大料较从前路远二十里、四十里不等，应按里核计发给运价。从前修庙工时计用石一万余丈，开采四年，石塘最远者五十里，近者三、四十里，今四十年重修用石五万四千余丈，旧塘九处仅采石八千余丈，路远自七十余里至九十余里不等，系半年间俱行到工，其拉运车脚较多糜费。新开塘石山沟窄难行，均重开道路，平垫坑洼，其开荒人工亦多费用，拟按道路远近将运脚酌核加增，以石料丈尺核重斤两，每一千五百斤装一载，按例每载每里加给银二分。除旧塘所开石料毋庸加给外，余应照运远里数加给"。* 以上记载可以了解清代开采石材的一些具体情况。这些石材会根据不同的外观效果和材料性能，分别用在不同的建筑和不同的部位。

1、鹦鹉岩

鹦鹉岩是一种凝灰岩，因为产自承德市隆化县鹦鹉川而得名（图100），也称作英武岩，清代称作"青白石"，其色泽灰白色，质地细腻柔软，易于雕刻，装饰效果较好。民间通常称这种石头为"磨石"，用来磨砺刀器和其他一些农用、日用金属工具。在承德其他皇家寺庙中，鹦鹉岩是各种石材中象征建筑等级最高的一种石材，大量应用在主体建筑上，而附属建筑一般使用红砂岩以示区别。在普乐寺，鹦鹉岩是古建筑石材中使用最多的种类，所有主体建筑和大部分附属建筑都大量的使用，一般用于各建筑的台基、墙体和雕饰构件，包括阶条、角柱、

陡板石、踏步、垂带、柱顶石、腰线石、挑檐石、栏杆、须弥座、石质门窗、石狮等。

但由于鹦鹉岩质地较为疏松，吸水率高，如长期处于室外，受水分和冻融影响非常容易风化。在普乐寺，位于室内的须弥座和有屋檐保护的腰线石、石质门窗等鹦鹉岩石构件保存较为完好，几乎没有受到自然风化的影响。但是阶条、踏步、垂带等长期暴露在室外的鹦鹉岩则风化十分严重，特别是阇城的冰盘檐石挑檐由于屋面漏雨造成了非常严重的风化。在此次修缮工程中对严重风化、碎裂的石构件采用了原产地的鹦鹉岩进行了更换，轻微碎裂和缺失的石构件以粘补加固为主。

鹦鹉岩是承德地方特有的石材，主要由隆化县采石场开采。在施工过程中发现，但即使是鹦鹉岩本身也有很大差异，根据在采石场所处的深度和部位的不同，大体可以归结到两类。一类是浅灰色细粒鹦鹉岩，杂质较少，质地细腻致密，主要来自采石场较深区域；另一类是浅灰并略带紫色鹦鹉岩，含有大量火山岩包容物，主要来自采石场的较浅层。实验研究表明，这两类鹦鹉岩样品在物理性质，包括孔隙率、水饱和度及弹性性能方面差别很大。前者质地较为坚硬致密，抵抗冻融的能力较强，在本次工程中都选用这类鹦鹉岩进行更换和补配。

2、红砂岩

红砂岩也是普乐寺使用较多的一种石材，普遍应用在阇城条石墁地、阇城城台上，此外阇城68间群庑和僧房的建筑台基石构件也以红砂为主。在清代，红砂岩要集中在承德市区周边的牛圈子沟、红石碴沟和张百湾等地，本次工程更换和补配的红砂岩构件主要是阇城条石墁地、群庑台基石构件和阇城石排水槽，均使用了承德本地产的红砂岩。

3、花岗岩

花岗岩在清代被称作豆渣石，质地坚硬，但颗粒较为粗糙。清代承德经常使用本地产花岗岩，颜色为黑白杂色或肉红色。主要产地主要是距离普乐寺约10公里的狮子沟镇大窝铺村。在普乐寺，花岗岩只应用于建筑的基础，一般不用于露明部位，例如阇城城台的基础均为花岗岩，外面再包砌红砂岩条石（图101）。

4、混合石料

混合石料主要指毛石，石质较杂，有红砂岩、凝灰岩、花岗岩等多种，主要用于砌筑寺庙院墙的下碱墙体，也用于砌筑古建筑基础部分的拦土墙。

（二）木材

木材是普乐寺最主要的建筑材料之一，用于建筑物的柱子和梁架。普乐寺柱子、梁、檩等大木主要使用了本地的油松，部分采用了云杉。按照文献记载，清代承德皇家寺庙工程所用的木材主要采自当地的木兰围场附近，顺河流运至工程现场。在清代，木兰围场有十分茂密的林木，每年自然死亡的树木不计其数。"回乾（死亡）木植虽多，而疏密不一。或一山之间得木三五

[*]：邢永福等.《清宫热河档案》[M]. 北京：中国档案出版社，2003

件至十数件不等"。修建普乐寺的乾隆三十年,乾隆皇帝专门派大臣到木兰围场查勘死亡树木情况,"围场内永阿柏至他里雅图等二十二围场内回乾大小黄红松木三万四千七百二十九件""西面英图等四围三十一处查得共计堪用回乾黄红松木八万七千四百零五件""围场内北面都咛岱莫多图至陀豁隆货賫等四围六处堪用回乾大小黄红松木十二万六百十五件"。*这些天然死亡的树木胸径都在30cm以上,其中有很多"径二尺(64cm),长三丈五尺(11.2m)的黄松木和红松木",这些死亡的树木都被砍伐用于皇家工程,作为"梁枋檩"等建筑材料使用,其中的黄松就是指油松。

100 隆化县鹦鹉川采石场(陈东 摄影)

101 阔城基础为花岗岩,主体部分采用红砂岩(陈东 摄影)

（三）砖

清代用于普乐寺的砖主要有两大类，一类是条砖，主要用于木结构古建筑上，包括砌筑建筑基础的磉墩、砌筑墙体下碱的干摆砖和砌筑上身的糙砌砖、建筑和围墙散水、庭院道路的路牙等处，主要有开条砖和二样城砖两种，规格主要有210×140×70mm 和 400×200×95mm 两种。另一类是方砖，主要用于各建筑室内地面、室外地面墁地，规格是尺四方砖和尺二方砖，具体规格有 480×480×60mm；400×400×60mm；2 种。具体用途详见表3。

修建普乐寺时，清代皇家已经在普乐寺北侧的五窑沟等处专门修建了砖窑，用于生产皇家工程所需的砖瓦和琉璃构件。例如嘉庆年间修建承德寺庙时提到，"砖瓦一项，应用糙砖瓦片，查热河窑烧造者尚堪适用，仍在热河窑就近置办。其有应用京窑之件，遵照东栅栏门之例，在于热河砖窑用澄浆细泥烧造，尽可抵京窑之件，尚可节省运脚银三千一百余两"。由此可见，为了节省运费，清代普乐寺等皇家工程所用的砖瓦大部分应在本地的五窑沟等处窑场烧制。

（四）瓦

普乐寺建筑物的屋顶根据其建筑物的等级分别采用琉璃瓦或普通的布瓦。主殿宗印殿、旭光阁和风雨亭采用黄色琉璃瓦与脊饰，其中宗印殿的花脊中搭配了部分绿色纹饰的琉璃；其他大部分建筑，如山门、钟鼓楼、天王殿、东西配殿和四门阁都统一采用布瓦心、绿琉璃瓦剪边的瓦件。次要的建筑如僧房和围墙墙帽，使用的是普通的布瓦。琉璃瓦中宗印殿和旭光阁采用六样琉璃，风雨亭是八样琉璃，其他建筑均为七样琉璃瓦。布瓦均为 2 号布瓦。

普乐寺的琉璃瓦当滴水均为龙纹，有黄琉璃和绿琉璃两种颜色，但虽然都是龙纹，也有多种不同的样式。普乐寺的布瓦瓦当滴水主要以莲花纹为主，主要分布在附属建筑僧房和围墙墙帽上（图102，104，105）。

（五）灰土

普乐寺古建筑中大量使用了传统的灰土材料，包括灰土垫层、屋面苦背瓦瓦材料、墙体砌筑抹灰等。根据文献记载，清

表3　普乐寺清代砖构件分布表

单位：mm

名称	规格	用途	备注
开条砖	210×140×70	砖雕柱门	雕刻后尺寸会缩小
二样城砖	390×195×95	墙体下碱干摆、海墁、散水	砍磨后尺寸
	400×200×95	建筑墙体上身、磉墩、阁城雉堞	糙砖
尺二方砖	400×400×60	室内地面、室外地面	附属建筑室内，次要道路
尺四方砖	480×480×60	室外地面	主路

102 天王殿清代琉璃瓦当滴水（陈东 摄影）

103 普乐寺铁香炉（陈东 摄影）

104 普乐寺黄琉璃瓦当滴水样式（陈东 摄影）

105 普乐寺围墙的布纹瓦

代承德皇家寺庙使用的青灰一般自北京"京运"，而白灰和黄土则使用本地材料，例如嘉庆年间专门提到修建皇家寺庙"所用白灰，仍购乌郎矶（今承德县乌龙矶）地方之灰应用，其性粘润细腻，以期坚固"。现在承德县很多地方仍然在生产白灰。

（六）金属

　　普乐寺古建筑主要使用铁、铜、金、锡4种金属。生铁或铁件用在结构性的构件上，一般是不露明的部位，如柱子和额枋上的铁箍和铁扁担、椽望的铁钉、加固天花帽梁的挺钩（图106）、槛墙和下碱墙灰缝内的铁垫片等；铁也用于制作普乐寺宗印殿前的香炉（图103）。铜用于露明的金属装饰构件，如门窗上的面叶和梅花钉、琉璃塔的塔刹等；旭光阁的宝顶也主要使用铜来制作，外表再进行鎏金。锡主要用于阁城和重要建筑屋顶的锡背防水。

106 旭光阁加固雷公柱的挺钩（陈东 摄影）

五、建筑艺术

（一）琉璃

琉璃是一种用铝和钠的硅酸化合物经过高温烧制而形成的釉质物，用琉璃制作的琉璃瓦作为中国古代建筑中高等级建筑的象征，广泛的使用于宫殿、寺庙、园林及陵寝等主要建筑的屋面。它相比于普通的布瓦屋面，具有良好的防水性和美观性。比较常用的色彩有黄色、绿色、黑色、蓝色、青色等，根据建筑的等级和用途加以选择。

普乐寺建筑屋顶上的琉璃瓦有黄绿两种颜色，也有两种样式，一种为黄琉璃瓦屋顶，另一种为布瓦绿剪边屋顶。前一种用于宗印殿和旭光阁这两个中轴线主体建筑上，此外还用于阁城三层的琉璃屋檐和风雨亭上；后一种用于山门、钟鼓楼、天王殿、东西配殿、碑门殿、群庑（已毁）、通梵门上，但是这些建筑屋顶正脊都增设了黄绿两色琉璃、外形各式各样的脊刹（图107-111）。

普乐寺天王殿与宗印殿的屋顶、旭光阁的宝顶和各建筑正脊的琉璃饰件是专门为普乐寺设计制作的特殊样式的琉璃构件，具有很高的艺术价值，其他建筑屋顶的琉璃瓦件均采用清

107 山门琉璃脊刹（陈东 摄影）

108 北门殿脊刹（西南侧面）（陈东 摄影）

110 北门殿脊刹（陈东 摄影）

111 南门殿脊刹（陈东 摄影）

112 东门殿清官式小兽（陈东 摄影）

代标准的官式琉璃样式（图112）。

　　天王殿琉璃正脊设一大二小3个琉璃脊刹，正脊由上下两部分构成，上部图案为祥云纹，下部底座的图案为卷草纹。上部为琉璃花脊的主要部分，每段由4-6朵祥云组成，相邻云朵采用黄、绿二色跳色。天王殿正吻、垂首、戗兽均为为汉藏式结合式的风格，龙头为汉式造型，但龙鼻向上卷起，且前伸较远，外形接近于明代的象鼻子吻，与宗印殿和安远庙普渡殿吻兽基本接近。值得一提的是正吻上端没有剑把，而是以卷草代替。垂脊、戗脊和围脊采用绿色分段式的卷草纹饰拼接而成，连接方式为"r"型卷草纹组成的二方连续图形，美观简洁。天王殿的正脊采用的是黄绿两种颜色的琉璃，但垂脊、戗脊和围脊绝大部分使用绿色的琉璃，仅在侧面点缀有少量黄琉璃（图113、114）。

　　宗印殿屋顶正脊纹饰比天王殿更加复杂，更具装饰性，其脊上有八条行龙琉璃饰件，正脊底色为绿色琉璃，龙身为黄色琉璃，龙的须、眉、角、尾等部位为乳白色琉璃，周围缠绕绿色为主的祥云纹。每条行龙背上安一件以绿琉璃为主色的佛八宝，即轮、螺、伞、盖、花、罐、鱼、长，代表佛教威力的八种物象。八宝作为佛教艺术的装饰，清代乾隆时期将这八种纹饰主要用于立体造型的陈设品，用于屋面正脊的装饰上还是不多见的。此外，宗印殿正脊中间也设塔刹一座，藏式喇嘛塔风格，基座呈亚字形折线式束腰，整体色彩为黄色，只有天地盘下端为绿色卷草纹饰，以及上、下枭分别为绿色仰覆莲纹饰。宗印殿屋面的各个吻兽与天王殿的样式和风格基本一样，只不过尺寸较天王殿大些，琉璃纹饰细节和配色略有不同。垂脊、戗脊

113 天王殿正吻（陈东 摄影）

114 天王殿戗兽（陈东 摄影）

和围脊虽然与天王殿的各脊里面的卷草纹饰一样，但宗印殿各卷草为绿色叶子黄色卷草，而天王殿的卷草为绿叶绿草，连接方式为"г"型卷草纹饰组成的二方连续图形。

阁城四周设置琉璃喇嘛塔八座，样式相同，只是色彩不同。四角处塔座为八角形须弥座，塔身呈白色。其余中间四塔的塔座为方形须弥座，颜色分别是西侧紫色、东侧黑色、南侧黄色、北侧蓝色。这八座藏式佛塔都为功德塔，代表着释迦牟尼的八相成道。

（二）木雕

1、装修

普乐寺的木雕主要集中在各种装修上，主要包括隔扇、槛窗、雀替等木构件。隔扇、槛窗均为六角菱花芯屉。其全称为三交六椀六角菱花窗，菱花是清代宫殿建筑门窗槅心花纹装饰之一。菱花窗由三根雕有菱花的木条，用菱花钉将它们钉在一起，形成六瓣形的花瓣。菱花木条的组合方式也跟建筑的等级有关，六瓣形的菱花窗是最高等级的样式，次者为双交四椀棱花，往下依次为斜方格、正方格、长方形等等。三交六椀六角菱花样式图形象征皇权至上，内涵天地，寓意四方，是寓意天

地之交而生万物的一种符号。三交六椀六角菱花图形的芯屉样式被用在帝王宫殿的门窗上或寺庙的门窗上。整个图面以菱花构成，给人一种既是规整的几何图锦，又是一种规整的象形图锦的美感。

普乐寺各殿堂内清代陈设也是典型的乾隆时期木雕风格，纹饰繁复、雕刻精美，立体感极强，如供桌（图115）、钟鼓架等。

普乐寺天王殿前后墙和钟鼓楼二楼墙体为木栈板墙，门口和窗口采用了木雕门头花造型；钟鼓楼栏杆采用木雕寻杖栏杆。普乐寺的门头花和寻杖栏杆木雕都属于清代标准的官式做法。

2、匾额

匾额装饰有两种等级，一为盖、底、帮都无纹饰雕刻的素匾，另一种是盖、底、帮上都雕刻立体的云龙，被称作云龙陡匾，这种匾额也是寺庙建筑外檐常用的最高级的形式。普乐寺采用云龙陡匾的有前院中心建筑宗印殿和后院中心建筑旭光阁，匾额中间为青地金字满、汉、蒙、藏四体文字。匾额边缘镂雕9条龙，其中上方居中为坐龙，两侧对称各分布4条行龙，全部为木雕涂金色，布局严谨对称，雕刻灵活生动又富于动感，是清代木雕云龙匾额中的典型代表作。

115 宗印殿内清代木质供桌侧面（陈东 摄影）

3、藻井

中国古人对自然和自然现象都怀着敬畏之心加以崇拜，所以古代先哲提倡"天人合一"。讲究效法自然，推崇的"天圆地方"原则，是对这种宇宙观的一种特殊注解。同样，为了表现出对天的敬畏和崇拜，古人也将建筑室内的顶部视为"天"，给予了特别重视，中国古代建筑中出现了"穿然高起，如伞如盖"的建筑内部装饰，这就是藻井。承德外八庙中各主体建筑一般都采用斗八藻井装饰大殿室内，旭光阁大殿的顶部为特殊的圆形藻井，上面雕刻了精美的装饰性斗拱和花板、盘龙，是中国古代藻井艺术高峰时期的典型代表作。旭光阁藻井位于上乐王佛坛城的正上方，向上凸达 3m。藻井共有九层，代表九霄云外。第一圈为流云图案；第二圈为重翘重昂九踩斗拱；第三圈做出宽约 1m 的棋枋，分出方格雕刻龙凤；第四圈、第五圈均做重翘重昂九踩斗拱，与第二圈斗拱相同；第六圈为藻井的顶部，盘龙戏珠。藻井直径大约 5.7m，由流云、龙、凤等图案雕刻而成的龙飞凤舞，其表面全部贴金，金碧辉煌。藻井中间倒悬一条金龙戏珠，这条龙似飞龙在天之际，气宇轩昂，口中衔一宝珠，形成了所谓"蟠龙衔珠"。蟠龙向下俯视着上乐王佛的坛城，其寓意为天人合一，皇权已超越了神权之上：蟠龙正是代表皇帝，宝珠即寓意为政权之意（图 116，117）。

4、佛像

普乐寺的佛像中，天王殿四大天王是木骨泥胎做法，旭光阁上乐王佛是铜鎏金做法，其余主要佛像都采用木雕的工艺做法，主要木包括弥勒佛、韦陀、三世佛、八大菩萨、六个护法神等。普乐寺的佛像制作工艺考究、比例协调、纹饰精美、表情自然、活灵活现，是清代官式佛造像的经典作品。佛像具体艺术描述详见本篇第四章。

116 旭光阁藻井细部（陈东 摄影）

117 旭光阁室内木雕曼陀罗和藻井（陈东 摄影）

（三）石雕

石雕艺术在普乐寺中的表现尤为突出，它也是普乐寺建筑装饰重要的表现部分。

1、石狮

普乐寺门前矗立着两个石狮（图118），它是古代常见的镇兽，传说能够辟邪，广泛的用于宫殿、寺庙、园林、陵寝等门前。普乐寺的两个石狮为鹦鹉岩（凝灰岩）材质，表面呈灰白色。普乐寺石狮是典型的北方官式雕刻风格，与承德避暑山庄和其他寺庙的石狮相比略显"瘦弱"，但外观气势雄伟，气势雄伟，又略显活泼可爱。与承德地区现存其他清代官式石狮一样，普乐寺石狮为雌雄一对。左侧为雌狮，前左脚下有一幼狮仰卧作嬉戏状；右侧是雄狮，前右脚抚踩一绣球。狮子由头、脸、身、腿、牙、胯、绣带、铃铛、旋螺纹、滚凿绣珠等构成，狮头饰鬃髦，颈悬响铃。石狮的台基采用寺庙常见的须弥座，圭角雕刻如意云图案，上下枋则刻有蕃草，束腰图案为结带椀花，其端部有如意金刚柱。

118 普乐寺北侧石狮（陈东 摄影）

119 宗印殿丹陛石（陈东 摄影）

2、丹陛

古建筑台基上的台阶称"陛"，宫殿的台阶多涂红装饰，所以称为"丹陛"。丹陛石只能用于皇帝的宫殿和寺庙中。普乐寺宗印殿的丹陛石采用鹦鹉岩（凝灰岩）材质，雕刻为浮雕（图119）。整体十分生动，主要图案为二龙戏珠。丹陛石最下端为如意云，之上为海水江崖。中间位一上一下的二龙戏珠，龙身和宝珠之间辅有祥云。丹陛石周边有缠枝莲花图案，图案构思更加新颖，技法更加高超。龙须、龙爪等工艺，使整个图案的立体感得到了进一步升华，栩栩如生。

3、须弥座

普乐寺有多处石须弥座，主要是天王殿、宗印殿、旭光阁、配殿等殿堂内佛像的须弥座（图120-122），宗印殿前香炉石须弥座、阁城琉璃喇嘛塔须弥座等。这些石须弥座的样式和做法基本都是清代标准的官式做法，但雕刻精美，是清代石雕艺术的瑰宝。例如旭光阁上乐王佛的须弥座（图122）为圆形，直径达7.6m，鹦鹉岩（凝灰岩）材质。圭角与其他须弥座一样，雕刻有如意云图案，上下枋雕刻等级比较高为二龙戏珠，束腰为椀花结带，上下枭为仰覆莲。

120 宗印殿室内带雕刻的石质与木质须弥座（陈东 摄影）

121 宗印殿室内三世佛石须弥座（陈东 摄影）

122 旭光阁室内石雕须弥座与木雕栏杆（陈东 摄影）

4、门券石雕

普乐寺山门、钟鼓楼、阁城等处的石券门券窗都雕刻有精美的西番莲图案（图123），这些雕刻纹饰也都是清代比较固定的标准官式做法，没有进行特殊艺术处理。

123 山门石雕门券（陈东 摄影）

5、排水沟盖

承德皇家寺庙中的暗排水沟入水口常见为石雕铜钱状，称"金钱眼"。普乐寺暗排水沟特殊之处是在排水沟"金钱眼"上设置了可挪动的荷叶形水沟盖，以防止杂物堵塞排水沟。荷叶形水沟盖外形像一个倒扣的荷叶，四角向上卷起，其顶部还雕有一小段残留的荷茎，荷茎向周围放射性的扩散出叶脉，叶脉为阴刻，端部分叉，雕刻十分形象生动（图124）。

（四）砖雕

普乐寺中各种建筑上大量使用石材雕刻作为装饰，所以砖雕种类较少，主要是各建筑的砖雕风门。风门也称柱门，位于古建筑山墙或后墙的墙体下碱，一般对着墙体内的柱中部位，用一块条砖雕刻而成，上面会雕出一个通风孔，用于墙内的通风排潮，以防止古建筑的木质柱子发生糟朽，所以既有装饰功能，又有实用功能。其尺寸一般为长16、21、22.5cm，宽13、12.5、16cm不等。风门的雕刻内容有花卉等各种图案。在雕刻技法上多采用深、浅浮雕，也有的还采取了局部圆雕技巧，使雕刻画面极富立体感。普乐寺清代的风门砖雕中很少有图案是相同的，在古建筑中与琉璃屋顶、青砖红墙互为映衬，既高雅华贵，又古朴淡雅（图125）。

124 清代石雕排水沟盖（陈东 摄影）

125 普乐寺清代砖雕风门（兰义和 摄影）

125 普乐寺清代砖雕风门（兰义和 摄影）

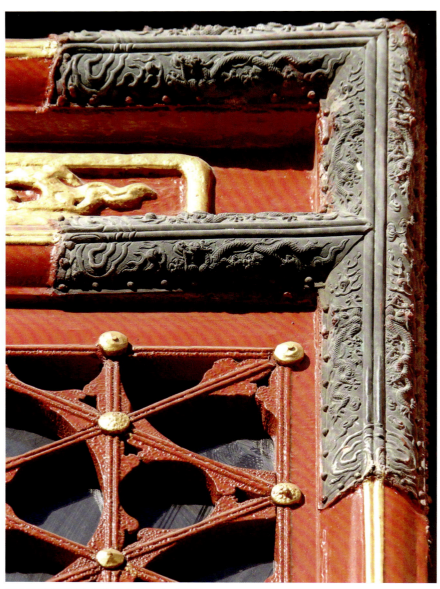

126 宗印殿清代龙纹面叶（陈东 摄影）

（五）金属

1、香炉

在宗印殿西侧的庭院中轴线上，有一个三足双耳铁香炉，高180cm，直径110cm，安放在一个雕刻纹饰的石质基座之上。这个香炉不铸镌铭文，而周身却铸镌八卦和仙鹤祥云图案。在承德的藏传佛教寺院里，只有安远庙和普乐寺才有八卦鼎铸铁香炉，是典型的清代官式做法。香炉身下部除雕刻有八卦图案之外，还刻有象征佛教超凡脱俗、四大皆空的莲花，莲花之上刻有象征吉祥的仙鹤，形态各异，栩栩如生。香炉身中部有开六个洞口，用于上香。香炉身上部有仿建筑屋面做出重檐屋顶的样式，两层屋面之间设置斗拱，屋面檐头可见勾头滴水，瓦垄十分清晰。香炉最高处设宝顶。值得一提的此香炉上半部分的样式与旭光阁的相似，都是重檐攒尖顶，可以认为是旭光阁的屋顶的缩微版（图详见本篇第四章）。

2、面叶

普乐寺各古建筑槛窗和隔扇上均安装有铜鎏金面叶，形制共分为两种，一是主体建筑即中轴线建筑的面叶雕刻为如意祥云龙纹，其余附属建筑如配殿、门殿等建筑的装修面叶雕刻为如意素面纹饰。面叶除了具有加固装修门窗的实际功能外，也是古建筑门窗上最醒目的装饰部件，在朱红色油饰的门窗上安装的金灿灿的铜鎏金面叶，使高大的寺庙建筑更显庄严肃穆、金碧辉煌。普乐寺古建筑装修上的面叶制作精美，但大部分都缺失不存，其中宗印殿原有面叶288件，现仅存19件；旭光阁原有的320件面叶全部不存；胜因殿、慧力殿应有素面面叶288件，现仅存5件。普乐寺的清代面叶全部由匠人手工制作，造型古朴，雕刻精美，是不可多得的艺术精品（图126，127）本项目对缺失面叶进行了补配，具体内容详见第三篇第六章。

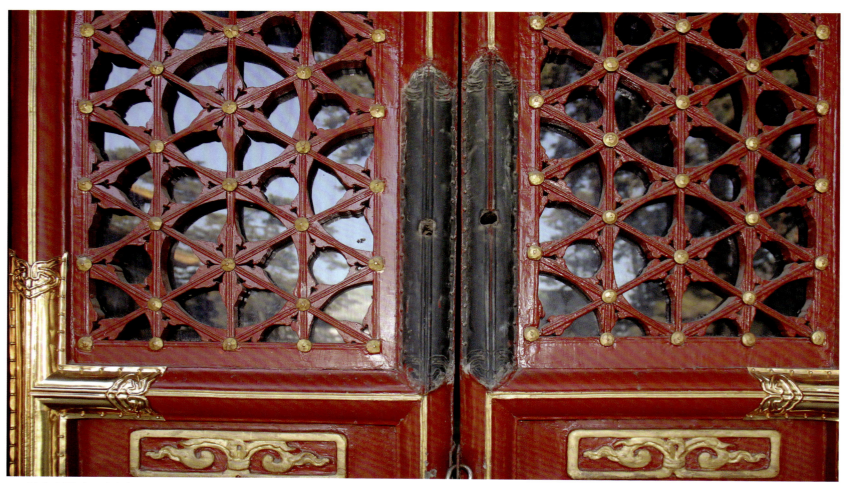

127 清代素面叶（陈东 摄影）

3、铜钟

普乐寺钟楼和宗印殿各存铜钟一座，造型古朴、纹饰简单，上面均刻有铭文，具体描述详见本篇第四章。

4、铜塔刹

普乐寺阁城二层城台八座喇嘛塔顶原均安装有铜质塔刹，做工考究，纹饰精美。其中铜塔刹下部为青铜镂雕卷草天地盘，悬挂铜鎏金铜铃；上部为铜鎏金日月宝珠和云罐。清代原铜塔刹已无存，2015年按照原貌修复，具体内容详见第三篇第四章。

（六）彩画

建筑彩画作为中国古代建筑外表面的装饰艺术，有着非常久远的历史。发展至明清逐步形成定制，由于清朝颁布了《清工部工程做法则例》，使得清朝官式彩画的法式规则更加规范，等级更加鲜明。彩画最早也是最基本的作用是对木结构进行保护，后来随着社会的不断发展、宗法、礼教制度的不断完善，彩画对于建筑的装饰作用比原先的保护作用越发显得重要。

普乐寺的彩画主要分为两大类。第一类为旋子彩画，用于除旭光阁和宗印殿以外的其他建筑上；第二类为旭光阁、宗印殿的金龙和玺彩画。

旋子彩画是用途非常广的一类彩画，既可以用于皇家宫殿建筑中，也可以用于寺庙陵寝等建筑上。旋子彩画在每个构件上的画面均划分为枋心、藻头和箍头三段。清代旋子花纹和色彩的使用逐渐趋于统一，图案更为抽象化、规格化，形成以弧形切线为基本线条组成的有规律的几何图形。枋心通常占整个构件长度的三分之一，多绘有各种图案：绘龙锦的称龙锦枋心；绘锦纹花卉的称宋锦枋心；青绿底色上仅绘一道墨线的称一字枋心；只刷青绿底色的称空枋心。这些类型在普乐寺的建筑中（宗印殿和旭光阁除外）基本上都有体现。山门内檐枋心为一字型墨线；钟鼓楼、胜因殿、慧力殿、同梵门殿外檐枋心画二龙戏珠；天王殿、碑门殿枋心画宋锦。圆润丰满、流利柔韧的各色线条扭转盘结而成的旋子彩画，带给我们的是满眼的绮丽奇巧，目眩神迷。这些色彩使得普乐寺建筑艺术的表现力更为突出。

作为普乐寺中轴线上主要建筑的宗印殿和旭光阁，彩画的等级为规格最高的和玺彩画。和玺彩画是清代官式建筑主要的彩画类型，《工部工程做法则例》中称为"合细彩画"。仅用于皇家宫殿、坛庙的主殿及堂、门等重要建筑上，是彩画中等级最高的形式。根据建筑的规模、等级与使用功能的需要，分为金龙和玺、金凤和玺、龙凤和玺、龙草和玺和苏画和玺等五种。因为彩画主要分布在建筑的梁枋上，梁枋属于水平或垂直方向上的延伸比较大的构件，所以非常适合龙这种长条形的图案。普乐寺各个殿堂的彩画主要以龙为主，包括坐龙、行龙、升降龙等不同的龙形图案。宗印殿和旭光阁枋心画二龙戏珠。此外还有云、栀花、如意云、六字真言等图案作为边角的补充。宗印殿和旭光阁所采用的均为沥粉贴金。再以朱红色的柱子和门窗作为衬托，使得整个殿堂金碧辉煌，光彩夺目，达到"非壮丽无以重威"的效果（图128–131）。

128 慧力殿清代彩画（陈东 摄影）

129 碑门殿外檐清代彩画（陈东 摄影）

130 宗印殿室内清代彩画（陈东 摄影）

131 宗印殿室内清代彩画与天花（颜色鲜艳的天花为现代补配）（陈东 摄影）

第四章　供像与陈设

藏传佛教，也称西藏佛教，是我国佛教的重要一系。公元七世纪，佛教从汉地、印度、尼泊尔传入西藏，与当地原始宗教苯教几经融合、几经分争后，形成了独具特色的藏传佛教。

清朝的康熙、乾隆皇帝为了团结边疆的少数民族，实行了"兴教理边，因俗习为治"的统治政策，在承德避暑山庄周围营建了规模宏大的藏传佛教寺庙群。伴随着佛寺的兴建，殿堂内供奉了数以万计的佛教造像与陈设。它们既有元、明、清三代宫廷自造，又有蒙藏等地的王公、活佛进献而来。其中佛造像主要包括祖师、佛、菩萨、度母、罗汉、护法等。陈设主要包括供器、法器、供案、挂对、字画、匾额、床、椅、靠背、坐褥等。从质地上看，有金、银、铜、玉、木、石、泥、瓷、

纸、布等多种。它们不仅材质华贵、工艺精湛，还具有汉、藏、蒙等多地艺术风格与特征，彰显了多民族文化的交融与影响。本章着重介绍普乐寺各殿堂的供像与陈设。

一、供像

（一）山门

普乐寺山门面阔三间，进深一间。门前两侧设置石雕狮子、幢杆各一座（现幢杆已无，夹杆石尚存）。走入山门，殿内不设供像（图132），这有别于承德其他皇家藏传佛教寺庙山门内供奉哼哈二将（即密执金刚和那罗延金刚）的作法，具体参见表4。

132 山门室内不设佛像（陈东 摄影）

表4　外八庙哼哈二将供奉情况一览表

寺庙名称	殿堂	哼哈二将
1、溥仁寺	山门	2 尊
2、溥善寺	山门	2 尊
3、普宁寺	山门东西稍间	2 尊（泥）
4、普佑寺	山门东西稍间	2 尊（泥）
5、安远庙	无	
6、普乐寺	无	
7、普陀宗乘之庙	无	
8、广安寺	无	
9、殊像寺	山门	2 尊
10、罗汉堂	无	
11、须弥福寿之庙	无	
12、广缘寺	山门	2 尊

如果从建筑体量上看，此山门建筑面积136m²，完全可以有空间来供奉哼哈二将。但是山门的明间与次间都设置了石券门，用于入寺人员按等级出入。也正是由于次间位置没有设置装饰性的石券窗，使得山墙内侧只有1m。如此狭小的空间，若要安置高大威猛的神像，必会显得局促。推测，这也是当年没有考虑在次间位置供奉哼哈二将的原因所在。

（二）天王殿

在汉式寺院中，通常把供奉四天王的佛殿称为"天王殿"。殿内一般迎面供奉布袋尊者，其后是韦驮，两侧分供四大天王。

1. 布袋尊者

普乐寺天王殿供奉的布袋尊者为木雕金漆（图133），高1.3m。他憨厚慈祥，笑容可掬的端坐在朱漆龙纹木椅上。在历史上，布袋尊者确有其人。据说，他是五代后梁时的一位游方僧人，名叫契此，居于浙江奉化，在岳林寺出家。生活中的他身体肥胖，言语无恒，乐于助人。常常背着木棒，木棒上吊着一个口袋，面带喜容，于闹市行乞，人们就称他布袋和尚。后梁贞明二年（916年，一说是917年），他在岳林寺东廊磐石上圆寂。临终口念佛偈曰："弥勒真弥勒，分身千百亿，时时示世人，世人自不识"，自称为弥勒佛的化身，欣然离世。此事一传开来，就产生了很大的影响。人们认为他真是弥勒佛的化身，就纷纷塑其像于寺院殿堂中，称为布袋尊者，亦俗称"大肚弥勒佛"。

2. 四大天王

此殿两侧供奉的是四大天王，俗称"四大金刚"（图134，135）。入殿门，北侧供奉的是南方增长天王与东方持国天王，南侧供奉的是西方广目天王与北方多闻天王。各天王都身穿铠甲，面目威严，脚踏属于八部鬼众的魔怪，手持法器呈"风调雨顺"之像。其身色、持物、冠饰等详见表5。

在古印度次大陆的神话中，须弥山腹有"四天王天"。这个传说被佛教所吸纳，把一般世界划分为"三界"，即欲界、

133 天王殿布袋尊者（熊炜 摄影）

134 天王殿四大天王（熊炜 摄影）

135 天王殿四大天王（熊炜 摄影）

表5　普乐寺天王殿四大天王特征表

位置	名称	发肤颜色	手印与持物	冠饰	服饰	身姿、脚踏物	司职
北侧两尊（从西向东）	南方增长天王	红色须发，身青蓝色	右手握宝剑，左手压在剑刃之上	二龙戏火焰宝珠，其下是仰覆莲座	身着凯甲，腰系红色战裙。裙带极为精致，结如意花形，裙身满绘龙纹；一条绿色丝带从天王肩肘部环绕飘下，丝带绘有"寿"字	坐于台座上。右足踏一伏地魔怪，左腿盘曲在一魔怪肩上	职风
	东方持国天王	红色须发，身青绿色	双手握弹琵琶	二龙之间是一尊坐佛，佛伽跌坐姿、手结禅定印，端坐在仰覆莲座之上	身着凯甲，腰系红色战裙，裙上绘缠枝莲纹，肩部环绕蓝色丝带，上绘"寿"字	坐于台座上，右脚由一肩饰红色丝带的恶魔托举，左脚踏在红肤仰卧魔怪身上	职调
南侧两尊（从西向东）	北方多闻天王	黑须黑发，身黄白色	右手握伞；左手托吐宝鼠	二龙之间是火焰摩尼宝，其下是仰覆莲座	身着凯甲，腰系红色战裙，裙身满绘缠枝莲纹；一条蓝色丝带从天王肩肘部环绕飘下，丝带绘有"寿"字	天王坐在台座上。左足踏一伏地恶魔；右腿弯曲悬放在台座上，右足由一红肤胡貌魔怪扛在肩上	职雨
	西方广目天王	黑须黑发，身红色	右手执蛇，左手拿宝珠	二龙戏火焰宝珠，其下是仰覆莲座	身着凯甲，腰系红色战裙。裙带系成如意花结，裙身满绘龙纹；肩饰红色丝带，丝带上绘"寿"字	坐于台座上，左脚搭在一红肤恶魔肩上，右脚踏在一仰面躺卧、面容姣美的女性魔怪身上	职顺

色界、无色界。其中欲界又有"六欲天"，分为六重。第一重叫"四天王天"，是四天王及其眷属的住处。据说，这四天王天就居住在宇宙世界的中心——须弥山的山腰。那里耸立着一座较小的山，叫犍陀罗山。此山有四峰，四天王各护持一天下，分别掌管须弥山四方的东胜神洲、西牛贺洲、北俱卢洲、南赡部洲的山、河、森林等，所以又称为"护世四天王"。

在四天王中多闻天王最为突出，其梵名音译为"毗沙门"。据说，他是古代印度教中的天神俱毗罗，别名施财天，意思是"财富的赠予者"，相当于中国的财神爷，又是北方的守护之神。在古代吠陀神话中，这位多闻天王本是帝释天的部下。帝释天是雷神的人格化，其属下大部分是武士与战将形象。无奈，在神话流传中，帝释天的地位越来越下降。佛教中虽还保留帝释天之名，然而势力已很衰微。毗沙门天王等也就逐渐脱离了他，自树一帜了。

毗沙门天王，在中国曾经威名显赫，传说在唐天宝元年（742），安西城被蕃兵围困，毗沙门天王在城北门楼上出现，放大光明。并用"金鼠"咬断敌军弓弦，三五百名神兵穿金甲击鼓，声震三百里，地动山崩，结果蕃军大溃。安西表奏，唐玄宗大悦，命令诸城楼设置天王像。这样一来，毗沙门天王在盛唐以至晚唐五代，香火极盛。

到了宋元以后，特别在明清两代，四大天王进一步汉化。这首先表现在毗沙门天王身上，唐代的狂热崇拜已经成为过去，他的身份逐渐与另外三位天王平等，"财神"的兼职也被取消。但在藏传佛寺中，他仍兼有此职。

3. 韦驮

布袋尊者之后，是一尊高 1.9m 的木雕金漆韦陀像（图136），他身穿凯甲，帽饰红缨，右手托金刚杵，左手施与愿印，表情专注的面向宗印殿。其脚下是雕刻精美的木质朱漆描金台座，台座正面饰中国传统吉祥图案：松、梅、兰、竹，两侧饰缠枝莲与菊纹，与此相近的台座在外八庙普宁寺的天王殿中也可见到。木质台座下方是亚字型石质须弥座。

136 天王殿韦驮（注意韦驮金刚杵位置区别）（熊炜 摄影）

据佛经记载，韦陀原是南方增长天王手下八部将之一，在四天三十二将中以勇武著称。他常于东、西、南三洲巡游，守护佛法，故有"三洲感应"之称。中国佛教故事中，又有他守护伽蓝的传说，所以建寺必奉其为守护神，塑于面对主殿的天王殿内，使他忠实地履行自己的职责。供奉于寺院中的韦驮天王，通常有三种姿势：一种是一只手握杵拄地，另一只手插腰，有点象今天稍息的姿式。另一种双手合十，横宝杵于两腕。还有一种是托杵，杵尖向上站立。关于这几种姿势，还有点奥妙："合掌捧杵者，为接待寺，表示热烈欢迎，尽可免费吃住。凡游方释子到寺，皆蒙供养。其杵向下、向上者则否，可一望而知也。"因此，若见托杵或握杵拄地的，就要止步了，韦驮天王是不大欢迎的。

（三）宗印殿

殿内中央供奉三世佛，（图137）"世"为佛教术语，主要有两个方面含义，一是表时间的流动；一是表多个空间的共存。以时间为序的三世佛，又称"竖三世佛"，即过去佛伽叶、现在佛释迦牟尼、未来佛弥勒。此三世佛表时间无限的长，佛佛相生，更替不已。以空间为序的又称"横三世佛"，他们分别是西方极乐世界的阿弥陀佛、中方娑婆世界的释迦牟尼、东

方净琉璃世界的药师佛。

宗印殿内供奉的是横三世佛，又可称三方佛，在殿中的位置是：正中为释迦牟尼佛，左手托一钵，右手结触地降魔印。南侧为药师佛，其左手持钵，右手施与愿印。北侧为阿弥陀佛，双手结禅定印。

释迦牟尼：名乔达摩·悉达多，是古印度北部迦毗罗卫国的太子。在公元前6—5世纪间，他创立了举世闻名的佛教。按照佛教的教义，"佛"是"正觉、等觉、无上觉"三觉圆满之人。即是说，佛不但自己已经大彻大悟，而且帮助众生也能够觉悟。公元1世纪，佛教传入中国，很快与汉地传统文化相融合，特别是在汉式寺院的佛教造像中，释迦牟尼多以主尊来供奉。

阿弥陀佛：大乘佛教认为，东西南北，四维空间，佛无处不在，数量多如恒河之沙。每一位佛都会有一方自己的净土，来教化众生。佛经中描绘的净土主要有阿弥陀佛的极乐净土，阿閦佛的妙喜净土，还有弥勒菩萨的兜率天净土。其中阿弥陀佛的西方极乐净土被描绘得瑰丽无比，舒适异常，生活在那里的人们无烦恼可言，心想之事，应念即至，所以此信仰倍受人们喜爱，流传也最为广泛。

药师佛：又称"药师琉璃光如来"，也称"大医王佛""医王善逝"等，是"东方净琉璃世界"的教主，居于东方净琉璃世界，

137 宗印殿三世佛（陈东 摄影）

其职责是救助众生出地狱恶趣、转生佛国。特别是能救人于垂死、治愈各种疾病，所以受到人们的格外尊崇，寺院中多有供奉。

以上三佛通高3.46m，均为木雕金漆，雕工非常精湛，纹饰极其繁复。背后是华美的背光，背光两侧边缘及上方雕刻有旋花纹、口衔蛇的大鹏金翅鸟、摩尼宝珠、火焰等图案。三佛端座在木质亚字型须弥座上，须弥座正中下部开有小龛，内原供佛像。木质须弥座下方又是精美的石质须弥座，因此，本来已经很高大的三尊佛像，在木、石须弥座的衬托下，愈发显得高大庄严。三佛前各设一张雕有莲花、龙、饕餮等纹饰的供案。其上陈设着七珍、八宝与五供。

在大殿两侧山墙前，供奉八大菩萨（图138），皆为坐姿，高2.1m，每侧四尊。菩萨像面部表情平和，葫芦型发髻。肩披巾、腰系裙、身饰璎珞、项链、臂钏。像后的背光样式与三世佛的背光基本接近，所不同的是在背光中心位置饰菩萨头光与身光。

按照佛教的解释，八大菩萨在过去已经成佛，只是由于他们过去的愿力感化而现应身菩萨相。八大菩萨的组合在印度早已有之，而且流传颇广，包括西藏、汉地、东南亚、日本等，其成员与标志各不相同。此殿八位菩萨手中原持有莲花，因花上法器不存，致使我们无法辨别每一尊的名称。但在外八庙普

宁寺大雄宝殿北侧墙壁，绘有八大菩萨壁画，其中手持法器清晰可见，组合供奉形式为清宫多见，现整理其名称、身色、手持物等如下，以飨各位读者。

1、观世音菩萨，白肤，左手当胸拈莲花，花上托8字形佛珠，右手呈与愿印。

2、文殊菩萨，黄肤，双手胸前拈莲花，左手莲花上托经书，右手莲花上托宝剑。

3、弥勒菩萨，红肤，左手呈与愿印，拈一枝上托法轮的白色莲花，右手当胸拈莲花，花上托水瓶。

4、虚空藏菩萨，蓝肤，左手呈与愿印，右手当胸拈青茎莲花，花上托月牙。

5、金刚手菩萨，绿肤，左手胸前持铃，右手与愿印持杵。

6、菩贤菩萨，白肤，左手放于腰际，右手当胸拈莲花，花上饰如意宝。

7、除垢障菩萨，红肤，左手放于腰际，右手当胸拈青茎莲花，花上托太阳。

8、地藏王菩萨，黄肤，左手呈与愿印，右手当胸拈莲花，花上托多宝。

当年，宗印殿内三世佛手中皆托有精美的珐琅钵，其前还供有铜三宝佛三尊，铜佛十五尊，今皆不存。

138 宗印殿北侧的八大菩萨（陈东 摄影）

（四）慧力殿

宗印殿南侧配殿名"慧力"，内供三尊木雕彩绘金刚像（图139–143），通高1.42m。他们有着凶猛的外表、恶魔似的脸庞和火焰般的竖发，深蓝色或红色的皮肤，头项戴着骷髅串成的装饰，背后有跳动的火焰背光，以威猛的展立姿势站在莲台上。这三位神祇的手中本应持有法器，但在解放前就已缺失。根据20世纪30年代，日本人拍摄的《热河》画册照片，我们可以复原他们的部分手持物，并以此做为判断其名称的依据。三位尊神名称、身色、手帜等详见表6。

根据金刚像的身色、手帜等特征，可判定此殿自西向东，分别供奉的是马头金刚、伏魔手持金刚、秽迹金刚，都是藏传佛教著名的本尊神或护法神。

马头金刚，即马头明王，藏文音译"达金"，是密宗六观音之一，又称马头观音。他也是格鲁派重要护法神之一，有多种变化形象，均现忿怒形，有二臂、六臂、八臂之分，最常见的就是本殿中供奉的三头六臂之马头金刚。以马为头饰，大概是深受蒙古人的喜爱，宝马驰骋四方和涉生死海，能摧伏一切邪魔。因此在举行庄严的酬补仪轨时，迎请马头金刚是必要的，据说可以去除有碍灵验的杂念。

伏魔手持金刚，又称"降魔金刚手"。在密教里，金刚手是释迦牟尼讲说密法时所现身相，故又称其为秘密主。其以手持金刚杵而得名，常化现为忿怒相，具大威力，能制服诸魔，消灭一切土水火风所生的各种灾难。乾隆四十五的（1780年）八月，六世班禅来承德朝觐乾隆皇帝时，进献九轴手持金刚菩萨唐卡，为金刚手九种变身。背面均有白绫、墨书汉、满、蒙、藏四文题记。

秽迹金刚：又称除秽金刚，为北方羯磨部的教令轮身。在古印度有时也当作火神的别名，以火燃烧一切烦恼、污秽而达清净之地。

139 慧力殿室内佛像（陈东 摄影）

表6　普乐寺慧力殿金刚像身色、手帜特征表

序号	名称	肤色	头、面	手臂与持物	身姿	脚下踏物	台座
西一尊	马头金刚	红	三面，左白右蓝，发上竖有三个马头	六臂，右下手持一箭状物	左展立姿	左右足下分踏三条蛇	单层莲瓣台座
西二尊	伏魔手持金刚	蓝	一面	四臂，正两手呈金刚哞迦罗印，右上手持杵，左上手持一杖（或金刚索）	左展立姿	无	单层莲瓣台座
西三尊	秽迹金刚	烟	三面，左红右白	六臂，左二手拿绳索	左展立姿	无	单层莲瓣台座

140 胜因殿室内佛像（陈东 摄影）

141 慧力殿东侧佛像（陈东 摄影）

142 慧力殿中间佛像（陈东 摄影）

143 慧力殿西侧佛像（陈东 摄影）

（五）胜因殿

宗印殿北侧配殿名"胜因"，内供三尊木雕彩绘金刚像（图140，144-146），通高1.42m，皆蓝肤、赤发上竖、身呈左展立姿于莲台上，身后是火焰背光。由于在《热河》图册中，没有看到他们的手中持物，说明在上世纪三十年代前即已佚失。关于他们的名称，目前有两种说法。一种是：1979年，承德市文物部门邀请中央民族学院（即今中央民族大学）的东嘎·洛桑赤列先生来外八庙讲课，并对殿堂佛像进行定名。这次实地授课，对文物部门的工作人员来说，是一次藏传佛教知识的启蒙学习，此后在很多关于外八庙的书籍、文章中均使用了该次佛像定名。当时，胜因殿的三位神祇分别被称为秘密成就金刚手、金刚手、内成就金刚手。还有一种定名是在2003年，承德市文物局与荷兰莱顿大学合编《普乐寺》一书，分别被定名为六臂大黑天、金刚持菩萨（金刚手）、三头大黑天。笔者仔细与《三百佛像集》《密宗造像五百考》《诸佛菩萨圣像赞》等佛教造像图典比对后，确认此殿中间一尊确为手持金刚菩萨，他作为诸佛威猛与力量的象征，与观音菩萨、文殊菩萨并称为三怙主，多被供奉在寺院主殿中。而另外两尊在手中标识持物一件不存的情况下，上述定名暂且存疑。

144 胜因殿东侧佛像（陈东 摄影）

145 胜因殿中间佛像（陈东 摄影）

146 胜因殿西侧佛像（陈东 摄影）

（六）坛城

坛城，梵文称曼陀罗，意为道场。其起源于印度，最初是指密宗作法时的土坛。据《密宗要旨》记载："坛者积于土上，平治其面，而以牛粪涂其表，使之巩固，于此坛上管宗教之神圣之事，尤其为阿阇黎授戒于弟子时或国王继位时于此上行之。"这种早期形制的坛城随着佛教密宗的发展，逐渐形成了一套完整的修持理论，并且形制繁复，材质多样，其含义也随之增加。概括地说：坛城是诸佛聚集，圆轮俱足的圣坛，佛国世界的象征。

普乐寺后半部是一座石质坛城，被乾隆帝称为"阇城"。与前部平坦的地势相比，这里以条石砌筑起 3.36m 高的金刚墙，形成坛城最外围并高起于前部建筑，十分醒目。其平面构图是一个三层正方形，由群房、方形城台、旭光阁三部分组成。

在金刚墙两侧中央设有左右对称的蹬道，沿蹬道可到达群房。群房呈正方形，共 68 间，由四侧居中的门殿及南、北围房组成。这里也是石制坛城最外围的区域，与坛城中央的方形城台合围成一个小院落。现仅存 4 座门殿及围房基址。

坛城西侧的门殿是石制坛城的入口，门额有乾隆帝御笔"真如境"三字，喻示着从此门进入，便到达清静圆成之法界。其内设石碑一座，刻有乾隆帝御书汉、满、蒙、藏四体文《普乐寺碑记》。

坛城东侧的山门名"通梵门"，面阔三间，与磬锤峰相对。当年，此门主要陈放举办上乐金刚道场的执事、法器、经书及常用物品。南北围房现仅存两侧中三间门殿，其余皆为基址。当年明三间陈设完全按照清帝园居殿堂来布置。

群房环抱的正中位置是方形城台，共三层。一层城台 44.4m 见方，高 7.2m。四个方向正中开四门，东门石匾刻乾隆帝御笔"须弥臻胜"，西门石匾刻"舍卫现祥"。一层城台与外围群房组成正方形庭院；二层城台 32.8m 见方，高 6.6m，上建三间卷棚小亭（风雨亭），以防雨水。四角和四正面建有 8 座琉璃藏式佛塔；一、二两层上下开八个券门，其内有石阶可通往三层台顶，出口处也建遮风挡雨的风雨亭。三层城台四周环以石栏杆，旭光阁位于中央。

1、八塔

八塔位于二层方台的四角与四正方中央，皆为藏式琉璃砖釉面佛塔。塔基为五层仰莲瓣，塔瓶开一小龛，饰"十相自在"。塔顶为十三相轮，饰塔珞。塔下是雕刻莲花、法轮等纹饰的石质须弥座，其中四角塔为八边形石座，塔身白色。四正向塔为正方形石座，塔身为西紫、东黑、南黄、北蓝。

看到这八塔，首先会想到藏传佛教寺院中多见的善逝八塔，但从外形上看，此八塔塔基不具有善逝八塔富于变化的特征。根据《续部总集》收录的胜乐 62 尊曼茶罗作品及其仪轨，可知曼茶罗宫殿外火焰鬘外围有八大寒（尸）林，其中有八大佛塔。这八塔在清宫藏"上乐王佛坛城"唐卡中也可清楚看到，据此推测同为胜乐金刚坛城内的普乐寺八塔也应象征八大寒林，其中四正塔分别表东方暴虐寒林、南方怖畏寒林、西方烈焰寒林、北方密丛寒林；四角塔分别表东南方吉祥寒林、西南方幽暗寒林、西北方啾啾寒林、东北方狂笑寒林。

八大寒林是古印度主要的八大墓地，许多佛教信徒和密修瑜伽师在此处静修获得成就。据说在寒林中，有八种树上的八大木父神，他们都有魔力，外型极为忿怒可怖。在每座寒林中都有一湖，由龙王把守。都有一山，山顶置佛塔，每座塔的附近都有一位瑜伽师在修行。此外，在每座寒林中还有一位护法神。当年乾隆帝命令在普乐寺坛城一、二层券门悬挂画像金刚八轴（现已不存），推测可能是这八位护法神：帝释天、阎魔、水天、夜叉、自在天、火天、罗刹、风天。各神身色、持物、坐骑详见表 7。

2、旭光阁

旭光阁与北京天坛的祈年殿外形相似。阁内有檐柱、金柱各 12 根，环布成两个同心圆。檐柱支撑下檐，金柱支撑上檐。每层檐都铺有黄色的琉璃瓦，顶部冠以巨大的铜鎏金宝顶。阁身下部沿周圈砌高一米左右的青砖槛墙，石墙内侧彩绘龟背锦和夔龙图案，墙上周圈开红色描金菱花窗。阁内圆形蟠龙藻井极其精美华丽，中央悬有蟠龙戏珠，采用层层缩小的三层重翘重昂九踩斗拱，雕工细腻，金光四射。

旭光阁内中央供奉的是一座大型木制坛城（图 147—151），代表了上乐金刚坛城平面的核心区域。此座木制坛城由数十个大

表 7　八大寒林护方神身帜、手持物一览表

序号	方向	身色	名称	坐乘	手臂、法器
1	东	黄	帝释天	乘大白象	执金刚杵
2	南	青	蓝色阎魔	乘水牛	执棒
3	西	白	水天	乘磨羯鱼	执蛇索
4	北	黄	夜叉	乘骑骏马	手执短杵
5	东北	白	自在天	乘牛	执戟
6	东南	红	火天	乘羚羊	四臂，其右二手施与愿印，执短棍；左二手执数珠、净瓶
7	西南	黑	罗刹	乘起尸	执剑、颅碗
8	西北	青绿	风天	乘鹿	执飞幡

小不等的木块组合拼制而成，座落于直径达 6.2m 的圆形汉白玉须弥座上，须弥座也就是坛城宫的基座，顶端有一圈保护坛城的火焰带，外围雕刻莲瓣纹、龙纹、杵形纹等装饰。须弥座上为折角方形木供台，高 2.1m，每边长 5.09m。供台四面伸出五股金刚杵，四种颜色，东面黑、西面红、南面黄、北面绿。

供台上是方形宫殿，四面开设华丽的印度式门枋。当年，每个门枋前都供有一位空行佛母（现不存），她们相当于门神的角色，右手持颅鼓、左手持天杖。在牌枋后的门楣、八棱形门柱以及隔板上彩绘有人物、动植物图案。经过仔细辨认，尚可看清楚的有 24 位金刚力士，8 只狮面兽，12 条龙，12 只凤，其间还穿插绘有莲纹、万字纹等。

按照清宫陈设档案记载，四门内亦供奉四位空行佛母（现不存），东门内的是黑色空行母、西门内是红色空行母、南门内是黄色空行母、北门内是绿色空行母。每位空行母都是一面三目，头饰骷髅冠、身饰骷髅花环，手中持钺刀、颅器、天杖等法器，呈现展立姿势于中心主尊外围。

在宫殿中央供奉一尊铜镀金上乐王佛像，此像高 1.06m，约有十五岁童子身量，镀金明亮，比例匀称。像有四面，每面有三睛、十二臂，主臂拥抱头戴花冠，身饰璎珞，一面二臂的明妃金刚亥母。其正脸朝向东方的磬锤峰。

148 旭光阁室内藻井与木质坛城（陈东 摄影）

149 旭光阁室内木质坛城细部

150 旭光阁室内木质坛城顶部的四方亭

151 旭光阁室内木质坛城中的上乐王佛

上乐王佛又称"胜乐王佛"，藏名"德巧"。在上乐金刚本尊法中描绘上乐金刚时，他的各个部位都有一定的象征含义，详见表8。

在上乐王佛的头部上方为八柱支承的圆形殿天花，天花内以九宫分格，绘画出六字真言、金刚杵等图案，天花中部方井之上又突出一座方形小殿。置身于这座庄严华美的宗教殿堂，一种神秘的力量扑面而来，令人陡生佛法天降的神圣感觉。

据清宫陈设档案记载，在现供奉上乐金刚前方还供有铜上乐王佛一尊、东牌楼内供紫檀木匣一件、旭光阁内金柱上原悬挂四幅楹联，现皆已不存。

通观普乐寺所供佛像，可以归纳为前后两个区域。一是寺院前半部的汉式寺庙区域。伽蓝，是梵语"僧伽蓝摩"的略称，指僧人聚集居住的地方，即为佛寺。在印度又称为"精舍""僧院"。公元一世纪前后，佛教传入我国，受印度石窟寺的影响，寺院以佛塔作为主体建筑。唐宋以后，禅宗成为中国佛教的主流，汉式佛寺的基本布局形式也逐渐发生了变化。从现存实物看，清代在承德修建的大型佛寺经堂都具有山门、天王殿、钟楼、鼓楼、东配殿、西配殿和大殿7座建筑，其特点是严格按中轴线布置建筑，保持着传统的宫廷、邸宅形式。

在承德藏式皇家寺庙中，溥仁寺、溥善寺、罗汉堂以及普宁寺、普乐寺前半部，都是典型的汉式七堂布局。其殿堂所供佛像也基本同于汉式七堂的佛像供奉模式：山门供哼哈二将；天王殿供奉布袋尊者、四大天王与韦陀；正殿供奉横（竖）三世佛与十八罗汉或八大菩萨。

普乐寺前半部殿堂包括山门、天王殿、宗印殿及南、北配殿，供像分别是四大天王、三方佛与八大菩萨及六尊密教忿怒神。而实际上，这种殿堂供像形式与西藏早期寺院佛殿的神

像配置形式亦有相近之处。在西藏早期寺庙中，有大殿中间供三世佛，两侧供八大菩萨（或六大菩萨），殿门口分供金刚手、马头金刚的传统做法。例如，建于公元十三世纪的拉萨聂塘卓玛拉康，寺院"左室亦前壁设门，内奉三世佛、八大菩萨和二护法，室中部置阿底峡像……"再如建于公元十二世纪的堆龙德庆楚普寺"经堂后壁前奉释伽及二菩萨……经堂前之前庭内塑四天王，天王身躯修长与常见短朒造型者不同。再余之门廊塑二护法。"（《藏传佛教寺院考古》41、43页）显然，普乐寺前部殿堂供像也借鉴了这一做法，只是由西藏传统的集于一堂供奉，变通为在多个殿堂分供的形式。

普乐寺后半部分区域是一座藏传佛教上乐金刚坛城，主殿旭光阁供奉主尊为上乐金刚。乾隆皇帝在《御制普乐寺碑文》中说："咨之章嘉国师云，大藏所载，有上乐王佛，乃持轮王佛化身，居常东向，洪济群品，必若外辟重闉，疏三涂，中翼广殿，后规阎城内叠磴悬折而上置龛，正与峰对者，则人天咸遂飯仰。将作如制。"从这段话中，即可知坛城的陈设布局是在章嘉国师的指导下，按照黄教教义、修持仪轨设置供奉的。

上乐王佛是密宗所修无上瑜伽密教的本尊，无上瑜伽密属于四续部之一。所谓四续部即藏传佛教修习的四种阶段与层次。事部、行部、瑜伽部、无上瑜伽部。密宗修习最高境界的本尊与东方天然形成的磬锤峰遥遥相对，正如章嘉活佛说的那样达到了"人天飯依佛法的境界。"

对于旭光阁曼陀罗内供奉的密宗双身本尊佛像，大概很多人会产生疑问：佛教不是主张禁欲吗？为什么还会有此种男女相拥的佛像呢？请大家一定不要用世俗的思想来理解，而是要定位在：密宗修习者通过观修本尊佛像，从而加快慈悲心与智

表8　上乐金刚与名妃身形、持物象征含义一览表

上乐金刚与明妃	象征含义
背景是火	象征任何欲望所产生的东西都会在此处焚烧得一干二净
站立在莲花座上	象征出离尘世，如同莲花出污泥而不染
莲花之上有太阳	象征心的光明境界，积下一切阴德
四头、四面的颜色各异	居中蓝色，左边白色，右边红色，后面黄色，依次表示增益、息灾、敬爱、降伏四种事业和功德
每面有三只眼	表示能观照过去、现在和未来三世，关照一切众生
身着虎皮	象征无常和勇武
头顶左上方的半月	象征人类的幸福。头顶有双金刚，表示方法与智慧双成。项挂五十人骨串成的念珠，代表生成他的字符中的五十个字母已得到净化
六手印	六手印包括耳环、项饰、手镯、腰带、头顶的骨制品、来自尸林的骨灰和礼线。象征忍辱、布施、持戒、精进、禅定、智慧六波罗蜜
十二只手臂及手持物	象征克服12种缘起的约束；主臂左手持金刚铃，右手持金刚杵，象征菩提心；两手同时拥抱明妃，表修方便与智慧。其余各手伸向两侧，手中持斧、月形刀、三股戟、骷髅杖（天杖）金刚索、金刚钩、活人头等物，分别象征断灭生死、摧毁三界的罪恶、获得大乐、智慧控制众生的本性、断灭一切轮回的愚痴
腿、足	左腿弯曲，足下踩金刚毁灭之神，表示灵魂的空性。右腿伸，足下踩时母，表生活在世俗中的慈悲
明妃金刚亥母	面呈红色，表示热烈之情，一切佛法融入一切理趣中。有三只眼，表三界都在其视野内；戴骷髅冠表拥有五智。右手拿月形刀，表其智慧可摧毁一切魔众；左手拿人头骨碗，碗内盛满血，献与本尊，表给予大乐。她的左腿伸，与主尊右腿并齐，右腿盘在主尊腰间，与主尊相拥，表慈悲与智慧的结合

慧的开发，使其尽早成佛悟道。在这里，双身的佛、三头六臂的佛、各种颜色的身体部位、法器等等都是为了观想的需要。男尊代表佛父与慈悲心，女尊代表佛母与智慧，是智慧与慈悲相结合的象征。

从造像特征上看，普乐寺所供尊神可分为寂静像与忿怒像两种，所谓既有"金刚怒目"，又有"菩萨低眉"。他们汇集一寺，不仅使人领略到藏传佛教精湛的造像艺术，还用具有象征意义的各类造像，形象化的宣传佛教教义，使信徒在潜移默化中更好的接受宗教思想和象征含义。

忿怒像的造型大多复杂，一般多首多目，多臂多足，手持法器。面目十分狰狞可怖，张口呲牙、怒发上竖。有的神祇脚下还踩踏着人或动物，例如四天王脚下的恶魔，马头金刚脚下的毒蛇等等。基本上，这些脚下生灵，大部分是作为人类内心各种缺点或不足的象征。他们代表世俗的"贪、嗔、痴"等诱惑人们远离证悟境界的毒害。践踏这些生灵就代表斩断三毒欲望与烦恼。

寂静像包括三世佛、八大菩萨、布袋尊者、韦驮等，他们在外型上与面部特征都具有典型的清宫造像特点：前额较宽平，鼻子高挺，呈三棱型，两颊略鼓，唇角微翘，表情庄严中不失柔美。如果从这些供像的服饰纹样与台座式样上看，具有浓郁的皇家特色与风范，其中的吉祥图案寓意明显，反映出帝王希冀风调雨顺、福寿绵延的美好愿望。

二、供像的制作机构、程序与工艺

我国宫廷藏传佛教造像机构始于元代，由于元朝皇室十分崇信藏传佛教，在宫廷内外大办佛事，建寺造佛，专设梵像提举司，总管绘画、塑造佛像之事。明代，藏传佛教文化对宫廷的影响仍很深。明代宫廷内的英华殿、洪庆宫供番佛，设番经厂习念西方梵呗经咒，御用监设佛作造佛像。永乐宣德时期，朝廷制作了不少镀金铜佛施与西藏宗教领袖。宣德之后仍有制作，但以永乐、宣德造像数量最多，质量最高。

清代的藏传佛教造像机构主要是造办处与中正殿。据《大清会典》记载，造办处职能是"成造内庭交办什件"，其下设各作，有铸炉处、如意馆、玻璃厂、做钟处、舆图房、珐琅作、盔头作、金玉作、油木作、匣裱作、灯裁作、铜作、炮枪作等等。

清宫藏传佛教造像的制作除了分散在造办处各作外，还需要熟悉藏传佛教的僧人参与。康熙三十六年（1697年），宫中成立中正殿念经处，管理宫中念经与造佛像事宜。（光绪朝《大清会典事例》记载）中正殿喇嘛奉谕参与佛像的画塑工作。其中有拨蜡样喇嘛、做巴苓喇嘛、画匠喇嘛、写经喇嘛等。他们属于纯技术型喇嘛，是清宫藏传佛教佛像、法器和供器制作的主体，白天进驻中正殿做活，晚上回各寺，因此受中正殿念经处和驻京喇嘛印务处的双重管理，报酬主要由内务府支取。此外，还有一部分高级喇嘛，即是驻锡在京城的藏传佛教高僧，如章嘉胡图克图、洞阔尔呼图克图、阿旺班珠尔呼图克图等，

宗印殿

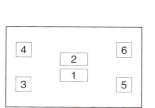

胜因殿

慧力殿

天王殿

152 普乐寺前半部殿堂佛像供奉位置图

1、布袋尊者
2、韦驮
3、4、5、6 四大天王
7、8、9 金刚像
10、11、12 金刚像
13、14、15 三世佛
16—23 八大菩萨

他们要担当清宫藏传佛教事务顾问，特别是在清宫藏传佛教供像、供法器的制作过程中，经常需要向这些高僧"著问"，以章嘉呼图克图为首等高僧在其中起到了重要作用。

总之，以上各作、处之间即有分工，又有协作，一尊雕造精美、镶嵌繁复的佛像，往往是由多人、多个部门、多道程序来完成。

外八庙的供像，一部分是在北京紫禁城制作完成后运送到热河。如普乐寺旭光阁的上乐金刚像，由乾隆帝谕旨仿圆明园梵香楼所供上乐王佛成造后于热河供奉。而一部分体量稍大的佛像，则由宫中派出匠师或延请匠役来热河成造完成。如康熙五十二年（1713 年）修建的溥仁寺，清宫派出八十名工匠到热河修造佛、菩萨、天王等像。乾隆帝对南方匠师的作品也十分欣赏与尊崇，他曾特命内务府到浙江海宁延请匠役成造罗汉像，再运至热河。如遇皇帝、皇太后的万寿节，西藏、蒙古、青海等地王公贵族、大活佛等也会进献各种质地、多种风格的佛像。如在乾隆三十六年（1771 年），适值乾隆帝六十大寿，他特命在普陀宗乘之庙修建千佛阁作为礼品间来收藏供奉佛像。

据统计，普乐寺当年供有佛像 59 尊。其中天王殿 6 尊；胜因殿、慧力殿各 3 尊；宗印殿 29 尊；石质坛城 18 尊（含唐卡）。主要包括铸像、木雕（胎）像、泥塑像、佛画像等，其所用材质多样，制作方法也各异，制作工艺及过程大致如下。

（一）铜铸像

主要用铜、铁及多种合金铸成，制作方法有模具法、锤鍱法和失蜡法。

模具法是西藏传统的佛像制作方法。分为制作模具、置模型于模具内、将模型从模具中取出、浇铸等步骤；锤鍱法主要体现为钣金之工，因为它是利用红铜具有的延展性，将铜块锤打成薄片，形成各种部件，然后再将各部件焊接合一，组成完整的佛像。

失蜡法又称"出蜡法""拨蜡法"，是我国汉地的传统铸造工艺，起源很早，一般认为约在春秋早、中期的青铜器铸造中便开始使用了。藏传佛教的失蜡法铸造应该始于元代宫廷，当时设有专门的失蜡铸造机构——"出蜡局提举司"。元朝以降，明清仍延用失蜡法铸造佛像。其成造步骤、程序如下：

1、"拨蜡样"。主要由中正殿喇嘛或如意馆和金玉作工匠完成，作好蜡模后，呈览给皇帝，经皇帝谕准后，方可进行下一道工序；

2、铸炉处铸造和打磨。蜡模外敷上由耐火材料制成的泥芯外范，再经过加温炎蜡，这时形成空范，之后再浇注液态金属，经过冷却成型。敲去外范，取出泥芯。

接下来錾刻纹饰、再打磨使之光滑；

3、镀金。就是将黄金混合水银涂在铜质佛像表面，烘烤之后，水银蒸发只留下黄金。相较于低温处理的泥金技法，鎏金处理的金饰保存完整，较不易脱落，而且色彩更为亮丽浓厚。此工序由金玉作完成。

4、佛像染发。主要由如意馆和中正殿喇嘛负责；

5、镶嵌珠石和"开眼目"（即描画眼目）。由如意馆负责完成；

6、装藏、庆赞、供奉等事宜。佛像成造后交由中正殿喇嘛完成。

普乐寺旭光阁内供奉的上乐王佛就采用了失蜡法。清宫活计档案记载："乾隆三十一年二月，（乾隆）御旨仿照北京圆明园含经堂梵香楼所供上乐王佛拨蜡样造上乐王佛一尊供于热河。"此像比例匀称，通体打磨光滑，而且力学设计也十分巧妙。20 世纪 60 年代，有人曾将此像拆开过。双身像中的明王为一头四面十二臂，明妃为一面二臂，两尊合计重 193.5 公斤。据目击者说：该佛像是由男身和女身两体构成，将男尊和女身分开，哪个都不能自立。然而将两者结合后，该佛像恰好处于平衡状态。结合后，女身悬空，只有男身的两只脚为支承点，而且佛像的重心比较高，这样一来，就要求计算准确。根据力学的知识，一个物体平衡的必要和充分条件是作用于物体上的外力的主矢和对任意点的主矩都等于零。当时的工匠们不可能学过力学理论。然而，他们根据多年积累的丰富经验，很好地达到这个条件，制造出这尊佛像。这不能不叫我们为古代匠师的高超技艺而赞叹！

（二）木雕（胎）像

普乐寺木雕像所用的木材主要是椴木和红松。天王殿的弥勒像、韦陀像，宗印殿的三世佛像通常是在雕好的像身外满身贴金叶或是漆成金色。慧力殿、胜因殿的六位忿怒神则是在木胎外，压多遍布灰成形后，再施以彩绘。首先由不同木件分别雕刻好身形各部分之后，再组装在一起。外表浸上一层植物油，然后刷上数层石灰、胶和面粉的混合物，披麻披布。这样，佛像就被覆上一层坚固的胶外衣。之后再通体抹石灰、胶和面粉的混合物，然后用细砂布将表面磨平，涂上一层植物油，这就是地仗层。待地仗层干后，开始上颜料，首先着深色，再着浅色。木雕像的造型、彩绘，都是严格遵照《造像度量经》及传统工艺进行。

（三）泥塑像

天王殿的四大天王是汉式寺庙较常见的形像。塑造时，在殿内墙上挂一副与实际天王像比例 1∶1 的墨画草图。地面上做好须弥座，其上是天王像底座，中间用一个厚木板架作为塑像的"脊柱"来支承重力。塑像的胶泥必须是上好的，要求胶泥光滑细腻，有足够的黏度，以使塑像在风干的过程中不致于发生皲裂和变形。和泥前，先用筛子把土筛一遍，筛去小石子。和泥时要加进一定量的毛边纸，纸的用量是整个塑像外壳用料的三分之一。最后将捣碎的石渣和木质纤维与掺有毛边纸的胶泥揉合在一起。把由黏土、胶、纤维混合成的糊状物逐渐贴在木架的交叉点四周，形成像的主躯干及胸部、头部，再制作、塑造四肢及附属器物。

塑像泥壳的厚度大约是 1cm，当然有时也要根据塑像尺寸的大小来决定泥壳的厚度。大的塑像使之干燥的办法是在刚塑的湿塑腹腔里放置一盆大小能容于其中的炭火盆。按照塑像的惯例，在整个塑像尚在塑造的过程中，常常用一块湿布盖住还未完工的塑像，一直盖到这尊塑像最后完工时为止。这样做一是为了防止塑像干裂，二是为了隔天再塑时，塑像表层也是潮湿的，有利于新旧茬口的粘接。在神像胸部，用填稻草的方法预留一个为了装入经卷和宝物的孔洞。最后，用各种颜色进行涂画。

雕塑匠人们使用的主要工具是一根木制的、铅笔状的木棍。这种木棍有两种样式，一种是两端各有一个铲面，有的铲面还刻有印槽，匠师们就是用它来塑造神像的泥壳。另一种铲面是光滑的，神像的泥壳成立后就用它来最后抹光。

（四）唐卡

唐卡是指绘于布或丝织品的卷轴画，是西藏特有的一种绘画艺术形式。具有装饰性强，收藏方便等特点。清代宫廷珍藏供奉的唐卡，一部分是由西藏、甘肃、青海、蒙古等地宗教领袖、活佛进献的，多出自西藏画师之手，清宫称为"番画""藏画"。还有一部分由清宫画师、中正殿画佛喇嘛以及民间画匠绘制，清宫称为"京画"。京画与番画，在艺术形式上并无明显的区别。一幅唐卡往往需要画师经过数月乃至数年的时间方可绘制完成。它的制作过程大致如下：

1、作画之前先用麻线穿缀底布的边沿，将其绷撑在特制的木架上，然后往上刷一层胶脂，这种胶多用植物树脂，这就是作为唐卡特征而被西方人特别提出的"色胶画法"或"水胶画法"。待胶脂略干后，在布底涂上一层脂胶调和白灰或其他石粉的涂料，以消除所有洞孔。最后用硬物（蚌片或石块）研磨砸细。

2、作画时，画师用木炭条或淡墨起稿，描绘出图像的轮廓，一般是先从中央图像开始，然后绘四周的佛像和景物。

3、最后是着色，使用的颜料都是不透明的矿物质和植物质颜料，如：石黄、石绿、石青、朱砂等，颜料内均需调入植物胶和牛胆汁，以保持色泽鲜艳，经久不褪。

4、画成后，底布四周镶以锦缎，上下贯以木轴，以便张挂，较讲究的还要在画前蒙一块半透明的薄丝绸，用以放下来防尘，外面还垂有两条装饰用的锦缎带子。如果是作为宗教供品的唐卡，还需请喇嘛念经加持，这样，一幅唐卡就制作完成了。

当年，在普乐寺方形城台上下券门内悬挂有画像金刚八轴（帝释天、阎魔、水天、夜叉、自在天、火天、罗刹、风天）。另据乾隆四十六年（1781 年）五月谕旨可知，此八轴金刚佛画系乾隆帝来热河拈香或举办道场之用。其绘制过程如下：

（1）乾隆四十六年（1781 年）六月初五日，内务府造办处收到热河总管永和寄中堂英廉书启一封，内开五月二十二日圣旨：普乐寺坛城上下券洞挂像金刚佛八轴，着揭下呈览。奉旨交永和送京，交英廉转交中正殿喇嘛，将挂像金刚佛八轴，宽减去二尺，高减去一尺，作为长方式样金刚法身，搏小些从新绘画，得时发往热河，遇有朕拈香并办道场之日悬挂，其寻常日期敬谨收贮。

同日，英廉奉谕：八轴金刚佛画画得时，着造办处托裱。

（2）在接到缩小绘画金刚佛画的任务后，中正殿喇嘛先画出两张画样，由永和会同造办处派到热河之人，携画样到普乐寺券门实地斟核尺寸。他们"将大画样一张，上两立边粘贴五寸宽黄纸边样，天高七寸边样，地高九寸边样。小画样上两立边粘贴四寸宽黄纸边样，天高六寸边样，地高八寸边样。俱在画样内粘贴其画心，除周围边，需得收小绘画。"这两张护法佛画，后被装入信贴，于六月十八日寄到京城。

（3）太监厄鲁里将上述画样呈御览。乾隆帝谕旨"准收小绘画，其护法不必收小，得时俱厢锦边，安紫檀木轴头。"

（4）根据皇帝首肯的尺寸，中正殿苑领喇嘛扎克巴道尔吉等估料后呈报：绘制此种佛像八幅，除需库中所藏颜料等项外，另需应买库中所未藏金色颜料等项，折合银184 两 3 钱 2 分 2 厘。

（5）六月二十七日，多罗恭敏郡王，大学士英廉等为"绘制佛画所用颜料折价银子等事"专门向内务府总管呈报咨文，请令所属各处，依数拨给。

（6）中正殿喇嘛领料后，绘得普乐寺坛城上下券洞八轴佛画。由于券门墙壁面积不同，佛画有大小两种尺寸：大一点的四轴，净心各高 8 尺 2 寸 7 分，宽 5 尺 9 寸，合见方尺是 195 尺 1 寸 7 分 2 厘；小一点的四轴，净心各高 7 尺零 5 分，宽 4 尺 6 寸 1 分，合见方尺是 130 尺零 2 厘。八轴共合见方尺 325 尺 1 寸 7 分 4 厘。

（7）九月初八日，中正殿喇嘛画得普乐寺护法佛像八张。呈乾隆帝御览后，谕令："普乐工程明岁夏初未必能完，暂将此画像八张交永和收供，俟明岁驾幸热河时再行成做。"

可见这项重新绘制金刚佛画工作，从启动到完成达半年之久，乾隆帝不仅安排心腹重臣英廉督办此事，还多次下旨过问，并对金刚佛画的大小尺寸、轴头材质、边饰布料等细微之处提出具体要求，其重视程度可见一斑。

八轴佛画的颜料种类、用量以及用银等，在清档中也有明确记载，详见表9。

以上什物均系办处，按例共值银184 两 3 钱 2 分 2 厘。此外，还从库贮中领取耿绢、朱砂、雄黄、鱼膘、泾县榜纸、绵榜纸

表 9　普乐寺坛城八金刚佛画绘画颜料、用量、值银表

颜料名称	用量	值银
骚青	4 斤 4 两 2 钱 8 分 6 厘	40 两零 9 钱 7 分 1 厘
梅花青	3 斤 4 两零 2 分 7 厘	16 两 2 钱 5 分 8 厘
石绿	11 斤 12 两 6 钱	5 两 6 钱 5 分 8 厘
淘丹	3 斤 4 两零 2 分 7 厘	□钱九分
赭石	13 斤□分 6 厘	□两九钱五分
腾黄	3 斤 4 两零 2 分 7 厘	8 钱 1 分 2 厘
胭脂	61 张 7 分 8 厘	□□零三厘
定粉	6 斤 11 两 3 分零 7 厘	值银 1 两零 6 厘
大赤金	8129 张 3 分 5 厘	60 两 1 钱 5 分 7 厘
田赤金	8129 张 3 分 5 厘	52 两零 2 分 7 厘

等物品。

除了上述金刚佛唐卡外，普乐寺还供奉有乾隆御容佛装像唐卡（图153）一幅，此唐卡现藏于北京故宫博物院。画面中的乾隆帝为中年男子形象，他身着红色袈裟，头戴黄色班智达帽，左手托法轮，右手施说法印。面目清秀写实，看起来精神矍铄，威严静穆，一派学富五明的佛教大师形象，跏趺坐在三层高垫上。下面是枝叶形莲花托起的宝座。身后有盛开的粉红色莲花、绿叶及十九位祖师组成的背光。唐卡天界由诸尊分别组合环绕，地界是诸位护法神。

虽然在普乐寺的陈设档案中，并未提到这幅乾隆御容佛装唐卡当年所在的具体殿堂。但笔者推测应供于旭光阁，即在木制坛城东牌楼楠木桌上紫檀木匣内。下面参照外八庙其他寺庙陈设档中乾隆帝御容唐卡的所在位置进行分析。

首先看建于乾隆二十年（1755年）的普宁寺大乘之阁三层陈设：

（三样楼）三层楼佛前设花梨木琴桌一张，上设铜佛一尊，随数珠一盘，珊瑚佛头四个，金杵四个，内嵌镶金珠，每个三十粒。青绿铜汉晶炉一件，紫檀座盖嵌玉顶，前设乾隆款瓷珐琅美人瓶二件，内插花二支，紫檀座。紫檀嵌玻璃冠架二件，紫檀匣一件（高宗画像一轴）。

再看建于乾隆四十五年（1780年）的须弥福寿之庙妙高庄严殿陈设：

（妙高庄严殿三层）明间秘密佛一尊……东间乐王佛一尊……西间呀曼达嘎佛一尊，左右紫檀香几二件（上）铜镀金镶嵌盏一顶、蓝锦锭铜镀金钉绵甲一分、黄丝勒甲条一件、青丝条一件、黄缎拜垫一分。面北设小紫檀桌一张（上）圣容一轴（金漆匣盛随铜锁匙），前铜镀金七珍一份、金地洋磁五供一分。

以上两寺所供御容都在本寺的中心主殿，亦都是最高层的核心位置，只是陈放御容的桌、匣不同而已（见表10）。而十分巧合的是，在北京故宫博物院同样珍藏有"绢本彩绘普宁寺乾隆御容佛装像唐卡"和"绢本彩绘须弥福寿之庙乾隆御容佛

153 绢本彩绘普乐寺乾隆菩萨装像唐卡（北京故宫博物院藏）

装像唐卡"。查阅清宫陈设档案，两寺也仅在大乘之阁三层、妙高庄严殿三层供有乾隆帝御容。据此，笔者认为北京故宫珍藏的这两幅唐卡当年就分供于普宁寺与须弥福寿之庙内。以此推之，当年旭光阁木坛城东牌楼内的紫檀木匣里，亦应供奉有乾

表 10　普宁寺、须弥福寿之庙、普乐寺供奉御容桌、匣对照表

寺院名称	殿堂	供桌	木匣	匣内供物
普宁寺	大乘之阁三层	花梨木琴桌	紫檀木匣	高宗画像一轴（绢本彩绘普宁寺唐卡）
须弥福寿之庙	妙高庄严殿三层	小紫檀桌	金漆匣	圣容一轴（绢本彩绘须弥福寿之庙乾隆御容佛装像唐卡）
普乐寺	旭光阁木制坛城	楠木桌	紫檀木匣	未记载（推测为绢本彩绘普乐寺乾隆菩萨装像唐卡）

隆帝御容，即是这幅"绢本彩绘普乐寺乾隆菩萨装像唐卡"。以上三寺核心位置所供奉的御容唐卡，反映了乾隆帝强烈的宗教情感和皇权思想。

此外，承德市文物局与荷兰莱顿大学合著《承德普乐寺》一书中也收录了一幅唐卡（图154），但出处不详，还需进一步研究。

附：清宫普乐寺绘画金刚佛八轴档案

1、乾隆四十六年初五日，接得热河总管永和寄中堂书启一封，内开闰五月二十二日太监鄂鲁里

154 普乐寺唐卡（引自《承德普乐寺》承德市文物局、荷兰莱顿大学编著）

传旨：

普乐寺坛城上下券洞挂像金刚佛八轴，着揭下呈览。

奉旨交永和送京，交英廉转交中正殿喇嘛，将挂像金刚佛八轴，宽减去二尺，高减去一尺，作为长方式样金刚法身，搏小些从新绘画，得时发往热河，遇有朕拈香并办道场之日悬挂，其寻常日期敬谨收贮。钦此 *。

2、于本日奉中堂英廉谕，金刚佛八轴俟中正殿绘画得时，着造办处托裱，特谕 *。

3、于六月十八日接得本报寄来信帖，内开经中正殿将绘画普乐寺券门内收小护法书样二张，由报发与热河总管永和接收，因持见太监鄂勒里。随据伊说派人会同造办处到普乐寺按券门大小将此收小画护法，斟酌尺寸再行呈览等语。随至普乐寺将画按券门大小合对，将大画样一张上两立边粘贴五寸宽黄纸边样，天高七寸边样，地高九寸边样，小画样上两立边粘贴四寸宽黄纸边样，天高六寸边样，地高八寸边样，俱在画样内粘贴其画心，除周围边需得收小绘画，太监鄂勒里呈览。

奉旨准收小绘画，其护法不必收小，得时俱厢锦边，安紫檀木轴头。钦此 *。

4、乾隆四十六年六月二十七日 **

自中正殿念经处，为领取彼处绘画所用金等物呈报事。

所到

常庆

笔帖式克蒙额收

掌稿笔帖式祥州接收

管理中正殿多罗恭敏郡王等为绘制佛像所用金等色颜料折价银子事咨总管内务府，员外郎诚正呈，本年六月初三日，

大学士英廉

遵旨交付绘制佛像之喇嘛等令彼等绘制之普乐寺之坛城上下券门内悬挂之佛像者八，依总管永和等上奏后议定之尺寸，命苑领喇嘛扎克巴道尔吉等估料后，彼等呈报称，绘制此种佛像八幅，除需库中所藏颜料等项外，另需应买库中所未藏金色颜料等项，折合银两一百八十四两三钱二分二厘。将我等所属喇嘛等估料金等色料之数并折合银两之数，合军机处大人等奏减之例，详查后，具为合理，故将所属喇嘛等所用、库藏一应物品并库所未藏应购之一应物品所折合银两具行分别造汉字清单，并咨行总管内务府衙门，请令所属各处，依数拨给后，领取此款项时出示我处领取文书，自广储司领取后交付绘制佛像之喇嘛等使用。库藏之一应物品，自所属处具依前例直接着人送交绘制佛像处。为呈报事，多罗孔敏郡王，大学士英廉咨。

乾隆四十六年六月二十七

广储司笔帖式石宝【花押】

颜料房笔帖式常喜【花押】

附件：绘画普乐寺坛城上下券洞佛像八轴，照依热河来札，原定尺寸内四轴净心各高八尺二寸七分，宽五尺九寸，合见方尺一百九十五尺一寸七分二厘；又四轴净心各高七尺零五分，宽四尺六寸一分，合见方尺一百三十尺零二厘。八轴共合见方尺三百二十五尺一寸七分四厘。

5、于九月十一日，接得报上寄来信帖，内开初八日由热河总管永和将中正殿绘画得普乐寺护法佛像八张呈览。

奉旨普乐工程明岁夏初未必能完，暂将此画像八张交永和收供，俟明岁驾幸热河时再行成做。钦此 *。

[*]：邢永福，师力武，等.《清宫热河档案》[M]. 北京：中国档案出版社，2003。

[**]：此档案为满文。翻译：河北民族师范学院讲师王硕。

6、耿绢八块：其中四块高9尺8寸5分，宽7尺3寸；四块高8尺1寸，宽6尺零2分。朱砂：1两零2钱5分8厘；朱：2斤零5钱1分6厘；雄黄：1斤10两零1分3厘；白矾：1斤零2钱5分8厘；鱼膘：2斤零5钱1分6厘；泾县榜纸：30张；二号高丽：10张；绵榜纸30张 *。

三、殿堂陈设

根据嘉庆二年（1797年）的《普乐寺佛像、供器、陈设等项清档》统计，普乐寺共有各类陈设、用具1200余件（石刻除外）。到了宣统三年（1912年），据这时的普乐寺清档统计，还有各类陈设、供器等1416件，可见，百余年间，其陈设数量只增未减。民国年间，北洋政府曾命令将避暑山庄古物迁运到北京故宫。但由于地方统治薄弱，治安动荡，至使文物屡有丢失。日伪时期，余存的避暑山庄文物再次遭到掠夺。普乐寺的陈设大多是可以移动或拆卸，因此，原来的千余件陈设，如今几乎十不存一。我们现在所能看到的，也仅有各殿堂的部分匾额、佛像前的供案、宗印殿前的一尊铁鼎炉、钟楼及大殿的铜钟而已。

供案主要是放置供、法器的地方，常见的供器有"五供""七珍""八宝"，以及香炉、蜡台、花瓶。还有盛放供品的器物（果托）。重要殿堂还有御赐白螺银满达等法器。

（一）五供

五供由香炉一只、烛台一对、花觚一对组成。供品分别是香、花、灯、水、果。其中香表精进，水表清净，花表因缘，灯表智慧，果表成就。

（二）七珍（图155）

又称七政宝或轮王七宝，即七种珍奇宝物。在唐代高僧玄奘所译佛典《俱舍论》卷十二中有如下记载："轮王现于世，便有七宝现世间，其七者何？一者轮宝、二者象宝、三者马宝、

四者珠宝、五者女宝、六者主藏臣宝、七者主兵臣宝。"又据《翻译名义集》卷三云："佛教七宝凡有二种，一者七种珍宝，二者七种王宝。"其中提到的王宝是另一种涵意的七珍，是转轮圣王拥有的七珍，它们是：金轮宝、主藏宝、大臣宝、玉女宝、白象宝、胜马宝、将军宝七种。

1. 金轮宝：即轮宝。以车轮之圆形来象征佛法玄妙圆满，八条轮辐象征着"转动"或传授佛陀的"八正道"，也以圆轮之旋转不息而象征佛法能无坚不摧，无敌不克。"转轮王"一词即由此衍伸而来。

2. 主藏宝：又称摩尼宝、珠宝，因能聚现四方宝物，满足、实现转轮王及其光芒笼罩下的一切欲望，皆能如人意，因此又名如意宝。有八大特征：（1）光芒能照亮一"由旬（古印度长度单位，一由旬大约7英里，即11.2公里。）"或一百"由旬"以外的黑夜；（2）在酷暑之日，神珠宝变凉，而当寒冷之时，神珠宝则变暖；（3）当人感到口渴时，神珠宝能使小溪出现在眼前；（4）能生成转轮王所希望的一切；（5）能控制龙众、防止水患出现及冰雹和暴雨；（6）它的光泽可以治愈一切精神障碍并涤除自然界的污浊之物；（7）其光芒可以治愈一切疾病；（8）确保祖孙三代按吉祥顺序自然死亡。

3. 玉女宝：又称王后宝、妃宝、女宝，谓美好聪慧之女，是贞静贤德之后，可辅佐君王，母仪天下。为女性菩萨形象，表示妙静和平，有去烦恼得净乐之意。

4. 主藏臣宝：又称财臣，是掌管国家财务政事之重臣。为文官坐像，表示持守戒律，智慧理性。

5. 白象宝：又称象宝，由于其体大、力大、个性温和，为佛教所推崇。《正法念处经》卷二云："彼象调顺，以一线延，系因牵行。若转轮王来行之时，彼象调顺，与王心同。若转轮王欲何处行，则不须教速至彼处，平心均行，不震不掉，行步详审，身不动摆，次第举足，不蹋不骤，亦不怒力。"又，象宝功德有七种，并以白色大象为上，白象宝表示佛法力大无比，其有六牙，表示"六度"，四足象征"四如意"。

155 清代七珍（引自《清宫秘藏》）

6. 胜马宝：又称绀马宝、马宝，此马身带鞍缰，背驮宝珠，表示佛法传播广远，一帆风顺。

7. 将军宝：又称主兵臣宝、武士宝。将军顶盔披甲，显然是武士形像。他右手挥一把宝剑，左手持一面盾牌，象征着能够击退各种侵犯，保卫疆土，为真理和正义而战的，摒弃不德之举，护持佛法。

（三）八宝（图156）

八宝又叫"吉祥八清净""吉祥八宝""八吉祥""八瑞相"等，一组八件。分别为：法轮、法螺、宝伞、白盖、莲花、宝瓶、双鱼、盘长八种吉祥物，贯穿了佛教的基本教理和教义。八宝通常用木、铜、玉、瓷、银、玻璃等材料制成精美的立体形象，置于佛像前供桌上。它们也被用于吉祥图案装饰于寺庙建筑、供器及法器上，八宝每件器物都有一定的寓意。

1. 法轮，又称金轮或法轮，外观似圆形车轮。在古印度，轮是一种兵器，后来被佛教吸收为法器，表示佛法像车轮一样旋转不停到处传播，永不停止。"法轮常转"也就是这个意思。法轮一般都由八根辐条制成，象征着释迦牟尼一生的八件大事：下天、入胎、住胎、出胎、出家、成道、转法轮、入灭。

2. 宝伞，又称伞盖或华盖，本是古印度皇室和贵族们出行时的仪仗用具，是皇室和贵族的象征，后来被佛教吸收利用，象征着遮蔽魔障，守护佛法，即所谓的"张弛自如，曲复众生"。

3. 双鱼，又称金鱼。在梵文中，一对金鱼被称作"双鱼"，据说它们是恒河与朱木那两大圣河的古代标志。在佛教中，因为金鱼能在水中自在游动，代表着幸福和自由解脱。出现金鱼又是吉祥的象征，佛经中亦有莲花王舍身为鱼以渡人的故事。

4. 宝瓶，又叫罐、净瓶，是常见的供养器皿之一，可以插花或装盛净水以供奉神佛，其外形仿造于印度传统的黏土水瓶。宝瓶也是密宗修法时灌顶的法器，瓶中装净水，象征甘露，瓶口插有孔雀翎，象征吉祥清净，代表福智圆满。而且也是无量寿佛的手中持物，象征灵魂永生不死。

5. 莲花，也被称为"妙莲"，是高尚纯洁的象征，表示"出

污浊世、无所污染"，是佛教中最常见的持物与纹饰之一。莲花在佛教中，有着极其特殊和崇高的地位，象征能跳脱一切烦恼与罪恶，升华至洁净澄明的境地。佛教诸神端坐或站立的莲花宝座象征着没有受到不吉之物、意障和心障的污染。莲花是西方阿弥陀佛，即"莲花部怙主"的象征。

6. 法螺，又叫"白海螺""宝螺"，最早是古印度战神的器物，代表着力量和权威的统治。早期佛教徒同样把它作为佛陀教义的象征。大型海螺也是佛教法会上吹奏的一种乐器，据佛经记载，释迦牟尼说法时声音洪亮，似海螺一样响彻四方。因此，用它代表法音，表示"妙音吉祥"。《大日经》中即有："汝自于今日，转于救世轮，其音普周遍，吹无上法螺。"据说吹法螺可召集诸天神消灭灾难，它还是念《聚宝经》的主要乐器。海螺一般光滑细腻、洁白莹润，法会上使用的海螺，外壳自然生长的螺纹要自左向右旋，称为仙螺。小的法螺有时作为佛像、佛塔的装藏用品。白海螺作为乐器使用时，还要加上铜或银的饰件和吹口。

7. 盘长，又称吉祥结。是因为绳结的形状连绵不断，没有开头和结尾，用它来表示佛法回环贯彻，含有长久永恒之意。佛教中用此图案象征庄严吉祥，代表着佛陀无限的智慧和慈悲及十二因缘的延续性。它还常被装饰在佛的胸前，表示威力强大。有时寺庙殿堂的屋檐也有装饰。

8. 白盖，也叫宝幢、尊胜幢、胜利幢，它呈圆柱形，但不能像伞那样可以曲张。是由古印度的战旗演变而来，象征佛法战胜邪魔外道，可解脱一切烦恼，得到觉悟。藏传佛教认为它是戒、定、慧、解脱、大悲、缘起和脱离偏见的象征。

七珍与八宝作为佛前供器，通常陈放在殿堂供案上，而在普乐寺内，确有一个少见的供奉之处，即宗印殿屋脊。如果打开旭光阁西侧殿门，迎面可以看到在宗印殿屋脊上，正脊中央有一座嵌黄釉琉璃喇嘛塔，两侧嵌饰琉璃八宝饰件：轮、螺、伞、盖、莲花、宝瓶、双鱼、盘长。这个构思应出自三世章嘉、乾隆师徒，是他们的得意之作。由于旭光阁内的木制坛城可在殿内设置供案，进行礼拜。但是象征外围保护轮的石质城台较高大，宗印

156 清代八宝（引自《清宫秘藏》）

殿顶正好是设供的绝佳位置。不仅可以作为坛城的供案，又节省了建筑周围可利用空间，真是一举多得。

（四）香炉

香炉是烧香之器。普乐寺宗印殿前陈放一件清代铁质香炉，高 2.83m，由炉身和炉盖两部分组成。炉身是五供中常见的香炉形状。炉盖外形似一座重檐圆顶亭式建筑，起到了遮挡风雨的作用。炉身的圆腹部，刻有八卦（分别是"乾、坤、坎、离、震、巽、艮、兑"）莲鹤、海水江崖等图案。香炉下方的圆型石须弥座上还刻有精美的莲纹、阴阳鱼图案。

这种样式的香炉在清代皇家寺庙大殿与佛堂外较为多见，只是炉身雕刻图案有所区别。例如，在北京雍和宫也可以看到此类香炉，清人绘《万国来朝图》的皇宫庭院中可以看到十余座。*

承德外八庙中的安远庙普度殿前也有一座与普乐寺同样的铁质香炉，此庙建于乾隆二十九年（1734 年），寺院坐北朝南（偏东北 30 度），主殿前香炉饰八卦纹的方位正好与寺庙朝向对应，可表八方。炉上刻有铭文"大清乾隆癸丑年造"。癸丑年是乾隆五十八年（1793 年），说明此香炉至少是在五十八年后供奉于此寺之中。普乐寺虽然坐东向西，但香炉的八卦纹与安远庙的方位相同，亦是面对庙门的是离卦，相对应的是坎卦。两寺八卦香炉下方都有饰阴阳鱼图案的须弥座，反应了阴阳互生的关系。另外，普乐寺坛城前供奉的八卦香炉还可与宗印殿顶装饰的琉璃八宝共同组成后部石制坛城的供案供器（图 157，158）。

（五）佛钟

佛钟是佛教中的重要法器，亦称梵钟（"梵"是梵摩，其义为"清净"），其随佛教东渐而传入我国。外八庙现存佛钟共有 13 口，其中普乐寺存有铜质佛钟两口，一是悬挂在寺内钟楼（图 159）。《热河园庭现行则例》记载："钟楼悬挂铜钟高四尺，钟纽高一尺，钟口径二尺四寸。系前明万历四十五年岁次丁巳四月吉旦"说明是一口明代佛钟。钟楼现存佛钟实物情况是：高 123 公分、钟纽高 36 公分，钟口径 93 公分。年款"大明万历四十五年岁次丁巳四月吉旦。"钟腹部铭文"皇帝万岁万岁万万岁""敕赐宝塔寺住持胜宦""敕建大护国慈寿管事奉御闫鸾"。

《热河园庭现行则例》中也记载了另一佛钟的的相关情况：

普乐寺"宗印殿内悬挂铜钟（图 160，161），高二尺八寸五分，钟纽高七寸，钟口径二尺四寸，系康熙六十年岁次辛丑四月初八日吉旦立。"宗印殿现存佛钟实物情况是：高 90 公分、钟纽高 26 公分，钟口径 76 公分。年款"康熙六十年岁次辛丑四月初八日吉旦立。"钟腹部铭文有："清净大海象菩萨""愿声界能皆尘澄一生觉此超铁音闻清圆切简钟注围悉闻净通象正""南无大势智菩萨""唵嘛呢叭弥吽""南无观世音菩萨""悉旦多

[*]：《清宫藏传佛教文物 240》朱家溍《明清室内陈设》第 58 页

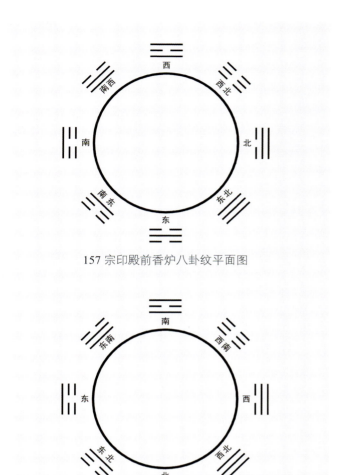

157 宗印殿前香炉八卦纹平面图

158 普度殿前香炉八卦纹平面图

卦象	卦名	先天八卦方位	后天八卦方位
☰	乾 qián	南	西北
☱	兑 duì	东南	西
☲	离 lí	东	南
☳	震 zhèn	东北	东
☴	巽 xùn	西南	东南
☵	坎 kǎn	西	北
☶	艮 gèn	西北	东北
☷	坤 kūn	北	西南

般恒啰""南无阿弥陀佛""唵伽啰帝莎何""弘戒沙门佛寿弟子李先芳年六十七岁五月二十九日午时建生，同妻金氏年五十七岁十月二十日未时建生，发心诚造。"

阿弥陀佛、观世音菩萨、大势智菩萨的组合，被称为"西方三圣"，是佛教西方极乐世界的三位尊神。据《阿弥陀经》记载，阿弥陀佛具有不可思议的功德，如果众生临命终时念诵他的名号，他将手捧莲台，率领二十五位大菩萨前往接引，观世音菩萨和大势至菩萨是二十五位大菩萨的上首菩萨，是阿弥陀佛接引众生往生西方极乐世界的重要助手。

佛钟在寺院中是不可或缺的，所谓"闻钟声，烦恼清，智慧长，菩提生。"僧人们清晨敲响"百八钟"，以祈祷众生解脱一百零八种烦恼。对佛教有着虔诚信仰的乾隆帝亦喜闻钟声。一次，他到普宁寺拈香，面对雄伟的建筑、庄严的佛像，听着悠扬的钟声，他顿觉身心舒爽"此音只应天上有"。于是，他欣然写下"镇留岚气闲庭贮，时落钟声下界闻"的楹联，悬挂于大雄宝殿之中。

在皇家园林避暑山庄，钟声还用来报时，如在碧峰

寺每日清晨卯时（上午 5 时 7 时）由园中官员撞钟，珠源寺每日午时（上午 11 时至下午 1 时）撞钟，永佑寺每日申时（下午 3 时至下午 5 时）撞钟。乾隆帝曾作《赋得碧峰晓钟》诗一首。

风来今日诚西北，送得钟声晨起间。

断续音中敕几喻，悠扬韵里尚宽关。

潇湘八者殊烟寺，姑孰倍之同晓山。

此际鸡鸣拟齐国，四年勤倦听应闲。

从诗文中，我们可以了解到：在一个刮着西北风的清晨，乾隆帝在避暑山庄批阅奏章。此时，碧峰寺报时的钟声随风传来，悠悠然，若有若无，时断时续。舒缓的韵律，使乾隆帝身心愉悦。另外，诗中还提到了潇湘八景之一的"烟寺晚钟"与姑苏十六景之一的"寒山晚钟"。可以看出，在乾隆帝的心里，避暑山庄的钟声不仅起到报时作用，还如"烟寺晚钟""寒山晚钟"一样，与殿宇楼阁、山水花草一起构成诗情画意的风景。

当然，以上介绍的五供、七珍、八宝、香炉等供法器在藏传佛教寺院中多有陈设。但在石制城台外的 68 间群庑中，内部陈设则按照清帝园居殿堂来布置。墙壁上贴有弘昤、钱维城、于敏中、观保等皇室成员和清代著名文臣并传教士的字画。桌上陈放着珍贵器物，有雍正款钧釉瓷双耳瓶、古铜熏炉、紫檀木冠架等。此外，还设床铺，上面放红金漆痰盒与紫檀嵌玉如意，象征着事事如意。如此陈设布局，令人想到文人士子所追求的"明窗净几，悠然入座"之境界。可以看出乾隆在佛事活动之余，要在此休息、怡养性情。这也可表明，普乐寺是一座御用道场，从其建筑设计到使用，都是为了服务于皇帝，尤其强调了建筑的宗教功用与舒适性。

159 钟楼内明代铜钟细部

160 宗印殿室内铜钟

161 宗印殿室内铜钟细部铭文

第五章　匾额与楹联

普乐寺始建于清乾隆三十一年，伴随着寺庙的兴建，殿堂的内部装修、陈设、供奉佛像、供法器等事务也相继进行。据嘉庆二年的陈设档案统计，普乐寺内共有各种匾额13面，楹联6副，全部为乾隆皇帝御笔书写，其中山门、宗印殿、通梵门三处匾额为乾隆皇帝用满、汉、蒙、藏四种文字书写而成。日伪时期，避暑山庄外八庙的建筑遭到严重破坏，山庄外庙内的文物屡有丢失。普乐寺也不例外，除了佛像法器多有盗卖，甚至连寺内的佛塔塔顶部分也尽数丢失，普乐寺中13面匾额也有7面缺失不存，现仅余6面；楹联也只保留宗印殿1对。

普乐寺的匾额根据材料和做法主要可分为三类。第一类是石刻匾额，这种石匾一般镶嵌在砖墙或石墙墙体内，如山门和阁城的石匾，材质分别为凝灰岩和红砂岩，均为横匾；第二类是木质陛匾，这种匾额等级相对较高，一般用于大型殿堂的外檐，悬挂于额枋与屋檐椽望之间，下用金属的千金托承接，上用金属挺钩吊挂于匾额背面，普乐寺中陛匾数量最多，如天王殿、东西配殿、宗印殿、碑门殿、旭光阁、通梵门等处，其中宗印殿和旭光阁为云龙陛匾，等级最高，其余应为素面陛匾；第三类是木质漆匾，有黑漆金字匾和粉油匾两种，这种匾额一般悬挂于室内（详见表11）。

宗印殿殿内挂乾隆御笔字挂对2副，一副书写"龙象护诸天毫相瞻时妙严普觉，漠瀛会初地广面转处安乐常臻"，另一幅书写"三摩印证喻恒河，人天皆大欢喜；七宝庄严现香界，广轮遍诸吉祥"。

根据文献记载，旭光阁内有四幅楹联，现已不存。清代的这四幅楹联面东悬挂的是：

竺乾法示西来意　震旦光圆东向因

表 11　普乐寺匾额楹联清单

序号	名称	悬挂位置	质地	备注	现状	图片编号
1	普乐寺	山门上刻	凝灰岩石刻四样字横匾	乾隆御笔	完好	图162
2	天王殿	天王殿五间，檐外挂	木质陛匾	乾隆御笔	不存	
3	胜因殿	北配殿一座计五间。檐外挂	木质陛匾	乾隆御笔	不存	
4	慧力殿	南配殿一座计五间。檐外挂	木质陛匾	乾隆御笔	不存	
5	宗印殿	大殿一座计七间。二层檐挂	木质四样字陛匾	乾隆御笔	较好	图163
6	福慧圆成	宗印殿殿内挂	木质黑漆金字横匾	乾隆御笔	不存	
7	真如境	西红门一座计三间。檐外挂	木质四样字陛匾	乾隆御笔	较好	图164
8	御笔字匾	西红门明间东托枋面西挂	木质粉油横匾	乾隆御笔	不存	
9	御笔字匾	西红门明间东托枋面东挂	木质粉油横匾	乾隆御笔	不存	
10	须弥臻胜	上下方城券门八座，东门上刻	红砂岩石刻横匾	乾隆御笔	风化严重	图166，167
11	舍卫现祥	上下方城券门八座，西门上刻	红砂岩石刻横匾	乾隆御笔	风化严重	图168
12	旭光阁	圆亭一座，二层檐外挂	木质四样字云龙陛匾	乾隆御笔	较好	图165
13	通梵门	东山门一座计三间。檐外挂	木质陛匾	乾隆御笔	不存	
14	御笔字对一副	宗印殿内左右挂	木质黑漆金字	乾隆御笔	不存	
15	御笔挂对一副	宗印殿内左右金柱挂	木质黑漆金字	乾隆御笔	较好	图064
16	御笔挂对四副	旭光阁殿内挂	木质黑漆金字	乾隆御笔	不存	

意思是：佛法由印度西传至中国神州大地，佛光智慧圆满普照中国。

西悬挂的是：

化城层拱通乾闼　属国环归过月氏

意思是：（阁城）层层平台好像通往极乐世界的化城，远至伊犁河、祁连山以北的边疆少数民族皆归服清王朝的统治。

面南悬挂的：

花凝宝盖皈真相　云拥祥轮现化身

意思是：鲜花装饰的宝盖护持是佛的真实相，祥云萦绕的宝轮呈现出佛的化身相。

面北悬挂的：

妙演梵乘超最上　广臻法会乐无遮

意思是：佛教妙法中菩萨乘超出各派之上，广设法会，众生平等欢乐。

162 山门四样字石刻匾额（陈东 摄影）

163 宗印殿四样字陡匾（陈东 摄影）

164 真如境匾（陈东 摄影）

165 旭光阁陡匾（张炳元 摄影）

166 须弥臻胜石匾位置（陈东 摄影）

167 须弥臻胜石匾（陈东 摄影）

168 舍卫现祥石匾（陈东 摄影）

第六章　园林景观

一、园林景观原貌研究的依据和方法

从历史文献记载和已知古树的分布规律可以充分证明，在清代，承德皇家寺庙的园林植物栽植有着非常严格的制度和完善的设计、管理体系，而不是一项随意性的行为。从树种选择、苗木来源、苗木规格、栽植位置、栽植密度到养护管理都有严格的制度。从现存古树的栽植规律分析，清代普乐寺的园林植物栽植也应有专门的规划设计。正是因为研究的对象是有组织、有规律的，而不是简单利用了原生的自然植被，也不是人工随意的散点栽植，这就为原貌研究提供了可行性。

（一）研究内容

普乐寺园林景观原貌研究有三个主要内容：一是园林植物的种类。二是园林植物栽植的主次关系、配置方法、平面位置和园林风格。三是园林植物规划设计与栽培管理的制度、方法。

（二）研究的主要依据

1、文献档案

避暑山庄东侧的普乐寺、安远庙、磬锤峰、蛤蟆石、罗汉山等是避暑山庄的借景，在避暑山庄湖区、平原区和山区很多位置都可以看到这些寺庙和风景。康熙和乾隆皇帝还专门修建锤峰落照、罨画窗等建筑来观赏这些景观。据《清宫热河档案》记载，乾隆二十一年"热河行宫墙外并普宁寺附近"就有人砍伐树木，私自开荒种地。"零星开种地亩共计14顷32亩"之多。为了杜绝这种事情的发生，"应请交地方官查禁，酌量另为拨补。但恐日久禁弛，现议设立椿木以严界限，嗣后令该地方官并热河总管不时稽查，毋许侵种。所有椿木以内树木加意培植，俾茂密

葱郁，以壮观瞻"。但乾隆二十九年九月"大学士傅恒等谨奏，臣等查磬锤山签立木椿之外，一带山场地亩虽不在从前查禁交界之内，但附近行宫地处高阜，未便听任旗民开种。随交热河道勘明"。"今据该道拨义查报磬锤山南及东北一带山场地共二顷三十三亩，又桃园东西一带山场地十八亩，红桥西南一带山场地七顷三十三亩，共地九顷八十四亩。地处高阜实未便听任耕种。并绘图具禀前来"。"请将以上三处山场地亩亦归于原禁签椿之内，交与该道查照，向例如数拨给令其耕种"。"如此办理在种地者仍有地耕种，而附近行宫之山场又可滋生树木，以壮观瞻。应仍交与拨义不时留心严行查察，毋许私种及樵采牧放"。乾隆时期的严格管理，使普乐寺以及周围的山场林木茂密，形成了避暑山庄东侧风景极佳的景观带。据承德的老人回忆，以前普乐寺东侧的山坡上清末还保留着少量原始森林。

2、历史照片

清朝末年和民国初年古树被盗伐前的照片十分接近寺庙鼎盛时期的园林植物景观原貌，弥足珍贵。例如英国探险家威廉·布道姆1909年拍摄的普乐寺远景照片（图169），以及承德翠芳照相馆薛桐轩先生在民国初期拍摄的普乐寺全景照片等。从清朝末年的历史照片看，普乐寺盛期的园林植物也以油松为主，在普乐寺的院内和周围都分布着茂密的树林，从远处望去，整座寺庙都掩映在密林之中，除了山门之外，只有后院主体建筑旭光阁的攒尖宝顶高高耸出林冠，整座寺庙给人以庄严、神秘的感觉。这些树木在民国期间遭到了非常严重的砍伐，从20世纪30年代日本学者关野真等人拍摄的普乐寺照片看，至少有70%的树木遭到了砍伐。

169 英国植物探险家威廉·布道姆1909年拍摄（引自美国哈佛大学）

170 古松掩映中的普乐寺（陈东 摄影）

3、现存古树及其栽植规律

普乐寺现存古树仅余 21 株，而且全部是油松，这些树木的分布位置具有明显的对称栽植规律，可以用来推测已死亡树木的栽植位置（图 170）。

（三）研究方法

首先测量并绘制普乐寺平面图，标记现存古树的平面位置，再根据历史照片，通过测量、三维模拟、现场模拟等方法标出历史照片中的古树在平面图中的位置。

对于有轴线的院落，通过历史照片和已知古树的平面位置验证当时的栽植位置是否对称，如果对称则采用镜像的方式进行复原。对于散点栽植的院落仅测量已知古树的栽植密度、平均株间距和距离构筑物的平均距离。

二、普乐寺园林景观风格

外八庙是康熙到乾隆近 70 年间陆续修建的，由于修建目的和环境条件等因素的不同，这些寺庙的风格迥异，各具特色。在寺庙的建筑风格上主要有汉式寺庙、藏式寺庙、汉藏结合式寺庙三种形式。而在寺庙的具体格局上更是灵活多变：有的具有明显的轴线，有的则散点布置单体建筑；有的建在平地，有的选址山林；有的建筑布局十分紧凑，有的则配置自然灵活的寺庙园林，还有的营建规模庞大的假山。寺庙园林作为寺庙的重要组成部分，园林植物的配置方法往往受到寺庙建筑风格和格局的影响；同样，寺庙园林植物的不同配置也烘托了寺庙的

主体风格和环境氛围。此外，外八庙园林植物风格的统一性又使不同风格的寺庙得以融合。例如，外八庙的民族风格虽然各不相同，但都选择了油松（Pinus tabulaeformis Carr.）作为骨干树种。由于植物自身不具有明显的民族性，大面积栽植油松，使寺庙与同样生长油松的周围环境相融合，也使不同风格的寺庙得以融合和统一。研究结果表明：外八庙园林植物景观的总体风格是一致的，树种的选择和配置规律也是一脉相承的，在园林植物具体的栽植方法上"共性"占据了主导地位。

普乐寺属汉藏结合式寺庙，寺庙前半部分是汉式寺庙伽蓝七堂布局，有明显中轴线，庭院被建筑和道路分割出几组对称的绿地，在这些绿地中植物配置十分简洁。其中木本植物只有油松（Pinus tabulaeformis Carr.）一种，存在明显对称栽植规律，其下是自然草坪。寺庙的后半部分几乎被石材砌筑的阁城占据，绿地很少，也没有进行园林绿化。寺庙周围是人工栽植的油松密林，将整个寺庙掩映其间。

三、园林植物配置规律与特点

（一）寺庙主体部分的乔木主要为建庙时人工栽植

普乐寺建筑规模庞大，布局紧凑，营建时需要开山平地，深挖基础，所以原有植被必然要经过较大的扰动。目前并没有找到清代在普乐寺栽植树木的相关文献，但清宫档案记载"罗汉堂里庙外并后山共栽种过松杂树株七百余棵，戒台（广安寺）庙里庙外并后山共栽种过松杂树株一千余棵"。说明罗汉

堂与广安寺在刚刚完工时人工栽植了大量的园林植物，栽植的范围还包括"庙外"和"后山"。此外，外八庙已知古树的位置存在明显的规律性，死亡古松的年轮数目一般比庙龄大15~25年，都充分证明各寺庙主体院落的乔木树种绝大部分是寺庙修建后人工栽植的大规格苗木。

（二）树种的选择以油松为主

外八庙的传统园林树种中油松的栽植比例大于95%，部分寺庙还栽植了侧柏（Platycladus orientalis）桧柏（Sabina chinensis）国槐（Sophora japonica L.）等树种。但是，普乐寺、等6座寺庙将油松列为庙内唯一栽植的乔木。油松是承德的乡土树种，适生性强，寿命长，四季常青。康熙在《圣祖御制避暑山庄记》里表示："至于玩芝兰则爱德行，睹松竹则思贞操，临清流则贵廉洁，览蔓草则残贪秽"。乾隆则将油松喻为"君子"，并题诗道："塞山树万种，就属老松佳"。正是这种"比德"思想的影响使油松成为避暑山庄及周围寺庙园林中的骨干树种，而油松的植物学特性和气质也正好与皇家寺庙追求的庄严肃穆的氛围相一致。

从历史照片看，普乐寺后院两座围墙间还有一些榆树（Ulmus pumila L.），但树龄较小，应该不是清代人工栽植的园林树木。榆树是承德的一种野生树种，自播能力强，生长迅速，普乐寺的榆树可能是清末疏于管理长出来的野生树种。

（三）明确的植物功能性分区

普乐寺分为前后两个部分，前部分是典型的汉式七堂式建筑，园林树木和草坪主要都集中在这一区域；而后半部分是藏式坛城结构，由条石砌筑三层高的阃城，没有任何可以进行树木栽植的区域，只在阃城以外的外圈围墙内保留有部分绿地。普乐寺外是自然的山地，分布着以油松为主的天然混交林，清代末年在溥仁寺通往普乐寺的上山道路两侧还保留着高大的油松行道树。

（四）注重乔木和地被植物的应用，不注重栽植灌木

在现代园林中，园林绿化追求乔灌草的组合与变化，追求三季有花、四季有绿。但是营建普乐寺园林景观的古代建筑师却选择了一种独特的园林配置手法，在植物选择和空间布局上只有高大的松树形成上层空间和低矮的草坪形成下层空间。普乐寺主体区域栽种了十分密集的乔木，没有灌木生长的空间，所以仅在寺庙外的山林地带才会有野生的灌木。但是，外八庙十分重视地被植物的保护和利用，也经常采取"贴种草皮"和人工栽植野生花卉的方式来绿化地面。朝鲜使者朴趾源在《热河日记》中描述须弥福寿之庙的林下："杂植奇花异草，皆初观不识其名"。殊像寺的园林别院香林室也生长着很多野生花卉，乾隆皇帝在《香林室》的诗中称道："庭树有嘉荫，砌葩无俗芳。如云皆是药，识者大医王"。乾隆皇帝也在普陀宗乘之庙题诗："松树种将嘉荫满，山花开遍法云彬"。这些描述虽然有艺术夸张的成分，但基本上属于写实之作。同样，普乐寺的一进院和二进院也都专门保留了几块绿地，进入寺庙，上面是高大的古松，可以遮荫纳凉，脚下是茵茵绿草，可以增添寺庙的绿意，但在人的视线高度只有古松斑驳的树干，没有任何茂密灌木遮挡周围的殿堂。这种疏林草地的景观使寺庙园林变得简洁而庄严（图171）。

171 普乐寺疏林草地的景观（陈东 摄影）

（五）采用尽可能大的栽植密度

从历史照片看，普乐寺的松树在没有被砍伐之前，在寺庙中的平面分布十分均匀，栽植密度十分大，古松均已封顶，停止增高，相邻树冠均已交接，整个寺庙完全郁闭，仅露出各主体建筑的顶部，很有深山藏古寺的神秘感。

为了追求栽植初期的景观效果，外八庙的乔木栽植密度很大。在普乐寺，油松的平均列间距为4m，行间距为5m，密林区的平均株间距为4m。距道路最近距离1.2m，距建筑最近距离1.5m，距离院墙最近距离0.5m。由于达到了油松极限的栽植密度，外八庙已知的古油松可以明显的见到由于竞争而出现的下枝秃裸、自然整枝、徒长和枝展缩小的现象。但历史照片可以证明，竞争并未产生严重的自然淘汰。这是因为为了在初期景观效果和生长竞争间达到平衡，清代外八庙的园林植物栽植有意识的利用了"孤岛效应"和"品字行列式"的方法，并有效的降低了生长压力。

（六）配置规律

1、品字行列式

乔木在三列以上的行列式配置时，有意识采用行列间品字形补空的栽植方式。通过这种特殊的行列式配置方式达到在小面积栽植区域中降低组内生长压力的目的。品字行列式的配置方法在承德皇家寺庙中比较常见。普乐寺天王殿前的绿地面积较小，但油松栽植仍采用三列的规整配置方式，错位栽植的运用使组内间距明显增大（图172）。

2、乔木的配置方法与寺庙的整体布局相一致

当院落呈轴线对称布局时，乔木采用对称式栽植。行列式对称时小型寺庙常采用2、3、5列对称；组团对称常用3、4、5、6、8、9株对称。中国古代皇家一般崇尚阳数，在建筑上院落进深、单体开间、台阶数目常为奇数，但是外八庙在树木栽植时却经常运用偶数。清宫档案记载"每逢圣驾临幸山庄，热河总管等照例呈进花卉或四样、六样、八样不等"，说明4、6、8在当时也是一种吉祥数字。

四、清代外八庙园林植物管理体系

康熙时期和乾隆初期，外八庙园林植物的苗木主要向苗木商"采买"。乾隆二十四年皇帝批准："口外七处行宫应栽树株不必另行采办，柳树即取其各处行宫附近之处，所有各项山树合其土力栽培"。自此，承德各行宫、寺庙栽植苗木的来源大

172 天王殿前的绿地（陈东 摄影）

部分是50公里附近的野生苗木，如广仁岭、喀喇河屯、十八里汰、古城川、中关等地。其中油松大多选取"丈余高"，干径"拱把"粗，树干"矫直"的"山采苗"。

油松常在冬季采取"冻土球法"运输和栽植，有时也在雨季栽植。苗木栽植和修剪、养护时使用的工具主要是镐、斧、绳、荆筐、挑桶、抬桶等。

乾隆二十五年在"园内栽树劝惩"制度内明确规定："行宫新栽树株，着地方栽种整齐，倘有充数、草率栽种、回乾者多，着该总管即行参奏查议"。乾隆二十八年"并无专管树木之员，往来稽查，经心照料，今酌议嗣后令该总管选派精细能事千总二员，副千总二员，带领兵四十名，专司一切树木。……陆续补栽树株，俱令插立标记，随时妥为培养，仍令该总管不时留心稽查，务期繁茂"。这些"士兵园丁"的管理范围不仅包括避暑山庄，还包括口外其他行宫与寺庙。以后凡承德皇家园林、寺庙中栽植的树木都挂上蓝、黄、红、绿等不同颜色的标签，记录栽植年代和负责人姓名，并由专人负责养护和补栽。每3至5年进行一次验收，并依据成活率进行奖惩。除了栽树，他们的工作还包括"平垫道路，打扫山场，贴种草皮，芟伐回乾树株，堵塞树木窟窿"。购买园林植物养护管理所需的工具都要上报内务府奏销。据记载，乾隆三十四年六月"热河园内栽种杂树，收什山场，砍刨回乾树桩、树根需用镐、斧、荆、筐、绳斤等项共用过银十一两九分""各处地面泼水并浇树、栽树，旧有挑桶抬桶计二百零一只"。

五、普乐寺园林景观现状与复原

普乐寺鼎盛时期在庙外看不见庙内的大部分建筑和道路，自然营建了神秘的气息；而走在庙内，古松整齐排列，遮天蔽日，庄严肃穆之感也会油然而生。目前，普乐寺的绿地全部都栽植了草坪，但现存油松数目只有21株，后期在寺庙内补栽的松树只有14株，寺庙内现存松树总量不及原貌的40%（图174-177）。普乐寺园林植物景观的复原必须尊重历史，以原貌研究和价值评估为依据，进行有研究、有规划、有步骤的科学复原。不能以"乔灌草结合""三季有花，四季常绿""自然散点"这些现代常用的园林手法进行简单、盲目的复原，不能随意的创新，更不能主观再设计。本文根据现存古树和历史照片中的树木，对栽植规律进行分析，确定了清代普乐寺松树栽植复原平面图（图173），期望有一天能够恢复历史照片中的普乐寺古树参天的景象。

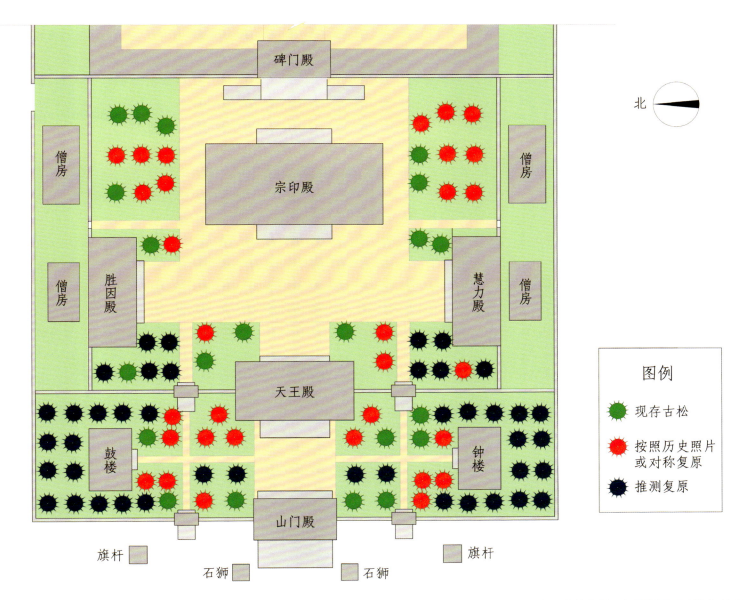

北

图例
● 现存古松
● 按照历史照片或对称复原
● 推测复原

173 普乐寺历史植物景观复原平面图（陈东 绘制）

174 普乐寺宗印殿周围的古松（陈东 摄影）

175 普乐寺的古松（陈东 摄影）

176 普乐寺的古松（陈东 摄影）

177 普乐寺的古松（陈东 摄影）

第七章 清代的管理与重大历史事件

一、清代的管理

普乐寺虽是一座喇嘛庙，但与其他寺庙不同的是，该庙并不设喇嘛，而由绿营兵看管守护。普乐寺南侧两道围墙之间原有官兵居住的值房 2 座，各 5 间，目前东面的值房保存较好，现为普乐寺文保所办公室，西侧值房仅存基址。在《清宫热河档案》中，有维修值房的记载："嘉庆二十四年九月二十八日，揭硕……南值房一座五间。"道光十三年，"普乐寺拆修值房二座八间。"

普乐寺修建完成之后，乾隆皇帝亲自核准守卫普乐寺的官兵数目为正千总 1 员、副千总 1 员、兵 25 名。之后又经过多次调整，嘉庆十七年确定为正千总 1 员、副千总 1 员，委署 3 名、梅勒 5 名、兵 8 名，共 16 名，苏拉 1 名，总计官兵 19 名。《热河园庭则例》详细记载了清代不同时期的普乐寺的兵员数量：

（一）乾隆三十二年八月十四日，由军机处抄出：大学士、忠勇公傅恒缮清字折奏称，新建普乐寺应添设弁兵看守。……今酌拟普乐寺添设正千总一员、副千总一员、兵三十名，等因具奏。本日奉清字旨："知道了。普乐寺毋庸添设兵三十名，安远庙内既有喇嘛，着于该处兵二十名内裁撤五名，拨在普乐寺，作为兵二十五名。钦此"。

（二）乾隆三十八年五月初六日，内大臣、忠勇公福隆安缮清字折奏称："新建戒台、罗汉堂毋庸另行添设弁兵，著交副都统三全、总管永和等于别寺内各拨给兵十五名，拣放副千总二员带领看守，庙外周围派绿营弁兵看守，等因具奏"。本日奉清字旨："依议。钦此"。遵即由普宁、普乐、安远三庙内各拨给兵十名，共设兵三十名，并拣放副千总二员，分别看守。

（三）嘉庆十七年十一月，普乐寺副千总一名，委署副千总一名，委署三名、梅勒五名、兵八名，共十六名，苏拉一名。

（四）道光十八年五月

1、原奏外庙裁撤七品副千总四员，今拟由扎什伦布、布达拉、殊像寺、普宁寺四庙，每庙扣裁一名，遇缺遵即扣裁。

2、原奏外庙裁撤八品副千总二员，今拟由殊像寺、普乐寺二庙，每庙扣裁八品副千总一员。俟该二庙八品副千总出缺时，即行扣裁。如遇别庙八品副千总缺出，仍照旧例，请由扎什伦布、布达拉、殊像寺、普宁寺、普乐寺、安远庙等处委署挑补，所遗以下各缺，均请挑补。

3、原奏外庙裁撤兵七十名，今拟各庙按堆扣裁。每一堆留委署二名、兵五名，所余之委署、兵，俟缺出即行扣裁。查扎什伦布、布达拉原设食二两兵，每庙十名，如遇缺出，请由在本庙食一两兵挑补，所遗一两之缺扣裁，毋庸挑补。

普乐寺日常管理的开支主要是供奉佛像的香灯银、日常管理用的纸笔银和打扫用的笤帚银。据《热河园庭则例》记载，道光年间，普乐寺"一年香灯银一百六十两，笤帚银二十两。每月纸笔银一两"。

二、宗教仪式和活动

普乐寺落成后，寺内不驻喇嘛，因此，皇帝在此寺举行的拈香及办道场等活动，均由其他寺院的喇嘛奉旨来完成。

拈香，是指小型的佛像祭拜仪式，一般是挂供好佛像，点燃香后，皇帝对佛像作祭拜，并献上哈达。这种拈香比较随意，除了初一、十五以外，没有固定的时间。根据清宫档案记载，乾隆帝曾在乾隆三十六年（1771 年）的八月十一日到普乐寺拈香；乾隆三十八年（1773 年）的五月十五日、六月十五日、八月十三日（乾隆皇帝诞辰）、八月十五日 4 次到普乐寺拈香，均使用"头号红香二支"。还有在乾隆四十年（1775 年）的六月初二日、七月初六日、八月十三日（乾隆皇帝诞辰）、八月十五日 4 次到普乐寺上香，均使用"头号红香二支"。

在佛教文化中，拈香的含义主要有四点：

第一、表示虔诚恭敬供养诸佛、诸菩萨、众僧的功德；

第二、表示传递信息于虚空法界，祈请发心十方诸佛、诸菩萨、众僧的加持；

第三、表示燃烧清净香，普香十方，提醒佛门弟子无私奉献；

第四、表示点燃了自己内心的戒定真香，含有默誓"勤修戒、定、慧，断除贪、嗔、痴"意。

当然，作为一位帝王，乾隆的拈香活动，还有为了祈请神佛护佑大清王朝江山永固，皇族福寿安康、国运绵长等诸多含义。

根据《清宫热河档案》记载，皇帝到普乐寺拈香时，要设置仪仗，主要包括："红妆缎伞一对；白妆缎伞一对；红罗缎单龙扇一对；红罗缎双龙扇一对；黄罗缎单龙扇一对；三色罗缎筒子旛二对；黄缎金鼓旗一对；红缎画金熊旗一件；红缎画金罴旗一件；红缎画金麟旗一件；红缎画金天马旗一件；豹尾枪二对。共十二对"。

此外，乾隆帝还特意命令北京中正殿的画佛喇嘛绘制了八幅金刚佛画，要求在他拈香或举办道场之日在石制坛城上下券门悬挂（见本篇第四章）。关于普乐寺举办上乐王佛道场的具体时间不详，目前还没看到任何记载，但其时间与过程应相对固定。例如，根据清宫档案明确记载，北京圆明园清净地举行的上乐王佛道场是在每年的四月初二到初十日，其过程包括唪上乐王佛经、堆画坛城、装宝瓶、跳步踏。因此，普乐寺上乐金刚道场的过程也需要完成以上这四个环节。

1、唪上乐王佛经：由于普乐寺不驻喇嘛，所以从其他寺院派喇嘛为上乐金刚道场唪经，准备的62本《上乐王佛经》就存放在寺院东侧的通梵门内。

2、堆画坛城：是用各种矿物颜料、沙子，装入细管形漏斗中，均匀地流洒在画好底线的坛城平面上，堆成一个五彩斑斓的坛城沙盘。是一项独特的沙画艺术，需要材料有：石黄末、银珠、铜绿、白沙子、黄丹、广花、硬煤末、吉祥草、孔雀翎等。据说十名喇嘛要做十天才可完成，其制作过程本身就是一项坛城供养仪轨。

3、装宝瓶：是藏密修法中的一项加持法。主要是用金、银、铜、瓷质等精美之瓶，外饰锦帛之衣，作璎珞庄严妆，内盛极洁净之水，水内放6种或者25种特供药。6种药就是丁香、草果、砂仁、滑石、肉豆蔻、草红花；25种特供药主要是五布、五香、五药、五宝、五谷。

五布是：红、蓝、白、绿、黄色织物。

五香是：丁香、红檀、白檀、冰片、藏红花。

五药是：海沫、枸杞、肉豆蔻、白菖蒲、仙人掌。

五宝是：金、银、珊瑚、海螺、青金石。

五谷是：米、麦、黍、芝麻、青稞。

在装宝瓶时，非常讲究：用麝香二分，米珠、珊瑚、青金石各二分，青、红、蓝、绿碎宝石末各二分，冰片二钱，肉豆蔻二钱，苦参五钱，白菖蒲五钱，红纺丝五尺，黄、白、红、绿、青珠线各十五丈，红头珠线二十丈等。每天，用烧酒一斤，干果一盘，缎条五份，生羊肉一斤等等。

4、跳步踏：这是源于西藏的一种宗教活动，类似于祭奠性的舞蹈仪式。据说西藏有个暴君叫朗达玛，是佛教的仇敌，他专门捣毁佛像，破坏佛寺，残害僧人。对于佛教信徒来说，郎达玛执政期间，是一段暗无天日的世界，佛教徒们对他都十分憎恨。这时有个叫哈隆巴道里吉的喇嘛，在佛力的支持下，用跳步踏的办法把朗达玛杀死。从此，佛教再度复兴昌盛。为了纪念哈隆巴道里吉喇嘛勇敢、高尚的行为，作为扫除恶魔的仪式流传下来，此即"打鬼"（图178）。

跳步踏从西藏传入清宫是在乾隆十八年（1753年），乾隆皇帝谕旨，从西藏扎什伦布寺、布达拉宫和夏鲁寺分别邀请了跳神舞蹈师6名到京城教跳步踏。这次召请来的藏族僧人主要是为了驻锡和指导承德普宁寺演步踏之需。

普宁寺的修建与清政府平定西北厄鲁特蒙古的叛乱有关，寺庙落成后，乾隆帝曾多次诣普宁寺演步踏，邀请边疆少数民族首领、贵族来观看，有时蒙藏大活佛也参与其中。例如乾隆四十五年（1780年），六世班禅来承德朝觐乾隆皇帝，当时有跳步踏喇嘛113名，此次还特赏六世班禅跳步踏衣一份。

178 跳步踏历史照片（引自日本出版的《热河风光》）

从大量的档案记载来看，当年外八庙的跳步踏活动，主要在普宁寺举行。活动结束后，皇帝要对喇嘛进行赏赐。普乐寺不驻有喇嘛，因此寺内举行的跳步踏活动，应由负责普宁寺演步踏的喇嘛来完成，其跳步踏活动套头（面具）衣物如表12：

上述跳步踏套头就是当时跳步踏中出现的主要角色。章嘉国师对此作了相应的增补，新添了布袋和尚、六欲童儿、玉皇、老君、四大天王新角色。

表12　普宁寺跳步踏所用套头（面具）衣物一览表

套头	人数	衣物及法器
十二相	24	大帽24顶（随衣服24件），璎珞24件，嘎巴拉碗24件，12相24件，线帽里24个
护法	12	套头12顶（随衣服12件），璎珞12件，三面护法杵10件，骷髅叉棒2件，青线绦子3根，噶布拉碗9件
红巴掌	4	套头4件（随衣服四件），璎珞4分
白鬼	2	套头2顶，（随衣服二件），花棒4根
回回	2	套头2顶，（随衣服二件），十宝一件，内宝剑一把，锤一柄，月斧二件，杵一件，锁一挂，线绦子一条，拖巴二件，钗一杆

以上角色要完成跳步踏的十三幕内容（或是其中一部分）：

第一幕：跳白鬼　　第二幕：跳黑鬼
第三幕：跳螺神　　第四幕：跳蝶神
第五幕：跳金刚　　第六幕：跳星神
第七幕：跳天王　　第八幕：跳护法神
第九幕：跳白救度　　第十幕：跳绿救度
第十一幕：跳弥勒　　第十二幕：斩鬼
第十三幕：送祟

上表中的"十二相"与十二名护法的妆容比较相近，大致包括：地狱主（即阎魔）及其侍从，多戴牛头面具。

白鬼是指跳白鬼舞中的角色，或称骷髅面具舞，此舞由四人表演，他们头戴骷髅面具，身着白色短衣、绸裤，手中各持一根花棒，花棒被涂成黑白相间，黑色表示罪恶，白色表示善德，他们也象征阎魔的使者，将众生在世间的善恶记在"拘牌"上，做一件善事则划一道白印，作恶事则画一道黑印。寿终时由白鬼领其见阎魔，阎魔即按照"拘牌"的记载，进行奖惩。此幕舞蹈的启示是：人生无常，珍惜生命，只有除恶行善，才能脱离烦恼的苦海以得自在安乐。

红巴掌即是对"跳蝶神"一幕中尸陀林主的称呼。尸陀林主是尸林之神，又名墓葬主，藏语称"契代巴代"，是上乐金刚的护法。饰演此角色的僧人要以白色骷髅遮面，头戴五骷髅冠，因头两侧饰有扇形蝶翅，故俗称此舞为"跳蝶神"。红巴掌则是因为扮演僧人的裤、鞋、手套都是红白相间，特别是手套背部为白色，手套里部为红色，故而成为此幕舞蹈的代称。参加表演的共有四人，他们张臂作飞行状，四处搜寻，终将魔鬼捕获，表达了作为上乐金刚护法神来享用战胜邪魔之血肉的快乐形象。

在跳步踏中，邪魔是以用糌粑、酥油捏制的人形来代表，也是巴苓的一种。此人形通常称为"林伽"（Ling-ga）。该词源于梵文liġgaṇ，本意为"标志、记号、象征"等，在印度教中通常作为男性生殖器的象征，也是湿婆神的象征。林伽通常置于三角形器皿中，表示被镇压。

鹿神是阎魔的侍从之一，它与其他护法神、众兽神和四大天王一起寻找在人间作祟的邪魔。而"白鬼"作为阎魔的使者，将众生在世间的善恶记在"拘牌"上，留下死后让阎魔惩处的证据。"红巴掌（尸陀林主）"上场时，将四面八方的恶灵勾召到一起，逼入到人形的巴苓中。此时，众神上前将其降服、锁住，并由忿怒护法神和黑帽咒师将其杀死。鹿神用其特角将林伽顶碎，表示邪魔的灵魂已被超度。打鬼仪式中，杀死林伽后，众角色排列好，到寺门外集中柴草将其焚化，谓之送祟。

举办上乐金刚道场需要准备大量材料与物品。其中常用必备物品就存放在普乐寺东部的"通梵门"内，主要包括执事、应用物品、供法器等。

执事：

红妆缎伞一对、绿妆缎伞一对、米色锦缎扇一对、红锦缎扇一对、黄锦缎扇一对、三色妆缎告止筒子幡一对、三色妆缎传教筒子幡一对、黄缎旗一对、红缎旗二对、豹尾枪二对。

应用物品、供法器、经书等详见表13：

表13　通梵门应用物品、供法器、经书一览表

名称	数量	名称	数量
朱红油高桌（随黄缎套6件）	6张	朱红油经桌（随黄布套62件）	62张
经袱子	62件	博浪鼓（随飘带）	62件
黄布坐褥	62件	五佛冠（随葫芦帽飘带62份）	62份
铜铃杵	62份	提炉	1对
把炉	1件	木斗	1件
大喇叭	1对	铜把盅	2件
乌布藏经铁炉（随盖）	1件	铜水盅	120件
小铜海灯	15件	铜水瓶	1对
铜锣	1面	铜满达	1件
大铜盘	1件	小铜盘	1件
大洞	1对	小洞	1件
铙钹	各1对	唢呐	1对
大小锡壶	2把	铜嘎布喇	2件
大小镜	2面	大把鼓（随锤）	10面
大乌布藏经	5本	上乐王佛经	62本
西番首楞严经	一份（计181页）	大藏四体全咒经	1份（计十部）

以上经桌、桌套、经袱子、博浪鼓、坐褥、五佛冠、葫芦帽飘带、铜铃杵、《上乐王佛经》皆为62份（本）。根据北京圆明园"清净地"胜乐道场每年都有固定时间举行唪经活动来推测，普乐寺的胜乐道场也是固定举行，参与诵经的僧人至少有62名。

值得一提的是，在乾隆四十四年（1779年），六世班禅起

程入京朝觐，祝厘乾隆帝七十大寿，次年七月抵达热河。据《六世班禅洛桑巴丹益希传》记载：七月二十七日，班禅大师一行莅临普乐寺，传授佛法，献供哈达，散吉祥花。当时，六皇子布设水果等素食，班禅大师高兴地品尝，离开普乐寺后，中途为汉蒙信徒摩顶，回到扎什伦布寺，传授《兜率上师瑜伽释论》。

通过以上介绍，我们可以知道，上乐金刚道场及相关佛事活动规模宏大，不仅由多位喇嘛完成，而且在北京紫禁城与承德的普乐寺都要举行，皇帝及皇室成员一般会亲临现场。那么，乾隆皇帝举办上乐金刚道场的原因何在呢？答案要从乾隆十年（1745 年）来寻找。

乾隆十年（1745 年），在北京紫禁城内的一处佛堂里，35 岁的乾隆皇帝请求他的老师——三世章嘉为他进行上乐金刚灌顶。此前，他先后学习了皈依法、藏文的书面语。在学会藏文认读后，又学习了显宗入门教义《菩提道次递广论》。

灌顶所用器具都是皇帝自己准备，摆放齐全后，国师便开始为他传授全部的"胜乐铃五种"灌顶法。灌顶时，乾隆请国师坐在高高的法座上，而自己则在较低的黄缎坐垫上，直到灌顶结束，他一直跪在地上，聚精会神地听受教法。作为第一次请求传授灌顶的供养，他向国师奉献了一件镶满奇珍异宝，重约百两的金质曼扎（供器、坛城模型）。

在抛掷所预备的齿木时，国师向皇上说明如抛出的齿木顶端向上，能获得持明成就，然后把齿木交到皇上的手中。乾隆举眼向上看，口诵"巴迎拉哈萨哈"，深信不疑地抛出齿木，齿木像是插在曼扎中间向上竖立起来，这使他惊喜不已。灌顶结束后，乾隆对章嘉说："您从前是大清朝的国师，现在成为朕之金刚阿阇黎。"

此后，乾隆帝又依次听受了"吉祥轮胜乐深奥二道次教授及分支"等密法，命人精绘了《密宗修习法图解》，并坚持每天上午抽出时间修证道次，下午修证胜乐二次第。每月的初四日要举行坛城修供、自入坛场、会供轮、供养等活动 *。

看到这里，读者可能会想，一位日理万机的帝王，能有时间和精力修习密法吗？其实，乾隆确实很有佛缘。由于雍正皇帝是一位狂热的佛教信仰者，所以他的儿子们从小就对佛法耳濡目染。特别是乾隆，少年时就与小他六岁的三世章嘉同窗学习佛教理论。继位后，为了保佑自己皇图永固，加之政治所需，他对藏传佛教密宗进一步产生兴趣，有着强烈的学习欲望。据他晚年回忆："朕自乾隆八年以后，即诵习蒙古及西番字经典，于今五十余年，几余究心，深识真诠"。可见，他在少年时，心中就已播下佛学种子，其修习佛法的起点，要高于常人许多。

另外，不得不承认的是，乾隆自幼聪颖，身强体健，精力充沛过人，从大量的档案与诗文记载，可以看出他多才多艺，在骑马射箭、文学艺术、书画鉴赏、建筑园林、植物栽培等很多方面都十分精通，具有极高造诣。

以写作为例，乾隆从 14 岁就开始写作，作诗 42600 多首，是中国历史上最高产的诗人。他做事追求完美，喜欢溯本求源，对于深奥的藏传佛教典籍，学习起来孜孜不倦，甚至近乎痴狂。

关于他对上乐金刚的信仰，在清宫档案中可以得到印证。《中正殿呈稿》中记载：位于圆明园西北角的清净地，每年的四月初二日至初十日，都要举行喃诵《上乐王佛经》的活动，绘画坛城。

因乾隆本人在承德的木兰秋狝活动频繁，每年在避暑山庄居住的时间近半年，基于他对藏传佛教的精神需求，在承德修建一处类似北京清净地那样的上乐金刚道场，是一件必须要做的事情。

这个心事，他很快就告诉了自己的金刚上师——三世章嘉。国师道："皇上是否听说过，前辈章嘉阿旺罗桑却丹曾说'在热河御花园（避暑山庄）前面的山头上，有一个状如男根的山峰（磬锤峰），是大自在天的依止处，在那个险要处，还有一座吉祥轮胜乐智慧的坛城'。"听到这番话后，乾隆欣喜若狂，他想竟有这等机缘巧合之事。便马上责令内务府营造司协助国师，规划寺庙布局，着手设计修供上乐金刚坛城的图样，几经呈览，几番修改后，寺庙于乾隆三十一年（1766 年）正月开工，第二年八月工程告竣。当时，由章嘉国师主持，三世土观活佛等僧众举行了隆重的开光典礼仪式。乾隆为寺庙命名为普乐寺，并参加了规模盛大的开光活动。

在撰写普乐寺的碑文时，乾隆着实费了一番心思。作为皇帝，他不能公然向天下昭示自己已经接受灌顶，普乐寺是其举行上乐金刚道场的事实。毕竟这是皇帝的个人行为。否则会引起大臣特别是有些儒臣们的非议与弹劾，还会生出诸如"不理政务，沉溺于佛事"或者"糜废银两妄佛"等社会舆论。

因此，他在碑文中，尽量掩饰修建此寺的真实想法，以政治目的来遮人耳目。他写道：从安远庙向南望去，磬锤峰高大恢宏，其下还有一块空地。因诸蒙古向来崇信黄教，以我因其教，不易其俗，决定在这块空地上，新建一座黄教寺院。此外，这座庙宇，还是为新归附的杜尔伯特和左右哈萨克、东西布鲁特修建，使他们观瞻后，产生肃然恭敬之心。

这段修建普乐寺缘由的话语，实在很勉强。因为在普乐寺之前，乾隆帝已下令营建了普宁寺与安远庙，前者是为新归附的杜尔伯特部而修，后者为迁居热河的达什瓦部而建，如果为相同部族归附这一件事，应没有必要再次专修庙宇。至于左右哈萨克与东西布鲁特崇信的是伊斯兰教，他们并不信仰藏传佛教。

乾隆似乎也意识到，上述理由并不充分，于是在碑文中又说：经咨询章嘉国师，据大藏经记载，有一位上乐王佛，是转轮王的化身，居常向东，济度众生。要建造寺庙，必须外有两道门，开三条道路，中间建一座大殿，后面建一座坛城，由蹬道盘折而上。坛城中置龛，正与磬锤峰相对，如此这般，便会人天皈依佛法。

这段话可以从两个层面来理解:

一是济度众生。从帝王这个角度讲,希望供奉上乐王佛使臣民百姓得到神佛护佑,确实是一个出于内心的美好愿望,我们对于乾隆帝这一点亦不置可否,并有其所作《渡河诣普乐寺瞻礼诗》为证:

野杓砌石架木为,涨来易圮亦易就。

月前经雨兹重搭,便以渡河礼耆闍。

彼岸平原多种田,低禾高黍如错绣。

才十余日未曾观,则已吐穗硕且茂。

或垂(禾穗)或仰(黍穗)总殊致,芃绿酿黄各争候。

西成可望为额庆,时尚遥虞望难副。

普乐之意原在斯,六波罗密非所究。

此诗的大意是:在(武烈河)上砌石架好一座木桥,而雨季水涨时,木桥经常被冲坏。一个月前,桥就被冲坏了,只得重新修好,以便过河到寺庙中瞻礼。河对岸地势平坦,种着很多庄稼蔬菜,它们高低错落,长势喜人。虽然只有十多天的功夫,庄稼已经开始吐穗,其他果蔬黄绿相间,都争着节候生长,一派丰收再望的景象。普乐之意其实就在此呀,六波罗密并非是我所要探究的。

诗中通过乾隆帝命令修桥、观看庄稼、寺庙礼佛等生动情节,反映出乾隆帝心系庄稼收成与百姓生计,并认为这才是普天同乐的真实意义所在。至于佛教中的六波罗密(以慈悲为怀的布施、持戒、忍辱、精进、禅定、智慧等内容,也称六度)本已得到充分体现,因为关爱百姓与礼佛一样,都是为了天下众生呀!

二是人天皈依佛法。此中透露了乾隆内心的又一用意。

"天"应指磬锤峰所象征的大自在天依止处。在古印度,大自在天被认为是万物之本,以人之男根为天神而祭祀。据《大唐西域记》,唐代高僧玄奘在印度留学期间,经过"劫比他国(今印度北部邦的法鲁卡巴德)时,曾对当地人们崇信的大

自在天有所记载:"其国有伽兰四所,僧徒千余人,并学小乘正量部法。天祠十所,异道杂居,同共遵事大自在天。"

在《续高僧传·玄奘传》中也有如下描述:"至劫比他国,俗事大自在天,其精舍者高百余尺,中有天根,形极伟大。谓诸有趣,由之而生。王民同敬不为鄙耻,诸国天祠率置此形。"

其中提到的"大自在天",就是印度教神灵湿婆,其化身之一是林伽,即男根。至今印度仍有林伽派(又称湿婆派)与林伽信仰。印度密教就是从印度教中吸纳了这一信仰,密宗经典《胜乐续》中记载:"于自在天男根自然生成之所在,瑜伽师若善加修持可以速成"。西藏密教认为林伽本身就是修行所依的身坛城,因此二世章嘉活佛才会有磬锤峰为大自在天依止处之说,把这里作为营建上乐金刚坛城的绝佳之地,一处天造地设之所(图179)。

"人"是指乾隆皇帝本人。"人天皈依佛法",暗指乾隆在大自在天的依止处,传承密教衣钵,满足其精神需求。这在普乐寺旭光阁大殿的金柱上悬挂四幅楹联,也可得到反映。据《钦定热河志》,楹联挂在与木质曼陀罗最近的四根金柱上,悬挂方象不同,其内容为:

面东:竺乾法示西来意　震旦光圆东向因;

面西:化城层拱通乾闼　属国环归过月氏;

面南:花凝宝盖飯真相　云拥祥轮现化身;

面北:妙演梵乘超最上　广臻法会乐无遮。

乾隆帝认为从印度传入东土的佛法,得到了广泛弘传。而在普乐寺这个地方,演梵乘、建置曼陀罗、举办胜乐会供轮活动,恰好是他这个被称为文殊菩萨化身之人进行修行的好地方。关于这一点,从以后普乐寺的内部陈设及使用上也可得到印证。普乐寺建成后,庙内不设喇嘛,而是设清兵严加护守。可见,乾隆把此寺作为一个清静秘密所在,不允许外人越雷池一步(图180,181)。

179 自旭光阁望磬锤峰,山峦形如仰卧的人形(陈东 摄影)

180 普乐寺全景（郭峰、张冲 摄影）

181 普乐寺阁城与旭光阁（陈东 摄影）

第八章 学术与研究

1979 年，继普宁寺之后，普乐寺、普陀宗乘之庙、须弥福寿之庙 3 座寺庙也开始对外开放。

1984 年，普宁寺、普乐寺、须弥福寿之庙、普陀宗乘之庙分别成立了文物保护所，职工人数共 50 余人。

1994 年，承德避暑山庄及周围寺庙被联合国教科文组织列入世界文化遗产名录。

新中国成立以来，普乐寺以其独特的建筑艺术和宗教内涵吸引了大量的游客，也成为各类研究者和学者瞩目的焦点，相继发表了《承德普乐寺旭光阁》《普乐寺的建筑艺术及其密宗哲学》《浅析承德普乐寺曼陀罗的宗教特色》等一系列专题研究的文章和学术论文，对普乐寺的历史沿革、建筑特色、宗教艺术等进行了专门的研究和介绍。此外，1985 年印刷工业出版社出版了张占生主编的《普乐寺》一书，全书共计 17 页，12000 余字，对普乐寺的修建缘起、各建筑特色进行了简要的介绍，成为当时介绍普乐寺比较全面的一本科普读物。2004 年，由承德市文物局和荷兰莱顿大学联合出版了中英文对照的《承德普乐寺》一书，全书共计 198 页，分为前言、历史背景、建筑绘画和雕塑、材料技术和风格、仪式和造像等章节，比较全面的对普乐寺进行介绍。有关普乐寺的专著和论文详见表 14。

表 14　与普乐寺有关的专著与论文

论文与著作名称	作　者	作者单位	发表刊物名（出版社）
承德普乐寺旭光阁	罗哲文		文物 1956 第 9 期
避暑山庄和外八庙碑文选注之四——普乐寺碑记（1）	齐敬之		承德民族师专学报 1983 第 3-4 期
龙飞凤舞——承德普乐寺旭光阁藻井	国　梁		旅游 1982 第 6 期
普乐寺的建筑艺术及其密宗哲学	李克域		西藏研究 1984 第 2 期
★普乐寺	张占生	承德市文物局	印刷工业出版社 1985
普乐寺话天王	于爱清	承德市文物局	河北文史资料增刊——外八庙 1992
漫谈普乐寺的缘起	李　馥		承德民族师专学报 1996 第 3 期
承德普乐寺的建筑特色	陈振远	承德市文物局	文物春秋 1999 第 4 期
普乐寺的建筑特征	陈振远	承德市文物局	中外建筑 1999 第 3 期
造型奇特的欢喜佛	土　生		风景名胜 2000 第 2 期
承德普乐寺旭光阁修缮技术	陈继福	承德市文物局	古建园林技术 2004 第 1 期
普乐寺的建筑艺术特色	陈维裕	承德市文物局	山西财经大学学报 2013 第 S1 期
浅析承德普乐寺曼陀罗的宗教特色	于　洋	承德市文物局	赤子 2013 第 3 期
承德普乐寺内的曼陀罗	赵秀梅	承德市文物局	文物春秋 2008 第 3 期
清代皇家庙宇研究的一部力作——普乐寺	李国荣	中国第一历史档案馆	历史档案 2004 第 3 期
★承德普乐寺		承德市文物局、荷兰莱顿大学	中国旅游出版社

注：★号标注表示为著作，其他为论文

一、地方志中的普乐寺

《钦定热河志》成书于乾隆四十六年（1781 年），由御前大臣领侍卫内大臣户部尚书和珅和经筵讲官户部尚书梁国治主编。共 120 卷 150 万余字，列天章、巡典、徕远、行宫、围场、艺文、物产等门目。普乐寺收录在第七十九卷"寺庙二"中，内容首先是普乐寺全景图，然后是对普乐寺的介绍，内容如下：

普乐寺在热河行宫东北二里许。西陲平定后，既建普宁寺、安远庙以示绥怀，庙南地势宽广，三十一年复敕建兹寺，东向。御书门额曰：普乐寺。前殿额曰：宗印殿，左右配殿各一，北为胜因殿，南为慧力殿，皆兼清汉蒙古唐古式四体书。正殿供上乐王佛。额曰：福慧圆成，联二，一曰：龙象护诸天，毫相瞻时妙严普觉，漠瀛会初地，法轮转处安乐常臻；一曰：三摩印证，喻恒河人天皆大欢喜，七宝庄严，现香界广轮遍诸吉祥。西有门达经坛门，内植碑一恭镌御制碑记。坛上四面有门，东额曰须弥增胜，西额曰舍卫现祥，上有圆亭二层，前檐额曰旭光阁，皆兼四体书。亭中四面有联，东曰：竺乾法示西来意，震旦光圆东向风。西曰：化成层拱通乾闼，属国环归过月氏。南曰：花凝宝盖饭真相，云拥祥林现化身。北曰：妙演梵城超最上，广臻法会乐无遮。又东山门一座，额曰：通梵门，亦兼四体书。每岁秋巡，诸藩入觐瞻礼金容，如上春台同游化宇也。

最后收录乾隆皇帝《普乐寺碑记》和乾隆四十年的《渡河诣普乐寺瞻礼》诗（详见第四篇第一章）。

道光年间承德府知府海忠在任期间用自己的养廉银组织地方文人专门编修《承德府志》，是继《钦定热河志》之后又一部热河地方史志。其普乐寺部分的介绍直接引用了《钦定热河志》。

此外，乾隆五十年，乾隆皇帝还曾写有《普乐寺》诗一首，收录在《御制诗五集》中（详见第四篇第一章）。

二、清代宫廷绘画

承德是清代重要的政治活动中心，康熙、乾隆和嘉庆皇帝经常在此避暑、理政和举行重大活动，这里建有举世闻名的避暑山庄和金碧辉煌的皇家寺庙群，有众多的宫廷画师用他们的画笔描绘了这里辉煌的建筑群。这些宫廷绘画虽然没有留下画师的姓名，也无法确定其准确的年代，但在没有摄影技术的时代，这些清代绘画成为记录普乐寺当时建筑形象与艺术风格的重要手段，具有较高的艺术价值和研究意义。

清代普乐寺宫廷绘画中描绘的最详细、最准确的是现保存在美国勒克菲勒档案馆的普乐寺（图中标注普佑寺为笔误）全景图（图 182），这幅绘画绘于清朝末年，以中国传统的界画形式和西洋透视画法相结合，用白描画和少量水墨渲染的形式

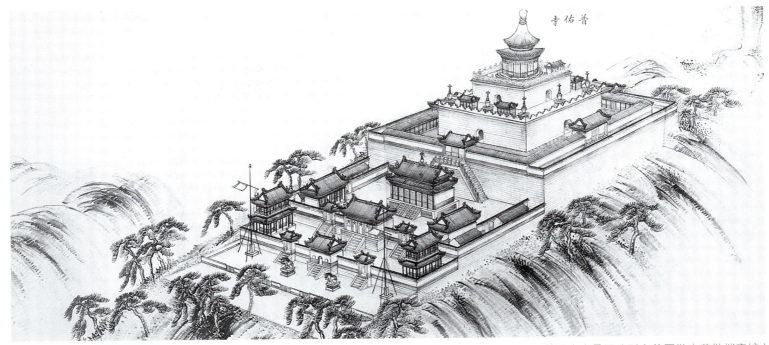

182 普乐寺全景图（引自美国勒克菲勒档案馆）

比较准确的绘制了普乐寺的全貌，具有极高的研究价值。此外，《钦定热河志》中的普乐寺插图（图 183），也采用了白描画法比较准确的绘出了普乐寺的全貌，并由于《钦定热河志》不同版本的原因，衍生出了武英殿版、辽海丛书版、《文渊阁四库全书》版和《文津阁四库全书》版等不同版本的普乐寺插图。

在清代与普乐寺相关的宫廷绘画中数量最多的是盛期热河全景图，这些绘画以鸟瞰的形式绘制了避暑山庄及周围寺庙的全貌，其中普乐寺的画法繁简不一，但所有绘画都准确地描绘了普乐寺的标志性建筑——重檐圆攒尖顶的旭光阁（图 018）。

三、历史照片、游记和测绘

1892 年，沙皇命令俄国外交部派遣阿·马·波兹德涅耶夫（1851—1920 年）等人前往中国考察，1893 年 4 月 20 日至 23 日期间，他们途径承德并参观了普乐寺等皇家寺庙。他在游记《蒙古及蒙古人》（1983 年内蒙古人民出版社出版）一书中这样描述普乐寺：

普乐寺，而喇嘛们通常称之为"德木楚克苏默"。现在寺内没有喇嘛，只有两名汉人看守。普乐寺是乾隆三十二年在国师章嘉呼图克图的主持下，专为准噶尔的杜尔伯特人建造的。它的特点是模仿北京天坛的建筑式样。庙宇建为三层，下面两层都是正方形的；上面一层是圆形的，全部是隔扇窗。屋顶是黄色琉璃瓦。在正方形平台上，顺着每边的柱形栏杆，各有三座也是用琉璃砖建成的塔。庙里的佛像很多。但整座寺庙却几乎被一座巨大的德木楚克的浩托曼荼罗所占，其方圆将近二十俄丈，是用石头砌成的，共有六层，每层有一又四分之一俄尺高。这里每月初一和十五都要举行一次呼拉尔，附近寺院的喇嘛都来参加。

阿·马·波兹德涅耶夫参观普乐寺时曾在寺外东南角拍摄了一张普乐寺后院阁城及旭光阁的照片，此时的群庑仍然保存较好，这是普乐寺目前已知最早的历史照片（图 601）。

1906—1909 年间，德国建筑师恩斯特·柏诗曼拍摄了几张清末普乐寺的照片（图 604），并绘制了比较准确的普乐寺平面图和琉璃塔立面图。这些资料收录在他的著作《中国建筑和景观》（《Baukunst und Landschaft in China》）和《中国建筑》等书中。这也是目前已知对普乐寺进行的最早的勘察测绘（图 026）。

1909 年，英国女植物探险家威廉·布道姆（William Purdom）受哈佛大学阿诺德植物园派遣，来到中国北部进行植物考察时，曾在武烈河西岸拍摄 1 张普乐寺、磬锤峰和蛤蟆石的远景照片（图 169），此时普乐寺及其周围还保留着茂密的古松林，依稀可见由普乐寺通往溥仁寺的小路（现已不存）。这张照片现保存在美国哈佛大学燕京图书馆。

1912 年，德国汉学家弗雷德里克·贝尔契斯基（Friedrich Perzynski）来到承德考察，他游览了普乐寺并也拍摄了 1 张普乐寺后院阁城及旭光阁的照片（图 603），此时的群庑屋檐已

经出现了局部的坍塌。他的游记和照片收录在著作《中国圣城》（《Von Chinas Gottern》）一书中。

民国期间，承德摄影师薛桐轩先生曾在普乐寺外东北山坡拍摄一张普乐寺全景照片（图 606-607），此时的群庑已经坍塌，仅余后檐墙和台基，但普乐寺前院还保留着大量的古松。这张照片收录在日本学者关野真、竹岛卓一编著的《热河解说》一书中。

1930 年，瑞典探险家斯文·赫定（Sven Hedin）前往承德（热河）考察并专门撰写了他的游记《热河——帝王之都》一书，书中收录了同行摄影师瑞典人约斯塔·门泰尔拍摄的 4 张普乐寺照片和斯文·赫定 1 张旭光阁写生手稿（图 184，609-612）。

1933—1934 年，日本学者关野真、竹岛卓一等人也详细的测绘了普乐寺的建筑平面布局。拍摄了大量普乐寺的照片，其中有 32 张出版在其后出版的《热河》照片集中（图 632-657），平面测绘图收录在《热河解说》一书中。

1935—1937 年，德国女摄影师海达·莫理循（Hedda Morrison，1908—1991 年）曾两次专程来承德考察外八庙，拍摄了近 30 张不同视角的普乐寺照片（图 613-626），这些照片现保存在美国哈佛大学燕京图书馆。

1942 年，由日本学者五十岚牧太撰的《热河古迹与西藏艺术》一书对普乐寺进行了介绍，并刊载了 4 张普乐寺历史照片（图 628-631），这些照片拍摄于 20 世纪 30 年代。

1935—1943 年，日本学者伊东佑信受伪满州国民生部委托，在承德从事热河古迹的调查工作，在他撰写的《热河古迹——避暑山庄与外八庙的调查和保护》（1994 年出版）一书中这样描写普乐寺：

据传安远庙落成后，某日乾隆帝从该寺院向南眺望，忽见对面山坡上有一疑似大红灯笼之物在闪动，恰在此刻传来杜尔伯特等少数民族部落归顺大清的喜报。为此乾隆帝示意在对面山坡上建造庙宇，随即向章嘉国师垂询，得其进言后决定营造"普乐寺"。该寺动工于乾隆三十一年，翌年落成。该庙两层石彻的坛城之上，矗立着重檐黄琉璃瓦覆顶的圆形建筑——"旭光阁"，俗称"圆亭子"。"旭光阁"中心设有圆柱形须弥座石坛，上置异形立体曼陀罗佛像，但佛像及祭具等当时皆已遗失，仅存一尊药王佛在此。普乐寺背东面西，在中轴线上依次排列着山门、天王殿、宗因殿及旭光阁等建筑，且均系汉式配置及结构。

1940 年，日本摄影师岸田日出刀、土浦龟城出版的《热河遗迹》一书中收录了普乐寺照片 14 张（图 658-669），并附 1 张普乐寺总平面图。

1940 年，日本学者山崎鋆一郎撰写了《热河展望》一书，书中收录了 2 张普乐寺全景照片（图 670），拍摄年代是 20 世纪 30 年代。

此外，20 世纪 30 年代，日本许多书籍、明信片中都有关于普乐寺的历史照片，均收录在本书第四篇第二章。

寺樂普

2787

183 普乐寺全景图（引自辽海丛书版《钦定热河志》）

184 斯文·赫定旭光阁写生手稿（引自《帝都热河》）

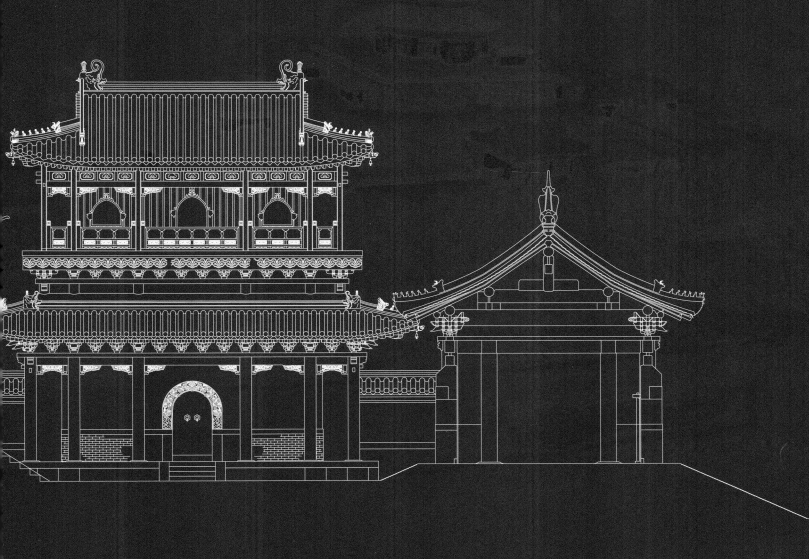

◎ 第二篇

评估规划篇

承德普乐寺文物保护工程实录

1961年，普乐寺公布为第一批全国重点文物保护单位，并划定保护范围及建设控制地带（冀政发（1992）9号）（图185）。1994年，承德避暑山庄及周围寺庙被联合国教科文组织列为世界文化遗产。普乐寺的重点保护区为：以普乐寺围墙外皮为基线，向东、南、北各外扩9m均至山坡。西以月台外沿为基线，向西外扩63m。一般保护区为：以重点保护区边线为基线，东外扩91m至山坡，南外扩121m至山沟，西外扩147m至铁路，北外扩221m至山坡。（避暑山庄及周围寺庙）建设控制地带为：东至磬锤峰分水岭；西至避暑山庄宫墙外90m；南面东部至罗汉山分水岭、中部至肃顺府南50m处；西部至避暑山庄西南宫墙外150m处；北至狮子沟北山分水岭；总面积15平方公里。

185 普乐寺保护范围与建设控制地带图（引自《避暑山庄及周围寺庙文物保护总体规划》）

第二章 价值评估

普乐寺与避暑山庄周围其他寺庙共同构成承德皇家寺庙群，这一宝贵的世界文化遗产，不仅是中国历史上盛世王朝的产物，也是中国建筑史上辉煌阶段的典型代表，普乐寺与避暑山庄周围其他寺庙共同构成承德皇家寺庙群，代表了十八世纪中国古典建筑的最高成就。普乐寺以独特的建筑技巧、高超的佛像造型艺术闻名于世。其建筑布局、殿堂陈设、造像艺术及其深厚的宗教蕴涵，在避暑山庄周围皇家寺庙中独树一帜。其所具有的历史、艺术和科学价值为世人所称道。

一、历史价值

1. 普乐寺与承德其他皇家寺庙是中国多民族统一国家形成与巩固的历史见证，是清代民族、宗教政策的历史见证，提供了重大历史事件的史实资料。

2. 普乐寺与承德其他皇家寺庙一起组成了中国现存规模最大的皇家寺庙群。

3. 普乐寺是乾隆皇帝为尊重杜尔伯特、左右哈萨克、东西布鲁特等边疆少数民族的宗教信仰，为他们修建的精神圣地。

4. 普乐寺是中国传统文化与少数民族文化完美结合的成功范例。

5. 普乐寺是典型的藏传佛教寺庙，反映了清乾隆时期边疆少数民族的宗教信仰习俗，是藏传佛教发展史上重要的实物见证。

6. 普乐寺是乾隆皇帝修行上乐王佛的道场，是研究清代皇帝个人宗教信仰的重要实物例证。

二、艺术价值

1. 普乐寺的各式建筑是汉藏蒙等各民族建筑艺术的融合，荟萃了民族艺术的精华，具有高度的艺术价值。

2. 普乐寺前半部分以传统汉式寺庙布局为主，后半部分以建筑表现藏传佛教曼陀罗造型，构思巧妙、主次分明、布局严谨，是承德清代皇家寺庙汉藏结合风格的典型代表，具有极高的建筑艺术价值。

3. 普乐寺的单体建筑风格以清代官式建筑样式为主，但是在屋顶上增加了各类琉璃造型及装饰，具有独特的形式美，特别是天王殿和宗印殿的琉璃脊饰是专门为普乐寺设计的独特样式，在外八庙众多建筑中别具特色。

4. 普乐寺主体建筑旭光阁为重檐攒尖顶阁式建筑，屋顶覆黄色琉璃瓦，屋顶正中设巨大的铜鎏金宝顶，建筑的艺术形象十

186 避暑山庄外东侧的普乐寺与山峦（陈东 摄影）

分独特和醒目。黄色屋顶的普乐寺旭光阁、黑色屋顶的安远庙普度殿和其背景磬锤峰、蛤蟆石一起形成了避暑山庄外东侧山峦的景观中心。

5、旭光阁内的圆形龙凤藻井，是承德外八庙藻井中最精美和独特的，是难得的艺术佳品。

6、普乐寺各殿堂内的藏传佛教造像样式独特，制作精美，陈设富丽堂皇，是乾隆时期雕造艺术的集大成之作，蕴藏着丰富的宗教文化内涵。

7、普乐寺石雕石狮、夹杆石、券门券窗、丹陛石、栏板望柱等都是清代遗物，其石雕艺术价值很高，构图严谨，雕刻技术精湛，是承德皇家寺庙石质雕刻的典型代表，尤其是庙前石狮，体态秀美，造型生动，与承德避暑山庄和其他皇家寺庙沉稳庄重的石狮风格迥异，别具一格。

三、科学价值

1、普乐寺择址合理，布局紧凑，建筑形制精妙，用一年时间建造完成了规模宏大的古建筑群，体现了当时先进的科学技术水平和施工组织能力。

2、普乐寺整组建筑利用山峦台地高差修建高台，使主体建筑突出，平台立面十字对称，汉藏民族建筑前后呼应，高低错落，布局规整严谨，巧妙地将寺庙的轴线与正东危岩耸立的磬锤峰取直，使人工创造与大自然奇观有机地结合起来，并将按照宗教的坛城样式营建曼陀罗式建筑，体现了清代寺庙建筑群较高的规划设计水平。

3、普乐寺在规划设计与施工建造阶段规划了十分完美的排水系统，充分利用地势高低，将竖井、暗排和明排有机结合，有效地解决了寺庙的排水问题，是研究中国古代建筑排水系统设计理念和建造功能的典型代表实例。

四、社会价值

1、普乐寺是民族团结统一的实物见证，是重要的爱国主义教育基地，也是弘扬中华民族优秀传统文化的基地。

2、普乐寺是游客参观游览、感受传统古建筑和宗教文化的重要场所。

3、承德作为中国北方的藏传佛教中心之一，普乐寺是佛教信徒礼佛的重要场所。

五、现状评估

1、普乐寺是承德外八庙中真实性和完整性保存较好的古建筑群之一，中轴线上的主要古建筑都是清代原构，并且保留了较为完整的清代建筑构件、佛像、陈设和彩画，寺庙整体格局基本保存完整，主体建筑仅68间群庑为建筑遗址，其余建筑基本为清代原构。

2、2011年保护工程实施前，各木结构古建筑主要残坏情况主要为地面酥裂、破损；散水后改水泥砖铺墁；墙体抹灰脱落、褪色、泛白；瓦顶长草、局部渗漏；外檐地仗、彩画、下架、装修油饰脱落、起皮、褪色等。本次维修除彩画外其他残坏状况基本进行了全面的整修。

3、近现代的维修中，普乐寺庭院内更换了大量的水泥地面砖，如：台基四周散水以及寺院地面、甬路，广场等。不但不符合文物修缮原则，而且与文物本体的外观形象也不协调。在2012年这次修缮工程中，对寺庙内部的近现代水泥道路、海墁和散水进行了全面的整修，恢复了清代原有的材料、规格和做法。

4、2011年保护工程实施前，阇城地面渗漏十分严重，石墙外鼓，墙檐风化、残损，琉璃屋檐存在松动、脱节，排水不畅等情况。第一层城台台面条石墁地面凹凸不平，酥裂较为严重，雨后存水；四周68间群庑仅剩基址和后檐墙，基址墁地砖全部缺失，长期受雨水浸泡，导致雨水从基址往下渗漏。第二层南面地面有轻微裂缝，石质排水沟风化严重，排水不畅，1982年在地面上铺设一毡二油防水层已经失效，同时把二层台面均换成了水泥砖墁地850m²，各排水沟淤泥堵塞排水不畅，造成阇城城台严重渗漏、塌陷、条石外鼓现象。2012年的修缮工程重新整修了阇城上下三层的墁地和排水设施，更换了严重残损的建筑构件，重新铺设防水，解决了城台渗漏的问题。

5、院落排水方面，第一进院因后期铺墁的甬路两边牙子砖为立栽，高出地面70-80mm，同时除甬路、海墁地面以外的空地，在原地坪上铺垫了土层，高约100-150mm，种植了绿地，使院内积水不能顺利排出寺外。寺庙内建筑周围提高了地面，使宗印殿四周排水倒流灌入散水及台基下，长期受潮使台基陡板石台帮酥碱、风化。宗印殿四周地面高低不平，西侧和东侧的海墁地面砖已经严重碎裂。天王殿前后大雨过后存有大量积水，甬路被后期更换为水泥方砖道路，严重影响到了寺庙整体的外观及排水。2012年的修缮工程全面整修了建筑周边散水，清理淤土，疏浚了各类排水设施，基本解决了寺庙内积水问题。

6、普乐寺各建筑室内油饰和内外檐清代彩画虽保留比较完整，但残坏比较严重，尤其是外檐彩画存在明显的空鼓、起翘和剥落等现象，需委托相应设计单位编制彩画油饰专项保护方案。

7、普乐寺石狮、香炉座、丹陛、喇嘛塔须弥座和栏板望柱等石雕构件存在严重的风化现象，由中国文化遗产研究院编制了石质文物保护专项方案，并实施普乐寺石质文物专项保护修缮工程（详见第三篇第三章）。

8、普乐寺宗印殿、胜因殿、慧力殿内墙包金土局部存在空鼓情况，向内侧倾斜，这一现象自20世纪70年代就已存在，目前基本稳定，没有继续倾斜。鉴于包金土边缘绘制有珍贵的绿大边西番莲图案，墙体保护加固要求技术水平较高，需编制专项保护方案进行维修。

第三章　文物保护总体规划 *

[*]：摘自《避暑山庄及周围寺庙文物保护总体规划（2011—2020）》

2012 年，由中国文化遗产研究院编制的《承德避暑山庄及周围寺庙文物保护总体规划（2011—2020）》通过国家文物局审批，并由河北省人民政府批准正式公布实施，从规划层面对普乐寺的现状进行了评估，针对古建筑保护和管理提出了相应的规划要求，明确了普乐寺古建筑保护修缮工程的范围、性质和目标。其中涉及到普乐寺的规划内容如下：

一、遗产本体评估

规划在第五章"周围寺庙评估"中认为普乐寺评"真实性好、完整性较好，延续性较差"。周围寺庙的"古建筑总体真实性较好，部分古建筑存在修缮或复原不当的问题，对真实性造成影响"，"周围寺庙现存古建筑总体延续性较好。须弥座、栏杆、石桥、阶条石等石质构件普遍风化严重，延续性差。琉璃构件延续性差。尚存大量未经维修彩画，延续性差。现存古建筑普遍缺乏岁修保养"。"普乐寺、安远庙、须弥福寿之庙遗址规模较小，不是主体建筑，真实性、完整性较好、延续性较差"。

二、古建筑保护

规划在十四章"古建筑保护"中对普乐寺提出的规划内容如下：

1、保护对策

◎ 针对建筑群格局、园林、古建筑及遗址进行全面保护。

◎ 对保存乾隆时期原物较多的古建筑及彩画、壁画要严格控制保护维修干预程度，最大限度保护原貌，不得大量更换。

◎ 对大量石雕与石构件进行抢救性保护。

◎ 对彩画、壁画进行抢救性保护。

2、近期保护措施（2011—2015 年）

◎ 对普乐寺阁城、宗印殿、山门等殿宇进行维修。

◎ 对各庙其他延续性有问题的古建筑进行维修。

◎ 对周围寺庙大量现存石材及石雕构件进项抢救性专项保护。

◎ 对周围寺庙各处保存彩画进行抢救性专项保护。

◎ 对周围寺庙各处琉璃构件进行抢救性专项保护。

3、不定期保护措施

◎ 制定计划，对现有延续性较好的古建筑进行岁修保养。

4、遗址保护

◎ 对周围寺庙内其他遗址进行清理发掘，并及时保护（中期保护措施 2016—2020 年）。

◎ 对完善周围整体价值意义重大且依据较为充分的附属建筑及园林建筑遗址进行复原可行性研究，如普乐寺阁城围房、安远庙围房、殊像寺天王殿等。

5、石质文物保护

◎ 完成全面调查，建立现状及病害的详细档案。

◎ 通过实验分析研讨病害成因、种类及发展趋势，提出保护方案。

◎ 近期对破损严重的石质文物进行抢救性保护加固。

6、壁画保护

◎ 对壁画内容、法式、工艺进行深入研究。

◎ 完成全面调查，建立档案；编写每个寺庙壁画研究评估报告。

◎ 实验分析，研讨病害成因、种类及发展趋势，提出保护方案。

◎ 殊像寺、普乐寺、安远庙、普宁寺、永佑寺舍利塔壁画实施专项保护。

7、其他附属文物保护

◎ 对悬挂的匾额原件实施保护，必要时移至博物馆保护，以仿制品替代。

◎ 缺乏图像依据的补配的匾额、楹联宜选择清帝法书集字而成。

◎ 对铜、铁质室外陈设进行专项保护。

◎ 对损坏严重的幡杆进行修缮、更换。

◎ 室内陈设实施定期除尘、检查等保养措施。

三、保护工作

规划在第十四章"保护工作"中提出的规划内容如下：

1、安防

◎ 避暑山庄及各周围寺庙（溥仁寺、普乐寺、安远庙、普宁寺、普佑寺、须弥福寿之庙、普陀宗乘之庙、殊像寺及博物馆）全面实施安防工程，包括电视监控系统、无线对讲系统、红外报警系统等。

2、消防

◎ 须弥福寿之庙、普陀宗乘之庙、普乐寺、安远庙、普宁寺完善消防给水系统。

3、防雷

◎ 建设、完善避暑山庄及各周围寺庙（溥仁寺、普乐寺、安远庙、普宁寺、普佑寺、须弥福寿之庙、普陀宗乘之庙、殊像寺）古建筑、古树的雷电防护系统（图187）。

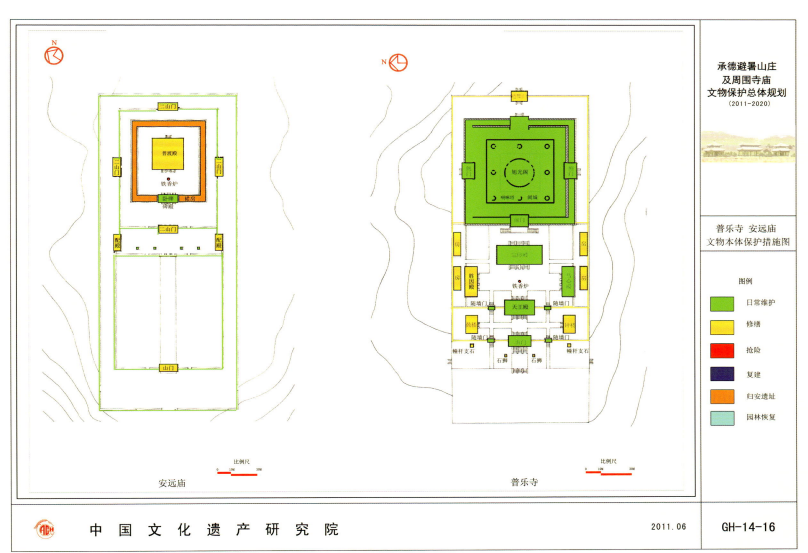

187 普乐寺保护措施图（引自《避暑山庄及周围寺庙文物保护总体规划（2011—2020）》）

工程实录篇

◎ 第二篇

承德普乐寺文物保护工程实录

2010 年 8 月 9 日，中宣部、国家发改委、财政部、国家文物局、住建部、国家民委等国家六部委在承德召开现场办公会议，确定十二五期间中央财政投入 6 亿元资金实施承德避暑山庄及周围寺庙文化遗产保护工程，其中涉及普乐寺的文物保护工程项目有古建筑保护修缮、安防、消防、防雷、石质文物科技保护、虫蛀佛像保护、阁城琉璃塔塔刹补配、面叶补配等 8 项工程，工程总投资约 3500 万元。2012 年 4 月 18 日，普乐寺古建筑保护修缮工程首先开工，之后陆续实施了其余各项文物保护工程，至 2017 年 11 月 1 日，普乐寺各项文物保护工程陆续完工并通过了工程竣工验收。通过实施普乐寺文物保护工程，按照"不改变原状"和文物保护"最小干预"的原则，对普乐寺所有古建筑进行了一次系统、全面、科学的修缮，解决了阁城严重渗漏问题，排除了古建筑安全隐患，提高了文物安全防范能力，并对普乐寺石质文物、佛像、面叶、琉璃塔塔刹等附属文物实施了专项保护，有效地保护了这一珍贵的世界文化遗产（详见表 15）。

表 15　普乐寺文物保护工程汇总表　　　　　　　　　　　　　　　　　　　　单位：万元

序号	工程名称	资金概算	备注
1	普乐寺（古建筑）保护修缮工程	927	
2	普乐寺虫蛀佛像保护工程	100	
3	普乐寺消防工程	581	
4	普乐寺安防工程	101	
5	普乐寺古建筑本体防雷工程	140	
6	外八庙建筑装修面叶补配工程	830	包含普乐寺、普宁寺等 4 处寺庙
7	普乐寺阁城琉璃塔塔刹补配工程	250	
8	普乐寺石质文物科技保护工程	560	
	合计	3489	

188 普乐寺全景（郭峰 张冲 摄影）

第一章　普乐寺古建筑保护修缮工程

为了更好的保护世界文化遗产的重要组成部分——承德普乐寺，2009年7月，在实施承德文化遗产保护工程之前，承德市文物局委托河北省古代建筑保护研究所与承德市文物局规划设计室共同承担了《承德普乐寺（古建筑）保护修缮方案》的编制工作，2009年12月完成修缮方案并呈报河北省文物局和国家文物局。2010年7月，国家文物局《关于承德普乐寺保护修缮方案的批复》（文物保函〔2010〕1208号）原则通过了所报方案，同时提出了修改意见（图189）。

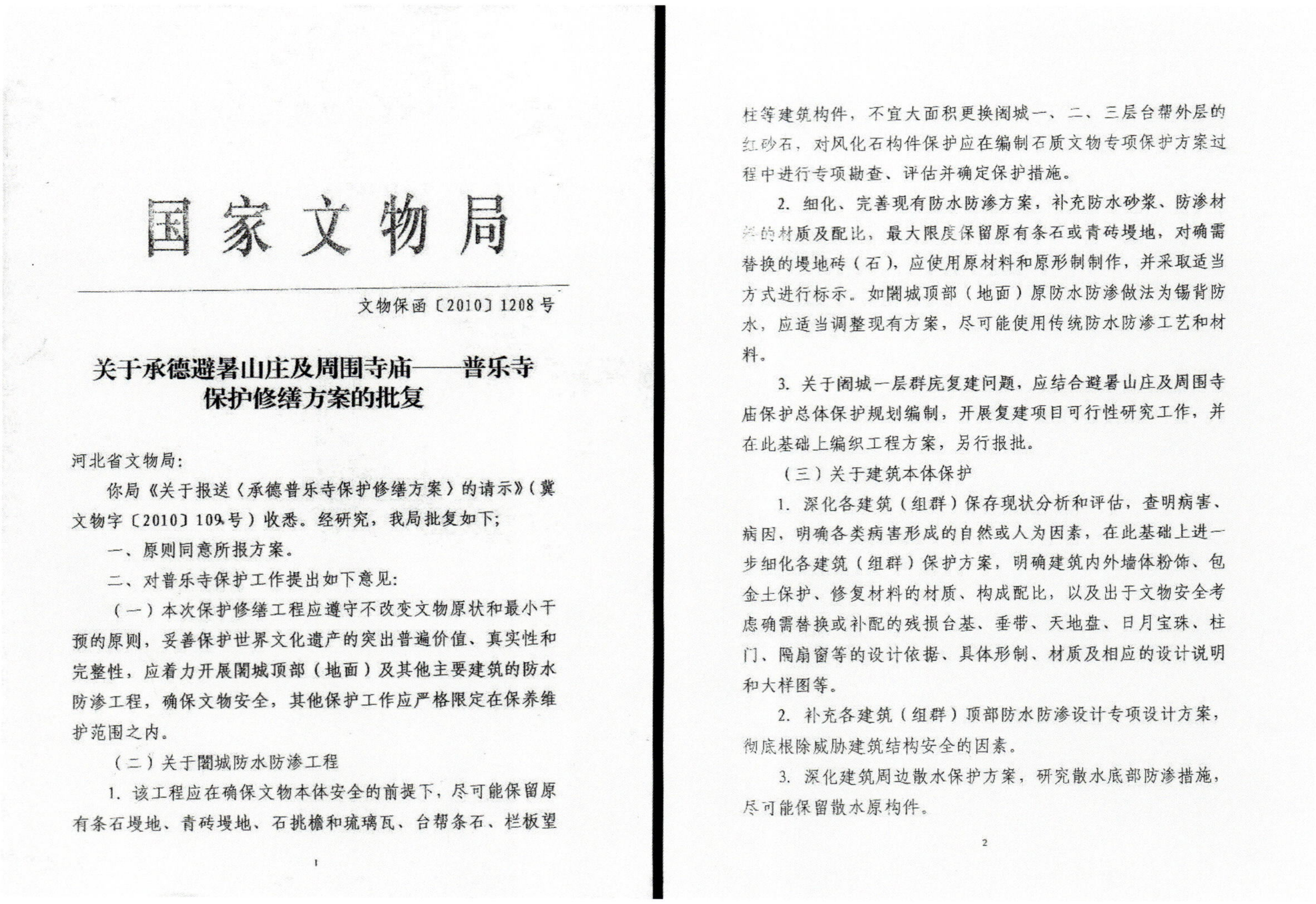

国家文物局

文物保函〔2010〕1208号

关于承德避暑山庄及周围寺庙——普乐寺保护修缮方案的批复

河北省文物局：

你局《关于报送〈承德普乐寺保护修缮方案〉的请示》（冀文物字〔2010〕109号）收悉。经研究，我局批复如下：

一、原则同意所报方案。

二、对普乐寺保护工作提出如下意见：

（一）本次保护修缮工程应遵守不改变文物原状和最小干预的原则，妥善保护世界文化遗产的突出普遍价值、真实性和完整性，应着力开展闇城顶部（地面）及其他主要建筑的防水防渗工程，确保文物安全，其他保护工作应严格限定在保养维护范围之内。

（二）关于闇城防水防渗工程

1. 该工程应在确保文物本体安全的前提下，尽可能保留原有条石墁地、青砖墁地、石挑檐和琉璃瓦、台帮条石、栏板望

1

柱等建筑构件，不宜大面积更换阇城一、二、三层台帮外层的红砂石，对风化石构件保护应在编制石质文物专项保护方案过程中进行专项勘查、评估并确定保护措施。

2. 细化、完善现有防水防渗方案，补充防水砂浆、防渗材料的材质及配比，最大限度保留原有条石或青砖墁地，对确需替换的墁地砖（石），应使用原材料和原形制制作，并采取适当方式进行标示。如闇城顶部（地面）原防水防渗做法为锡背防水，应适当调整现有方案，尽可能使用传统防水防渗工艺和材料。

3. 关于阇城一层群庑复建问题，应结合避暑山庄及周围寺庙保护总体保护规划编制，开展复建项目可行性研究工作，并在此基础上编织工程方案，另行报批。

（三）关于建筑本体保护

1. 深化各建筑（组群）保存现状分析和评估，查明病害、病因，明确各类病害形成的自然或人为因素，在此基础上进一步细化各建筑（组群）保护方案，明确建筑内外墙体粉饰、包金土保护、修复材料的材质、构成配比，以及出于文物安全考虑确需替换或补配的残损台基、垂带、天地盘、日月宝珠、柱门、隔扇窗等的设计依据、具体形制、材质及相应的设计说明和大样图等。

2. 补充各建筑（组群）顶部防水防渗设计专项设计方案，彻底根除威胁建筑结构安全的因素。

3. 深化建筑周边散水保护方案，研究散水底部防渗措施，尽可能保留散水原构件。

2

189 国家文物局关于普乐寺保护修缮方案的批复意见

（四）关于地面铺装整治

1. 补充普乐寺地面铺装的全面勘查、评估工作，明确原有铺装范围、形制、材质、尺度、保存状况，以及经后期改动之后的现代铺装范围。

2. 在现状勘查基础上，进一步深化地面铺装调整方案，尽量减小重新墁地的范围。在不影响文物安全的情况下，应保留原有墁地格局和材料；对于确需重墁的情形，应对原有墁砖进行逐一纪录以便后期逐一复位，如确需更换部分墁地砖，应明确更换的范围，并采用适当方式进行标示。

3. 关于寺前广场整治，应在做好前期勘查的基础上，确定原寺前道路及铺装的范围和内涵，为工程的顺利实施和遗址的整体保护提供科学依据，在没有确凿历史依据的情况下，不宜采用小粒花岗石条石墁地。

（五）关于壁画和石质文物保护

本次方案中相关内容，除出于文物安全确需实施的内容外，包括台基化学防护、更换望柱、栏板、补绘或重绘彩画在内的工程内容均暂缓实施。应组织具有相应资质的单位抓紧编制壁画和石质文物保护专项方案，统筹考虑上述工程内容，并报我局审批。

三、请你局根据上述意见，组织相关单位对工程方案修改完善并报我局核准后实施，施工中请加强管理与监督，确保文物安全。修改完善后的工程方案（含电子版）应报我局备案。

四、请你局督促有关单位做好文物保护工程招投标和监理工作，组织具有相应资质的监理单位对工程的各个环节进行检

3

验、记录和评估，施工完毕后，由业主单位会同设计单位、施工单位、监理单位对工程质量进行验评，并提交工程总结报告、竣工报告、竣工图纸、财务决算书及说明等资料，报我局验收。

五、请你局督促有关单位进一步加强世界文化遗产展示与诠释工作，开展该组建筑群主要建筑保护性围护设施、展示导引系统可行性研究工作，加强日常监测、管理和维修工作，并通过有效方式控制、引导游客游览行为，使文物本体免遭人为因素的破坏。

此复。

二〇一〇年十一月二十二日

抄送：中国文物信息咨询中心

国家文物局办公室秘书处　　　　2010年11月22日印发

初校：李珅　　　终校：黄晓凯

4

189 国家文物局关于普乐寺保护修缮方案的批复意见 2

2011 年 1 月，按照国家文物局批复要求，设计单位对普乐寺古建筑保护修缮方案进行补充完善和深化细化。2011 年 8 月，普乐寺古建筑保护修缮工程深化设计方案通过了河北省文物局核准（冀文物发〔2011〕213 号）（图 191）。

为高标准、高质量组织实施文物保护修缮工程，科学优选施工队伍，普乐寺保护修缮工程采用公开招投标形式，在全国范围内选择具备相应资质的施工和监理单位承担修缮工程。2011 年 8 月 9 日，避暑山庄及周围寺庙文化遗产保护工程指挥部工作办公室委托招标代理单位河北中原工程项目管理有限公司同时在《河北省招标投标综合网》《承德市招投标综合网》《河北文物网》《承德文物网》发布承德普乐寺保护修缮工程施工和监理招标公告，统一在承德市建筑市场交易中心全程组织招投标，确保招标全过程公开、公平、公正。2011 年 10 月 10 日，普乐寺古建筑保护修缮工程完成招投标，确定施工单位为北京园林古建工程公司，监理单位为河南省东方监理有限公司。2011 年 12 月 20 日，河北省文物局批准普乐寺保护修缮工程开工许可（〔2011〕27 号）（图 190）。

2012 年 4 月 18 日，在第 30 个国际古迹遗址日当天，普乐寺古建筑保护修缮工程开工仪式暨"国际古迹遗址日"宣传活动在承德举行，标志着普乐寺古建筑保护修缮工程正式开工。

2013 年 5 月 4 日，普乐寺古建筑保护修缮工程完成所有工程项目，通过单位工程验收，2013 年 12 月 5 日通过河北省文物局组织的工程技术验收（图 192，194），2015 年 11 月 16 日通过国家文物局组织的工程竣工验收（图 193）。2015 年，普乐寺保护修缮工程被国家文物局评为全国十佳文物保护工程。

河北省文物局

准予行政许可决定书

冀文物许字 [2011] 27 号

承德市文物局：

你局于 2011 年 12 月 19 日向本行政机关提出普乐寺保护修缮工程许可的申请，本机关于 2011 年 12 月 19 日依法受理。经审查，符合法定条件、标准。根据《中华人民共和国文物保护法》第二十一条第二款、《中华人民共和国行政许可法》第三十八条第一款的规定，本行政机关决定准予你局普乐寺保护修缮工程行政许可。

二〇一一年十二月二十日

注：本决定书一式两份，申请人、受理机关各存一份。

190 河北省文物局关于普乐寺保护修缮工程开工的行政许可

河北省文物局(批复)

冀文物发〔2011〕213号

河北省文物局
关于对承德普乐寺保护修缮方案的批复

承德市文物局:

你局《关于上报<承德普乐寺保护修缮方案>的请示》(承市文物发〔2011〕127号)收悉,综合专家评审意见,我局批复如下:

一、方案修改稿基本按照国家文物局批复意见进行了修改、补充和完善,原则同意修改内容。

二、请你局组织设计单位对防鸟网进一步研究,提出补配具体要求及拆除原因。在此方案基础上,做好普乐寺保护修缮工程施工技术设计,补充节点大样,明确工程做法、材料要求等,并组织承德文化遗产保护工程专家组专家审核通过后实施。

三、注意加强工程现场情况的研究,做好施工过程中的设计深化和隐蔽部位的补充设计,确保文化遗产的真实、完整,重要内容应依规履行报批程序。

四、工程预算以国家文物局核准后的方案预算控制数为准,开工前到我局办理相关许可申请,工程管理应严格按照《承德避暑山庄及周围寺庙文化遗产保护工程管理办法》执行。

二○一一年八月十日

主题词:文物　方案　批复
河北省文物局办公室
初校:赵仓群　　　　终校:刘智敏　　　　(共印11份)

191 河北省文物局关于普乐寺保护修缮方案的批复意见

192 河北省文物局组织普乐寺保护修缮工程技术验收(孔凡敏 摄影)

193 国家文物局组织工程竣工验收(孔凡敏 摄影)

承德普乐寺保护修缮工程省级技术验收专家意见

2013年12月5日,河北省文物局组织专家对承德普乐寺保护修缮工程进行省级技术验收,验收组对现场进行了考察,听取了建设单位、施工单位、监理单位、设计单位关于修缮工程情况的汇报和说明,查看了相关资料,形成以下验收意见:

一、普乐寺保护修缮工程管理较为规范,资料基本完整,观感效果基本达到了验收要求。原则同意通过省级技术验收。

二、整改意见

1、对山门前檐望板接缝等处存在的地仗油饰空鼓现象应进行检查整改。

2、对垂带、踏步石等个别砖石砌体存在的浆料不饱满、勾缝不到位问题等进行整改。

3、对阇城冰盘檐存在机械加工痕迹、椽飞头大小不均问题进行整改。

4、对石材采用环树脂粘接裂缝、补配缺失部分存在起翘、剥离问题进行整改。

三、建议

1、对石质文物风化、酥碱部分应尽快实施保护,从残损现状看全部依靠科技手段保护难以完全实现保护目的,应和工程措施保护相结合。

2、安防、避雷等管线铺设、固定不应损坏文物本体及外观效果。

专家签字:

194 河北省文物局技术验收专家意见

普乐寺保护修缮工程管理机构由建设、设计、监理、施工四方组成。在开工前，四方共同制定详细的施工计划和施工方案，明确和强化各方的责任，严格工程目标责任制落实，相互配合，共同完成普乐寺古建筑保护修缮工程。

一、建设单位

2010年8月9日，国家六部委承德现场办公会确定了"十二五"期间中央财政拨付6亿元专项资金实施避暑山庄及周围寺庙文化遗产保护工程，其中即包含普乐寺保护修缮工程。2011年1月，国家有关部委和河北省、承德市政府共同组成了承德避暑山庄及周围寺庙文化遗产保护工程领导小组，负责总体决策、解决重大问题。承德市委、市政府专门从文物系统及住建、水务、财政、监察、审计等部门抽调80多名业务骨干，组成工程指挥部工作办公室，专职负责避暑山庄及周围寺庙文化遗产保护工程组织实施。工程指挥部工作办公室下设综合协调、工程建设、招投标、财务管理、资料档案、监督督察等九个工作组，负责保护工程的具体组织实施，实行集中办公、专职专责，同时，明确责任主体，分解细化任务，加强分工合作，形成了承德文保史上规格最高、要求最严、职责分明、严密高效的工程组织领导体系，为普乐寺保护修缮工程工程顺利开展奠定了坚实的组织保障。

建设方职责主要是项目委托设计、组织审核设计及设计预算；完成项目审批程序；申请工程经费；组织工程项目招投标；与设计方、施工方和监理方签订合同；实施施工现场管理；组织工程验收和审计；收集整理工程档案，组织编制工程报告；工程经费支付等。参与普乐寺保护修缮工程的主要人员机构和具体工作职责如下：

（一）工程建设组

职责是依据总体工程计划安排编制工程项目施工计划，按照批准的施工计划组织实施；负责各工程开工许可手续的跑办；负责工程监理单位的管理、监督工作；负责施工单位、设计单位、监理单位的现场协调、监督、管理等工作；负责工程质量管理、安全施工工作；负责协调、配合专家组工作；负责组织工程阶段性及竣工验收；对工程管理资料整理、归档。

组长：李林俐
副组长：陈东
甲方代表：张炳元
成员：王博、张守仁、于志强、辛宇

（二）综合协调组

职责是围绕文化遗产保护工程项目，做好上传下达和工作办公室的协调工作；做好各类信息的收集，了解各工作组工作动态，整理各组工作专报，编制周工作计划表、周计划完成情况表、工作专报，及时上报项目工作办公室领导；负责起草以项目工作办公室名义出台的行政性文件、汇报、简报、会议纪要等公文，做好各类文件的启封、登记、签收、传阅、保密、存档等工作；负责保护工程的会议通知、会议服务、会议记录，对外宣传工作和定期发布信息工作；负责工程指挥部工作办公室日常事务管理、后勤保障和接待服务工作。

组长：缪革新
成员：孙继梁、姜可辛、杨青春、王红杰

（三）工程招投标组织组

负责招投标代理机构选定组织工作；负责协调省文物局、承德市财政局、承德市招标管理机构对招标文件的审核与备案；负责工程设计、施工、监理、甲方供材招投标组织、协调工作；负责组织与中标单位签署工程合同，督察合同的履约情况；负责招投标档案的存档。

组长：韩永祥

（四）财务管理组职责

负责工程项目资金计划编制、资金申请、落实；工程资金支付管理；资金使用绩效评估等项工作；按照《避暑山庄及周围寺庙文化遗产保护工程专项资金管理办法》加强对专项资金进行管理。

组长：杨海燕
副组长：陈晶
成员：夏志鹏、高占鹏

（五）资料档案组职责

采集、整理保护工程中的各类信息资料，包括数据、音频、影像、照片等；按照相关规定收集避暑山庄及周围寺庙保护工程项目行政、技术、财务等档案资料，立卷归档，存入文物保护记录档案；负责档案资料研究出版工作。

组长：穆焱
副组长：高俊
成员：孔凡敏、东海梅、张丽霞、石利峰

（六）监督督察组职责

负责组织指挥部工作办公室人员开展廉洁自律教育工作；监督党风廉政建设各项规章制度和工程项目工作各项规章制度的贯彻落实；对项目招投标、材料采购供应、安全施工及现场的管理、工程监理、工程质量、资金使用等重点环节实施监督检查；对投标交易过程进行监督，对标后管理工作进行检查，监管设计变更工作的全过程是否符合规定，对招投标工作按规定及时向市纪委监察局等有关监督部门进行备案和告知；参与甲方供材询价工作，对材料采购供应定期或随机检查现场各部门的验收情况，对材料的质量、标准、规格跟踪检查，监管材料价格的调整、数量的增减、用途的变更是否符合规定，并及时备案存档；定期检查工程监理工作的开展情况，参与工程质量的专家现场评审、质量的验收和竣工验收工作；严格按《承德避暑山庄及周围寺庙文化遗产保护专项资金管理办法》进行监督检查，确保专款专用；受理和调查工程项目实施中的违法违纪问题。

组长：李季梅

副组长：王亚茹

成员：李旭霞、周国学、徐凯佳、高占宾

二、设计单位

设计方职责主要是：

（1）根据修缮工程的要求，查明、分析、评价修缮古建筑损害情况，编制工程勘察文件。同时对修缮工程所需的技术、经济、资源、环境等条件进行综合分析、论证。

（2）编制工程设计文件，进行施工图设计。

（3）参加修缮方案的专家论证会，根据专家论证会的意见对修缮设计进行完善。在完成项目审批过程中，根据有关部门的要求修改设计方案，直到方案获得通过。

（4）开工前向施工方、监理方进行设计交底和图纸交底，回答疑问，解决提出的问题。

（5）施工过程中参与工程洽商，根据洽商结论进行变更设计。

（6）参加分部、分项工程和工程竣工验收。

普乐寺保护修缮工程设计单位是河北省古代建筑保护研究所和承德市文物局规划设计室。参与设计工作的主要人员如下：

河北省古代建筑保护研究所

所长：郭瑞海

副所长：田林

项目负责：林秀珍

测绘：林秀珍、刘纪松、张倩、张伟涛

合作单位：承德市文物局规划设计室

技术负责人：李林俐

项目负责人：陈东

测量绘图：王艳秋、于洋、刘伟、靳松、王炜、邢远、张昊

预算编制：刘绍辉、陈建春

文字编辑：王兴凤、刘慧轩

三、监理单位

监理方职责

（1）参加设计交底和图纸会审，经业主同意后，签发开工令。

（2）审查施工方提出的施工组织设计、施工技术方案和施工进度计划，提出具体意见并督促其实施。

（3）检查工程使用的材料、设备的质量，必要时提出试验或更换要求。检查工程质量，验收分步、分项工程和签认隐蔽工程。

（4）督促施工方落实工程技术标准，对质量合格的工程进行计量，认定完成的工程数量，签署工程计量单。

（5）签认工程洽商，对涉及提高工程标准、增加造价的洽商，在取得业主同意后签认。核定设计变更引起的费用。

（6）检查现场的安全防护，对不合格的提出改进要求。检查工程进度、督促工程进度计划的实施。

（7）组织设计方与施工方进行工程竣工初步验收，提出工程核验与竣工验收报告。

（8）督促整理合同文件和技术档案资料，核查工程结算。

普乐寺保护修缮工程监理单位是河南东方文物建筑监理有限公司成员如下：

总监理工程师：郭绍卿

总监理工程师代表：杨国喜

造价员：任龙

专业监理工程师：宋清春、杜文厚、陈宏亮、徐乃峰

四、施工单位

施工方职责

（1）参加设计交底和图纸会审，提出施工组织设计并组织实施。

（2）建立质量责任制，确定工程项目的项目经理、技术负责人和施工管理负责人。

（3）严格按照工程设计图纸和施工技术标准施工，施工过程中发现设计文件和图纸有差错或修缮过程中出现新的情况时，及时进行工程洽商。

（4）按照工程设计要求、施工技术标准和合同约定，对建筑材料及建筑构配件进行检验，填写材料构配件进场记录。

（5）进行隐蔽工程质量检查和配合相关方面进行分步、分项工程检查。

（6）按时参加每周的监理例会，汇报工程进展情况，协商工程中出现的问题。

（7）提供竣工报告，编制竣工图，参加工程验收。

普乐寺保护修缮工程施工单位是北京园林古建工程公司，主要参与人员如下：

项目经理、一级建造师：薛玉宝

技术负责人：姜葆华

项目副经理：修兆雨

技术员：张峰亮、张学明

质检员：高俊亭、白海峰

安全员：何聚萍

预算员：杨海北、刘晓伟、高志丽

合同管理人员：孟庆发

材料员：杨勇、宋文涛

资料员：赵叶丹、靳书阔

瓦作施工人员：何广斌

木作施工人员：李春洁

油漆彩绘施工人员：罗德阳

石作工长：张建超

承德避暑山庄及周围寺庙文化遗产保护工程
施 工 组 织 管 理 工 作 流 程 图

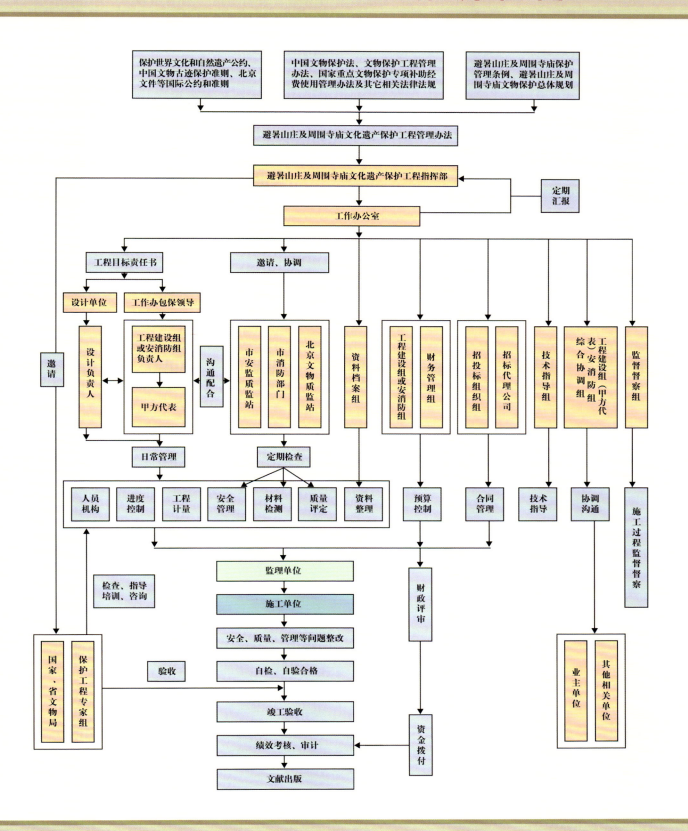

承德避暑山庄及周围寺庙文化遗产保护工程施工组织管理工作流程图内容：

保护世界文化和自然遗产公约、中国文物古迹保护准则、北京文件等国际公约和准则

中国文物保护法、文物保护工程管理办法、国家重点文物保护专项补助经费使用管理办法及其它相关法律法规

避暑山庄及周围寺庙保护管理条例、避暑山庄及周围寺庙文物保护总体规划

避暑山庄及周围寺庙文化遗产保护工程管理办法

避暑山庄及周围寺庙文化遗产保护工程指挥部 — 定期汇报

工作办公室

工程目标责任书 — 设计单位 / 工作办包保领导

邀请、协调 — 市安监质监站 / 市消防部门 / 北京文物质监站

设计负责人 — 工程建设组或安消防组负责人 — 甲方代表

沟通配合 — 资料档案组 — 工程建设组或安消防组 / 财务管理组 — 招投标组织组 / 招标代理公司 — 技术指导组 — 综合协调组 / 工程建设组（甲方代表）安消防组 — 监督督察组

日常管理 — 定期检查

人员机构 / 进度控制 / 工程计量 / 安全管理 / 材料检测 / 质量评定 / 资料整理 / 预算控制 / 合同管理 / 技术指导 / 协调沟通 / 施工过程监督督察

监理单位 — 施工单位 — 安全、质量、管理等问题整改 — 自检、自验合格 — 竣工验收 — 绩效考核、审计 — 文献出版

国家、省文物局 / 保护工程专家组 — 检查、指导培训、咨询 — 邀请 — 验收

财政评审 — 资金拨付

业主单位 / 其他相关单位

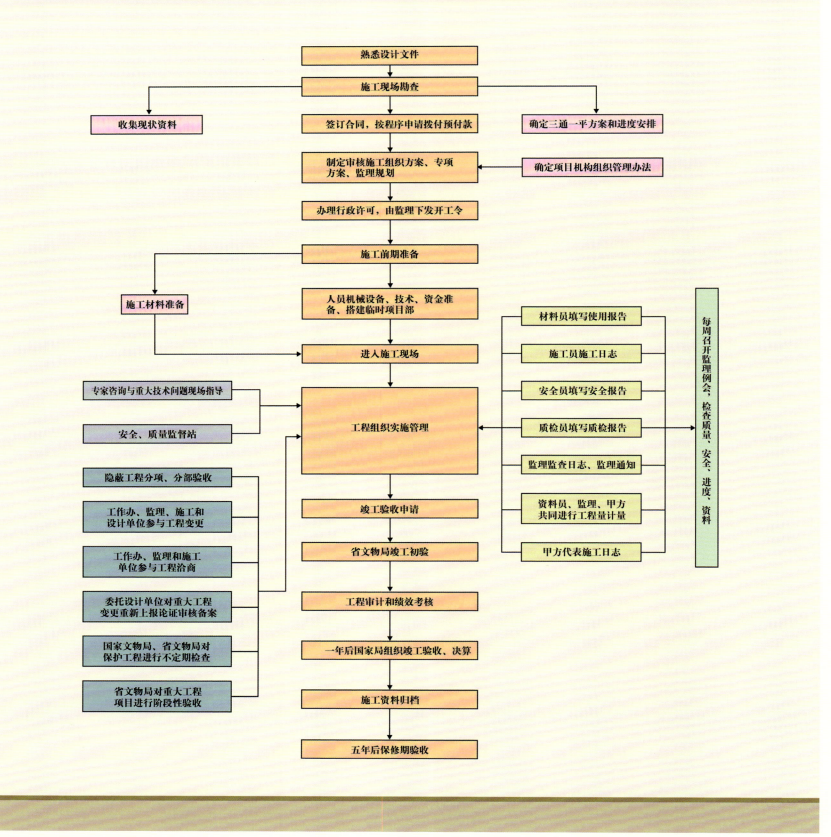

承德避暑山庄及周围寺庙文化遗产保护工程
组织实施阶段流程图

196 工程组织实施阶段流程图

承德避暑山庄及周围寺庙文化遗产保护工程
验 收 工 作 流 程 图

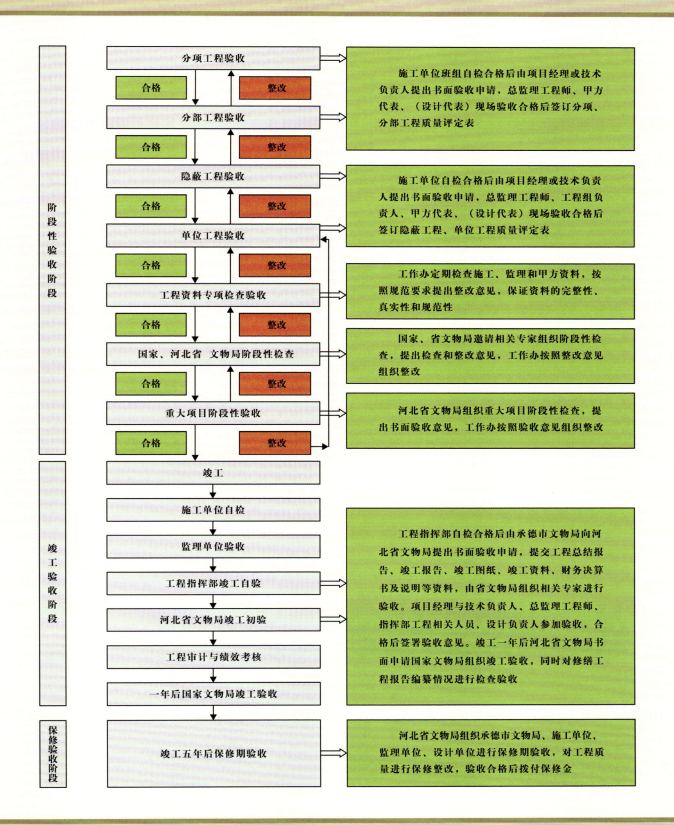

分项工程验收 → 施工单位班组自检合格后由项目经理或技术负责人提出书面验收申请，总监理工程师、甲方代表、（设计代表）现场验收合格后签订分项、分部工程质量评定表

合格　　整改

分部工程验收

合格　　整改

隐蔽工程验收 → 施工单位自检合格后由项目经理或技术负责人提出书面验收申请，总监理工程师、工程组负责人、甲方代表、（设计代表）现场验收合格后签订隐蔽工程、单位工程质量评定表

合格　　整改

单位工程验收

合格　　整改

工程资料专项检查验收 → 工作办定期检查施工、监理和甲方资料，按照规范要求提出整改意见，保证资料的完整性、真实性和规范性

合格　　整改

国家、河北省 文物局阶段性检查 → 国家、省文物局邀请相关专家组织阶段性检查，提出检查和整改意见，工作办按照整改意见组织整改

合格　　整改

重大项目阶段性验收 → 河北省文物局组织重大项目阶段性检查，提出书面验收意见，工作办按照验收意见组织整改

合格　　整改

竣工

施工单位自检

监理单位验收 → 工程指挥部自检合格后由承德市文物局向河北省文物局提出书面验收申请，提交工程总结报告、竣工报告、竣工图纸、竣工资料、财务决算书及说明等资料，由省文物局组织相关专家进行验收。项目经理与技术负责人、总监理工程师、指挥部工程相关人员、设计负责人参加验收，合格后签署验收意见。竣工一年后河北省文物局书面申请国家文物局组织竣工验收，同时对修缮工程报告编纂情况进行检查验收

工程指挥部竣工自验

河北省文物局竣工初验

工程审计与绩效考核

一年后国家文物局竣工验收

竣工五年后保修期验收 → 河北省文物局组织承德市文物局、施工单位、监理单位、设计单位进行保修期验收，对工程质量进行保修整改，验收合格后拨付保修金

阶段性验收阶段

竣工验收阶段

保修验收阶段

197 工程验收工作流程图

第二节　设计方案 *

[*]：引自《承德普乐寺保护修缮方案》

一、修缮依据

承德普乐寺保护修缮工程依照《中华人民共和国文物保护法》和相关法律法规进行，依照工程涉及的相关施工验收规范，依照国家建设工程和古建筑工程质量检验评定标准，依据国家文物局和河北省文物局批准保护设计方案，以及国家、地方对施工现场管理的有关规定为修缮依据，作为贯彻指导施工管理全过程的指南。

主要依据文件、文献：

（1）《中华人民共和国文物保护法》（2002年）；《中华人民共和国文物保护法实施条例》（2003年）；及其《中华人民共和国文物保护法实施细则》《河北省文物保护条例》及有关规定。

（2）《承德避暑山庄及周围寺庙文物保护总体规划》的相关内容。

（3）《承德普乐寺保护修缮工程勘察报告》《承德普乐寺保护修缮方案》

（4）《古建筑修建工程质量检验评定标准》

（5）古建筑相关设计资料及规范。

（6）河北承德普乐寺相关历史文献资料及修缮档案。

二、修缮原则

（1）遵照《中华人民共和国文物保护法》中"不改变文物原状"的文物修缮原则，坚持文物保护原真性的基础上尽可能使用原材料、原工艺。尽量保留原有构件；残损的构件经修补后仍能使用的，不应更换。确保各单体建筑及相关文物遗存修缮前、后风格的一致性。

（2）在修缮设计中注意保护现存文物的原状与历史价值，从价值评估入手选择最适宜的保护措施。遵照"尽可能减少干预"的原则，采用的保护措施以延缓现状、缓解损伤为主要目标，保留现存实物的所有价值。坚持尽量保留原有构件，维修范围尽量缩小，更换构件的数量减少到最低限。坚持以传统工艺和原来做法进行文物建筑的修缮。艺术构件残损的尽量粘补使用，保留原来构件是体现它的历史和艺术价值。

（3）建筑以现状整修为主，局部恢复遭到破坏存有隐患的主体建筑，采取必要措施，解除普乐寺现存文物建筑存在的安全隐患，保持建筑结构稳定和安全性。修缮寺内建筑的同时，适当考虑整治院落地面及排水。

（4）凡是有利于文物古迹保护的技术和材料，都可以使用，适当采用新材料、新工艺，增加修复的科技含量，以确保修复后的可靠性和持久性。

（5）运用科学合理的保护措施和展示手段，对现存建筑基址进行标识展示，保护其真实性和完整性。

（6）以考古、历史研究成果，以及留存至今的文字和图像历史资料为修缮依据，注重遗产本体及其历史环境的整体保护。

三、修缮性质

（一）重点修缮

重点修缮普乐寺阇城，解决城台渗漏与排水问题，对城台垛口墙、屋檐进行整修加固。

（二）一般维修

对普乐寺各单体古建筑进行一般性保养维修，即现状整修，工程范围主要包括山门殿、天王殿、宗印殿、钟鼓楼、胜因殿、慧力殿、东门殿、碑门殿、南门殿、北门殿、风雨亭（6座）旭光阁、通梵门、角门（4座），工程内容主要为屋面局部揭瓦和查补、补配严重糟朽椽望、加固门窗隔扇、墙体整修、油饰保养和台基整修加固等。此外，还包括寺庙道路、围墙和排水系统的保养维修整修。

四、修缮内容

根据国家文物局文物保函〔2010〕1208号《关于承德避暑山庄及周围寺庙—普乐寺保护修缮方案的批复》意见，对原方案中拆砌阇城一、二、三层台帮外层的红砂岩石，对风化石构件、台基化学防护、更换栏板、望柱、补绘或重绘彩画等，编制专项保护方案（详见本书第三篇第三章）；以及对阇城一层群庑的复建，均另行报批。

本次主要解决建筑本体的地面墁地砖酥裂、破损严重，瓦顶渗漏，椽望糟朽，油饰和墙体抹灰退色、泛白，台基四周散水的排水；以及阇城地面渗漏、院落甬路、地面等问题；清除与古建筑环境不协调的现代修缮材料，恢复古建筑的历史原貌，同时考虑周边环境的整治及排水措施，消除建筑本身的安全隐患，营造良好的院落环境，展现历史遗存。

（一）现状整修

根据《批复意见》进行了完善和修改，就其修缮内容、工程做法以及针对各类病害的处理措施等叙述如下：

台基、垂带踏跺：破损的修补，外闪、下滑的进行归位、水泥勾缝的去除，重新用油灰勾缝。

地面：地面砖酥裂严重、后改水泥材料地面进行局部揭墁，其余补配缺损地面砖、石。揭取地面后，原土夯实、拍底，重新补灰土夯实后，用原规格、原材料进行重新铺墁。

散水：尽量保留原条砖墁地砖，对后改水泥砖墁地揭除，恢复原青砖墁地。

墙体：下碱墙补配柱门砖，其余保持现状。对风化酥碱、裂缝严重的墙砖（酥碱深度超过砖厚的1/2以上）且对周围墙体产生影响的墙砖采用剔补的方法进行维修。墙身抹灰脱落、起皮、褪色严重的进行铲除，按原来材料、原做法重新刷红土浆。

瓦顶：采取措施分两种。

（1）瓦面渗漏、椽望糟朽严重的采取"局部揭顶、瓦面查补"，同时对渗漏部位做防水处理。局部揭墁的建筑有：天王殿、宗印殿、旭光阁三座建筑；其余为查补。

（2）屋面无渗漏，但局部长草者，采取"瓦面查补"。

油饰、彩绘：根据批复意见，原做彩画的分项另做方案。本次只对脱落、褪色严重的下架、装修、檐部椽望，进行重做地仗、油饰。

斗栱：保存现状。对防鸟网破损的进行修补；缺失的进行补配。

装修：除风雨亭恢复装修外，其余建筑均保存现状，只做地仗、油饰。

院落、广场地面、甬路：把提高地面恢复到原地面，揭取后改水泥制品甬路、地面，按设计图（总平面图、甬路地面）重新铺墁。

（二）重点修缮阁城城台地面、垛口墙、琉璃屋檐

阁城上8座五色琉璃喇嘛塔的铜质透雕卷草天地盘及铜鎏金日月宝珠、云冠按照外八庙普宁寺琉璃塔上的式样进行补配，按照国家文物局要求此项目另行报批（详见本书第三篇第二章）；其下须弥座和塔身的保护要聘请有专业资质的专家进行勘察、拟定修缮加固措施。纳入到本次阁城重点修缮的工程内容如下：

1、阁城城台地面

根据国家文物局文物保函〔2010〕1208号《关于承德避暑山庄及周围寺庙—普乐寺保护修缮方案的批复》意见，对阁城台面的防水为了慎重起见，调查、走访了20世纪70年代至80年代参加过普乐寺维修时的技术人员，及查阅修缮普乐寺档案资料，阁城地面砖层下没有锡背防水做法，具体做法是灰土垫层、墁砖二层（下层糙墁、上层细墁）。80年代修缮时对二、三层台面地面砖，揭取后整理、打磨，统一铺墁在三层地面，其二层用水泥砖代替。现有做法为原灰土垫层上铺垫了一毡二油防水层，其上为砖墁地。本次整修为了彻底解决台面渗漏及排水情况，对一层酥裂、破损凹陷严重的条石地面，采取局部揭墁和修补的方法。二、三层拆除水泥条砖、破损地面及后铺一毡二油防水层，找到渗漏点，对松散、缺损灰土补全、夯实后，加做一层柔性好、防水性强的新型防水材料——高强聚氨酯防水涂料。（第一原做法无锡背防水做法；第二传统的锡背防水通常在建筑顶部（坡顶）使用；第三考虑到阁城的台面均为平顶，游客人数较多，再加上锡背较脆及价格昂贵，所以考虑了新材料防水），然后用原规格条砖重新墁地。

对阁城一层台面严重风化碎裂、凹陷、破损较严重的条石进行补配揭墁；条石破损小面积、凹陷比较深的条石进行修补的方法。局部揭墁的面积为130m²，条石规格为1300×500×150mm（以实际规格配安）。计划修补的条石面积为150m²。

揭取二层台面水泥地面砖及三层地面，按三层条砖规格补配二层地面砖，条砖规格为400×195×95mm。二层地面850m²；三层地面314m²。

首先拆除水泥墁地砖、防水层及后墁三层地面，按原做法

重新墁地，台面泛水按2%找坡，使四面水均流入四面台边排水沟处，同时清理排水沟淤泥、杂物等，排水嘴、漏斗外闪、缺失的补配。

具体作法：

（1）条石地面

a.酥裂、凹陷残缺严重采取局部揭除、补配、重墁。首先做好原样记录，然后逐块用撬棍轻轻揭除。按原规格、原材料进行加工复制，分类码放、查清数量、尺寸，逐块登记。铺墁前清理旧垫层，残毁的按原制补作。垫层做好后，底部垫平，四角置小石块，留出灌浆口，然后进行安装。构件稳平后，先灌稀浆，再灌稠浆，每次灌注须待前次灌浆凝固后进行，为保证灌浆饱满用铁钎等插捣严实，石构件接缝处用油灰勾缝。

b.局部残损、风化酥碱的石构件进行修补。先将残损、酥碱部位剔除干净，用"补石药"的方法进行粘补齐整，最后把灰迹用白布擦拭干净。

（2）砖地面

揭除原砖地面，检查灰土垫层的坚固性，尤其是对二层裂缝下松软的垫层进行补夯加固处理，把灰土垫层挖到渗漏下沉部位，找到原灰土坚硬处补全灰土夯实。行夯时用横竖交叉筑打方法，使土层互相拉压，也就是第一步灰土顺向夯实，第二步改为横向行夯，第三步又顺向夯，以此类推，层层叠压，形成一体，不致发生鼓裂现象。灰土必须夯平夯实，一定要坚固，以防地面再次渗漏，灰土夯好后其加做防水措施。

条砖地面铺墁前先找出泛水，二层以石墙根部至垛口墙石排水沟上皮为连接点找出泛水；第三层以旭光阁最下台阶石上皮与城台边缘石排水沟上皮为连接点找泛水。以此为标准点往下420mm处，开始垫3:7灰土垫层150mm，用防水砂浆找平层，按要求刷聚氨酯防水涂料20mm（刷三遍），其上再抹一层保护层（灰背）10~20mm，最后铺墁两层条砖，下层为坐灰泥墁糙砖，上层为细墁，用砖规格为400×195×95mm。上层与下层砖缝错开，砖缝用油灰勾缝。

防水材料涂抹时，两端与石构件相接时一定要紧贴石件边往上刷，做到严丝合缝，同时最上层砖用桐油钻生，砖与石构件处用油灰勾缝。防水材料严格按照防水规范和技术要求及注意事项。阁城地面除以上措施外，平时对地面积雪、雨水应及时进行清扫，尤其是阁城上的积雪应尽快清扫，防止雪水冻融对地面砖的破坏，同时限制游客登临阁城的数量。

2、阁城城台垛口墙、屋檐

拆除台面上后砌水泥砖垛口墙8.45m²；用原规格、原磨砖对缝干摆做法重新砌筑。

对栏板外琉璃瓦（六样）面进行揭顶，重新苫背、瓦瓦、调脊，更换残损、脱釉严重的瓦件。

（三）院落整治

1、广场地面

清理广场上的临时商业摊点，铲除寺庙前广场西侧广场现为水泥抹面，平整场地，修整三面台帮，重新用尺二方砖铺墁地面，找出泛水使水向三面排泄。广场面积总计2975m²。

2、寺院甬路、地面

庭院墁地主要涉及排水问题，普乐寺采用的是"明走水"

方法。甬路、地面主要涉及寺院的前半部建筑周围。第一，首先拆除后铺水泥砖地面。第二，以"天王殿前台明根部土衬石金边上皮"为基点，降低院落（主要四角部、草地）地面，使雨水从甬路向南北排泄外，同时向西穿过南北甬路排水沟槽，流向前方（天王殿、山门殿）围墙根部排水口处，一直流到广场外。第三、宗印殿四周海墁地面局部揭墁和补墁。

甬路分三种做法：

（1）阁台前甬路、宗印殿前、后甬路以现存情况，碎裂、凹陷严重的部位进行揭取，补配方砖、条砖，其余部位保存现状。局部揭墁或补墁时注意排水沟槽的保留，以便排水。

（2）一进院天王殿前、通梵门前后墁水泥砖甬路，采取全部揭除，恢复原青方砖甬路。以天王殿前散水牙砖为基点，重新铺墁方砖甬路、条砖散水。通往钟鼓楼的甬路间注意墁出排水沟槽，铺法、尺寸见二进院慧力殿前沟槽。

（3）以现存抄手踏跺前甬路式样、宽度，恢复宗印殿两侧通往阁城的甬路。

一进院中轴线甬路按山门殿前中路用砖规格重新铺墁。甬路中部高、两侧低找出泛水，泛水按1.5%找坡；方砖规格为480×480×100mm；中部25趟方砖顺铺错缝，甬路宽12.00m，两侧立栽砖牙，总宽12.20m。南北通往钟、鼓楼甬路宽2.80m，7趟方砖顺铺错缝，两侧立栽100mm砖牙，甬路总宽3.00m，东西通往角门以及通往阁城前抄手踏跺前甬路均按现存甬路规制铺墁，甬路宽1.34m，中三趟为380×380×100mm方砖顺铺错缝，两侧立栽砖牙；再铺500mm宽一封书条砖散水，散水砖400×200×100mm。

局部揭墁：拆揭酥裂、凹陷严重部位时不要碰坏其他砖的楞角，如发现垫层下沉必须找补夯实，按原规格方砖、条砖进行补配，再墁地砖。揭墁时必须重新铺泥、揭趟和坐浆，新墁地砖要用墩锤以四周旧砖为准找好平整并使缝子合适。

重新铺墁：首先揭除水泥地面砖，清理灰土垫层，重新用3:7灰土做垫地基础，垫一步灰土（150mm）夯实，找平，按台明土衬石金边上皮为±0.00作为标高抄平。甬路砖的趟数为单数25趟（中轴线）3趟（南北向），先按中线和砖趟所占的尺寸栽好牙子砖，然后墁中间一趟砖，再墁两边的方砖。甬路为中间高，两边低，牙子砖更低的圆拱形，以利排水。无论甬路、散水均考虑到全院的水流方向。拆除后铺宗印殿南、北两侧条砖墁地，按现存南抄手踏跺前甬路宽度，式样，重新铺墁其余甬路至宗印殿前通往配殿甬路，与之交汇。补配北抄手踏跺前以北通往北围墙门甬路，其与阁城连接处铺散水及海墁地面。

海墁地面：甬路墁完后再进行海墁地面揭墁，均采取局部揭墁的方法。主要揭取宗印殿南北两侧碎裂严重、后铺地面，以及抄手踏跺里侧凹陷地面，按原规格400×200×100mm条砖重新揭墁；揭墁条砖地面275.41m²；海墁广场地面2757.6m²。

3、环境治理与排水

拆除寺外临建及商业摊点，清理、平整寺内、外院落，铲除围墙周围杂草，降低院落地面，重新绿化。

全面整修阁城各层排水系统，疏通排水沟，清理污泥、杂物，加固排水嘴。前半部院落为自然排水，从东向西排泄。整修院内排水沟，补配石沟漏等。

在铺墁甬路时按设计位置留出排水沟槽，排水沟宽

195mm，防止因甬路高于院落地面形成局部积水。院落排水仍沿用自后向前的自然排泄，将院内余土清除至原地面标高（最低以围墙根部处排水口沟漏上皮为准），疏通院落排水通道和排水口，使院内雨水能顺利院墙下排水口排入寺外，排水位置、走向，见排水示意图。除以上施外，平时对院内积雪、雨水应及时进行清扫，尤其是甬路和散水上的积雪应尽快清扫，防止雪水冻融对地面砖的破坏。

整治南僧房院地面，解决排水问题。把办公室西侧地面降低，在慧力殿散水南面挖一暗沟通到西南角，设一渗水井，把僧房院内积水流入渗水井内。渗水井为圆形，用寺内拆卸下的旧砖（或水泥砖）砌筑，墙厚370mm，内墙面水泥抹面；底部直径2m，坑深3m，顶部直径0.8m，盖圆形井盖。

4、围墙

除南僧房北侧慧力殿至阁城围墙整修外，其余保持现状。围墙下碱酥碱严重的替补，墙身铲除旧灰层，重新抹灰饰红。

五、主要技术措施和做法

1、清除石材水泥砂浆勾缝，用油灰重新勾缝。

清除踏跺与阶条石相交处水泥砂浆勾缝时，采用人工扁铲剔凿将砂浆清除，切不可生砸硬凿，最后清理干净，缝隙较大时用相同石料粉塞实，最后油灰重新勾缝。

2、石构件重新归安

对走闪阶条石、垂带、踏跺等石构件重新归安时，对需拆除石构件进行编号。尽量避免残损石构件的拆除，确实需要拆除时应对其采取一定的加固措施，保证石构件安全。按照编号进行原状归位，用碎石垫牢后灌桃花浆，缺失部分用规格同材质石材补配粘接，石材勾缝用油灰勾缝。归安后整体要稳，头、缝须顺直，大面要平，拼缝要齐。缝宽不大于5mm。

3、整修地面、散水

地面：标出需揭除的地面方砖、方石，然后用撬棍将做好标记的方砖逐块揭除，清理旧垫层。正式墁地前，将加工好的方砖、石试墁，检验方砖是否方正，边棱接缝是否严密平直，无误后再正式铺墁。坐底灰用掺灰泥，泥上浇白灰浆，勾缝灰用油灰。铺墁时用木墩锤击震，将砖缝挤严，四角合缝，砖面平整。揭除地面砖时应避免对相邻方砖（不需揭除方砖）造成损坏。

散水：清除砖缝间的杂草，补换酥裂青砖，对现存散水进行揭除重墁和局部补墁缺失散水。清理后按设计高度原土拍实，铺垫3:7灰土一步夯实，坐底掺灰泥墁砖，砂子灰灌缝、扫净。

4、墙体

墙砖的剔补

对因风化酥碱严重的墙砖采用剔凿挖补的方法进行维修。施工时注意相邻墙砖的完整，先用钻子和小铲（或凿子）由外向里逐渐扩大将酥碱部分的墙砖剔除干净。根据剔凿砖的规格进行砖加工，按原做法重新补砌好，里面用灰浆塞实，用磨头将墙与砖接缝高出部分磨平，使新剔补上的砖与相邻砖砌体相交处的衔接与过渡协调。

墙身抹灰

外墙面：铲除褪色、脱落灰层，重新刷红土浆2道；内墙面修补包土金。将空鼓或残损墙面抹灰铲除，墙面用水淋湿，

用原做法分层、原厚度抹制，赶压坚实，新旧抹灰接茬处应做成斜茬，不能做直茬。

5、装修

现保存的原则不动，缺失的补配。除风雨亭补配装修外，其余建筑装修均进行检修，重做地仗、油饰。铲除旧地仗，重新做一麻五灰地仗、三道油饰。板门、槛框、隔扇大边做一麻五灰地仗，菱花做二道灰，裙板二道半灰。油饰为垫光油1道，二珠红油饰2道，罩光油1道。

6、下架地仗、油饰

下架铲除脱落、褪色、下滑的地仗，按传统做法重新做一麻五灰地仗或一麻六灰地仗、三道油饰，油饰为暗红色。装修、槛框、边抹一麻五灰地仗，菱花心屉三道灰，裙板二道半灰。采用搓光油工艺：二珠油饰红章丹垫光油1道，搓银朱2道，罩光油1道，其中章丹要经过除硝处理。

7、瓦顶

采取两种措施。

第一、局部揭顶，瓦面查补

揭取时先将瓦面处理干净，然后将需挖补的瓦件全部拆卸下来，并清楚底瓦、盖瓦泥背。结合屋面或檐头揭瓦，对椽飞、望板、连檐、瓦口等进行检修，原材料原做法补换糟朽严重的木基层。为防止屋面出现渗漏，苦背前在护板灰上用防水材料聚氨酯涂膜做防水、防渗漏处理，然后苦背。苦背时首先用水将拆除的楂子处洇透后，为了新旧材料粘结，按原做法、原材料，重新苦背、瓦瓦。新旧材料搭接处应用灰塞严接实，新旧瓦垄要上下顺直，瓦面弧线（囊度）与整个瓦面一致，檐头附件的

高低、出檐要一致，瓦件要按原尺寸、式样补配。

第二、瓦面查补

主要是清除瓦顶杂草，再进行扫垄勾抹。拔草时应斩草除根，要用小铲将苔藓和瓦垄中的积土、树叶等一概铲除掉，并用水冲净，然后用麻刀灰将裂缝、坑洼处塞实找平，再沿盖瓦陇的两腮用瓦刀抹一层夹陇灰及所有盖瓦接缝处全部勾抹一遍捉节灰，并用轧子轧实赶光。

其他修缮措施可按《中国古建筑修缮技术》操作。

六、方案修改与深化设计

根据2011年8月《河北省文物局关于对〈承德普乐寺保护修缮工程方案〉的批复》（冀文物发〔2011〕213号）提出的修改意见。设计单位组织专业技术人员对有关内容进行了核查、研究、进一步补充、完善。具体内容如下：

（一）对防鸟网的进一步研究，提出补配具体要求及拆除原因（图198）

根据现场勘察，防鸟网为铜制编织成六角形网状。接头处用相同材料环绕编织固定。经调查、查阅施工档案资料得知，寺内建筑防鸟网大部分为1981—1982年维修时配置，大部分用铁丝制做。防鸟网年久失修、自然损坏及人为、鸟类碰撞，使鸟网出现漏洞、接缝松裂等现象，对斗拱起不到防止鸟类侵入的作用，此外，用铁丝线材料配置的防鸟网容易生锈，故本次修缮时，采取以下修缮措施：

首先检查各建筑防鸟网破损程度，按照实际破损情况进行

198 防鸟网残损情况

登记、分类、计算出所需防鸟网的面积，按各建筑的防鸟网形状、勾搭方法进行配制、安装。

破损严重者，需拆除损坏网丝，用铜丝重新补配。对用铁丝配置的防鸟网进行拆除，更换成铜丝防鸟网。

补配、更换时接头要按照原防鸟网接头方法，保证新旧接头捆绑牢固。除补配、更换外，还要对整体防鸟网进行检修，尤其检查接头处是否绑扎牢固，如有开裂不牢固，一定绑好捆牢不能让鸟类趁机闯入。

（二）技术设计

除按照《承德普乐寺保护修缮方案》中的修缮内容、做法、技术措施进行施工外，还要对以下内容进一步补充、明确做法、节点大样、材料要求等，分述如下：

1、修缮中首先严格遵守"不改变文物原状的原则"。

保护文物，精心施工，安全第一，质量第一。尊重当地的技术传统和建筑物的时代特色，在修缮时要加以识别。掌握尽可能减少干预的原则，维修范围尽量缩小，更换构件的数量减少到最低限，尽量保留原有构件；残损的构件修补时尽量用传统工艺和技法。做好施工过程中的各种文字、照片记录，确保修缮档案资料的完整性。提高文物的保护意识，深刻理解文物修缮、加固的重要意义。

2、各分项主要做法及材料要求

（1）石作

普乐寺石构件为鹦鹉岩材质。阶条石、垂带、踏跺、燕窝石、地面石等，因常年受风化影响和人为碰伤、破坏，时而发生断裂或残掉无存的，用原材料（鹦鹉岩）进行修补。修补的方法：选用与原材料纹样相同的石材进行仿制，然后用传统的焊药粘接。材料与配比：白蜡、芸香、松香、黑炭。重量配比为2:1:1:33。酥裂、风化、损坏严重或后用水泥抹制的石构件（图199），首先剔除水泥构件和拆除损坏严重不能再用的构件，用鹦鹉岩按原规格重新配制、安装。缺失的构件按原规格进行补配。

尤其是对阁城一层石质地面的整修，首先对地面进行全面检查、登记，把损坏程度、类型、尺寸等逐一登记、编号、记录，按照登记的规格、式样、损坏程度以实际情况确定修补或更换。现初步确定为更换、修补、保存现状三种修缮方法。

a. 酥裂严重、风化成粉状的地面石，影响到结构及原貌，甚至出现凹陷较深影响排水的构件采取揭除、更换。更换的构件要进行记录、标号，预定石构件，按记录的规格。位置配制，以原位进行安装。更换的顺序：拆除—清理—找补灰土夯实—坐灰浆（以实际材料为准）—安装石件—勾抹灰缝—清理干净。

b. 风化酥残凹陷影响排水的构件，可采取粘接或用"补石配药"的修补方法。面积较大的用石板与原构件粘接，将表面风化部分剔除，露出硬茬为止，选与原石质色泽相同的石料进行加工，用石粉加粘接剂粘牢；面积较小的凹陷，直接用补石药的方法进行修补。补石药材料与配比为白蜡、黄蜡、芸香、石粉、黑炭。重量比为3:1:1:56:30。

199 旭光阁酥裂严重的石材

c.轻微酥裂、风化不影响结构及排水的构件保存现状。

材料要求：选用与原材质相同的鹦鹉岩。材质保证水平方向的石纹，纹理走向必须符合构件受力需要，构件应洁净整齐，外观颜色基本一致，无明显的缺陷及伤边、伤角；剁斧面要直顺、均匀、深浅一致；磨面的构件要平滑光亮，无麻面、砂沟等；打道石构件要道直顺、均匀、宽度一致、深度相同等，未列事项按照传统古建修缮技术。

（2）木构件

普乐寺大木结构件除个别柱根糟朽外，大部分保存基本完好。对墙体裂缝处进行拆除，以实际柱根糟朽情况再确定墩接的措施，根据不同的情况，做不同的处理。如轻微的糟朽，可采取挖补和包镶的方法。柱根糟朽面积较大时，可采取墩接的方法，糟朽不超过500mm的采取石块墩接方法；超过500mm的采用刻半墩接或齐头墩接的方法进行墩接。墩接前先加铁柱，解除原柱的荷重。刻半墩接法外加铁箍加固、直榫外用木块、铁箍加固，可参照《中国古代建筑修缮技术》P28页。

刻半墩接法，俗称阴阳巴掌榫，即把需要接在一起的两截木柱，都刻去柱子直径的1/2；搭接长度见图纸，新做的柱子直径要与旧柱直径完全吻合，刻去一半后剩下的一半就作为榫卯插入另一半的柱内，两截柱子都要锯刻规矩、干净、平整，经检验两半合抱的严实吻合后便可涂胶粘接；粘接完成后先用4根直径16mm螺栓进行加固，然后在墩接部位的中间及两端接口处用宽60mm厚4mm的扁铁进行加固（见大样图），墩接的柱做防腐处理，扁铁涂防腐漆以防潮湿。选用与原材质相同

的优质木材，进行抗拉、抗压、抗剪等强度的试验，做好木材含水率的测试。木材含水率不大于25%，符合木结构规范要求。

（3）地面、墙体、屋面（图200）

a.墁地：局部揭墁与拆除重墁两种措施，细墁和糙墁两种方法。

各建筑采用的具体方法以《方案》中做法按古建筑操作工艺进行。细墁地面程序：垫层处理—抄平弹线—冲趟—样趟—揭趟—上缝—铲齿缝—刹趟—打点—墁水活并擦净—钻生。要求基层必须坚实，灰泥结合层的厚度应符合施工规范的规定或古建筑常规做法；面层和基层必须结合牢固，砖块不得松动。室外墁地泛水适宜，无明显积水现象；地面整洁美观，棱角完整、表面无灰迹、接缝均匀、宽度一致、灰缝密实饱满，无遗漏和缺失现象、钻生均匀，无油皮和损伤砖表面现象、表面洁净。糙墁地面的座灰泥不易铺的太薄，厚度以40-50mm为宜。细墁地面用砖应经过砍磨加工、用桐油钻生、砖缝用油灰，糙墁地面砖不用砍磨加工，其操作方法与细墁大致相同，不用油灰、钻生，最后用白灰砂子将砖缝守严扫净。所用桐油应有产品合格证书。局部揭墁地面时除按以上工序外，还应注意与原地面的结合，高低一致，趟与趟要顺，新墁的砖要用墩锤以四周旧砖为准找好平整并使缝子合适，松紧程度要同原地面。

b.墙体：均为干摆墙，主要为剔补、拆砌两种方法，同时把缺失的柱门透风砖配齐。各建筑局部酥碱的下碱砖采取剔除的做法进行补砌；柱根糟朽、墙体裂缝采取局部拆砌。剔补或

局部拆砌时均按原做法砌筑。砌筑前先将砖按原砖大小进行砍磨加工，加工后先试摆，然后逐块砌筑。所用灰浆为生石灰浆或桃花浆灌浆，墙面砖缝与原砖缝相等，砖缝应严实，无明显缝隙，内外拉结合理，拉结砖应交错设置，无两张皮现象，墙面要与原墙面垂直，不可出现凹凸现象。

c. 局部拆砌：为了保护室内文物及墙上的壁画，拆挖柱门必须在外墙进行，拆墙前应将墙体支顶好，如发现有松动的构件，必须及时支顶牢固，然后在外墙的柱子中心线竖向弹出墨线，根据柱径尺寸在向柱两侧弹出柱径 1.5 倍的竖线，然后按弹出的墨线进行拆挖，露出柱子，开始墩接（见木构件），墩接好撤出支顶，补砌柱门，修抹墙面。

d. 屋面：主要两种做法：局部揭瓦，按原作法更换糟朽椽望等，重新苫背，瓦瓦；另一种为瓦面拔草、勾抹瓦垄。瓦件规格以各建筑为准，尤其是旭光阁屋面瓦件，因建筑为圆形，瓦件也较为特殊，定瓦件时一定要认真仔细核查漏雨部位瓦件的规格、式样，逐块登记、烧制、安装。

山门殿、钟鼓楼、天王殿、慧力殿、胜因殿、碑门殿、东（北、南）门殿、通梵门为六样绿琉璃剪边灰瓦心顶顶；宗印殿、旭光阁为五样黄琉璃瓦顶（旭光阁瓦件为特殊瓦件）风雨亭为六样黄琉璃瓦顶；四角门为六样绿琉璃瓦顶，瓦件规格以各建筑为准。

材料要求：除方案提到以外，琉璃瓦件应有出厂合格证明，瓦件运到瓦场前应对瓦件进行逐块"审瓦"不得出现裂缝、砂眼、残损、变形、釉色剥落的瓦件。方砖用于建筑地面、甬路，条砖用于建筑台基周围散水、围墙散水、海墁散水、墙体干摆墙面、阁城地面等，河卵石用于阁台四周散水。规格分以下几种：条砖 400×195×95mm；400×200×100mm 两种；方砖 495×495×90mm 480×480×60mm；400×400×60mm；380×380×100mm。

苫背：护板灰用月白麻刀灰；泥背用麻刀灰（拆除后以原作法为准）；青灰背用大麻刀灰或大麻刀月白灰均可，但不得使用灰膏，麻刀含量不应小于白灰的 5%（重量比）。

e. 墙体抹灰：内墙包金土除钟鼓楼铲除后，重新抹面和少量修补外，其余均为保存现状。外墙面采取铲除后抹油漆墙面，把残损部位修补完整后，抹红罩面灰。红灰中应加入霞土或氧化铁红调色，最后刷红土浆。抹灰与基体之间必须粘牢、无脱层、空鼓，面层无爆灰和裂缝。表面应平顺，无明显坑洼不平，刷浆颜色要求均匀一致，不露底，无漏刷起皮等。罩面灰刷的色浆宜一次调和完成，使颜色统一，并经常搅拌，防止沉淀。材料要求见方案中。

f. 装修：除风雨亭、通梵门恢复门窗、板门外，其余建筑保持现状，只做检修、加固、配安铜质面叶，铲除旧地仗，按原色调重新油饰。

风雨亭槛框保存完好，只配安槛窗扇，按照设计图纸进行制作、安装。槛窗仔边、棂条起线参照碑门殿式样，棂条与仔边相交处做单直半榫，菱花以满花为准。

新作装修均做防腐处理后，按其他建筑做法一麻五灰地仗，三道油油饰，颜色为暗红色。

门窗、板门均采用天然生长的优质红松，所有构件一律使用风干木材，含水率不应大于 12%。木材死节不允许，心屉棂

条榫卯及卡腰处死节、活节均不允许。

装修制作、安装，应方正平顺直、裁口、榫槽、起线直顺光洁、榫头饱满、肩膀严实，无创痕、创搓、线毛，无瑕疵，无崩扇（回弹）蹭凹、开光自如，无翘曲等现象。

木构件、装修地仗、油饰

主要是建筑的下架、装修、檐部椽望，分两种做法，大部分完好，个别损坏采用找补地仗，灰层脱落严重应全部砍去重做地仗。旧活找补一麻五灰地仗时可将破损处砍掉，周围砍出麻口，在做一麻五灰地仗与油饰，新刷色调要与原色一致，接茬自如。

① 山门殿及四角门：板门旧灰铲除，重新做地仗、油饰。② 钟鼓楼：下架、上檐装修、木板壁、栏杆、华版等旧灰铲除，重新做地仗、油饰。③ 天王殿：下架找补，前后檐板壁、板门、旧灰铲除，重新做地仗、油饰。椽望油饰保养。④ 胜因、慧力殿：下架、装修旧灰铲除，重新做地仗、油饰。⑤ 宗印殿：下架找补与旧灰铲除，重新做地仗、油饰。装修旧灰铲除，重新做地仗、油饰。⑥ 碑门殿及东、北、南门：下架、装修旧灰铲除，重新做地仗、油饰。⑦ 旭光阁：外檐柱、装修旧灰铲除，重新做地仗、油饰。⑧ 风雨亭：下架旧灰铲除，重新做地仗、油饰；装修重新做地仗、油饰。⑨ 通梵门：板门重新做地仗、油饰。

下架地仗、油饰脱落、起皮严重部位进行铲除，旭光阁下架为一麻六灰外，其余均为一麻五灰；下架铲除脱落、褪色、下滑的地仗，按传统做法重新做一麻五灰地仗或一麻六灰地仗、三道油饰，油饰为暗红色。板门、槛框、边抹一麻五灰地仗，菱花心屉三道灰，裙板二道半灰。采用搓光油工艺：二珠油饰红章丹垫光油 1 道，搓银珠 2 道，罩光油一道，其中章丹要经过除硝处理。檐部椽望为三道灰，油饰按原样重新油饰。

其步骤：木基层处理：斩砍见木—撕缝—下竹钉—汁浆。一麻五灰：捉缝灰—扫荡灰—使麻—亚麻灰—中灰—细灰—磨细钻生。三道油：浆灰—细腻子—垫光油—搓光油—搓光油二道—罩光油。

材料与配比：

a. 生油为生桐油、土籽面、樟丹粉按比例熬制而成，比例为 100：7：4（重量比），土籽粉用量按季节变化进行调整，范围在 6 至 8，土籽研磨而成，纯正无杂质，过 60 目箩。樟丹粉 5 至 3，又成红丹粉、铅丹粉，应细腻无颗粒感。

b. 光油由生桐油、土籽、陀僧、糊粉、苏子油熬制，比例以春秋季节为例：100：4：2.5（重量比）土籽夏天为 3，冬天为 5。土籽粒轻均匀，无杂质，过 40 目罗后使用；陀僧又称黄丹粉，细腻纯正糊粉细腻无颗粒感；苏子油是苏子果实榨制的液体，清凉透明无杂质。

c. 油满由白面、灰油、白灰块配置。比例：白面 1：石灰水 1.3：灰油 1.9（容积比）。

d. 发血料由血浆、石灰块、水，灰块：水：1.3.4~4（重量比）血浆：石灰浆 100：8~10（重量比）。

e. 颜料光油：光油又称熟桐油、样绿、佛青、广红土、定粉、银珠粉等配制。

f. 丝麻：无硬梗、霉烂现象，长度两米以上为好。

g. 砖灰：大籽、中籽、小籽、细灰、中灰，无受潮现象。

h. 大白面：细腻无杂质。

i. 滑石粉：细腻无杂质。

在修缮中方案未列事项，均可参照《中国古建筑修缮技术》及《中国古建筑修建施工工艺》。

七、技术交底与补充设计

2011 年 11 月 10 日，在承德普乐寺保护修缮工程施工现场召开了工程技术交底会。建设方承德避暑山庄及周围寺庙文化遗产保护工程指挥部工作办公室、设计方河北省古代建筑保护研究所、监理方河南东方监理公司、施工方北京古建园林公司的主要负责人参加了会议。设计单位对普乐寺保护修缮工程进行了技术交底，并就各单位对文本、图纸提出的问题做如下完善和补充：

（1）缺失天花板的建筑，按现存的天花板规格、式样进行制安、补绘。

（2）装修中的隔扇、槛窗的绦环板、裙板不做彩绘，只做一般的油饰，做法见方案。

（3）装修面页均以现存的样式、规格进行配安，采用传统工艺做法和优质黄铜。

（4）各建筑的装修楞条及木扣整修时均以现存的规格、式样、做法进行配安。材料选用优质红松。

（5）钟鼓楼二层木栏杆、望柱，按现存色调重新刷饰，廊部椽望油饰，椽为绿色，望板为红色。柱的地仗、油饰均做到额枋下皮（留荏）。

（6）新补配的木构件成型后，可选用高效木材防腐剂材料（CAA 防腐剂）进行浸泡 15-20 天，晾干后即可安装。

（7）各建筑椽望只做油饰，红帮绿肚，椽头彩绘不在其中；现有椽头彩画的建筑，以现状补绘。

（8）风雨亭装修以各建筑的门口、窗口实际尺寸为准，配安门窗、扇窗。实际尺寸与图纸不符时，可调整装修的隔心仔边尺寸，装修样式、规格见风雨亭装修大样图。

（9）阁城

a. 阁城的地面共三层，除第一层条石地面修整外，其余二、三层均为全部揭除，揭除水泥砖、水泥勾缝、现有条砖等，按设计高度、材料、重新铺墁（地面砖采用地趴砖）。三层除揭墁地面外，还要把旭光阁的酥裂、损坏严重的及后换水泥踏步的进行拆除、补配用与原建筑相同的材质进行补配、安装；二层地面坡度以地面与石构件安装完毕后统一用油灰勾抹缝隙。二层、三层地面坡度见方案 30 页。

b. 防水材料与石构件想接处均从石构件侧面往上刷，以不露出表面为准，最后用油灰勾缝。

c. 更换酥裂严重的栏板、望柱时，参照现存的式样，以原位置尺寸进行配安。

d. 二层宇墙拆除顶部二层水泥砖，按原规格补配条砖，依据下面砌法重新砌筑，第一层顺铺，第二次丁砖，最后白灰浆勾缝，墙厚以实际尺寸为准。

e. 琉璃塔。参照承德外八庙普宁寺琉璃塔天地盘以上构件式样进行补配，另行报批（详见本篇第四章）。

f. 排水嘴。阁城排水嘴进行检修，清理管内杂草与堆积物，缺失部位进行修补，连接处脱节归安，用胶封堵。

g. 甬路、地面。铺墁甬路时与树发生冲突，可用牙子砖把树合围合。

h. 海墁地面首先揭除水泥地面砖及严重碎裂方砖墁地，采取清理碎砖、杂土后，原土夯实，重新用 3∶7 灰土做墁地基础垫层，灰土厚 150mm 夯实、找平，按原地面高度坐灰泥墁砖，灰泥要垫实，墁完后及时打点地面，擦拭干净。广场地面除台明四周用阶条石压面外其余用尺二方砖重新墁地，顺铺；宗印殿建筑四周为条砖局部揭墁，做法同上，但注意的是砖要横竖与原砖缝对齐，尽量使用原来构件。

i. 院落排水泛水。一进院是以天王殿建筑的散水牙子砖上皮到围墙（腰墙）下部排水口地漏处上皮找泛水；二进院是以宗印殿散水牙子砖上皮到腰墙排水石地漏处上皮找泛水。

j. 椽飞、柱木构件可选用优质油松；斗拱选用硬杂木；装修材料选用优质红松。

第三节　工程管理机制

普乐寺保护修缮工程是国家重点文物保护工程项目，需按照严格的工程组织管理程序实施。首先由工程指挥部工作办公室（以下简称"工作办"）根据承德文物保护的实际情况委托具备文物保护工程勘察设计甲级资质的设计单位，由设计单位按照《避暑山庄及周围寺庙文物保护总体规划》的要求组织勘察设计并编制保护修缮方案。设计方案经工作办初审合格后分别上报河北省文物局和国家文物局审批。审批通过的方案由国家文物局核准工程预算并报财政部申请相应专项经费，同时由工作办组织原设计单位编制深化设计方案。深化设计方案需经河北省文物局核准后，由工作办委托招标代理公司组织招投标，由

承德市财政局财政评审中心核准招标预算，经招投标确定施工和监理单位。项目开工后由工作办到河北省文物局办理开工许可手续，施工全过程由承德市财政局财政评审中心评审和控制预付款及进度款的批付。施工期间，工作办专门派驻甲方代表，配合监理单位负责施工现场的安全、质量、进度、资金、资料和环境卫生管理，确保工程的顺利实施。工程完工后由工作办组织设计、监理、施工单位进行单位工程验收，验收合格后由河北省文物局组织专家进行技术验收，并上报承德市审计局进行工程审计。设计技术验收合格一年后由国家文物局组织进行工程竣工验收。竣工后由工作办组织编制工程报告并整理出版。

为了保证工程参建各方能够充分发挥职能，共同完成项目任务，工程指挥部工作办在工程实施过程中出台了了一系列工程管理制度，形成了比较有效的工作机制，其中最重要的是甲方代表制度、监理例会制度、工程洽商制度和资料整理制度，为工程的顺利实施，确保工程质量奠定了良好的基础。

一、甲方代表制度

甲方代表制度是建设方为有效实施工程现场管理而建立的制度。主要内容是派出一名项目负责人，代表甲方实施项目管理。甲方代表常驻施工现场，对于保证工程质量和安全，协调各方关系，及时发现和处理工程中发生的情况和问题起到关键作用（图201）。

本工程甲方代表是张炳元，主要职责是严格按照《承德避暑山庄及周围寺庙文化遗产保护工程管理办法》对施工单位、监理单位进行监管，严格执行《景区文物保护施工及施工人员管理规定》；认真熟悉施工图纸、施工规范、质量检验评定标准、工艺标准及操作规程，参加设计技术交底会，参与施工前现场查勘；参与施工人员进场前的工程技术、文物保护、施工安全教育培训，做好施工安全监管工作；参与审核监理大纲、施工组织设计及施工方案，根据工程特点提出修改建议；协调施工人员、车辆及监理人员进场相关事宜；对监理单位的工作进行监督和协调，检查监理规划履行情况、人员上岗情况，对监理单位未尽职责责令整改；协助监理单位规范施工管理，协助检查施工质量，督察工程进度，对施工过程中存在的问题及时处理并上报工程建设组；代表甲方参与工程材料检查验收，不合格产品不允许进入施工现场；做好监理单位、施工单位、业主单位、设计单位的沟通协调，参加监理例会；参加施工现场洽商、隐蔽工程验收、工程计量计件核准；每天对工程进度进行检查，随时掌握现场施工进展情况，并及时向上级领导汇报进展情况，督促工程按照计划工期完工；配合监理单位、业主单位定期对工地安全施工、文明施工情况进行检查；注重对施工各主要工序、隐蔽工程等重要环节的照片拍摄，协助资料档案组完成施工全过程的影像记录工作；督促工程相关单位及时上交工程档案；做好甲方代表施工日志；参加工程阶段性验收和竣工验收；施工过程中加强对施工区域的树木、草坪、道路、堤岸、桥梁、建筑等建筑物、园林和基础设施的保护和管理。

201 甲方代表与监理工程师工地现场检查

二、监理例会制度

工程实施过程中监理发挥着十分重要的作用，这种作用来源于监理在工程中的特殊地位。建设单位与监理单位的关系是委托和被委托的合同关系，在监理业务活动中必须维护建设单位的合法权益；监理单位与施工单位的关系是监理和被监理的关系，监理单位受甲方委托负责监督施工单位认真履行建设工程施工合同中规定的责任和义务，并维护承包单位的合法权益。建设单位、监理单位、施工单位都无权自行修改设计，设计变更和工程洽商必须经过甲方、设计、监理、施工四方签字后实施。工程监理的这种特殊地位和作用是建立监理例会制度的基础。

监理例会制度是工程施工期间由监理方组织，每周召开的沟通协调会（图202）。参加者为建设方甲方代表、监理方总监、施工方的项目经理和技术负责人等相关人员，涉及设计问题时则邀请设计方派设计代表参加。监理例会的任务是通报工程进展情况、提出需要解决的问题、沟通各方意见、商讨解决问题方案、形成权威性意见。

普乐寺工程监理例会每周五下午定时召开，首先由施工方汇报本周工程进展情况和下周施工安排，提出施工中需要由其他方面配合和解决的问题；其次是建设方对施工方提出的问题发表意见，提出要求；最后由监理方进行总结，在综合各方意见后提出解决存在问题的方案。每次监理例会都要形成会议纪要，会后送达参会各方，作为各方"协商"结果的凭证。

202 普乐寺保护修缮工程监理例会（张炳元 摄影）

三、工程洽商制度

古建筑保护修缮工程隐蔽部位不可预见情况较多，勘察设计阶段受脚手架和勘察部位限制很难发现所有隐蔽部位的安全隐患，在施工过程中发现新的工程问题需要设计单位现场复勘，及时提出修缮要求和工程措施。工程洽商制度是施工过程中发现原设计方案未预见的工程情况，需要调整工程材料、作法或施工工艺，或需要改变或增加施工内容时，需经建设、设计、监理和施工四方现场共同洽商签认才能生效的制度，经四方签证的工程洽商与施工图纸有同样的作用。普乐寺保护修缮工程施工过程中较好地坚持了工程洽商制度，设计单位专门选派设计代表常驻施工现场，及时协调解决工程洽商，在工程不确定因素多，设计变动比较频繁的情况下，保证了工程的有序推进（图203）。

203 四方现场工程洽商（张炳元 摄影）

204 工程资料专项检查（张炳元 摄影）

四、资料整理制度

　　文物保护工程非常重视施工过程中档案资料的搜集整理，在工程实施过程中记录干预前后文物被改变的部分，真实、详细的记录施工全过程所采取的工艺及技术手段，是古建筑的年代断定、保护技术研究、历史信息传递的重要依据。为此，工程指挥部工作办公室根据承德文化遗产保护工程的实际情况专门制定了《技术资料档案收集管理工作制度》，规范了建设、施工、建立各方在施工过程中进行工程档案记录的格式、内容、深度等要求，并且将工程资料验收作为竣工验收的必要条件，每月组织专门人员对施工和监理单位的工程档案资料进行专项检查（图204），对工程资料不合格的及时要求整改，有效地保证了各方工程档案资料整理的数量和质量，也为修缮工程报告的出版奠定了良好的基础。

第四节　工程现场管理

　　在普乐寺保护修缮工程施工期间，工作办派驻甲方代表和质量监督人员，在监理单位的配合下对工程全过程进行监督和管理，重点从进场材料、施工工艺、施工专业人员配置、工程工期以及安全文明施工等方面严格要求施工单位，保证了工程的质量和施工安全。在普乐寺保护修缮工程中，监理单位严格坚持现场旁站监理，规范各项监理程序，共编制监理工作月报7份，监理工作例会17份，发送监理工程师通知单13份，发送处理监理工作联系单45份，填制旁站方案9份，签署质量认证单216份，审核施工组织设计以及专项方案7份，有效的控制了各项工程管理关键节点，也提高了整个工程的管理水平。

一、施工进度控制

　　为确保普乐寺保护修缮工程按照整体工作计划完成各项工程项目，在工程开工前，由建设单位根据设计方案和工程内容，结合承德的气候特点、施工难度和景区旅游接待等情况确定总体工期要求。然后组织监理、施工单位共同制定详细的工期节点和施工计划方案，并严格按照计划组织实施。

　　在具体实施过程中，建设和监理单位按照合同约定，要求施工单位编制每周的"周进度计划"，监理工作例会中，对比每周计划完成情况。对进度计划偏离严重的，由三方负责人共同分析查找原因。普乐寺保护修缮工程原计划总工期为18个月，由于施工期间工程技术洽商内容较多，需要勘探研究以及技术处理等因素，延长工期60余天，经工作办审核后，同意工期延至2013年4月底。

二、工程资金控制

　　作为财政部首批绩效考核试点项目，普乐寺保护修缮工程专项资金在拨付率、经费使用管理方面完全符合专项经费绩效考核要求。为了严格控制资金拨付，一是《承德避暑山庄及周围寺庙文化遗产保护项目工程管理办法》之下，承德市政府专门出台了《承德避暑山庄及周围寺庙文化遗产保护专项资金管理办法》，明确规定了资金申请、项目投资评审、工程招标、资金拨付、绩效评估、决算审计等各方面的程序和要求；二是承德市财政局为文化遗产保护项目开设专户，实行专户管理，确保专款专用，一项一审，一事一结。既避免专项资金沉淀，又防止资金冒付虚支，切实把资金用于各项文物保护工程；三是在日常资金管理中，项目建设资金实行财政全过程监管体制，全程纳入财政投资评审范围，实行"先评审，后下预算；先评审，后招投标；先评审，后拨款；先评审，后批复预算。"工程量由建设单位、监理单位、施工单位三方施工现场实际计量、审核。具体资金管理实行财政报账、项目资金直接拨付到工程实施单位；四是进一步强化专项资金的绩效考核和内外监督。加大对资金使用的监管力度，由财政、文物、审计、监察等部门共同对资金使用环节进行把关，定期组织开展内部自查和主动邀请审计部门进行全面审计，实现了中央专项资金科学高效、安全使用。

三、工程质量控制

　　普乐寺保护修缮工程严格按照打造精品工程、典范工程的要求，遵循最小干预和不改变原状的修缮原则实施保护工程，最大限度保存和传承文化遗产历史信息。对施工组织设计、技术交底、隐蔽工程检查、工程计量、材料检测、质量评定、工程验收、资料整理等每个环节实行全过程控制和目标管理，实行定量定性的绩效考核，高标准控制工程质量。一是在现场质量管理上以加强标后履约监督为前提，甲方代表严格考核各施工、监理单位管理机构、人员到位到岗情况，严格检查各类专业技术人员上岗情况，确保施工单位的施工技术力量达到质量要求。二是严格施工材料管理。古建筑施工材料管理是重点也是难点，所有进场的工程材料必须三证齐全，即厂家资质证书、合格证、材料质量报告。材料进入现场，实行材料报监理验收制度，并做好报验记录。在实际施工过程中，监理人员要求凡是运到现场的原材料，必须由施工方自检合格后，并附有相应的出厂合格证及出厂检验报告，再向监理工程师提出检查验收，经审核合格后，方准许进场使用。质量合格、程序合法的材料进场后，监理人员要求严格保管，合理堆放，尤其是木材、油漆等，要采取严格的防雨、防潮、防火措施。砖、瓦、白灰重要材料进入现场或使用前，到指定试验室进行二次检验，由监理人员及时督促、见证施工方对进场的原材料进行取样、送检、复试。在施工期间，施工单位提交的"工程材料报申表"经监理人员审核、签认的共计55份。不合格的建筑材料不准在工程上使用，必须更换，其中生石灰更换一次，瓦件更换两批次。三是在施工过程中由建设单位组织具有丰富古建修缮经验的返聘老工匠配合专业监理工程师每日对各工地施工质量进行巡查，坚持按照分部分项和隐蔽工程的程序分步骤验收，发现问题及时整改，使各项工序达到质量评定要求。四是针对工程建设的重要环节和相关技术难题不定期组织召开工程总结会、调度会、技术交流会等方式解决，重要工程技术难题坚持四方洽商制度，共同现场协商解决工程中的技术难题，确保工程质量合格（图205-209）。

四、施工安全管理

文物保护工程安全重于泰山，任何安全事故都可能造成无法挽救的后果。在普乐寺保护修缮工程施工期间，参建各单位严格现场安全管理，确保施工过程零事故。一是在完善各类安全规章制度和责任制的基础上，加强施工人员三级安全教育和安全培训力度，坚持做到不培训不上岗，树立安全意识。二是由施工单位制定工程现场安全管理制度和应急方案，脚手架和工程用电、文物保护等重要安全环节专门编制专项方案，明确责任，把安全责任落在实处，并设立专职安全员对脚手架、施工用电、防火防汛、机械设备等关键环节进行管理。三是由建设和监理单位建立三级安全联查机制，甲方代表和监理随时对施工场地内的安全帽、吸烟、灭火器、易燃物等安全情况进行抽查，及时提出整改。工作办定期组织专门人员针对脚手架、施工用电、大型机械设备进行联合专业检查，提前发现安全隐患。协调市质检、安全、消防等安监部门参与工程管理，不定期到施工现场安全检查，强化工程安全管理。通过严格的工程安全管理，确保了普乐寺施工现场没有出现任何安全事故（图197）。

205 施工材料检查（张炳元 摄影）

206 主要施工材料见证取样送检（张炳元 摄影）

207 组织老工匠对特殊材料进行经验检查验收（张炳元 摄影）

208 分部工程质量验收（张炳元 摄影）

<table>
<tr><td>209 施工安全专项检查（张炳元 摄影）</td><td>210 阁城石栏杆及踏步的文物保护措施（张炳元 摄影）</td></tr>
</table>

五、文物保护措施

普乐寺的琉璃塔、石栏板望柱和各建筑的台基踏步都是重要的文物，为了防止施工期间钢管脚手架对地面和踏步造成损坏，以及在屋面工程修缮过程中的瓦件或者工具掉落对室外文物造成破坏，施工前需要求施工单位对不同文物采取相应的保护措施，避免损坏。

开工伊始，由普乐寺文保所与甲方代表、监理和施工单位分别对殿堂内外不可移动文物如石栏板、石地面、喇嘛塔等进行全面勘察，并进行拍照和摄像进行现状记录。按照勘查结果，由施工单位制定原址保护的专项保护方案，经监理和建设单位

审批同意后实施。石质文物、铜质文物等采取木板封护、地毯覆盖等措施进行保护。为防止维修旭光阁时施工机械和脚手架的高空坠物对阁城的石栏板望柱造成损伤，需进行重点防护，首先用大块的透明塑料布遮盖在望柱、栏板等石质构件上，捆扎结实。用木板钉成与望柱、栏板尺寸相当的保护框盒，套在望柱和栏板上，用铁丝互相牵拉固定（图210）。

施工过程中组织安全检查小组定期巡视检查，修补文物防护措施，避免施工损坏文物。在竣工验收时，同时对不可移动文物的的保护进行验收，确保施工期间的文物安全。

第五节　主要工程内容

一、山门殿

（一）台基与散水

修缮前，山门室内墁地有60%轻微碎裂，尤其是前后檐门内侧地面砖碎裂并凹陷较为严重，约占总面积的20%，其余有20%为后期修缮时改用水泥砖墁地。本次修缮局部更换了室内严重碎裂和局部凹陷的墁地砖，剔除后期补配的的水泥墁地砖，按照原有规格重新补墁尺二方砖共计181块。此外，将后檐严重走闪的阶条石进行了现状拆安归位。

散水砖前檐为原有青砖，但破损、残缺严重，局部被淤土覆盖，杂草丛生。后檐全部为后期铺墁的预制水泥砖。本工程清理了碎裂和被土覆盖的散水，补配缺失的青砖和牙子，拆除了全部水泥砖散水，在台基四周重新铺墁条砖散水。具体做法为原土夯实，做3:7灰土一步厚150mm，夯实后上铺条砖，条砖规格为400×195×95mm，散水总宽700mm，泛水为2%，式样为褥子面。补墁和更换散水共计32.90m²，新制安散水牙子55延长米。

（二）墙体

山门外墙面抹灰由于年代久远，原有外墙红灰颜色旧暗，脱落和酥碱情况十分严重，后檐墙墙面有多处后期补抹的痕迹，颜色与其他墙面差别较大，极不协调。墙体下碱干摆砖有轻微

风化酥碱，后檐及两山柱门砖雕缺失。本次维修墙体下碱部位基本保持现状，仅按照原有样式、尺寸补配砖雕柱门8件，柱门砖高200mm，宽140mm，厚70mm。墙体上身铲除脱落、起皮、褪色的抹灰层，底层局部找补靠骨灰，重抹罩面灰，整体重新刷红灰浆二道，抹灰面积总计127.72m²。

（三）装修

山门大门共计12扇，面积共计16.83m²。检修加固前后檐木板门，清除原脱落、褪色的油饰层，重新做一麻五灰地仗、二朱红油饰，罩光油一道。

（四）屋面

山门屋面30%的面积长草，脊刹有两条纵向裂缝，现用铁丝加固。瓦面由于年久，虽然每年均进行勾抹扫垄，但扫垄过后不久仍有杂草再次生长。本次修缮瓦面进行整体查补和局部揭瓦。屋面查补，主要是清除杂草后进行扫抹勾垄。为有效去除杂草，专门用小铲将苔藓和瓦垄中的积土、树叶等一概铲除掉，并用水冲净，然后用麻刀灰将裂缝、坑洼处塞实找平，再沿盖瓦垄的两腮用瓦刀抹夹垄灰，所有盖瓦接缝处全部勾抹一遍捉节灰，并用轧子轧实赶光，山门屋面查补面积总计137.32m²。本次还对绿琉璃剪边瓦的檐头进行整修，补配缺失

的瓦当滴水和钉帽，对瓦面严重松动、碎裂的区域进行局部揭瓦，揭瓦面积共 21.03m²。此外，对出现纵向裂缝的琉璃脊刹进行加固。首先对需要粘结的构件表面用丙酮清洗或酒精擦洗干净，再刷按比例配好的环氧树脂进行粘结，粘结后构件表面清理干净，最后用颜色相近的铜箍加固捆牢。

（五）油饰

山门修缮前室外上架油饰脱落、起皮十分严重，大部分椽望存在油饰局部褪色、脱落现象。按照设计要求椽飞、连檐、

瓦口全部重新做三道灰地仗，椽飞红帮绿肚油饰，连檐、瓦口朱红色油饰，油饰地仗面积共 71.79m²。室内下架大木重做一麻五灰地仗，二朱红油饰三道共计 15.32m²。

（六）防鸟网

山门防鸟网存在大量的破损现象，已经失去保护斗拱的作用，本工程将破损严重的铁质防鸟网全部更换为铜质防鸟网，面积为 72.41m²，约 60 延长米（图 211-223）。

211 山门室内墁地碎裂情况（张炳元 摄影）

212 山门室内墁地局部挖补（张炳元 摄影）

213 山门条砖散水局部缺失不存（张炳元 摄影）

214 山门外墙抹灰现状（陈东 摄影）

215 整修山门外墙抹灰（张炳元 摄影）

216 山门大门整修（张炳元 摄影）

217 山门瓦面整修前状况（陈东 摄影）　　　　　218 山门屋面查补（张炳元 摄影）

219 山门琉璃脊刹加固前（张炳元 摄影）　　　　220 山门琉璃脊刹加固（张炳元 摄影）

221 山门防鸟网残损现状

222 山门施工前（陈东 摄影）

223 山门施工后（陈东 摄影）

二、钟鼓楼

钟楼和鼓楼尺寸样式完全一致，残坏状况和修缮内容也基本相同，在此共同进行记录。

（一）台基与散水

由于自然风化和雨水侵蚀，钟鼓楼台基阶条石局部缺损不存，虽经后期水泥涂抹修补，但外观与古建筑很不协调。个别凝灰岩材质（鹦鹉岩）的踏步存在严重风化、碎裂的现象。垂带踏跺松动、歪闪。室内地面30%碎裂，廊部地面30%碎裂。散水为后期更换的水泥砖散水，而且大部分出现了碎裂、起翘的现象，台基后檐杂物堆积，排水不畅，杂草丛生，已经影响到了整个建筑的排水问题。

本次修缮对走闪严重的阶条石、踏步、垂带石进行局部拆安归位。局部揭墁一层廊内严重碎裂的墁地砖。清理台明四周淤土和杂物，揭取水泥散水砖，按原条砖规格为400×195×95mm重新铺墁，散水总宽700mm。清理后用原土夯实，垫3:7灰土一步，夯实后上铺条砖，2%按找出泛水，式样为褥子面。钟鼓楼散水整修总面积为69.08m²。

（二）墙体

钟鼓楼原有外墙红抹灰颜色旧暗、脱落，空鼓严重。钟楼前、后檐墙体下碱轻微风化、酥碱，西山柱门缺失2件。鼓楼后檐及东山柱门缺失6件，前檐西北角上身墙体开裂。内墙原应抹饰包金土，近现代维修时整体用白灰修补。

具体工程做法是铲除外墙抹灰，重新用麻刀灰抹面饰红，刷红土浆2道，总面积180.88m²。内墙铲除后抹白灰墙面，按原来包金土材料重新找补墙面。按照原有样式、尺寸补配缺失的砖雕柱门砖24件。

（三）装修

钟楼补配缺失的雀替2个，骑马雀替2个。

（四）屋面

钟鼓楼瓦面在上世纪80年代经过全面整修，除正脊和垂脊外，大部分瓦件没有脱釉现象，屋面虽然杂草较多，大量布瓦出现碎裂和松动，但勘察时屋面未发现渗漏情形。本次修缮瓦面以查补为主，清除杂草后进行勾抹扫垄，但在查补过程中发现部分瓦件残坏十分严重，其下方的青灰背和泥背已经酥碱，致使望板局部严重糟朽，为保证屋面修缮后的工程质量，增加了局部揭瓦措施，更换了严重糟朽的望板。鼓楼局部揭瓦共110.41m²，更换望板21m²；钟楼局部揭瓦118.39m²。

（五）油饰

钟鼓楼的栏杆、木栈板和门窗为1982年重新补配，使用现代了调和漆进行的油饰，经过长期的紫外线的照射，现大面积泛白，局部出现严重的油皮起翘现象。外檐彩画为清代原物，现80%的面积出现起皮、脱落，下檐柱地仗油饰已不存，木柱完全暴露。

按照设计要求重新油饰二层木栈板墙以及门窗，清除起皮和地仗，重做一麻五灰地仗和油饰，门头花贴库金箔，总面积45.06m²。二层木质巡杖栏杆进行加固，全部补做地仗油饰。将楼板、楼板枋做防腐处理后油饰。所有下架大木按原做法重新做一麻五灰地仗，垫光油一道，二朱红油饰二道，罩光油一道，总面积411.48m²。全部椽飞、连檐和瓦口重新地仗油饰共216.62m²。本次修缮不涉及彩画的保护和重绘，另由专项保护工程实施。

（六）防鸟网

下檐防鸟网已经出现大面积的漏洞，平座斗拱、上檐斗拱没有安装防鸟网。本次维修对斗拱进行检修，清除斗拱和挂檐板鸟巢及鸟粪，更换下檐防鸟网，补配上檐、平座斗拱的防鸟网，材质为铜丝网，面积总计120.00m²（图224–233）。

224 钟鼓楼散水整修前

225 钟鼓楼散水整修中

226 钟鼓楼施工前外墙抹灰与下架油饰残损情况（陈东 摄影）

227 钟鼓楼施工前下架油饰与雀替残损状况（陈东 摄影）

228 钟鼓楼二层油饰前残损状况

229 钟楼施工前

230 鼓楼施工前（陈东 摄影）

231 鼓楼施工后（陈东 摄影）

232 钟楼施工前（陈东 摄影）　　　　　　　　　　　　　　　233 钟楼施工后（陈东 摄影）

三、天王殿

（一）台基与散水

天王殿阶条石局部缺损，前檐石踏跺部分风化，北稍间前檐陡板石破损，前檐砚窝石下陷，并临时用水泥抹面，现抹面已残缺。室内地面砖有少量碎裂。

本次修缮检修了台明四周阶条石，整修踏步与砚窝石，对严重走闪的垂带、踏步和阶条石进行局部拆安归位，石构件缺失部位粘补整齐。清理台明四周淤土，揭取水泥散水砖，补做3：7灰土一步，夯实后上铺条砖，条砖规格为400×195×95mm，散水宽度700m，泛水为2%，式样为褥子面。整修散水面积总计17.30m²。

（二）墙体

天王殿两山墙抹灰褪色、酥碱十分严重，两山柱门砖雕缺失4块。铲除两山外墙抹灰层后重新抹灰并刷红土浆二道，整修面积共37.75m²。内墙面抹灰保存现状，补配砖雕柱门4件，柱门砖高200mm，宽140mm，厚70mm。

（三）大木结构与装修

天王殿明间北缝穿插枋拔榫20mm，个别檐柱有轻微的顺纹裂缝，其余梁架保存较好，不影响结构安全稳定性，本次未进行修缮。前后檐明次间木门均已走闪变形，无法正常开启，按设计要求进行了检修、修补。

（四）油饰

天王殿前后檐木栈板、外檐柱木的油饰因长期紫外线照射，已经大面积泛白，槛框地仗大部分脱落无存。额枋外檐地仗、彩画大部分脱落。室内下架油饰保存基本完好，只有少量的金柱油皮起翘、脱落，室内佛像外栅栏油饰起皮、泛白。本工程仅对前后檐木栈墙、木门、室外下架大木部位铲除旧油皮、地仗，按原做法重新做一麻五灰地仗和二朱红油饰，其中木栈板面积147m²，下架大木油饰地仗14.23m²，装修地仗油饰23.04m²，实榻大门地仗油饰31.20m²。木装修边抹双皮条线、门头花贴库金箔。外檐全部椽飞望板和连檐瓦口重做三道灰地仗，二朱红油饰共计105.00m²。

（五）屋面

天王殿瓦面杂草较多，后檐东北角渗漏，使角梁、望板、椽飞褪色、泛白。因瓦面渗漏，使椽望、连檐等檐部构件局部糟朽严重，椽飞糟朽30根。40%椽望的地仗、油饰已经脱落。

本次修缮屋面进行查补，面积 282.73m²，六样琉璃瓦屋面檐头整修 71.4 延长米。对瓦面残坏较为严重的区域进行局部揭瓦共计 30.60m²。主要是揭取后檐东北角戗脊、岔脊，揭取戗脊两侧瓦面、苦背，更换糟朽的椽飞、望板，重新苦背、瓦瓦、调脊。

（六）防鸟网

天王殿斗栱防鸟网更换为铜质防鸟网共 95m²（图 234–242）。

234 天王殿施工前阶条石走闪及油饰残坏情况（张炳元 摄影）

235 天王殿施工前油饰残损情况（张炳元 摄影）

236 天王殿油饰施工过程中

237 天王殿局部揭瓦

238 天王殿散水局部挖补（张炳元 摄影）

239 天王殿修缮前（陈东 摄影）

240 天王殿修缮后（陈东 摄影）

四、宗印殿

（一）台基与散水

宗印殿阶条石、踏步存在严重风化、碎裂现象。其中前檐踏跺劈裂，破损，垂带下滑，踏步与压面石出现裂缝达60mm，现用水泥勾缝。南垂带石外闪约30mm。后檐踏跺松动，歪闪，踏步石酥裂，勾缝灰脱落。散水部分为水泥条砖墁地，规格为420×210×100mm，因散水局部下陷，局部积水较严重。

按照设计要求归安松动、外闪的阶条石、踏步石、垂带石，更换酥裂、风化严重的踏步石0.52m²。清除踏步石缝隙间的水泥勾缝，重新用油灰勾缝。清理台明四周淤土，揭取水泥散水砖，以台明下部金边上皮为 ±0.00，金边以外按散水宽度清理平整，原土夯实，上铺垫3∶7灰土一步150mm，夯实后上铺条砖，条砖规格为400×195×95mm，散水宽度900mm，泛水为2%，式样为褥子面。散水整修共计30.35m²，剔补城砖散水249块，补配散水牙子51.76延长米。

（二）墙体与柱子

因柱根糟朽，宗印殿后檐北次间北柱处内墙墙体下碱出现一道裂缝，宽约5mm。外墙红灰褪色严重，局部空鼓、脱落；下碱砖雕柱门缺失7件。

工程内容主要是拆除后檐稍间柱下碱墙、墙身，墩接柱子后按原干摆做法重新砌筑下碱墙。外墙铲除两山和后檐墙体褪色、脱落墙面，重新刷红土浆2道，共计146.79m²，内墙面保存现状。外墙下碱柱门配安柱门砖7件。

（三）装修

宗印殿现有隔扇、槛窗大部分为清代原有装修，但地仗、油饰已大面积泛白褪色，有部分油饰地仗已经脱落，面叶90%不存，造成大边松散，影响整个装修的稳定。槛框地仗大部分脱落，室内佛像后隔板、槛框、裙板地仗油饰脱落严重，上部走马板为后期更换，未做油饰。室内缺失27块天花板。

本次修缮对隔扇、槛窗进行现状加固，补配了缺失的菱花条和菱花扣。装修油饰保养以外檐为主，未涉及室内。主要工程内容是清理外檐装修槛框上旧油饰，槛框、隔扇边抹做一麻五灰地仗，菱花条、裙板三道灰地仗，重做二朱红油饰三道，绦环裙板、边抹两柱香、槛框边线、菱花扣全部重新贴库金箔，罩光油一道，山花板腕带贴金2.65m²。

（四）屋面

瓦面曾在1982年经过全面整修，更换过严重碎裂的琉璃瓦和琉璃构件，现屋面局部有杂草生长，后檐北稍间局部存在漏雨现象。工程内容是揭取后檐北稍间渗漏部位瓦顶，总面积209.10m²，局部找补、整修灰泥背18.93m²，更换糟朽的椽望，重新苫背、瓦瓦、调脊。现状加固琉璃脊刹和南侧正吻。其瓦屋面清除瓦顶杂草后再进行勾抹扫垄，檐头瓦当滴水进行现状整修和补配。

（五）油饰

1982年曾重做宗印殿下架外檐柱木和椽望油饰，现柱子地仗残坏严重，油饰大部分已退色、泛白；下檐60%椽望的地仗、油饰已经脱落；上檐40%椽望的地仗、油饰已经脱落；后檐北稍间屋顶漏雨处椽望有明显水迹。室内油饰地仗为清代原物，金柱和重檐金柱的地仗部分下滑、脱落，原木材已经暴露在外，现用铁丝加固，其中3根地仗脱落高度达5m，2根地仗脱落1~2m，4根脱落1m以下。

此次维修内容主要是外檐油饰保养，包括铲除下架檐柱脱落、下滑的地仗，找补一麻五灰地仗56.52m²，重做二朱红油饰三道，罩光油一道，油饰面积115.65m²。檐部椽望重新油饰保养298.44m²。

（六）防鸟网

宗印殿上下檐铁防鸟破损十分严重，全部更换为铜质防鸟网，共计312.50m²（图243-259）。

243 宗印殿踏跺石拆安归位

244 宗印殿糟朽柱根的墩接

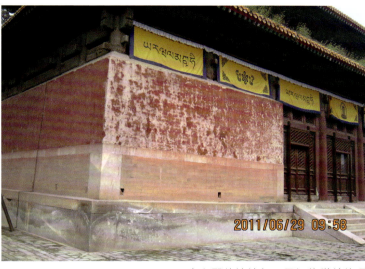

245 宗印殿外墙抹灰及风门修缮前状况

246 宗印殿散水砖局部挖补更换（张炳元 摄影）

247 宗印殿瓦面整修前

248 宗印殿瓦面整修前

249 宗印殿后檐渗漏部位瓦顶局部揭瓦

250 宗印殿后檐渗漏部位瓦顶局部揭瓦

251 宗印殿补配缺失的菱花条和菱花扣

252 宗印殿琉璃正吻加固（张炳元 摄影）

253 宗印殿局部揭瓦与青灰背裂缝修补（张炳元 摄影）

254 宗印殿外檐油饰施工前细部（陈东 摄影）

255 宗印殿外檐油饰施工中

256 宗印殿修缮前（陈东 摄影）

257 宗印殿修缮中（陈东 摄影）

258 宗印殿修缮中（陈东 摄影）

259 宗印殿修缮后（陈东 摄影）

五、胜因殿、慧力殿

胜因殿和慧力殿尺寸样式完全一致，残坏状况和修缮内容也基本相同，在此共同进行记录。

（一）台基和散水

两座建筑的台基整体保存状况较好，仅局部存在残损和走闪现象。其中胜因殿前檐踏步石松动、错位，垂带石、象眼石走闪移位，垂带角部破损，东山面阶条石破损；室内地面砖20%酥裂，廊部10%酥裂；前檐散水砖碎裂严重，两山现为预制水泥砖，后檐散水砖碎裂严重。慧力殿垂带、踏步石走闪移位，勾缝缺失；室内方砖地面保存较好，廊部地面约30%碎裂；前檐散水砖碎裂严重，后檐散水砖缺失，并积水严重。

按照设计要求归安歪闪台明阶条石，修补残缺踏步石、垂带石，两座配殿共计48.88m²。对室内和廊部酥裂、磨损严重的方砖地面用原规格400×400×60mm方砖进行补墁。清理台明四周杂土、碎砖，揭取水泥散水砖，用规格为400×195×95mm的条砖重新铺墁，散水宽700mm，泛水2%，式样为褥子面，整修散水面积共计51.20m²，补配散水牙子砖95.44延长米。

（二）墙体

胜因殿和慧力殿室外墙体上身抹灰大面积空鼓、脱落、褪色，造成墙体暴露；后檐下碱墙局部风化、酥碱，并出现多条纵向裂缝，后檐砖雕柱门全部缺失，前檐廊心墙为后抹墙面；室内两山墙和后檐墙内包金抹面脱落、空鼓、向外倾斜。

本次修缮铲除褪色、脱落的室外墙面，对裂缝处用白灰浆灌缝处理，整修墙面抹灰共计81.26m²，重新刷红土浆2道。

内墙面包金土绿大边由于有精美的番莲壁画，修缮要求技术难度较高，另纳入专项工程进行保护，暂时保持现状。两座建筑共配安砖雕柱门7件。

（三）屋面

胜因殿和慧力殿瓦面杂草较多，局部瓦件松动、碎裂，夹垄灰大量酥碱、脱落，正脊和垂脊前后脱釉严重，但无渗漏情况。此次修缮对瓦面松动严重、杂草较多的区域进行局部揭瓦，其中慧力殿169.30m²，胜因殿76.40m²，其余瓦面进行30%查补整修。

（四）油饰

两座建筑室外上架大木为原有清代地仗和彩画，现已严重残坏，室内彩画保存相对较好，仅有轻微空鼓、起翘和脱落，另纳入彩画专项保护工程进行修缮。外檐柱子油饰地仗已全部脱落，现用红布临时包裹，外檐装修油饰80%的面积泛白，下槛、抱框地仗大部分脱落。30%椽望的地仗、油饰已经脱落。

本工程铲除外檐下架檐柱和金柱残存地仗，按一麻五灰要求重新做地仗，装修和椽望重做三道灰地仗，二朱红油饰三道，罩光油一道。下架木构件油饰面积157.08m²，装修油饰总面积121.52m²，椽望重新油饰面积180.38m²。检修各间装修，补配缺失的菱花条、菱花扣、绦环裙板、边抹两柱香、槛框边线、菱花扣全部重新贴库金箔。

（五）防鸟网

胜因殿和慧力殿严重糟朽的铁防鸟网全部更换为铜质防鸟网共计180.00m²（图260-269）。

260 慧力殿墙体抹灰及透风砖残损情况（张炳元 摄影）

261 慧力殿歪闪踏跺石的归安（张炳元 摄影）

262 胜因殿瓦面局部揭瓦（张炳元 摄影）

263 胜因殿补配散水砖（张炳元 摄影）

264 胜因殿外檐油饰残损状况

265 慧力殿地仗砍净挠白（张炳元 摄影）

268 慧力殿修缮前（张炳元 摄影）

269 慧力殿修缮后（陈东 摄影）

六、碑门殿

（一）台基与散水

碑门殿前月台两侧抄手踏步石局部走闪位移，南侧砚窝石缺失；月台地面为水泥方砖墁地；南侧宇墙、抱鼓石下滑，现拔缝 50mm，宇墙抹灰脱落严重。室内地面砖约 50% 碎裂。南北两山台明原接群庑山墙，群庑坍塌后碑门殿两山台明局部用机砖砌筑，水泥抹面封护，无压面石。

按设计方案要求归安加固抄手踏步，踏步间的缝隙防止雨水渗入用油灰勾平缝，对南侧走闪下沉的抱鼓和宇墙进行局部拆安归位，找补抹灰，归安抱鼓计 2.35m²，归安宇墙共 2.54m³。补配南侧礓磋道缺失的砚窝石一块 0.75m²，补配踏跺石一块 0.5m²，台阶石拆安归位 18.59m²。局部揭墁室内严重碎裂的地面砖，用原规格方砖 400×400×60mm 进行补墁，共 113 块，计 16.47m²。拆除碑门殿前西侧水泥地面，重新用方砖 400×400×60mm 进行铺墁，共计 26.82m²。

（二）墙体

碑门殿原有外墙红抹灰颜色旧暗、酥碱、脱落严重，室内墙体抹灰保存基本完好。全部铲除外墙抹灰层，对后檐墙体裂缝处用白灰浆灌缝处理，然后重新用麻刀灰抹面，外饰红土浆

2 道。配安砖雕柱门 4 件。

（三）屋面

瓦面损害严重区域进行局部揭瓦，共 39m²，更换严重糟朽的大连檐和瓦口 26 延长米，更换糟朽望板 39m²。其他瓦面进行查补整修。

（四）油饰

碑门殿下架大木和隔扇槛窗的地仗油饰经过长期紫外线的照射，已经大面积泛白，存在严重的油皮起翘、空鼓和脱落现象，椽望的地仗、油饰也已大部分脱落。本次修缮下架大木重做一麻五灰地仗，二朱红油饰共 195.98m²，木装修地仗油饰 62.02m²，绦环裙板、边抹两柱香、槛框边线、菱花扣全部重新贴库金箔。檐部椽望和连檐瓦口全部重新油饰，面积共 74.69m²。

（五）防鸟网

碑门殿铁质防鸟网全部更换为铜质防鸟网，共 72.00m²（图 270-277）。

270 碑门殿防鸟网更换（张炳元 摄影）

271 碑门殿抄手踏步局部拆砌（张炳元 摄影）

272 碑门殿修缮前门前为水泥地面

273 碑门殿门前水泥地面改为方砖地面

274 碑门殿局部揭瓦（张炳元 摄影）

275 碑门殿修缮前地仗油饰残损情况

276 碑门殿修缮前（陈东 摄影）

277 碑门殿修缮后（陈东 摄影）

七、东、南、北门殿

阁城一层东、南、北三座门殿尺寸样式完全一致，残坏状况和修缮内容也基本相同，为减少本工程报告的篇幅，选取有代表性的南门殿为例介绍具体工程内容。

（一）墙体

南门殿外墙墙体抹灰颜色旧暗，酥碱、脱落严重，铲除现有抹灰层，重做靠骨灰和罩面灰，外饰红灰浆 2 道，整修面积总计 62.02m²。墙体透风砖剔补 2 件。

（二）装修

补配天花板 16 块。检修各间门窗，补配缺失或者残坏严重的菱花条、菱花扣。

（三）屋面

瓦面残坏严重区域进行局部揭瓦，计 80.39m²。更换局部糟朽严重的大连檐和瓦口 49.80 延长米，局部更换望板 80.39m²，采用 30mm 顺望板铺设。其余瓦面进行抅抹扫垄。琉璃屋脊补配缺失仙人 2 件，小兽 10 件，岔兽 2 件，垂兽 2 件。

（四）油饰

下架木构件和椽望地仗油饰经过长期紫外线的照射，已经大面积泛白，残坏严重。所有檐柱重新做一麻五灰地仗，重新油饰 91.49m²。装修重新做地仗、三道油饰 26.91m²。绦环裙板、边抹两柱香、槛框边线、菱花扣全部重新贴库金箔。檐部椽望重新做三道灰地仗，按原色调重新油饰 74.32m²。

（五）防鸟网

南门殿铁质防鸟网全部更换为铜质防鸟网，共 72.00m²（图 278-290）。

278 南门殿墙体抹灰与油饰修缮前现状

279 拆换南门殿严重糟朽的望板（张炳元 摄影）

280 南门殿瓦面残坏严重区域进行局部揭瓦

281 南门殿地仗油饰残坏严重　　282 北门殿垂带走闪，散水被土覆盖

283 东门殿修缮前

第三篇 工程实录篇 第一章 普乐寺古建筑保护修缮工程

286 南门殿修缮前（陈东 摄影）

287 南门殿修缮后（陈东 摄影）

288 北门殿修缮前（陈东 摄影）

289 北门殿修缮后（陈东 摄影）

290 北门殿修缮后（陈东 摄影）

八、旭光阁

（一）台基与散水

旭光阁台基因常年自然风化，阶条石、踏步石约 70% 存在酥裂、风化现象，其中有 11 块台阶石为后期修补的水泥构件，6 块踏步石酥裂十分严重，致使雨水由此渗漏至建筑基础部分，存在较大的安全隐患，需进行更换；外檐部分柱顶石风化严重，室内柱顶石保存完好。本次修缮采用原产地的凝灰岩更换水泥阶条石 11 块，更换酥裂踏步石 6 块，共计 15.91m²。为防止雨水渗漏至阁城，将松动的台明石进行归安，石构件缝隙采用油灰勾缝，局部轻微碎裂的石构件用环氧树脂进行粘补。

（二）墙体

墙体下碱酥碱干摆砖局部进行剔补。

（三）油饰

旭光阁外檐檐柱、装修及椽望的地仗、油饰存在严重的龟裂、起翘、褪色现象。下架大木铲除旧地仗，重新做一麻六灰地仗，重新油饰，总面积 124.24m²。外檐装修油饰前补配缺失菱花条、菱花扣，装修槛框、隔扇大边做一麻五灰地仗，菱花芯屉、裙板三道灰地仗，垫光油一道，二朱红色油饰二道，罩光油一道，重新地仗油饰面积 142.51m²。椽飞望板找补三道灰地仗，补做油饰 227.85m²，椽飞头补做片金彩画。绦环裙板、边抹两柱香、槛框边线、菱花扣全部重新贴库金箔。

（四）屋面

旭光阁屋面杂草较多，二层攒尖部位长期漏雨，雨水沿上架大木从天花滴落至室内须弥座上，下檐西面明间局部漏雨；二层屋面长期被一层屋面落水冲击，造成落水以下部位夹垄灰严重酥碱、脱落，受冻融影响，瓦面隆起。搭设满堂红脚手架后，经项目办、设计、监理和施工单位四方负责人现场共同查勘，确定具体的揭瓦范围，共计 395.93m²，更换糟朽的飞椽 6 根，望板 21.58m²，大连檐和瓦口 52.28 延长米，重新苫背、瓦瓦。其余面积进行屋面查补，首先清除瓦顶杂草，再进行勾抹扫垄。

宝顶上有大小孔洞 24 个，分布在各个方向，其中宝顶顶部有四个孔洞，在莲花座南侧和西南侧正上面有两个直径超过 2cm 左右的大孔洞。为防止空洞漏雨，所有孔洞采用定制的铜铆钉进行修补，然后用与宝顶相同材料的铜板，用冷粘结法对铜鎏金宝顶进行粘补（详见本章第六节工程重点与难点部分）。

（五）防鸟网

铁质防鸟网大部分糟朽，多处严重破损，全部更换为铜质防鸟网，共 252.60m²（图 291-307）。

291 旭光阁油饰残坏及阶条石、踏步风化情况（张炳元 摄影）

292 旭光阁夹垄灰酥碱情况（张炳元 摄影）

293 旭光阁阶条石、踏步酥裂、风化情况

294 旭光阁地仗、油饰残损情况（陈东 摄影）

295 旭光阁地仗、油饰残损情况

296 旭光阁地仗砍净挠白（张炳元 摄影）

297 旭光阁碎裂石构件的粘补

298 旭光阁飞椽与大连檐糟朽

299 旭光阁糟朽椽望的局部更换（张炳元 摄影）

300 旭光阁宝顶孔洞修补过程

301 旭光阁瓦面查补（张炳元 摄影）

302 旭光阁修缮前

303 旭光阁修缮中

304 旭光阁修缮前

305 旭光阁修缮中（陈东 摄影）

306 旭光阁修缮后（陈东 摄影）

307 旭光阁修缮后（陈东 摄影）

九、风雨亭

阁城上共有6座风雨亭，大小体量一致，残坏程度基本相同，受篇幅限制，仅以东南侧风雨亭为例记录工程内容，工程量为6座建筑合计工程量。

（一）台基

归安严重走闪、错位的台明阶条石。

（二）屋面

风雨亭瓦面夹垄灰和捉节灰大部分酥碱、脱落，瓦件残坏较为严重，部分垂脊上小兽缺失。瓦面残坏严重区域进行局部揭瓦，更换严重糟朽的大连檐、瓦口共计113延长米，更换严重糟朽望板共计137.55m²，更换糟朽飞椽共75根，补配缺失走兽45件，屋面严重松动的琉璃垂脊和岔脊局部重新拆安归位，其余瓦面整体进行抅抹扫垄。

（三）装修

风雨亭是保护阁城磴道券洞的功能型建筑，由于槛窗不存，夏季雨水很容易进入阁城磴道，存在较大的安全隐患。按照设计要求补配风雨亭六角菱花槛窗共计84扇。

（四）油饰

风雨亭外檐大木油饰残坏十分严重，大面积起翘、脱落，严重褪色。下架大木重做一麻五灰地仗，重新油饰共计179.40m²；椽望重做地仗油饰118.15m²；新补配的木装修重做地仗油饰共计103.79m²。彩画保持现状。

（五）防鸟网

风雨亭未设置防鸟网，大量鸟类在斗拱空隙内做巢，补做防鸟网共计85.50m²（图308-318）。

308 风雨亭油饰地仗残损情况

309 风雨亭油饰地仗残损情况

310 风雨亭瓦面残损情况（张炳元 摄影）

311 风雨亭局部揭瓦，更换严重糟朽的望板（张炳元 摄影）

312 风雨亭重做一麻五灰地仗，上中灰（张炳元 摄影）

313 风雨亭修缮前（张炳元 摄影）

314 风雨亭补配装修后（陈东 摄影）

315 风雨亭修缮前（张炳元 摄影）

316 风雨亭修缮后（陈东 摄影）

317 风雨亭修缮前（陈东 摄影）

317 风雨亭修缮前（陈东 摄影）

318 风雨亭修缮后（陈东 摄影）

十、通梵门

（一）台基与散水

通梵门散水已经全部不存，后檐台基、踏跺被淤土覆盖，积水严重，存在很大的安全隐患。本次修缮全面清理台基四周淤土，露出前后檐台明，拆除前檐水泥磓磴，恢复石质垂带踏跺。台基四周铺墁条砖散水，条砖规格为 400×195×95mm，散水宽 700m，泛水坡度 2%，式样为褥子面。

（二）墙体

通梵门外墙红抹灰颜色旧暗，脱落十分严重；东面下碱干摆墙体 50% 严重酥碱、破损；柱门砖全无；两山下碱砖 30% 酥碱。外墙墙体上身重做麻刀灰抹面，外饰红土浆，面积总计 100.48m²；配安柱门 12 件。

319 通梵门修缮前

（三）装修

石券门、券窗由于檐墙红灰掉色被染成红色，后檐石券门现用砖墙临时封堵，前檐券门改为现代卷帘门。按照设计要求配安前后檐明间实榻木门。

（四）瓦面

通梵门正脊和垂脊脱釉严重，屋面杂草丛生，檐部局部渗漏。屋面进行30%查补，面积130.04m²，琉璃檐头整修58.80延长米。

（五）油饰

椽望重做地仗油饰共计72.09m²，新补配实榻木门按一麻五灰要求重新做地仗，二朱红油饰。

（六）防鸟网

残坏严重的铁质防鸟网更换为铜质防鸟网，共计72m²（图320-325）。

320 通梵门墙体抹灰酥碱，砖雕风门缺失

321 通梵门砖雕风门缺失，散水被淤土覆盖

322 通梵门外墙红抹灰残损现状

323 通梵门屋面捉节夹垄（张炳元 摄影）

324 通梵门修缮前

325 通梵门修缮后

十一、角门

普乐寺前院共有4座角门，大小体量相同，工程内容也基本相同，在此共同记录。

（一）台基与散水

清理被土覆盖的散水，补配缺失的青砖和牙子，拆除全部水泥砖散水，重新铺墁条砖散水。

326 角门修缮前（陈东 摄影）

327 角门修缮后（陈东 摄影）

（二）墙体

铲除墙体上身脱落、起皮、褪色的抹灰层，底层局部找补靠骨灰，重抹罩面灰，整体重新刷红灰浆二道。

（三）装修

检修加固木门，清除残坏、褪色的油饰地仗，重新做一麻五灰地仗、二朱红油饰，罩光油一道。

（四）屋面

对瓦面严重松动、碎裂的区域进行局部揭瓦，其余瓦面勾抹扫垄（图326–330）。

328 角门修缮前

329 角门修缮前

330 角门修缮后

十二、阁城

（一）保存现状

阁城城台因年久失修，一、二、三层均有渗水现象。较为严重的是二层石质台帮，北面有外鼓现象；南面台帮中部渗漏严重。造成的原因一是阁城因年久失修，常年雨水侵蚀，使内部结构发生变化，如：灰土下沉、积压，造成外鼓。二是阁城在20世纪70年代就出现严重渗漏问题，1981年就此进行过大修，更换部分严重酥碱、风化的石构件，对阁城二层台面进行防水处理，在原灰土找补后上铺垫一毡二油防水层，同时把整个台面砖换成了水泥制品条砖，墁地面积为850m²，并用水泥勾缝，基本解决了渗漏的安全隐患。时隔30年，由于排水沟淤泥堵塞造成排水不畅，墁地砖局部渗漏，一毡二油防水层防水层失效等原因，阁城二层和三层再次出现渗漏现象，冬季的冻融更加重了城台渗漏、外鼓现象。

保护工程实施以前，一层城台台面除四面中部设甬路外，其余为条石海墁地面，现局部酥裂280m²，凹凸不平，雨后存水。再加上四周68间群庑仅剩基址和后檐墙，基址墁地砖全部缺失，长期受雨水侵泡，导致雨水从基址往下渗漏。二层南面地面有轻微裂缝，及排水沟排水不畅，使阁城台帮有渗漏现象。从而使阁城台帮内长期处于潮湿的状态下，一到冬季承德气温较低

就会发生冻融现象，破坏阁城的基础结构，有较大的安全隐患。

阁城二层、三层的台帮都出现了很大程度的酥碱、风化，甚至有的一些地方条石已经脱落，有很大的安全隐患，而三层琉璃檐头由于雨水的侵蚀已经大部分严重脱釉，石质的椽飞大部分脱落、风化、酥碱。二层、三层券洞内能看到水迹和一些因为被长时间浸泡而形成钟乳石的石构件，券洞条石地面现用水泥勾缝，台阶局部用水泥抹面。

三层地面1981年进行揭墁时，采用了第二层、第三层原来的旧砖材料，条砖规格为400×195×95mm，但大部分为缺角、缺楞的条砖，用在了下层糙墁，上层地面砖现局部酥裂、破损。三层台面上的栏板、望柱出现了严重开裂现象，现用铁丝加固，具有很大的安全隐患。

（二）工程内容

1、阁城城台地面

（1）更换阁城一层台面严重风化碎裂、凹陷、破损较严重的条石；条石破损小面积、凹陷比较深的条石进行修补的方法。局部揭墁的面积为225.61m²，条石规格为1300×500×150mm（以实际规格配安）。修补的条石面积为150m²。群庑地面细墁方砖地面共计1036.95m²。疏通阁城一层石砌排水暗渠。

331 修缮前阁城渗水情况（张炳元 摄影）

332 因长期渗水阁城形成的钟乳石

333 阁城严重风化碎裂的墁地条石

（2）阁城二层地面638m²。首先揭取二层台面水泥地面砖，上层为后期补配的水泥砖，下面为糙砖墁地。对阁城二层北侧基础垫层的裂缝进行封堵（详见本章第六节工程重点与难点部分），对全部铜质水溜嘴进行清理和整修，修补裂缝和漏洞，保证排水坡度。对阁城二层四周的石质排水沟槽重新拆安归位，勾缝严密，防止在周围缝隙渗水。防水砂浆找平层一层，铺设高强聚氨酯防水层一层，上面铺设保护层一层。按三层条砖规格补配铺墁二层地面砖，条砖规格为400×195×95mm。第一层采用条砖糙墁地面，再在其上细墁地面。

三层地面314m²保留现状，表面进行墁水活打点，地面钻生。在三层8个琉璃竖井内新安置铅皮套筒，防止雨水下排时外溢（详见本章第六节工程重点与难点部分）。

2、阁城城台垛口墙、屋檐

拆除台面上后砌水泥砖垛口墙4.27m³；用原规格、原磨砖对缝干摆做法重新砌筑墙垛56.24m³。

拆换阁城三层严重风化、碎裂的鹦鹉岩冰盘檐28.75延长米（详见本章第六节工程重点与难点部分）。

对栏板外琉璃瓦面进行揭顶，重新苫背、瓦瓦、调脊，更换残损、脱釉严重的瓦件。总面积123.80m²，围脊总长121.64延长米。

更换阁城三层严重碎裂的石栏板3块，其余栏板望柱进行现状加固，找补勾缝（图334-360）。

334 群庑地面修缮前墁地砖缺失、杂草丛生、渗水严重

335 群庑修缮前严重空鼓

336 疏通阁城一层石砌排水暗渠

337 疏通阁城一层石砌排水暗渠

338 对阁城二层基础垫层的裂缝进行封堵（张炳元 摄影）

339 对阁城二层基础垫层的裂缝进行封堵（张炳元 摄影）

340 群庑遗址整修中

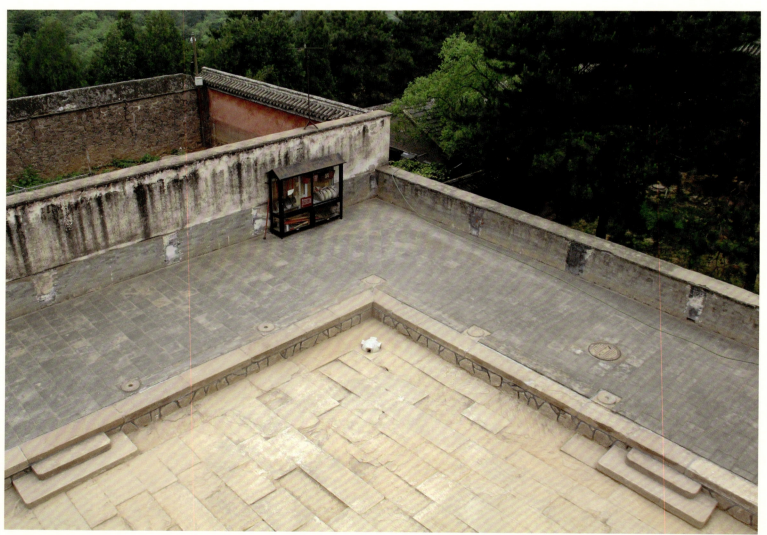

341 群庑遗址整修后

342 对阁城二层全部铜质水溜嘴进行清理和整修

343 对阁城二层铜质水溜嘴清理和整修

344 阁城二层石质排水沟槽拆安归位

345 阁城二层石质排水沟槽拆安归位

346 阁城二层防水砂浆找平层

347 阁城二层高强聚氨酯防水层

348 阁城二层铺设保护层

349 阁城二层铺墁地面砖的第一层砖

350 阁城二层铺墁地面砖的第二层砖　　　　351 阁城二层铺墁第并进行勾缝地面砖

352 阁城三层地面砖缝隙填补　　　　353 拆换阁城三层严重风化碎裂的挑檐石

354 阁城严重风化碎裂的挑檐石

355 阁城三层琉璃檐揭瓦前状况（张炳元 摄影）　　　356 拆换阁城三层严重风化、碎裂的挑檐石

357 拆换阁城三层严重风化碎裂的挑檐石

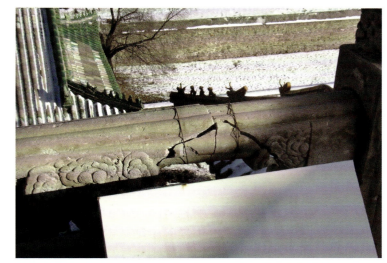
358 阁城三层严重碎裂的石栏板

359 新更换的石栏板

360 新更换的石栏板做旧后效果

十三、道路与地面

（一）保存现状

普乐寺庙前西侧广场原为黄土夯实地面，外圈设置安放挡众木的条石台基。现广场为水泥地面，挡众木无存，条石台基大部分被淤土覆盖，局部缺失、走闪。

阁（月）台海墁和甬路为清代原方砖墁地，局部碎裂、凹陷严重。

一进院天王殿和钟鼓楼间的甬路是现代维修时更换的水泥方砖道路，方砖规格为360×360mm，牙子砖宽70mm，道路宽窄不一，做法粗糙，局部已碎裂、塌陷；特别是路牙比甬路高出70~80mm，道路外侧地面淤土比道路高出100~150mm，道路没有设置排水口，致使雨季道路路面长期积水，成为水池。

二进院甬路和海墁为清代原方砖墁地，方砖地面局部碎裂、凹陷严重，部分缺失处用水泥抹面，东侧的海墁地面砖大部分严重碎裂或缺失不存。

（二）工程内容

（1）清理庙前西侧广场，即第二层月台的淤土，将清代挡众木的条石台基进行现状归安和整修加固，外圈毛石台帮补做青灰勾缝。由于目前此区域为机动车停车场，仍保留水泥地面，暂不铺设方砖海墁。

（2）阁台和宗印殿前后清代原有的甬路及海墁仅对碎裂、凹陷严重的部位进行揭取、挖补，按照现有规格补配方砖、条砖，其余部位保存现状。局部揭墁或补墁时注意了排水沟槽的保留，以便于排水。第二进院局部重新铺墁地面尺七方砖49.83m²，尺四方砖42.38m²，二样城砖散水143.20m²，补配二样城砖牙子135.11延长米。第二进院局部挖补尺七方砖164块，尺四方砖512块，二样城砖散水382块。

（3）全部揭除一进院天王殿前和通梵门前后的现代水泥砖甬路，恢复原方砖甬路。以天王殿前散水牙砖为基点，重新铺墁方砖甬路、条砖散水。地面铺墁尺四方砖共计136.83m²。以"天王殿前台明根部土衬石金边上皮"为基点，降低院落草坪地面，使雨水能够向西穿过南北甬路排水沟槽，流向门殿两侧围墙根部的排水口，由此排到寺庙外。一进院天王殿至山门间庭院内新增排水暗渠2道（详见本章第六节工程重点与难点部分）。

一进院道路具体做法为：中轴线甬路采用25趟方砖顺铺错缝，甬路宽12.00m，两侧立栽砖牙，总宽12.20m，中部高、两侧低找出泛水，泛水按1.5%找坡，方砖规格为480×480×100mm；南北通往钟、鼓楼甬路宽2.80m，7趟方砖顺铺错缝，两侧立栽100mm宽砖牙子，甬路总宽3.00m；东西通往角门以及通往阁城前抄手踏跺前甬路宽1.34m，中三趟为380×380×100mm方砖顺铺错缝，两侧立栽砖牙子，再铺500mm宽一品书条砖散水，散水砖400×200×100mm。

（4）整治南僧房院地面，解决排水问题。把办公室西侧地面降低，在慧力殿散水南面挖砌暗沟通到西南角，设一渗水井，使僧房院内积水流入渗水井内。渗水井为圆形，用条砖砌筑，墙厚 370mm，内墙面水泥抹面；底部直径 2m，坑深 3m，顶部直径 0.8m，盖圆形井盖（图 361-373）。

361 清代挡众木条石台基清淤和整修中

362 清代挡众木条石台基的补配

363 清代挡众木条石台基清淤后发现的清代礓磋

364 清代挡众木条石台基清淤和整修中

365 月台道路局部揭墁

366 月台海墁施工前

367 月台海墁施工后

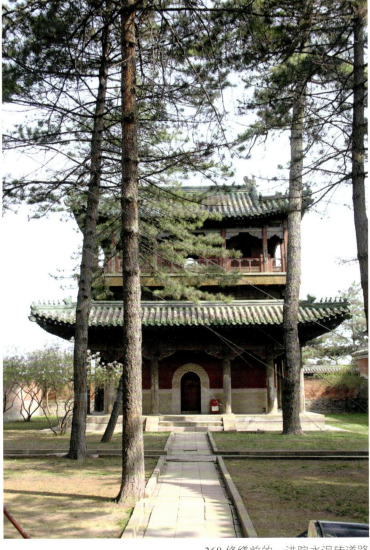

368 修缮前的一进院水泥砖道路

369 一进院水泥砖道路整修后

370 一进院水泥砖道路整修前

371 宗印殿西侧清代海墁的局部挖补（张炳元 摄影）

372 宗印殿东侧海墁严重碎裂缺失

373 宗印殿东侧海墁整修后

十四、环境治理与排水

清理、平整寺内外院落，铲除围墙周围杂草，降低院落地面，栽植草坪 3227.21m²。

全面整修阁城各层排水系统，疏通排水沟，清理污泥、杂物，加固排水嘴。前半部院落为自然排水，从东向西排泄。整修院内排水沟，补配石排水沟地漏等排水设施。

十五、围墙

后围墙与其三面不同，为后砌毛石墙，较低矮，约 2m 高。

其三面墙为瓦面墙帽、墙身、毛石基础、城砖下碱。围墙四周杂草丛生，慧力殿至阁城段围墙下碱砖酥碱、墙面脱落、褪色，其余围墙基础、墙身、墙帽保存基本完好。

除南僧房北侧慧力殿至阁城围墙整修外，其余保持现状。围墙下碱酥碱严重的替补，墙身铲除旧灰层，重新抹灰饰红 1061.65m²，墙体下碱毛石补做青灰勾缝 262.70m²，墙头帽布瓦瓦面查补 500.15m²。

施工期间，普乐寺南侧外圈院墙局部坍塌，按照原做法进行抢险整修 2.60 延长米（图 374-378）。

374 围墙整修工程中

375 围墙整修前

376 围墙整修中

377 围墙局部出现的坍塌

378 围墙整修中

表 16　承德普乐寺保护修缮工程主要工程量统计表

序号		项目名称	单位	数量
1	屋面整修主要工程量	琉璃瓦屋面查补	m²	3130.60
2		琉璃瓦檐头整修	m	1654.64
3		琉璃瓦屋面揭瓦	m²	1321.83
4		屋面瓦琉璃瓦	m²	396.04
5		屋面，琉璃瓦檐头附件	m	329.56
6		琉璃屋面，安钉帽	m	203.60
7		琉璃垂脊拆除安装	m	6.00
8		脊筒做法歇山垂脊附件	条	2.00
9		琉璃屋面整修，添配仙人	份	2.00
10		琉璃屋面整修，添配走兽	件	55.00
11		琉璃屋面整修，添配岔兽	件	2.00
12		琉璃屋面整修，添配垂兽	件	2.00
13		琉璃屋面正脊	m	20.00
14		屋面琉璃垂、岔兽拆除	份	24.00
15		屋面，垂脊、戗岔脊	m	14.40
16		瓦屋面正脊刹拆安	份	1.00
17		脊刹整修加固，明安拉接紫铜，螺栓紧固	kg	7.67
19		环氧树脂粘结勾缝	m²	4.62
20		屋面拆除，灰泥背拆除	m²	239.42
23		苫背	m²	601.36
24	墙体整修主要工程量	补砌墙垛	m²	56.24
25		墙体勾缝	m²	56.24
26		砌糙砖墙	m³	23.51
27		干摆砌体整修	m²	4.08
28		糙砖墙拆砌	m³	3.76
29		透风砖剔补	块	73.00
30		砌干摆墙面	m²	3.19
31		琉璃砌筑，墙帽	m²	2.64
32		砌筑鹰不落顶墙帽	m	5.70
33		腰线石拆安归位	m³	0.39
34		墙帽与角柱连作，拆安归位	份	3.00
35		墙面抹灰、饰红	m²	2261.87
36		干摆、丝缝墙面剔补，大停泥砖	块	296.00
37	木作主要工程量	卷草大雀替制安	块	2.00
38		卷草骑马雀替制安	块	2.00
39		木构架整修加固，圆柱墩接暗柱	根	2.00
40		大连檐制安	m	251.28
41		瓦口制作	m	251.28
42		顺望板制安	m²	314.82
43		闸挡板制安	m	251.28
44		飞椽制安	根	81.00
45		隔扇、槛窗、菱花心屉补换棂条	m²	57.82
46		木装修单独添配菱花扣	100 个	41.77
47		槛框检查加固	m	288.12
48		槛窗制安	m²	78.16
49		隔扇制安	m²	25.63
50		隔扇、槛窗、心屉制安	m²	53.59
51		木门枕制安	块	24.00
52		槛框类，门栊制安	m	41.16

序号		项目名称	单位	数量
53		上架木构架地仗油饰	m²	11.18
54		上架木构架地仗	m²	23.24
55		木构架下架地仗油饰	m²	2085.00
56	油饰彩画主要工程量	木装修地仗、油饰	m²	746.46
57		椽望地仗油饰	m²	1587.98
58		斗拱保护网拆安	m²	1478.01
59		框线门簪贴金	m²	0.24
60		山花、博缝板，地仗、油饰、贴金	m²	2.65
61		木装修菱花扣贴金（库金）	m²	231.66
62	油饰彩画主要工程量	木装修隔扇、槛窗边抹贴金两柱香贴金（库金）	m²	443.19
63		飞椽头、檐椽头片金彩画	m²	24.82
64		木装修边抹贴金双皮条线库金	m²	77.87
66		踏跺石制安	m²	22.93
67		如意踏跺制安	m²	1.56
68		阶条石拆安归位	m³	49.89
69		阶条石制安	m³	16.05
70		砚窝石制安	m²	3.57
71		石沟嘴子制安	块	4.00
72	台基整修主要工程量	沟门沟漏制安	块	4.00
73		象眼石拆安归位	m²	14.04
74		土衬石拆安归位	m³	1.62
75		踏步油灰勾缝	m²	78.19
76		砖石砌体拆除，台阶	m³	7.96
77		砖台阶水泥砖浆面	10m²	1.98
78		台阶拆安归位	m²	373.39
79		栏杆、望柱，栏杆拆修安寻杖栏杆	m²	37.38
80		第三院落地面石制安	m²	225.61
81		地面、散水墁细砖	m²	2523.63
82	地面整修主要工程量	散水揭墁	m²	188.58
83		栽砖牙（顺栽）	10m	1070.34
84		细砖地面、散水剔补	块	2671.28
85		细地面钻生桐油	m²	2947.61
86		阁城二层地面砖地面拆除	m²	1276.00
87		阁城二层地面地面、墁糙砖	m²	638.00
88		新做琉璃屋面围脊	m	121.64
89		阁城三层（旭光阁三层台阶）石台阶勾逢	10m²	20.62
90		阁城三层（旭光阁三层台阶）台阶风化破损台阶焊药	m²	206.17
91		地面、墙角聚氨脂涂膜防水层	m²	915.90
92		硬基层上防水砂浆找平层	m²	915.90
93	阁城整修主要工程量	石排水沟槽制安	m	179.73
94		岔脊、角脊、博脊、围脊、承奉连正脊拆除	m	121.64
95		拆挑檐石制安	m³	11.09
96		石墙帽（压顶）制安	m	29.00
97		预埋铁件	t	0.45
98		铅筒	m²	6.78
99		阁城填缝	m³	16.81
100		石寻杖栏板制安	m²	3.36
101		石构件拆除，拆阶条	m³	29.21
102		旭光阁补枪眼	个	24.00
103		剔除灰缝	m²	15.13
104		浆灰勾缝	m²	15.13
105	其他主要工程量	第一院落挖土方	m³	1184.29
106		院墙虎皮石墙，勾逢，凸缝	10m²	44.03
107		墁石子散水	m²	21.90
108		草坪铺种满铺	m²	3227.21

根据对普乐寺保护修缮工程中主要施工材料进行统计，形成以下主要材料使用表（表17），可以对此次维修工程的主要材料有一个全面的了解。

表 17　承德普乐寺保护修缮工程施工材料用量表

序号		名称及型号规格	单位	数量
1		板瓦 2# 18×18（16）cm	块	2668.14
2		筒瓦 2# 19×11（8）cm	块	2149.78
3		滴水瓦 3#	块	535.29
4		勾头筒瓦 3#	块	270.19
5		六样板瓦	块	26277.38
6		六样筒瓦	块	9934.13
7		六样滴水瓦	块	1867.73
8		六样勾头	块	1867.73
9		六样钉帽	个	2344.19
10		六样托泥当沟	块	2
11		六样压当条	块	798.73
12		六样平口条	块	160.59
13		六样三连砖	块	53.04
14		六样披水砖	块	71.60
15		六样垂兽	件	2
16		六样戗脊垂兽	件	2
17		六样岔兽	件	2
18		六样仙人	份	2
19		六样走兽	件	55
20		六样扣脊瓦	块	140.58
21		六样垂兽座	件	2
22		六样垂兽角	对	2
23		六样戗尖脊筒	块	2
24		六样搭头脊筒	块	2
25		六样正当沟	块	636.66
26		六样群色条	块	107.80
27	屋顶瓦作主要材料用量	六样正脊筒	块	31
28		六样博脊承奉连砖	块	322.35
29		六样博脊瓦	块	328.43
30		四样板瓦	块	2801.11
31		四样筒瓦	块	1001.12
32		自制铁钉	kg	0.54
33		四样滴水瓦	块	60.60
34		四样勾头	块	60.60
35		四样钉帽	个	161.18
36		四样板瓦（竹节）	块	1145.43
37		四样筒瓦（竹节）	块	400.26
38		旭光阁补枪眼	个	24
39		销钉	kg	9.65
40		自制门窗五金	kg	5.71
42		瓦钉	kg	80.11
43		铜丝网	m²	1567.15
44		大麻刀灰（夹垄）	m³	5.07
45		中麻刀灰（扎档）	m³	2.66
46		小麻刀灰（雄头）	m³	0.77
47		中麻刀灰（瓦瓦）	m³	7.91
48		中麻刀灰（砌筑）	m³	1.28
49		小麻刀灰（打点）	m³	0.34
50		生石灰	t	549.51
51		粘土	m³	1482.29
52		红土子	kg	3657.40
53		青灰	kg	13134.23
54		氧化铁黄	kg	36.27
55		油灰	kg	56.66

序号		名称及型号规格	单位	数量
56	地面墁地主要材料用量	大城样砖	块	717
57		大停泥砖	块	2078
58		二城样砖	块	15273
59		尺四方砖 448×448×60	块	2648
60	地面墁地主要材料用量	四丁砖 240×115×53	块	11086
61		小停泥砖 295×145×70	块	7682
62		尺二方砖	块	20935
63		尺七方砖 544×544×80	块	919
64		卵石粒径 1–3cm	kg	305
65		卵石粒径 3–7cm	kg	1137
66		毛石 200–600cm	m³	24.60
67	防水工程主要材料用量	高分子卷材防水	m²	16.69
68		CSPE 嵌缝油膏 330mL	支	7.59
69		焊药 2:1:1:33（白蜡、芸香、松香、黑炭）	kg	206.17
70		细砂	kg	11351.48
71		粉煤灰	kg	571.78
72		减水剂	kg	85.77
73		糯米汁	kg	1429.45
74		中砂	t	155.29
75		铅板 δ4	kg	354.55
76		二甲苯	kg	274.77
77		高强聚氨酯防水	kg	2628.64
78		防水粉	kg	455.02
79	木作主要材料用量	原木	m³	0.66
80		松木规格料	m³	10.39
81		锯材	m³	31.21
82		铁件	kg	488.12
83		菱花扣	个	8941
84	油饰地仗主要材料用量	熟桐油	kg	2773.11
85		群青	kg	0.46
86		灰油	kg	5500.30
87		滑石粉	kg	875.02
88		红丹粉（红灰）	kg	2298.65
89		光油	kg	7902.97
90		生油	kg	1344.11
91		巴黎绿	kg	159.08
92		砖灰	kg	29097.64
93		银珠	kg	404.54
94		血料	kg	29834.48
95		水	m³	848.66
96		麻刀	kg	8911.18
97		面粉	kg	3206.05
98		防锈漆	kg	60.33
99		大白粉	kg	136.47
100		乳胶	kg	87.34
101		石膏粉	kg	59.82
102		线麻	kg	826.03
103		金胶油	kg	17.02
104		库金箔 98%93.3×93.3	张	23322.53
105		樟丹	kg	147.31
106		乳胶漆	kg	1.38
107		石黄	kg	0.15
108	石作主要材料用量	本地红砂岩	m³	104.24
109		本地鹦鹉岩	m³	26.87
110		丙酮	kg	2.13
111		E44 环氧树脂	kg	21.35
112		乙二胺	kg	1.71
113	其他	紫铜	kg	7.83

第六节 工程重点、难点与技术洽商

一、阇城排水整修

阇城排水整修是普乐寺保护修缮工程的重点，也是难点。在阇城排水整修过程中，发现阇城上下三层的排水做法是不相同的。第三层采用的是石排水槽、琉璃竖井暗排与铜排水嘴组合使用，四面每面有 2 个排水口，共计 8 个排水口；第二层是石排水槽直接与铜排水嘴组合使用，四面每面有 4 个排水口，共计 16 个排水口；第一层均为石质排水暗渠，其中西侧有 4 个，为石质竖井暗渠，向西侧阇城外排水，东侧在群房台基下设有 2 个石砌排水槽，分别向南北排水，这 6 个排水口位置原本都有凝灰岩雕刻的精美荷叶墩水沟盖，现仅存 2 件。

阇城这三层排水设施都出现了严重的残坏、渗漏和杂物淤塞的现象，根据排水的不同做法、残坏情况，参照设计方案选择了不同的整修措施。

（一）阇城三层防水措施

普乐寺阇城三层长期以来一直存在严重的渗漏情况。每到大雨过后雨水会从挑檐石、金刚墙条石缝隙中流出。四个券洞内雨季长期潮湿、滴水，随水流出的石灰已经形成了钟乳石。长时间漏雨、冻融致使阇城三层凝灰岩冰盘檐石挑檐严重风化、酥碱、碎裂。2000 年曾经对挑檐石上面的石质栏板、望柱和地伏进行局部拆安，制作防水并封堵造成渗漏的缝隙。但是施工效果并不理想，雨季阇城三层渗漏情形依旧十分严重。

阇城三层细墁地面是 1982 年将阇城二层和三层墁地的旧砖集中使用铺墁的。目前整体保存状况较好，灰缝严密，排水坡度较大，雨水过后不存在严重的积水状况。工程开工后，经过局部挖取 2 条探沟进行探查发现，墁地砖下的灰土整体状况较好，不存在潮湿、酥碱和裂隙，灰土垫层裂缝主要分布在旭光阁地基与灰土垫层之间，以及灰土垫层与外圈金刚墙之间。由此确定细墁海墁区域并不是阇城三层渗漏的部位。

在阇城三层施工过程中，通过雨季对漏雨部位的长期现场

监测和分析，发现阇城三层漏雨原因是多方面的。最主要原因是竖井水槽至水溜嘴之间的琉璃筒壁存在破损严重、缺失不全（图 379），竖井下部杂物淤积较多，雨水沿竖井水槽下落时如果水量较大，很容易溢出残损的筒壁而流到金刚墙内，造成金刚墙内漏雨。其次，旭光阁北侧台明石多处碎裂，走闪，存在很多漏雨的缝隙；北侧踏步表面不平，没有向外泛水，甚至"倒呛水"；墁地与风雨亭，栏板望柱之间、石质集水槽与墁地和地伏之间都存在多处缝隙；这些缝隙是阇城三层主要的漏雨处之一。再次，阇城三层的两个风雨亭没有隔扇窗，很容易造成潲雨，致使雨水从风雨亭口流入楼梯内，这一问题按照设计要求补配槛窗后即能得到有效解决。

经过与设计单位沟通，在原有设计方案旭光阁台明石整修和风雨亭槛窗补配的基础上增加以下防水措施：

（1）由于竖井水槽琉璃筒壁深度达 1.35m，如果拆修需要对周围的墁地和基础进行较大范围解体拆砌，工程量较大，所以不适宜采用解体的方式进行维修。经洽商确定按照最小干预和可逆原则，在对阇城三层琉璃竖井进行彻底清淤后，在竖井筒壁内增加铅板套筒（图 380），套设在原有水槽内部并与水槽眼粘接贴合，使雨水在套筒内流至水漏嘴里，防止雨水外溢、渗露、倒灌。

（2）对阇城三层存在漏水可能的裂缝使用油灰进行封堵。包括旭光阁台明石间、墁地与风雨亭，栏板望柱之间、石质集水槽与墁地和地伏之间。

（3）按照最小干预原则，不再对阇城三层地面进行整体揭墁，只局部找补碎裂墁地砖，重新做墁水活添补砖缝，最后整体进行桐油钻生起到防水效果。

通过以上整修，2013 年全年雨季进行跟踪监测，阇城三层渗漏问题基本得到解决，再没有发生严重渗漏现象（图 368-369）。

379 竖井水槽琉璃筒壁破损情况（陈东 摄影）

380 竖井水槽套筒安装过程（张炳元 摄影）

（二）阁城二层裂隙处理

在按照设计图纸施工，拆除阁城二层北侧地面墁地砖后发现其下的灰土垫层上有多道裂缝（图381、382）。宽度达5~15cm，最长裂缝自北侧东端一直贯通至西端，裂缝下部一直贯通至下面的券洞内，致使券洞上方的条石金刚墙与墙体歪闪12cm。经分析，这些裂缝是阁城二层长期渗漏、垫层内含水率较大、阁城北侧冬季冻胀严重造成的。

为保证新做防水和墁地的工程质量，排除安全隐患，这些裂缝需要在新作高强聚氨酯防水前进行处理。经与设计负责人联系后，2012年5月23日设计单位在相关工作联系单的回复中要求用桃花浆（3：7灰土）填实裂缝并用钢钎墩实。按照此方案进行施工试验中发现，由于裂缝隙上下宽度大小不一，呈不规则状，上下纵深延伸十分曲折。在阁城北侧靠近西北角琉璃塔裂缝处进行灌桃花浆试验时，发现桃花浆不易干、流动性差、上号强度慢。灰土如果过于粘稠，无法灌实灌透，如果过于稀，则干燥十分缓慢，无法进行下一道工序，如果不能完全干燥，有可能将潮气封在缝隙内造成冬季的冻胀。

6月5日下午，河北省古建筑保护研究所孟琦、檀平川、孙京利一行到达现场，现场勘察后要求对灌浆材料进行改良，在增加流动性的前提下尽可能减少水分的使用。

经过多次现场试验发现，用白灰浆加入少量水泥砂浆，并掺入1.2%的聚羧酸系高性能减水剂的试验效果较好（图383）。优点是初凝时间短、干燥快、流动性强、稳定性好、强度高等。

1、聚羧酸系高性能减水剂优点如下：

（1）掺量低、减水率高，减水率可高达45%；

（2）增强效果显著，砼3d抗压强度提高50~110%、28d抗压强度提高40~80%、90d抗压强度提高30~60%；

（3）低收缩，可明显降低混凝土收缩，抗冻融能力和抗碳化能力明显优于普通混凝土；显著提高混凝土体积稳定性和长期耐久性。

此施工工艺改良可以有效降低灌缝材料的含水率，提高强度、防止水分无法挥发造成冬季冻融的影响，经与设计代表沟通，同意使用此方案对桃花浆进行改良。

2、材料配比

（1）水泥：0.8

（2）沙子：4

（3）白灰：1.4

（4）粉煤灰水泥：0.2

（5）减水剂：0.03

（6）江米汁：0.5

3、灌浆施工工艺流程

裂缝处理→裂缝检查→配置浆液并进行试验→灌浆→灌浆结束→检查

4、施工主要步骤及要求

（1）灌浆前裂缝表面处理。清除裂缝表面的灰尘、浮渣及松散层等污物，把裂缝两侧30~50mm处清扫干净并保持干燥。

（2）检查在裂缝交叉处、较宽处、端部裂缝的深度及清理情况。

（3）配置灌浆材料，严格按照灌浆配合比制作浆液，以保证灌浆强度。配制好浆液后，要首先进行灌浆试验，以保证浆液质量和强度。

（4）灌浆。按照浆汁配比制作灌浆材料，并记录天气、温度等当时情况，真实记录并试验直至浆汁达到灌缝要求强度。

灌浆是施工关键工序之一，应确保灌浆质量：

a. 灌浆机具、器具在灌浆前应进行检查，运行正常方可使用。灌浆前检查保证裂缝干净。

b. 根据裂缝区域大小，可采用单孔灌浆或分区群孔灌浆。在一条裂缝上灌浆可由一端到另一端。

c. 灌浆时速度要一致，以保证浆汁均匀流动到所有的裂缝。

d. 灌浆厚度每30cm为一步，待缝内浆液达到初凝时，方可进行下一步灌浆。

e. 灌浆结束后，应检查灌浆质量，发现缺陷及时补救。

f. 检查无误后，对灌浆的裂缝进行保护，以防止人为破坏。

381 阁城二层裂缝（张炳光 摄影）

382 阁城二层裂缝

383 阁城二层裂缝灌浆材料配合比试验

（三）阁城二层石排水槽处理

阁城二层地面外圈部分为石制排水槽，由于大量缺损，风化酥裂严重，致使此部位向阁城内部渗水，施工前此区域大量使用混凝土进行修补，但修补区域也已破损严重，经拆除混凝土修补覆盖层后发现，原有石排水槽已大部分严重风化碎裂，影响排水沟的使用功能。2012年5月11日，经甲方、设计、监理、施工四方共同现场洽商，确定尽量采用粘补的方法对石排水槽进行修复，酥裂损坏严重不能再用的可采用原材料、原尺寸、原做法进行补配更换。

（四）阁城一层清淤

阁城第一层均为石质排水暗渠，大部门已经完全淤塞，失去排水功能，其中部门石排水渠出现坍塌情况。在施工时，首先对各石砌排水渠进行人工清淤，然后对东群房台基下已经坍塌的2个石砌排水槽进行归安加固，确保各排水渠排水通畅。最后，按照设计方案要求，对4个排水口位置缺失的石雕荷叶墩水沟盖进行补配。

二、阁城三层鹦鹉岩冰盘檐整修

阁城三层围脊瓦面风化破损严重，按照设计要求需要对屋面揭瓦，2012年6月13日，施工单位在对阁城三层冰盘檐瓦面拆除施工时发现，阁城三层瓦面风化破损严重，下面部分石质冰盘檐风化严重，部分存在结构性碎裂，有松动脱落的危险，松动和严重酥碱碎裂的石质冰盘檐无法承载其上面的屋面荷载，无法保证其上面的瓦面的施工质量，在揭瓦施工时也很容易危害施工人员的安全，需要局部更换碎裂严重的鹦鹉岩冰盘檐。

进过参建四方现场洽商，确定石冰盘檐影响整体结构及安全的可进行修补、更换处理，修补、添配的石料应与原材料材质相同、规格相同，尊重原有手法、风格，保持历史风貌，按照原构件造型和做法予以配制。安装冰盘檐时，在冰盘檐上加设铁扒锅相互连接，同时加设拉杆深入围脊金刚墙对冰盘檐进行拉结，保证鹦鹉岩冰盘檐的整体性和稳定性。

三、旭光阁漏雨整修

旭光阁屋顶在20世纪90年代就有严重的漏雨现象，对古建筑大木、彩画和殿内佛像陈设等造成极大的危害。2000年，承德市文物局曾组织对旭光阁进行挑顶大修，更换了严重糟朽的瓦件和椽望，解决了大面积漏雨的安全隐患。但是维修后的旭光阁仍然存在点状漏雨的现象，每年雨季连续降雨过后都会自天花向下滴水。工程开工后，2012年5月16日，连续几次下雨后，施工单位在旭光阁室内搭设检查脚手架，参建三方共同钻到天花内对梁架结构和望板进行复勘。但由于春季雨量较小，梁架内并没有漏雨现象，只是发现有多处已经干燥的漏雨痕迹，大木和椽望整体状况较好，没有严重的糟朽情况。为了对漏雨原因进行准确而全面的勘察，经监理例会商定，在旭光阁外檐搭设满堂红脚手架。8月3日，连续几次长期降雨后，旭光阁室内再次出现点状漏雨现象，经过对屋顶内外进行详细勘察，发现旭光阁的漏雨点较高主要是宝顶基部的西侧和北侧，漏雨部位的望板和大木有多处水痕和阴湿现象（图384－389）。经过现场分析认为：

（1）宝顶座与瓦面最上端竹节瓦与圆混之间，以及宝顶座的圭脚与顶座第一层圆混安装位置有偏差，致使各琉璃构件间存在缝隙，这应该是造成屋顶渗水的主要原因之一。

（2）宝顶上有大小孔洞24个，分布在各个方向，其中宝顶顶部平面部位有四个孔洞。在莲花座南侧和西南侧正上面有两个直径超过2cm左右的大孔洞。如果经过连雨天，此处孔洞也是进水的主要部位。

（3）由于旭光阁为圆攒尖屋顶，每垄瓦自宝顶向下的筒板瓦宽度不是均等的，而是越来越大，由于瓦件规格不合适，在瓦面中上部的瓦件上下不贯通，存在错位现象。而且此处杂草较多，夹垄灰酥碱脱落较为严重，也是瓦面渗水点之一。此外，上檐雨水和雪水落到下檐后，造成下檐落水线附近长期积水积雪，致使夹垄灰酥碱较为严重。

经过与设计方沟通，确定以下施工方案（图390）：

（1）将宝顶座各层灰缝剔除干净，打水茬后，采用现代高分子防水材料（以下简称"堵漏灵"）捻缝，将宝顶缝隙捻实、堵严。做抗渗试验后，对宝顶座的缝隙处用麻刀油灰打点，赶

384 旭光阁室内漏雨情况

385 旭光阁漏雨点补充勘查

386 旭光阁宝顶琉璃须弥座的缝隙

387 旭光阁宝顶孔洞

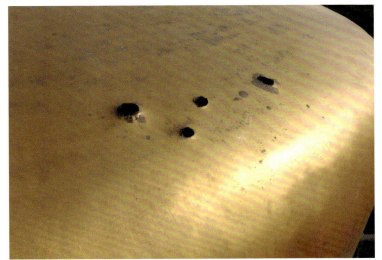

388 旭光阁宝顶孔洞

389 旭光阁宝顶孔洞

轧密实，并做出泛水。

（2）宝顶的孔洞采用定制的铜铆钉进行修补，然后用与宝顶相同材料的铜板，用冷粘结法对宝顶进行粘补（图392）。

（3）宝顶座各层灰缝都进行剔除，打水茬后，用堵漏灵捻缝，最后用小麻刀油灰打点勾抹灰缝表面。

（4）竹节瓦面上的瓦钉处，搭接处及裂缝处均应用堵漏灵适度对上述各处堵抹、勾严（图391）。

（5）对上下瓦面进行瓦面查补。

经过旭光阁屋顶整修后，经过2012年和2013年雨季的监测，没有再发生点状漏雨的现象。

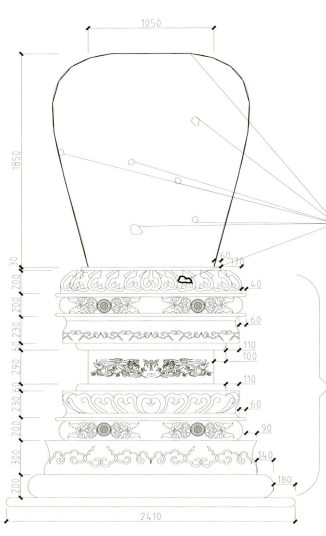

1.宝顶上有大小孔洞21个，分布在各个方向，其中宝顶顶部有四个孔洞。在莲花座南侧和西南侧正上面有两个直径超过2cm左右的大孔洞。如果经过连雨天，此处及宝顶顶孔洞也是进水的主要原因。

2.宝顶的孔洞采用定制的铜铆钉对宝顶孔洞进行修补，然后用与宝顶相同材料的铜板，用冷粘结法对铜鎏金宝顶进行粘补。

1.清除现状灰缝，清除干净，打水茬。采用现代高分子防水材料（以下简称"堵漏灵"），将宝顶缝隙捻实、堵严。做抗渗试验后，对宝顶座的缝隙处用麻刀油灰打点、赶轧密实，并做出泛水。

2.宝顶座各层灰缝，都应进行剔除，打水茬后，用堵漏灵捻缝，最后用小麻刀油灰打点勾抹灰缝表面。

3.竹节瓦面上的瓦钉处，搭接处及裂缝处均应用堵漏灵适度对上述各处堵抹、勾严。

390 施工单位绘制的旭光阁宝顶孔洞修补方案图

391 旭光阁宝顶琉璃须弥座缝隙的修补（张炳元 摄影）

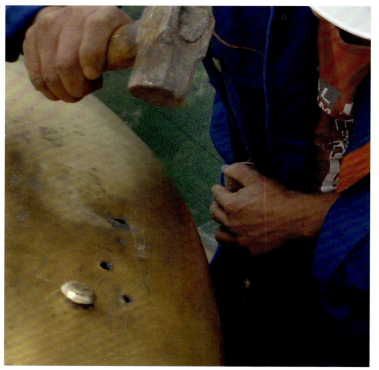

392 旭光阁宝顶孔洞的修补（张炳元 摄影）

四、第一进院落排水

在普乐寺保护修缮工程施工过程中发现，每到大雨过后第一院落天王殿西侧台基散水附近都会出现严重的积水，积水面积达 40m²，最大积水深度大 10cm。且积水 3-5 天内都无法自然下渗。据与寺庙工作人员了解，此区域也是冬季积雪的主要区域之一。据此分析，排水不畅是造成天王殿西侧台基局部下沉的主要原因之一。2012 年 8 月 16 日，经过甲方、监理、施工三方进行现场复测，以山门殿东南角台明为 ±0.00 点，具体院落标高数据如下：天王殿西侧台基两侧散水，局部积水严重区域的地面标高为 -68.00 至 -70.50cm；山门殿东侧散水附近的地面标高为 -54.00cm；山门殿南侧明排出水口地漏标高为 -57.00cm。根据测量结果发现，第一院落天王殿西侧台基两侧为最低洼处，标高低

于明排地漏出水口 11cm，雨水根本无法排出。

2012 年 8 月 20 日，经甲方、设计、监理、施工四方共同协商，在最小干预的原则上不对天王殿台基进行解体，为保证排水通畅，在天王殿西侧台基两侧修建暗排水沟通向山门殿南北两侧地漏，解决排水问题。具体做法如图 393，394。

第一，首先拆除后铺水泥砖地面。第二，以"天王殿前台明根部土衬石金边上皮"为基点，降低院落（主要四角部草地）地面，使雨水从甬路向南北排泄，同时向西穿过南北甬路排水沟槽，流向前方（天王殿、山门殿）围墙根部排水口处，一直流到广场外。第三，对清代原有围墙上的排水口进行清淤，保证排水通畅（图 395-397）。

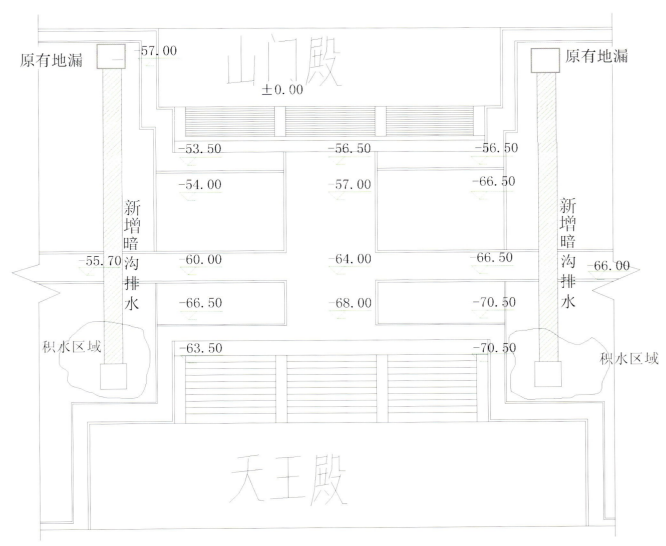

393 第一进院落现状标高图

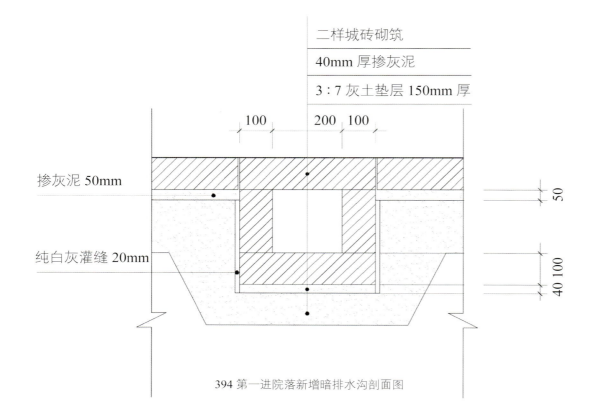

二样城砖砌筑

40mm 厚掺灰泥

3：7 灰土垫层 150mm 厚

100　200　100

掺灰泥 50mm

纯白灰灌缝 20mm

50

40 100

394 第一进院落新增暗排水沟剖面图

395 第一进院积水处增加暗排

396 第一院落积水区域增加暗排

397 原有暗排水沟的清淤

五、琉璃构件加固

山门殿正脊中央的琉璃塔刹出现较大裂隙，用于加固的铁丝已经严重锈蚀。宗印殿正吻出现 2~3cm 宽的裂缝。按照补充设计要求，对山门殿、宗印殿脊刹、正吻裂缝粘接后铜箍加固，接头用焊接法，尽量留在隐蔽部位，铜箍要少用或不用。

在屋面整修中发现部分殿座脊饰损坏、松动，增加相应的归安加固措施。

（一）宗印殿正脊南侧正吻加固

裂缝采取环氧树脂粘结加固。首先对需要粘结的构件表面用丙酮清洗或酒精擦洗干净，再刷按比例配好的环氧树脂进行粘结，粘结后构件表面清理干净，最后用铜带（铜带宽 3cm，厚 5mm）捆牢（图 253）。材料配比：环氧树脂 100 克；聚酰胺 30 克；丙酮 20 克；乙二胺 7 克；滑石粉 20 克。

（二）山门殿脊刹加固

山门殿脊刹裂缝采取环氧树脂粘结加固。首先对需要粘结的构件表面用丙酮清洗或酒精擦洗干净，再刷按比例配好的环氧树脂进行粘结，粘结后构件表面清理干净，最后用铜带（铜带宽 3cm，厚 5mm）捆牢（图 219，220）。

六、宗印殿上层檐两侧歇山山花重新油饰贴金

2012 年 6 月 14 日，施工单位搭设完脚手架，经过甲方、监理、施工方三方复勘宗印殿上层檐发现，南北两侧歇山山花地仗严重空鼓、油饰龟裂、严重脱落，油饰表面保留有贴金痕迹（图 398）。原设计方案油饰地仗做法中未明确此区域具体做法要求，经与设计单位联系，确定宗印殿上层檐南北两侧歇山山花油饰按原做法进行修缮。具体做法为：铲除旧油皮地仗，斩砍见木，重做一麻五灰地仗，二朱红颜料光油油饰三道，罩光油一道，绶带贴库金。

398 宗印殿山花修缮前（陈东 摄影）

七、增加部分屋顶局部揭瓦

普乐寺各建筑屋面搭设完脚手架后，经甲方、监理、设计、施工四方现场勘察发现，北门殿屋面四个坡琉璃板瓦酥碱严重，连檐、瓦口、望板出现严重糟朽；钟鼓楼、胜因殿、慧力殿瓦面虽基本完整，但局部瓦面筒瓦明显松动，瓦垄严重变形，捉节灰和夹垄灰脱落、开裂严重；碑门殿、北门殿、东门殿、南门殿瓦面有部分瓦件残损、碎裂，局部瓦垄扭曲、松动，仅查补无法保证瓦面施工质量，需要进行瓦件更换和局部揭瓦。此外，碑门殿、北门殿、东门殿、南门殿在按照原方案进行椽望地仗除铲施工过程中发现，建筑檐头和翼角的连檐、瓦口、望板有局部糟朽现象，用钢钉很容易可以扎透，需更换严重糟朽的椽望后才能进行地仗油饰。

经建设、设计、监理、施工四方现场工程洽商，同意增加以下工程内容：

（1）屋面如无漏雨情况，按屋面查补项目，冲刷、清扫瓦面上的积土、杂草，铲除空鼓酥裂的灰皮，局部抽换破损瓦件，补抹夹垄灰、裹垄灰，刷浆打点及勾抹打点屋脊。如屋面发现漏雨或瓦件损坏面积较大时，可进行局部揭瓦。

（2）望板糟朽严重部位局部揭瓦，更换望板、连檐、瓦口等构件，按原材料、原做法重新苫背、瓦瓦。

（3）连檐糟朽部位局部揭取檐头勾滴、更换糟朽连檐、瓦口，重新油饰。

（4）各建筑具体揭瓦和木构件更换的范围由甲方、监理、设计、施工四方负责人根据破损情况现场确定，严禁随意扩大施工范围（图399，400）。

399 东门殿望板局部糟朽情况（张炳元 摄影）

400 东门殿屋面局部揭瓦

八、补配缺失装修构件

2012 年 8 月 9 日，经建设、设计、监理、施工四方现场工程检查宗印殿菱花窗挠白和鼓楼上架木构件通灰时发现：

（1）宗印殿、胜因殿、慧力殿、南北门殿、碑门殿、东门殿等菱花扣和菱花条有缺失现象，并且菱花扣缺失比较多。

（2）钟鼓楼寻杖栏杆走闪严重，并且寻杖栏杆上有部分合页、棱角缺失。

为保证古建筑修缮工程质量，确保以上各建筑油饰后完整的外观效果，经四方现场洽商确定对以上各建筑装修缺失的少量构件补配齐整后再进行地仗油饰（图 401）。此外，钟鼓楼二层门窗已不存在，虽发现有原有门窗的痕迹，但门窗样式和尺寸做法依据不充分，此次工程中不进行补配。

401 缺失菱花扣的制作

九、室外地面砖尺寸与做法

2012 年 8 月 20 日，在普乐寺室外地面砖局部修补时发现，第一、第二院落地面（钟鼓楼、宗印殿四周地面）清代的道路和海墁的墁地砖缝隙较小，砖四肋经过加工，为细墁地面做法（图 403），原设计方案砖的要求为尺二方砖糙砖，规格为 370×370mm。经建设、设计、监理、施工四方现场工程洽商确定室外地面做法需按照清代原做法施工，将原有的糙墁院落地面改为细墁地面做法，砖砍磨加工后规格为 370×370mm。

十、贴金做法

经过甲方、设计、监理、施工四方负责人现场认真观察发现，普乐寺宗印殿、碑门殿、东门殿、南门殿、北门殿、风雨亭及旭光阁殿座原有装修的边抹、边框、裙板、余塞板、六角菱花扣及椽头万字、虎眼都存在着贴金的痕迹。为保证普乐寺各古建筑油饰后外观效果的真实性和完整性，经建设、设计、监理、施工四方现场工程洽商，同意在油饰后增加贴金做法，对普乐寺天王殿门窗上团花贴金，各殿座的装修边抹、边框、裙板、余塞板及六角菱花扣上在原有贴金部位按照古建筑施工工艺做法贴库金（图 402）。具体形式为边抹两柱香、边框一柱香。

402 群板贴金

403 普乐寺室外清代细墁地面砍磨加工痕迹

十一、包镶柱锈蚀铁箍的处理

普乐寺各古建筑下架油饰地仗施工工程中，在旧地仗铲除后发现天王殿、宗印殿、胜因殿、慧力殿、碑门殿、旭光阁、南门殿、北门殿、东门殿、钟鼓楼等殿座下架柱子均为包镶柱，外面有铁箍包裹，且铁箍锈蚀较为严重，如果不做防锈处理，会严重影响新作地仗质量，时间长会造成地仗脱落。经与设计负责人沟通，同意以上建筑下架柱子有铁箍包裹处用砂纸把铁锈除去，涂抹三遍防锈漆，做捉缝灰、通灰，然后用麻垂直于铁箍进行使麻一遍，长约40cm，最后顺着铁箍进行使麻一遍后再按普通做法做一麻五灰地仗（图404）。

十二、山门前女儿墙散水做法

在清理山门前被淤土覆盖女儿墙散水时，发现女儿墙散水铺墁材料为鹅卵石，与寺庙院墙条砖散水做法不同，现存石子散水局部下陷、缺失破损严重。按照原工艺、做法、材料的要求，将原方案中女儿墙"砖散水整修"的做法调整为"鹅卵石整修"。

404 天王殿包镶柱锈蚀铁箍的处理

按照现存散水的做法，恢复山门前女儿墙严重残损的鹅卵石散水，对山门前女儿墙散水进行挖补和局部重新铺墁，补配缺失牙子砖。

第七节　主要施工工艺和措施

一、屋面修缮

普乐寺除通梵门和山门殿仅进行屋面30%查补外，旭光阁、宗印殿、天王殿、钟鼓楼和各门阁都进行了不同程度的局部揭瓦。以下对屋面局部揭瓦的施工步骤记录如下（以宗印殿为例）：

（一）材料准备

泼灰准备。屋面所用的掺灰泥背、青灰背等均采用泼灰，袋装面灰禁止使用。泼灰选用好灰块，并经过实验室抽检合格后才能使用。泼灰时应分次进行，每一泡灰数量一般在粉化后为0.4m³，数量不宜多。在泼灰过程中泼洒水要均匀，水量要适度，应保持既不"涝"又不"生"之间。泼灰要分两次泼，泼完之后要把灰翻倒到另一个地方，再闷至半个小时左右，这一泡灰算完成。以后每一泡灰都要严格按上述要求泼。泼完的灰要进行浆灰，用网眼0.5cm筛子过筛后移至没有生灰和灰渣的地方。在堆积时，每铺15至20cm厚，摊平，泼上一层较浓的青浆。如此层层浆灰，直到全部浆完为止。浆好的灰用苫布盖严存放15天以上待用。

（二）琉璃屋面局部揭瓦

琉璃屋面局部揭瓦常采用的操作工艺流程为：做好拆卸前的记录→确定局部揭瓦范围→拆卸瓦面→清理瓦件→添配瓦件、制备灰浆→恢复瓦面、屋脊。操作方法如下：

（1）做好拆卸前的记录。揭瓦瓦面和屋脊按原状恢复时，拆卸瓦面前，应记录瓦面的囊度，瓦垄宽度、"睁眼"尺寸、勾、滴出檐尺寸，底、盖瓦垄数，每垄底、盖瓦用瓦数量，脊的高度及灰缝尺寸，瓦面和屋脊的细部构造。

（2）确定局部揭瓦范围。拆卸瓦面前应由甲方代表、设计

代表、监理工程师、施工单位负责人共同对局部揭瓦范围进行确认，在瓦面上用粉笔标记明确的揭瓦范围。

（3）拆卸瓦面。瓦面或屋脊拆卸，针对局部揭瓦屋顶形式和屋面构造做法特点，制定拆卸方法，避免拆卸中损伤苫背层。拆卸时不应人为损伤瓦、脊件，随拆随倒运至地面或脚手架上。拆卸前和拆卸过程中对脊件和非常规瓦件做出原位置标记。重要文物建筑，设计要求所有可用瓦件原位使用时，应对屋面揭部分的瓦、脊件，在拆卸中进行全部编号标记，绘制瓦件平面位置编号记录图表。揭瓦拆卸中，应测量、记录瓦瓦灰、泥厚度，瓦瓦使用灰、泥做法。

（4）清理瓦件。拆下瓦、脊件上的灰、泥清理干净，进行筛选。可粘接使用的，整修后妥善存放。

（5）添配瓦件、制备灰浆。按瓦、脊件添配品种、规格、数量，及时添配。按原工艺做法制备瓦瓦使用灰、浆。新添配

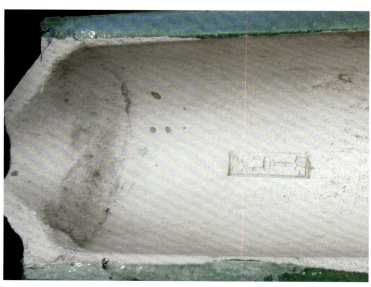

405 新添配的瓦件印有"公元二〇一一年"印记

的瓦件都印有"公元二〇一一年"的印记，以和老瓦件进行区别（图405）。

（6）恢复瓦面。瓦面拆卸后，苫背层存在损伤需要修缮，按苫背层局部修缮操作工艺完成苫背层修补。原灰背不需修补的，将原灰背清扫干净。局部揭瓦的瓦瓦施工操作工艺同琉璃瓦瓦瓦操作工艺，在瓦垄上、下端接槎处，瓦瓦时应局部适度洇水湿润或"打水苲子"，底瓦灰、泥应填挤密实，插入上端底瓦时保证搭接尺度。底瓦应摁实、合壠，搭接范围内底瓦"瓦翘"背实。筒瓦接槎处，将未揭筒瓦下端内的灰、泥剔除一些，"打水苲子"后，填入麻刀灰，瓦接续筒瓦，熊头挤入未揭筒瓦下端，使灰挤出，捉节处理。局部揭瓦、瓦瓦应使用"瓦刀线"和"楞线"。檐头揭瓦，应挂"檐口线"，安装钉帽。揭瓦后将瓦面擦拭干净。

（三）苫背层局部整修

普乐寺古建筑的苫背层由青灰背、泥背、护板灰组成。瓦面局部揭瓦后需要对下面的苫背层进行检查，如果存在裂缝或局部酥碱情况需要对苫背层进行局部修补，具体操作工艺流程为：清除损伤的苫背层→处理各层接槎和槎口→分层苫背。操作方法如下：

（1）清除损伤的苫背层。由上至下，从一端有规则清除各层苫背，减少清除过程中给原苫背造成损伤。清除范围内的杂物应清理干净。

（2）处理各层接槎和槎口。清除后的各层苫背层四周进行接槎和槎口处理。垫层背的泥或灰背层与青灰背之间应留不小于100mm~150mm踏步槎。如垫层背分层苫抹，应留不小于50mm~100mm踏步槎。垫层背踏步槎的槎口和青灰背槎口整修成八字槎口。处理完槎口将踏步槎和槎口清理干净，适度洇水湿润。

（3）分层苫背。分层苫背各层做法应与原苫背一致，由下至上分层苫抹，垫层背苫抹应每层轧实，泥背应拍背。垫层背苫抹时应在各层槎口上刷一道白灰浆。各层垫层背赶轧并晾至八成干后，再苫抹上层。

（4）青灰背修补施工工艺（图406，407）

a. 清除损伤的青灰背。将青灰背存在空鼓、酥裂等较严重损伤部分清除，不应对青灰背下的泥或灰垫层背造成损伤。

b. 清理青灰背下的基层。清除受损青灰背后，其下的苫背层表面清理干净，酥松部分清除掉、清扫干净。

c. 局部苫抹前的处理。原青灰背槎口清铲、整理成较规则槎口轮廓，原青灰背槎口修整成八字槎口，清扫干净。适度洇水湿润青灰背下的苫背层和槎口部位。找补青灰背下受损苫背层，找补时的作法应与原垫层背一致，找补厚度较大时应分层找补苫抹，找补苫抹应轧实，晾至八成干后再进行青灰背苫抹。

d. 修补青灰背：

① 细小裂缝修补。裂缝小于3mm的细小裂缝。用短毛刷在裂缝处"打水苲"，用小轧子将月白煮浆灰捻轧进裂缝内，反复添灰赶轧，待裂缝内灰稍硬，用瓦刀沿裂缝勒轧，使缝口处的灰低于灰背表面，形成小凹槽。在缝口凹槽上刷一道青浆，苫抹小麻刀灰将裂缝盖严，形成一道中间略高的灰埂，反复刷

青浆赶轧，待有一定强度后"打水苲子"赶轧。例如：旭光阁按此方法进行上层北侧屋面灰背裂缝修补。

② 较大裂缝锔缝。裂缝大于4mm时，用短毛刷在裂缝处"打水苲子"，沿裂缝刷一道青浆，用小麻刀与较稠的青浆拌合后，捻入裂缝内，用瓦刀填实，使麻刀浆将裂缝内填实挤严。操作中应随填入麻刀浆随用瓦刀扎实，循序渐进。用瓦刀扎实过程中可往裂缝中补青浆。捻实麻刀浆后，使麻刀浆略低于灰背裂口表面。麻刀浆扎实后，在缝口处刷一道青浆，苫抹小麻刀灰。小麻刀灰应将裂缝盖严，形成一道中间略高的灰埂，刷青浆反复赶轧，待有一定强度后"打水苲子"赶轧。例如：宗印殿上层檐东屋面灰背裂缝按此方法进行修缮。

③ 局部找补苫抹。青灰背局部酥裂、空鼓，清除、处理后，刷一道白灰浆或用灰"守"一遍。抹大麻刀月白灰，拍麻刀，刷青浆适时赶轧不少于"三浆三轧"。赶轧接槎时，待接槎处新灰有一定硬度时应反复"打水苲子"赶轧，接槎处的新灰背应盖住旧灰背，使新灰背盖住旧灰背的边缘形成小坡面。例如：六座风雨亭、南门殿、北门殿、北门殿、东门殿等按此方法进行青灰背修缮。

（5）苫背注意事项

a. 应在下雨前用苫布将苫背盖好。

b. 苫背时每层要尽量一次苫完，尤其顶层灰背更要尽量一次苫完。当面积较大一次苫不完时，要留宽度不小于20cm且不饿槎的斜槎，槎子部位不刷浆、不轧光。

406 修补青灰背裂缝

407 修补青灰背裂缝

408 瓦底瓦

409 瓦盖瓦

410 捉节夹垄

（四）重新瓦瓦（图 408-410）

6 座风雨亭瓦面残损十分严重，望板大面积糟朽，其中 3 座进行了全部揭瓦，重新瓦瓦，另外 3 座进行了局部揭瓦和查补。其中重新瓦瓦的施工步骤如下：

（1）待灰背干燥后经验收合格后，便安排瓦工进行瓦瓦。在瓦瓦之前再次对瓦件逐块检查，发现有破裂和烧制变形者全部不得使用。

（2）瓦瓦前首先要根据风雨亭原屋面瓦面所绘实测排瓦图，进行分中号垄排瓦挡，不可随意更改其原瓦瓦风格。

（3）瓦边垄

在每坡两端边垄位置栓线、铺灰，各瓦两趟底瓦，一趟盖瓦。同时瓦好排山勾滴。要点是两端的边垄应平行，囊要一致，边垄囊要随屋顶囊。

（4）栓线

以两端边垄盖瓦熊背为标准，在正脊、中腰和檐头的位置栓三道横线（即齐头线、楞线、檐口线）作为整个屋顶瓦垄的高度标准。

（5）冲垄

按照边垄的囊在屋面的中间将三趟底瓦和两趟盖瓦好（由于风雨亭屋面狭窄，只有两条冲垄即可展开工作面；宗印殿屋面瓦瓦时，面积大，人多，可多几条冲垄）。这些冲垄都必须以栓好的齐头线、楞线和檐口线为标准。

（6）瓦檐头勾滴瓦

檐头勾头和滴水，瓦时要栓两道线，一道栓在滴水尖的位置，滴水瓦的高低和出檐均以此线为标准。第二道线即冲垄时的檐口线，勾头的高低和出檐均以此线为标准。

滴水瓦的出檐最多不超过本身长度的一半，一般在 6 至 10cm 之间。

勾头的出檐为瓦头烧饼盖厚度，即勾头紧靠着滴子，其高低以檐口线为准。

（7）瓦底瓦

开线。在齐头线、楞线和檐口线上栓吊鱼，其长度根据线到边垄底瓦翘的距离定。然后按排好的瓦当和脊上号好垄的标记挂上瓦刀线，把线的一端固定在脊上，另一端栓一块瓦吊在房檐下，瓦刀线的高低以吊鱼的底楞为准，若瓦刀线的囊与边垄的囊不一致时，可在瓦刀线的适当位置绑上几个钉子进行调整。底瓦的瓦口线应栓在瓦的左侧。

瓦底瓦。栓好瓦刀线后，铺灰瓦底瓦，灰的厚度为 4cm，将底瓦窄头朝下，从下往上依次摆放，底瓦的搭接密度为压 6 露 4。在檐头和靠近脊的部位则"稀瓦檐头密瓦脊"，即檐头压 5 露 5，脊根压 7 露 3。底瓦灰要饱满，瓦要摆正，底瓦瓦翘宽头的上楞要贴近瓦刀线，避免"喝风"。

背瓦翘。摆好底瓦后，要将底瓦两侧的灰泥顺瓦翘用瓦刀抹齐、背足、拍实。

扎缝。背完瓦翘后，在蚰蜒当塞实塞严大麻刀灰，灰要能盖住两边底瓦的瓦翘，然后勾瓦脸。

（8）瓦盖瓦

按楞线到边垄盖瓦瓦翘的距离调好吊鱼的长短，然后以吊鱼为高低标准开线，盖瓦的瓦刀线要栓在瓦垄的右侧。盖瓦灰要比底瓦灰稍硬，"睁眼"大小为 1/3 筒瓦高。盖瓦要熊头朝上，从下往上依次安放，上面的筒瓦应压住下面筒瓦的熊头，熊头上要挂掺青灰节子灰，抹足挤严。盖瓦垄的高低、直顺都要以瓦刀线为准，瓦翘都应贴近瓦刀线，当瓦的规格不十分一致时，要"大瓦跟线，小瓦跟中"。

（9）捉节夹垄

将瓦垄清扫干净后，用小麻刀灰在筒瓦接缝处捉节，然后用夹垄灰将睁眼抹平。夹垄要分粗细两次夹，把灰塞严拍实。上口与瓦翘外棱抹平，不得开裂、翘边，不得高出瓦翘，下脚要直顺，要与上口垂直，与底瓦交接处不得有"蚰蜒窝"和"嘟噜灰"。

（10）翼角瓦瓦

翼角瓦瓦要从攒角开始。将套兽装灰套在角梁上并用钉子钉牢，然后在其上立放遮朽瓦。遮朽瓦背后要紧挨连檐并装灰堵严。在遮朽瓦上铺灰瓦两块割角滴子瓦。在两块滴子瓦之上放一块遮心瓦，然后铺灰瓦螳螂勾头瓦，此瓦要与正脊的平面夹角成 450。

瓦翼角瓦。先从螳螂勾头上口正中，至前后坡边垄交点上口，栓一道槎子线，作为翼角瓦瓦刀线的高低标准。瓦翼角瓦的方法与前后坡瓦瓦相同，只是要注意，翼角是向上翘起的，所以翼角底瓦、盖瓦都不能水平放置，除边垄要与前后坡及撒头边垄同高外，其余应随屋架逐垄高起。

（11）撒头瓦瓦

撒头瓦瓦方法同前后坡瓦瓦，只是要注意瓦垄应瓦过博脊位置。

（12）调脊

瓦瓦完成以后，调正脊、垂脊及戗脊等各条脊。用 100:3:5

用麻刀灰砌瓦条，背里严实，苫小背。调脊：正脊要平直，垂脊囊向一致，下口要坐灰，碰头灰要足，陡板内背里严实，上口抹严要光要平。脊件各接缝处用 100:3:5 麻刀灰打点严实，要求平整光洁。脊调完，表面干净。整个屋面瓦瓦调脊等完成后进行清扫冲垄，使屋面干净整洁。

（13）瓦瓦操作要求

瓦瓦用 4:6 掺泥灰（同泥背），以 100:3:5 麻刀青灰扎缝，100:3:5 掺麻刀红灰捉节夹垄。其中脊部老桩子三块底瓦及上部盖瓦，檐头三块底瓦及勾头以 100:3:5 麻刀青灰座灰瓦瓦。瓦瓦泥饱满，瓦翘背实，熊头灰挤严，随瓦随夹垄，睁眼一致，按验收规范操作。粗细肋分层轧实，表面赶光。板瓦压七露三，脊部适当加密，檐头酌情瓦稀，但整个瓦面水平方向疏密一致。整个瓦瓦面，要求档匀垄直、无蚰蜒窝和嘟噜灰、底盖瓦不偏不跳垄、瓦面擦干净。

（五）瓦面查补

主要内容是清除瓦面杂草后再进行勾抹扫垄。拔草时要用小铲将苔藓和瓦垄中的积土、树叶等一概铲除掉，并用水冲净，然后用麻刀灰将裂缝、坑洼处塞实找平，再沿盖瓦陇的两腮用瓦刀抹一层夹陇灰及所有盖瓦接缝处全部勾抹一遍捉节灰，并用轧子轧实赶光。

二、木结构与装修整修

大木构件在整修加固前，对现状仔细检查测量，认真纪录构件完好及损坏程度，测绘图样及拍照，根据检查结果分部位、分构件剔补修整，加固措施方案报文物、业主、设计、监理等部门，得到确认方可施工。

大木结构整修加固施工方法如下：

（一）望板修整与更换

望板糟朽不超过厚度的 1/3 时，可将糟朽部分清除，满刷防腐涂料继续使用。超过 1/3 时按原式更换新望板。

（二）椽子整修与更换

（1）椽子糟朽深度不超过 1cm，劈裂深度不超过直径的 1/2，长度不超过全长 2/3，弯垂不超过椽长 2% 可不进行处理继续使用。局部糟朽不超过直径 2/5 时，应将糟朽砍净，并按原状修补粘钉补牢；裂缝宽度较大时（3-5mm），需嵌补木条用胶粘牢。缺陷超过上述限度时可换新椽。

（2）檐椽糟朽在檐檩或挑檐檩的钉孔处（承受复弯矩最大），其糟朽超过椽径 1/4 时应更换。不超过此限度可补钉牢固即可。

（3）飞椽将糟朽部分剔净后，椽头与椽尾比例不小于 2 倍时可继续使用。小于此限度时更换。

（三）柱子墩接

宗印殿室内柱子根部向上糟朽高度不超过 1/3，采用巴掌榫墩接。方法是先将柱子的糟朽部分截掉，选取相同直径的干燥落叶松，将需接在一起的柱料各刳去柱子直径的 1/2 作为搭

接部分，搭接长度为300mm，两端头做半榫，防止搭接部分移位。两木料相交接部分刷鱼皮胶粘接。分别在搭接的部位和搭接中间的部位剔三个宽40mm、厚4mm的浅槽，用宽40mm、厚4mm的铁箍绑定，保证铁箍与搭接木料面平齐，铁箍相搭接处用螺栓固定。

（四）木装修整修

木装修安装原制式，采用整修挖补，窗扇整修要用胶、加楔，调方找正。窗扇残损和局部糟修部位，用烘干红松或原窗木种进行挖补。挖补时要根据要根据损坏大小做成几何形状嵌补严实、表面光滑。

三、地仗

根据各建筑油饰现状损坏情况，按照设计要求重做油饰的，为保证油饰工程质量，均应先进行地仗整修。普乐寺保护修缮工程除通梵门没有做地仗油饰外，其余各建筑的外檐都重新进行了地仗油饰，其中碑门殿、天王殿、山门殿、钟鼓楼等室内也进行了地仗油饰。

古建筑不同木构件的地仗做法要求是不相同的，一般柱、梁、枋、槛框、边抹做一麻五灰地仗；椽望、连檐、瓦口等做三道灰；装修棂条单批灰地仗。本文仅以一麻五灰地仗为例介绍普乐寺地仗施工工艺流程。

（1）斩砍见木

将旧灰皮全部砍挠去掉至木纹，用小斧子将木构件表面砍出斧迹，砍挠时要横着木纹砍，不得损伤木骨，注意不要破坏线口。挂有水锈的木件要砍净挠白，木件翘岔应钉牢或去掉。基层处理完要及时清理周围灰皮油皮，并做好柱基、槛墙等的保护工作，即柱基、墙等用纤维素溶液糊纸做保护。

（2）汁浆。木件砍挠打扫后，汁油浆（稀底子油）一道将木件全部刷严，缝内也要刷到。

（3）捉缝灰。油浆干后用笤帚将表面打扫干净，将捉缝灰用铁板向缝内横披竖划，使缝内油灰饱满，严禁蒙头灰。如遇铁箍，须紧箍落实，并将铁锈除净，再分层填灰，不可一次填平。木件有缺陷者，用铁板衬平借圆，满刮靠骨灰一道，有缺楞掉角者照原样补齐，线口鞦角必须贴齐。用铁钉子扎木件上的油灰，扎不动就算是干透了，之后用磨石磨之，并用铲刀修理整齐，用笤帚扫净，用水布掸去浮灰。

（4）扫荡灰（通灰）。三人一组，分别做上灰、过板、找灰。即第一人用皮子上下反复复上灰，要用较干的油灰，捋灰入木骨，然后在捋过的灰上覆第二遍灰。第二人随着用特制的板子刮平、刮直、刮圆。第三人用铁板找细，检查余灰和落地灰，把木件上的油灰找得达到要求的平直度。这道灰的厚度为2mm以木件表面的最高点为基点计算。油灰风干后，用磨石磨去飞翅及浮粒，打扫干净过水布。

（5）披麻。分开头浆→粘麻→轧干压→潲生→翻虚→水轧→修理活7道工序。

a. 开头浆。用糊刷往木件的扫荡灰上刷抹披麻油浆，浆的厚度约3mm。

b. 粘麻。将梳好的麻粘于其上，要横着木纹粘。遇到交接处和阴阳角处，也要按缝横粘，麻的厚度不小于2mm，要

均匀一致。

c. 轧干压。随铺麻随用麻轧子将麻丝轧实、轧平、轧麻的顺序是先轧鞦角接缝，之后轧边线，轧大面，逐次压实，直到表面没有麻茸为止。要注意鞦角不得翘起，不得崩鞦。

d. 潲生。以4成油满和6成净水混合调匀，刷涂于麻上，以不露干麻为限。

e. 翻虚。随潲生随用小钉或麻压子尖将麻翻虚，以防内有虚麻和干麻。

f. 水轧。翻后再行压实，并将余浆轧出，防止干后发生空缝起鼓现象。

g. 修理活。水轧后再复轧一遍，认真检查，如出现棱角松动、局部崩鞦的现象，及时修整补齐。

h. 磨麻。油浆和麻丝自然风干后用磨石磨之，使麻茸浮起。不得将麻丝磨断。

i. 压麻灰。打扫干净湿布抽掸后，用皮子将压麻灰涂于麻上轧实。再度覆灰，厚度约2mm，用板子顺麻丝横推裹衬，过平、过直、过圆。遇装修边框线角，要用专用工具在灰上轧出线角，粗细要匀、直、平。待灰干透后，用石片磨去疙瘩、浮仔，湿布掸净浮尘。

j. 中灰。用皮子将中灰在压麻灰上满溜一道，之后覆灰一道，再用铁板满刮靠骨灰，收灰，刮平，刮圆。总灰厚为1~1.5mm以压麻灰为基点计算。中灰干透后，把板痕、接头磨平，湿布掸净浮尘。

k. 细灰。细灰是最后的一道灰，特点在细。用铁板在中灰层的棱角、鞦线、边框上刮贴一道细灰，找直、找齐线路，柱头、柱根找齐找严找圆，厚度约1.5mm。梁枋、槛框、板类宽度在0.2m以内者用铁板刮，以外者过板子，柱子、檩条等曲面构件以及坐凳板、榻板使用皮子捋灰，而后过板子，灰厚约2mm，接头要求整齐。细灰的质量要求比较严格。同时，上细灰要避开太阳爆晒和三级以上的风天气候，避免淋雨、着水。

l. 磨细钻生。细灰干后，用油石或停泥砖精心细磨至断斑，要求平者要平、直者要直、圆者要圆。以丝头蘸生桐油跟着随抹随钻，同时修理线角、找补生油。钻生油必须一次钻好，如油沁入较快，可继续钻下去，不得间断，但也不能因钻油过多而发生"顶生"。油钻透后将浮油擦净，防止挂甲。待全部干透后用100目砂布精心细磨，不可漏磨，然后打扫干净（图411-421）。

411 斩砍见木（张炳元 摄影）

412 汁浆（张炳元 摄影）

413 捉缝灰（张炳元 摄影）

414 通灰（张炳光 摄影）

415 披麻（张炳元 摄影）

416 磨麻（张炳元 摄影）

417 压麻灰（张炳元 摄影）

418 中灰（张炳元 摄影）

419 细灰（张炳元 摄影）

420 细灰打磨（张炳元 摄影）

421 钻生（张炳元 摄影）

四、油饰（图 422–424）

在油饰以前，要在磨细钻生的地仗上做一道细腻子，上油的方式与现在油漆刷油不同，要用丝头搓，这样可以节约用油并能确保工程质量。

（一）上细腻子

用铁板在作成的地仗上满刮一道细腻子，反复刮实，接头处不要重复，灰到为止。在细灰地仗的边角、棱线、柱头、柱根、柱鞦处的小缝、砂眼、细龟裂纹，要用腻子找齐、找顺。圆面用皮子挌，叫做溜腻子。曾做过浆灰的地仗用一道细腻子，没有做过浆灰的地仗找两道细腻子，腻子干透了以后用一号或一号半砂纸磨平、磨圆、磨光，鞦角棱线要干净整齐，不显接头，磨成活以后用湿布掸净。

（二）搓油

刷油以前把建筑物内外地面打扫干净，洒上净水，把要刷的构件掸净。

刷油部位不同，使用的工具也不同。上架橡望油饰用丝头搓油，就是拿着丝头沾上油向橡望上擦油，用油栓顺均匀。下架木件只用油栓沾上油就行了，顺着构件抹油（就是抹油来回刷），横着蹾匀（蹾就是把油竖着拉匀），再顺匀，轻轻漂栓（刷去栓的痕迹）。头道油叫垫光油，如果是银朱油饰就用章丹油垫光，其他颜色用本色油。第一道是底油，要刷到、刷匀、刷齐，油的用量要适当，过多会留坠，过薄则不托亮，油干了以后炝一道青粉，再用零号或者一号砂纸磨垫光，磨到断斑（表面无疙瘩），边角棱线都要磨到，而后用干布擦掸干净。

422 二道油饰（张炳元 摄影）

423 罩光油（张炳元 摄影）

424 贴金（张炳元 摄影）

（三）二道油饰

头道油以后如有裂纹、砂眼，可以用油腻子找齐、找平，上油的方法同前。

上油前用干布把木件掸净，用油栓沾上清油一遍成活，不能间断，栓垄要均匀一致，横平竖直。

椽望油饰的颜色，绿椽肚占椽带的1/3，椽根占椽子全长的（10~13）%。凡有彩画就有绿椽肚，无彩画就无绿肚。有闸挡板就有椽根，没有闸挡板就没有椽根。椽根要刷得整齐一致。

（四）罩光油

在油饰表面罩光油两道。

油饰以后的表面要达到不流、不坠、颜色交接线齐整、无接头、无栓垄、颜色一致、光亮饱满、干净利落。

注意：熟桐油不掺不兑直接用在罩光油。配成的各种油料要过一遍细箩，拿牛皮纸盖严备用。洋绿、佛青、石黄等颜料均属毒品，要采取措施妥善保管。擦油用过的麻头、盖油用过的牛皮纸燃点很低，在夏季的烈日下可能自行燃烧，用过以后应该立即销毁。

（五）贴金

普乐寺保护修缮工程不包含彩画部分，贴金主要是对装修边抹、边框、裙板、余塞板及六角菱花扣上贴库金。

五、细墁地面

（一）材料要求

（1）砖应砍包灰和转头肋，转头肋宽度1cm。

（2）方砖要选择比较细致的一面（水面）作为砍磨的正面，比较粗糙的旱面墁地时应朝下放置。

（3）陡板砖要先铲磨大面，然后砍转头肋，四个肋要互成直角。

（4）方砖要作成盒子面。

（二）施工工艺

施工顺序：垫层处理→抄平→冲趟→样趟→揭趟、浇浆→上缝→铲齿缝→刹趟→打点→墁水活并擦净→钻生

（1）垫层处理。用灰土夯实作为垫层，另铺一层砖仍作垫层，灌一次生石灰浆。

（2）按设计标高抄平，室内可在四面墙上弹出墨线（标高以柱顶盘为准），廊心地面向外做出泛水。

（3）冲趟。在两端拴好曳线并各墁一趟砖叫"冲趟"，室内方砖地面，应在正中再冲一趟。

（4）样趟。在两道曳线间拴一道卧线，以卧线为标准铺泥墁砖，泥不要抹得太平太足（应为"鸡窝"泥）。砖要平顺，缝要严密。

（5）揭趟、浇浆。将墁好的砖揭下来，泥的低洼处进行补垫，然后在泥上从每块砖的右手位置沿对角线向左上方浇洒白灰浆。

（6）上缝。用"木剑"在砖的里口砖棱处抹上油灰（为确保灰能粘住，即不"断条"，砖的两肋要用麻刷沾水或用矾水刷湿，刷水的位置要稍靠下，不要刷到棱上），然后把砖重新墁好，以礅锤木棍朝下在砖上连续截动前进（即上缝）。将砖矫平矫实，缝要严，砖棱要跟线。

（7）铲齿缝（又叫墁干活）。用竹片将表面多余的油灰铲掉（即起油灰），之后用磨头或砍砖斧子将砖与砖之间的凸起部分磨平铲平。

（8）刹趟。以卧线为标准，检查砖棱，如有多出，要用磨头磨平。

（9）打点。地面全部墁好后，若砖面上有残缺或砂眼，用砖药打点。

（10）墁水活并擦净。重新检查地面，若有凸凹不平，用磨头沾水磨平，然后擦净。

（11）钻生

a. 钻生。地面完全干透后，在地面上倒桐油，油的厚度可为30mm左右，同时用灰把来回推搂，钻生时间可长可短，重要的建筑应钻到喝不进去的程度为止。

b. 起油。多余的桐油用厚牛皮等物刮去。

c. 呛生（又叫守生）。在生石灰面中掺入青灰面，拌合后使颜色近似砖色，然后将灰撒在地面上，厚30mm左右，停滞一定时间后，适时刮去，用麻头擦净。

（三）技术要求

（1）室内地面。群庑地面施工时按室内地面施工要求进行施工，因为群庑地面原来为僧房，属于室内地面，后被军阀毁坏。

室内地面施工时，在室内正中栓两道互相垂直的十字线（冲趟后撤去），目的是为砖的走向与房屋轴线保持平行，并将中间一趟砖安排在室内正中。砖的趟数应为单数，如有"破活"应安排到里面和两端，门口附近必须是整活，门口正中为一块整砖。

（2）散水。散水要有泛水（拿栽头），里口应与台明的土衬石找平，外口应按室外海墁地面找平。由于土衬石为水平面室外地面并不水平，因此散水的里、外两条线不是在同一个平面内，即散水两端的栽头大小不同。散水转角排砖时，应从角部位开始，以出角能排出好活为原则，"破活"赶到窝角部位，即保出角，扔窝角。

（3）甬路。甬路用方砖铺墁，趟数应为单数。甬路要有泛水，其散水则更低，散水外侧应与海墁地面同高。大式甬路以十字缝为主，小式甬路多为"筛子底""龟背锦"而不用十字缝作法。

（4）海墁地面。方砖甬路与海墁的关系是"竖墁甬路横墁地"，即甬路砖通缝与甬路平行，海墁砖通缝与甬路垂直（方砖甬路尤如此）。排砖应从甬路开始向两边排，"破活"要安排到院内最不显眼处。同时还要考虑全院的排水问题，廊子泛水不小于3%，院外泛水不小于5%。

（5）做旧处理。局部挖补的新地面砖棱角分明，与长期磨损的现有旧地面砖形成了较大的反差，而且也容易绊倒游客，所以对新地面砖的棱角部位需要进行手工打磨做旧，使新旧墁砖接茬平顺自然，外观效果协调一致。

（四）质量要求

（1）细墁地面。地面美观整洁，颜色一致，棱角完整，表面无灰浆等赃物，油灰饱满，缝子严实，宽窄一致，真砖实缝。

（2）海墁地面。表面整洁，无缺棱掉角，颜色基本一致，砖缝宽窄均匀，首缝严实、平正，压缝直顺，深浅一致。

（3）钻生。钻生饱满，表面油皮起净，砖表面无损坏现象，墨色均匀一致，烫蜡均匀，表面光亮洁净。

（4）地面泛水。地面平整、和缓、均匀、自然，细墁相邻砖表面高低差不超过1.5mm，并做到无积水（图425-429）。

425 垫层处理（张炳元 摄影）

426 试墁（张炳元 摄影）

427 泼浆（张炳元 摄影）

428 上缝（张炳元 摄影）

429 铲齿缝（张炳元 摄影）

六、石构件整修

（一）石活归安

当阶条、陡板、踏跺、垂带等石活构件发生移位或歪闪可进行归安。归安时拉线，找直找正。石活可原地直接归安就位的应直接归位，不能直接归位的可拆下来，把后口清除干净后再归位。归位后应进行灌浆处理，最后打点勾缝。

（二）石活修补、补配

当石活出现缺损或风化严重时可进行修补、补配。

（1）剔凿挖补。将缺损或风化的部分用錾子剔凿成易于补配的形状，然后按照补配的部位选好荒料。后口形状要与剔出的缺口形状吻合，露明的表面要按原样凿出糙样。安装牢固后再进一步"出细"。新旧槎接缝处要清洗干净，然后粘接牢固。面积较大的可在隐蔽处荫入扒锔等铁活。缝隙处可用石粉拌和粘接剂堵严，最后打点修理。

（2）补抹。将缺损的部位清理干净，然后堆抹上具有粘接力并具有石料质感的材料，干硬后再用錾子按原样凿出。传统的"补配药"的配方是：每平方寸用白蜡一钱五分、黄蜡五分、芸香五分、木炭一两五钱、石面二两八钱八分。石面应选用与原有石料材质相同的材料。上述几种材料拌合后，经加温熔化后即可使用。

（三）石活添配

石活构件严重风化或破损严重的，要经主管部门认可，可进行添配。更换时要拉通线。石活就位前应适当铺坐灰浆，下面錾好石块，以便撤去绳索，然后去掉石块，用撬棍将石活就位，跟线找直找正找平、垫稳。踏跺子口上层的石活压在下层的子口上，通过"背山"用石块将石材垫平垫稳。踏跺短向略泛水，以免积水，找好后缝子用麻刀灰勾抹好，灌浆前宜先灌注清水，利于石料附着粘接。确保灰浆的饱满程度，灌浆至少应分三次，第一次较稀，以后逐渐加稠，每次应在四小时以上，灌完后应将石面冲洗干净。新补配的石材棱角分明，需要进行手工打磨做旧，使新旧石构件接茬平顺自然，外观效果协调一致。

（四）石活打点勾缝

打点勾缝一般用于台明石活。当台明石活的灰缝酥碱脱落或其他原因造成头缝空虚时，石活很容易产生移位。打点勾缝是防止冻融破坏和石活继续移位的有效措施。当石活移位不严重时，可直接进行勾缝，勾缝用"油灰勾抹"。如果石活移位较严重，打点勾缝可在归安和灌浆加固后进行。打点勾缝前应将松动的灰皮铲净，浮土扫净，必要时可用水洇湿。勾缝时应将灰缝塞实塞严，不可造成内部空虚。灰缝一般应与石活勾平，最后要打水槎子并扫净（图430-435）。

430 劈石（王博 摄影）

431 弹线（王博 摄影）

432 加工（王博 摄影）

433 加工（王博 摄影）

434 过斧（王博 摄影）

435 花锤（王博 摄影）

七、墙体抹灰

普乐寺各古建筑墙体上身红灰残坏较为严重，本次工程进行了全面整修，具体施工过程如下：

（一）除铲

抹灰前需铲除酥碱空鼓的旧灰皮，露出糙砌墙体，对于局部酥碱空鼓的部位采取小铲或凿子将酥碱部分局部剔除干净。

（二）钉麻揪

在墙面上每约 1m² 面积内，钉麻揪一束，麻揪长 40~50mm，间距 40mm，纵横错开，采用 5 寸钉钉牢墙面，横竖拉线，先顺竖线抹出方道灰梗与拉线齐平，各条灰梗抹齐后开始抹灰，用平尺板以灰梗找平。

（三）抹灰

抹灰的灰浆使用红土麻刀灰。配比为白灰：红土：麻刀 =100：25：7。

（四）刷浆

基底打磨，涂刷红土浆二道，赶光压实。

第八节　施工中的重要发现

一、宗印殿正脊文字题记

宗印殿是普乐寺的主体建筑，面阔七间，进深五间，重檐歇山琉璃瓦顶。宗印殿的建筑样式虽然是比较标准的官式建筑，但是屋顶的吻兽和脊却没有使用标准的官式构件，而是专门设计成精美的琉璃花脊。其中宗印殿正脊正中是琉璃喇嘛塔，两侧由 8 条琉璃行龙相对组成，每条行龙背负一件琉璃八宝。在宗印殿屋顶修缮时发现，行龙身上的琉璃构件上面有汉字题记。这些题记都刻在琉璃构件最上面的琉璃胎体上，笔画边缘的胎体有略微隆起，题记上有釉面，说明是在烧制琉璃素胎前，胎体还比较柔软时用利器刻上的文字，入窑烧制素胎后再上釉。字体共有 9 个不同的字，自北向南分别是"春、花、地、雯、生、之、元、天、黄"，每个字对着一条行龙，其中"生"字对应着正中的琉璃喇嘛塔（图 436）。

经过研究分析认为，宗印殿正脊的 8 条琉璃行龙样式和造型基本相同，但由于是手工雕刻，细节纹饰却差异较大，而且每条琉璃行龙构件过长，为了烧制、运输和安装的方便，又都是由 4 块琉璃构件左右拼合而成。这些题记就是在烧制和运输琉璃构件时，窑工为了防止构件混乱造成纹饰不能拼接顺直，

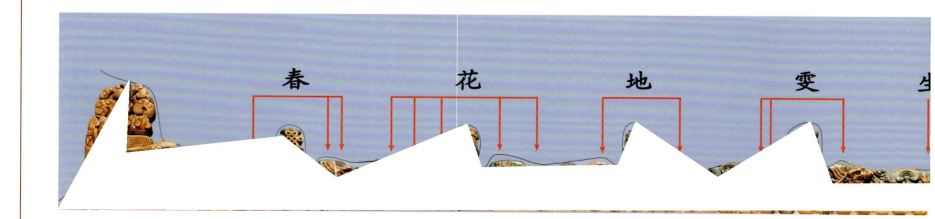

将一组构件中的相邻组件用文字进行标记，安装时可以按照文字标记对号入座，以提高工作效率。按照这一规律，每条行龙的四个组成构件都应该至少有一个文字标记。但由于部分琉璃构件后期缺失，进行过更换或补配的，则没有了原始的标记；也有些琉璃构件的上面经过了后期对局部残损琉璃的修补，只保留文字的部分笔画。目前9种题记保留完整的共计21个字。其中北侧第二条"伞"下面的行龙文字标记最为完整，4块构件上有5个"花"字标记，其中有1块构件上有2个"花"字。其他7条琉璃行龙至少都保留了1-3个相同的文字标记。

从历史照片看，普乐寺宗印殿在20世纪70年代虽然屋顶严重渗漏，檐头局部坍塌，垂脊和垂兽大量缺失，但是正脊却保存相对完好，只有南侧缺失少量琉璃构件。在1979—1982年大修时，仅是对少量缺失的琉璃构件进行补配，粘补了局部缺失的琉璃件，对正脊进行整体加固，能够使用的原有构件尽可能都原位复原，对正脊整体干扰不大，所以凡是目前带有文字标识的琉璃构件基本上能够确定是清代的原有构件。

普乐寺宗印殿只在正脊的琉璃花脊上发现了文字题记，垂脊、围脊、岔脊都是使用重复相同卷草纹琉璃构件，不存在严格的位置顺序关系，所以没有进行文字标注（北京香山昭庙的垂脊琉璃构件为了更准确精细的体现瓦面囊度也进行了文字标记）。宗印殿的琉璃八宝、脊刹、垂脊目前也没有发现文字标注，也有可能标注在了构件内壁上。

此外，这次维修期间，在普乐寺天王殿正脊上，也有"万字五号""万字六号"的题记，作为天王殿流云纹琉璃正脊的编排顺序。

除了普乐寺，承德其他皇家寺庙也有发现琉璃上的文字题记。如溥仁寺慈云普荫殿的正吻分别标注了"溥仁天"和"溥仁地"。避暑山庄广元宫标注了"神门二层是字三号""神门一字右"等。排序规律有的使用"一二三四五"，有的使用天干地支。是用什么进行标记完全取决于琉璃工匠自己的喜好，只要便于区别构件部位及顺序即可。

在北京的古建筑中也有使用类似标记对琉璃构件进行标识的，但一般是使用千字文作为排序的依据。如"天地玄黄，宇宙洪荒，日月盈昃，辰宿列张"。清代因为避讳康熙皇帝名字里的"玄"字，将"天地玄黄"，写作"天地元黄"，那么宗印殿这9个字中有"天地元黄"是符合千字文的，"雯"字在千字文中没有出现，另外4个字虽在千字文中出现，但位置相差很远。而且这4个字在正脊上的排列位置也与千字文不同。所以"黄、天、元、之、生、雯、地、花、春"应该还有其他的含义，这还需要进一步考证研究。

二、普乐寺庙前广场

2011年秋天，在清理普乐寺山门西侧庙前广场时发现，山门西侧石狮子所在的月台以西（现在停车场的位置）还有一层清代的月台，这层月台东西宽38.48m，南北长92.72m。月台西、南、北三面外缘保留着2圈红砂岩压面。压面的断面尺寸相同，均为460×180mm，中到中相距2.62m，但外圈压面安置在月台外侧的毛石台帮之上，内圈压面下面均没有砌筑基础，只是平放在夯实的素土之上。月台西侧正中设有礓磋一道，高0.30m，长13.10m，宽1.53m，保存较好。礓磋与月台的压面在

436 宗印殿正脊文字题记（陈东 摄影）

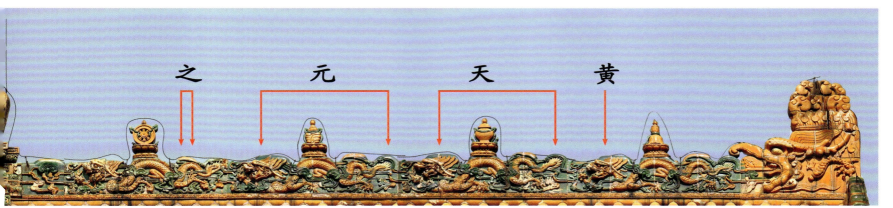

436 宗印殿正脊文字题记（陈东 摄影）

清末老照片还能够清晰的看到，从礓磜向下有一条土道通往溥仁寺和溥善寺。此道路现已不存，变成了阶梯状菜地和林地。在清代的宫廷绘画中可以看到，这层月台的外圈安置有木质挡众木。经查文献档案，嘉庆四年八月"普乐寺山门外挑换糟朽挡众木二十三架"。嘉庆二十三年十月十五日，嘉庆朝工程档案记载"普乐寺挑换挡众木二十八架"。估计是为了防止挡众木腐烂，将其放置到2层压面之上以利于排水。具体做法与清代在避暑山庄丽正门南面广场四周的挡众木相同。

乾隆皇帝在诗文中描写普乐寺"兹寺以西陲大功告成，自丙戌春经始丁亥秋藏工，嗣后每岁各蒙古王公扎萨克及卫拉特各部分班来觐者，无不仰瞻欢喜，如游春台化宇"。庙前这2层广场应该是在普乐寺举行宗教仪式的活动场所。月台外一圈挡众木用以标示这一区域是皇家禁地，闲杂人等不得入内。

目前，普乐寺的寺庙范围西侧只划定到山门西侧女儿墙，鉴于清代普乐寺的范围包括挡众木之内的第二层月台，故应按照此范围重新调整普乐寺的文物保护范围（图437，438）。

437 清淤后发现的用于安放挡众木的条石压面和连接清代庙前主路的月台礓磜（陈东 摄影）

438 文渊阁版《钦定热河志》插图中的普乐寺图表现了挡众木和栅栏门的样式

三、栅栏门

普乐寺山门的第一层台地称为阅台，或者月台，长18.5m，宽93m，周围砌低矮的宇墙（女儿墙），在宇墙中对称建7座栅栏门，其中正面对着山门设3堂，其两侧对着腰门分别各建1堂，南北两侧出口各1堂。嘉庆二十三年十月十五日，清代工程档案记载"挑换挡众木、栅栏门，刨筑灰土海墁，拆墁月台、丹陛、院内砖石海墁甬路散水，石座见新"，嘉庆朝工程档案记载"普乐寺挑换挡众木二十八架；栅栏门三座"。这里的栅栏门指的就是山门阅台前的7座门。在清代普乐寺的宫廷绘画里也准确体现着这些木栅门的位置和做法（图438），但现在木制栅栏门现已不存，仅存凝灰岩宇墙角柱门口及前礓磋坡道和宇墙（图439）。从历史照片分析，20世纪20年代时这些宇墙还保留较为完整，20世纪30年代的历史照片显示宇墙已经全部坍塌，角柱散落在周围地面。所以现在的宇墙应该是在1982年大修时重新砌筑的，但目前现存7座栅栏门的门口地面石材和宇墙角柱上面都保留着原来木栅门的榫位，可以推测这些构件还是清代原有的构件，根据这些信息可以复原出这7座栅栏门的历史原貌。

此外，安远庙门前也有类似的栅栏门，但从现存宇墙角柱看，安远庙栅栏门的高度要远高于普乐寺。

439 普乐寺庙栅栏门门口的榫位（陈东 摄影）

四、阁城内部结构做法

2012年春天，在阁城二层北侧地面施工时发现墁地砖下的灰土垫层上有多道裂缝，裂缝下部一直贯通至阁城下面的券洞内。为了查明裂缝深度和产生裂缝的原因，在承德市文物局考古队的配合下，在裂缝附近选定试验点向下探挖探方。经过探方可以确定阁城二层地面及下面台体内部的结构做法如下：

（1）条砖细墁地面厚85mm（现状为水泥砖，原有条砖80年代调换至阁城三层地面使用）。

（2）灰土结合层（砌筑层）厚70mm，已经严重酥松。

（3）城砖糙墁层厚95mm（城砖尺寸有2种规格95×440×220mm，10×420×210mm，城砖四肋有加工过包灰的痕迹，城砖含水量极大，接近饱和状态）。

（4）灰土结合层厚（砌筑层）50mm，十分潮湿，强度较低。

（5）4步灰土垫层，每步厚160mm，强度较高，裂缝以外区域整体性较好，但含水量较大，接近饱和。

沙城砖砌筑层，水分已通过裂缝渗透到墙体内部，此层也较为潮湿。

以上结构说明阁城二层地面有2层墁地砖层，其下是4步灰土，主要用于防水，再下为沙城砖砌筑的台体。台体外面整体包砌红砂岩条石。

乾隆五十九年三月初八日对普乐寺进行大修，"普乐寺旭光阁圆式亭一座拆盖，改换柏木鑚金柱，挑换枋桁大木，俱已做得。现在成做方台，安砌大料石，背砌砖块"。由此可以确定阁城在这一年曾经进行过全面拆安，内部结构主要是"背砌砖块"，外部为"安砌大料石"。现场勘查的结果与文献记载相吻合。

这种台式建筑的内部结构承德现存古建筑及遗址主要有2种做法。一种是内部为多步素土或者灰土夯实，外面包砌料石，如广安寺的主殿、避暑山庄乐成阁；另一种是内部为条砖糙砌灌热浆灰，外面包砌料石，如避暑山庄秀起堂月台、普乐寺阁城。前者成本较低，但台体容易渗漏，耐久性较差；后者成本较高，但整体性好、砌体强度高、白灰灌浆后防水防潮效果好，比较坚固耐久。普乐寺这次大修进行的这样的做法，主要目的是防止阁城渗漏造成危及台体安全。

4步灰土垫层在进行考古探方时发现整体性较好、强度非常高，经过实验室抗压检测，平均抗压强度相当于C15混凝土的强度。从试块成分分析，这四步灰土的含灰比例非常高，远远高于常用的4：6灰土（40%），白灰比例高达80%，而且经过仪器监测，成分中含有大量的淀粉，应该是在灰土中加入了糯米浆。大比例的白灰并添加了糯米浆有效地提高了灰土的强度和防渗性能。在探坑回填时，也依旧采用8：2灰土加糯米浆的做法分步夯实进行回填。

五、梁架内题记

在旭光阁修缮过程中对天花内补充勘察时发现，很多上架大木上面都有用毛笔书写的题记，这些题记的内容有"元亭西北角二层通柱""上言后金方""北面明间上金"等。这些题记主要是为了在大木制作安装时可以准确标记不同木构件的名称和位置，保证构件连接时榫位不容易混乱，以提高工作效率。

由于旭光阁天花内大木构件是不露明的，除了太平梁外都不需要进行地仗和油饰彩画，所以这些墨迹题记都能够完整的保留下来。此外，部分木构件上面还保留清代大木制作过程中木工弹的墨线和有关标记。这些方法口传心授、代代相传，现代的古建筑修缮的木匠师傅也一直传承着这些施工细节（图440）。

这些题记和标记体现了当时清代古建筑木作工程施工的技术、方法和工作技巧，对研究中国古建筑木作传统施工工艺的历史和传承具有重要价值。

六、太平梁彩画

在旭光阁天花内补充勘察时发现，旭光阁二层攒尖顶太平梁上面保留有完整的清代彩画，虽历经200余年，仍然色泽鲜艳，画工精美（图441）。由于旭光阁二层设有藻井和天花，藻井和天花以内的梁架结构并不露明，所以没有必要进行地仗油饰和彩画，但是按照中国建筑营建传统，一般在主体建筑大木安装的最后一步要选择黄道吉日举行"上梁"仪式，之后在明间脊檩垫枋上面绘制"脊檩彩画"，祈求吉祥、驱凶辟邪。由于旭光阁属于攒尖顶建筑，没有正脊檩，所以将彩画绘制在太平梁上。按照文献记载，旭光阁清代最后一次落架大修是乾隆五十九年（1794年），所以旭光阁太平梁彩画的年代应为乾隆末年。

承德其他古建筑也保留有类似的"脊檩彩画"，如溥仁寺的慈云普荫殿、殊像寺的会乘殿、避暑山庄的烟雨楼、文津阁、澹泊敬诚殿等，这些彩画大部分是清代乾隆和嘉庆时期绘制的，虽然风格各异，但都有相同的基本规制要求，和普通的外檐檩垫枋彩画有很大的不同。以旭光阁太平梁为例，彩画下面只做了单披灰地仗，彩画的画面中心是圆形的红底"包袱"，"包袱"正下方圆形白地内用墨线绘制阴阳八卦，八卦四周每面各绘2条片金二龙戏珠，龙的周围点缀蓝绿色攒退祥云。"包袱"边镶边自内向外分别装饰白色连珠、红青绿三色相间攒退如意云、红青绿三色相间火焰。"包袱"外找头内绘制绿地各色花卉，有菊花、荷花、海棠、牡丹、石榴、月季等。彩画最外端是蓝底金线素箍头。

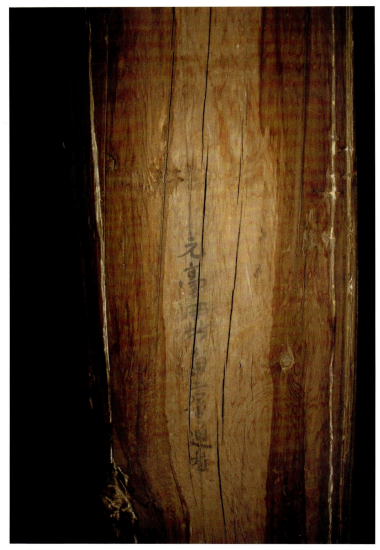

440 旭光阁梁架内题记（陈东 摄影）

通过对旭光阁太平梁彩画脱落的细小颜料碎片进行实验分析，确认其中的红色使用的是传统的红朱颜料，青蓝二色为石青和石绿，白色为铅白，二龙戏珠的贴金采用的是纯度为99%的库金箔。

旭光阁太平梁彩画色彩艳丽，画工精美，具有独特意义，是研究清代彩画技术和艺术的重要实物。

441 旭光阁太平梁彩画（陈东 摄影）

七、琉璃竖井

在普乐寺阁城三层排水系统的修缮过程中发现，三层排水暗渠的做法和一层、二层有很大区别。在阁城三层地面边沿四周均有石质的排水槽，每面排水槽有 2 个竖井排水沟直通下面的铜质排水槽。竖井排水沟直径 160mm，深 1300mm，最上面与排水槽相连的部位是石质的，其下面几层均为琉璃构件组成。这种琉璃构件并不是完整的圆筒形，为了烧制方便，一个圆筒形构件是由 2 个半圆形构件拼合而成的，拼成的排水桶剖面外壁为六边形、内壁为圆形，每个圆筒形构件上面有突出 20mm 的卡槽，下面有凹进 20mm 的卡槽，上下相邻构件正好能够插接严密。在普乐寺北侧的五窑沟遗址中，曾发现与这种琉璃竖井完全一样的琉璃构件（图 442），由此可以断定，普乐寺至少有一部分琉璃构件是在五窑沟就近烧制的，以节约建筑构件的运输成本。

442 五窑沟遗址琉璃筒壁构件（陈东 摄影）

八、室外细墁

在古建筑传统墁地砖做法中，一般室内建筑等级做法要求较高，为细墁地面，需要对砖的四个肋进行砍磨加工，墁地砖之间的缝隙要小于 2mm；室外一般为糙墁地面，只使用没有经过加工的糙砖进行铺墁。但是在普乐寺室外地面局部揭墁施工时发现，普乐寺月台与二进院保留的清代海墁地面和各建筑的散水均采用的是细墁地面的做法（图 403）。由于年代久远造成的长期磨损风化，从外观上看地面砖间的灰缝较大，但所有墁地砖的四个肋都有砍磨包灰的痕迹，砖缝间有座砌白灰浆的痕迹。由此可以断定，普乐寺的室外道路和散水的做法要求也为细墁地面的做法。同样，在普佑寺、溥仁寺、普宁寺、避暑山庄碧峰寺（图 443）、福寿园等寺庙和园林原始的室外道路和散水的勘察中也发现均为细墁地面做法。由此可见，这种室外墁地砖细墁的做法是承德皇家建筑的统一做法。

九、旭光阁大连檐错误

在旭光阁瓦面施工时发现，旭光阁下檐大连檐与瓦口做法有误，致使雨水非常容易淋湿大连檐，形成"尿檐子"，目前已经造成大部分大连檐与瓦口油饰地仗起翘、脱落，局部木基层严重糟朽（图 444）。在古建筑传统工艺中，大连檐应该垂

444 旭光阁大连檐做法错误容易造成"尿檐"

443 避暑山庄碧峰寺清代室外细墁地面（陈东 摄影）

直于飞椽安置，瓦口在大连檐上铅垂安置，瓦当滴水探出大连檐与瓦口，防止雨水淋湿椽望造成糟朽。但是旭光阁下檐大连檐与瓦口均是铅垂安置，使瓦当滴水无法探出飞椽头，所以很容易被雨水淋湿。出现这样的错误有可能是在以前的大修过程中木工工匠将大连檐制安错误，纠正这个错误做法需要将下檐檐头重新揭瓦，重新制安连檐瓦口，将檐头底瓦和下檐全部筒瓦重新瓦瓦，或者定制部分较长的筒瓦更换檐头筒瓦。但由于旭光阁下檐瓦面整体保存较好，而且飞椽和连檐瓦口糟朽情况并不十分严重，此次维修只是更换了严重糟朽的飞椽和连檐瓦口，重新进行地仗和油饰保养，希望在下次旭光阁大修时能够纠正这一错误做法。

十、顺铺望板

在 1979—1983 年对普乐寺维修期间发现，所有古建筑的望板均为顺铺望板（图 445），厚度均在 30mm 以上，宗印殿望板厚度 35mm。但由于与当时维修经费相对较为紧张，文物保护理念还不成熟，所有更换的望板都调整为横铺望板，厚度约为 28mm。此外，所有檐口的飞椽部位均为里口木做法，当时对保留较好的钟鼓楼等建筑的檐口部位依旧采用里口木做法，但宗印殿、山门、天王殿已经全部改为闸挡板的做法。

十一、包镶柱做法

普乐寺和承德其他寺庙一样，天王殿、宗印殿、旭光阁等大型建筑的柱子均采用了包镶的做法。包镶柱，顾名思义，是在木柱之外，再包裹一层厚木板，使其柱径增大的一种做法。包镶柱的产生是因为到了清代，由于林木资源的匮乏，大型建筑已经很难找到柱高和柱径都能够达到标准的木材，所以为了满足设计要求，包镶柱就孕育而生。古代工匠们在确保木柱承重能力的前提下，选取柱径尺寸不够达标但高度合适的木材制作木柱，然后用厚木板枋按弧度在柱子外面包裹，再用扁铁加铆钉打数道铁箍加固包镶板枋，使柱径达到需要的尺寸，最后再用地仗和油饰遮盖装饰，这就是包镶柱的构造。

经过材料检测分析，普乐寺的柱芯一般采用木材坚固耐用的油松，外面包镶因为可以采用木材的边角料，则没有严格要求，有油松也有云杉。一般包镶的厚度在 5-10cm 左右，拼板的宽度为 5-10cm，每层包镶的长度在 1m 左右，上下端部用铁箍箍牢。铁箍为手工打制，一般宽 8-10cm，厚 3mm，周圈和接缝处用 5-6 个包镶钉钉牢（图 446）。

中国木构建筑营造技艺在清代达到最高峰，并制定了皇家规范。在由我国著名古建筑学家梁思成和林徽因先生收集、整理、研究出版的《清式营造则例》中记述，清代官式建筑的斗口和柱径是建筑各部分构件尺寸的基本权衡单位。每座建筑的开间、柱高，甚至是每一个构件尺寸，都与这座建筑的斗口或檐柱柱径有着最恰当、最完美的比例关系，这种构架的比例关系称为"法式"。按照法式构建的古建筑外观庄严稳重，同时也促进了建筑施工的标准化和装配化。但法式只是清代官式建筑设计和施工的参考标准，实际营造建筑时并不一定完全按照法式实施，存在一定的灵活和变通。从普乐寺各建筑柱径和开

445 普乐寺清代的顺铺望板做法（引自承德市文物局档案馆 1981 年工程档案 张生同 摄影）

间、柱高的比例关系可以发现，普乐寺各主体建筑的柱径明显大于正常标准，这样的设计使其显得更加庄严气派。也正因为如此，这些建筑很难找到合适的木材，只好采用包镶柱的做法。

由于清代广泛使用包镶柱做法，使建造一些大型建筑成为可能，由此在中华大地上建造了众多辉煌的古建筑群，这是古代劳动人民的聪明智慧的充分体现，也给我们留下了丰厚的建筑文化遗产。

十二、大木做法的权衡关系

中国古建筑根据建筑等级和做法可分为大式建筑和小式建筑两种类别，对于普乐寺这样的高等级皇家寺庙，每个建筑都有斗拱，属于大式建筑。按照一般要求，大式建筑的大木构件尺寸应该按照斗拱的斗口尺寸进行权衡，但从实际数据分析可知，普乐寺各古建筑外檐斗拱均为 2 寸（64 或 70mm）的斗口，但是建筑大木构件的规格等级和建筑体量却差别较大，说明实际上并没有统一按照斗口去权衡所有建筑的大木尺寸。应该只有山门、钟鼓楼等小体量建筑参考了这种权衡关系，其他建筑的大木构件权衡尺寸仍然和檐柱柱径存在着明显的比例关系，而并不是按照实际斗口尺度进行权衡（详见表 18）。也有一种可能，当时是根据建筑体量，在现有外檐斗拱斗口的基础上，提高 1–2 个用材等级去推算大木尺寸。这一特点并不是普乐寺特有的，在承德其他皇家寺庙，甚至中国清代官式建筑中表现的十分突出。承德现存古建筑只有普宁寺的大乘之阁使用的是 2.5 寸（96mm）的斗口，除了牌楼以外，其他建筑的外檐斗拱都是 2 寸（64mm）的斗口，但是建筑开间和建筑体量却千差万别，这种情况下，实际的木构件权衡尺寸可能都是参照檐柱径或提高用材等级去推算断面尺寸。

此外，根据实测数据，普乐寺各建筑的体量权衡，即开间和进深的确定，也不是按照斗拱的模数设计的，而是按照丈尺去设计各建筑位置和尺度，确定建筑开间和进深，最后再根据开间进深尺度去反推各间适宜的斗拱攒数，因此造成每间斗拱的攒当都不相同，而且都不是"法式"中要求的 11 斗口。

446 普乐寺清代包镶柱做法

表 18　普乐寺主要建筑大木构件尺寸权衡表

序号	建筑名称	檐柱径（D）（mm）	柱高（mm）	柱高与柱径关系	大额枋高（mm）	大额枋高与柱径关系	明间开间尺寸（丈）	明间攒当尺寸（斗口）
1	山门	480	3850	8D	380	0.8D	1.3250	9.4
2	钟鼓楼	370	3280	8.8D	340	0.9D	1.0000	10
3	天王殿	440	4410	10D	400	0.9D	1.2125	8.7
4	胜因殿	420	4290	10D	400	0.95D	1.0625	11
5	宗印殿	600	5880	9.8D	580	0.96D	1.3125	9.4
6	碑门殿	380	4290	8D	400	1.05D	1.1125	11.1
7	旭光阁	600	5310	8.85D	550	0.91D	1.5765	11.2

注：小式建筑檐柱高权衡尺寸 11D，檐枋高权衡尺寸 1D，五架梁高权衡尺寸 7 斗口（448mm），五架梁高权衡尺寸 1.5D
　　大式建筑檐柱径权衡尺寸 6 斗口（384mm），檐枋高权衡尺寸 6.6 斗口（422.40mm）

第二章 普乐寺安消防工程

普乐寺安消防设施建于 20 世纪 70 年代，大部分设备、设施已经陈旧、老化、落后，无法适应当前日益严峻的文物安全需要。例如，普乐寺只有主要殿堂展室安装了安防报警系统，但设备陈旧，而且没有专门的监控室，安全保卫主要以人防为主；普乐寺原有消防给水设施已使用 30 余年，设备锈蚀，漏水严重，存在较大安全隐患；普乐寺大部分古建筑和古松都没有防雷设施，雷击起火风险较高。为了进一步改善普乐寺安消防条件，消除安全隐患，全面提升文化遗产安全防范管理水平，承德避暑山庄及周围寺庙文化遗产保护工程中包含了普乐寺安防、消防、防雷 3 项子工程，对普乐寺安消防设施进行全面升级改造。

普乐寺 3 项安消防工程总投资 822 万元，占普乐寺文物保护工程总投资的 23.56%。2014 年 2 月底，3 项工程通过了建设单位、监理单位、设计单位和施工单位四方共同参加的单位工程验收。到 2014 年 3 月，各项工程相继通过了公安部门、消防部门、气象部门验收。2014 年 10 月，国家文物局组织北京中安质环技术评价中心有限公司对包含普乐寺安消防工程在内的避暑山庄及周围寺庙安消防、防雷工程整体进行了竣工检查，总体评价为"整体实施良好，符合文物安全防护要求"，并指出前期准备工作充分，工程管理有序有效，施工过程中出现问题能很好的与文物保护要求相结合，实现了对文物的最小干预。

列入承德避暑山庄及周围寺庙文化遗产保护工程中的普乐寺安消防提升项目共计 3 项，分别是承德普乐寺安防工程、承德普乐寺消防工程、承德普乐寺文物本体防雷工程，施工组织实施情况如下。

第一节　承德普乐寺安防工程

一、项目基本情况

建设单位：承德市文物局、承德文化遗产保护工程指挥部工作办公室

设计单位：河北荣视电子技术有限责任公司

监理单位：承德城建工程项目管理有限公司

施工单位：北京国信桥通信工程有限公司

二、施工组织实施情况

普乐寺安防工程设计方案于 2011 年 3 月呈报河北省文物局和国家文物局进行审批。2011 年国家文物局《关于普乐寺安全防范工程设计方案的批复》（文物督函〔2011〕342 号）原则通过了所报方案，同时提出了修改意见。

2011 年 4 月，按照国家文物局批复要求，设计单位对原方案进行了补充完善和深化细化。2011 年 5 月普乐寺安防工程深化设计方案通过了河北省文物局核准（冀文物发〔2011〕167 号）。2011 年 9 月完成了安防工程招投标工作，工程于 2011 年 10 月开工，2013 年 7 月完工，并顺利通过了公安部门专业验收，于 2014 年 10 月通过了国家文物局组织的竣工检查。2015 年 11 月承德市审计局对工程项目进行最终审计，并于 2016 年 4 月出具政府审计报告。

三、普乐寺安防工程简介

承德普乐寺工程主要是以设备安装和线缆敷设为主。共计安装高清红外摄像机 26 个，红外夜视仪 13 个，四束红外对射 26 对。设备安装过程中，为了不影响文化遗产景区环境同时不干预文物本体，殿堂内安装的设备，能隐蔽安装的设备尽量隐蔽安装，实在不能隐蔽安装的设备，将设备外观颜色改变与周围环境色彩保持一致。安装工艺采取插件和抱箍的方法，不在文物古建筑木质结构植钉。需要在文物古建外墙安装的设备，尽量利用建筑的砖石缝隙安装，将设备安装在隐蔽部位。线缆敷设工序实施过程中，能隐蔽安装的不明敷，能走线槽的不走管线。同时按照专家意见深化设计方案，对设备进行适度升级，确保系统的适度先进性。对寺庙前端周界、防护区和禁区进行安装入侵报警、电视监控、图像和声音复核系统等前端布防设备，配备有线对讲和无线对讲、电子巡查、监控中心图像存储、前端供电系统，对室外设备安装防雷接地设施，建立具有

防范报警、视频跟踪、备案查询、预留升级等功能的全方位、全时段立体监控防范系统，全面排除文物本体、周界存在的安全隐患，满足现阶段及未来安防需要，使人防、物防、技防协调推进，进一步提高文化遗产的安全防范能力，达到国家 1 级风险单位安全防范标准（图 447-449）。

447 新建的普乐寺安防监控室

448 普乐寺旭光阁视频监控系统

449 普乐寺安防备用电源 UPS

第二节　承德普乐寺消防工程

一、项目基本情况

建设单位：承德市文物局、承德文化遗产保护工程指挥部工作办公室

设计单位：石家庄市建筑设计院

监理单位：承德城建工程项目管理有限公司

施工单位：陕西建工集团设备安装工程有限公司

二、施工组织实施情况

普乐寺消防工程设计方案于 2011 年 3 月呈报河北省文物局和国家文物局进行审批。2011 年国家文物局《关于普乐寺消防工程设计方案的批复》（文物督函〔2011〕360 号）原则通过了所报方案，同时提出了修改意见。

2011 年 4 月，按照国家文物局批复要求，设计单位对原方案进行补充完善和深化细化。2011 年 5 月普乐寺消防工程深化设计方案通过了河北省文物局核准（冀文物发〔2011〕169 号）。2011 年 9 月完成了安防工程招投标工作，工程于 2011 年 10 月开工，2013 年 11 月完工，并顺利通过了消防部门专业验收，于 2014 年 10 月通过了国家文物局组织的竣工检查。2015 年 11 月承德市审计局对工程项目进行最终审计，并于 2016 年 4 月出具政府审计报告。

三、普乐寺消防工程简介：

按照国家规范标准，在普乐寺建设蓄水池、发电机房、地下泵房及火灾报警、消防给水系统。根据《建筑设计防火规范（GB50016—2006）》规范规定，在寺庙内增设可靠的火灾自动报警系统、室外消火栓 14 套、200m³ 消防水池 2 个及消防控制室，以消除火灾隐患对普乐寺安全的威胁，更好的保护文物古建筑。依据国家现有消防规范增加有效的火灾自动报警系统、消防给水系统等，以能够实现及时发现和扑救初期火灾，

更好的保护古建筑。在符合 GB50168-2006《电缆线路施工及验收规范》基础上将安防、消防缆合并同一管沟，所有殿堂入线全部改为地下暗线进入殿堂并预留扩容空管，报警线管已到达旭光阁、宗印殿、山门、东西配殿、钟鼓楼、天王殿，并隐蔽进入殿堂。普乐寺消防工程的主要施工内容是以土石方开挖和管道及消防水池、设备用房建设为主。为减少施工对古树、文物基址、园林环境和植被的干预，同时结合承德当地的地理环境和气候条件，在管沟开挖过程中，认真研究图纸，征求专家意见，在保证工程质量和系统性能的前提下，能少开挖的尽量少开挖，能不开挖的做减法，能够合并开挖的尽量合并开挖，按照专家意见采用单管环形网方案，从而尽量减少作业面积。因地制宜，加深消防管沟深度，防止冻害。深化优化施工方案，选择适合文物古建环境内施工的施工工艺和材料。管道敷设过程中，避开古建基址，根据现场实际情况进行适当线路调整。消防水池和设备用房建设施工，在选址方面尽量选择在隐蔽区域，尽量避免新建建筑在文物景区内出现。

（图 450，451）

450 普乐寺消防声光报警器颜色尽可能与古建筑协调

451 普乐寺消防水池施工

第三节　承德普乐寺文物本体防雷工程

一、项目基本情况

建设单位：承德市文物局、承德文化遗产保护工程指挥部
工作办公室

设计单位：天津市防雷中心

监理单位：承德城建工程项目管理有限公司

施工单位：江苏天安防雷工程有限责任公司

二、施工组织实施情况

普乐寺文物本体工程设计方案于 2011 年 9 月呈报河北省
文物局和国家文物局进行审批。2012 年国家文物局《关于普
乐寺防雷工程设计方案的批复》（文物督函〔2012〕249 号）
原则通过了所报方案，同时提出了修改意见。

白塔、月殿、古树木本体进行安装避雷带、引下线、接地装置、
避雷针等。该工程为防直击雷设计，按国家标准《建筑物防雷
设计规范》GB50057-2010 中的第二类防雷建筑物设计，沿屋
脊敷设 Φ10 铜条避雷带，墙角隐蔽处安装 Φ10 铜条引下线，
接地引至接地极，间距不大于 18m，距地面 1.8m 处安装断接卡，
距地面 2.7m 以下采用绝缘套管以防接触电压，接地体埋深不
少于 1m，距离建筑物不小于 3m，每根引下线冲击接地电阻值
≤ 10Ω。在古树顶端提前预放电安装避雷针，其保护范围完
全覆盖所保护古树的树冠，沿树木主干设置引下线，根据树干
大小，每隔 5m 设置环形可伸缩式抱箍及支撑架，内置塑胶垫，
引下线用 Φ10 铜条，距地面 1.8m 以下安装绝缘保护措施（图
452，453）。

452 普乐寺古建筑新安避雷带，有效防止了雷击火灾的发生

2012 年 4 月，按照国家文物局批复要求，设计单位对原
方案进行补充完善和深化细化。2012 年 5 月普乐寺文物本体
防雷工程深化设计方案通过了河北省文物局核准（冀文物发
〔2012〕129 号）。2012 年 11 月完成了防雷工程招投标工作，
工程于 2013 年 3 月开工，2013 年 9 月完工，并顺利通过了气
象部门专业验收，于 2014 年 10 月通过了国家文物局组织的竣
工检查。2015 年 11 月承德市审计局对工程项目进行最终审计，
并于 2016 年 4 月出具政府审计报告。

三、普乐寺防雷工程简介

承德普乐寺防雷工程执行国家相关标准和规范，在寺庙弥
陀殿及东、西配殿、妙严室、大乘之阁后侧白塔及黑塔、绿塔、

453 古建筑防雷引下线颜色和标识尽量与环境相协调

[*]：本章由中国文化遗产研究院承德石质文物科技保护项目组编写

第三章 普乐寺石质文物科技保护工程[*]

普乐寺石质文物科技保护工程是承德避暑山庄及周围寺庙文化遗产保护工程中的一个子项目，是受承德市文物局和避暑山庄及周围寺庙文化遗产保护工程指挥部工作办公室委托，由中国文化遗产研究院承担的集科研、设计、施工于一体的综合性项目，监理单位为河南东方文物建筑监理有限公司。《承德普乐寺石质文物科技保护方案》于 2013 年 8 月通过国家文物局审批（文物保函〔2013〕1383 号），2015 年 6 月，深化设计方案通过了河北省文物局核准（冀文物发〔2015〕278 号）。工程于 2015 年 4 月开工，2016 年 10 月 30 日完成所有工程项目，通过单位工程验收，2017 年 11 月通过河北省局组织的工程竣工验收。

第一节 工程范围

普乐寺有众多清代精美的石雕石刻艺术品，例如山门前的石狮、阁城琉璃塔的石须弥座、旭光阁周围的石雕栏杆等。这些石雕石刻造型经典、纹饰精美、雕刻精细，代表了清代最精湛的雕刻艺术水平，是普乐寺重要的文物。由于常年露天保存，又受承德独特自然环境和石材本身材质影响，这些石质文物遭到了严重的病害损坏，影响了文物的安全性与稳定性，亟需抢救性保护。此次普乐寺石质文物科技保护工程选取了 4 处风化较为严重又具有有代表性的石质文物作为抢救性保护的试点，分别是山门前两座石狮、香炉基座、宗印殿丹陛石、阁城二层 8 座喇嘛塔塔基，具体分布见图 454、表 19。

表 19 普乐寺石质文物分布表

	序号	名称	位置
石像	1	普乐寺山门前石狮（2 个）	山门前南北两侧
石雕艺术构件	1	普乐寺宗印殿前丹陛石	宗印殿前
	2	普乐寺宗印殿前香炉基座	宗印殿前
	3	普乐寺阁城二层琉璃塔基（8 个）	阁城二层

第二节 保存状况

此次施工的普乐寺石质文物多为保存环境较差、病害较为严重、价值较高的雕刻，材质为不耐风化的火山凝灰岩类岩石（当地俗称鹦鹉岩），距今已有二百至三百余年的历史，由于完全暴露在露天环境下，经过长期的风吹日晒、雨淋雪融，均出现不同程度的表面污垢、生物微生物侵害、残缺、开裂、裂隙、粉化泛盐、片状剥落等现象，大量石质文物残损严重，而且石质崩损、开裂的速度仍在加剧。

一、山门前石狮

山门左右有一对雌雄石狮，其材质为当地产的鹦鹉岩（凝

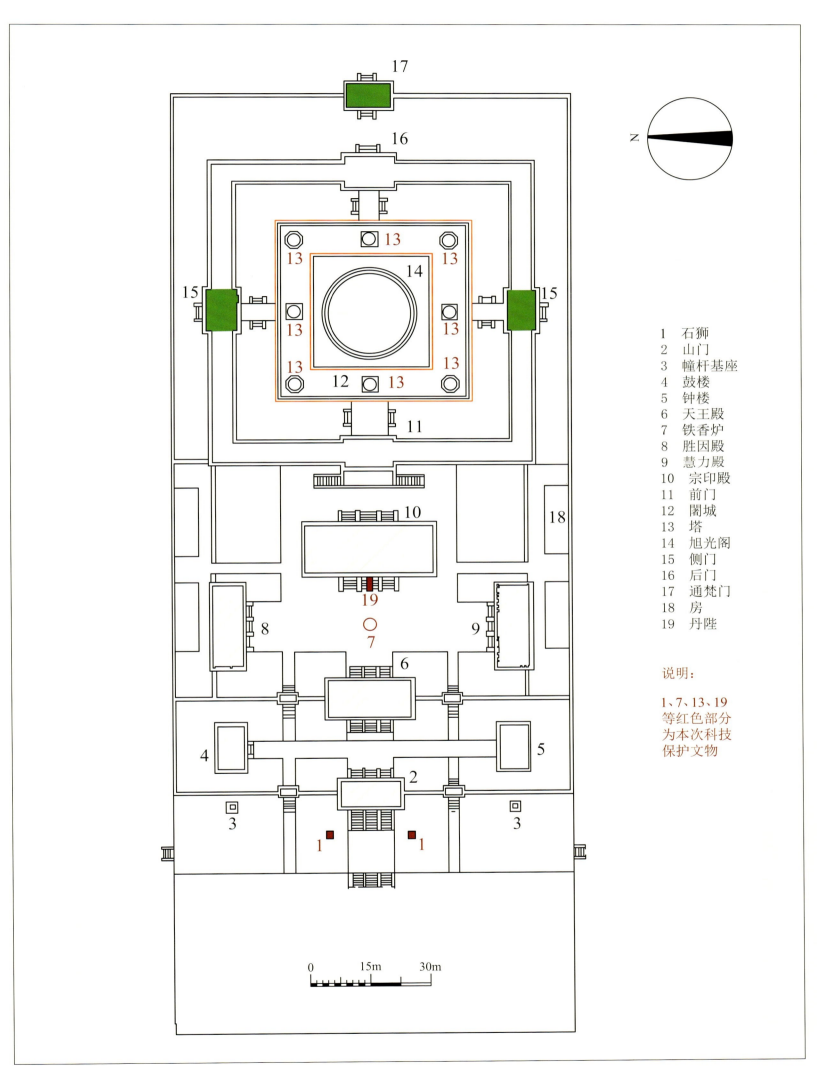

1　石狮
2　山门
3　幢杆基座
4　鼓楼
5　钟楼
6　天王殿
7　铁香炉
8　胜因殿
9　慧力殿
10　宗印殿
11　前门
12　阇城
13　塔
14　旭光阁
15　侧门
16　后门
17　通梵门
18　房
19　丹陛

说明：

1、7、13、19
等红色部分
为本次科技
保护文物

0　　15m　　30m

灰岩），这两座石狮是用整块的石料雕琢而成，雕工精湛，石狮毛发及身上的纹饰雕琢细腻，活灵活现，刀法纯熟，充分体现了皇家工匠高超的石雕技法。

普乐寺山门前两座石狮目前已经做了金属的防护栏，由于受到地势、环境、冻融、周边植被以及诸多因素的影响，加之该石狮自制作完成以来从未做过任何的保护保养处理，使得石狮的保存状况不容乐观。石狮本体出现诸多病害（图455）：冻融造成的石材断裂、粉化剥落、泛盐、环境污染；降水造成的表面二氧化硫凝结物、水锈；微生物侵蚀等病害。

染、降水等因素造成破损现象极为严重，出现了大量的风化、残缺、断裂、粉化剥落、粘接材料老化、表面泛盐等严重的问题（图456，457）。

阁城喇嘛塔须弥座地势较高，四面通风，早晚温差大，干湿循环和冻融作用对须弥座造成极大的破坏，尤其以板条状开裂、片状剥落、残缺最为严重，不仅影响到文物的观赏性，而且部分威胁到文物本身的稳定与安全，亟需进行抢救性保护。普乐寺阁城喇嘛塔须弥座的保护为本次施工的重点和难点（图458-461）。

455 南侧狮头部修复前风化情况

456 喇嘛塔须弥座风化情况

二、宗印殿前香炉基座

香炉基座由7块凝灰岩雕刻拼对而成，拼对处可见残余的白色填缝物。高0.92m，顶面直径1.14m，露天放置于普乐寺宗印殿前，上供铁质香炉一座。香炉基座由于是露天摆放，铁质香炉造成的石质文物表面水锈结壳，基座本身倾斜，不同部位的粉化泛盐、圭角的层状破碎、缺失等病害发育严重。

三、丹陛石

该文物由凝灰岩雕刻而成，长2.27m，宽1.31m，露天环境存放，整体保存状况较好。表面有少量的浅表性裂隙，龙身及龙头处有三大块水锈结壳病害，龙首底部有小面积的表面粉化剥落，局部缺失。此外，由于年久，表面积尘较为严重，部分雕饰被掩盖，辨识不清。丹陛石四周排水较好，自然风干较快，不受积水的长期影响。

四、阁城二层琉璃塔基座

普乐寺阁城二层台顶四周环布琉璃喇嘛塔8座，形状相同，色彩各异，四角台座为八角形塔身白色，其他台座为正方形，正西紫色，正东黑色，正南黄色，正北蓝色。二层台的8座琉璃塔分为有塔身和基座两部分组成，塔身材料采用的是白、黄、黑、紫、蓝5种颜色琉璃瓦及传统琉璃构件粘接材料；基座采用凝灰岩雕刻后拼对粘接而成。由于年久失修，塔身上的琉璃脱釉、缺失现象极为严重。基座部位由于冻融、风蚀、环境污

457 喇嘛塔须弥座风化情况

上枋
上枭
束腰
下枭
下枋
圭角

机械裂隙 剥落 残缺
空鼓 剥落 表层裂隙
层状、板条状、块状开裂

458 普乐寺石质文物典型病害

459 粉化泛盐

460 表面污染、水锈结壳

461 板条状开裂

第三节　研究与试验

普乐寺石质文物科技保护工程设计方案编制阶段，中国文化遗产研究院开展了承德避暑山庄及其周围寺庙石质文物表面劣化机理及工程性能评价研究项目，对石质文物的表面劣化机理进行研究并对其工程性能和影响因素进行客观评价，为石材表面保护工程的设计提供科学依据。

一、石材的基本性质

普乐寺所使用的石材主要有两种，即鹦鹉岩和红砂岩。其中以鹦鹉岩的适用范围最为广泛，研究区的石狮、喇嘛塔基座、香炉基座等大多是由鹦鹉岩建造的。砂岩主要用于幢杆的底座。

1、薄片镜下鉴定

试样取自普乐寺的喇嘛塔，标本呈灰白色，致密。岩石由斑晶（约 10-15%）和基质（约 80-85%）组成，混少量的弧面棱角状和塑性弯曲状的玻屑（约 5%）。斑晶主要由斜长石、石英和黑云母组成。斜长石斑晶板柱状，粒度 0.5-0.8mm。石英斑晶粒度约 0.25mm，个别可达 0.8mm。黑云母斑晶片状褐红色，具多色性，粒度 0.5-0.8mm，最大 1.5mm。基质主要是斜长石和石英组成。沿裂隙有褐铁矿充填。

2、矿物成分的测试——X 射线衍射分析

经过对鹦鹉岩的 X- 射线衍射（XRD）的谱图进行分析，得知石英的含量约 60%，长石的含量约 20%，粘土矿物高岭石的含量约 10%。较高的粘土矿物致使鹦鹉岩的抗风化能力不高。

二、石质文物表面盐类析出物分析

通过 X- 射线衍射（XRD）对普乐寺石质文物表面盐类析出物进行分析，盐类矿物主要是钾硝石、无水芒硝、天然碱、钾芒硝，非盐类矿物主要是石英。（表 20）

据河北省气象局发布的 2008 年和 2011 年河北省气象公告，可知 2008 年和 2011 年承德发生酸雨的频率为 28.3% 和 27.5%。又据文献《承德市降水化学特性分析》，可知"十一五"期间承德市城市降水中主要的阴离子是硫酸根离子，五年均值所占比例为 61.1%，如下表所示。据此，可认为承德石质文物盐分中的六水镁矾（也称六水泻盐）、石膏、无水芒硝、钾芒硝中的 SO_4^{2-} 应来源于上述降水中的硫酸根。而这些降水中的硫酸根应该是大气中的 SO_2 污染水化形成的。

从表 20 中也可以看到降水中也含有一定的硝酸根离子，而承德石质文物盐分中的钾硝石中的 NO_3^- 应来源于上述降水中的硝酸根。而这些降水中的硝酸根可能是汽车尾气污染（NO_X）、大气中氮气（N_2）氧化形成的。

另外，盐分中的钾硝石和钾芒硝中的 K^+ 可能与岩石中钾长石水化水解有关。而无水芒硝和天然碱中的 Na^+ 可能与岩石中钠长石水化水解有关。

三、盐分如何影响石质文物的风化

凡含有结晶水的盐类矿物在结晶时因结晶水的形成会产生体积膨胀，比如无水芒硝（Na_2SO_4）在潮湿环境下或温度降低时可转化为芒硝（$Na_2SO_4 \cdot 10H_2O$），这时其体积膨胀率高达 311%，膨胀压力可达 10MPa。其转换温度只有 32.3℃，也就是说，当温度低于 32.3℃时，无水芒硝（Na_2SO_4）析出的为芒硝（$Na_2SO_4 \cdot 10H_2O$）晶体。

当含结晶水的盐类在干燥环境下或温度升高时失去结晶水（或减少结晶水）时，体积收缩形成粉末。当环境潮湿或温度降低时又吸水膨胀。这些含结晶水的盐类矿物富集于石质文物表层的空隙和微裂隙中，因其出口被盐类堵塞，岩石内产生过饱和溶液，结晶时产生压力，加速了矿物颗粒间连结的破坏和裂隙的扩张，便促使石质文物表面剥落风化。

当然，并非所有的盐类沉淀物都具有盐胀特性，如方解石（$CaCO_3$）、钾硝石（HNO_3）等不具有盐胀特性，但它们对石质文物表面有覆盖作用，是造成石质文物风化破坏的另一种形式。

表 20　盐分的测定结果

序号	取样地点	析出物 <0.25mm 的矿物成分	
		盐类矿物	非盐类矿物
1	喇嘛塔风化凝灰岩	钾硝石（HNO_3）	石英、少量未知物
		无水芒硝（Na_2SO_4）	
2	山门壁面人工烧制砖	钾硝石（HNO_3）	石英
		天然碱（$Na_2CO_3\ NaHCO_3 \cdot 2H_2O$）	
		钾芒硝（$Na_2SO_4\ 3K_2SO_4$）	

四、岩石的物理性质测试

本研究主要针对研究区内使用的鹦鹉岩和红砂岩进行测试。

1、岩石密度测试

岩石密度用体积密度法测试，所取岩样为普乐寺新鲜岩石。鹦鹉岩的烘干密度为 2.164 g/cm^3。鹦鹉岩的密度相比于其他岩浆岩而言，也是比较小的。

2、颗分试验分析

颗分试验的目的是确定鹦鹉岩和红砂岩中粘粒和胶粒的含量，因为它们的含量多少对该种岩石的风化机理具有重要影响。测试方法为筛析法和比重法。另外，还利用酸碱中和滴定法测试了 $CaCO_3$ 的含量，利用次甲基蓝选择吸附法测定了有效蒙脱石占全岩的质量比，利用乙二醇乙醚吸附法测定了比表面积。由测试结果可以得出以下结论：

鹦鹉岩中粘粒和胶粒的含量较高，其胶粒的含量都超过了10%，而新鲜岩样的含量更是达到了 16.16%。这些胶粒主要是由次生的粘土矿物组成，比如伊利石、蒙脱石、高岭石等。粘土矿物的含量高将导致鹦鹉岩的岩石性质（特别是水理性）较差，抗风化能力较弱。

3、岩石饱水率的测试及劣化程度分析

岩石的饱和吸水率 ωs 是岩石在强制状态（高压或真空、煮沸）下，岩石吸入水的质量与岩样烘干质量的比值，以百分比表示。随着风化程度的增加，岩石的饱和吸水率也在增加，二者具有较好的线性关系。因此，将风化后与新鲜（未风化）岩样的吸水率比值作为风化（劣化）程度的指标，称为劣化度指标。该指标值越大，劣化程度越高。相关的测试和分析结果如表21所示。

表21　鹦鹉岩的饱和吸水率测试结果及
劣化度指标分析

岩石种类	状态	饱和吸水率的平均值或范围	试样个数	劣化度指标
鹦鹉岩	新鲜	7.30（平均值）	7	1.05-2.08（平均为1.44）
	风化	7.67-15.21	9	

4 岩石的声波测试

经过岩石的声波测试，鹦鹉岩在干燥状态下的纵波波速为 3071.41 m/s，波速较小，这可能与其自身孔隙、裂隙较为发育有关。

五、岩石的力学性质

根据对鹦鹉岩抗拉强度的测试结果，可知：

第一，按照坚硬程度分类，鹦鹉岩的饱和单轴抗压强度为26.92MPa，强度较低，属于较软岩（15<cw≤30）。

第二，按照软化程度分类，鹦鹉岩的单轴抗压强度的软化系数分别为0.40，属于软化岩石。

抗拉强度的软化系数为0.46，这表示鹦鹉岩浸水后，强度有较大程度的降低（其饱和强度不足干燥强度的50%）。

六、影响石材风化的环境因素

虽然承德大气中的二氧化硫、可吸入颗粒物、二氧化氮检测都不超标，但都会给石材的表面、特别是彩绘造成极大威胁，导致色变、霉菌等病害发生。降尘超标率为11.1%，易造成石材表层病变。大气降雨中引起石质建材腐蚀的因素主要是酸，酸雨的出现必然引起石材腐蚀。据监测结果，

在2008年三季度降水16次，降水量为313.8mm，PH值为5.50，出现3次酸雨，酸雨率为18.75%。仅仅一个季度就出现三次酸雨显然不利于石材的保存。2011年第二季度降水10次，降水量为128.5mm，PH值范围为4.81-8.90，共出现酸雨2次，酸雨率为20%。可以看出，酸雨在承德出现较为频繁，酸性较强，对石质建筑有较明显的腐蚀性。

七、劣化机理

普乐寺石质文物病害形式多样，主要有片状剥落、鳞片状起翘与剥落、表面泛盐、人为污染、动物病害、水泥修补及不当修复、微生物病害、孔洞状风化、表层空鼓等。其中，砂岩质文物的主要病害为片状剥落，凝灰岩文物破坏最严重的为开裂，其风化作用的主要表现方式为温差效应和冻融作用。

造成普乐寺残损现状的主要因素可分为两大类：自然因素和人为因素。自然因素包括：构筑材料自身的组成和结构缺陷；基础不均匀沉降；水、风、温度、灰尘等物理因素；CO_2、SO_2、NO_X 等有害气体因素；霉菌、苔藓、地衣类、蕨、杂草、杂树等因素。人为因素包括：维护管理意识不到位、有意识破坏和无意识破坏。

1、构筑材料自身的组成和结构

根据上述岩石的矿物、化学成分及物理力学参数的测试结果，对承德避暑山庄所使用的鹦鹉岩和砂岩的风化特性进行初步分析，认为：

（1）鹦鹉岩主要含有石英、钠长石、正长石和高岭石等矿物，且含有较多的岩屑和火山灰。岩石的密度小，孔隙率和饱和吸水率较高。从 X-射线衍射可知，粘土矿物高岭石的含量约占10%，这点还可从颗分试验的结果得到验证，即鹦鹉岩中含有10-15%胶粒。对比 X-射线衍射和颗分试验的结果，认为这些胶粒可能是粘土矿物高岭石（胶粒中也可能含有部分伊利石和蒙脱石，该试验仍在进行中）。因为粘土矿物性质活泼，有较强的吸附水能力，在鹦鹉岩中则主要体现在其饱和吸水率较高，浸水饱和后的强度急剧降低。总之，鹦鹉岩中粘土矿物含量较高的特点将导致其水理性质较差，抗风化能力不强。这也是导致其风化的主要原因。

（2）红砂岩的风化形式除了板状风化、片状剥落外，还有颗粒脱落。从砂岩风化后的饱和吸水率较高，可知其风化程度较高。据分析，红砂岩的胶结形式主要有钙质胶结、泥质胶结和部分铁质胶结。在风化营力作用下，此砂岩的三种胶结物首先发生钙质胶结物（即方解石）的溶解。其后泥质胶结物（即粘土矿物）发生溶解，这导致红砂岩的粉状风化。

总之，鹦鹉岩因其含有较多的粘粒和胶粒等次生粘土矿物而导致其岩石的性质较差，抗风化能力较弱。而普乐寺内的石质文物使用的石材主要是鹦鹉岩，在进行相关石质文物保护时必须选用针对性方案。

2、物理风化作用

物理因素指水、风、温度、灰尘等的影响。普乐寺石质文物受物理风化作用的主要表现方式为：冻融作用、温差效应、晶涨作用及外观影响等。

（1）温差效应：温度变化是引起岩石物理风化作用的最主要因素。由于温度的变化产生温差，温差可促使岩石膨胀和收缩交替地进行，久之则引起岩石破裂。岩石是热的不良导体，导热性差，当它受太阳照射时，表层首先受热发生膨胀，而内部还未受热，仍然保持着原来的体积，

这样，必然会在岩石的表层引起壳状脱离。在夜间，外层首先冷却收缩，而内部余热未散，仍保持着受热状态时的体积，这样表层便会发生径向开裂，形成裂缝。由于温度变化所引起的这种表里不协调的膨胀和收缩作用，昼夜不停地长期进行，逐步削弱岩石表层和内部之间的联结，使之逐渐松动，在重力或其他外力作用下产生表层剥落。承德市处于暖温带和寒温带过渡地带，属大陆性燕山山地气候，气候特征四季分明，昼暖夜凉，昼夜温差较大；夏季多大雨或暴雨，岩石表层干湿变化频繁，增加了岩石膨胀和收缩的频率，加快了岩石的开裂、剥落。

（2）冻融作用：冻融是指在寒冷气候下，由于岩土中水冻结和融化等引起若干作用的总称。

包括：① 冻结和融化，蒸发和凝结，升华和凝华，即岩土中水的相变；② 岩土中水分、盐分土颗粒的迁移；③ 土的冻胀和冻土融沉；④ 土的冻裂等。随着季节的交替，冻融作用会反复发生。在此过中，细小土粒和矿物的微裂隙中的水膜的楔开压力也发生着变化，从而导致细小土粒和矿物的破坏，使颗粒变小，这种作用称为冷生水化风化。

承德封冻期最长 89 天，最早封冻日期 11 月 28 日，最厚冻土深度 1.26m，最大河心冰厚 0.96m。年积雪日平均 27 天，最多 83 天，最大积雪厚度 27 cm。承德冬季气温昼夜温差大，最低气温可达 −20℃以下，而且经常在 0℃上下波动，在石质文物含水量较大的情况下极易出现冻裂现象。

（3）可溶性盐的晶涨作用。由于毛细水的侵蚀作用，石质文物近地面表层积聚的大量的 $Na(K)NO_3 \cdot H_2O$ 和 $Na(K)HSO_4 \cdot H_2O$ 等可溶性盐，会随降水和地下水沿石质文物结构中的毛细裂隙及风化裂隙通道渗透至一定高度，岩石表层中的水分一旦开始蒸发，可溶性盐类便结晶析出。晶涨作用可逐步加大裂隙，破坏岩石的原有结构。同时，聚集在岩石表层的盐类结晶，也会逐渐把原有孔隙堵塞，使水另辟通道，再沿岩石中的薄弱面渗出，进一步加大破坏范围。石刻基础部位在可溶盐的作用下，会慢慢酥碱粉化。

（4）灰尘、杂物的破坏。空气中的粉尘等飘浮物质易于黏附、沉积在粗糙的岩石表面，影响石质文物的观瞻性。同时它们吸水后会产生活性，强化石质文物的化学风化作用。

3、化学风化作用

凝灰岩材质的文物发生化学风化，离不开水的参与，这里的水分主要来源于大气降水和地下毛细水。化学作用，包括溶解、水合、水解、氧化—还原、酸性侵蚀、化学沉淀、离子交换、硫酸盐还原、富集与超渗透。水与 SO_2、NO_x 等有害气体共同作用：承德大气中含有大量的 SO_2、NO_x 等有害气体，与

空气中的游离水或自由水结合形成酸雾，$2H^+ + CO_3^{2-} \rightarrow H_2O + CO_2 \uparrow$，生成易溶的 Ca_2^+ 的硫酸盐和硝酸盐，随雨水流失。石质文物长期暴露在这样的开放环境中，必然会受到酸雾酸雨的侵蚀，变得疏松，易风化。

4、生物风化作用

由于日常管理不健全，普乐寺部分石刻造像表面，发育有霉菌、地衣、苔藓、寄生蕨等低等植物繁衍生存，裂隙或孔洞生存着昆虫，其生存过程中所分泌的有机酸对石灰岩具有腐蚀作用，其遗骸附着在石质文物的表面与表层，掩盖了石刻的本来面目。台基石构件和须弥座的缝隙中还有多种杂草、藤蔓等高等植物生长，其根系的根劈作用可使岩石构件歪闪脱落，起翘碎裂。

5、人为破坏

普乐寺石质文物存在着较为严重的的人为破坏。人为因素大致可分为维护管理意识不到位、

有意识破坏和无意识破坏三种。

（1）维护管理不完善。普乐寺石质文物的保护价值及意义虽然得到专业工作者的认识和高度评价，但却不易为一般民众所理解，社会价值未充分显现。在各个部门制定计划和政策的时候，也容易忽视遗址保护的问题。划定的保护范围和建设控制地带缺乏完整的标志、标识，可操作性不强。近些年来，随着承德文物系统加强管理，对游客和工作人员的监督起到了非常显著的效果，人为破坏的势头得到有效遏制，管理逐步走上正轨。

（2）有意识的破坏。改朝换代和政治运动的故意损毁，偷盗"挖宝"，人为在石质文物上刻画题字留言等都属于有意识破坏。此外，承德某些建筑曾经历过火灾，石材在经过剧烈的冷热变化后，极易产生崩裂现象，在表面形成细小裂隙，在水进人后会加速冻融作用对文物的破坏。

（3）无意识的破坏。有些时候人们并没有认识到他们的一些社会活动会引起自然环境恶化，但是自然环境恶化的结果会对文物造成损坏，这些属无意识的破坏。这种破坏的特点是持久的、变化速度缓慢、短期内不易为人觉察，但天长日久却是非常严重的。如，工业生产排出的 SO_2 等有害气体，汽车不停排放的尾气等。

6、结论

（1）鹦鹉岩主要含有石英、钠长石、正长石和高岭石等矿物，且含有较多的岩屑和火山灰。岩石的密度小，孔隙率和饱和吸水率较高。因为粘土矿物性质活泼，有较强的吸附水能力，在鹦鹉岩中则主要体现在其饱和吸水率较高，浸水饱和后的强度急剧降低。这也是导致其风化的主要原因。

（2）红砂岩的风化形式除了板状风化、片状剥落外，还有颗粒脱落。从砂岩风化后的饱和吸水率较高，可知其风化程度较高。据分析，红砂岩的胶结形式主要有钙质胶结、泥质胶结和部分铁质胶结。在风化力作用下，此砂岩的三种胶结物首先发生钙质胶结物（即方解石）的溶解。其后泥质胶结物（即粘土矿物）发生溶融，这导致红砂岩的粉状风化。

（3）承德大气中含有二氧化硫等酸性气体，大气降雨呈弱酸性，酸雨发生率高，对石质建筑有腐蚀性。

462 里氏硬度检测

463 冻融循环试验

464 材料现场老化实验

（4）普乐寺石质文物的风化既有物理风化又有化学风化，化学风化为钠长石、正长石等矿物发生水解、溶蚀从而产生石膏、粘土等次生矿物。风化形式主要有片状剥落、空鼓和溶蚀三种。

（5）承德地区地处塞外高寒地区，冬季气温昼夜温差大，最低气温可达 −20℃以下，而且经常在 0℃上下波动，冻融现象明显（图462−467）。

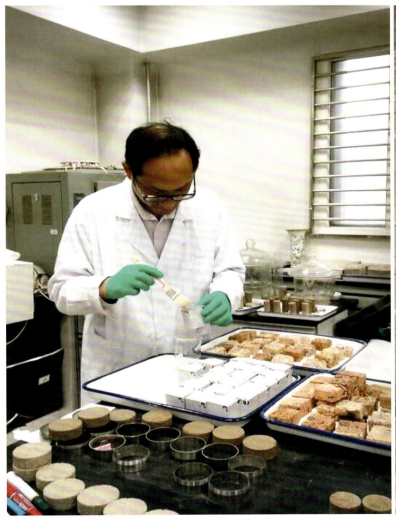

465 室内与现场表面加固试验

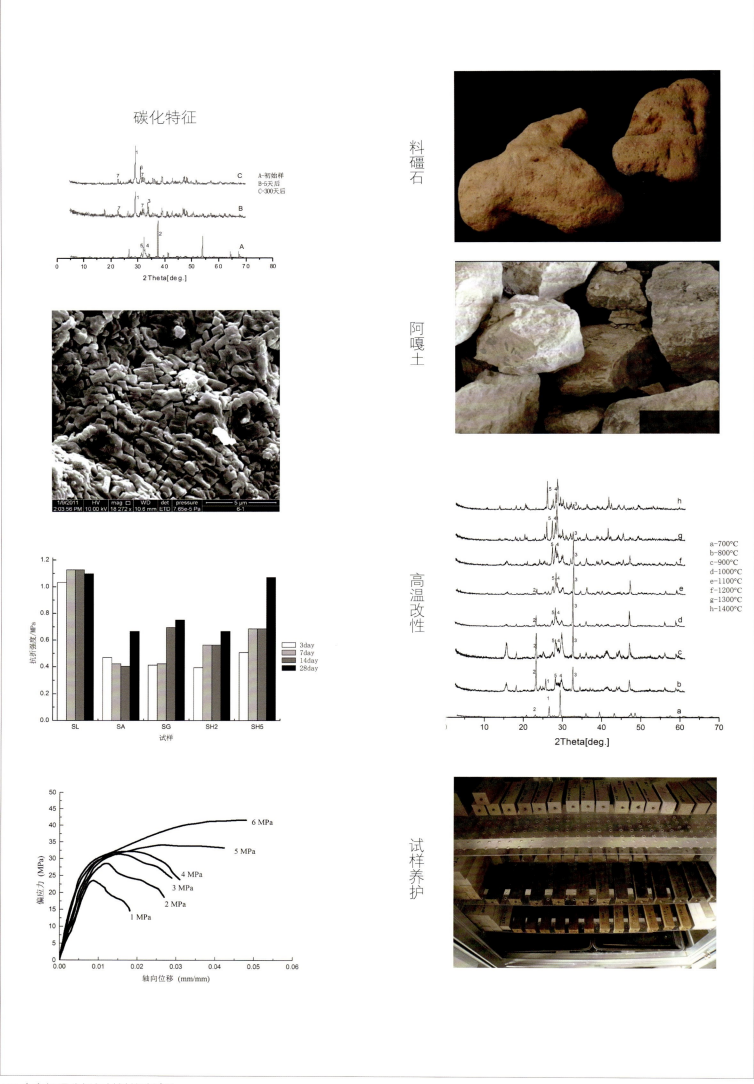

碳化特征

A—初始样
B—5天后
C—300天后

料礓石

阿嘎土

a—700℃
b—800℃
c—900℃
d—1000℃
e—1100℃
f—1200℃
g—1300℃
h—1400℃

高温改性

试样养护

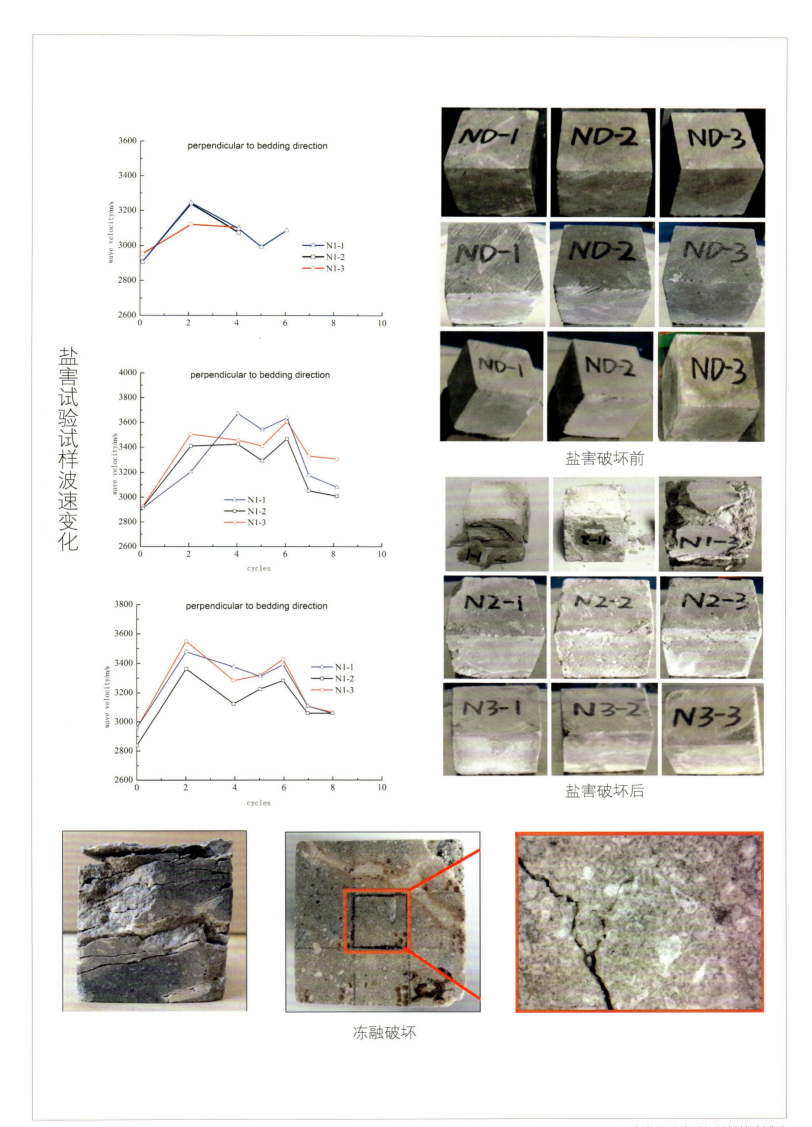

盐害破坏前

盐害破坏后

冻融破坏

467 病害机理分析与材料筛选试验

第四节　设计原则

为尽快抢救和保护普乐寺珍贵的石质文物，设计团队对普乐寺石质文物的保存现状、周围环境及工程地质条件进行了现场勘察，根据石质文物的保存状况及病害的发育程度，在病害机理分析和前期试验的基础上，按照"保护为主，抢救第一"为主要方针，确定了"不改变文物原状""最小干预"等文物保护原则，并且在设计"承德普乐寺石质文物保护方案"和具体保护修复施工过程中均严格遵循以下原则：

一、以建筑遗址和碑刻为重点对象，重视前期勘察研究工作。

二、以保护遗址现状为指导思想，尊重遗址的真实性与完整性。保护措施应严格遵守"不改变文物原状""最小干预性""可再处理性"和"最大兼容性"等基本原则，保持普乐寺石质文物的真实性；最大程度地保护遗存本体所包含的全部历史信息，保持普乐寺石质文物的完整性。

三、保护措施的目的应是出于有效保持普乐寺石质文物的稳定与安全状态。保护措施不得破坏遗存本体，或对其构成威胁。保护采用传统技术与现代科学技术相结合的手段进行，工

程措施上尽量采用隐蔽性技术。制定具体保护措施应采取审慎的态度，预测风险，并采取防范措施，尽可能采用可逆性或可持续的保护措施。现代材料的使用加强试验和效果监测，尽量减少应用材料种类，注意材料的兼容性、稳定性、可持续性，把握修复工艺的可辨识性。

四、重视遗址保存环境，加强环境整治。环境是普乐寺石质文物不可分割的组成部分，应最大限度地维持普乐寺石质文物的现有状态，施工中加强对石质文物周边环境的疏水治理，尤其是低洼处文物环境的有效控制。

五、重视遗址历史、科学和文化价值展示。在不损害普乐寺石质文物价值的前提下，保护措施应考虑普乐寺石质文物的合理展示和正确解读。修复保护不强求完整，但要达到整洁、安全、美观，具有一定的观赏性，以延缓病害发展，延续文物寿命为主要目的。

六、各类保护措施应满足普乐寺石质文物的保存、管理、安防和日常维护要求。日常管理与维护也是普乐寺石质文物保护的主要措施之一。

第五节　工程内容

由于承德地区凝灰岩性质特殊、相关研究成果和可借鉴经验少，因此保护难度大，施工技术和施工方法要求高。项目团队严格按照国家局批复的方案要求，遵循文物保护修复原则，针对承德独特的自然环境和石材自身特点及病害形式等，制定了科学、有效的工作计划，组织开展了凝灰岩质文物的病害调查、劣化机理分析、加固材料筛选和现场加固测试等方面的大量工作，形成了一套完整的研究思路和科学的技术路线。

工程主要采用清洗、表面脱盐、本体渗透补强、结构裂缝锚固灌浆、细小裂缝勾缝处理、局部修补及局部表面防风化、增设防护罩等科学技术措施对普乐寺石质文物进行科学保护。除此，针对承德冬季寒冷漫长且昼夜温差大的气候因素，还进行冬季持续防护和环境监测工作，在遵循文物保护基本原则的前提下，采用科学有效的技术措施完成了保护施工，以消除和减缓各种破坏因素，最大限度地保存现存文物主体所赋存的形象资料及历史信息。主要实施技术如下：

一、表面除尘清洗

石质文物表面污染物主要水锈结壳、前期水泥修补、微生物、生物尸体或分泌物等，采用的清洗的方式包括手工清扫、机械剔除、擦拭去污、贴纸除尘、局部化学清洗、高压蒸汽清洗、激光清洗等。按照方案设计要求，对于顽固污垢清洗优先选用高温高压蒸汽等物理清洗手段，尽可能减少化学溶剂的使用。清洁工作从去除表面的松散性沉积开始，使用去离子水配合物理方法去除。缝隙内部风化土、杂物要掏除清理干净，表面存

在的不适当的前期水泥修复痕迹和铁锈污染，在清洗过程中应尽量去除。水泥修复痕迹使用手工和机械法剔除；微生物、油漆、墨迹等优先使用高温高压蒸汽清洗，效果明显；铁锈等极难清洗部位使用激光清洗，尽量减少化学试剂的使用，清洗时要把握技术要点，根据文物与污垢的实际情况具体实施（图468）。

二、危险块体加固

清洗过程中相对危险、影响结构稳定性或粉化剥落严重区域必须先做预加固处理（图469）。对于错位、断裂、板条状开裂的文物要归位、揭取、粘结、锚固等，必要时钻取锚固孔安插锚件，结构稳定后再做后续保护，如山门石狮发髻、唇部、香炉座和喇嘛塔圭角等区域危险块体加固；对于粉化剥落严重区域，应用喷洒法、刷涂法或者注射器滴落法等做预加固处理，预加固后做好支顶保护，片状剥落区域加固效果不明显区域，可选择揭取—标识—加固—回贴粘结—支顶养护的施工方法。

三、脱盐

石质文物可溶盐主要采用吸附法脱除。吸附物质可采用纤维纸、纸浆、脱脂棉等，用水作为溶剂，使水渗入岩石微孔而溶解可溶盐类。本项工程采用纸浆和宣纸作为脱盐吸附材料，主要用于香炉座、丹陛石和喇嘛塔须弥座的脱盐。一是将宣纸浸泡在纯净水中，完全浸湿后用搅拌机反复搅拌直到宣纸结构完全改变为糊状，停滞数小时后使用。手工在需要脱盐的区域均匀覆盖一层，边覆盖边用饱水海绵、毛刷等压按，确保与石

机械清洗工具

激光清洗

高温高压蒸汽清洗

鼓风机清理

468 多种除尘清洗方式

469 危险块体预加固处理

材表面完全贴合，待完全干燥后取下；二是用喷壶将文物本体喷湿后，将单层宣纸或多层宣纸贴附在文物本体上，用饱水海绵或毛刷按压贴实，用棕毛刷子在宣纸上反复拍打，确保与石材表面完全贴合，完全干燥后取下。脱盐次数根据脱盐效果而定，每一次脱盐后记录电导率仪测试材料中的电导率数值，直到最终测试出的数值为恒定数值（图470）。

470 脱盐与电导率测试

石质文物的加固修复材料本身具有优越的耐候性能，且其加固修复后应和文物本土体良好兼容，具有良好的透气、透水性。本工程在前期试验到实施期间，对中国传统建筑材料进行了深入研发，建立了现代科学技术与古人科学工艺方法相融合的加固理论与技术体系，针对普乐寺文物的材质特性、病害机理以及当地自然条件，对石质文物裂隙灌浆加固、空鼓剥落回贴、裂隙修复等分别采取有针对性的加固方式与材料技术参数，使得加固结构与被加固体具有相互匹配的强度、稳定性和耐久性，从而达到有效的长期稳定的工程效果。这使濒临损毁的石质文物得到了抢救性保护，使世界文化遗产能够保留其价值，同时也为我国文物保护加固材料的研究开辟了新的途径。

四、裂缝灌浆加固

针对承德凝灰岩石质文物的特点，选用中国传统石灰材料作为主要的灌浆加固材料，配比适量的高岭土、AEA型膨胀剂和石英砂。灌浆加固工艺如下：

（1）支护：根据石质文物裂隙的发育情况，制作大小不等的壁板，用固定在工作架上的可调丝杆支顶到石刻表面上，支顶前从裂缝处清理破碎的碎石、覆土、枯草等杂物。壁板要有柔软的线毯和棉纸做垫层。在加固治理措施实施前，首先对

灌浆裂隙以外的文物本体采用遮蔽方式进行防护，确保灌浆不会对文物本体产生影响的情况下再进行施工。

（2）裂缝封闭：首先向裂隙内喷洒少量清水，简单清洗裂隙内壁，使浆液能与岩石表层充分粘结，通过清水流向，用传统石灰材料封闭裂缝，以防止漏浆。

（3）埋设注浆管：在封闭裂隙过程中埋设注浆管，在裂隙上部预留观察孔；对于裂隙张开度较小无法插入注浆管的部位，可在裂隙旁边次要部位或无雕刻纹饰的地方，钻灌浆孔。

（4）灌浆：按一定水灰比的配方比例制备灌浆材料，使用高速搅拌器将浆液搅拌均匀，用注射器由下而上依次将浆液灌入凝灰岩文物的裂隙或空鼓部位。在灌浆过程中要注意观察，以免漏浆污染石刻。对于灌浆量较大的裂隙，要分多次灌浆，待下面的浆液凝结干燥后，拔出注浆管，进行上面的灌浆（图471）。

（5）灌浆效果检查：定时检查浆液的流向和粘结效果。

（6）修复灌浆孔：浆液完全干燥后，拆除壁板并对遗留在表面的灌浆材料进行清洗。然后用中国传统石灰材料填补观察孔。

471 裂隙灌浆

五、空鼓、开裂、剥落岩片加固

对于石质文物的空鼓、开裂、剥落的小型岩块，采用中国传统石灰材料进行填充粘结加固。填充粘结可防止已经开裂的岩片脱落，同时可以封闭裂隙，防止注射材料流失。根据修复加固的类型，采用不同黏度，不同粒径的石灰材料，以满足粘结加固的不同要求。具体的施工工艺在现场试验之后进行调整，对于典型病害板条状开裂，尽可能选择揭取开裂区域、标识、清洗、加固后用中国传统石灰材料粘结回贴，回贴后做好支护养护，防止回贴区域移位、错位等，定期检查回贴效果。整体回贴后再对裂隙和纹样进行勾缝修复（图472-479）。

472 揭取

473 清理除尘

474 编号、预加固

475 涂抹粘结料

476 回贴

477 整体回贴后

478 裂隙预加固

479 裂隙修复

六、裂隙修复

选用中国传统石灰材料作为主要的勾缝材料，根据裂隙大小采用不同黏度、不同粒径的石灰材料，添加适当比例的高岭土和膨胀剂，以满足表面裂隙勾缝的不同要求（图480-483）。修复补色选用意大利和日本进口矿物颜料，将矿物颜料调配至勾缝材料中，根据文物本体颜色进行颜色配比试验，勾缝时与实际结合注意石材颜色变化，选择颜色配比。修补程度遵循文物可识别性原则，修复部位低于文物原表面，颜色略浅于原石材。

七、局部残缺补型

对于此类缺失和断裂，施工中必须严格遵守文物保护指导思想和基本原则，保持文物的真实性、完整性。施工中只对影响结构稳定性的区域进行局部修补，修补程度遵循文物可识别性、可逆性原则，修补部位略低于文物表面，有纹样的部位修补时要严谨，参考借鉴文物历史资料及本体相似部位纹样进行修复。较大区域残缺补型部位在材料中添加一定比例的石英砂，增加补型强度，减少开裂（图484）。

480 较大裂隙补缝

482 纹样修复

483 小裂隙修复

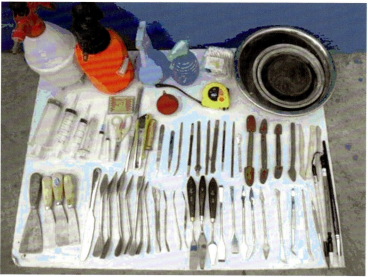

481 裂隙修复材料与工具

484 山门石狮局部补型修型

八、局部表面防风化加固

石质文物化学加固近年来存在一定的争议，但是对于风化严重处于呕待抢救境地的文物来说，局部表面防风化也是一种可以考虑的思路。石质文物本身和所处环境的各种化学因素，物理因素的"动态性"决定了对保护材料的更高要求，因此，没有一种通用的保护剂，任何一种保护剂都有自己的适用范围和局限性，在选用保护剂时必须经过严格的试验室和现场试验，所以施工中也尽量减少化学试剂的使用，仅在风化严重区域使用。

本项工程采用砂岩加固专用材料正硅酸乙酯改性材料 ZB-WB-S 对石质文物进行表面防风化加固。利用正硅酸乙酯的改性材料渗透加固，改善岩石本身预加固之后的渗透性、水稳定性等耐老化性能。

九、防冻养护及周边环境治理

中国传统石灰材料灌浆、粘结、修复后需要一个凝结期和稳定的温度来保证其凝结固化质量，修复后的养护工作十分重要。承德入冬早，气温低，昼夜温差大，不利于材料凝结固化。因此，为保证灌浆修复部位更好的粘结，需要针对承德漫长冬季做防护保暖处理。首先用厚海绵将灌浆修复区域覆盖后用拉伸膜将其简单固定，其次对覆盖区域做支顶防护处理，然后用厚棉被将整个文物包裹，用绳索将其固定，再用防雨布包裹遮盖，最后在外面做支护压牢等工作（图485）。

文物周边环境对本体影响也很重要，植物根劈、水害泛盐等对文物本体伤害十分严重。本工程在实施时，对文物本体产生影响的植物进行了灭活处理，周边地势低洼区域做了疏水处理，喇嘛塔须弥座台面安装了防护罩等，重视后续以物理措施为主的保护，尽可能消除和减缓各种破坏因素，保护文化遗产，最大限度地将现存文物主体所赋存的形象资料及历史信息留给后人。

承德石质文物的独特自然环境造成的冻融、温差等破坏是不可根除的，当前修复效果显著，但露天环境下的石质文物修复后的日常维护和科学保护是下一步面临的重点问题。

十、修复效果监测与评估

施工过程中不间断的科学试验为工程施工提供了强力的技术保障，注重保护工程中的科技含量，通过不断拓宽保护修复科学检测和效果监测的研究，加强对施工过程中的风险把控。在修复后，采用超声波和里氏硬度测量工具对修复效果进行监测与评估（图486，487），不断验证、完善施工质量，也为后续保护方案的设计、工程施工服务，提供了更完备的科学技术储备，为承德石质文物保护走上更加科学化、规范化、精细化的道路奠定基础。

485 防冻养护及周边环境处理

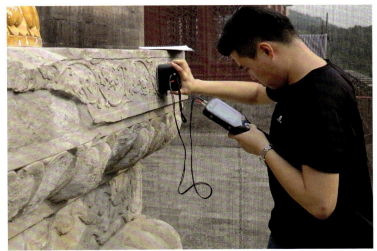

486 修复后超声检测

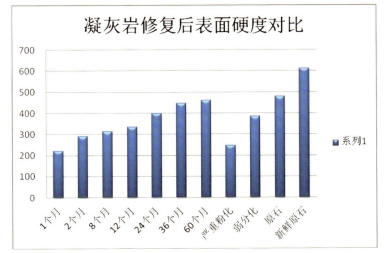

487 普乐寺凝灰岩文物修复后表面硬度变化

第六节　工程验收与实施效果

普乐寺石质文物科技保护工程在 2015 年实施过程中组织的专家阶段性验收中得到专家的一致好评，认为工程管理科学规范，项目坚持科学研究定位，将科学研究及成果应用与保护工程的紧密结合，修复材料研究、修复技术工艺及修复效果等均取得了显著的成果，阶段性工作保护原则正确，技术路线科学可行，针对不同病害类型采取不同的修复技术工艺，修复效果良好，可以按照阶段性工作的技术路线开展后续工作。

2016 年 7 月，国家文物局组织专家检查世界文化遗产地时，对普乐寺石质文物科技保护施工工艺和效果给予了高度肯定，特别是将我国传统石灰材料经过改性之后，应用于承德石质文物科技保护加固之中，效果显著，为我国岩土文物保护加固提出了新的思路，起到了积极的推动作用；同年 8 月，国家文物局副局长刘曙光查看了普乐寺石质文物保护工程阶段施工状态，详细了解了施工现场的保护管理状况、施工进度与修复效果、当前的难题和下阶段工作计划，肯定了承德石质文物病害特殊、科技保护难度大、修复任务重，同时认为现阶段已经完成的修复效果较好，鉴于目前国内还没有凝灰岩文物修复案例，项目组能将科学研究与现场保护很好的结合，初步解决了凝灰岩的修复材料、修复工艺等难题，难能可贵；希望项目组再接再厉，认真做好每个细节，针对工程中的技术、科研难点多出一些科研成果。同年 10 月，美国盖蒂文物保护研究所首席专家 Neville Agnew 和 Martha Victoria Demas 等专家仔细查看了普乐寺石质文物保存状况，结合现场所展示的保护修复完成后的效果，详细

询问有关岩石的特性、病害成因、修复技术、修复材料与工艺等问题后，肯定了普乐寺石质文物的保护效果，认为前期研究工作扎实、现场操作严谨，是不可多得的石质保护项目。

2017 年在河北省文物局组织的竣工验收中，普乐寺石质文物科技保护工程也得到专家的一致肯定与好评，认为该项目严格按照国家文物局批复方案实施，开展了病害调查及病因分析，前期研究充分、科学分析数据准确、材料选择适宜、技术路线和工艺科学，修复效果良好，验收资料齐全，项目管理规范。具有在保护工程项目中加强科学研究的特点，对国内同类项目的实施具有借鉴和示范作用。

承德避暑山庄及周围寺庙石质文物科技保护工程是中国文化遗产研究院集科研、设计、施工于一体的示范性项目，更是承德避暑山庄及周围寺庙石质文物科技保护项目中一个承前启后的重点项目。经过近七年的研究与实践，项目在设计理念、劣化机理、加固材料、施工工艺、效果评估、管理制度等各个方面都取得了突出的成果，产生了积极的经济效益和社会效益。普乐寺石质文物科技保护工程的顺利竣工，积累了丰富的工程经验，各方面都体现了现阶段岩土保护的最新成果，是传统加固材料、现代分析方法、最新保护理念的充分融合。尤以我国传统石灰为核心材料的修复工艺在承德石质文物科技保护工程中得到了成功应用，对于我国石质文物的保护具有积极的推动作用和示范意义（图 488-499）。

修复前

裂隙修复后

打孔锚固

修复后

488 普乐寺北狮头部主要修复流程

489 西南角喇嘛塔须弥座圭角修复前后　　　　　490 东南角喇嘛塔须弥座圭角修复前后

491 西北喇嘛塔须弥座修复前后　　　　　492 西北喇嘛塔须弥座上枋上枭修复前后

493 正北喇嘛塔须弥座圭角修复前后

494 正南喇嘛塔须弥座圭角修复前后

495 东南角喇嘛塔须弥座修复前后

496 南侧狮头部修复前后

497 石狮修复前后

498 香炉座修复前后

499 北侧狮修复前后

第四章　普乐寺阁城琉璃塔
塔刹补配工程

第一节　项目概况

　　普乐寺阁城二层城台四周对称环布 8 座琉璃喇嘛塔（图 500），塔基为凝灰岩（俗称鹦鹉岩）石雕须弥座，塔身为青砖砌筑塔芯，外表装饰彩色琉璃。其中，位于阁城 4 角的四座塔平面为八角形，塔身白色；阁城四面正中 4 座塔平面为正方形，色彩各异，西紫色，东黑色，南黄色，北蓝色；各塔塔身都装饰有朗久旺丹图案的琉璃龛，而且所有琉璃龛均朝向阁城中心。8 座琉璃塔塔顶十三相轮之上原均设有铜质塔刹，固定在塔身中心的木制雷公柱上。塔刹由透雕卷草天地盘、铜鎏金日月宝珠、云冠组成，造型稳重，纹饰精美，极具装饰效果。

　　1909 年德国学者柏诗曼拍摄普乐寺时，大部分琉璃塔的塔刹还保存较为完整（图 501）。但 1933 年，德国摄影师赫

501 带塔刹的普乐寺阁城喇嘛塔〔德国柏诗曼 1909 年拍摄〕

500 普乐寺阁城及其上的八座喇嘛塔位置（郭峰、张冲 摄影）

达·莫里逊拍摄琉璃塔照片时，8座琉璃塔的塔刹就已经缺失不存。1979—1982年对普乐寺进行全面保护修缮时，对8座琉璃塔进行了现状归安，使用铁扒锔对碎裂琉璃构件进行修补，修复了琉璃塔的塔身和塔顶十三相轮部分，但由于经费不足，没有对塔刹部分进行修复。缺失塔刹，8座琉璃塔的外观一直残缺不全，影响了琉璃塔完整的艺术形象。为了恢复普乐寺阁城琉璃喇嘛塔的真实性和完整性，2010年，承德市文物局将普乐寺阁城琉璃塔塔刹补配工程列入到承德文化遗产保护工程中，依据历史资料修复普乐寺阁城8座琉璃喇嘛塔的塔刹。

第二节　勘察设计 *

[*]：本节引自《承德普乐寺阁城琉璃塔塔刹补配工程设计方案》

受承德市文物局委托，2013年11月，河北省古代建筑保护研究所与承德文物局规划设计室共同承担了《承德普乐寺阁城琉璃塔塔刹补配工程设计方案》的编制工作。设计单位于2013年11至12月多次进行现场勘查（图502），查阅了相关历史资料及图片，进行了大量的走访，于2014年2月完成了该方案的编制工作并呈报河北省文物局。2014年6月方案通过了国家文物局审批（文物保函〔2014〕1607号），2014年11月，深化设计方案通过河北省文物局核准（冀文物发〔2014〕381号）。

502 设计人员勘查普陀宗乘之庙清代喇嘛塔塔刹（于洋 摄影）

一、保存现状

（1）西南角白色八角琉璃塔：凝灰岩质须弥座严重风化、碎裂；五层仰莲琉璃塔座，第一层和第五层为黄琉璃三连做构件，中间三层为白琉璃三连做构件，五层琉璃塔座5%釉面脱落，个别构件琉璃胎破损，白灰勾缝局部缺失；白色琉璃塔身琉璃构件15%釉面脱落，个别构件琉璃胎破损，朗久旺丹琉璃件局部脱釉；白色琉璃十三相轮及黄琉璃卷草、俯莲保存较好，局部釉面脱落；铜质塔刹缺失。

（2）南面黄色四角琉璃塔：凝灰岩质须弥座严重风化、碎裂，局部缺失；五层仰莲琉璃塔座，第一层和第五层为绿琉璃三连做构件，中间三层为黄琉璃三连做构件，五层琉璃塔座10%釉面脱落，红灰勾缝局部缺失；黄色琉璃塔身琉璃构件15%釉面脱落，个别构件琉璃胎破损，朗久旺丹琉璃件局部脱釉；黄色琉璃十三相轮及绿琉璃卷草、俯莲保存较好，局部釉面脱落；铜质塔刹缺失。

（3）东南角白色八角琉璃塔：凝灰岩质须弥座严重风化、碎裂；五层仰莲琉璃塔座，第一层和第五层为黄琉璃三连做构件，中间三层为白琉璃三连做构件，五层琉璃塔座5%釉面脱落，个别构件琉璃胎破损，白灰勾缝局部缺失；白色琉璃塔身琉璃构件15%釉面脱落，个别构件琉璃胎破损，朗久旺丹琉璃件局部脱釉，塔身琉璃件上可见以前维修时加固琉璃件的铁扒锔；白色琉璃十三相轮及黄琉璃卷草、俯莲保存较好，局部釉面脱落；铜质塔刹缺失。

（4）东面黑色四角琉璃塔：凝灰岩质须弥座严重风化、碎裂，局部片状脱落缺失；五层仰莲琉璃塔座，第一层和第五层为黄琉璃三连做构件，中间三层为黑琉璃三连做构件，五层琉璃塔座15%釉面脱落，红灰勾缝局部缺失；黑色琉璃塔身琉璃构件15%，个别构件琉璃胎破损，朗久旺丹琉璃件局部脱釉，塔身琉璃件上可见以前维修时加固琉璃件的铁扒锔；黑色琉璃十三相轮及黄琉璃卷草、俯莲保存较好，局部釉面脱落；铜质塔刹缺失。

（5）东北角白色八角琉璃塔：凝灰岩质须弥座严重风化、碎裂；五层仰莲琉璃塔座，第一层和第五层为黄琉璃三连做构件，中间三层为白琉璃三连做构件，五层琉璃塔座5%釉面脱落，个别构件琉璃胎破损，白灰勾缝局部缺失；白色琉璃塔身琉璃构件10%釉面脱落，个别构件琉璃胎破损，朗久旺丹琉璃件局部脱釉，塔身琉璃件上可见以前维修时加固琉璃件的铁扒锔；白色琉璃十三相轮及黄琉璃卷草、俯莲保存较好，局部釉面脱落；铜质塔刹缺失。

（6）北面蓝色四角琉璃塔：凝灰岩质须弥座严重风化、碎裂、局部片状脱落缺失；五层仰莲琉璃塔座，第一层和第五层为黄琉璃三连做构件，中间三层为蓝琉璃三连做构件，五层琉璃塔座15%釉面脱落，红灰勾缝局部缺失；黑色琉璃塔身琉璃构件30%，个别构件琉璃胎破损，朗久旺丹琉璃件局部脱釉；蓝色琉璃十三相轮及黄琉璃卷草、俯莲保存较好，局部釉面脱落；铜质塔刹缺失。

（7）西北角白色八角琉璃塔：凝灰岩质须弥座严重风化、碎裂；五层仰莲琉璃塔座，第一层和第五层为黄琉璃三连做构件，中间三层为白琉璃三连做构件，五层琉璃塔座 10% 釉面脱落、个别构件琉璃胎破损、白灰勾缝局部缺失；白色琉璃塔身琉璃构件 20% 釉面脱落、个别构件琉璃胎破损、朗久旺丹琉璃件局部脱釉，塔身琉璃件上可见以前维修时加固琉璃件的铁扒锔；白色琉璃十三相轮及黄琉璃卷草、俯莲保存较好，局部釉面脱落；铜质塔刹缺失。

（8）西面紫色四角琉璃塔：凝灰岩质须弥座严重风化、碎裂；五层仰莲琉璃塔座，第一层和第五层为黄琉璃三连做构件，中间三层为紫琉璃三连做构件，五层琉璃塔座 15% 釉面脱落、红灰勾缝局部缺失；黑色琉璃塔身琉璃构件 40%、个别构件琉璃胎破损、朗久旺丹琉璃件局部脱釉；紫色琉璃十三相轮及黄琉璃卷草、俯莲保存较好，局部釉面脱落；铜质塔刹缺失。
（图 503-505）

二、修缮目标

最大限度地保持普乐寺阁城琉璃喇嘛塔的真实性和完整性，采用传统材料、工艺，在充分调查基础上，恢复琉璃塔的历史原貌；勾抹塔身裂隙，消除建筑的安全隐患。

三、修缮措施

1、塔刹

按照设计要求同时期（清乾隆年间）修建的普陀宗乘之庙五塔门及西五塔白台上现存清代塔刹与普乐寺的历史照片做对比（图 506），发现塔刹的样式相同，所以以现存的清代塔刹做为制作补配的依据，制作铜质透雕卷草天地盘及铜鎏金日月宝珠、云冠塔刹；由于普陀宗乘之庙喇嘛塔塔刹的铜铃缺失，而普乐寺琉璃塔老照片与普宁寺大雄宝殿正脊上现存的清代塔刹铜铃样式相同（图 507），故铜铃参照此样式制作。

琉璃塔上补配的塔刹、铜铃材料均为青铜材质，塔刹整体采用铸造和錾刻工艺，其中铜铃为模具浇铸，铜铃上无纹饰。

2、塔身

对现存琉璃构件仅进行除尘处理，不再补配新制琉璃构件，

仅对琉璃构件之间的缺失勾缝进行补做，勾缝颜色随各琉璃塔现有勾缝颜色。

3、塔座

塔座石质文物保护修复项目另行报批（参见本书第三篇第三章）。

503 琉璃塔塔身残损与修补情况（于洋 摄影）

504 喇嘛塔塔身琉璃构件脱釉情况（于洋 摄影）

505 南面黄色喇嘛塔塔身勾缝缺失情况（于洋 摄影）

506 普陀宗乘之庙西五塔白台喇嘛塔清代塔刹（于洋 摄影）

507 普宁寺大雄宝殿保存有铜铃的清代塔刹（于洋 摄影）

第三节　工程施工

普乐寺阁城琉璃塔塔刹补配工程于 2015 年 3 月开工，监理单位为河南东方文物建筑监理有限公司，施工单位为北京园林古建工程公司。施工过程中通过认真研究历史照片和普陀宗乘之庙五塔门及西五塔白台上保存的清代塔刹，最终确定采用熔模铸造、手工錾刻、表面鎏金等传统工艺对铜质塔刹进行复原。2016 年 4 月完成所有工程项目并通过单位工程验收，2017 年 11 月，该项目通过河北省文物局组织的竣工验收。

一、蜡模制作

为了使普乐寺阁城琉璃喇嘛塔塔刹的比例、纹饰和工艺更接近清代原貌，工程开工以后，按照设计方案要求，施工单位重新组织对参考样式普陀宗乘之庙的清代塔刹进行详细测量（图 508），并使用宣纸对清代现存塔刹进行实物拓样（图 509，510）。经过测量并与历史照片比对，普陀宗乘之庙西五塔白台的清代塔刹与普乐寺阁城琉璃喇嘛塔塔刹外观样式完全一样，大小比例也基本相同，主要使用的工艺应为中国传统的失蜡法铸造工艺，局部使用手工錾刻对细节进行加工调整。天地盘表面没有鎏金痕迹，只有顶部的云冠、日月宝珠残存有表

面鎏金痕迹。根据设计图纸和实物拓样首先由施工单位使用石蜡制作塔刹相同大小的样品分件（图 511），再组合拼装成完整塔刹（图 512）。经与普乐寺阁城琉璃喇嘛塔历史照片中的塔刹外形进行比对，发现塔刹样品基本与普乐寺塔刹相同，只是天地盘曲面弧度、束腰尺寸、云冠高度等细节与老照片存在细微差异。按照比对结果施工单位重新对塔刹蜡模样品进行调整，最后经建设、设计、监理、施工四方技术人员共同验收确定最终的塔刹蜡模（图 514）。

二、熔模铸造

熔模铸造又称失蜡铸造，是我国古代制作青铜器最常用的铸造方法。其原理是在蜡模表面覆盖一层耐火陶瓷材料，陶瓷材料硬化后，其内部形成了所需铸件的几何形状，然后熔化并导出石蜡，再用熔融金属填充型腔，待金属在陶瓷模具内凝固后，再将金属铸件取出，就得到与蜡模一样的金属制品（图 513）。

1、主要材料与性能

普乐寺阁城琉璃塔塔刹补配工程熔模铸造的蜡模选用的是

508 对普陀宗乘之庙清代塔刹详细测量（李维民 摄影）

509 清代塔刹实物拓样（于洋 摄影）

510 清代塔刹拓样的拼接（于洋 摄影）

511 按照塔刹实物拓样制作蜡模（张建超 摄影）

512 塔刹蜡模的组合拼装

513 失蜡后的模具

514 参建各方共同对蜡模检查验收（张建超 摄影）

石蜡、石蜡表面光洁度高、强度好、易塑形、熔点低、适宜作为雕刻的蜡模。表面耐火陶瓷制壳材料选用的是人造硅砂、人造硅砂杂质含量低、耐火度高、热化学稳定性、来源广、价格低廉、易脱壳清理、是失蜡法铸造常用的制壳材料。石蜡和硅砂的材料性能见表22、23。

2、制壳

将经过验收的塔刹蜡模表面的油污去除干净，即可浸涂耐火涂料，制作型壳。首先把蜡模浸泡在耐火涂料中，左右上下晃动，使涂料能很好润湿蜡模，均匀覆盖蜡模表面。涂料涂好后，即可撒上硅砂，形成一层型壳。每涂复好一层型壳以后，就要对它进行干燥和硬化，使涂料中的粘结剂由溶胶向可逆凝胶、不可逆凝胶转变，把耐火材料连在一起。如此反复多次，使耐火层达到需要的厚度为止，这样便在蜡模上形成了多层型壳。

3、熔模

型壳完全硬化后，需从型壳中熔去塔刹蜡模。因蜡模常用蜡基模料制成，所以也把此工序称为脱蜡。根据加热方法的不同，有很多脱蜡方法，用得较多的是热水法和同压蒸汽法。此工程采用的是热水法熔模。

4、焙烧型壳

把脱模后的型壳送入炉内焙烧。焙烧时逐步增加炉温，将型壳加热至800~1000℃，保温一段时间，使型壳硬化变成耐火陶瓷。

5、青铜合金熔炼

准备炉料，炉料应清洁、无水、无油，装炉前预热。铜合金为一次加料，熔化温度在1150~1250℃之间，使青铜合金融化。除普通黄铜、铝青铜及要求高的纯铜外，一般铜合金均用磷铜脱氧。脱氧分二次进行，铜熔化后加2/3的磷铜脱氧，浇铸前再加剩余磷铜脱氧。磷量为铜合金重的0.03%~0.06%。

6、浇铸

采用热型重力浇注法浇铸，将型壳从焙烧炉中取出后，在高温下进行浇注。此时金属在型壳中冷却较慢，能在流动性较高的情况下充填铸型，故铸件能很好复制型腔的形状，提高了铸件的精度。浇铸后去除型壳即得到基本成形的青铜喇嘛塔塔刹。

7、修补

塔刹在浇铸成型后，需采用焊补修补法进行缺陷区域的修补，即对雕塑铸件表面穿透的孔穴和裂纹、小的缩孔、气孔、砂眼和夹渣、加工中的机械损伤等缺陷修补。修补采用气焊或电焊，当面部或关键部位要求较为精细时，采用氩弧焊修补。

三、修补组装

铸件经过表面清理和修补后尚存的表面缺陷，须经传统錾刻工艺修补，精整加工，使其达到与清代现存实物非常接近的精美细节。修补内容主要包括铸件局部黏砂、局部皱皮、浇冒口残根、披缝残留、飞边残留等，并对镂空部分的表面进行精细加工。常用的手工工具是鎯头、錾子、锉刀等。

錾刻修补要对照清代塔刹的实物拓样进行。首先用不同的中小形錾子参照拓样图样进行深浅的塑造，营造立体感和层次感；再用圆帽形錾刀和平面形錾刀修整细微的、不自然的或伸出部分，表面凸起的多余部分须用平面形錾刀和枣形錾刀等底部平坦的錾刀轻轻敲击至平坦；最后用装饰用的錾子，做出纹理和细节。表面高低不匀的地方，必须十分谨慎地敲打，使敲打的表面完全平滑，线条分明。

塔刹各个部分分别錾刻修补完成后，再使用气焊焊接，将天盘、束腰、地盘焊接成整体，打磨焊缝。

完成以上作业之后，还须用稀硫酸液加以酸洗，用金属刷子刷拭一番，再用清水洗净稀硫酸液后晾干。然后，用硫化钠晶体擦洗多次，使塔刹表面变黑变绿。自然凉干后用金属清洁球擦洗天盘、地盘的高点部位，使之抛光，从而增强作品的层次感。经过这样的处理就能做出古朴、凝重的做旧效果。最后进行上蜡防腐处理，完成塔刹最后的组装。

四、塔刹鎏金

按照设计方案，普乐寺喇嘛塔塔刹的云冠、日月宝珠、铜铃的表面需要进行鎏金，由于鎏金构件体量较小，为了更好的保证工程实施效果，传承传统技艺，经研究决定不使用现代的电镀金工艺，而是仍采用传统的鎏金工艺鎏金。具体操作如下：

1、预处理

铜器在鎏金前一定要将表面处理干净，不能有一点锈垢和油污，否则，达不到鎏金的质量要求。

首先用细钢挫将待鎏金面上残留的小疙瘩或残凸部分挫掉挫平。再用粗砂纸打磨，然后再用细砂纸打磨，直至待鎏金面上不再留有砂纸打磨的痕迹。接下来用磨铜炭become水打磨，使鎏金面光滑明亮，呈现镜面的效果。最后用清水将炭末冲洗干净。一般冲洗三遍，直到待鎏金面上全部挂上水了，说明已无油迹；

表 22 模料原材料性能

名称	产地	标准	熔点	软化点	自由收缩率	抗拉强度	灰分（%）	密度
石蜡	大连	GB446—87（精白蜡）	56~70	>30	0.5~1.0	0.22~0.30	<0.11	0.88~0.91

表 23 制壳耐火材料及性能

名称	化学性质	熔点	耐火度	莫氏硬度	密度	热膨胀系数	多晶转变
硅砂 SiO2	酸性	1713°C	1680°C	7	2.65 g.cm-3	12.3	有

如果面上有水珠，说明有油迹，需要再打磨，直到面上全挂上水为止。鎏金面用清水冲洗干净后切忌赤手抚摸，如需要搬移器物，要戴上冲洗干净的橡胶手套。

2、杀金（图515，516）

杀金，即熔炼金汞合剂，即金汞齐。

（1）用剪刀将金箔剪成金丝，越细越好（约有一毫米宽即可），金丝长短不限。剪完后用手将其揉成一团，不要揉得太紧，金丝团中间要有空隙。团的大小要视坩锅大小而定。

（2）将金丝团放在坩锅里，然后将坩锅放在熔炉上加热。坩锅烧红后金丝团也慢慢烧红了。

（3）这时将汞倒入坩锅中。杀金时金和汞的重量比是1：7。因金的比重是19.32（20℃），汞的比重是13.546（20℃），所以金丝沉在汞中。随即用长铁钳夹着一端烧红的木炭棍，用其烧红的一端搅拌，金丝很快熔入汞中，汞变稠，成为银白色的金汞合剂，即金汞齐。因形似泥状，故人们习惯称之为金泥。

（4）旋即用长铁钳将坩锅夹出，将金泥倒入盛清凉水的搪瓷盆中（或瓷盆中，但不要倒入铁盆中）。金泥凉后，用手捏成堆块。按压金泥发出轻轻的吱吱声，将金泥放入干净瓷盘中备用。

这就是杀金的全过程。在杀金工艺过程中，要求稳中求快、忙而不乱。特别要注意当金丝熔在汞中后应立即将坩锅从熔炉中夹出，不能耽误一点时间。因汞在高温下蒸发很快，不及时夹出汞继续蒸发，杀金一举不得，前功尽弃。

515 杀金

516 杀金

3、抹金（图517）

（1）在工作台上铺上洁净的高丽纸，整个台案上要整洁。把预处理好的待鎏金器物置于台案上，将硝酸和金泥分别置入小瓷盘里，放在台案的一旁。

（2）在鎏金棍的秃头小铲上蘸上硝酸后再抠块金泥再蘸点硝酸在待鎏金面上涂抹，要一片紧挨一片地涂抹，片与片之间不要留有空隙。铜与金泥附着力很强，随着鎏金棍的移动待鎏金面变成了白色，但附着上的金泥很薄。第一次抠金泥时，先要在鎏金棍的秃头小铲上蘸点硝酸，接着抠金泥时就没有必要先蘸硝酸了。

517 抹金泥

（3）在棕栓毛上蘸少许稀硝酸在涂抹上金泥的器面上刷，要把整个器面刷到。因涂抹金泥时是一片一片涂抹的，有的金泥层可能厚些，有的薄些，有的器面上残留着金泥疙瘩。刷的目的是把金泥层刷均匀，把附在器面上多余的金泥刷下来。刷下来的金泥要归拢在一起，清水洗净后放在瓷盘里。如果想用其接着抹金，则需要用洁净的脱脂棉将金泥上的水份吸干。

（4）随即用开水冲洗。目的是把金泥层上的硝酸冲洗干净。开水从器上流下来已变成白色。冲洗后，将器物浸泡在盛清凉水的搪瓷盆或木盆中。

4、烤黄

（1）备好白木炭火，火旺后白木炭红亮无烟。用长铁钳夹着抹上金泥的器物在炭火上方烘烤。一边烘烤一边转动器物一边用鬃刷子在鎏金层上面摁蹾。要连续摁蹾三、四遍。摁蹾时不要把抹金层烘烤的太热。

（2）鎏金层在白木炭上继续烘烤，慢慢地开始发亮，象汪着一层水银（汞的通常称谓），行话叫"水银烤开了"。这时，用棉花在鎏金层上擦一遍，要全部擦到，目的是把可能残存的金泥疙瘩擦下来，使鎏好后的金层平细。擦好后就不要再触摸了。继续烘烤，水银不断蒸发，慢慢地抹上的金泥层局部地方向白色变成了暗黄色而且不断扩大。等鎏金层全部变成暗黄色时器物离开火，晾凉。

5、后处理

器物晾凉后，用铜丝刷子蘸皂角水在鎏金层上轻轻刷洗。最好用细红铜丝刷子，这种刷子不伤鎏金层。经过刷洗后，鎏金层由暗黄色逐渐变成黄色，然后冲洗干净。至此，第一遍鎏金结束。但是器物鎏一遍金达不到鎏金的效果，一是鎏金面上有露铜的地方；二是金层太薄不能延年，可在已鎏完一遍金的鎏金面上再鎏遍金。一般器物要鎏金二、三遍，有特殊要求的器物要经四、五遍甚至六、七遍。再鎏金时其工艺流程同第一遍，鎏金工艺流程相同。

6、压光（图 518）

器物鎏金后虽用铜丝刷子刷过，但是鎏金层仅发黄色且不明亮，要想达到鎏金的优美的艺术效果，必须用玛瑙轧子或玉轧子轧。用玛瑙或硬度达到七八度的玉石作成压子在镀金面反复磨压，使鎏金面更加光亮和牢固。

7、汞中毒防护

传统鎏金工艺汞中毒是一个不容忽视的问题。因为在鎏金过程中有大量汞蒸气扩散，不但污染周围环境，而且危害人体健康，特别是操作人员身体的健康。

汞，化学符号 Hg，俗称水银，为易流动的银白色液态金属，内聚力很强，因汞离子是一种强烈的细胞原浆毒，能使细胞中蛋白质沉淀，故汞蒸气和汞的大多数化合物都有剧毒。在鎏金过程中，特别是在"杀金""烤黄"工序中，因在火上进行，会产生大量汞蒸气，通过呼吸道、食道、皮肤侵入人体引起汞中毒。慢性者口腔发炎或精神失常，急性者有腹泻、腹痛、血尿等症。所以，在鎏金过程中必须采取有效的治理防护措施，确保人身健康安全，并且不能污染环境。

518 压光

五、塔刹安装

制作好的喇嘛塔塔刹经过验收即可安装到普乐寺琉璃塔上。施工前首先要做好琉璃塔塔身和塔座的保护，将琉璃塔塔身和塔座等易磕碰的文物用棉被包裹，四周用木板进行防护处理，喇嘛塔上部也盖上苫布，避免施工过程中雨水的侵入而造成损坏。文物保护措施做好后，开始搭设脚手架，小心清理喇嘛塔十三层相轮顶部的封护材料，露出清代原有用来安装塔刹的木质雷公柱。用刷子清理碎石和尘土，按照设计要求对塔刹进行固定，最后调整水平和角度，安装铜铃，并使用月白灰封护十三层相轮顶部，最终完成喇嘛塔塔刹的安装（图 519–525）。

519 塔刹安装前做好塔座石质文物的保护（张建超 摄影）

520 塔刹雷公柱的清理（李维民 摄影）

521 塔刹安装前的清理和准备（李维民 摄影）

522 塔刹的安装（张建超 摄影）

523 塔刹的安装与校正（张建超 摄影）

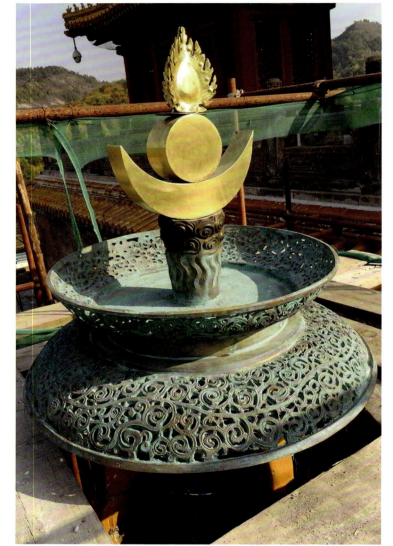

525 安装后的塔刹（张建超 摄影）

524 安装后的塔刹（张建超 摄影）

六、塔身勾缝

为了保护普乐寺琉璃喇嘛塔，按照设计方案要求需要对塔身琉璃件之间的缝隙进行勾缝保护。勾缝分打底、罩面两次。打底时应将空洞大的缝隙填严，勾缝灰中加入了麻刀，以保证其牢固性。罩面灰用柳叶或鸭咀勾抹，擀光压实，并随即用毛刷带水打点，尽量不显抹纹、压茬等痕迹，缝子外观能见到的部位应越细越好。勾缝灰的颜色以塔身原有勾缝颜色为准，四角的白色喇嘛塔即使用白麻刀灰勾缝，其他喇嘛塔勾缝在白麻刀灰中加入红土子、青灰等传统颜色进行调色，使勾缝灰颜色接近原有勾缝颜色（图526-541）。

526 西面紫色喇嘛塔整修前（李维民 摄影）　　　527 西面紫色喇嘛塔整修后（李维民 摄影）

528 西北白色喇嘛塔整修前（李维民 摄影）　　　529 西北白色喇嘛塔整修后（李维民 摄影）

530 北面蓝色喇嘛塔整修前（李维民 摄影）

531 北面蓝色喇嘛塔整修后（李维民 摄影）

532 东北白色喇嘛塔整修前（李维民 摄影）

533 东北白色喇嘛塔整修后（李维民 摄影）

534 东面黑色喇嘛塔整修前（李维民 摄影）

535 东面黑色喇嘛塔整修后（李维民 摄影）

536 东南白色喇嘛塔整修前（李维民 摄影）

537 东南白色喇嘛塔整修后（李维民 摄影）

538 南面黄色喇嘛塔整修前（李维民 摄影）

539 南面黄色喇嘛塔整修后（李维民 摄影）

540 西南白色喇嘛塔整修前（李维民 摄影）

541 西南白色喇嘛塔整修后（李维民 摄影）

[*]：本章部分内容引自该工程设计方案与施工总结报告。

第一节 项目概况

普乐寺宗印殿及左右配殿内保存着 17 尊清代佛像，这些佛像是乾隆时期典型的宫廷供奉藏传佛教造像，造型完美、制作精湛、工艺精良、质地讲究，代表着清代宫廷造像工艺水平的巅峰之作，具有极高的艺术价值和文物价值。这些造像至今已有 200 多年的历史，主体为木质材质，近年来受虫蛀危害日趋严重。为保护好这些珍贵的清代佛像，2010 年，承德市文物局将普乐寺虫蛀佛像及须弥座熏蒸杀虫工程列入到承德文化遗产保护工程中，采用现代技术手段防治普乐寺佛像及木质须弥座的虫害。该工程的设计单位是中国林科院木材工业研究所和北京东方大地虫害防治有限公司，施工单位为北京东方大地虫害防治有限公司，监理单位为河南东方文物古建监理有限公司。2011 年 7 月，设计方案通过国家文物局审批（文物保函〔2011〕1311 号），深化设计方案于 2012 年 3 月通过河北省文物局核准。工程于 2014 年 10 月开工，2015 年 4 月完工，2015 年 5 月通过单位工程验收，2016 年 1 月通过河北省文物局技术验收，2016 年 7 月通过国家文物局竣工验收。

第二节 现场勘察

2010 年，经对普乐寺佛像及须弥座勘察发现，佛像保存状况的突出问题是木构件的腐朽和虫蛀。

一、木构件的腐朽

普乐寺佛像的腐朽主要出现在佛像须弥座及部分莲花座部位。其中，宗印殿中央三尊佛像须弥座四周有气孔，从气孔观察内部呈框架结构，中央一根立柱支撑顶板，佛像落座在顶板上。从整体外观看，木材框架结构清晰，表面清洁完整，见楞见角，未见明显腐朽及虫蛀粉末掉落。但宗印殿两侧的八大菩萨佛像须弥座腐朽非常严重，部分须弥座木板已残损不全（详见照片）。严重腐朽部分木件的地仗均已翘起剥落，敲打空鼓部位地仗呈空洞声，从地仗裂缝中刺探内部木件，用普通螺丝刀，轻易可刺入木材内 1cm，说明已达严重腐朽（或虫蛀）程度。八大菩萨中个别佛像部分地仗金身也已翘起，甚至产生了开裂，敲击呈空洞声。为在修复时能准确找到佛像及须弥座的木材糟朽分界位置，需在佛像及须弥座熏蒸后、修复前使用阻力仪、应力波扫描仪等有损检测方法进行木材材质状况的详细勘查。

普乐寺佛像木材的腐朽均为褐腐。褐腐是木材腐朽的一大类，自然界中常见，由褐腐菌感染造成。褐腐菌分解木材的多糖，使以多糖为主要成份的纤维和半纤维素降解，相对地提高了木材中木质素成份的含量，因此使腐朽木材成褐色。木材褐腐后，纵、横向均产生裂纹，成为典型的方块形破裂，木材的密度和强度大大降低（图 542-554）。

542 普乐寺佛像须弥座严重糟朽

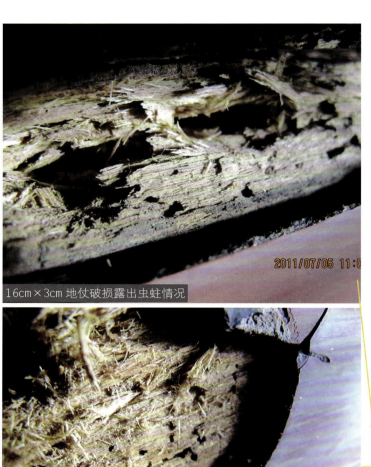

16cm×3cm 地仗破损露出虫蛀情况

5cm×5cm 地仗破损露出虫蛀情况

543 宗印殿地藏王菩萨须弥座虫蛀情况（武增强 摄影）

544 宗印殿释迦牟尼像须弥座虫蛀情况（武增强 摄影）

545 宗印殿普贤菩萨须弥座北侧局部虫蛀情况（武增强 摄影）

546 旭光阁须弥座虫孔

547 宗印殿柱子虫孔

548 宗印殿柱子虫蛀情况

549 宗印殿观世音菩萨佛像发现的皮蠹害虫

550 胜因殿佛像须弥座虫蛀情况（武增强 摄影）

551 旭光阁柱子虫孔（武增强 摄影）

552 旭光阁柱子虫孔（武增强 摄影）

553 旭光阁柱子虫蛀情况（武增强 摄影）

554 旭光阁柱子虫蛀情况（武增强 摄影）

二、木构件的虫蛀

木构件的虫蛀相对于腐朽更容易被发现。在木质品未现明显损害以前，往往便会有蛀粉或蛀屑从木器表面虫眼中掉落。在古建筑室内一般有活虫存在时，木质品表面有蛀粉落下，它的特点是，蛀粉下落会持续数日，或更长时日，蛀粉颜色新鲜，蛀粉的正上方一定能发现蛀孔，而且蛀孔边缘也能沾有蛀粉。据此分析木件内部可能已受害虫严重蛀蚀。

2010年，现场勘查发现普乐寺宗印殿、胜因殿佛像须弥座虫蛀非常严重，有的已被蛀空，有的正在被蛀蚀，有的表面上完好或只能看到一个或几个很小的虫眼，可里面通过敲击判断部分已蛀空。在普乐寺宗印殿现场采集到的虫害活体经鉴定有四种害虫。一是象虫，为干木的重要害虫，成虫、幼虫均对木材产生严重危害；第二种鉴定为粉蠹，是木材的主要害虫，主要以幼虫钻蛀在木材深处为害；第三种鉴定为长蠹科蠹虫，

也是木材的重要害虫，主要以幼虫钻蛀在木材深处为害；第四种鉴定为皮蠹科斑皮蠹，属杂食性害虫，不但危害木制品，同时危害纸质、皮毛、丝棉等制品。此外，2010年勘察时在普乐寺旭光阁并未发现虫蛀情况，但2014年施工时期，在旭光阁的部分柱根也发现有蛀虫，现场采集的活体标本，经鉴定有皮蠹幼虫和成虫以及象鼻虫成虫。

虫蛀危害不仅对木构件产生直接破坏，同时还会产生大量的排泄物，导致霉菌、腐朽菌等微生物大量繁殖，致使木件糟腐、朽烂，所以虫蛀危害会造成或加速腐朽的发生。实践证明凡遇有普乐寺这种情况的木器，一般内部虫蛀已相当严重，其内部多已被蛀蚀，如不及时治理，木器的损坏只是迟早的问题。因此，普乐寺佛像的熏蒸防治是必要和及时的。

一、象虫

象虫科（Curculionidae）的某些昆虫则属典型的木材害虫。普乐寺宗印殿发现数量最多的害虫就是象虫，在承德普陀宗乘之庙也发现一种小型象鼻虫。象虫是承德当地主要危害木结构的种类。

象鼻虫的最大特征是头部向前延伸成象鼻状故名，口器在"象鼻"的顶端，易于识别。危害木材的为小型（较少为中型）昆虫，体长约3.5mm，鞘翅黑褐色。成虫和幼虫都能钻蚀木材，表面蛀孔小，常有蛀粉从蛀孔中掉落。

二、粉蠹

此前，承德市植保和检疫部门曾对普乐寺佛像害虫做过调查，曾发现粉蠹害虫残骸。本次勘查也在普乐寺宗印殿发现了粉蠹科（Lyctidae）害虫。

粉蠹为小型害虫，体型细长，一般2.4-4.5mm，鞘翅不如其他木材害虫坚硬，以淀粉和木射线薄壁细胞中贮存的物质为食料，故对富含淀粉的阔叶材危害更甚。

三、长蠹

从普乐寺现场发现的害虫残骸判定有长蠹科（Bostrichidae）害虫，因为未采到完整标本，未能做种的鉴定。

长蠹类木材害虫的身体呈圆筒状，暗褐色及黑色，小型昆虫，可蛀蚀针、阔叶材的心材，多蛀蚀气干和窑干成材。蛀虫

在木材中钻孔，残留细粉末蛀屑，俗称粉末蛀虫。成虫穿出木材时，洞口有粉末落下。虫眼孔径1.6-2.1mm。

四、皮蠹

皮蠹属仓贮类害虫，危害皮革和各种纤维类制品，在古建筑中亦属常见。普乐寺发现的皮蠹经鉴定为斑皮蠹。

从生活习性上讲，象鼻虫、粉蠹、长蠹和皮蠹类害虫属次期性害虫。这一类害虫成虫飞出后交尾产卵不需要进行补充营养，卵可以在干燥环境中孵化为幼虫危害。因此，在室内合适条件下，可以继续繁殖。

根据经验，能对古建筑和文物造成危害的，绝不仅限于单纯危害木材的一类，其他以淀粉、纤维为食和杂食性的昆虫，如裸蛛甲、衣鱼、书虱、尘虱、蜘蛛、螨虫、蟑螂和蚂蚁等等，也会对建筑和文物造成危害，这种危害有时同样会是非常严重的。这些昆虫的存在相应地也促进了木材害虫的侵入和危害，同时也可以诱发霉菌和木腐菌的生长，引发木材的腐朽，因此应予以充分地重视。

经过现场勘查、害虫采集和鉴定分析，普乐寺宗印殿、胜因殿内蛀蚀佛像及须弥座的主要害虫有：长蠹、粉蠹、象虫、皮蠹、书虱、尘虱、螨虫等。危害范围涉及宗印殿、胜因殿的所有佛像及须弥座，危害程度就佛像须弥座而言非常严重，部分须弥座木材因虫蛀糟朽达50%左右（图555-558）。

555 普乐寺采集的象虫活体（武增强 摄影）

556 普乐寺采集的粉蠹活体（武增强 摄影）

557 普乐寺采集的长蠹（武增强 摄影）

558 普乐寺采集的斑皮蠹（武增强 摄影）

第四节　木材鉴定

在对普乐寺虫蛀佛像勘察时，选取了佛像 3 个不同部位的木材进行了木材种类鉴定。木材样品来源分别为：胜因殿佛像须弥座虫蛀腐朽脱落的木材、胜因殿秘密成就金刚手掉落的支撑木块、宗印殿除垢障菩萨足部原莲花座脱落处木材。

普乐寺采集的 3 个木材样品生长轮略明显，散孔材。导管横切面为圆形及卵圆形；单管孔及短径列复管孔 2–3 个；导管内壁螺纹加厚明显，单穿孔，卵圆及椭圆。管间纹孔式互列。轴间薄壁组织星散—聚合状或断续离管带状及轮界状。木纤维壁薄。木射线单列者较少，多列射线宽 2–4 细胞。射线组织同形单列及多列与异形 II 型。射线细胞与导管间纹孔式类似管间纹孔式。无胞间道。根据以上显微特征鉴定为椴木 Tilia sp. 中的紫椴 Tilia amurensis。

椴木为落叶大乔木，木材纹理直，结构甚细，轻而软、干缩中，干后较稳定，切削加工容易，刨面光滑。主产于我国东北、华北地区，俄罗斯远东及朝鲜亦有分布。木材密度较低（0.35–0.49），性质稳定，不耐腐，抗虫性弱，但防腐、防虫处理容易、透气、透水性强。椴木材质细腻松软，非常适宜雕刻，在古代是木质佛像制作的主要木材之一，现代椴木木材多用作胶合板、火柴及包装（图 559）。

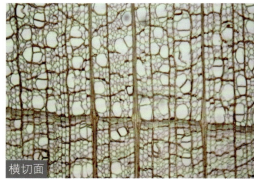

横切面　　径切面　　弦切面

559 木材三切面细胞鉴定图

第五节　防治方案

根据普乐寺虫蛀佛像现场状况及虫害分析的初步分析结果，由于虫害范围较大，虫种多为钻蛀性蛀虫，所以要想彻底杀灭，只能使用密封熏蒸方法。将整个佛像用帐幕完全密封，施放熏蒸药剂，彻底杀灭佛像内部所有害虫及有害生物。

熏蒸处理能够彻底杀灭佛像文物的虫腐病害，但没有预防作用。为了保持佛像的长期安全，预防环境虫害对佛像再次感染，熏蒸杀虫结束后，还要定期做好环境虫害的监测，及时对周围环境做防虫处理。

一、熏蒸杀虫药物的特性

熏蒸药剂选用硫酰氟，化学分子式：SO_2F_2，分子量：102。

硫酰氟在常温下是无色气体，沸点为 –55.2℃，现在使用的剂型是压缩在钢瓶内的液体。液体的密度为：1.34kg/L。纯度为：99.5% 以上。

硫酰氟气体不燃烧、不爆炸。对金属、木材、油漆、油墨、字画、书籍等无任何腐蚀和不良影响。

硫酰氟杀虫谱广，能杀死各种建筑物害虫和储藏物害虫，渗透力强，能扩散渗透到熏蒸物体的各个孔隙、角落。一般有虫害的位置都有氧气存在或空气流通，只要空气到达的地方，该药剂都能到达，普乐寺宗印殿、胜因殿内遭虫蛀佛像及须弥座的害虫在其杀灭范围之内。所以不担心佛像内部虫子杀不死等问题。例如故宫的淑房斋、城墙角楼、太和殿等，首都博物馆藏经板、箭楼等，天津杨柳青画社的画板以及承德普宁寺大佛等都达到了预期的杀虫效果。

二、熏蒸药剂对文物本体影响

硫酰氟熏蒸杀虫在国内外已有数十年的使用历史，到目前为止，还未发现有对熏蒸建筑物及储藏物、图书、档案、文物等产生不良影响的报道或事例。

北京东方大地虫害防治有限公司从 1997 年起使用硫酰氟，先后对故宫的皇家建筑、殿堂、斋宫、宝座、藏经板和文物以及首都博物馆的古建文物等多次进行熏蒸杀虫，至今未发现被熏蒸的古建文物、金漆彩画、字画、书籍、丝棉制品等有任何的不良或异常影响。说明硫酰氟在以上环境使用是安全的。

1998 年承德普宁寺大佛的熏蒸杀虫，使用药剂就是硫酰氟。熏蒸后至今未发现佛像本身有任何不良或异常变化，说明使用硫酰氟熏蒸佛像等文物也是安全的。

通过以上多年国内文物熏蒸杀虫的应用经验，使用硫酰氟熏蒸普乐寺佛像文物等也应该是安全放心的。所用药剂不会对佛像文物等造成任何不良影响。

第六节　工程施工

普乐寺虫蛀佛像及须弥座熏蒸杀虫工程最初的勘察和方案设计是2010年，经过方案审批、资金申请与拨付、工程招投标等环节，实际工程实施是2014年10月。工程开工后，经过工程勘查发现，除宗印殿、胜因殿的佛像及须弥座外，宗印殿的大木构架和旭光阁的部分木柱等也出现了不同程度的虫蛀，宗印殿室内地面发现有较多虫尸，怀疑整个大殿可能被虫害感染。所以，在工程实施过程中专门搭设了脚手架，对宗印殿等建筑顶棚内部进行了勘察和取样。勘察发现，顶棚内的木梁和木柱以及彩画也出现了不同程度的虫蛀。取样样品中发现了象虫、皮蠹和拟裸蛛甲等害虫。说明随着时间的推移，虫害的感染和蔓延进一步加剧，宗印整个大殿确实出现了较严重的虫害感染和危害。为了全面消灭普乐寺的虫害，有效的保护重要清代文物，经参建各方洽商决定，将宗印殿、胜因殿从佛像分组熏蒸杀虫改为对各殿建筑整体熏蒸杀虫，增加旭光阁局部灭虫处理，杀虫技术方案仍按原《承德普乐寺虫驻佛像及须弥座熏蒸杀虫方案》实施。

一、整体熏蒸

1、帐幕密封

根据普乐寺虫害防治各殿佛像的位置及结构，分别对普乐寺不同位置的佛像组进行密封分组熏蒸，宗印殿、胜因殿两座建筑室内做整体熏蒸。熏蒸前，制作能够完全密封整个佛像组的帐幕，用帐幕将整个佛像覆盖，与地面、墙面四周密封，密封前要在佛像四周搭建佛像保护密封架，同时搭设投放药剂梯架。并对佛像做严格的保护护理，帐幕材料采用熏蒸专用的PVC或PAPE。宗印殿、胜因殿两座建筑须对所有门窗、缝隙进行密闭封护。

为保证熏蒸效果和人员安全，需确保熏蒸帐幕不漏气。首先确保搭建的熏蒸密封构架整体牢固，边角不外露、不凸出。其次在帐幕密封前对所有边角进行包裹保护，确保对帐幕不会造成凸顶刺蹭。再就是严格做好帐幕和墙面、地面的密封粘接。最后还要对密封好的帐幕进行检测、检查，确保熏蒸不漏气。

2、投药熏蒸

根据事先设计搭建投药架，将药剂按结构体积布放好，充分做好投药前各项检查并合格后，开始投药。药剂投放完成后，立即将投药门（或投药口）密封好，再做安全检查后，撤离现场。密封熏蒸期间要留守专人现场巡视、看护。

3、散气

利用排风机和风道将殿内密封熏蒸帷幕内的气体引导到寺庙外空旷无人安全地带进行排放散气。当室内所有环境均检测不到有效气体后，再对整个大殿排风、散气1~2小时，散气结束。

4、熏蒸杀虫安全措施：

（1）熏蒸前对双方各自有关人员进行严格的思想、纪律及安全防护知识教育。

（2）投药前严格检查各项安全防护准备工作。对投药防护面罩、呼吸器、保险带扣等做全面检查，对密封、药剂、设备、器材再做检查；对安全消防设备等做必要的检查。

（3）在大殿周围5m内布设戒线、设警戒区、挂警戒标志，布设检测仪器对佛像密封熏蒸期间是否出现漏气进行随时监测报警，并制定应急处理方案。

（4）一旦出现毒气泄漏要立即对现场帐幕进行检测查漏，找到泄漏孔，立即封堵。同时要组织寺内游客撤离寺院，暂停开放。

（5）投药前要事先准备好排风设备，并试运行，保证正常运转，以便在散气时能正常工作。

（6）熏蒸及散气期间设专人值班，保证24小时有专人巡视、看护、监测，防止任何人进入警戒区。发现问题及时报告、及时处理。

（7）散气时，布设专门的排风风道，使残留气体通过风道排放在寺院墙外的空旷地带，布设警戒区、警戒线、挂警戒标志，安排人员值守，确保散气的绝对安全。

（8）熏蒸杀虫全程各项操作严格执行各项操作规程，设立专职安全监护人员巡视检查，严格奖惩制度。

二、局部杀虫处理

在宗印殿、胜因殿虫害勘查过程中，据寺内工作人员反映，旭光阁上也发现了蛀虫，经现场勘查，发现旭光阁内成环形结构，四周立柱多被墙体包裹，只有少部分露出墙面，在其中一个立柱的根部发现柱根地仗离地面柱基2cm处脱落，从中掉落众多粉状物，在其中发现了蛀木害虫——象鼻虫（Cureulionidae）。同时在旭光阁内还发现有皮蠹、拟裸蛛甲、衣鱼等仓储害虫。

在对宗印殿、胜因殿佛像的熏蒸杀虫期间，对旭光阁发现虫蛀的木柱根部进行局部杀虫处理。对虫蛀的立柱根部15×20cm处作吊瓶处理，并结合滞溜喷洒进行消杀。吊瓶法选用药剂为防腐防虫剂（MFB-2），吊瓶施药至根部流出药液为止。干燥后清理柱根与柱基之间缝隙。清理后再用除敌对柱根根基缝隙做滞溜喷洒，反复2~3次。消杀完成后，及时对立柱根部做原状修复。

三、熏蒸杀虫后的预防措施

调查中在普乐寺大殿内的地面、墙面、台面、角落及佛像表面等处发现不少环境害虫，包括林木害虫、花草害虫以及蜘蛛、蚂蚁、蕈蠓，甚至蝙蝠、鼠类等。为了防止环境虫害对佛像等造成再次感染，在熏蒸散气前后，对宗印殿、胜因殿殿内空间环境做全面消杀。杀灭环境中的所有爬虫、飞虫，净化环境。

对各殿的地面、墙角等进行药剂滞溜喷洒；对空间进行雾化熏杀。滞溜喷洒选用除敌（德国）凯素灵（德国）等菊酯类药剂。空间雾化熏杀选用S-生物烯炳菊酯（德国）等药剂。以上药剂对文物不会造成任何不良影响。

以上消杀防虫措施能够预防、防治殿内环境，包括空间、物体表面、缝隙等中的所有爬虫、飞虫，净化环境。有效防止外界虫害对文物的再感染和危害。

但该方法不能杀灭文物内部的虫害（包括卵、蛹、幼虫等）。所以根据环境情况定期进行环境消杀就能保证文物不

第三篇　工程实录篇　第五章　普乐寺虫蛀佛像及须弥座熏蒸杀虫工程

295

被虫害感染危害。

消杀用药为菊酯类药剂。空间使用时产生的雾化微粒极小，即使掉落在玻璃上也无痕迹。不会对文物产生影响。此种药剂在文物库房、展厅、古建及各种展出文物环境已使用数年，对文物不产生任何不良影响。

熏蒸后的预防措施共进行四次消杀。第一次在熏蒸散气前。第二次在熏蒸工程结束后一周内。其余两次在修复前后。消杀预防是文物保护的长期有效措施，以后每年都应进行1-3次（根据环境不同）（图560-576）。

560 宗印殿室外密封

561 宗印殿室外密封

562 宗印殿室外密封

563 宗印殿室内熏蒸

564 宗印殿顶棚布放投药药剂

565 宗印殿室内熏蒸

567 旭光阁投药前的防护

568 宗印殿顶棚布放投药药剂

569 旭光阁柱根的独立熏蒸除虫

570 宗印殿熏蒸后的死亡虫体

571 宗印殿熏蒸后的死亡虫体

572 旭光阁熏蒸后的死亡虫体

573 旭光阁展柜内死亡虫体

574 旭光阁除虫后的清消

575 旭光阁除虫后的清消

576 散气后残余气体含量检测

第六章 外八庙建筑装修
面叶补配工程

第一节 项目概况

承德外八庙各古建筑装修的面叶是重要的文物，不仅具有较高的艺术价值，而且充分体现出清代建筑的等级制度。但由于历经了250多年的风雨侵蚀及后期的人为破坏，大部分面叶缺失不存。受保护经费制约，之前的历次修缮工程仅对避暑山庄及周围寺庙的古建筑做了油饰保养，大部分工程都没有对面叶进行补配。承德文化遗产保护工程首次将古建筑面叶补配作为一项专项工程实施，补配完整面叶的古建筑可以与油饰彩画交相辉映，全面展示建筑的价值与历史风貌。本次工程范围包括普乐寺、普宁寺、须弥福寿之庙、普陀宗乘之庙4座寺庙，工程重点是对缺失的清代面叶进行补配，按照原形制复原各建筑外檐装修上的面叶。工程仅补配缺失的面叶，对残损的面叶或位置错误的面叶均不做补配或更换。

2013年10月，受承德文物局委托，河北省古代建筑保护研究所与承德文物局规划设计室共同承担了《承德外八庙建筑装修面叶补配方案》的编制工作。2015年1月，国家文物局批准同意设计方案（文物保函〔2015〕45号）。2015年4月，深化设计方案通过了河北省文物局核准（冀文物发〔2015〕177号）。2015年11月，承德外八庙建筑装修面叶补配工程公开招标，确定施工单位为三河长宏工贸有限公司，监理单位为河南东方文物建筑监理有限公司。2016年2月，该项目通过河北省文物局开工许可，工程正式开工，2016年9月工程全部完工并通过工程验收。

第二节 面叶制作安装

避暑山庄周围寺庙的面叶形制共分为两种，普宁寺、普乐寺的主体建筑即中轴线建筑，须弥福寿之庙和普陀宗乘之庙的金顶建筑的装修面叶雕刻为如意祥云龙纹，其余附属建筑如配殿、群楼、角殿等建筑的装修面叶雕刻为如意素面纹饰。本次面叶补配工程要求在所有补配的面叶背面雕刻出补配的年代，作为与原面叶的识别标志。各建筑补配铜质面叶材料，所用铜均为紫铜，铜板厚1.1-1.3mm。面叶雕刻纹饰、尺寸、錾刻深度以各建筑上保存的原构件为准，雕刻纹饰要求纹饰清晰、疏密相间、线条流畅、错落有致。新补配的面叶饰金工艺为镀金工艺。新补配的面叶钉在槅扇、槛窗上时使用与原构件大小一致的铜质泡头钉。面叶制作加工工序如下：

（1）铜板下料。精确计算好所用铜板的尺寸，补配铜质面叶材料，所用铜均为紫铜，铜板厚1.1-1.3mm（图577）。

（2）回火增加柔韧度（图578）。

577 铜板切割下料

578 铜板回火增加柔韧度

（3）压型。所有面叶在制作前均需要对所安装的建筑装修大边的截面进行放样，根据样板使用木棍将铜板压型成弧面，以保证面叶的截面弧度与大边的截面弧度一致（图579）。

（4）拓样。新制作的面叶纹饰按照现有清代面叶制作拓样，以保证纹饰风格与历史原貌一致（图580）。

（5）錾刻龙纹。手工錾刻纹饰、尺寸、錾刻深度以各建筑上保存的原构件为准。錾刻工艺的核心是"錾活"。操作时使用的主要工具是各式各样的成套錾子，这些錾子都是自制的，是用工具钢或弹簧钢打制的，钢料过火后先锤成长约10cm、中间粗两头细的枣核形坯子，之后将其前端锤打、锉磨出所需要的形状，再经焠火处理，并在油石上反复打磨、调试，使之合用。最常用的錾子有大小不等的勾錾、直口錾、双线錾、发丝錾、半圆錾、方踩錾、半圆踩錾、鱼鳞錾、鱼眼錾、豆粒錾、沙地錾、尖錾、脱錾、抢錾等十多种。錾刻时，必需将加工对象固定于胶板上，方可进行操作。胶板一般是用松香、大白粉和植物油，按一定比例配制后敷在木板上，使用时将胶烤软，铜银等工件过火后即可贴附其上，冷却后方可进行錾刻，取下时只需加热便能脱开（图581，582）。

（6）裁边、焊接、打孔。面叶焊接时要求面要平、角要正，焊口齐整光滑。打孔要按照清代钉子分布规律打孔，钉孔排布均匀（图583）。

（7）整形抛光。使用电动工具人工去除表面毛茬，清理面叶上的油污、锈迹，使用抛光机械进行表面抛光，保证面叶光洁，为下一步镀金做好准备（图584）。

（8）除油镀铜。为了保证镀金的牢固和平整，抛光好的面叶在镀金前还需要进一步清除油污，再镀一遍铜（图585）。

（9）镀金。按照国家文物局批复设计方案要求，新补配的面叶饰金工艺为采用现代的镀金工艺，镀金厚度要求0.8—1.2μm，外面做防氧化保护层。不需要镀金的面叶背面刷防锈漆保护（图586-588）。

（10）包装。用棉纸气垫包装，防止磕碰变形掉色（图589）。

（11）安装。由于普乐寺各建筑的槅扇、槛窗都是清代的重要文物，而且有的槅扇、槛窗老旧破损的比较严重，在面叶安装施工过程中，人员安全和文物安全是重中之重，所以面叶安装操作要求一定要规范、谨慎，严格按照施工规范进行施工，以确保施工过程的安全。首先，搭设脚手架要做好对地面及阶条石的保护，确保文物古建筑的安全。其次，在面叶安装前，一定要由专业的木匠对槅扇、槛窗进行修整加固，使安装的面叶与槅扇、槛窗要紧密贴合，然后将面叶的角度、位置固定，用木钻头打眼，打眼的深度以打透地仗层后进深0.5cm，再用铜质泡头钉入，这样既保护地仗层不被破坏，也能保证铜钉钉入的强度。此外，为了保证铜钉镀层的完好，钉入铜钉时要用包裹好的钉锤和尼龙棒进行钉入操作，最大程度保护铜钉及面叶的完好及保障地仗油饰层不遭受野蛮施工带来的破坏（图590-600）。

579 铜板压型

581 手工錾刻纹饰

580 拓样

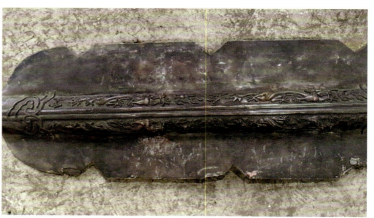

582 錾刻好的半成品

583 裁边、焊接、打孔

584 整形抛光

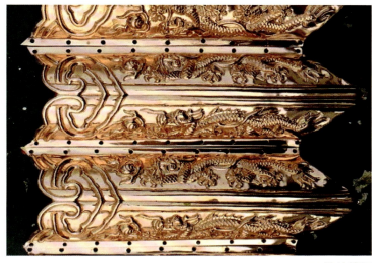

585 除油镀铜

586 镀金后的面叶

587 镀金后的面叶背面

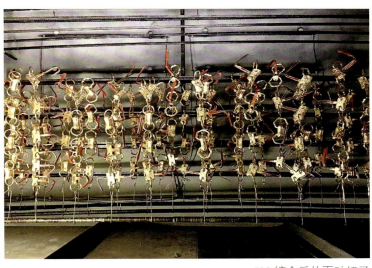

588 镀金后的面叶纽子

589 面叶包装

590 面叶安装

591 普乐寺胜因殿油饰及面叶修缮前（李维民 摄影）

592 普乐寺胜因殿油饰及面叶修缮后（李维民 摄影）

595 宗印殿后檐油饰及面叶修缮前（李维民 摄影）

596 宗印殿后檐油饰及面叶修缮后（李维民 摄影）

597 普乐寺胜因殿面叶安装前

598 普乐寺胜因殿面叶安装后

599 旭光阁面叶补配前

600 旭光阁面叶补配后

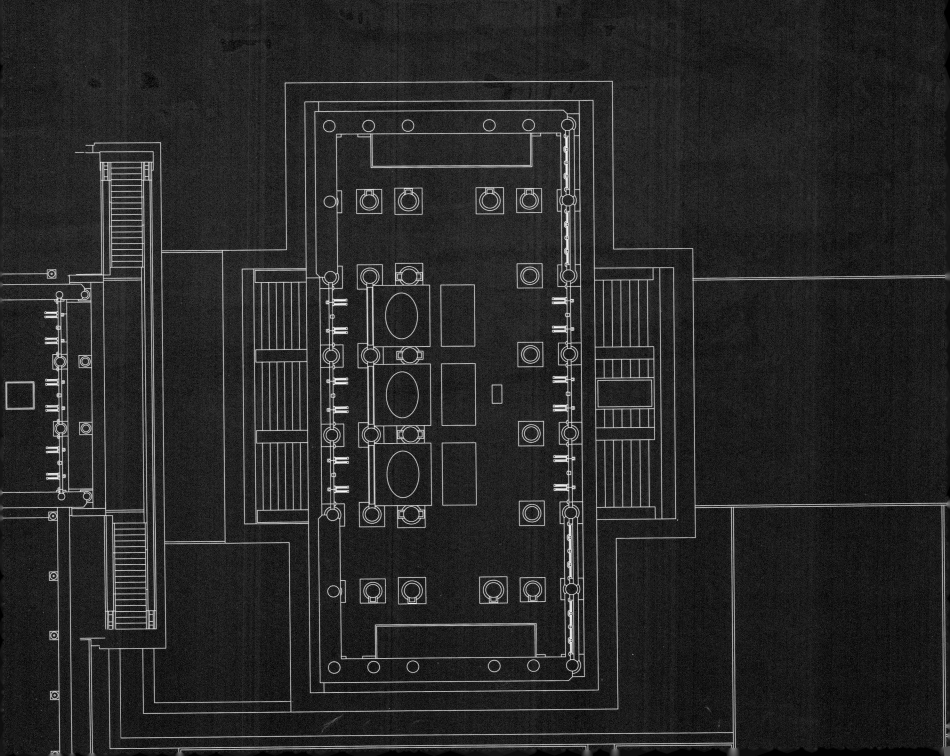

第四篇　◎　承德普乐寺文物保护工程实录

文献资料篇

第一章　文献汇编

第一节　《钦定热河志》中普乐寺文献

一、《钦定热河志》卷八十寺庙三

普乐寺在热河行宫东北二里许。西陲平定后，既建普宁寺、安远庙以示绥怀，庙南地势宽广，三十一年复敕建兹寺，东向。御书门额曰：普乐寺。前殿额曰：宗印殿，左右配殿各一，北为胜因殿，南为慧力殿，皆兼清汉蒙古唐古忒四体书。正殿供上乐王佛。额曰：福慧圆成，联二，一曰：龙象护诸天，毫相瞻时妙严普觉，漠瀛会初地，法轮转处安乐常臻；一曰：三摩印证，喻恒河人天皆大欢喜，七宝庄严，现香界广轮遍诸吉祥。西有门达经坛门，内植碑一，恭镌御制碑记。坛上四面有门，东额曰：须弥增胜，西额曰舍卫现祥，上有圆亭二层，前檐额曰旭光阁，皆兼四体书。亭中四面有联，东曰：竺乾法示西来意，震旦光圆东向因。西曰：化成层拱通乾闼，属国环归过月氏。南曰：花凝宝盖饭真相，云拥祥林现化身。北曰：妙演梵城超最上，广臻法会乐无遮。又东山门一座，额曰：通梵门，亦兼四体书。每岁秋巡，诸藩入觐瞻礼金容，如上春台同游化宇也。

御制文　普乐寺碑记　丁亥（内容各版本略不同，以现场碑文为准）

避暑山庄，当兴桓堠区，直北地亘狮沟，西南官廨民庐，聚落殷溱。独其东偏列嶂邈绵周原案衍，则诸经所称，广长清净于佛土宜。乾隆乙亥，西陲大功告成，卫拉特各部长来会时事，尝肖西域三摩耶，建寺曰"普宁"。嗣是达什达瓦属人内徙，即次旅居，环匝山麓。越岁乙酉，复于迤左仿伊犁固尔扎都罡，建庙曰"安远"。然自庙南延望锤峰，式垲式闳，厥壤犹隙。惟大漠之俗，素崇黄教，将欲因其教，不易其俗，缘初构而踵成之。且每岁山庄秋巡，内外札萨克觐光以来者，肩摩踵接。而新附之都尔伯特，及左右哈萨克、东西布鲁特，亦宜有以遂其仰瞻，兴其肃恭，俾满所欲，无二心焉。咨之章嘉国师，云"大藏所载，有上乐王佛，乃持轮王佛化身，居常东向，洪济群品。必若外辟重闉，疏三涂，中翼广殿，后规阁城内迭蹬悬折而上，置衮正与峰对者，则人天咸遂饭仰，将作如制。以丙戌正月经始，洎丁亥八月迄工。爰取"普乐"颜寺额，而为之记曰：

自西人之濒于涂炭也，湫隘贴危，不能终日，朕则为之求宁焉。既宁之后，奔奏偕徕，室家还定，朕则为之计安焉。既

宁且安，其乐斯在。譬如佛影覆于鸽身，四大得所，离怖畏想，生欢喜心。薪自刹那以逮亿劫，同游春台化宇，乐其乐而不能名其乐，真上乐耳。虽然，曷易臻此哉？语曰："民可与乐成，难与虑始。" 又曰："先天下之忧而忧，后天下之乐而乐"。是朕所由继普宁、安远，而命之为"普乐"者，既以自慰，且重以自勖，而匪直梵文胜因福利之云云也。记成，并系以赞：

善哉大能仁，无去亦无住。以何因缘故，现此说法身。
人天咸护持，功德甚希有。云何称上乐，自小千中千。
既三千大千，法界无究竟。尔时两足尊，甘露为灌顶。
一切诸众生，若有情无情。念彼佛力者，受持陀罗尼。
三世诸如来，神力并如汝。第一具根性，即身得证佛。
其次小乘人，得八大成就。灵丹净眼方，彻地智慧剑。
空行遍周历，延年无疾病。自洛义俱胝，无量僧祇劫。
万行齐完满，求福不唐捐。普种福德田，普荫如意树。
普覆大慈云，普渡大愿船。震旦阎浮提，清宁共安隐。
而彼狼荒俗，永脱修罗天。合十白佛言，此是法王力。
要知大自在，本分元自足。无苦疆言乐，即堕分别相。
乐故无名名，上亦无等等。东峰开妙鬘，宝阁照旭光。
举似日出处，了了正知见。光与日无尽，谁识所本来。
八宝庄严成，香华天乐备。大会启无遮，同证无上道。

御制诗

渡河诣普乐寺瞻礼 乙未 乾隆四十年（1775 年）

野彴砌石架木为，涨来易圮亦易就。月前经雨兹重搘，
便以渡河礼耆面。彼岸平原多种田，低禾高黍如错绣。
缠十余日未曾观，则已吐穗硕且茂。
或垂（禾穗）或仰（黍穗）总殊致，芃绿酿黄各争候。
西成可望为额庆，时尚遥虞望难副。普乐之意原在斯，
六波罗蜜非所究。

二、《钦定热河志》卷八十四兵防

热河溥仁寺、普乐寺、安远庙、普宁寺、普陀宗乘庙、殊像寺、广安寺、罗汉堂八处，守卫千总五员，副千总六员，把总四员，守卫兵九百九名。

第二节　《高宗御制诗文全集》中有关普乐寺的诗文

普乐寺 乙巳 乾隆五十年（1785 年）

伊犁耆定后，黄教示遐方。

来觐都欢喜，（兹寺以西陲大功告成，自丙戌春经始，丁亥秋葳工。嗣后每岁各蒙古王公扎萨克及卫拉特各部分班来觐者，无不仰瞻欢喜，如游春台化宇，详见向所制《普乐寺碑记》。）成功久晏康。

实非先所料，（自西陲平定，至今三十年，伊犁无兵戈，来往新疆者夜行无滞。仰蒙眷佑，中外晏康。实非始用兵时所敢料也。）益凛后无遑。

罔不兴稼穑，惟祈若雨旸。

次第莲宫惬众欢。（平定准噶尔后即仿西藏三摩耶式建普宁寺，复仿伊犁固尔札都罡建安远庙及普乐寺，盖蒙古素重黄教，每岁山庄祝厘及年班进京往来必经此地，令其瞻拜皈依，各生欢喜。）

出山庄北门瞻礼梵庙之作 戊午 嘉庆三年（1798 年，节选诗注部分）

许多梵宇因平远，（山庄城外北山一带崇建寺庙，如普宁寺系乾隆二十年平定西陲四卫拉特来觐，仿西藏三摩耶庙式，建此以纪武成。安远庙则二十四年因降人达什达瓦部落迁居于此，仿伊犁固尔札庙式为之。普乐寺则三十一年所建，以备诸藩瞻觐至。布达拉庙成于三十五年，仿西藏大昭式，敬建以祝慈厘。扎什伦布庙乃四十五年班禅额尔德呢来热河为予祝七旬万寿时仿后藏班禅所居翔建者。其他如殊像寺、广安寺、罗汉堂诸所，营建实以旧藩新附接踵输忱，其俗皆崇信黄教，用构兹梵宇以遂瞻礼而寓绥怀，非徒侈巨丽之观也。）

广安寺志事 壬子 乾隆五十七年（1792 年，节选诗注部分）

伊犁平定三十载，（西师之役始于乾隆乙亥春，是年秋，准噶尔汗达瓦齐即已就擒。其后收复回城逆酋两和卓木，授首藏功于己卯，迄今三十余载，新疆二万余里咸入版图。年班来觐，倍加恭顺，中外一家之盛，诚为自昔罕觏）

第三节　《清宫热河档案》* 中普乐寺文献

[*]：邢永福等编辑，2003 年中国档案出版社出版

一、第三册

1、乾隆三十八年正月　圆明园及出外所用香账（节选）

五月十五日

溥仁寺，用头号红香一支；二号红香一支；

普乐寺，用头号红香二支；

安远庙，用头号红香一支；

罗汉堂，用头号红香一支；

五月十六日

溥宁寺（普宁寺），用头号红香二支；二号红香二支；

普佑寺，用头号红香一支；二号红香一支；

布达拉庙，用头号红香四支；二号红香十七支；

五月二十日

戒台，用头号红香一支；二号红香五支；

罗汉堂，用头号红香一支；

五月二十五日，祁国瑞领细黄香十二支。

戒台，用头号红香一支；二号红香三支；

六月初十

布达拉庙，用头号红香二支；二号红香八支；

六月十五日，……

溥仁寺，用头号红香一支；

普乐寺，用头号红香二支；

安远庙，用头号红香一支；

六月二十七日

普佑寺，用头号红香一支；二号红香一支；

溥宁寺（普宁寺），用头号红香二支；二号红香二支；

普佑寺念经，用头号红香一支；细熏香一支；

七月初四日

罗汉堂，用头号红香一支；

八月初一日

布达拉庙，用头号红香四支；二号红香十八支；

戒台，用头号红香一支；二号红香五支；

八月十三日

溥仁寺，用头号红香一支；二号红香一支；

普乐寺，用头号红香二支；

普善寺（溥善寺），用头号红香二支；

安远庙，用头号红香二支；二号红香三支；

溥宁寺（普宁寺），用头号红香二支；二号红香三支；

普佑寺，用头号红香一支；二号红香一支；

布达拉庙，用头号红香五支；二号红香二十三支；

戒台，用头号红香一支；二号红香五支；

罗汉堂，用头号红香一支；二号红香一支；

八月十五日

溥仁寺，用头号红香一支；二号红香一支；

普乐寺，用头号红香二支；

普善寺（溥善寺），用头号红香二支；

安远庙，用头号红香二支；二号红香三支；

薄宁寺（普宁寺），用头号红香二支；二号红香三支；

普佑寺，用头号红香一支；二号红香一支；

布达拉庙，用头号红香五支；二号红香二十三支；

戒台，用头号红香一支；二号红香五支；

罗汉堂，用头号红香一支；二号红香一支；

九月十三日

布达拉庙，用头号红香三支；二号红香十八支；

2、乾隆三十九年铸炉处档案（节选）

十二月

十二日，接得铸炉处副催长明德持来热河工程文件房印文一件，内开经总理工程事务大臣刘一具奏：热河园内外各庙旗杆上之琉璃顶及古色铜顶，奉旨皆换铜镀金顶等因一折。于乾隆三十九年八月十二日具奏。奉旨：知道了。钦此。

相应抄录原奏，移咨查照办理等因。记此。

于本日接得催长明德持来旨意帖一件，内开本年十二月初三日副都统金一将照依热河原来尺寸样式，画得纸样一张，并拟改得样式，照原尺寸画得纸样一张。

并查得，热河园内园外各庙宇琉璃旗杆顶换安铜胎钑镀金顶数目缮写折片一件，一并持进交太监胡世杰呈览。

奉旨：照改画得旗杆顶样式成造。余知道了。钦此。

查得热河园内：

碧峰寺旗杆顶一对；

珠源寺旗杆顶一对；

斗母阁旗杆顶一对；

园外：

薄善寺旗杆顶一对；

薄仁寺旗杆顶一对；

普乐寺旗杆顶一对；

普宁寺旗杆顶一对；

罗汉堂旗杆顶一对；

殊像寺旗杆顶一对；

以上共九对，俱系琉璃顶。应换安铜镀金顶。

于四十年十月二十三日，笔帖式同德持来折片一件，内开（奴才）金一谨奏：查热河等处庙内旗杆铜顶共二十六对，内有琉璃九对。现在铸炉处换造铜镀金顶已得，二十四日安在养心殿呈览八件，其余月内即可完竣。呈览后即交该员等带往安设。所有吗呢杆上铜烧古七对，即在彼处一并镀饰，不致迟误。谨（此）奏闻。

乾隆四十四年四月二十二日具奏。

奉旨：知道了。钦此。

3、乾隆四十年五月二十六日驾幸木兰用藏香账簿（节选）

六月初二日

薄仁寺，用头号红香一支；二号红香一支；

普乐寺，用头号红香二支；

安远庙，用头号红香一支；

初四日

布达拉庙，用头号红香四支；二号红香十八支；

初五日，孙进忠要细熏香五十支；

普宁寺，用头号红香二支；

普佑寺，用头号红香一支；二号红香一支；

初八日

殊像寺，用头号红香二支；二号红香四支；

戒台，用头号红香一支；二号红香四支；

罗汉堂，用头号红香一支；

初九日

殊像寺演梵堂，用头号红香一支；

十八日

布达拉庙，用头号红香二支；二号红香十一支；

殊像寺，用头号红香二支；

七月初一日

布达拉庙，用头号红香二支；二号红香一支；

殊像寺，用头号红香一支；

初六日

普乐寺，用头号红香二支；

二十四日

安远庙，用头号红香二支；

八月十三日

薄仁寺，用头号红香一支；二号红香一支；

普乐寺，用头号红香二支；

普善寺（薄善寺），用头号红香二支；

安远庙，用头号红香二支；二号红香三支；

普宁寺，用头号红香二支；二号红香三支；

普佑寺，用头号红香一支；二号红香二支；

戒台，用头号红香一支；二号红香五支；

罗汉堂，用头号红香一支；二号红香一支；

殊像寺演梵堂，用头号红香二支；二号红香二支；

十五日

薄仁寺，用头号红香一支；二号红香一支；

普善寺（薄善寺），用头号红香二支；

普乐寺，用头号红香二支；

安远庙，用头号红香二支；二号红香三支；

普宁寺，用头号红香二支；二号红香三支；

普佑寺，用头号红香一支；二号红香一支；

戒台，用头号红香一支；二号红香五支；

罗汉堂，用头号红香一支；二号红香一支；

殊像寺，用头号红香二支；二号红香二支；

十四日

殊像寺，用头号红香二支；

4、乾隆四十年四月铸炉处档案（节选）

初一日，接得内务府大臣刘交来旨意帖一件，内开面奉上谕：

热河文殊菩萨庙铜镀金顶即著金，再镀金一次；再普乐寺上乐王佛亭铜镀金顶亦著金，再镀金一次。钦此。

于十九日，（奴才）金谨奏，为奏闻事。

查得热河文殊菩萨庙铜镀金顶一座，加镀一次，按例应用金五十五两一钱七分三厘，请向广储司银库支领应用，交原办镀金之库掌马清阿、笔帖式同德等带领匠役前往，敬谨镀饰。四驾幸热河时呈览后再行安设。

再，上乐王佛亭铜镀金宝顶一座，查得系乾隆三十年七月二十二日原任卿三格、现任郎中萨哈亮监造，原册内照例用过金六十七两一钱九分，此项应用金两亦请向广储司银库支领，带往备用。但原造之铜顶胎股并镀饰活计情性（形）尺寸，（奴才）面交该员等在彼详细查算，统俟呈览后再行镀饰。谨此奏闻。

奉旨：知道了。钦此。

5、乾隆四十年七月活计档（节选）

二十二日，太监张进喜来说，首领董五经交旨：

……普乐寺挂黑漆匾一面，俱向造办处要云头钉、挺钩安挂。钦此。

二、第四册

1、乾隆四十四年奏折

户部侍郎（臣）和珅等谨奏，遵旨将各庙仪仗俱各换新，并将新建须弥福寿之庙照普陀宗乘之庙仪仗添做一分，除御杖瓜枪八十六对外，其余伞扇旗幡等项共一百九十对，俱照原奏改用芳园居存贮锦缎。谨折丈尺计需用锦缎纱绸等项一千七十五匹，分晰开列数目于后：

普乐寺：

红妆缎伞一对；白妆缎伞一对；

红罗缎单龙扇一对；红罗缎双龙扇一对；

黄罗缎单龙扇一对；三色罗缎筒子幡二对；

黄缎金鼓旗一对；红缎画金熊旗一件；

红缎画金罴旗一件；红缎画金麟旗一件；

红缎画金天马旗一件；豹尾枪二对。

共十二对。

2、乾隆四十四年奏折

福公、和大人奏，为成造须弥福寿之庙仪仗，估需工料银两事。

（臣）福隆安、和珅谨奏，为奏闻事。前经（臣）和珅遵旨查奏，热河各庙所存仪仗颜色糟旧，奏请一律更换鲜明，以壮观瞻。其罗汉堂、殊像寺、戒台三处向未设有仪仗。恭逢皇上临幸，原可向各庙通融，似可毋庸补做。

至新建须弥福寿之庙规模宏壮，又系明年班禅额尔德呢住宿之处，拟请照布达拉庙之例成造仪仗一分，以备陈设应用。谨将各庙应换仪仗另缮清单，恭呈御览。俟命下，即就近交与恒秀、永和遵照妥协办理。等因于本年五月二十六日具奏。奉旨：知道了。钦此。

钦遵，（臣）等随派员外郎四德、委署主事达兰泰照工部仪仗则例，详细勘估去后，兹据该员等呈称，勘估得布达拉庙、普宁寺、安远庙、普乐寺、溥仁寺等五庙旧有仪仗五分，共计二百对。内伞扇旗幡一百四十三对，颜色俱已糟旧，应行更换。其余瓜斧枪杖五十七对，油饰亦皆黝暗，照旧式油饰见新。

又须弥福寿之庙照布达拉庙仪仗对数成造一分计七十六对，内应造伞扇旗幡四十七对，瓜斧枪杖二十九对，以上伞扇所有锦缎俱系配搭颜色，合对成造。

再查，布达拉庙、普宁寺、安远庙、溥仁寺等四庙原存陈设伞幡九对，吗呢幡八首，扬幡四首，颜色糟旧，应行更换见新，俾得一律鲜整观。所缎绸，遵照原奏，用芳园居库贮锦缎春绸，并所用布匹绒线颜料纸张铜铁倭铅等项，照例向各该处行取。其办买椵木煤炸暨成做工价，按例核估银三百三十二两

二钱九分七厘，等因呈覆。（臣）等按例复核无异，理合奏明交恒秀、永和敬谨妥协成造，务于明年四月内普行做成。至所需银两，即请在热河工程银库备工项下动支应用。合将应用热河库贮锦缎匹数，并应行取各该处物料细数，另缮清单二件，一并恭呈御览。

再查，布达拉等五庙旧仪仗内，伞扇胎骨涤穗等项，均系零星小件什物，亦间有残损者，请交与恒秀、永和，俟拆卸后详细查明残损件数报明，（臣）等据实更换。统于造成后另行详查，汇案核销。为此谨奏。

乾隆四十四年七月二十二日

等因于乾隆四十四年七月二十二日具奏。奉旨：该如此办理。钦此。

原折一件，随单二件。

3、乾隆四十四年十一月活计档（节选）

二十一日，掌稿笔帖式苏楞额持来堂抄一件，内开奉旨：所进热河志寺庙图样俱未合式。着于明春启銮后，派着姚文瀚前往热河亲身履看，详细绘画进呈。钦此。

4、乾隆四十五年八月活计档（节选）

十九日，员外郎五德、催长大达色来说，太监厄勒里传旨：

文津阁、山近轩挂屏二对，布达拉庙佛像一轴，俱用铜钉安挂。钦此。

二十日，员外郎五德、催长大达色来说，太监厄勒里交：

铜镀金五方佛一尊（随楠木独挺座，普乐寺撤下）。

传旨：交盐政西宁送往京内，着交造办处，俟回銮时安上呈览。钦此。

三、第五册

1. 乾隆四十六年活计档（节选）

（中正殿为普乐寺画佛像应用颜料事 乾隆四十六年六月廿七日）

附件：

绘画普乐寺坛城上下券洞佛像八轴，照依热河来札，原定尺寸内四轴净心各高八尺二寸七分，宽五尺九寸，合见方尺一百九十五尺一寸七分二厘；又四轴净心各高七尺零五分，宽四尺六寸一分，合见方尺一百三十尺零二厘。八轴共合见方尺三百二十五尺一寸七分四厘。

2. 乾隆四十六年活计档（节选）

初五日，接得热河总管永和寄中堂书启一封，内开闰五月二十二日太监鄂鲁里

传旨：

普乐寺坛城上下券洞挂像金刚佛八轴，着揭下呈览。

奉旨交永和送京，交英廉转交中正殿喇嘛，将挂像金刚佛八轴，宽减去二尺，高减去一尺，作为长方式样金刚法身，搏小些从新绘画，得时发往热河，遇有朕拈香并办道场之日悬挂，其寻常日期敬谨收贮。钦此。

于本日奉中堂英廉谕，金刚佛八轴俟中正殿绘画得时，着造办处托裱，特谕。

于六月十八日接得本报寄来信帖，内开经中正殿将绘画普乐寺券门内收小护法书样二张，由报发与热河总管永和接收，因持见太监鄂勒里。随据伊说派人会同造办处到普乐寺按券门

大小将此收小画护法，斟酌尺寸再行呈览等语。随至普乐寺将画按券门大小合对，将大画样一张上两立边粘贴五寸宽黄纸边样，天高七寸边样，地高九寸边样，小画样上两立边粘贴四寸宽黄纸边样，天高六寸边样，地高八寸边样，俱在画样内粘贴其画心，除周围边需得收小绘画，太监鄂勒里呈览。

奉旨：准收小绘画，其护法不必收小，得时俱厢锦边，安紫檀木轴头。钦此。

于九月十一日，接得报上寄来信帖，内开初八日由热河总管永和将中正殿绘画得普乐寺护法佛像八张呈览。

奉旨：普乐工程明岁夏初未必能完，暂将此画像八张交永和收供，俟明岁驾幸热河时再行成做。钦此。

四、第七册

1、乾隆五十九年奏折

（奴才）巴宁阿谨奏，为奏闻事。（奴才）于二月二十八日起程前赴热河查看溥仁寺、普乐寺、安远庙、普佑寺四庙工程所需木植、灰斤、石料、砖瓦一切料物逐项备齐，已敷应用，趁此春融之际，正当遵照奏准做法，次第兴修。

查溥仁寺慈云普荫大殿五间，拆盖改做周围廊出檐，撺进台帮，收小改做地基已得，竖立大木，拆挪僧房十六间，地脚刨槽，筑打灰土，山门配殿等座次第拆做。

普乐寺旭光阁圆式亭一座拆盖，改换柏木镟金柱，挑换枋桁大木，俱已做得。现在成做方台，安砌大料石，背砌砖块。

安远庙普度殿三重檐方楼一座拆盖，将金檐柱木径加大。现在竖立大木，二山门外拆换吗呢杆四根，现今拆做。

普佑寺法轮殿一座，现在挑换角梁，安锭椽望，内里大木添锭铁拉扯；后楼配殿顺山房等座活计俱次第成做。

以上四庙所有佛像、陈设找补地仗、添加格窗、粘补菱花、雕做龙井天花，均按估如法成做。

（奴才）逐日率领该监督等按座不时轮流监看，敬谨妥协修理，务期工归实际，断不敢草率，致使商匠等偷工减料，希图潦草完事。

谨将四庙现做活计情形先行具折奏闻，伏祈圣鉴。谨奏。

知道了。

乾隆五十九年三月初八日

五、第八册

1、嘉庆二年普乐寺佛像供器陈设等项清档（节选）

普乐寺山门外
旗杆二座（随舞栏杆二根，竹宝盖二件）
石青缎扬旛二首（随五色缎群旛十二首）
黄绒绳二根
龙旗御杖一分
山门一座（计三间）。上刻：
御笔"普乐寺"石匾一面
钟鼓楼二座，内：
钟一口（随锤）
鼓一面（随锤、架）
天王殿一座（计五间。檐外挂）：
御笔"天王殿"陡匾一面

内供：弥勒佛一尊，（前）：
供桌一张。（上供）：
漆木五供一分（随灵花蜡烛一分）
左右供：
天王四尊
面东供：
韦陀一尊。（前）
供桌一张。（上供）：
漆木五供一分（随灵花蜡烛一分）
北配殿一座（计五间。檐外挂）：
御笔"胜因殿"陡匾一面
帘架挂黄缎帘刷三件
黄布帘刷三件
殿内正供金刚佛三尊。（前）：
供桌三张。（上供）：
漆木五供三分（随灵花蜡烛三分）
漆木八宝三分
中设银满达一件（计重六两）
锦缎欢门旛三堂
南配殿一座（计五间。檐外挂）：
御笔"慧力殿"陡匾一面
帘架上挂黄缎帘刷三件
黄布帘刷三件
殿内正供金刚三尊。（前）：
供桌三张。（上供）：
漆木五供三分（随灵花蜡烛三分）
漆木八宝三分
中设银满达一件（计重二两）
锦缎欢门旛三堂
殿外院内设：
铁鼎炉一件（青白石座）
大殿一座（计七间。二层檐挂）：
御笔"宗印殿"陡匾一面
前后挂雨搭十架
前后帘架上挂：
黄缎帘刷六件
黄布帘刷六件
殿内正供
三世佛三尊。（随）：
铜珐琅钵三件
哈达三条
前供
铜三宝佛三尊（随金漆木座）
哈达三条
铜佛十五尊。（随）：
楠木龛三堂（内玻璃门罩十五扇）
中设：
银满达一件（计重八两。随哈达一件）
镶嵌海螺一件
上挂：

御笔字"福慧圆成"匾一面

左右挂：

御笔字对一副

左右金柱挂：

御笔黑漆金字挂对一副（边框有伤损）

朱漆供案三张。（上供）：

漆木五供三分（随灵花蜡烛三分）

漆木果托三分

漆木七珍三分

磁靶碗六件（随金漆木座）

漆木八宝三分

铜海灯三盏（铜丝罩，随金漆木座）

御书《药师琉璃光如来本愿功德经》四部

御书《千手千眼观世音菩萨大悲心陀罗尼经》四部

古铜五供一分（随楠木香几五件）

铜香靠烛香一分

灵花蜡烛一分

朱漆木胎珊瑚树二盆（有伤损）

五色哈达二十条

锦缎欢门幡三堂

左右供：

八大菩萨八尊

黄缎拜垫一件（随红白毡二块，虫蛀，黄绸挖单一件）

殿钟一口（随锤、架）

殿鼓一面（随锤、架）

红金漆香盘一件

西红门一座（计三间。檐外挂）：

御笔"真如境"陡匾一面

御笔四样字石碑一座

明间东托枋面西挂：

御笔字粉油匾一面

明间西托枋面东挂：

御笔字粉油匾一面

上下方城券门八座（内挂）：

画像金刚八轴（有霉迹吊色处）

东门上刻：

御笔"须弥臻胜"石匾一面

西门上刻：

御笔"舍卫现祥"石匾一面

圆亭一座（二层檐外挂）：

御笔"旭光阁"陡匾一面

四面门上外挂：

黄缎帘刷四件

内中供：

铜镀金上乐王佛一尊（佛像镶嵌并缨络俱有磕碰伤坏不全处）（随旧）：

五色哈达五条

前供：

铜上乐王佛一尊（随佛衣一件）

四门供：

漆木四色护法佛四尊

东牌楼内供：

紫檀木匣一件（随楠木桌一张）

东牌楼外左右供：

铜镀金嵌玉镶嵌玉佛塔一对（镶嵌不全）

西牌楼外左右供：

铜镀金嵌玉镶嵌玉佛塔一对（镶嵌不全）

四面迎门设木神台四座（上供）：

铜镀金护法佛四尊（佛像镶嵌并缨络俱有伤坏磕碰不全处）

（随旧）：

五色哈达二十条

四门金柱挂：

御笔黑漆金字挂对四副（边框有伤损）

古铜五供一分（随楠木香几五件）

铜香靠烛香一分

灵花蜡烛一分

红金漆香盘一件

松木供桌一张（随）：

黄缎桌套一件（有脏迹）

中设：

银满达一件（计重十二两。镶嵌不全）

海螺一件

哈达五件

黄缎拜垫一件（随红白毡二块，虫蛀，黄绸挖单一件）

围房计六十四间（内）：

南围房五间。明三间西山墙设床一铺（计三张）

白毡一块（虫蛀）

石青缎边红锦缎心靠背一件（虫蛀）

黄妆缎坐褥一件

左设紫檀嵌玉如意一柄（有伤粘处）

右设红金漆痰盒一件

山墙上贴：

安德义画挑山一张

观保字对一副

南北设别床四张（随）：

青缎边红毡心床套四件（虫蛀）

东壁墙贴：

钱维城画横披一张（下设）：

洋漆琴桌一张（漆有迸裂）（上设）：

松绿磁双叶瓶一件（漆木座）

古铜熏炉一件（紫檀木座）

雍正款均釉磁双耳瓶一件（紫檀木座）

假门上贴：

弘昑画一张

东二间靠山墙设床一铺（计三张）

白毡一块（虫蛀）

竹帘一架

北围房四间。明三间西山墙设床一铺（计三张）

白毡一块（虫蛀）

黄妆缎靠背坐褥二件

左设紫檀嵌玉如意一柄（背面有李汪度刻金字）

右设乌木股黑面扇一柄（弘昉字画）

红金漆痰盒一件

左设铜珐琅碟一件

填白磁挂钟一架（五彩磁架座，随锤）

霁红磁木瓜盘一件（楠木座）

右设紫檀木冠架一件（架有伤损三处）

洋漆小香几一件（上设）：

玉炉瓶盒一分（铜匙、筋，紫檀木座，有伤粘处）

西山墙贴：

弘昉山水画一张

于敏中字对一副

南北设别床四张（随）：

青缎边红毡心床套四件（虫蛀）

东壁墙挂：

文嘉山水画一轴（紫檀木云别斗横楣一分）

于敏中字对一副

洋漆琴桌一张（漆有迸裂），（上设）：

青花白地磁马挂瓶一件（楠木座）

青绿铜兽耳彝炉一件（紫檀木盖、座，玉顶）

雍正款均釉双环磁罇一件（紫檀木座）

假门上贴：

弘昉画一张

里间设：

锡如意盆一件

毛墩一对

锡夜净一件

松木机子一件

铜炉紫檀木匙筋瓶盒一分

春绸袷帘一件

竹帘一架

东山门一座（计三间。檐外挂）：

御笔"通梵门"陡匾一面

锡油盘二件

锡油罐二件

执事开后：

红妆缎伞一对

绿妆缎伞一对

米色锦缎扇一对

红锦缎扇一对

黄锦缎扇一对

三色妆缎告止筒子幡一对

三色妆缎告止筒子幡一对

三色妆缎传教筒子幡一对

黄缎旗一对

红缎旗二对

豹尾枪二对

喇嘛应用法器开后：

朱红油高桌六张，随：

黄缎套六件

朱红油经桌六十二张，随：

黄布套六十二件

经袱子六十二件

博浪鼓六十二件（随飘带）

黄布坐褥六十二件（糟旧破烂）

五佛冠六十二分，随：

葫芦帽飘带六十二分

铜铃杵六十二分

提炉一对

把炉一件

木斗一件

大喇叭一对

铜把盅二件

乌布藏经铁炉一件（随盖）

铜水盅一百二十件

小铜海灯十五件

铜水瓶一对

铜锣一面

六、第九册

1、嘉庆四年奏折（节选）

（奴才）范建中、那彦成、永来谨奏，为奏闻销算工料银两事。据热河副都统德勒克扎布、原任总管福克精额报称，热河广安寺等十处庙宇所有殿座房间歪闪沉陷、头停渗漏、木植糟朽、石料酥碱、墙垣闪裂，应行修理造册具文呈报。前来曾经派员确查，择其情形较重、势难再缓者，按例核估。除行取桅木、杉木、颜料、铜锡、纱绢、高丽纸、绒绳、棕绳应用外，净估需工料银一万五千三百十一两五钱六分六厘，外办买木植银四千四百八十二两一分六厘，等因于嘉庆二年二月二十日具奏。

奉旨：知道了。钦此。钦遵在案。又节次续行修理坍塌墙垣、粘修房间等项，估需工料银四百八十四两八钱七分四厘，外办买木植银一百四两八钱四分一厘，二共工料银一万五千七百九十六两四钱四分，外办买木植银四千五百八十六两八钱五分七厘，随派原任内管领清宁、副参领武凌阿、热河苑丞李本沆敬谨妥固承修。兹据该员等呈称，修理得热河：

广安寺戒台一座，通见方七丈，计四十九间，各见方一丈。内周围平台四十间，柱高一丈一尺三寸，径一尺；中楼罩九间，镶金柱通高二丈二尺，径一尺二寸，大木拆修；满换里围镶金柱十六根；拆换檐柱十五根；平台顶挑换；间枋楞木铺板粘补；槛框装修；拆安禅台石料；拆砌檐墙、宇墙；拆墁台面；改安铜沟嘴；添补残坏琉璃。

扎什伦布庙内西山上白台二座，内北一座，面阔五丈八尺，进深四丈五尺七寸，通高二丈五尺；南一座面阔三丈六尺二寸，进深二丈六尺，通高二丈三尺五寸。台身下埋头包砌大料，上截成砌虎皮石，白台内拆盖斋堂五间，库房三间；庙外拆砌康布后照房五间，拆砌大墙、院墙二段，凑长七丈七尺三寸。

殊像寺山门内拆换旗杆二根，戗木六根，拆砌旗杆台二座；补砌外围坍倒大墙二段，凑长三丈二尺。

普宁寺山门西边补砌坍倒大墙二段，凑长三丈六尺九寸。

普乐寺山门外挑换糟朽挡众木二十三架。

溥仁寺拆砌闪裂大墙一段，凑长四丈五尺；粘补抹饰大墙二段，长八十四丈九尺八寸；北面挑挖泄水明沟一道，长一百十二丈六尺；添修虎皮石挡水坝一道，长五丈五尺；东北二面起刨淤渍砂土五段，凑长一百七十丈五尺；庙内拆瓦僧房一百二十九间；拆砌院墙四段，凑长七丈二尺。

狮子沟关帝庙……

……旋据该总管申称，已修活计处所逐座详细查看，丈尺、做法均属相符。（奴才）等复核无异。又据前任热河兵备道台斐音申报，该工扎什伦布白台东面跨下山坡包堆护角山石并吉祥法喜殿后拆堆趴山云步踏跺、大红台北面找补闪裂云步点景高峰等项活计，用过工料银一千六百十六两六钱七分五厘。查此项活计曾经奏明，交该道遵照向例，逐日稽查，按例申报，并案核销，谨将用过工料银两分晰细数，另缮黄册，一并恭呈御览，仍请交总管内务府大臣覆行查核。为此谨奏。

嘉庆四年八月初二日

嘉庆四年八月初二日具奏。奉旨：知道了。钦此。

七、第十册

1、嘉庆六年奏折

（奴才）庆杰、董椿跪奏，为续经查看热河外庙应行粘修情形，恭折奏闻请旨事。（奴才）等接到总理工程处来文，内开所有上年奏请粘修活计，有情形较重者。现经奏准，派员作速兴修，其余情形较轻，暂可缓待者六十六款，恭备皇上驻跸热河后请旨指示，再行修理。等因前来（奴才）等伏查缓修款内，现经春融化冻后，有布达拉二山门外东边僧房楼一座，椽望糟朽，宇墙坍塌，押面石闪裂，挂檐砖吊落；西边库房楼一座，椽望糟朽，下檐承重拔榫，宇墙闪裂，挂檐砖吊落。

广安寺随墙门口二座，过木槛框糟朽，墙顶沉陷闪裂，若再经雨水，必至倾圮，实难缓待。

又普宁寺牌楼三座，栅栏门木植糟朽散卸，头停瓦片脱节，吻兽勾滴吊落不全，油皮脱落，实属有碍迎面观瞻。

又溥善寺坍倒大墙一段，长三丈五寸。

普乐寺宗印殿雨搭十架，开条断线，布里破烂，应请一事修理，以昭整肃。

以上五款理合奏明请旨，交总理工程事务大臣派员详勘，以便趁时修理。为此谨奏请旨。

工程处知道

嘉庆六年三月初八日

2、嘉庆六年活计档（节选）

三月　纪事录

初九日，掌稿笔帖式和宁持来汉字移付一件，内开热河工程处为移咨事。本工奏准粘修热河园内外庙及南北路行宫等处殿宇房间，俱遵照原奏，敬谨修理。

至普乐寺宗印殿内挂对一副漆饰爆裂；

布达拉二山门字匾一面，木植糟朽，油漆爆裂；

溥善寺扬旛二首，普宁寺扬旛二首，俱破烂；

安远庙吗呢杆替绳十六条；普乐寺旗杆替绳二条；普善寺旗杆替绳二条；广安寺吗呢杆替绳十六条；普宁寺旗杆替绳二条；穹览寺旗杆绒绳二条，替绳二条；安禅寺旗杆绒绳二条，替绳二条；俱糟旧不堪应用。

原奏交各该处查照办理，等因奉此相应移咨总管内务府，转交各该处遵照办理可也。等因前来回明。

……

又查得普乐寺宗印殿内挂高宗御笔黑漆金字挂对一副，漆满迸裂吊落，系乾隆三十三年七月初七日造办处副催长安庆由京送来。

3、嘉庆十一年奏折

（奴才）庆杰、穆腾额跪奏，为查看热河各处殿宇应修活计，恭折奏闻请旨事。据苑丞石良功呈报，热河布达拉等十一处庙宇所有殿座房间经今年夏秋以来雨水浸淋，有渗漏残坏，墙垣闪裂坍塌各情形呈报前来，（奴才）等随赴各该处逐一详细查看，所报情形属实，均应修理。此内惟查布达拉大红台四面群楼台顶沉陷渗漏并罗汉堂应真普现大殿柱木糟朽沉陷、墙垣闪裂、神台走错各情形，虽属较重，尚可缓待，（奴才）等俱拟停修。其余渗漏情形较重并已经坍塌倒坏者十二项，恭折具奏请旨，敕交总理工程大臣派员详细踏勘核估具奏。谨将应修处所另缮清单一并恭呈御览。为此谨奏请旨。

总理工程处知道

嘉庆十一年十月十八日

4、嘉庆十二年工程销算银两黄册（节选）

……

普宁寺夹垄大殿七间；揭瓪山门五间，康卜僧房二十八间；修砌院墙二段，……；泊岸大墙一段，……；

扎什伦布揭瓪堆拨房六间，补砌西山门南边踏跺一座，……；

布达拉揭瓪堆拨房十间，补砌西山门南边踏跺一座，长……；大墙二段，……；各台座抹饰红白灰片，……；

殊像寺东边修砌大墙一段，长二丈八尺；

溥仁寺修砌大墙三段，……；抹饰灰片长五丈三尺；

关帝庙揭瓪顺山房三间；补砌配殿檐墙六堵，……；院墙一段，……；添安旗杆戗木一根；

普乐寺补安山门、天王殿琉璃垂兽二只，兽座二件。

5、嘉庆十二年奏折

（奴才）福长安、穆腾额跪奏，为查看热河各处庙宇应修活计，恭折奏闻请旨。据苑丞石良功呈报，热河布达拉等十一处庙宇所有殿座房间，经今夏雨水浸淋，均有渗漏残坏、墙垣闪裂坍塌、旗杆、挡众木糟朽各情形呈报前来。（奴才）等随赴各该处逐一详细查看，所报情形均属相符。此内惟布达拉大红台四层群楼一座，台顶裂缝沉陷渗漏直至下层，情形虽属较重，但工程浩大，未便即行请修，是以停缓。（奴才）等仍不时前往查察，设为情形增重，不能缓待，再行具奏。其余各庙活计繁多，亦未便全行修葺。（奴才）等谨择其渗漏残坏较重并坍塌倒坏者八项，恭折奏闻请旨。饬交总理工程大臣派员踏勘，另行核估具奏。谨将应修处所另缮清单，恭呈御览。为此谨奏请旨。

总理工程处勘明具奏。

嘉庆十二年十月二十二日

1、嘉庆十五年奏折

（奴才）穆腾额、庆惠跪奏，为查看热河各处庙宇应修活计，恭折奏闻请旨事。

据苑丞石良功等呈报，热河普宁寺等十处庙宇经今夏雨水浸淋，所有殿宇房间均有渗漏残坏、墙垣闪裂坍塌、吗呢杆木植糟朽各情形呈报前来。（奴才）等随赴各该处逐一详查，均属相符，但处所繁多，未便全行修葺。（奴才）等择其渗漏残坏过重并坍塌倒坏者五项，恭折奏闻请旨，饬交总理工程大臣派员踏勘，另行核估具奏，谨将应修处所另缮清单，恭呈御览。为此谨奏请旨。

总理工程处知道。

嘉庆十五年十月十六日

九、第十二册

1、嘉庆十六年奏折

（奴才）毓秀、阿明阿跪奏，为查看热河各处庙宇应修活计，恭折奏闻请旨事。据苑丞石良功呈报，热河普宁寺等九处庙宇，经今夏雨水浸淋，所有殿宇房间均有渗漏残坏，墙垣闪裂坍塌各情形呈报前来。（奴才）等随赴各该处逐一详查，均属相符。但处所繁多，未便全行修葺。（奴才）等谨择其渗漏残坏过重，并坍塌倒坏者十二项，恭折奏闻请旨饬交总理工程大臣派员踏勘，另行核估具奏。

谨将应修处所另缮清单恭呈御览。为此谨奏请旨。

总理工程处知道。

嘉庆十六年十一月初四日

2、嘉庆十九年奏折

（奴才）毓秀、嵩年跪奏，恭查热河外庙，现据苑丞石良功循例将普宁寺等庙殿宇房间渗漏残坏应修之处查明，呈请核奏前来。奴才等随即逐一详细履勘，所报虽属实在情形，但钱粮重大，（奴才）等彼此熟商，每年外庙圣驾仅止临莅拈香，非若驻跸之园庭可比，且履勘情形尚不致实时坍塌，所有该苑丞呈报应修活计，（奴才）等愚昧之见，请暂停缓，毋庸修理，是否之处，伏乞皇上圣鉴训示遵行。谨奏。

嘉庆十九年九月二十日奉朱批：甚是。钦此。

十、第十三册

1、嘉庆二十年奏折

（奴才）和宁、嵩年跪奏，为查看热河各处庙宇应修活计恭折奏闻请旨事。

据苑丞张褆呈报，扎什伦布等处庙宇经今岁夏秋雨水浸淋，所有殿宇房间均有渗漏残坏，墙垣闪裂坍塌各情形呈报前来。（奴才）等随赴各该处逐一详细查勘，虽属相符，但处所繁多，未便全行修葺。（奴才）等谨择其渗漏残坏情形过重，并坍塌倒坏者五项，恭折奏闻请旨，饬交总理工程大臣派员踏勘，另行核估具奏。谨将应修处所另缮清单，恭呈御览，为此谨奏请旨。

总理工程处知道

嘉庆二十年十月二十九日

2、嘉庆二十一年奏折

（奴才）庆祥、常显跪奏，为查看热河各处庙宇应修活计，恭折奏闻请旨事。

据苑丞张褆呈报，布达拉等处庙宇经今岁夏秋雨水浸淋，所有殿宇房间均有渗漏残坏，墙垣闪裂，台顶坍塌各情形呈报前来。（奴才）等随赴各该处逐一详细查勘，虽属相符，但处所繁多，未便全行修葺。（奴才）等谨择其渗漏残坏情形过重并坍塌倒坏者六项，恭折奏闻请旨，饬交总理工程大臣派员踏勘，另行核估具奏，谨将应修处所另缮清单，恭呈御览。为此谨奏请旨。

总理工程处知道。

嘉庆二十一年十月二十二日

3、嘉庆二十三年奏折

（奴才）常显跪奏，为估计应修外庙工程银两数目。恭折奏闻，仰祈圣鉴事。

窃照蒙古王公呈进嘉庆二十四年皇上六旬万寿大庆造佛银四万一千两，据理藩院据呈具奏，于本年六月二十九日奉旨着将此项银两送至热河，交常显作为庙工之用，钦此。由总管内务府都虞司行知前来，当经（奴才）将外庙工程拟请核与此项银两数目，堪敷应用，再行估计请修之处恭折具奏，奉旨：知道了。钦此。

钦遵在案，（奴才）等随赴外庙各该处详细履勘，均有残坏渗漏，但处所繁多，钱粮浩大，势难一律修理。惟查河东普乐寺殿宇房间情形较重，自应及时乘修。现在核估得：

旭光阁园亭一座、踏跺罩六座、每座三间；南值房一座五间；天王殿、南山门楼一座，俱拟揭砍；山门外旗杆二座，拟拆修；山门一座三间；天王殿一座五间；宗印殿一座七间；南北配殿二座，每座五间；钟鼓楼二座，每座三间；围房门四座，每座三间；转角围房四座，每座十七间；上下方城二座；后山门一座三间；门楼三座；大墙看墙宇墙……；外围堆拨房二座，每座三间，俱拟粘修。挑换挡众木、栅栏门、刨筑灰土、海墁拆墁站台丹陛，院内砖石海墁甬路散水，石座见新，以及各殿座油饰彩画、装颜佛像，漆饰供桌供器，字匾对联，糊饰窗心，拆锭檐网，修补雨搭帘刷，成搭圈厂棚座，出运渣土，清理地面并办买槐木杉木颜料黄绿杭细布匹绒绳绒丝高丽纸张等项工程，按例估需工料银四万一千二百八十三两一钱二分三厘，查前项奏明修理庙工银四万一千两，此内尚不敷银二百八十余两，（奴才）愚昧之见，令其于原估内通融办理，不准另款开销。谨将估需银两细数另缮清单，恭呈御览。为此谨奏。

知道了。

嘉庆二十三年十月十五日

4、嘉庆二十三年谕旨

嘉庆二十三年十月十九日奉旨：此项普乐寺工程着总理工程处与部院司员及内务府司员内择其谙习工程者，各派一员前往热河作为监督，仍令常显会同办理。理藩院毋庸派员前往。钦此。

5、嘉庆二十三年奏折

旨随　常显片（奴才）常显跪奏，为奏闻请旨事。查向例勘估之员例不承修，此次系（奴才）勘估，相应请旨钦派大臣派委司员监督修理，并查有前经奉旨发来热河在外庙工程处效力之文宁，应即责令常川在工效力行走。再查向例蒙古事件俱由理藩院衙门经管，今此项造佛银两系蒙古王公呈进，作为庙工之用。（奴才）愚昧之见，请由理藩院派员会同钦派大臣之司员等监修并监放钱粮似为慎重。是否有当，伏候训示遵行。俟工竣后再行循例奏请钦派大臣查验收工。谨此附片奏闻请旨。

嘉庆二十三年十月十九日奉朱批：钦此。

6、嘉庆二十三年奏折

（奴才）伊冲阿、常显跪奏，为查看热河各处庙宇应修活计，恭折奏闻请旨事。

据苑丞张禔呈报，扎什伦布等处庙宇经今岁夏秋雨水浸淋，所有殿宇房间均有渗漏残坏，门楼墙垣闪裂坍塌各情形呈报前来。（奴才）等随赴各该处逐一详细查勘，虽属相符，但处所繁多，未便全行修葺。（奴才）等谨择其渗漏残坏过重并坍塌倒坏者八项，恭折奏闻请旨，饬交总理工程大臣派员踏勘，另行核估具奏，谨将应修处所另缮清单，恭呈御览。为此谨奏请旨。

总理工程处知道

嘉庆二十三年十月二十九日

7、嘉庆二十四年奏折（节选）

（奴才）常显、普成跪奏，为热河等处应行续修活计，恭折奏闻，仰祈圣训事。

查热河园庭庙宇及南北两路行宫所有殿宇房间应修之处，并遵旨惠迪吉至西北门道口围山添安穿栏栅木，南北两路行宫添安璧子插屏各项活计，于上年雨水后查明汇总，奏请交总理工程大臣派员踏勘，核估具奏。今岁春融后敬谨妥固兴修在案。本年三月间化冻后，据苑丞唐训等将热河园庭外庙、狮子园、南北两路行宫各等处渗漏残坏之处循例查明开单，呈请续修前来。（奴才）等当即饬驳，俟入夏后雨水时行之际，再看情形核办。去后兹复据该苑丞等呈报，所有应行续修活计较与前报之时愈形残坏，若不急为修整，再经雨水，则情形加重，糜费转多。且系迎面活计，有碍观瞻。（奴才）等随逐处履勘，所报虽属相符，但处所过繁，钱粮重大，理宜酌量粘修。（奴才）等愚昧之见，将苑丞等所报应修活计内：

……

殊像寺僧房十一间，俱头停渗漏，椽望木植间有糟朽，山檐墙闪裂；

……

十一、第十四册

1、嘉庆二十四年奏折

（奴才）祥绍跪奏，为奏闻销算工料银两事。经前任热河总管常显会同总理工程大臣派委内务府员外郎监督普安遵旨承修热河普乐寺庙工程，敬谨如式修理完竣，于本年八月初四日奏请钦派大臣照依修过丈尺做法，逐细查验，俟查明后再将用过工料银两按照查过活计，另行据实奏销。等因具奏，奉朱笔圈出尚书松筠、侍郎禧恩查验。钦此。

钦遵，移咨去后，嗣据派出尚书松筠、侍郎禧恩查明奏称，（奴才）等拣派司员率同前往该工逐细查验，所修活计于该工册开丈尺做法均属相符，理合将查验过情形据实奏闻。等因于八月十一日具奏，奉旨：知道了。钦此。

钦遵，移咨前来，（奴才）常显现已奉旨回京，所有奏销普乐寺工程自应（奴才）祥绍遵照尚书松筠、侍郎禧恩实查丈尺做法，按例详细合算，所有修理得：

普乐寺庙揭砥旭光阁圆亭一座；踏跺罩六座，每座三间；南值房一座五间；天王殿南山角门一座；拆修旗杆二座；粘修山门一座三间；天王殿一座五间；宗印殿一座七间；南北配殿二座，每座五间；钟鼓楼二座，每座三间；围房门四座，每座三间；转角围房四座，每座十七间；上下方城二座；后山门一座三间；门楼三座；外围堆拨房二座，每座三间；挑换挡众木、栅栏门；粘修大墙看墙宇墙，刨筑灰土，海墁拆墁站台丹陛，院内砖石海墁甬路散水，石座见新，以及各殿座油饰彩画、装颜佛像、漆饰供案供器字匾对联、糊饰窗心，拆锭檐网；修补雨搭帘刷，成搭圈厂棚座，出运渣土，清理地面等项工程，按例销算工料银四万一千二百八十三两一钱二分三厘。

查前项奏明蒙古王公呈进修理庙工银四万一千两，今奏销银四万一千二百八十三两一钱二分三厘，此内尚不敷银二百八十三两一钱二分三厘。（奴才）常显前于奏估时，曾经奏明所有不敷银两在于估内通融办理，不请另款开销。谨将用过工料银两细数另缮黄册，一并恭呈御览。为此谨奏。

知道了。

嘉庆二十四年九月二十八日

2、嘉庆二十四年奏折（节选）

诚安等奏，

热河外庙应修处所由交单一　十二月初二日

（奴才）诚安、祥绍跪奏，为查看热河外庙应修活计，恭折奏闻请旨事。

据苑丞张禔呈报，扎什伦布等处庙宇经今岁夏秋雨水浸淋，所有殿宇房间均有渗漏残坏，门楼墙垣闪裂坍塌各情形呈报前来。（奴才）等随赴各该处逐一详细查勘，虽属相符，但处所繁多，未便全行修葺。（奴才）等谨择渗漏残坏情形过重，并坍塌倒坏者六项，恭折奏闻请旨饬交总理工程大臣派员踏勘，另行核估具奏。谨将应修处所另缮清单，恭呈御览。为此谨奏请旨。

嘉庆二十四年十二月初二日奉朱批：总理工程处知道。钦此。十一月二十八日。

附件：

外庙请修活计清单：

扎什伦布四面群楼一座，台顶渗漏，木植间有糟朽。现在北面抱厦压面石坍塌二间，其东面挂檐沉坠；

溥仁寺山门一座，天王殿三间，钟鼓楼二座，前后配殿二十间，俱头停渗漏，椽望间有糟朽，瓦片脱节；

普宁寺碑亭一座，钟鼓楼二座，俱头停渗漏，椽望间有糟朽，琉璃瓦片爆釉残坏，脊料勾滴吊落不全，石料酥碱破坏；北部洲一座头停渗漏，台身裂缝；南部洲一座，台顶沉陷坍塌；

各庙僧房一百四间，头停渗漏，椽望间有糟朽，山檐墙闪裂，间有坍塌；门楼六座，木植糟朽；坍倒院墙凑长六丈四尺；

兵房九十间，俱已檐头坍塌，椽笆糟朽，山檐墙间有闪裂坍塌；门楼二十六座，木植糟朽；坍倒院墙凑长一百九丈；

3、嘉庆二十五年奏折（节选）

（奴才）祥绍、嵩年跪奏，为热河应行续修活计，恭折奏闻，仰祈圣鉴事。

查热河园内外庙、南北两路行宫殿宇房间闸座、船只等项活计，于上年雨水后查明奏请交总理工程大臣派员勘估具奏，今岁春融敬谨妥固兴修在案。本年三月化冻后，据苑丞唐训等将热河园内外庙、南北两路行宫等处渗漏残坏之处循例查明开单呈请续修前来，（奴才）等当即饬驳。俟入夏后雨水时行之际再看情形核办，去后，兹查热河一带地方于五月初五、十三等日连次大雨，又于十九、二十两日连夜通宵大雨如注。复据该苑丞等呈报，所有应行续修活计，节经大雨，较前愈形残坏，若不急为修理，再经雨水，转多糜费。且系迎面活计，有碍观瞻。（奴才）等随逐处履勘，所报虽属相符，但处所繁多，钱粮重大，理应斟酌。（奴才）等择其情形稍轻，与方向不宜者，皆驳为停缓，俟冬令另行奏请，归入下年春令粘修；其情形较重，查与方向相宜者，自应及时修理，以昭整肃。现在核估得：

......

嘉庆二十五年六月初六日

4、道光六年奏折（节选）

嵩年等奏 应修诸旗房间由抄后仍？ 进 八月二十八日

（奴才）嵩年、延隆跪奏，为应修诸旗房间内外围墙垣恭折奏闻，仰祈圣鉴事。

恭查每年热河园庭、狮子园、外庙并南北两路行宫殿宇房间墙垣石堤桥闸等项遇有残坏应修之处，均于雨水后查明，奏请交总理工程大臣派员勘估具奏，次年春融敬谨妥固兴修，若雨水时行之际，遇有须增应修活计，随时奏请交总理工程大臣派员勘估修理，统俟工竣汇总奏明，并案核销，历久遵行在案。

上年十月二十二日，（奴才）延隆陛辞时面奉谕旨：热河园庭内外各工此时暂不必修理。若实系情形较重，即如围墙坍塌，势不能不及时补砌者，必须妥为修理。钦此。

钦遵，（奴才）等将上年雨水后一切应修活计概行停止，未经缮折具奏。本年三月化冻后及入夏以来，节经雨水，各处呈报殿宇房间渗漏残坏，石堤闸座、内外围墙垣间有闪裂坍塌等项情形呈请修理前来。（奴才）等当即饬驳，俟秋后再看情形核办。

兹于七月十八日起阴雨连绵，至二十一日方始晴霁。据苑丞唐训等呈报，前项请修活计情形较前加重，若不急为修理，转恐糜费过多。（奴才）等随逐处详细查勘，该员等所报情形尚属相符。但殿宇房间仅止渗漏，石堤闸座虽间有坍塌闪裂之处，此时未便拆修。（奴才）等伏思，内外围垣诸旗房间均关防守，应请及时修整，用昭严密。

......

现在核估得：

......

扎什伦布红台前面喧波补砌台帮一段，长四丈五尺；

溥仁寺补砌外围大墙一段，长三丈三尺；

溥善寺补砌外围大墙一段，长三丈五尺；

......

5、道光九年奏折（节选）

禧恩等折奏，勘估热河行宫等处工程由单一合抄毕？进旨随交

十一月十七日

（奴才）禧恩、穆彰阿敬征谨奏，为奏查勘工程分别情形据实核估钱粮，恭折奏闻，仰祈圣驾事。准热河总管广亮等咨称，热河园庭内外并南北两路行宫行宫各等处残坏縣重，存贮陈设库房、弁兵值宿值房以及坍倒墙垣等工一折，于道光九年四月二十四日具奏，五月初三日奉到朱批：该处知道。钦此。

钦遵，移咨总理工程大臣处查勘办理等因前来。（奴才）等随派委司员带领书算人等前往各该处，按照奏准应修库房一百五十六间，值房五百六十三间，内围墙垣……；逐一详细查勘。内有库房六间，值房七十间，院墙……；情形虽重，尚不致实时倾圮，拟请缓修。其余库房值房墙垣残坏縣重，势须修理。按例核估得热河园内：

......

溥仁寺等处值房四座，计十六间；

揭砀普乐寺等处值房二座，计八间；

拆修安远庙等处库房一座五间；揭砀值房一座五间；

揭砀普宁寺等处库房一座三间；揭砀值房二座，计六间，内补修一间，拆修五间；

扎什伦布等处值房五座，计十二间；

......

6、道光十一年奏折

呈稿

郎中庆魁、员外郎乌明阿呈，为呈明覆行查核事。

（职）等奉派查验热河道光九年分修理园内外庙并南北两路行宫外围墙垣以及僧房等项工程。（职）等遵即领出原奏黄册，查得修理热河：

......

布达拉等九庙僧房二百九十七间，内拆修二百一十二间，揭砀八十五间；门楼门口三十一座；大墙院墙宇墙……；

......

道光十一年三月

附件：热河园内外庙并南北两路粘修僧房诸旗房墙垣销算黄册

热河溥善寺僧房六座，计二十九间。内拆修三座十七间，揭砀三座十二间；修砌大墙六段，凑长十三丈；院墙九段，……；随门口二座；

溥仁寺修砌大墙八段，……；

安远庙僧房九座，计三十八间。内拆修六座二十一间，揭砀三座十七间；修砌大墙一段，长七丈；院墙十二段，……；随门口二座；粘修墙顶一段，长三十八丈；

普乐寺天王殿两边拆修门楼二座；

普宁寺僧房六座，计三十间。内拆修一座五间，揭砈五座二十五间；修砌大墙七段，……；院墙四段，……；宇墙十段，……；随门楼二座；门口一座。

普佑寺补砌大墙二段，凑长七丈五尺；

扎什伦布僧房二十二座，计一百九间。内拆修十七座，计九十四间；揭砈五座，计十五间；修砌大墙六段，……；院墙十二段，……；宇墙三段，……；随门楼三座；门口六座；

布达拉拆修僧房十座，计五十四间；修砌大墙八段，……；院墙十二段，……；随门楼一座；门口六座；

殊像寺僧房十座，计三十七间。内拆修长高一座五间，拆修五座十六间，揭砈四座十六间；修砌大墙六段，……；院墙七段，……；随门口六座。

十二、第十五册

1、道光十三年工程销算银两黄册（节选）

……

溥仁寺揭砈值房四座十六间；修砌院墙四段，……；

溥善寺修砌院墙三段，……；

普乐寺拆修值房二座八间；

安远庙揭砈库房一座五间；值房一座五间；

普宁寺揭砈库房一座三间；值房二座六间，内补修一间，拆修五间；

扎什伦布拆修值房二座六间；

布达拉拆修值房五座十二间。

……

十三、第十六册

1、道光二十六年奏折（节选）

理藩院尚书（臣）吉伦泰等谨奏，为应裁热河喇嘛钱粮，一时不能按照原议裁汰及半，所裁数目亦难均齐。现据掌喇嘛印章嘉呼图克图等呈请，归入甄别案内，如数酌裁，以符原议。裁留各半数目恭折奏闻请旨，仰祈圣鉴事。

……

（臣）等查热河寺庙十二处内，除广安寺、罗汉堂、普乐寺三处事宜不归（臣）院办理外，其余普陀宗乘之庙，即布达拉；须弥福寿之庙，即扎什伦布；普宁寺；普佑寺；普善寺（溥善寺）；溥仁寺；殊像寺；广缘寺等八庙喇嘛班第升转钱粮均有热河都统及京城喇嘛印务处行文，（臣）院办理。前于道光十四年七月经（臣）院以该各庙支食钱粮班第人数较多，候补钱粮外来无籍班第尤为漫无节制，久之，各庙僧房不无地窄人稠。议将以上八庙除殊像寺专习满洲经卷，广缘寺系擦噜克堪布自行建立，向系专缺，毋庸议外，其余普陀宗乘等庙正项支食钱粮班第遇有缺出，无论升故，随时裁汰。统俟班第裁至过半，再将该管喇嘛等一并约数裁汰。其所裁喇嘛名下随缺折色钱粮一体核裁。将来各寺庙僧房遇有坍塌不齐，较易归并等情具奏。奉旨：依议。钦此。

……

道光二十六年四月十八日

十四、第十八册

1、热河园内外庙粘修工程奏销黄册 无朝年（约为嘉庆22年）

扎什伦布西山坡拆修白台二座；找抹白灰七段，凑长二十一丈六尺；红灰炮窗二十四座；庙外揭瓦僧房六间；补砌兵房山墙二堵；院墙隔断墙五段，凑长十七丈五尺。

布达拉千佛阁一座，计十六间，拆修台顶；庙内找抹红白灰六段，凑长十九丈五尺；庙外补砌僧房垜墙一段，长三丈五尺。

广安寺净香室粘修门口一座。

普宁寺补砌大墙一段，长七丈七尺；门顶一段，长一丈五尺；宇墙四段，凑长十一丈三尺。

安远庙山门内揭瓦值房十间；补砌大墙三段，凑长八丈七尺。

普乐寺揭瓦外库房五间；修砌大墙一段，长四丈五尺。

溥仁寺拆修僧房十间。

溥善寺补砌僧房山墙一堵；院墙三段，凑长三丈三尺；抹饰红灰院墙一段，长一丈九尺。

2、热河园内外庙粘修工程奏销黄册 无朝年（应为嘉庆年，节选）

热河园内外庙……

扎什伦布御座平台楼一座，计一百二十四间，拆修台顶；南面楼顶上揭瓦佛殿三间；北面楼顶上拆修楼罩二间；揭瓦生欢喜心供佛楼一座，四面各显五间；前檐平台抱厦楼一座，计九间，拆修台顶；庙西面拆修白台二座，僧房八间；庙外揭瓦僧房八间；修砌汛堆台身一段，长二丈二尺五寸；大墙一段，长三丈六尺；找抹红灰五段，凑长十六丈五尺；白灰一段，长八丈；修砌兵房山墙一堵；僧房外围大墙一段，长十五丈五尺。

布达拉庙揭瓦白台僧房二座，计十九间；大山门内拆修吗尼杆四座，补砌宇墙长七尺。山门内找抹白灰五段，凑长十二丈六尺。

广安寺山门两边粘修角门二座，修砌汛堆白台宇墙一段，长一丈五尺。

普宁寺牌楼拆换下槛一根；三样楼西边修砌虎皮石泊岸一段，长二丈四尺五寸；庙内找抹红灰五段，凑长十一丈二尺；白灰六段，凑长六丈七尺五寸；修砌外围大墙二段，凑长二丈五尺；僧房院墙一段，长一丈九尺。

安远庙拆修栅栏门口六座；修砌大墙一段，长三丈二尺；僧房院墙二段，凑长七丈九尺。

普乐寺挑换挡众木二十八架；栅栏门三座；无量杆一根；北边山坡下石平桥一座，补安栏板抱鼓。

溥仁寺天王殿西边修砌大墙顶一段，长五尺；山门东边找抹红灰一段，长三丈五尺。

溥善寺山门外拆修吗呢杆一根；修砌大墙三段，凑长四丈五尺；随墙门口一座；找抹红灰四段，凑长十四丈五尺。

花儿窖拆修值房三间，花洞房修砌檐墙六堵。

通共银九万四千六百六十七两……

内除拆得裒翠楼、吟松风等处殿宇亭座游廊，拣选旧料抵银四千六百七两……

第四节 《热河园庭现行则例》中普乐寺文献

一、嘉庆十七年奏折（节选）

普乐寺副千总一名、委署副千总一名、委署三名、梅勒五名、兵八名，共十六名，苏拉一名。

扎什伦布副千总一名、委署副千总二名、委署八名、梅勒十六名、兵二十名，共四十四名(内食二两钱粮十名)，苏拉四名。

殊像寺副千总一名、委署副千总一名、委署三名、梅勒三名、兵七名，共十三名，苏拉二名。

二、道光十八年奏折（节选）

园内外庙应裁应补官兵缺分余丁地亩章程

1、原奏外庙裁撤七品副千总四员，今拟由扎什伦布、布达拉、殊像寺、普宁寺四庙，每庙扣裁一名，遇缺遵即扣裁。……

2、原奏外庙裁撤八品副千总二员，今拟由殊像寺、普乐寺二庙，每庙扣裁八品副千总一员。俟该二庙八品副千总出缺时，即行扣裁。如遇别庙八品副千总缺出，仍照旧例，请由扎什伦布、布达拉、殊像寺、普宁寺、普乐寺、安远庙等处委署挑补，所遗以下各缺，均请挑补。

3、原奏外庙裁撤兵七十名，今拟各庙按堆扣裁。每一堆留委署二名、兵五名，所余之委署、兵，俟缺出即行扣裁。查扎什伦布、布达拉原设食二两兵，每庙十名，如遇缺出，请由在本庙食一两兵挑补，所遗一两之缺扣裁，毋庸挑补。

三、乾隆三十二年奏折

乾隆三十二年八月十四日，由军机处抄出：大学士、忠勇公傅恒缮清字折奏称，新建普乐寺应添设弁兵看守。……今酌拟普乐寺添设正千总一员、副千总一员、兵三十名，等因具奏。本日奉清字旨："知道了。普乐寺毋庸添设兵三十名，安远庙内既有喇嘛，着于该处兵二十名内裁撤五名，拨在普乐寺，作为兵二十五名。钦此"。

四、乾隆三十八年奏折

乾隆三十八年五月初六日，内大臣、忠勇公福隆安缮清字折奏称："新建戒台、罗汉堂毋庸另行添设弁兵，着交副都统三全、总管永和等于别寺内各拨给兵十五名，拣放副千总二员带领看守，庙外周围派绿营弁兵看守，等因具奏"。本日奉清字旨："依议。钦此"。遵即由普宁、普乐、安远三庙内各拨给兵十名，共设兵三十名，并拣放副千总二员，分别看守。

五、园庭御碑、匾额、铜钟（节选）

园内外庙建立御碑

普乐寺碑亭内竖碑一座（乾隆三十二年八月御制）

园庭行宫寺庙匾额

普乐寺：普乐寺、天王殿、胜因殿、慧力殿、宗印殿、福慧圆成、真如境、须弥臻胜、舍卫现祥、旭光阁、通梵门。

园内外寺庙铜钟

普乐寺

宗印殿内悬挂铜钟，高二尺八寸五分，钟钮高七寸，钟口径二尺四寸。系康熙六十年岁次辛丑四月初八日吉旦；

钟楼悬挂铜钟，高四尺，钟钮高一寸，钟口径二尺四寸。系前明万历四十五年岁次丁巳四月吉旦。

六、嘉庆二十三年奏折

园庭行宫寺庙营房年例粘修

嘉庆二十三年七月接准都虞司文称，由总管内务府抄出，理藩院具奏："科尔沁扎萨克和硕吐什奕亲王、诺尔布尔沁等十盟应呈进造佛银四万两。又阿拉沙扎萨克和硕亲王吗哈巴拉应呈进造佛银一千两"，等因于嘉庆二十三年六月二十九日奉旨："着将此项银两送至热河，交常显，作为收饰庙工之用。钦此"。钦遵，行知前来，遵即踏勘粘修普乐寺庙宇工程钱粮数日，与此项银两勘敷需工之用。本总管于本年十月具奏，奉到朱批："另有旨。钦此"。嗣于十月十九日奉旨："此项普乐寺工程，着总理工程处于部院司员及内务府司员，则其谙习工程各派一员，前往热河作为监督，仍令常显会同办理，理藩院毋庸派员前往。钦此"。钦遵照办。适经该蒙古王公等陆续将造佛银两派员如数解交前来，即饬交普乐寺庙工监督照数领出，分发各商与工修理，该监督具稿存案。

七、同治六年八月奏折（节选）

园内、狮子园、外庙等处殿座房间情形清单

普乐寺：天王殿五间，檐椽糟朽，瓦片间有脱落。御座房四间，椽望糟朽，头停渗漏，瓦片脱落。

八、各寺庙喇嘛月饷米石（节选）

扎什伦布庙：

坐床堪布达喇嘛一名，每月食俸银十三两零一厘，俸米八石二斗五升；

副达喇嘛一名，每月食俸银九两四钱七分二厘，俸米五石二斗五升；

苏拉达喇嘛一名，每月食俸银三两七钱三分二厘，俸米二石二斗五升；

得木气二名、格思贵二名，每名每月食饷银二两八钱六分五厘，饷米二石二斗五升；

食二两饷银喇嘛六十名，每名每月食饷米七斗五升；

食一两五钱饷银喇嘛一百四十名，每名每月食饷米二斗；

此庙一年香灯银五百四十两，笤帚银六十两。

殊像寺：

达喇嘛一名，每月食俸银十一两二钱二厘，俸米六石七斗五升；

副达喇嘛一名，每月食俸银九两四钱七分二厘，俸米五石二斗五升；

得木气一名、格思贵二名，每名每月食饷银二两八钱六分五厘，饷米一石五斗；

食二两饷银喇嘛二十名，每名每月食饷米七斗五升；

食一两五钱饷银喇嘛三十名，每名每月食饷米二斗；

此庙一年香灯银一百七十八两，笤帚银二十二两。

普乐寺：

此庙一年香灯银一百六十两，笤帚银二十两。

九、生息内心红、笤帚、堆拨银两减半放给（节选）

谨将道光二十三年分用过银两列后：

普宁寺、扎什伦布、布达拉、殊像寺等四处，每处每月纸笔银三两。（朱：自明年起俱着减半放给）

溥仁寺、普乐寺、安远庙、戒台、罗汉堂等五处，每处每月纸笔银一两。

十、园庭行宫寺庙陈设供器等件（咸丰年间，节选）

普乐寺现设供器等项一千四百十六件。

须弥福寿之庙现设陈设、供器等项二万七千六百二十二件。

殊像寺现设陈设、供器等项二千五十三件。

十一、裁撤喇嘛名数（节选）

道光十四年九月二十一日

窃臣查得热河寺庙十二处，其在河西者，普陀宗乘之庙即布达拉、须弥福寿之庙即扎什伦布、殊像寺、广安寺即戒台、罗汉堂等五庙；在河东者，系溥仁寺、普乐寺、溥善寺、安远庙等四座；在河北者，系普宁寺、普佑寺、广缘寺等三庙。内除广安寺、罗汉堂、普乐寺未经载入臣部则例外，其普陀宗乘等八庙喇嘛升转、钱粮，悉由臣院办理。……

罗汉堂、普乐寺、广安寺，此三庙向未安设喇嘛。

第五节　《钦定八旗通志》中普乐寺文献

普乐寺千总一人，副千总一人，委署副千总一人。

第六节　《大清一统志》中普乐寺文献

普乐寺，在承德府东北，热河行宫东北二里许，三十一年勅建。寺东向，联额皆御书。正殿供药王佛，门内植碑一，恭镌御制碑记，御制渡河诣普乐寺瞻礼诗。

第七节　《皇朝通志》中普乐寺文献

内务府武职：……溥仁寺、普乐寺、安远庙、普陀宗乘庙、殊像寺千总各一人，副千总各一人，普宁寺、须弥福寿庙千总各一人。

第八节　《皇朝通典》中普乐寺文献

一、卷29

溥仁寺、普乐寺、安远庙、普陀宗乘庙、殊像寺千总各一人，副千总各一人，普宁寺、广安寺、罗汉寺把总各二人。行宫总管、苑副掌总理翊卫各处行宫及陈设稽察之政令，千总、副千总、把总掌典守陈设、稽察内围、董率扫除之事。

二、卷119

《御制普乐寺碑记》乾隆三十二年，国书、正书、蒙古、西番四体书。

第九节　《六世班禅洛桑巴丹益希传》中普乐寺文献

1779 年，六世班禅应乾隆皇帝的邀请进京朝觐，祝厘乾隆皇帝七十大寿，次年七月抵达热河，据《六世班禅洛桑巴丹益希传》记载：七月二十七日，皇帝特派巴群大臣前来扎什伦布寺慰问班禅大师，呈献皇帝所赐的三盘食品。同时，将皇帝经常回向大威德所用的念珠挂在大师手上，要求诵经加持。尔后，大师被迎请到文殊具相佛殿，六皇子、博大臣、留大臣、达大人等人同临此殿，夏尔孜诺门罕洛桑绛边布宴招待。会上班禅大师传授《皈依颂》，为诺门罕授教加持，祈求其病早愈，

恢复健康。并且向文殊具相佛殿、授近圆戒的"吉特"佛殿及供奉五百罗汉的罗汉堂献供哈达，散吉祥之花；向每个佛殿的皇帝宝座献哈达各一条，散吉祥花。之后，前行一里路程莅临普乐寺，传授佛法，献供哈达，散吉祥花。当时，六皇子布设水果等素食，大师高兴地品尝，离开普乐寺后，中途为汉蒙信徒摩顶，回到扎什伦布寺，接受喀尔喀热班禅呼图克图的献礼，传授《兜率上师瑜伽释论》。

第十节　《皇朝文献通考》中普乐寺文献

守卫热河仓、唐三营仓及普宁寺、普乐寺、安远庙等处分设千总、委署千总及兵丁各有差，并隶于热

河总管在京理藩院所辖。

第十一节　《蒙古和蒙古人》* 中普乐寺文献

[*]：俄国波兹德涅耶夫著，收录波兹德涅耶夫1893年普乐寺游记。张梦玲等译，1983 年由内蒙古人民出版社出版。

普乐寺，而喇嘛们通常称之为"德木楚克苏默"。现在寺内没有喇嘛，只有两名汉人看守。普乐寺是乾隆三十二年在国师章嘉呼图克图的主持下，专为准噶尔的杜尔伯特人建造的。它的特点是模仿北京天坛的建筑式样。庙宇建为三层，下面两层都是正方形的；上面一层是圆形的，全部是格扇窗。屋顶是黄色琉璃瓦。在正方

形平台上，顺着每边的柱形栏杆，各有三座也是用琉璃砖建成的塔。庙里的佛像很少。但整座庙宇却几乎被一座巨大的德木楚克的浩托曼荼罗所占，其方圆将近二十俄丈，是用石头砌成的，共有六层，每层有一又四分之一俄尺高。这里每月初一和十五都要举行一次呼拉尔，附近寺院的喇嘛都来参加。

第二章　历史照片

601 普乐寺东侧全景　俄国　波兹德涅耶夫　摄于 1883 年

602 普乐寺全景　法国　Robert de Semallé　摄于 1880—1884 年期间

603 普乐寺阁城　德国　Friedrich Perzynski　拍摄于 1912 年

604 普乐寺阇城喇嘛塔及远处的磬锤峰 德国 柏诗曼 1909 年拍摄

605 清朝末年的普乐寺 拍摄者不详

606 普乐寺全景，群房已经坍塌 薛桐轩 1919—1933 年期间拍摄

607 普乐寺全景，此时群房还没有坍塌 薛桐轩 1911—1933 年期间拍摄

608 宗印殿 瑞典 斯文·赫定 1930 年拍摄

609 宗印殿内 瑞典 斯文·赫定 1930 年拍摄

610 阇城及旭光阁 瑞典 斯文·赫定 1930 年拍摄

611 自安远庙远望普乐寺 图片来自美国哈佛大学燕京图书馆 德国 赫达·莫里逊 1935—1937 年摄影

612 阇城上的喇嘛塔 瑞典 斯文·赫定 1930 年拍摄

613 普乐寺全景 图片来自美国哈佛大学燕京图书馆 德国 赫达·莫里逊 1935—1937 年摄影

614 普乐寺全景 图片来自美国哈佛大学燕京图书馆 德国 赫达·莫里逊 1935—1937 年摄影

615 普乐寺山门 图片来自美国哈佛大学燕京图书馆
德国 赫达·莫里逊 1935—1937 年摄影

616 自普乐寺远眺安远庙 图片来自美国哈佛大学燕京图书馆
德国 赫达·莫里逊 1935—1937 年摄影

617 普乐寺香炉 图片来自美国哈佛大学燕京图书馆
德国 赫达·莫里逊 1935—1937 年摄影

618 普乐寺宗印殿 图片来自美国哈佛大学燕京图书馆
德国 赫达·莫里逊 1935—1937 年摄影

619 普乐寺鼓楼 图片来自美国哈佛大学燕京图书馆
德国 赫达·莫里逊 1935—1937 年摄影

620 普乐寺旭光阁 图片来自美国哈佛大学燕京图书馆
德国 赫达·莫里逊 1935—1937 年摄影

621 普乐寺旭光阁 图片来自美国哈佛大学燕京图书馆
德国 赫达·莫里逊 1935—1937 年摄影

622 普乐寺喇嘛塔 图片来自美国哈佛大学燕京图书馆
德国 赫达·莫里逊 1935—1937 年摄影

623 普乐寺喇嘛塔 图片来自美国哈佛大学燕京图书馆
德国 赫达·莫里逊 1935—1937 年摄影

624 普乐寺喇嘛塔 图片来自美国哈佛大学燕京图书馆
德国 赫达·莫里逊 1935—1937 年摄影

625 普乐寺喇嘛塔 图片来自美国哈佛大学燕京图书馆
德国 赫达·莫里逊 1935—1937 年摄影

626 普乐寺旭光阁 图片来自美国哈佛大学燕京图书馆
德国 赫达·莫里逊 1935—1937 年摄影

627 普乐寺喇嘛塔 日本 作者不详 拍摄于 1933—1940 年之间

628-631 普乐寺 引自日本 五十岚牧太《热河古迹与西藏艺术》 拍摄于 1933—1940 年期间

632 普乐寺全景 日本 关野贞 1933 年拍摄

633 普乐寺远景 日本 关野贞 1933 年拍摄

634 普乐寺全景 日本 关野贞 1933 年拍摄

635 普乐寺山门　日本　关野贞　1933 年拍摄

636 普乐寺山门 日本 关野贞 1933 年拍摄

637 普乐寺石狮 日本 关野贞 1933 年拍摄

638 普乐寺石狮 日本 关野贞 1933 年拍摄

639 普乐寺天王殿 日本 关野贞 1933 年拍摄

640 普乐寺第一进院 日本 关野贞 1933 年拍摄

641 普乐寺香炉 日本 关野贞 1933 年拍摄

642 普乐寺鼓楼（鼓及鼓架仍保存完好） 日本 关野贞 1933 年拍摄

643 普乐寺第二进院 日本 关野贞 1933 年拍摄

644 普乐寺宗印殿 日本 关野贞 1933 年拍摄

645 阁城一层 日本 关野贞 1933 年拍摄

646 宗印殿内 日本 关野贞 1933 年拍摄

647 普乐寺碑门殿 日本 关野贞 1933 年拍摄

648 宗印殿内 日本 关野贞 1933 年拍摄

649 宗印殿内 日本 关野贞 1933 年拍摄

650 阁城 日本 关野贞 1933 年拍摄

651 喇嘛塔 日本 关野贞 1933 年拍摄

652 阁城与旭光阁 日本 关野贞 1933 年拍摄

653 阁城与旭光阁 日本 关野贞 1933 年拍摄

654 旭光阁 日本 关野贞 1933 年拍摄

655 旭光阁 日本 关野贞 1933 年拍摄

656 旭光阁殿内 日本 关野贞 1933 年拍摄

657 旭光阁殿内 日本 关野贞 1933 年拍摄

658 普乐寺南院墙与旭光阁 日本 岸田日出刀、土浦龟城 1940 年摄影

659 东门阁与通梵门 日本 关野贞 1933 年拍摄

660 普乐寺全景 日本 岸田日出刀、土浦龟城 1940 年摄影

661 普乐寺旗杆座与石狮 日本 岸田日出刀、土浦龟城 1940 年摄影

662 普乐寺旭光阁 日本 岸田日出刀、土浦龟城 1940 年摄影

663 普乐寺旭光阁 日本 岸田日出刀、土浦龟城 1940 年摄影

644 普乐寺旭光阁 日本 岸田日出刀、土浦龟城 1940 年摄影

665 普乐寺旭光阁 日本 岸田日出刀、土浦龟城 1940 年摄影

666 普乐寺喇嘛塔 日本 岸田日出刀、土浦龟城 1940 年摄影

667 普乐寺喇嘛塔 日本 岸田日出刀、土浦龟城 1940 年摄影

668 普乐寺喇嘛塔　日本　岸田日出刀、土浦龟城　1940 年摄影

669 普乐寺石狮　日本　岸田日出刀、土浦龟城　1940 年摄影

巨刹は荒さむ

觀大の寺樂普
TAFOSSU TEMPLE.

普樂寺全景
COMPLETE VIEW OF
PU LOSSU TEMPLE.

裝扮の踊嘛喇
LAMA DANCE.

670 普乐寺 日本 山崎鋆一郎 1940 年摄影

671-673 普乐寺修缮过程 付清远 1982 年拍摄 承德市文物局档案馆提供

674 普乐寺全景 张生桐 1983 年拍摄 承德市文物局档案馆提供

675 普乐寺全景 张生桐 1983 年拍摄 承德市文物局档案馆提供

676 日本明信片中的普乐寺 摄于 1933—1940 年

677 日本明信片中的普乐寺 拍摄者不详 摄于 1933—1940 年

678 日本出版《新满州》书中的普乐寺 摄于 1935 年

建筑名称	图名
总图	总平面图
	总剖面图
山门殿	平面图
	正立面图
	侧立面图
	剖面图
	斗拱大样图
角门	平面图、正立面图
	侧立面图、剖面图
钟鼓楼	底层平面图
	二层平面图
	正立面
	侧立面
	剖面图
	二层栏杆、栈板大样图
	雀替、楼梯大样图
	楼梯立面图
	下檐斗拱大样图
	平座斗拱大样图
天王殿	平面图
	正立面图
	侧立面图
	剖面图
	菱花窗大样图
	斗拱大样图
	脊饰大样图

建筑名称	图名
胜因殿、慧力殿	平面图
	正立面图
	侧立面图、剖面图
	隔扇门大样图
	槛窗大样图
	斗拱大样图
宗印殿	平面图
	正立面图
	背立面图
	侧立面图
	剖面图
	隔扇门大样图
	槛窗大样图
	上檐斗拱大样图
	上檐斗拱大样图
	脊饰大样图
阇城	一层平面图
	二层平面图
	三层平面图
	西立面图
	南立面图
	二、三层剖面图
	栏板、抱鼓石、垛口墙大样图

建筑名称	图名
群庑	复原平面图（局部）
	复原剖、立面图（局部）
	复原总立面图
	复原装修详图
碑门殿	平面图
	正立面图
	侧立面图
	剖面图
	隔扇门大样图
	斗拱大样图
东、南、北门殿	平面图
	正立面图
	侧立面图
	剖面图
	隔扇门大样图
	斗拱大样图
琉璃塔	八角琉璃塔大样图
	四角琉璃塔大样图
风雨亭	平面图
	正立面图
	侧立面图
	剖面图
	隔扇门大样图
	斗拱大样图

建筑名称	图名
旭光阁	平面图
	东立面图
	剖面图
	梁架仰视图
	藻井仰视图
	隔扇门大样图
	槛窗大样图
	首层平身科斗拱大样图
	首层柱头科斗拱大样图
	二层斗拱大样图
	藻井斗拱大样图
	曼荼罗佛台底层平面图
	曼荼罗佛台二层平面图
	曼荼罗佛台顶层平面图
	曼荼罗佛台立面图
	曼荼罗佛台剖面图
通梵门	平面图
	正立面图
	侧立面图
	剖面图
	实踏门大样图
	槛窗大样图
	斗拱大样图
柱门	普乐寺柱门大样图
面叶	宗印殿、光旭阁面叶详图
	胜因殿、慧力殿如意素面面叶详图

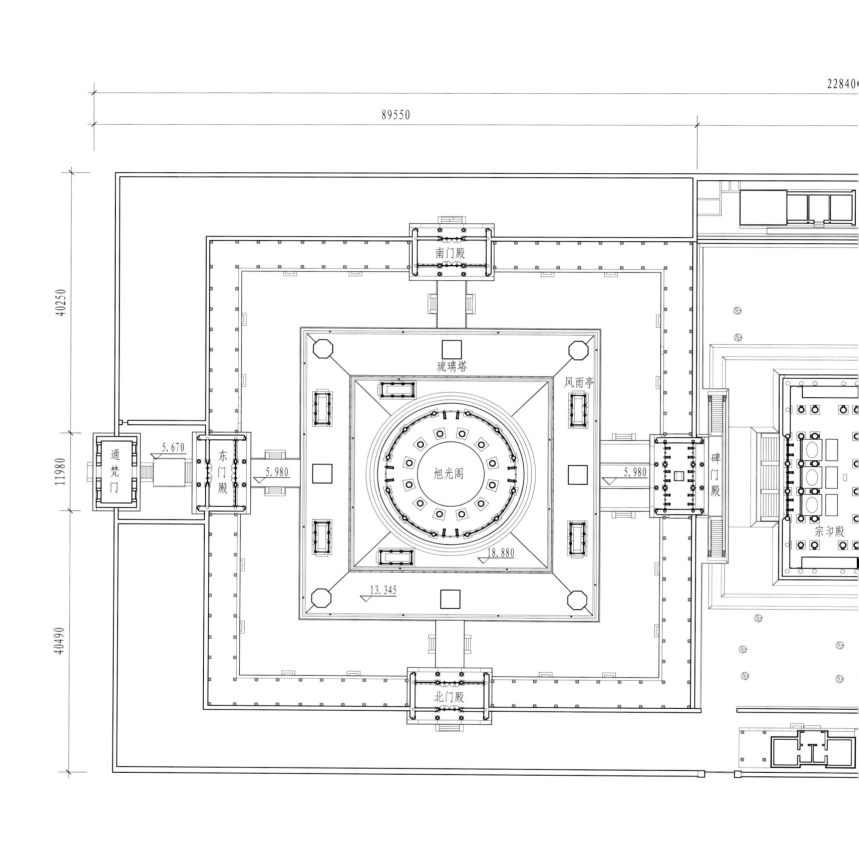

南门殿

琉璃塔

风雨亭

通梵门

东门殿

5.670

5.980

旭光阁

18.880

13.345

碑门殿

5.980

宗印殿

北门殿

89550

22840

40250

11980

40490

北

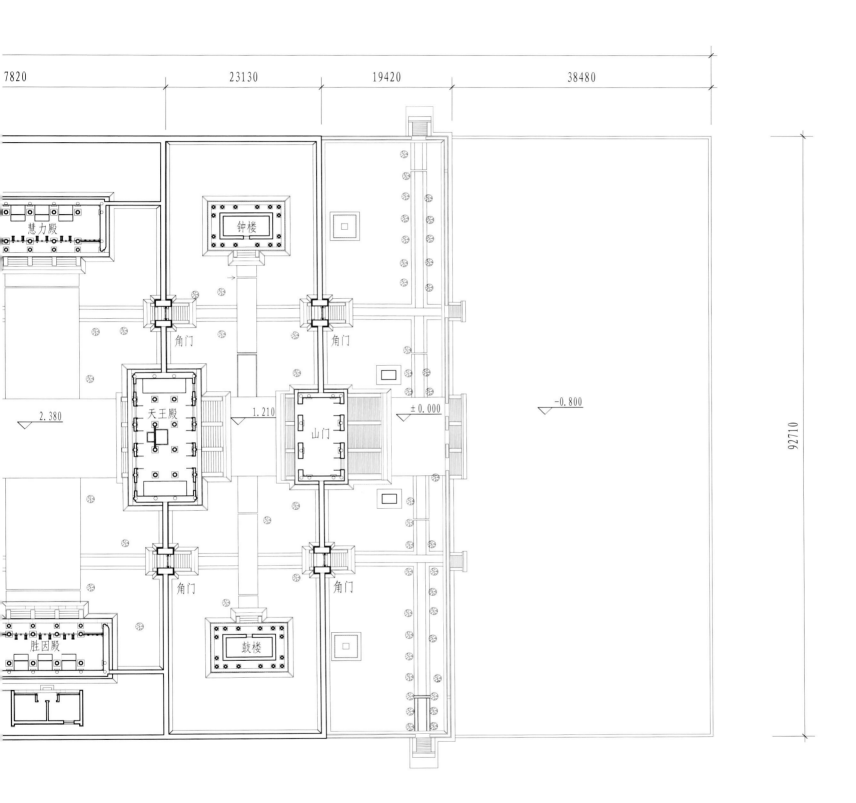

| 7820 | 23130 | 19420 | 38480 |

92710

慧力殿

钟楼

角门

角门

2.380

天王殿

1.210

山门

±0.000

-0.800

角门

角门

胜因殿

鼓楼

普乐寺总平面图 1:400

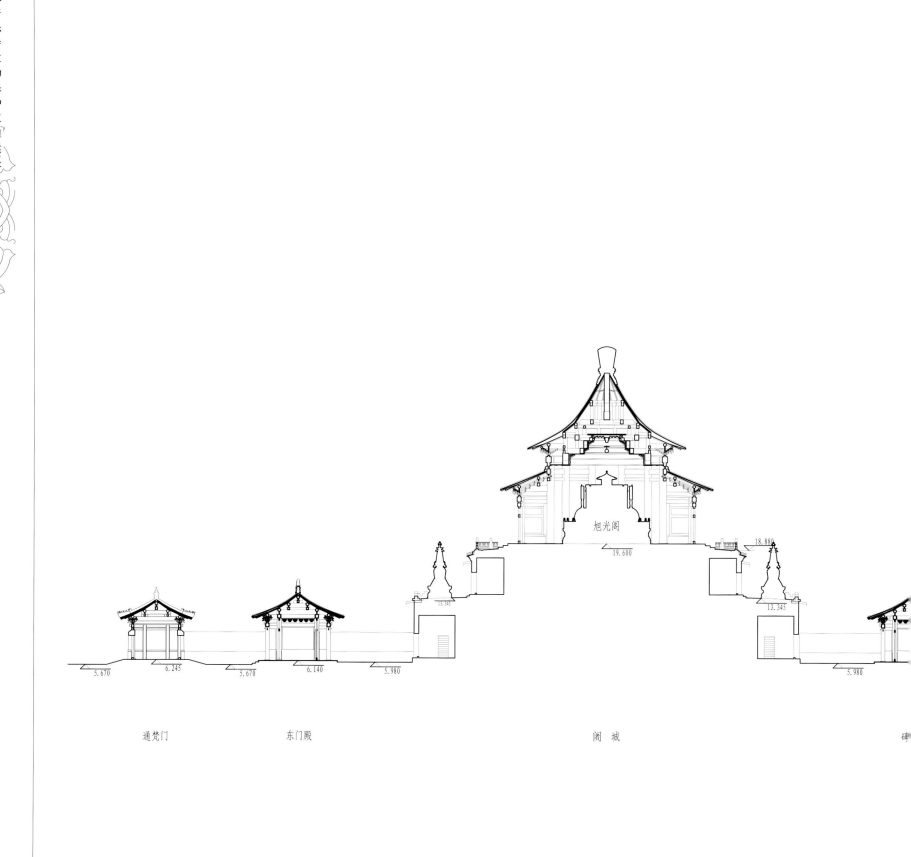

旭光阁

19.600

18.880

13.345

13.345

5.670   6.245   5.670   6.140   5.980   5.980

通梵门   东门殿   阙　城   碑

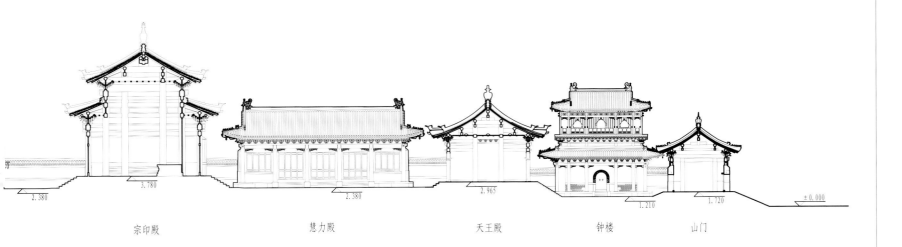

2.380

3.780

2.380

2.965

1.210

1.720

± 0.000

宗印殿

慧力殿

天王殿

钟楼

山门

普乐寺总剖面图 1:300

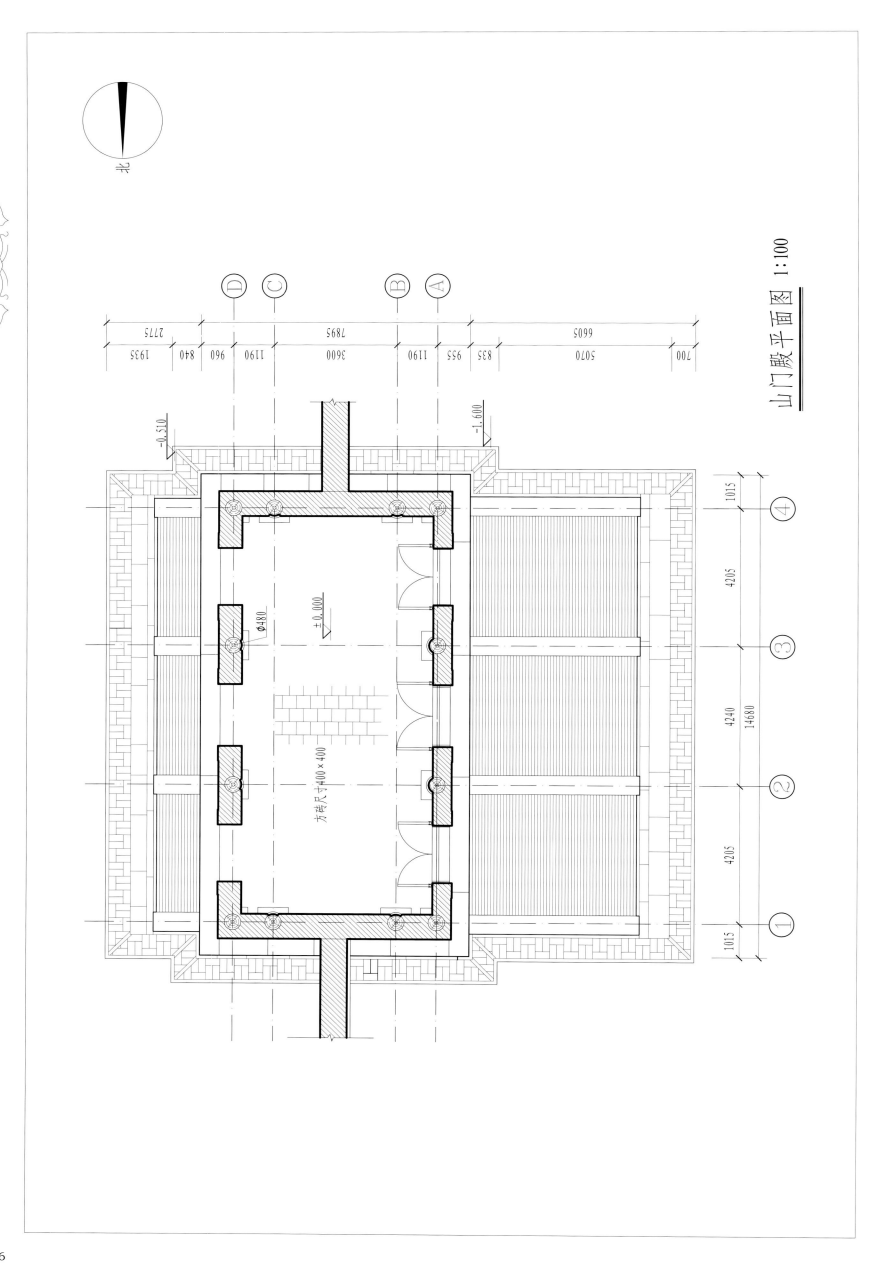

山门殿平面图 1:100

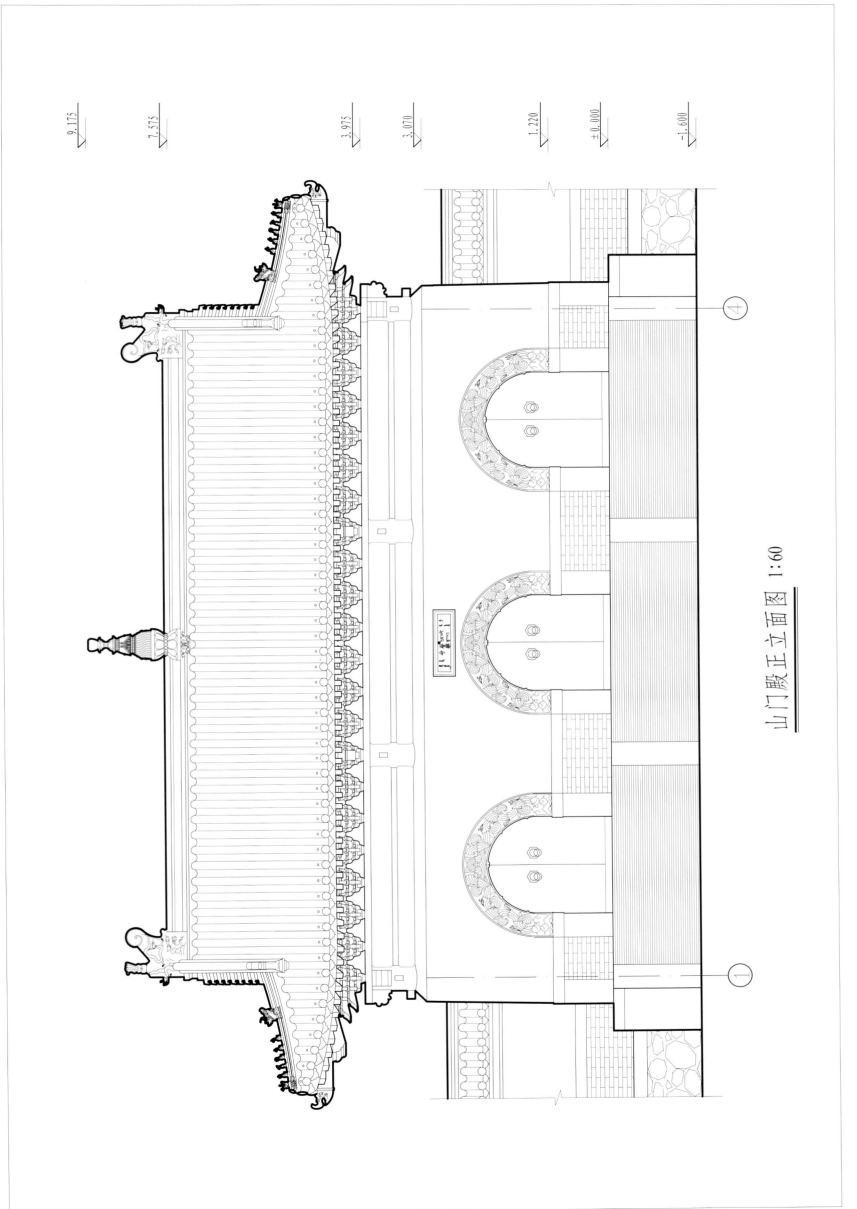

山门殿正立面图 1:60

9.175
7.575
3.975
3.070
1.220
±0.000
-1.600

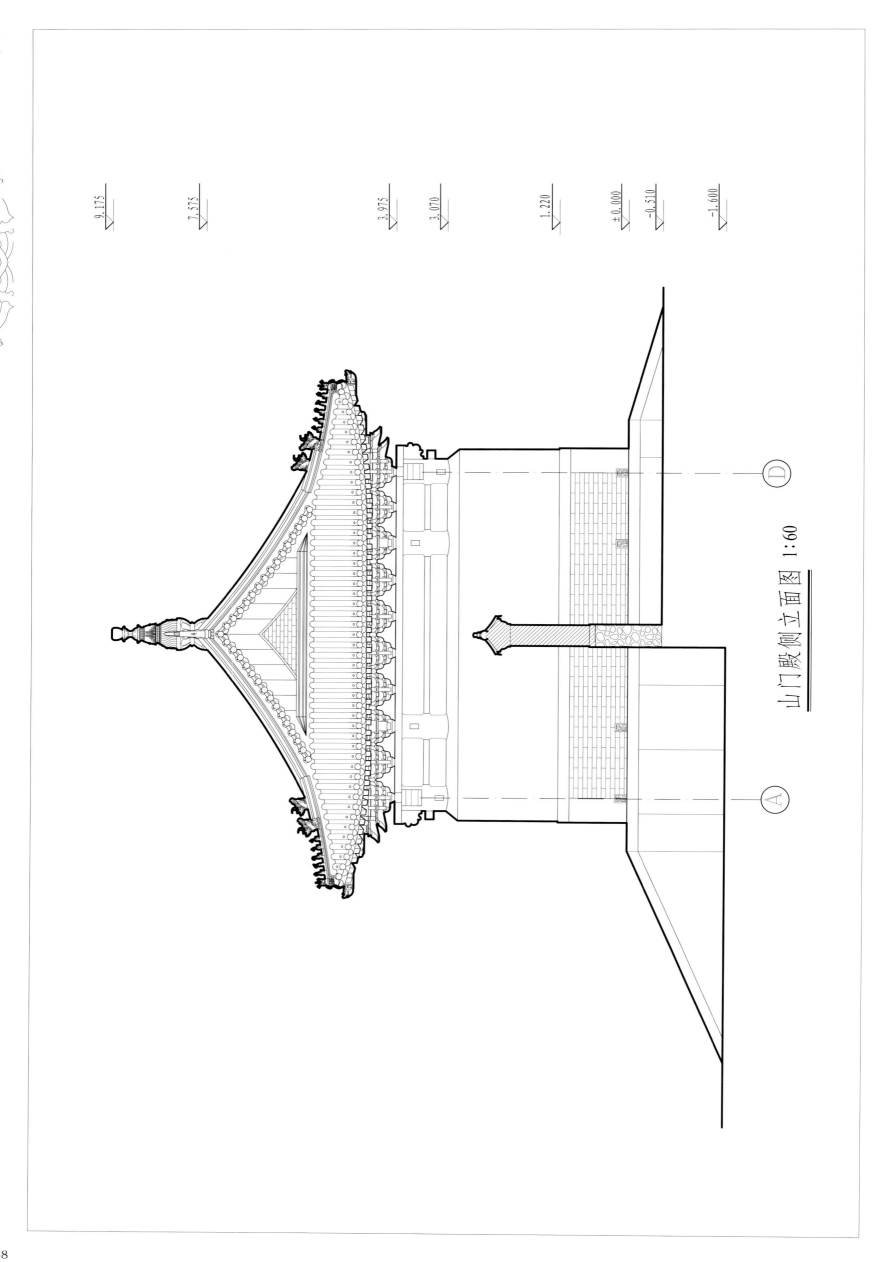

山门殿侧立面图 1:60

9.175

7.575

3.975

3.070

1.220

±0.000

-0.510

-1.600

Ⓓ

Ⓐ

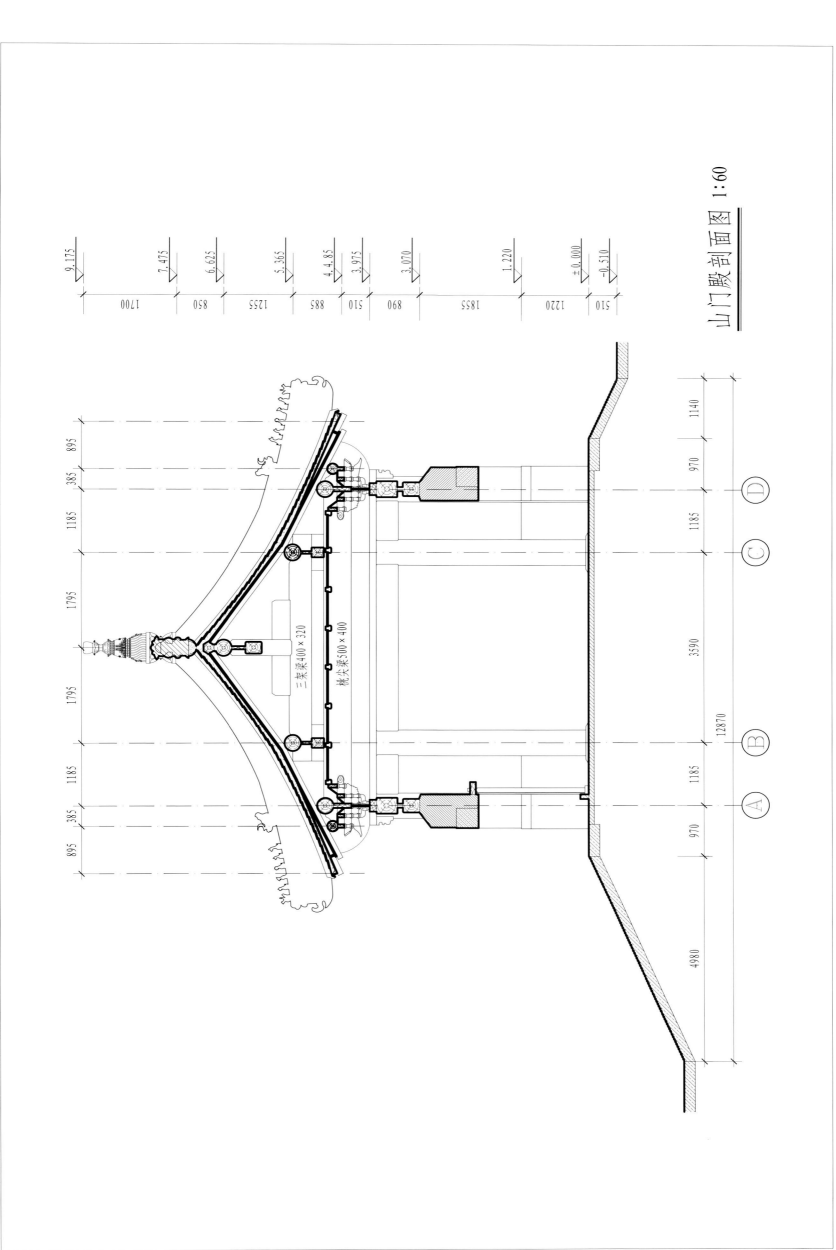

山门殿剖面图 1:60

三架梁400×320
桃尖梁500×400

9.175
7.475
6.625
5.365
4.4.85
3.975
3.070
1.220
±0.000
-0.510

1700
850
1255
885
510
890
1855
1220
510

895
385
1185
1795
1795
1185
385
895

1140
970
1185
3590
12870
1185
970
4980

Ⓐ Ⓑ Ⓒ Ⓓ

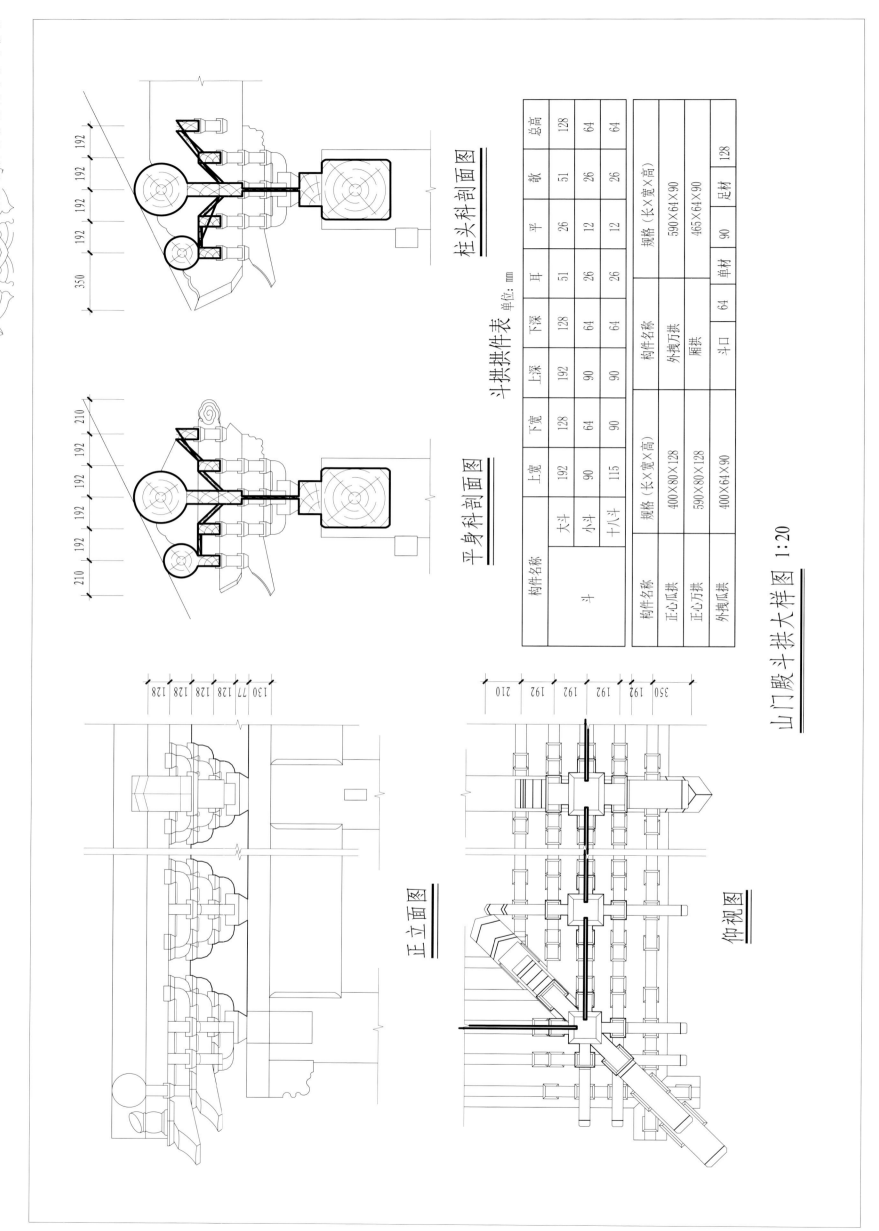

斗拱拱件表　单位：mm

柱头科剖面图

平身科剖面图

构件名称		规格（长×宽×高）	上宽	下宽	上深	下深	耳	平	欹	总高
斗	大斗	400×80×128	192	128	192	128	51	26	51	128
	小斗	590×80×128	90	64	90	64	26	12	26	64
	十八斗	400×64×90	115	90	90	64	26	12	26	64

构件名称	规格（长×宽×高）
正心瓜拱	
正心万拱	
外拽瓜拱	
外拽万拱	590×64×90
厢拱	465×64×90
斗口	64
单材	90
足材	128

正立面图

仰视图

山门殿斗拱大样图　1:20

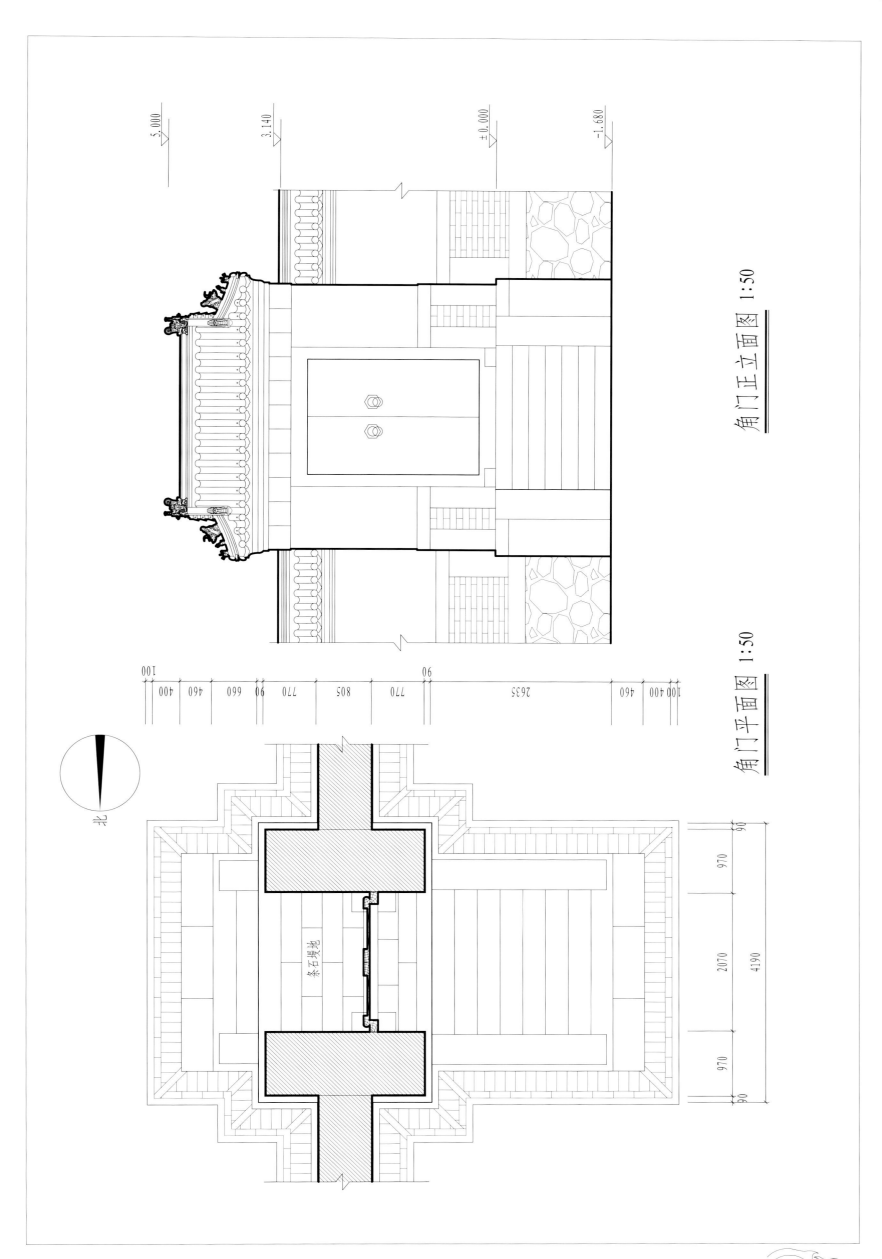

角门正立面图 1:50

角门平面图 1:50

北

条石墁地

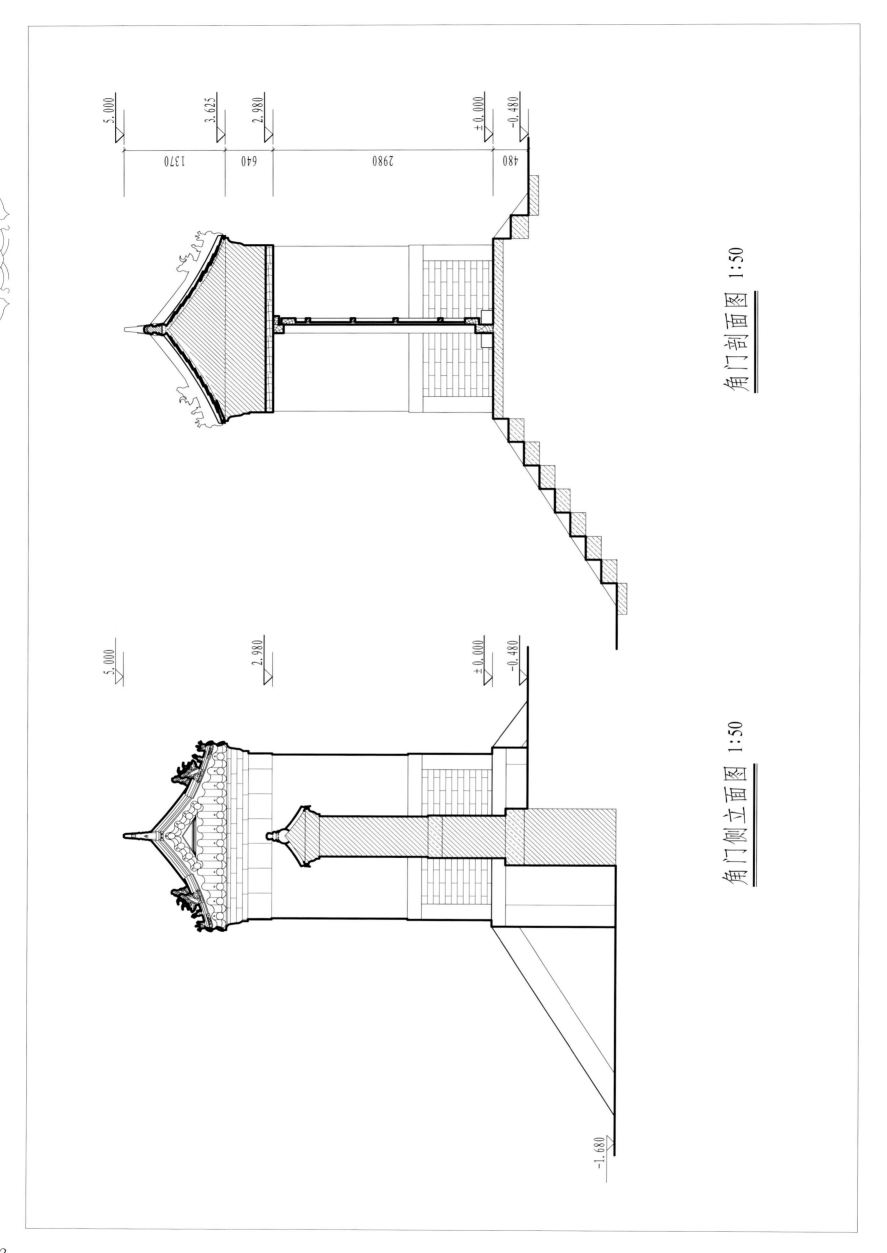

角门剖面图 1:50

角门侧立面图 1:50

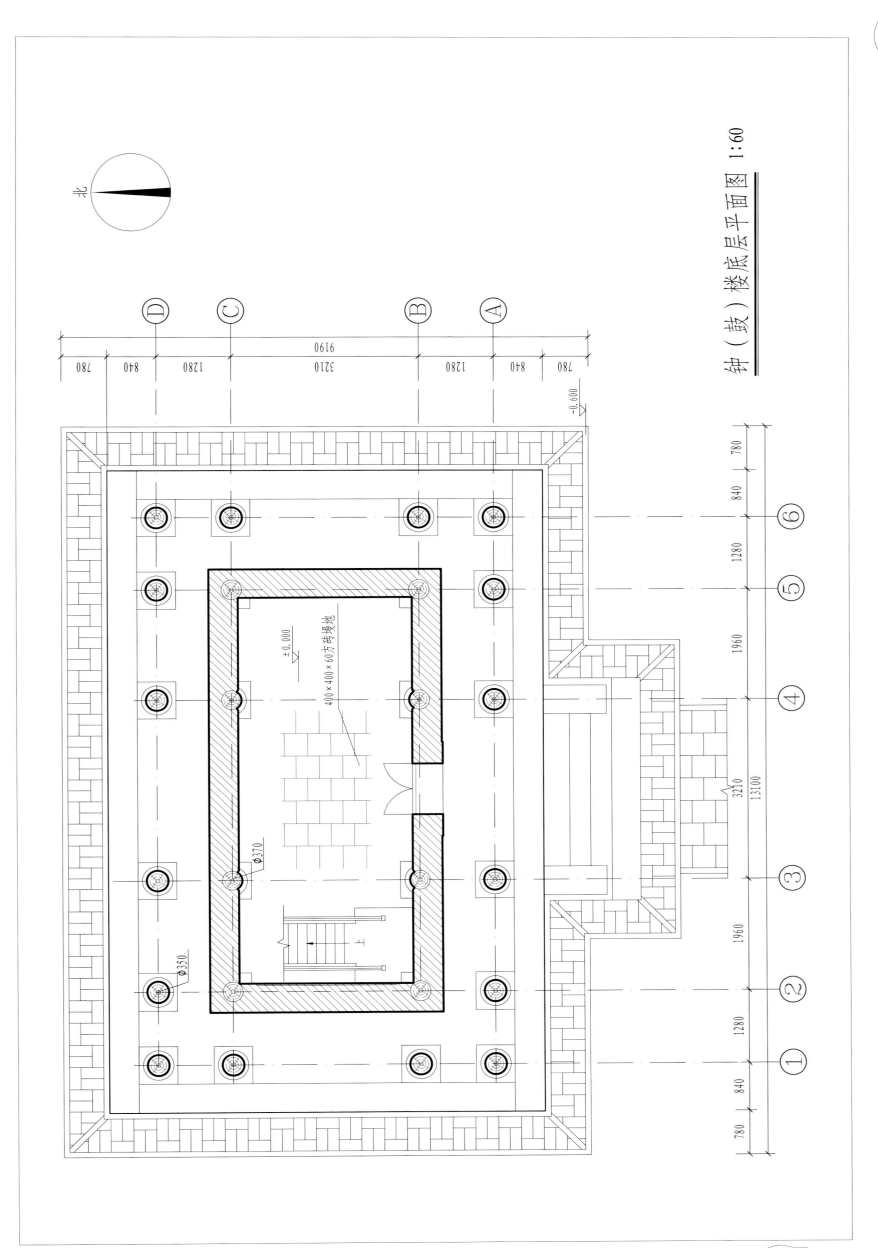

钟（鼓）楼底层平面图 1:60

北

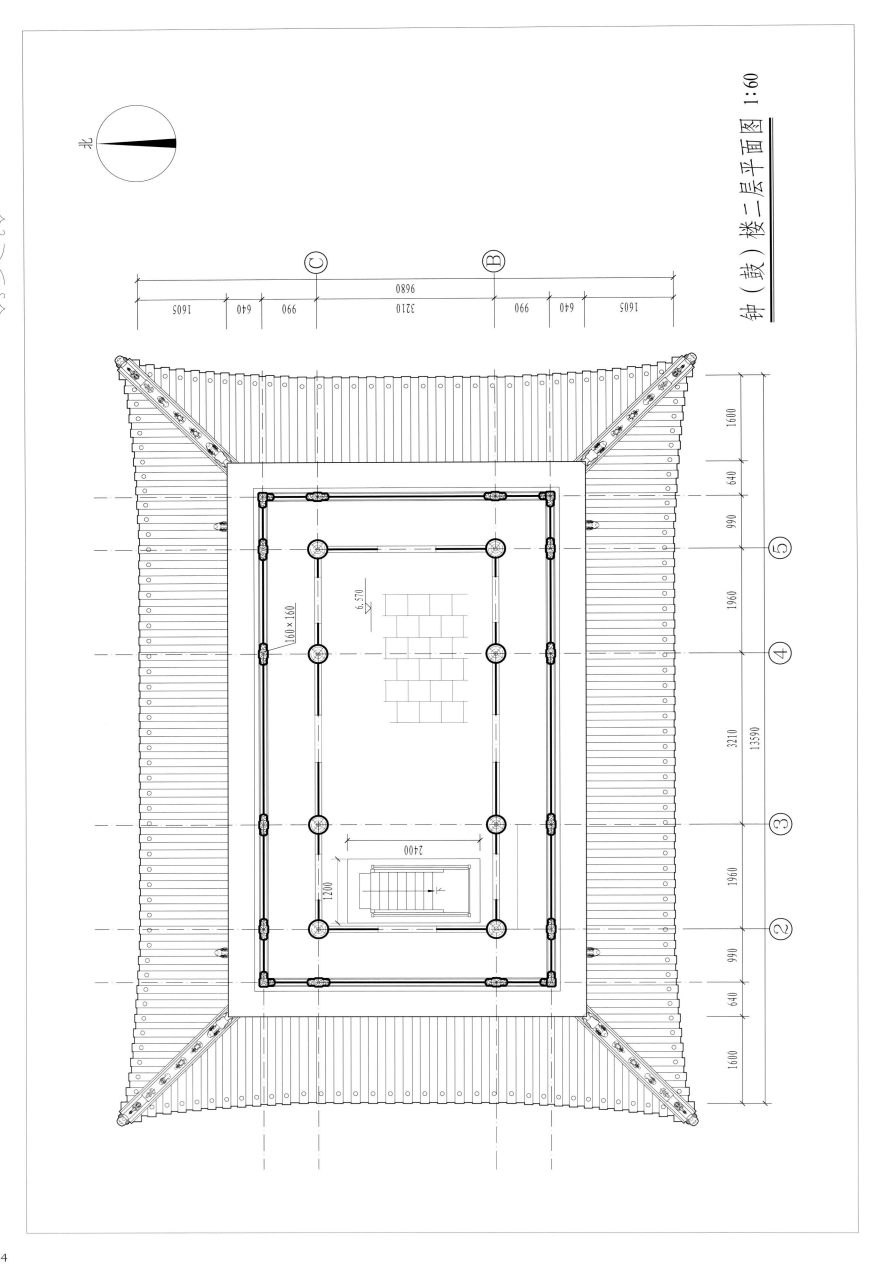

钟（鼓）楼二层平面图 1:60

北

C

B

9680

1605   640   990   3210   990   640   1605

1600

640

990

1960

3210   13590

1960

990

640

1600

5   4   3   2

160×160

6.570

2400

1200

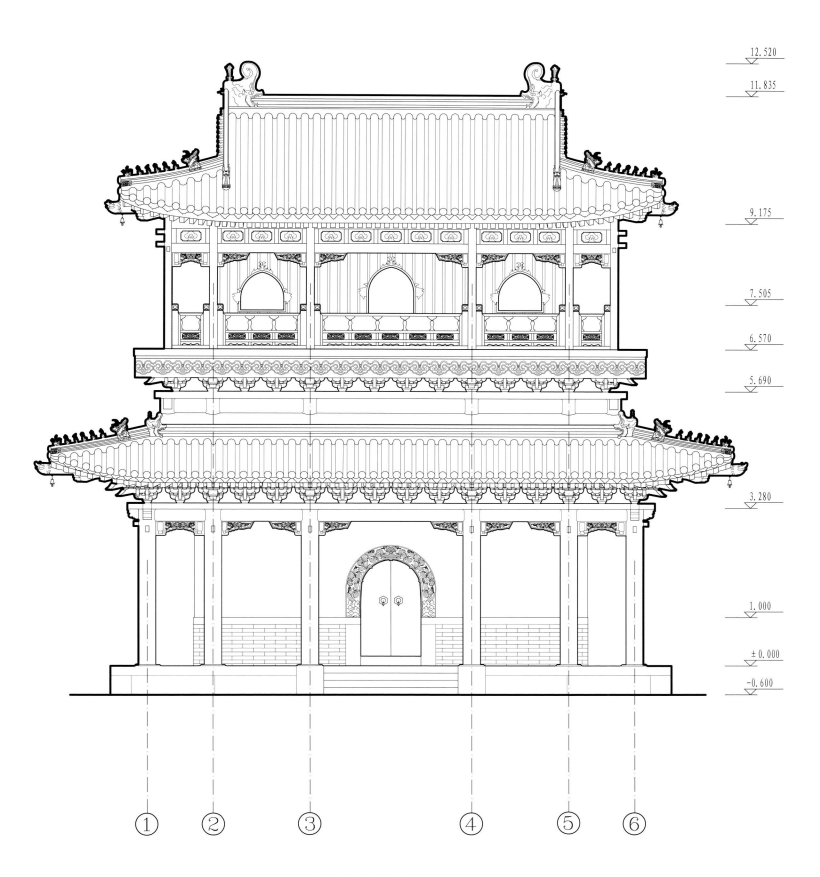

12.520

11.835

9.175

7.505

6.570

5.690

3.280

1.000

± 0.000

−0.600

① ② ③ ④ ⑤ ⑥

钟（鼓）楼正立面图 1:70

承德普乐寺文物保护工程实录

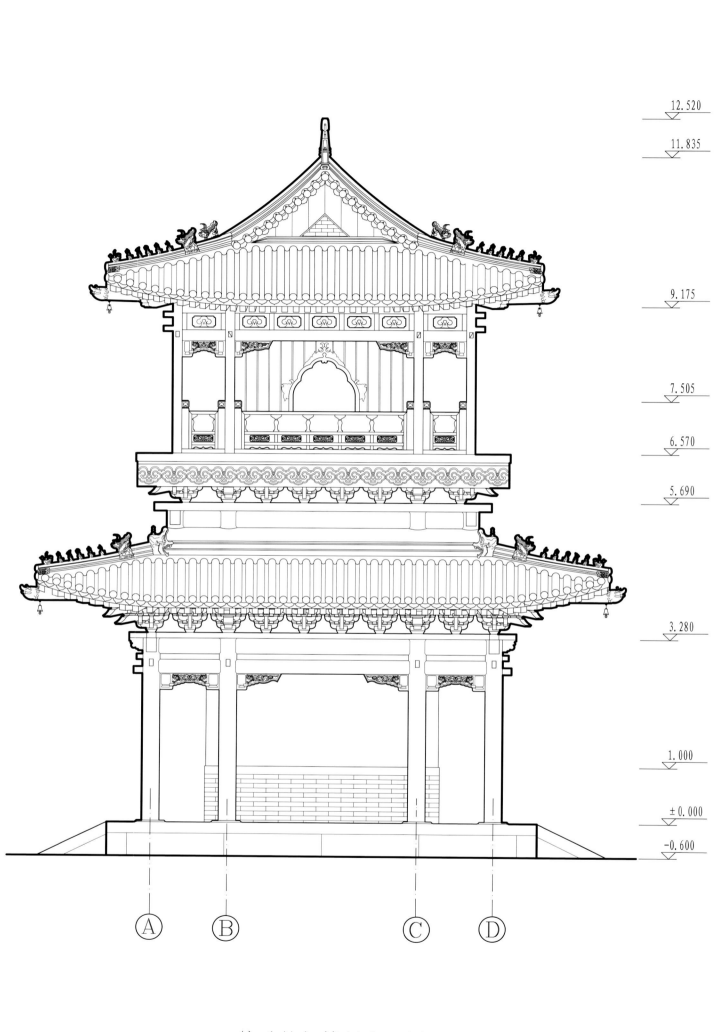

12.520

11.835

9.175

7.505

6.570

5.690

3.280

1.000

± 0.000

-0.600

Ⓐ　　Ⓑ　　　　Ⓒ　Ⓓ

钟（鼓）楼侧立面图 1:60

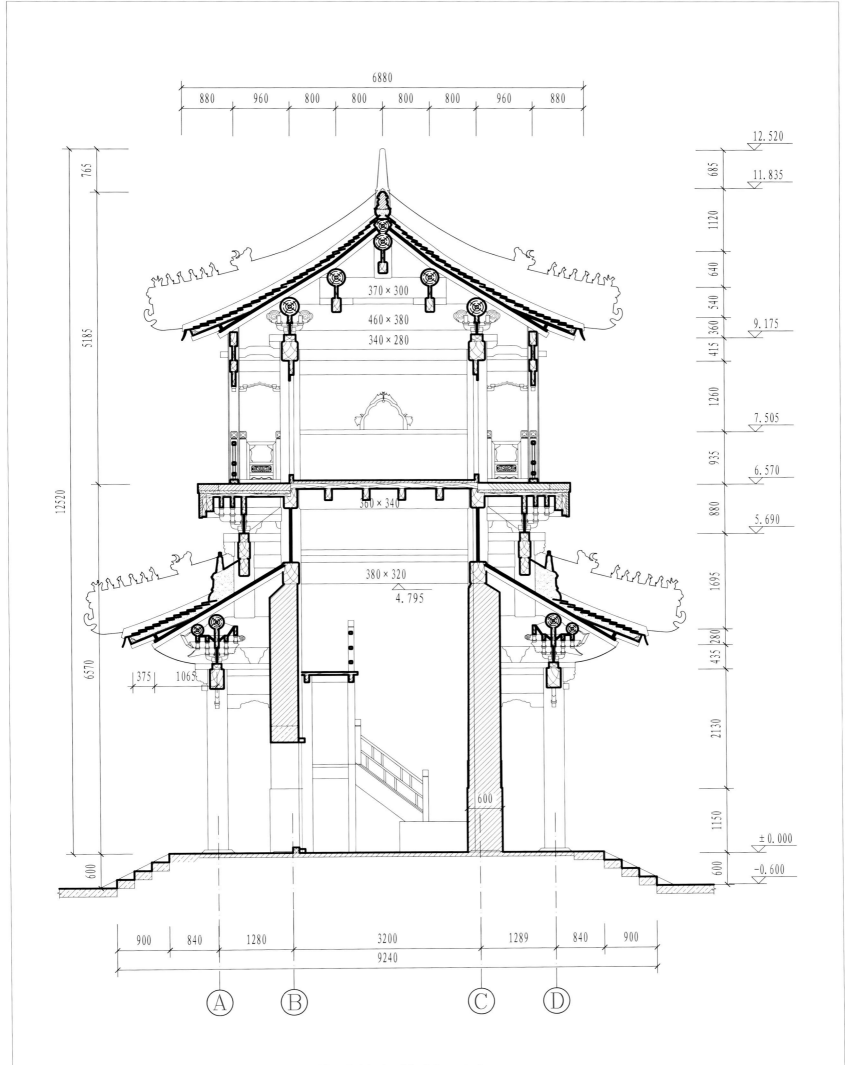

6880

880　960　800　800　800　800　960　880

765

5185

12520

6570

600

370×300
460×380
340×280

360×340

380×320
4.795

375　1065

12.520
685
11.835
1120
640
540
360
415

9.175

1260

7.505

935

6.570

880

5.690

1695

435　280

2130

1150

600

600

±0.000

-0.600

900　840　1280　3200　1289　840　900

9240

Ⓐ　Ⓑ　　Ⓒ　Ⓓ

钟（鼓）楼剖面图 1:60

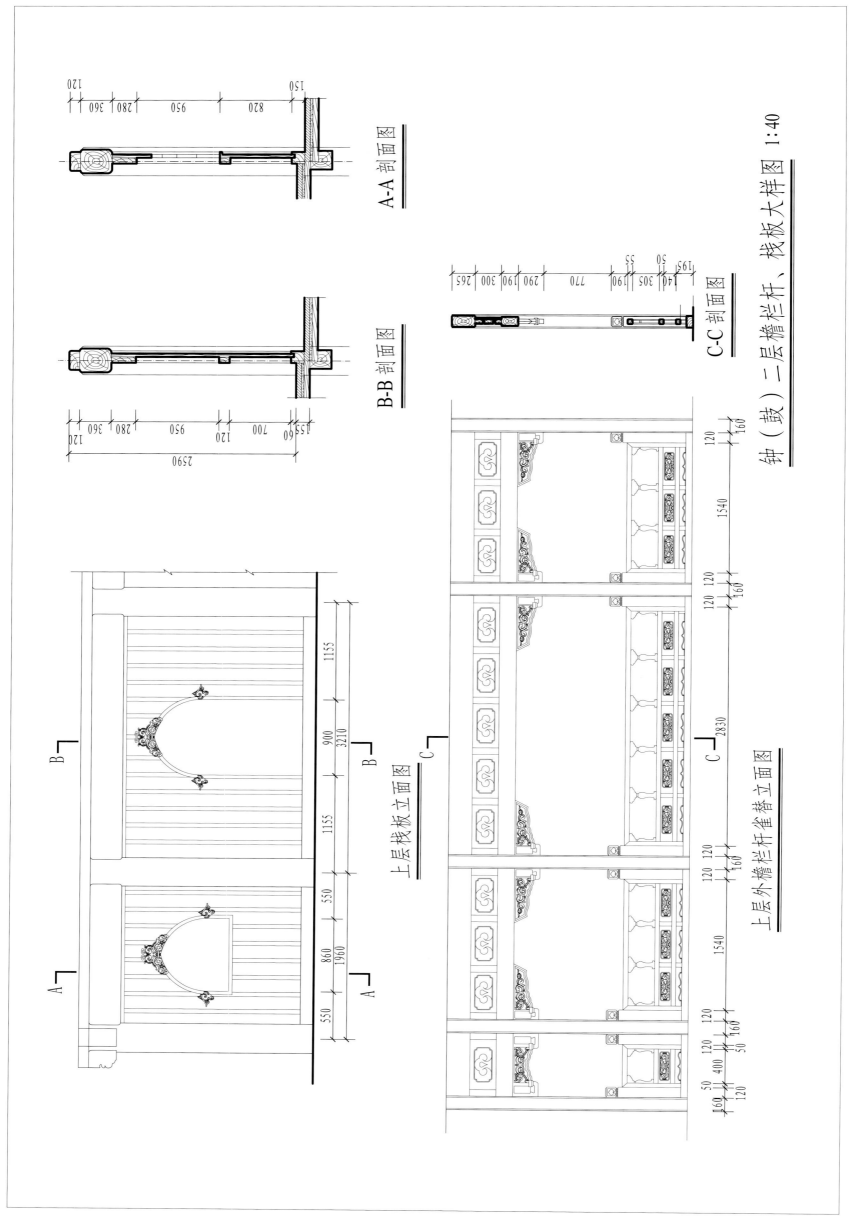

A-A 剖面图

B-B 剖面图

C-C 剖面图

钟（鼓）二层檐栏杆、栈板大样图 1:40

上层栈板立面图

上层外檐栏杆雀替立面图

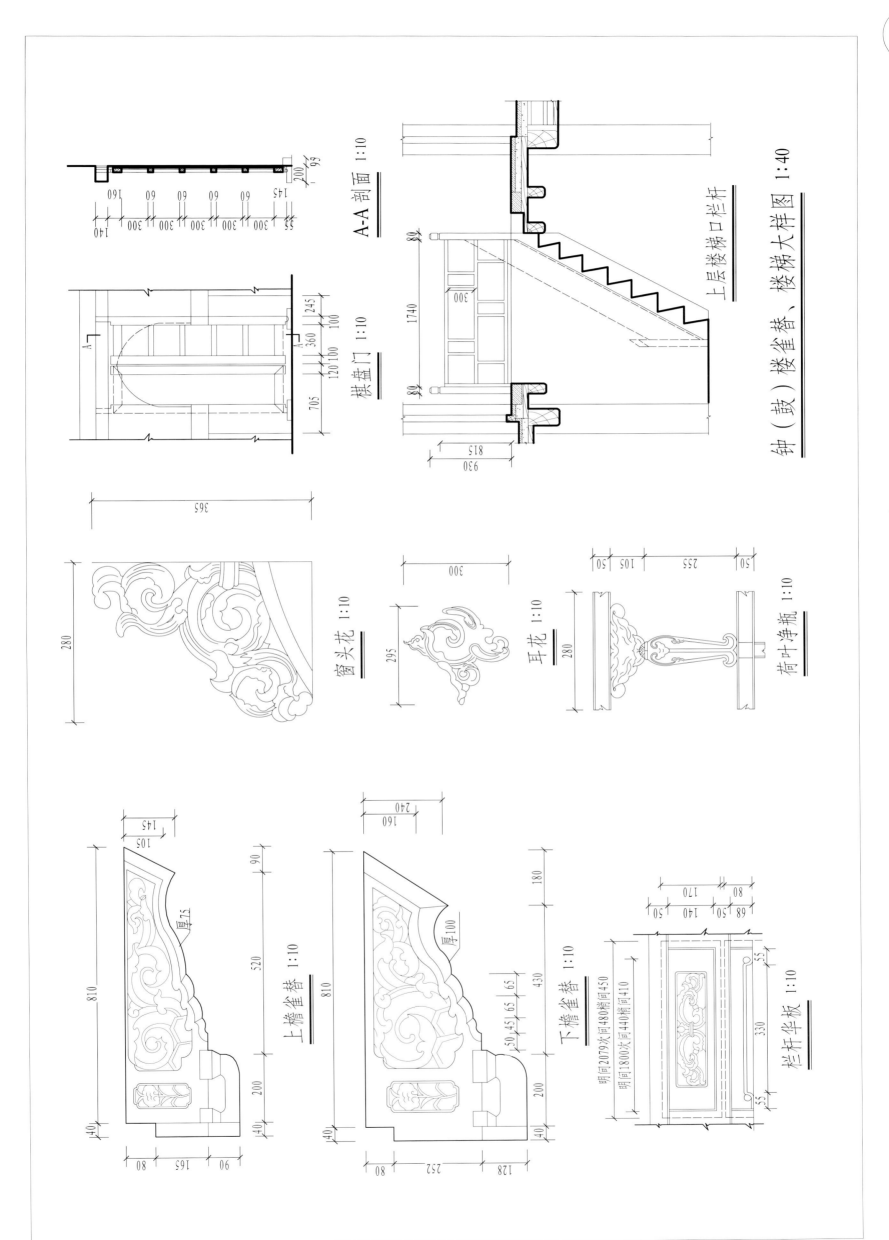

钟（鼓）楼雀替、楼梯大样图 1:40

A-A 剖面 1:10

棋盘门 1:10

上层楼梯梯口栏杆

窗头花 1:10

耳花 1:10

荷叶净瓶 1:10

上檐雀替 1:10

下檐雀替 1:10

栏杆华板 1:10

明间2079次间450

明间1800次间440梢间410

钟（鼓）楼内楼梯立面图 1:30

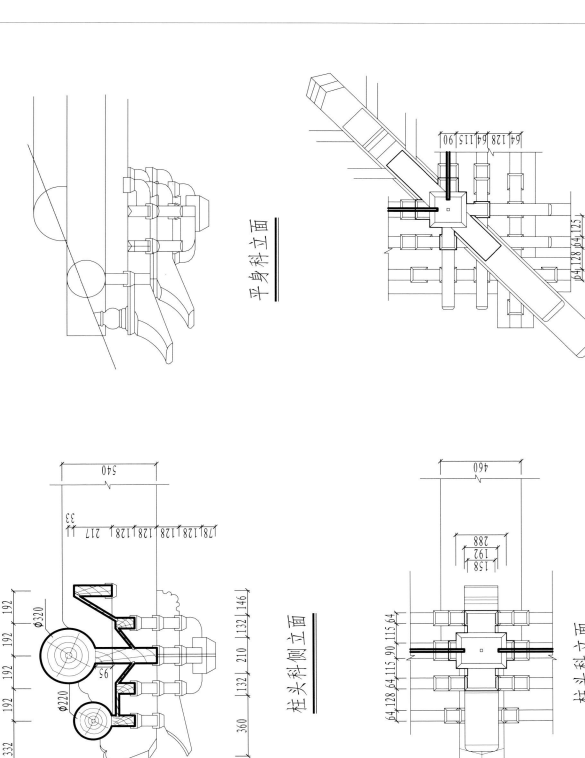

平身科立面

柱头科侧立面

平身科侧立面

角科平面

柱头科立面

平身科立面

钟（鼓）楼下檐斗拱大样图 1:20

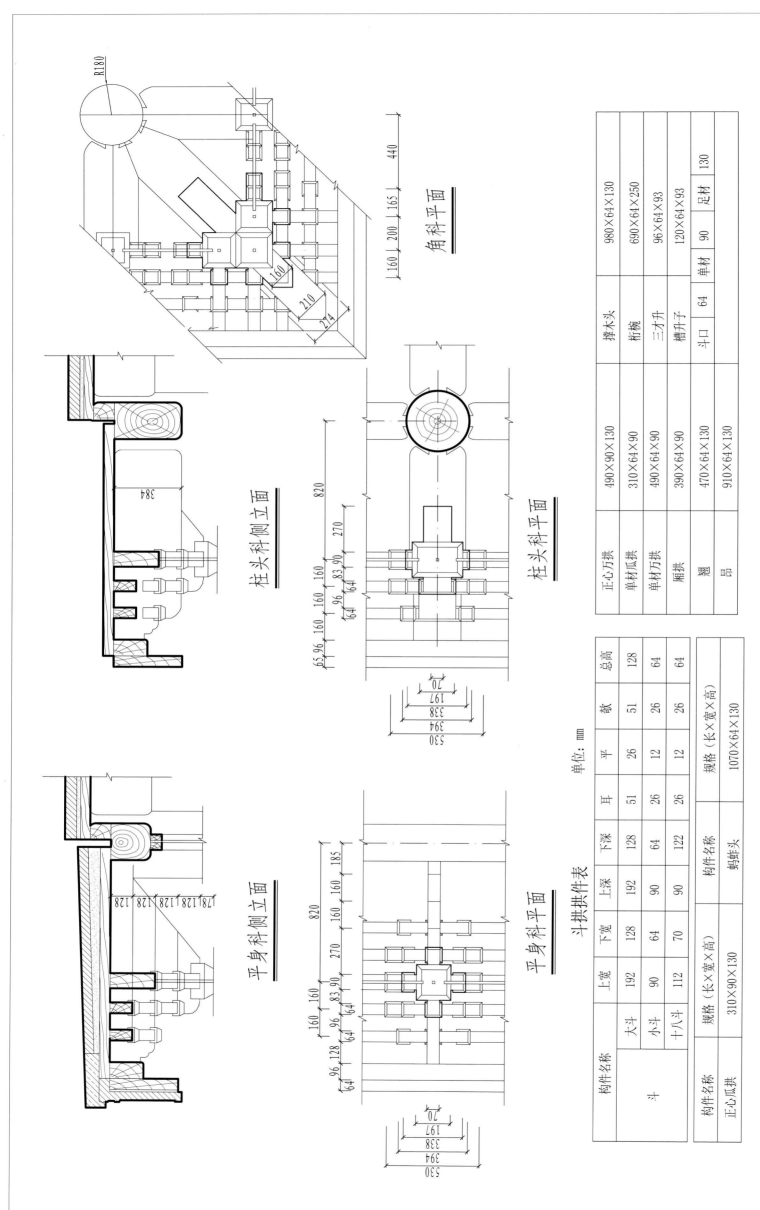

R180

440
165
200
160

角科平面

980×64×130
690×64×250
96×64×93
120×64×93
足材 130
单材 90
斗口 64
撑木头
桁椀
三才升
槽升子

490×90×130
310×64×90
490×64×90
390×64×90
470×64×130
910×64×130
正心万拱
单材瓜拱
单材万拱
厢拱
翘
昂

钟（鼓）楼平座斗拱大样图 1:20

274
210
160

柱头科侧立面

384

820
270
160 160
83 90
96
65 96

柱头科平面

530
394
338
197
70

平座斗拱构件表
单位：mm

构件名称		上宽	下宽	上深	下深	耳	平	欹	总高
斗	大斗	192	128	192	128	51	26	51	128
	小斗	90	64	90	64	26	12	26	64
	十八斗	112	70	90	122	26	12	26	64

构件名称	规格（长×宽×高）	构件名称	规格（长×宽×高）
正心瓜拱	310×90×130	蚂蚱头	1070×64×130

平身科侧立面

78 128 128 128 128 128

820
270
160 160
83 90
96 128
64
64

平身科平面

530
394
338
197
70

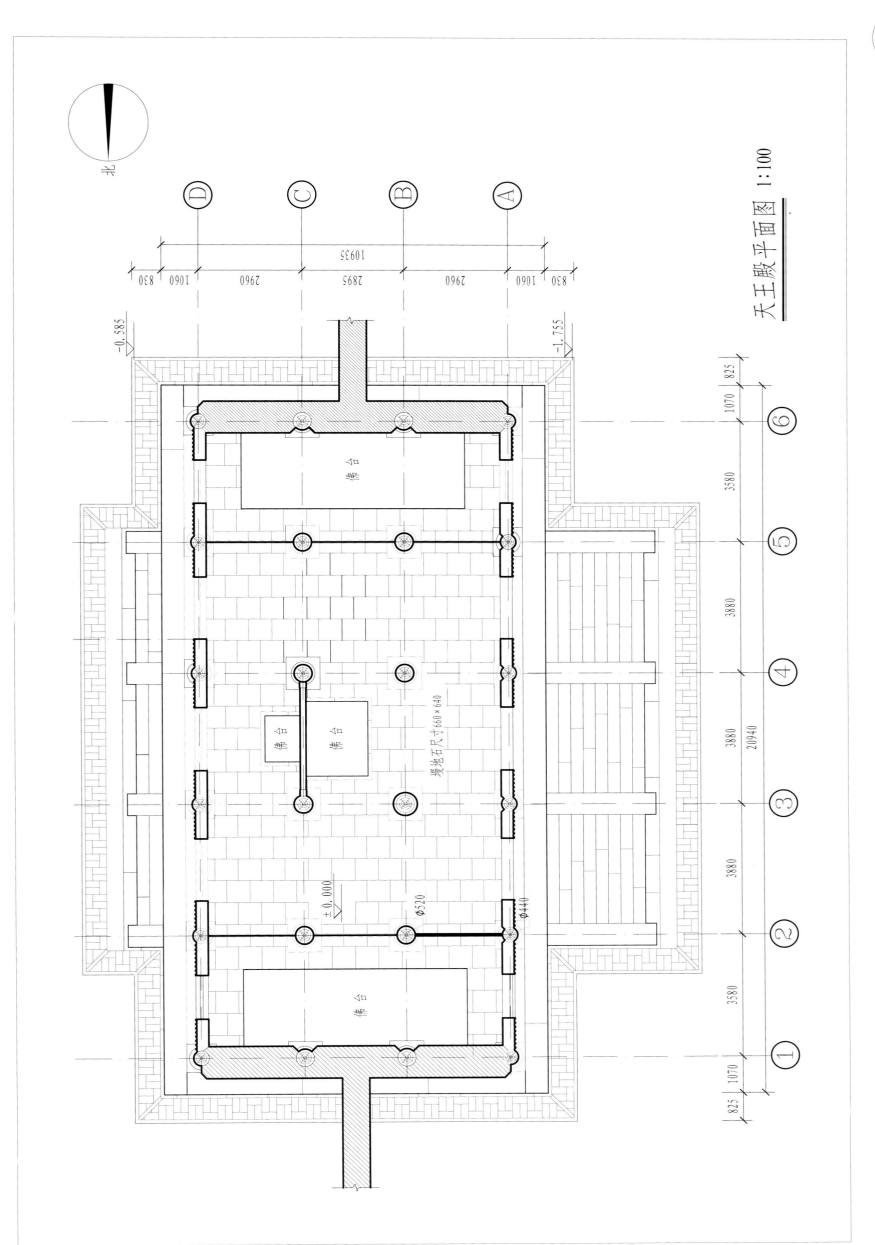

天王殿平面图 1:100

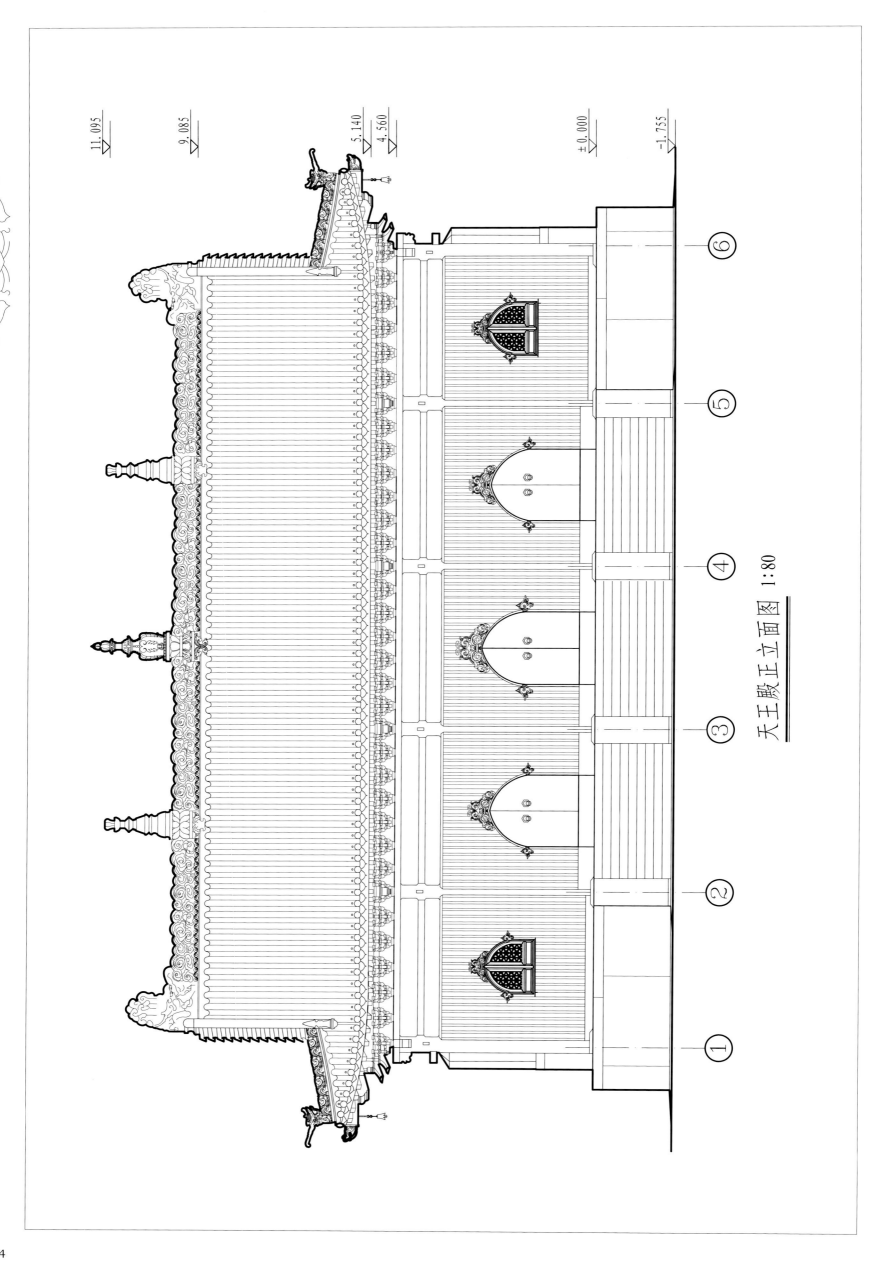

11.095

9.085

5.140
4.560

±0.000

-1.755

天王殿正立面图 1:80

① ② ③ ④ ⑤ ⑥

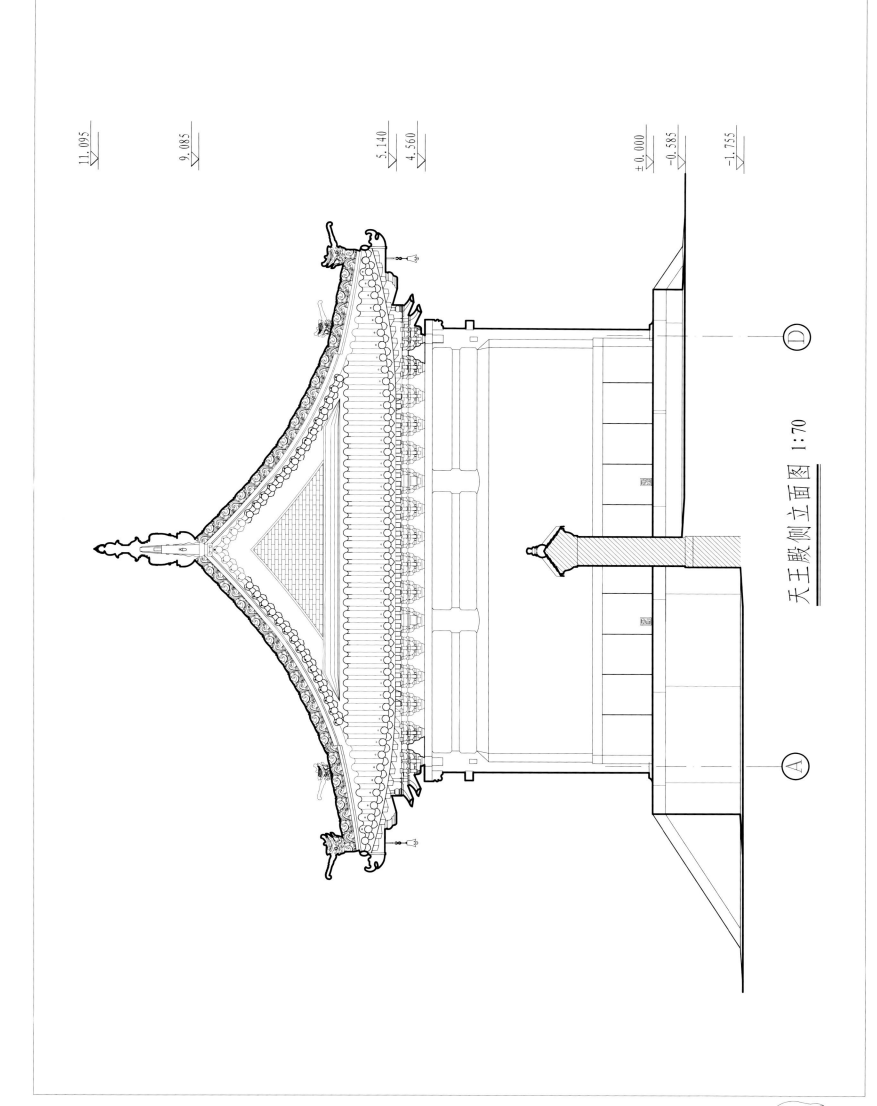

天王殿侧立面图 1:70

11.095

9.085

5.140
4.560

±0.000
-0.585

-1.755

Ⓐ

Ⓓ

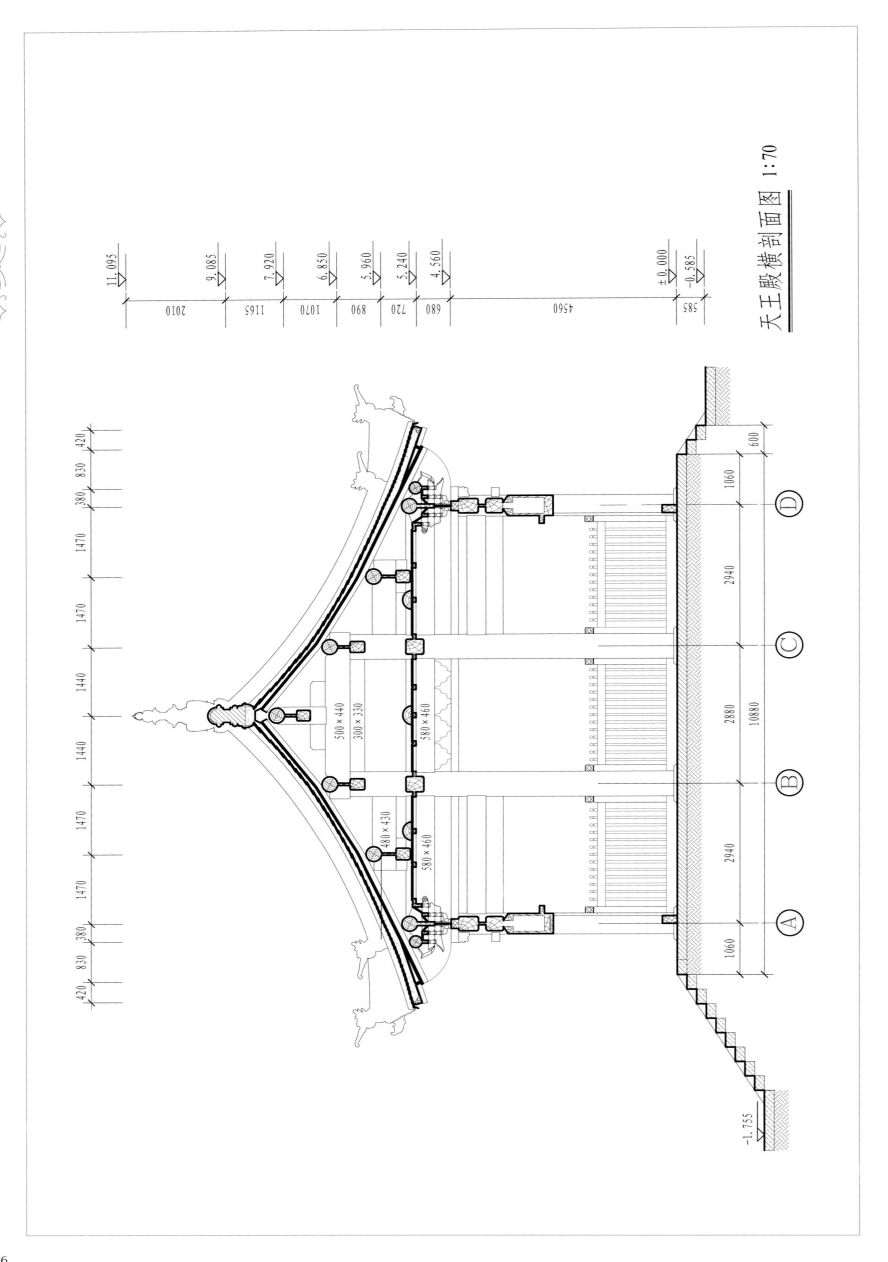

天王殿横剖面图 1:70

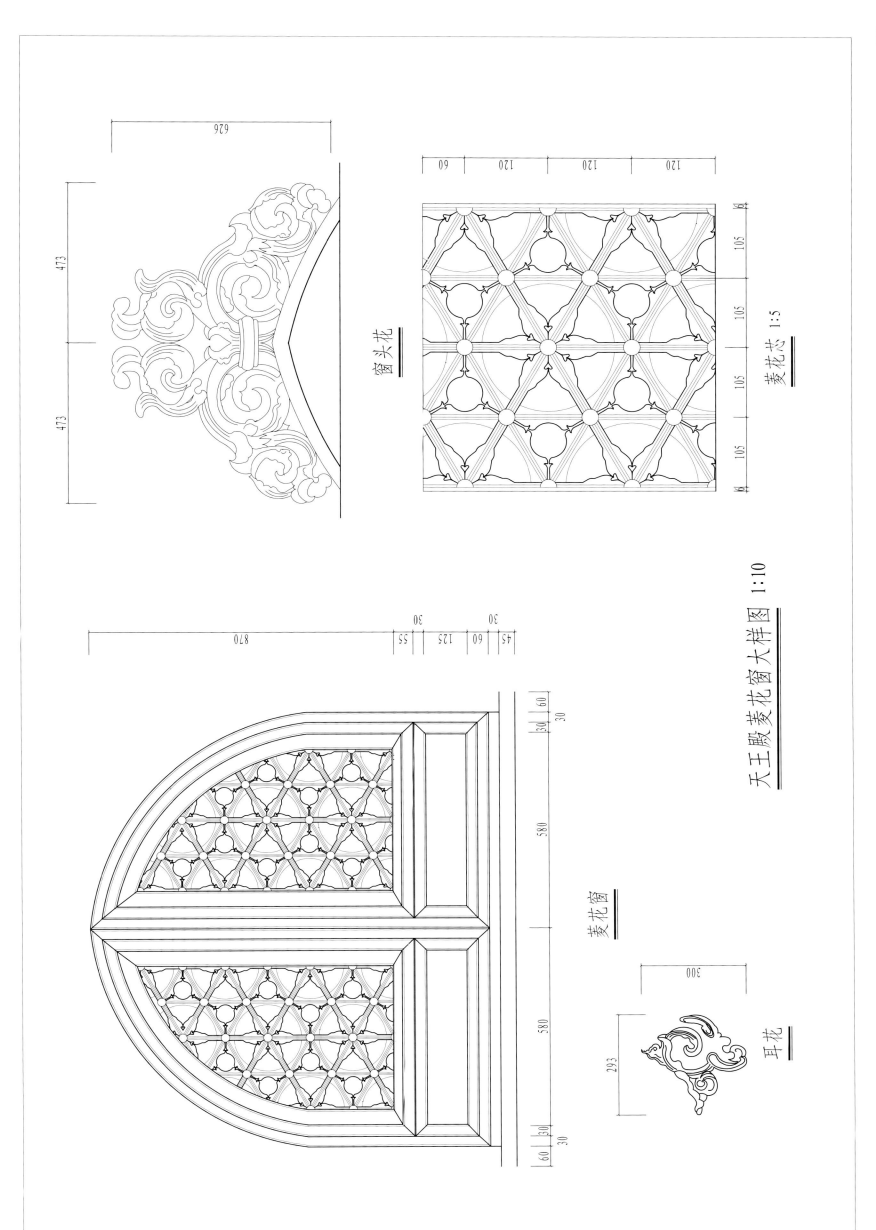

626

473

473

窗头花

60 120 120 120

P

105

105

105

105

P

菱花芯 1:5

天王殿菱花窗大样图 1:10

30
870
30

45 60 125 55

60
60

30 30

580

菱花窗

580

60 30
30

300

293

耳花

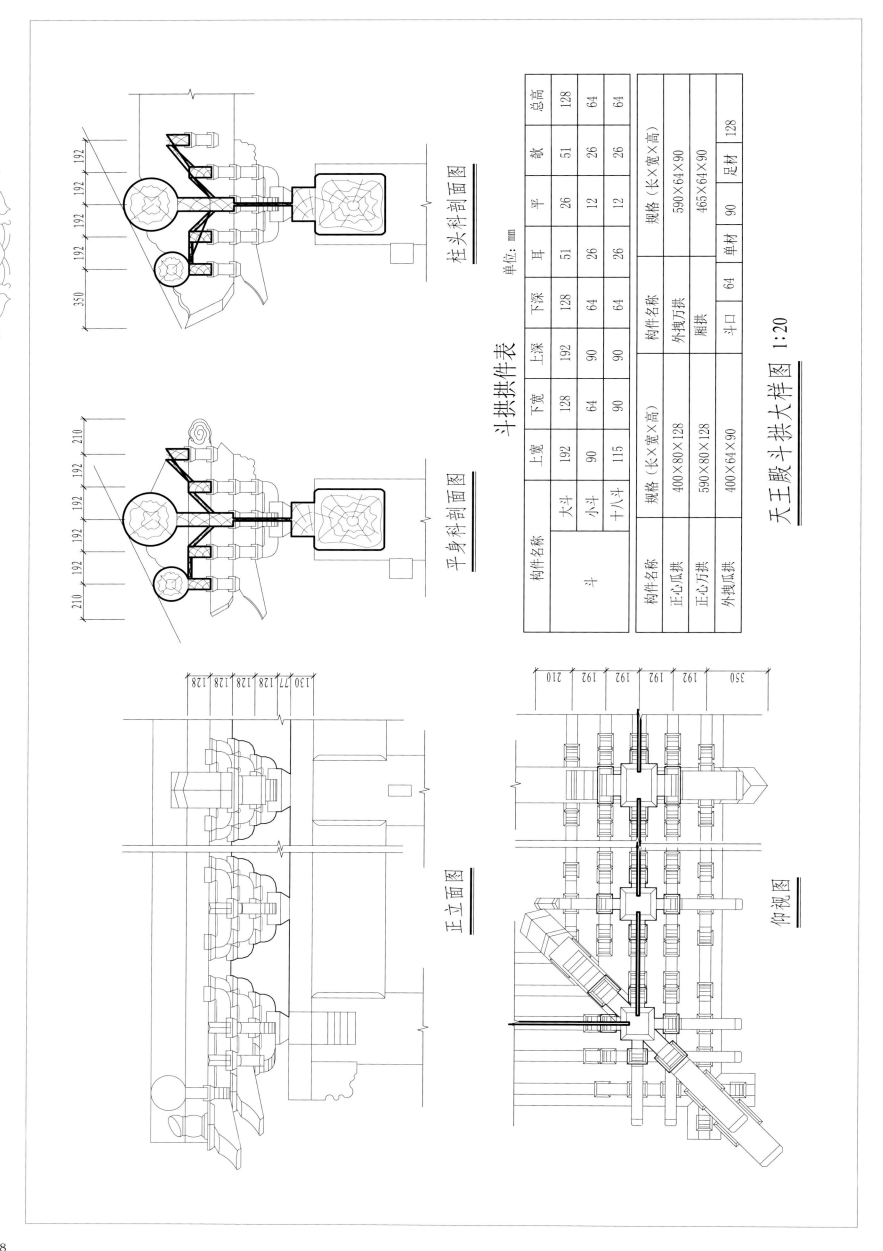

柱头科剖面图

平身科剖面图

斗拱拱件表

单位: mm

构件名称		上宽	下宽	上深	下深	耳	平	斜	总高	规格(长×宽×高)
斗	大斗	192	128	192	128	51	26	51	128	400×80×128
	小斗	90	64	90	64	26	12	26	64	590×80×128
	十八斗	115	90	90	64	26	12	26	64	400×64×90

构件名称	规格(长×宽×高)	构件名称	规格(长×宽×高)
正心瓜拱		外拽万拱	590×64×90
正心万拱		厢拱	465×64×90
外拽瓜拱		斗口 64	单材 90　足材 128

天王殿斗拱大样图 1:20

正立面图

仰视图

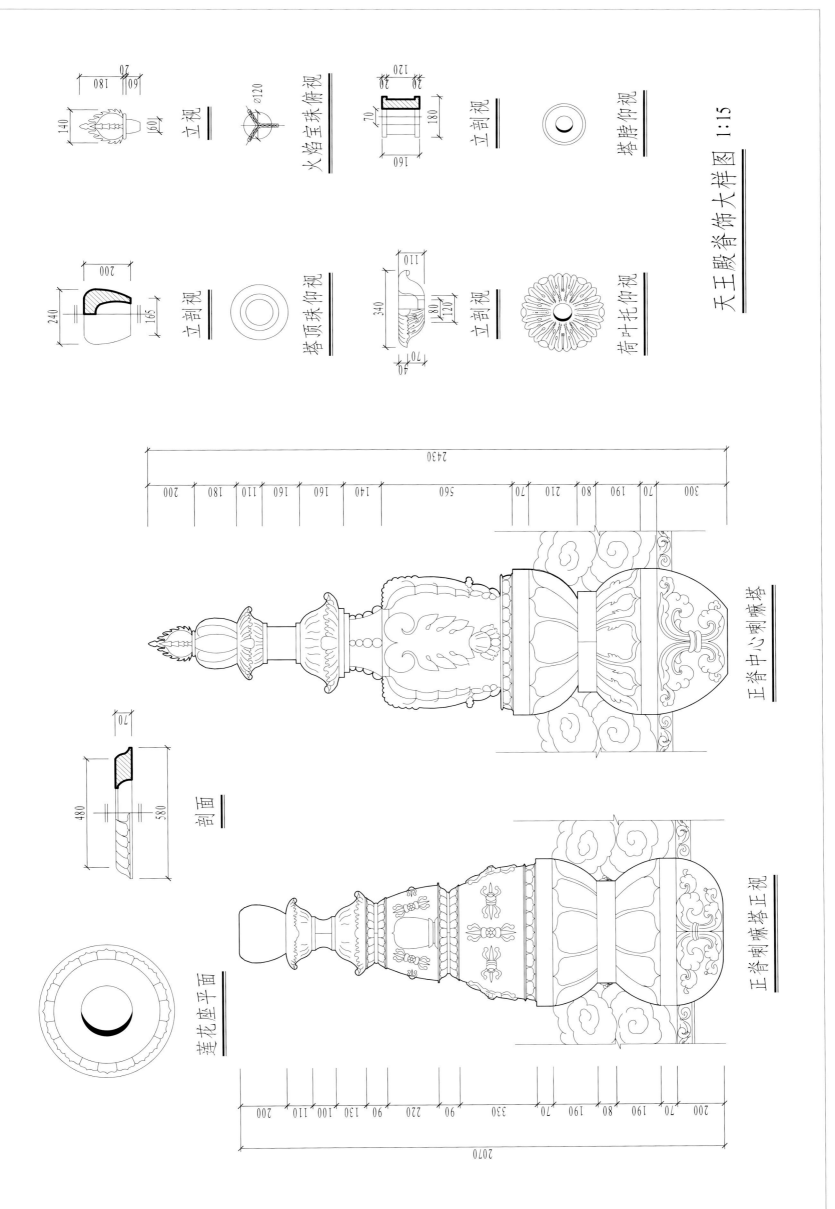

天王殿脊饰大样图 1:15

立视
火焰宝珠俯视
立剖视
塔脖仰视

立剖视
塔顶珠仰视
立剖视
荷叶托仰视

正脊中心喇嘛塔

剖面

莲花座平面
正脊喇嘛塔正视

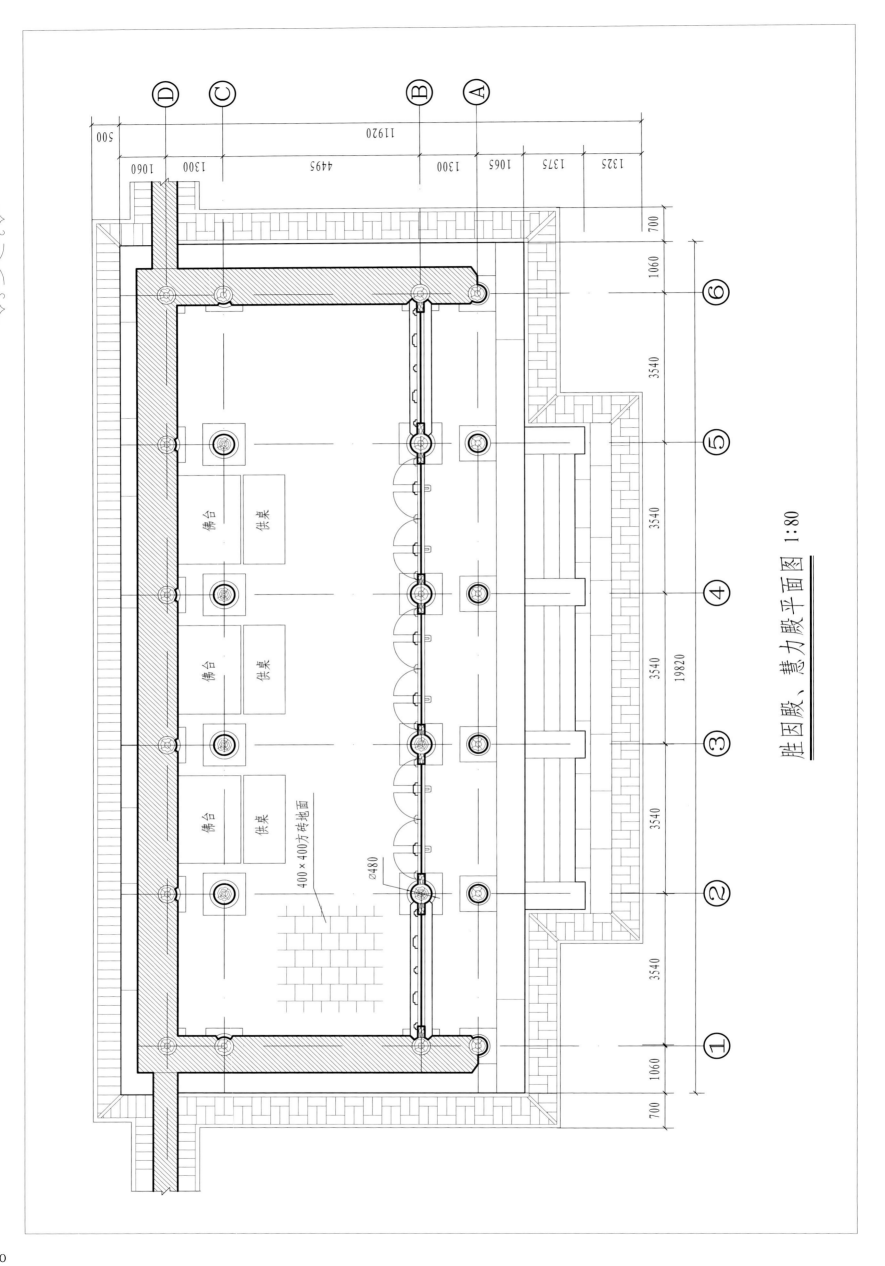

胜因殿、慧力殿平面图 1:80

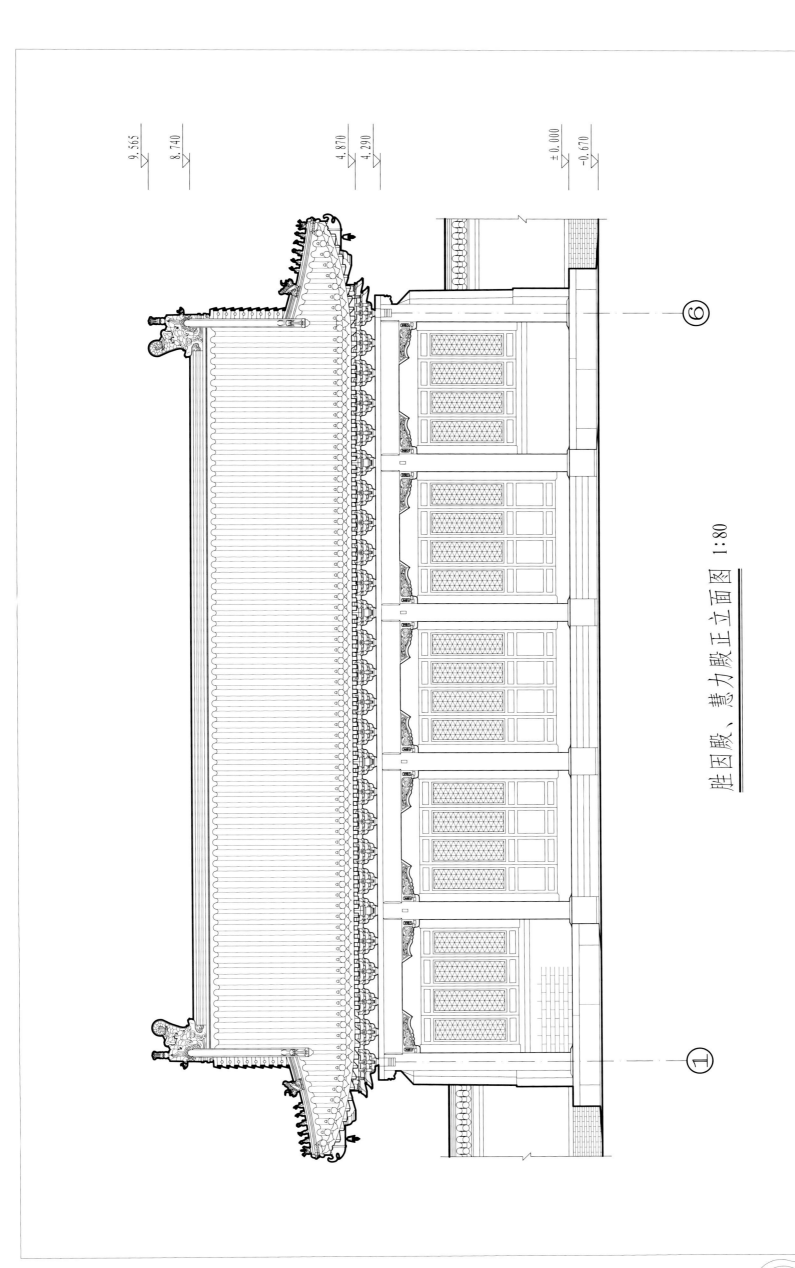

胜因殿、慧力殿正立面图 1:80

9.565

8.740

4.870

4.290

±0.000

-0.670

⑥

①

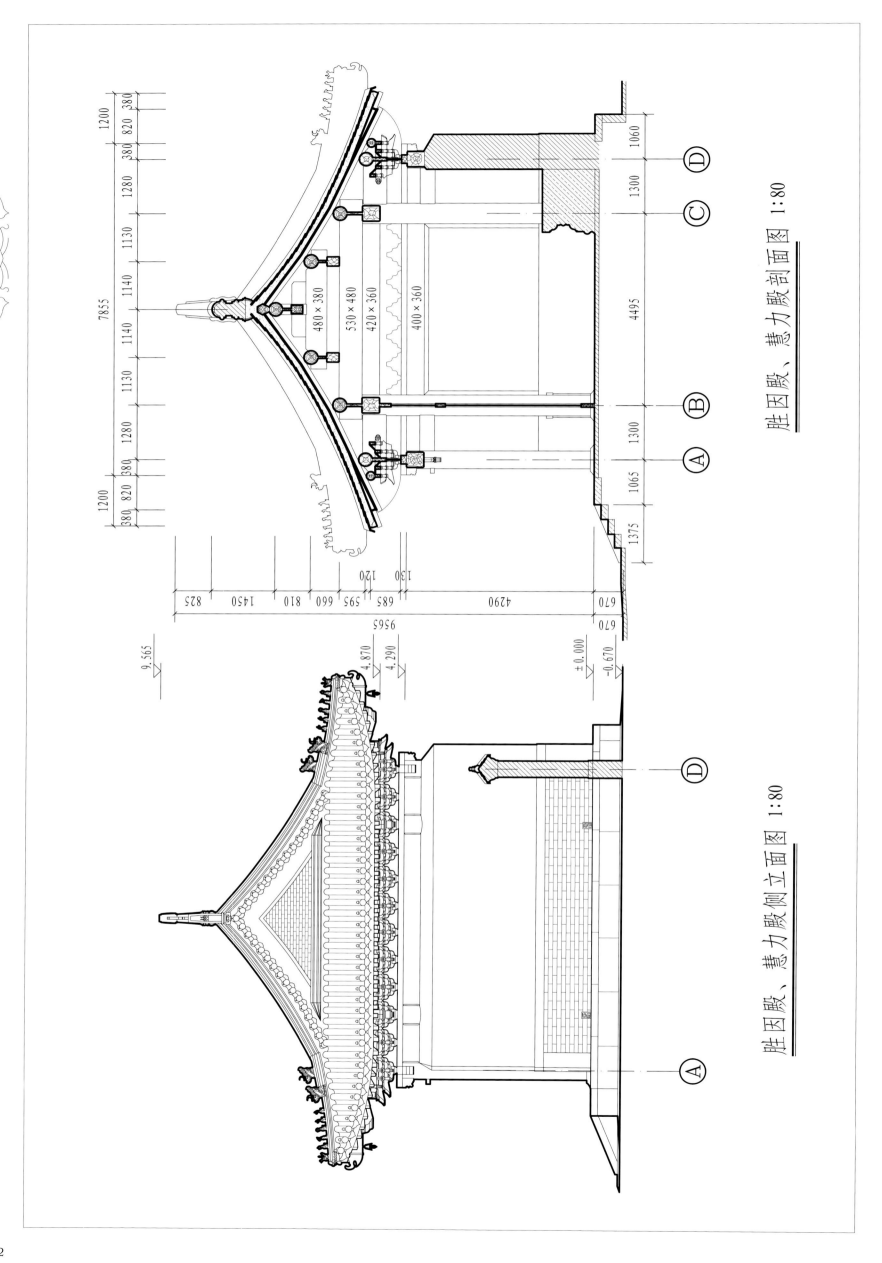

胜因殿、慧力殿剖面图 1:80

胜因殿、慧力殿侧立面图 1:80

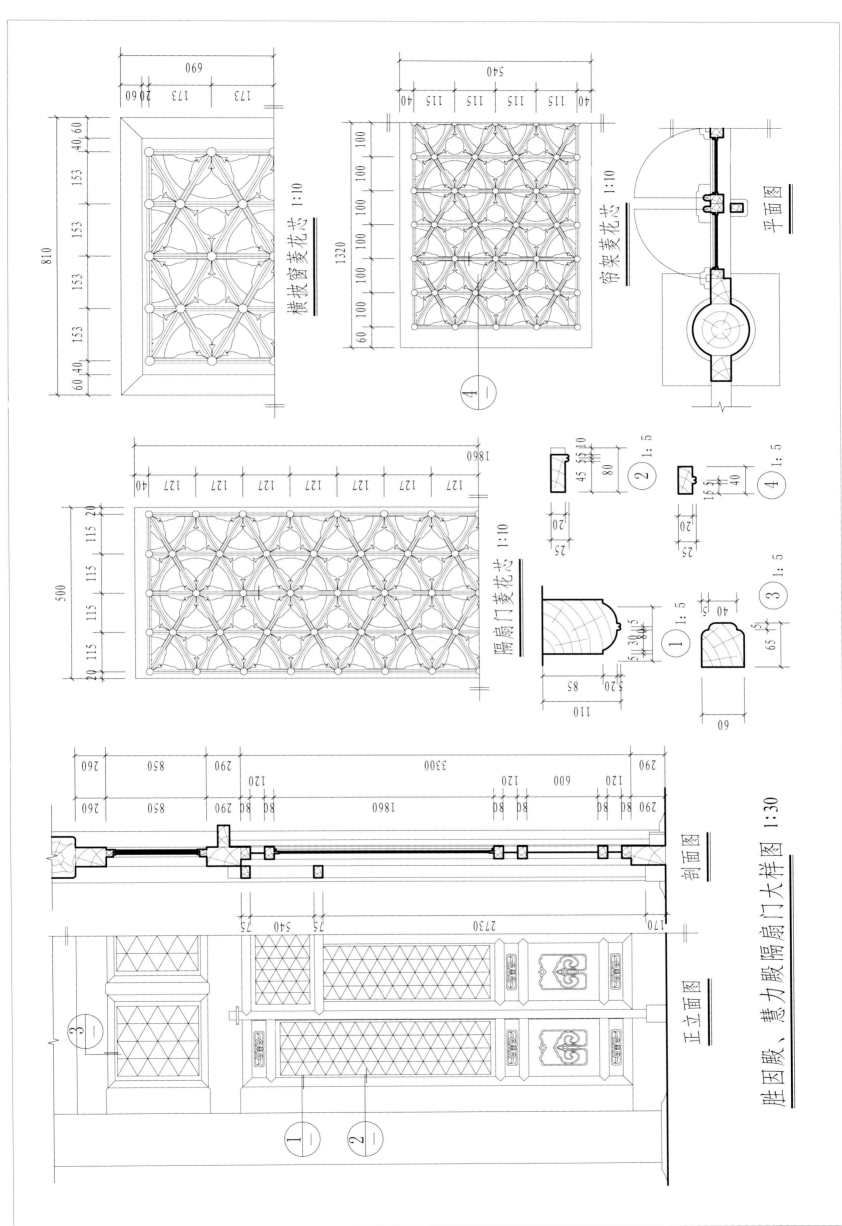

横披窗菱花芯 1:10

帘架菱花芯 1:10

平面图

隔扇门菱花芯 1:10

② 1:5

④ 1:5

③ 1:5

① 1:5

剖面图

正立面图

胜因殿、慧力殿隔扇门大样图 1:30

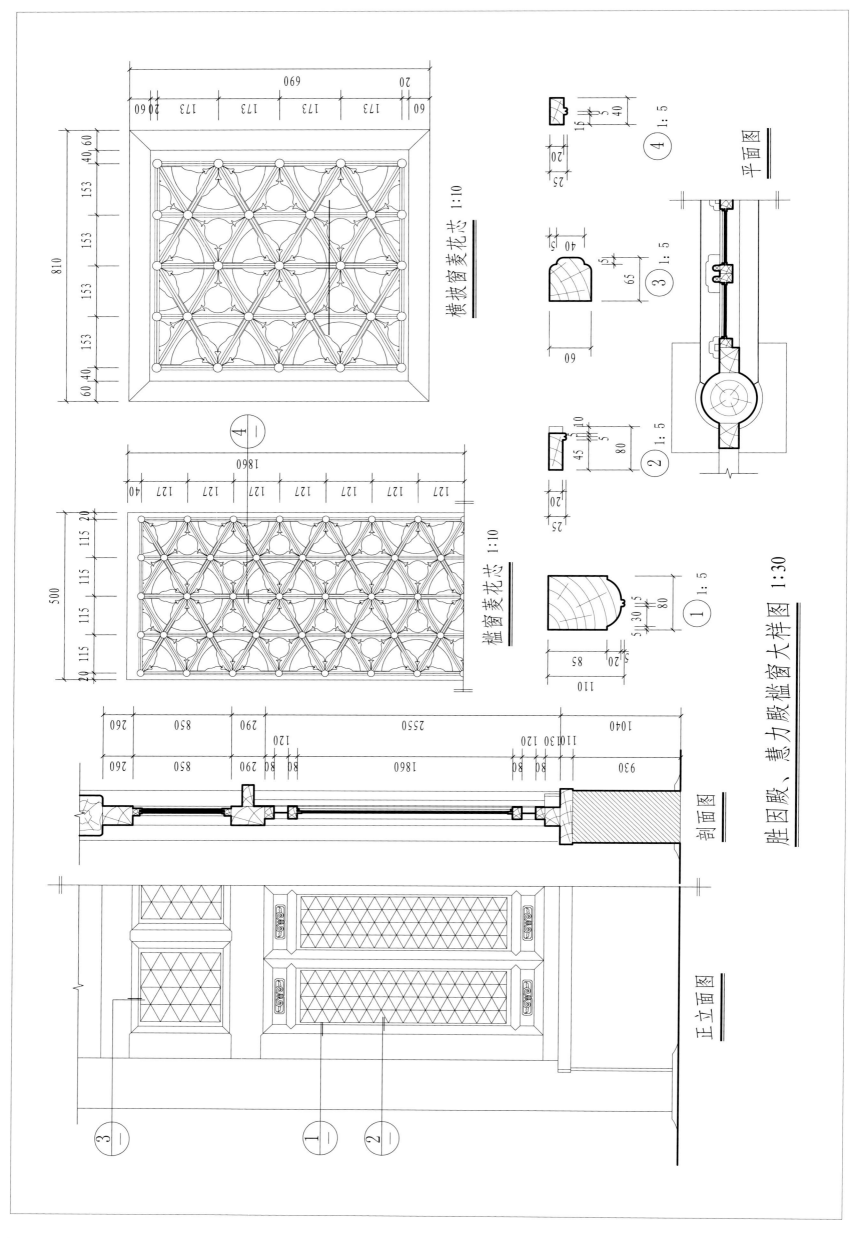

横披窗菱花芯 1:10

槛窗菱花芯 1:10

④ 1:5

③ 1:5

② 1:5

① 1:5

平面图

剖面图

正立面图

胜因殿、慧力殿槛窗大样图 1:30

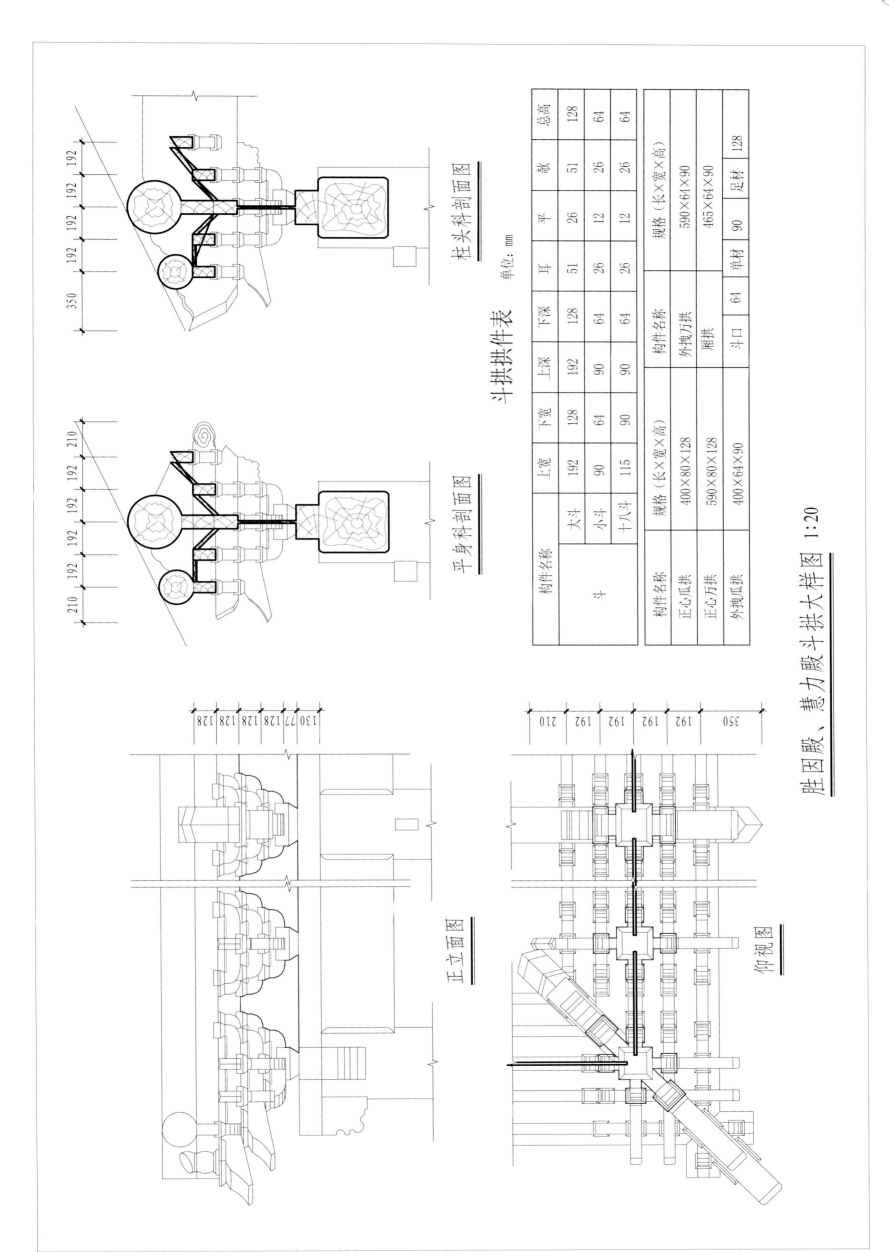

斗拱拱件表　单位：mm

构件名称		上宽	下宽	上深	下深	耳	平	敧	总高
斗	大斗	192	128	192	128	51	26	51	128
	小斗	90	64	90	64	26	12	26	64
	十八斗	115	90	90	64	26	12	26	64

构件名称	规格（长×宽×高）	构件名称	规格（长×宽×高）
正心瓜拱	400×80×128	外拽万拱	590×64×90
正心万拱	590×80×128	厢拱	465×64×90
外拽瓜拱	400×64×90	斗口	64	单材	90	足材	128

柱头科剖面图

平身科剖面图

胜因殿、慧力殿斗拱大样图 1:20

正立面图

仰视图

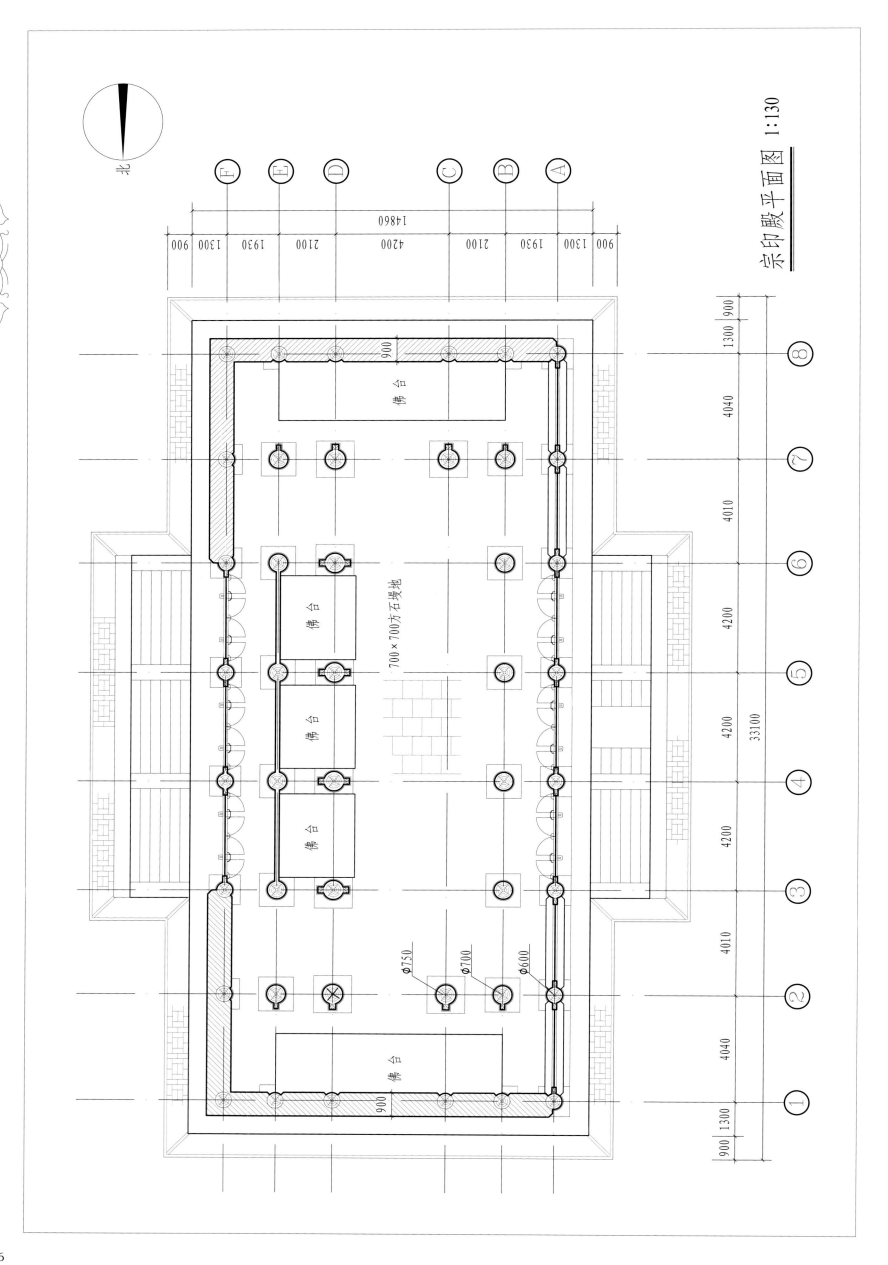

宗印殿平面图 1:130

北

14860

900 1300 1930 2100 4200 1930 2100 1300 900

F E D C B A

900 1300 4040 4010 4200 4200 4200 4010 4040 1300 900

33100

1 2 3 4 5 6 7 8

佛台

佛台

佛台

佛台

佛台

佛台

700×700方石墁地

Ø750
Ø700
Ø600

900

900

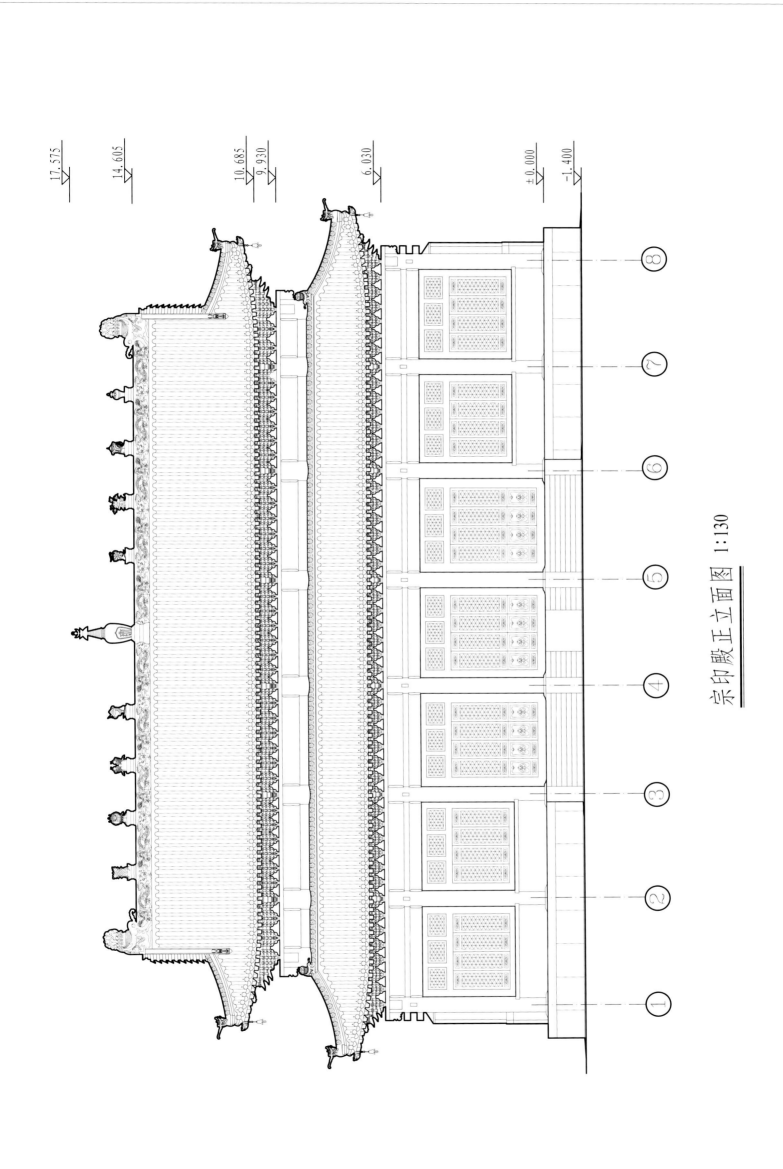

宗印殿正立面图 1:130

17.575
14.605
10.685
9.930
6.030
±0.000
-1.400

① ② ③ ④ ⑤ ⑥ ⑦ ⑧

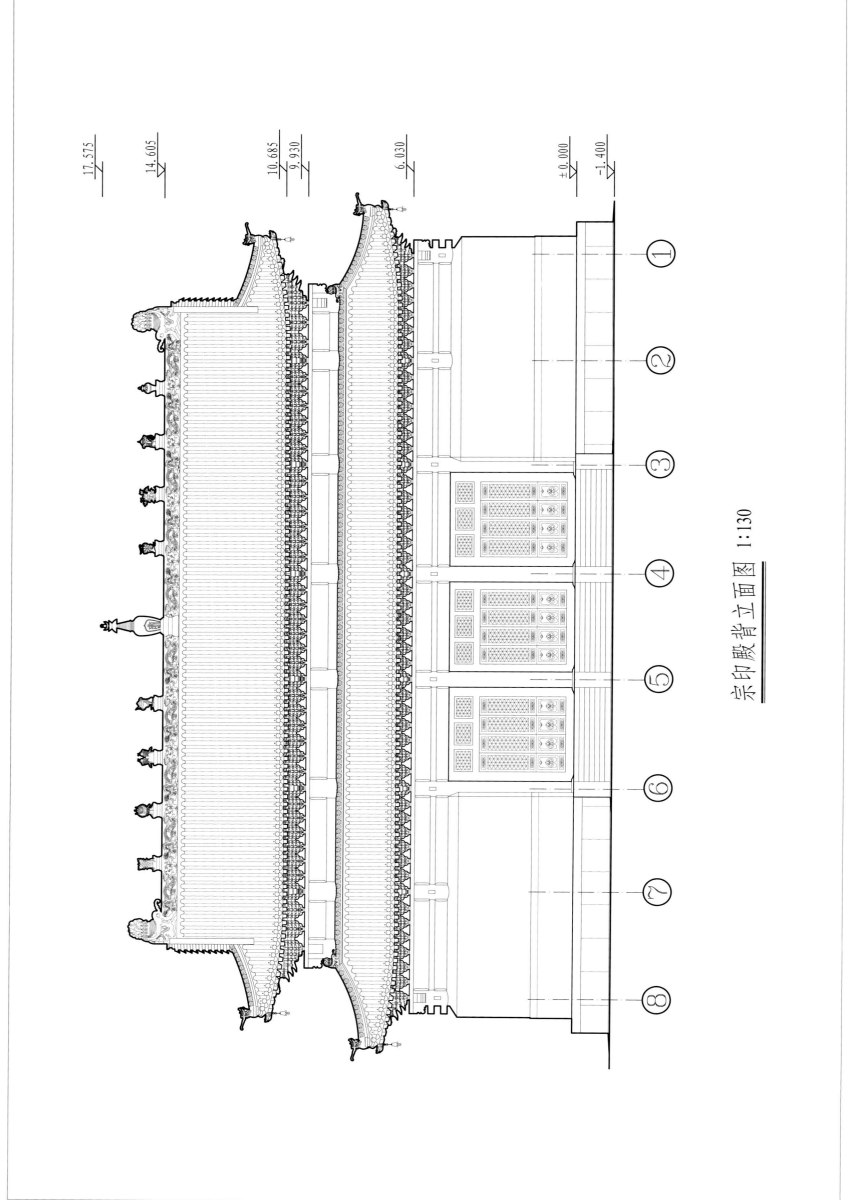

17.575
14.605
10.685
9.930
6.030
±0.000
-1.400

① ② ③ ④ ⑤ ⑥ ⑦ ⑧

宗印殿背立面图 1:130

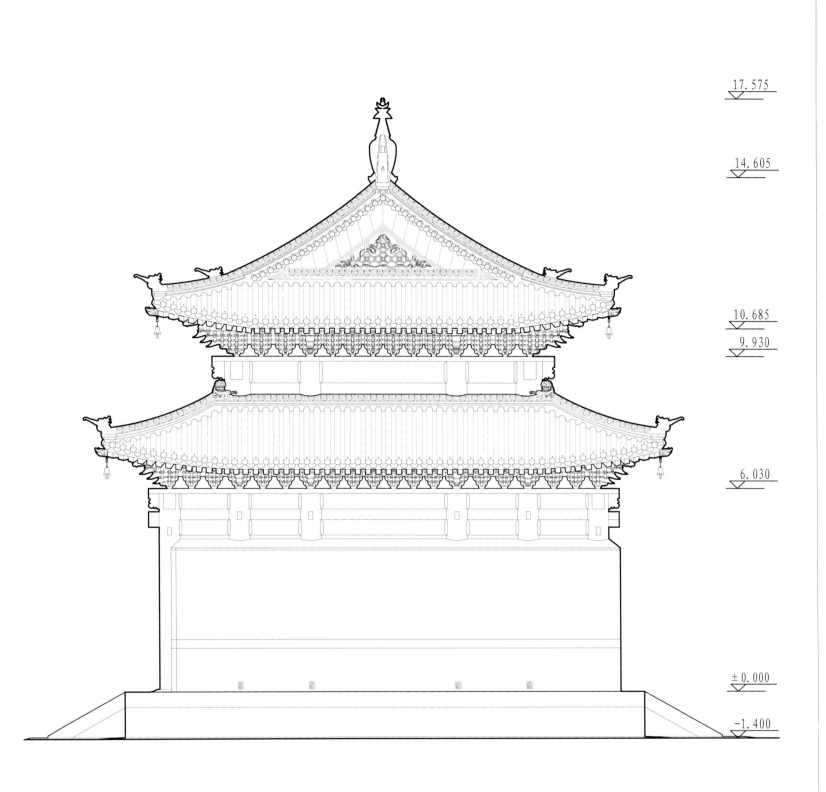

17.575

14.605

10.685

9.930

6.030

± 0.000

-1.400

宗印殿侧立面图 1:100

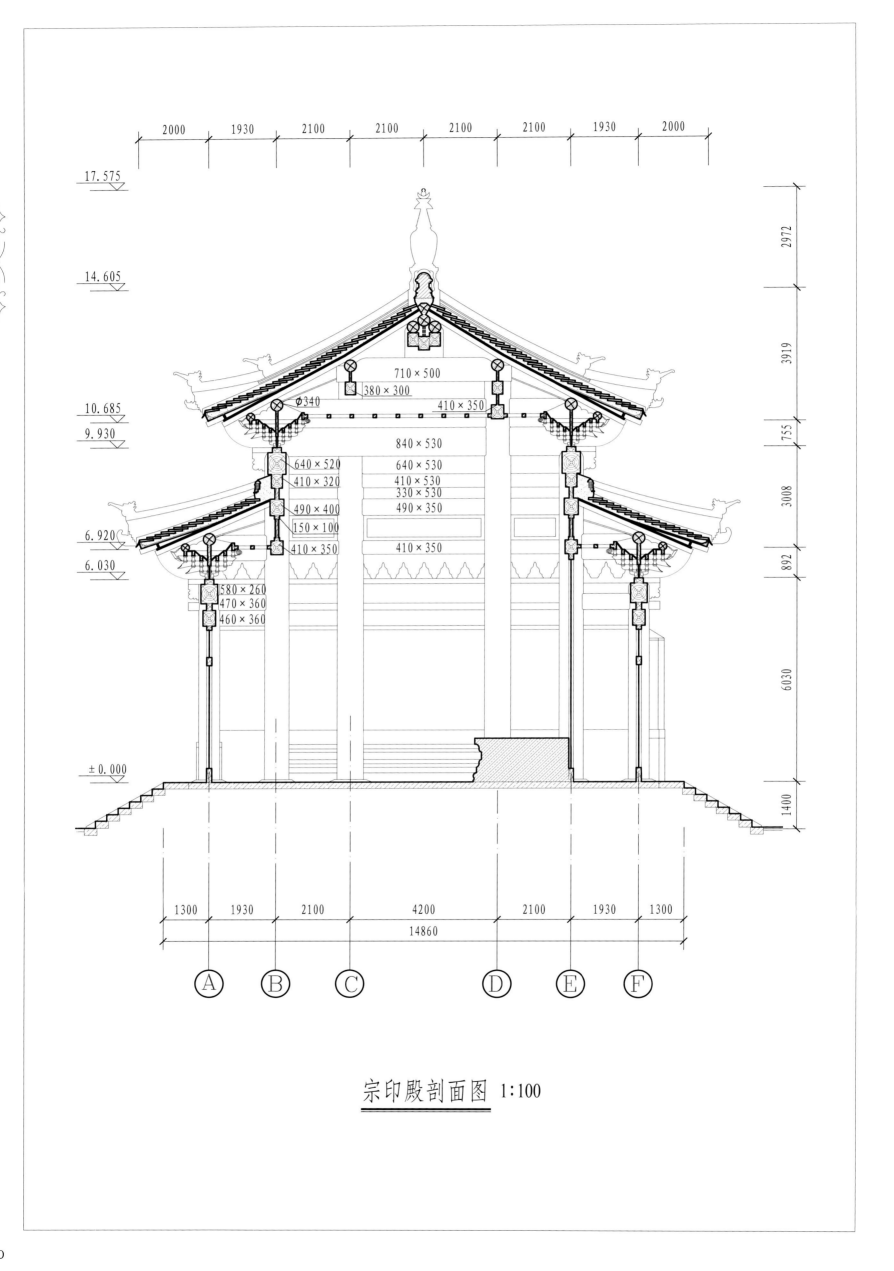

宗印殿剖面图 1:100

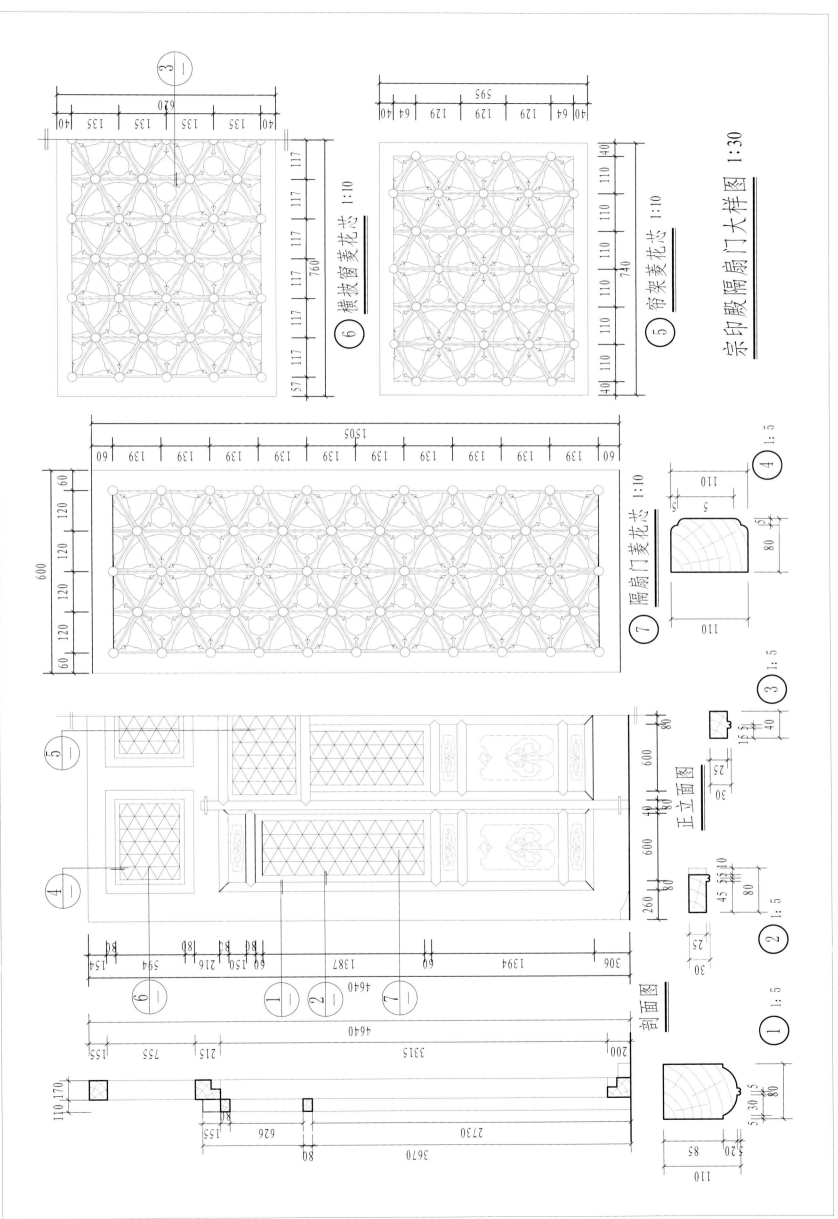

宗印殿隔扇门大样图 1:30

横披窗菱花芯 1:10 ⑥

衍架菱花芯 1:10 ⑤

隔扇门菱花芯 1:10 ⑦

正立面图

剖面图

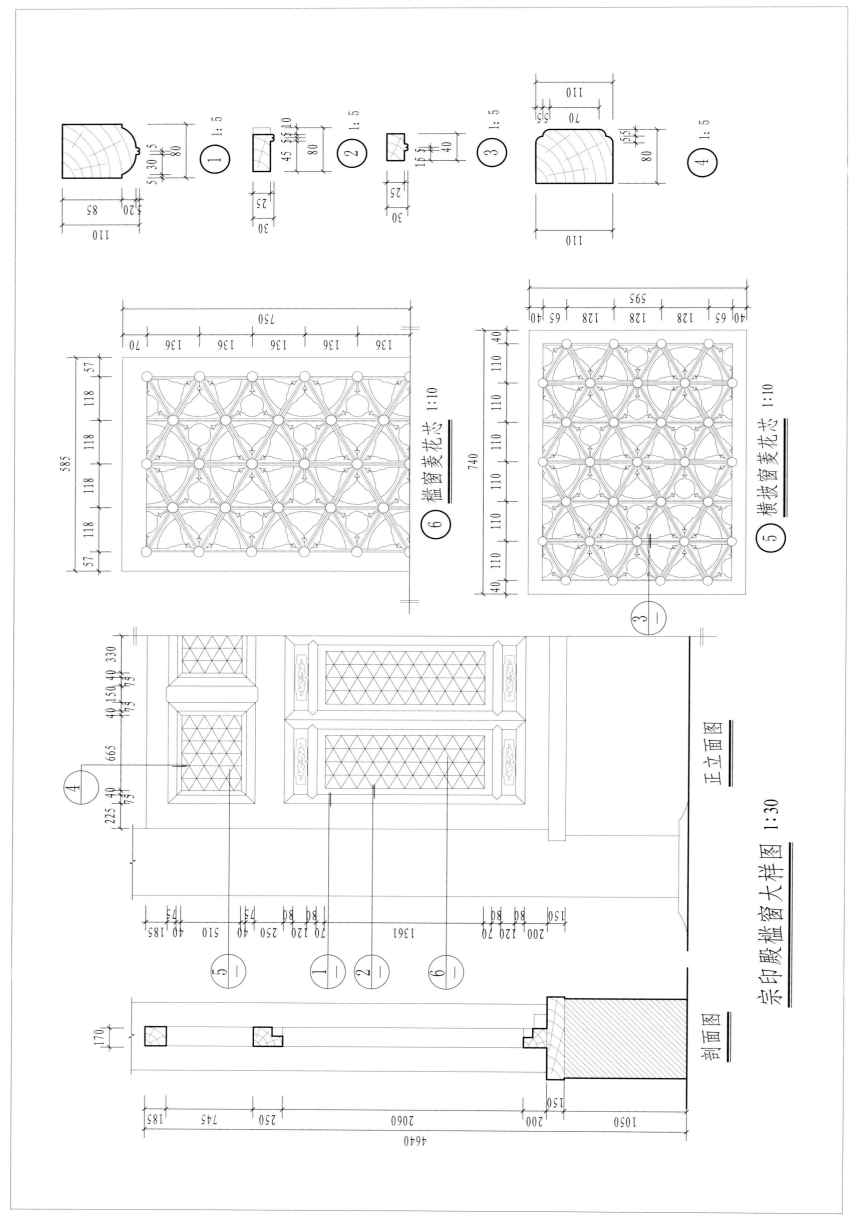

① 1:5

② 1:5

③ 1:5

④ 1:5

⑥ 槛窗菱花芯 1:10

⑤ 横披窗菱花芯 1:10

正立面图

剖面图

宗印殿槛窗大样图 1:30

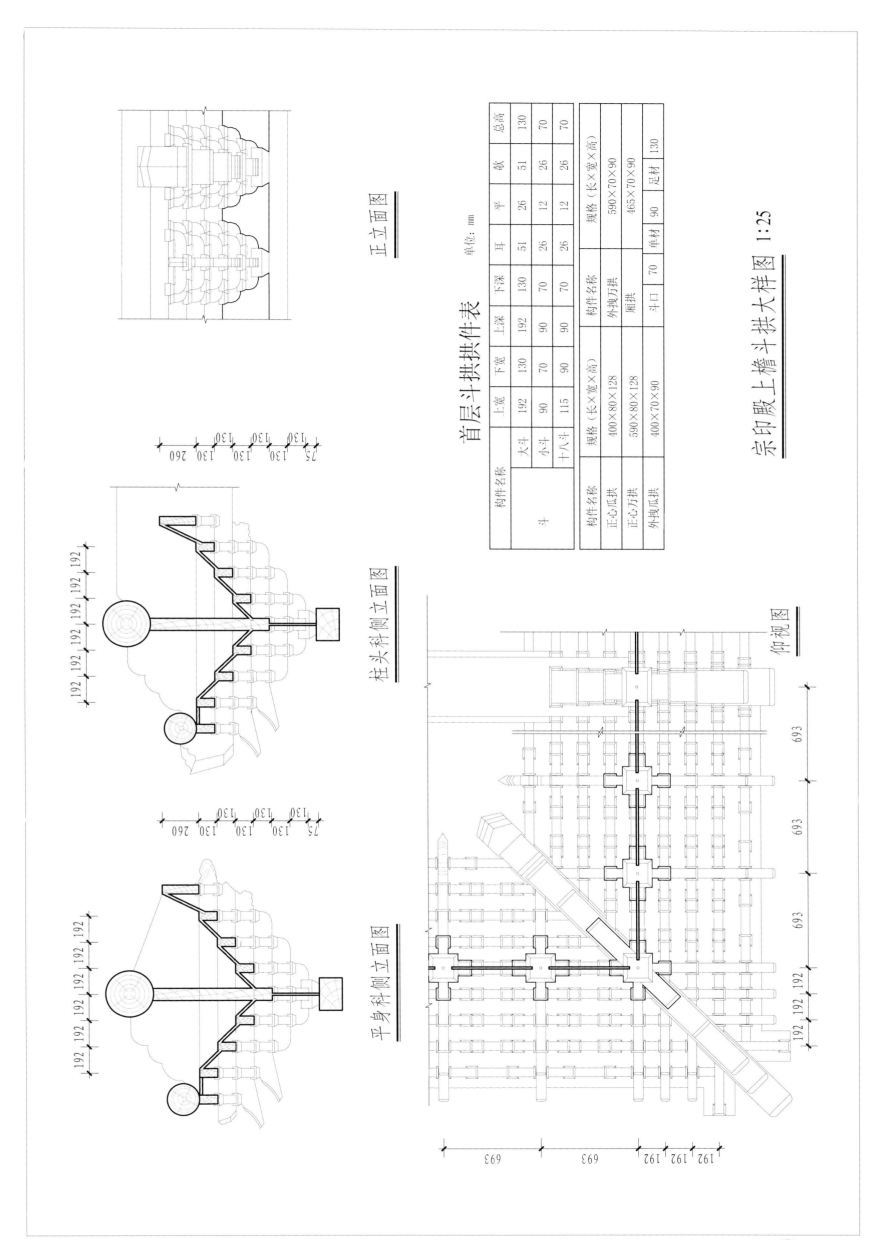

正立面图

首层斗拱拱件表 单位：mm

构件名称		上宽	下宽	上深	下深	耳	平	欹	总高
斗	大斗	192	130	192	130	51	26	51	130
	小斗	90	70	90	70	26	12	26	70
	十八斗	115	90	90	70	26	12	26	70
构件名称		规格（长×宽×高）							
正心瓜拱		400×80×128							
正心万拱		590×80×128							
外拽瓜拱		400×70×90							

构件名称	规格（长×宽×高）
外拽万拱	590×70×90
厢拱	465×70×90
斗口	70	单材	90	足材	130

宗印殿上檐斗拱大样图 1:25

75 130 130 130 130 260

192 192 192 192 192 192

柱头科侧立面图

仰视图

693 693 693

192 192

平身科侧立面图

75 130 130 130 130 260

192 192 192 192 192 192

693 693 192 192 192 192

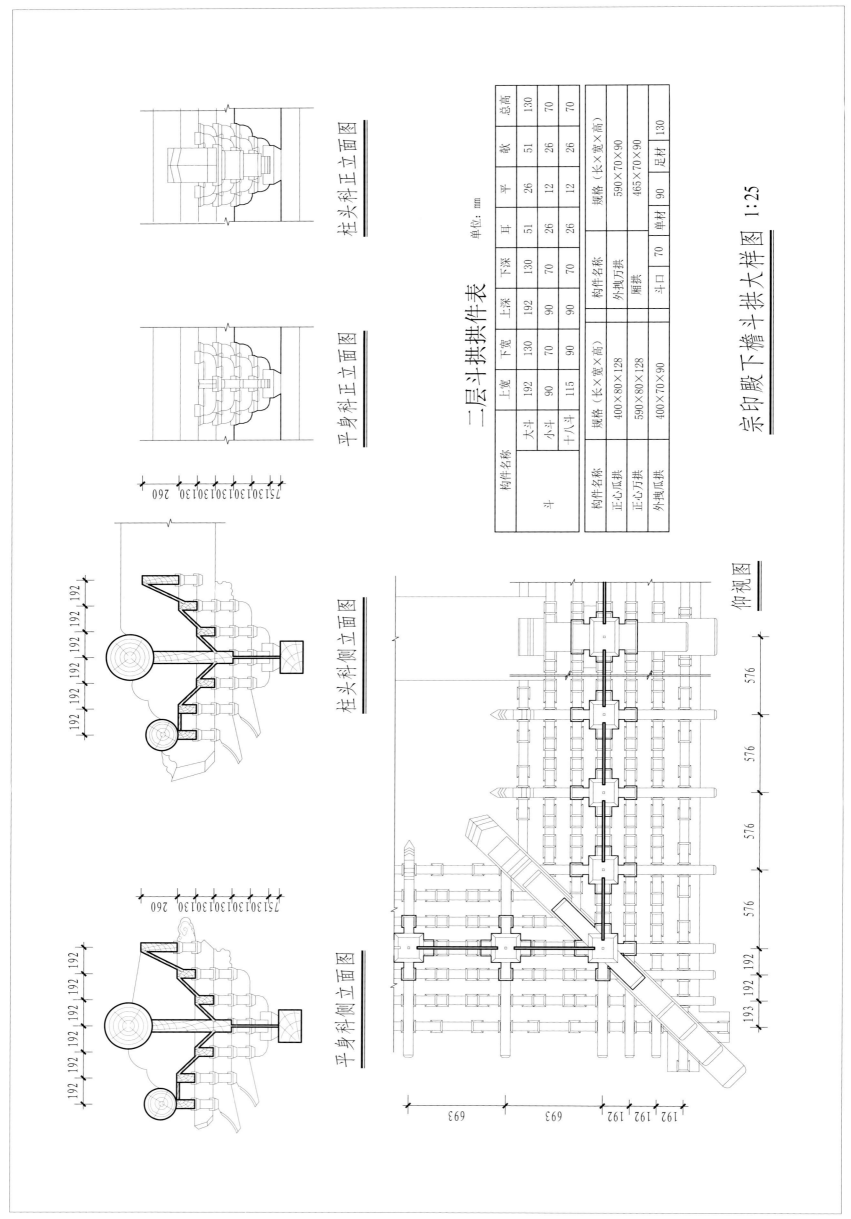

柱头科正立面图

平身科正立面图

柱头科侧立面图

平身科侧立面图

仰视图

宗印殿下檐斗拱大样图 1:25

二层斗拱拱件表　　　　单位：mm

构件名称		上宽	下宽	上深	下深	耳	平	欹	总高
斗	大斗	192	130	192	130	51	26	51	130
	小斗	90	70	90	70	26	12	26	70
	十八斗	115	90	90	70	26	12	26	70

构件名称	规格（长×宽×高）	构件名称	规格（长×宽×高）
正心瓜拱	400×80×128	外拽万拱	590×70×90
正心万拱	590×80×128	厢拱	465×70×90
外拽瓜拱	400×70×90	斗口70 单材90 足材130	

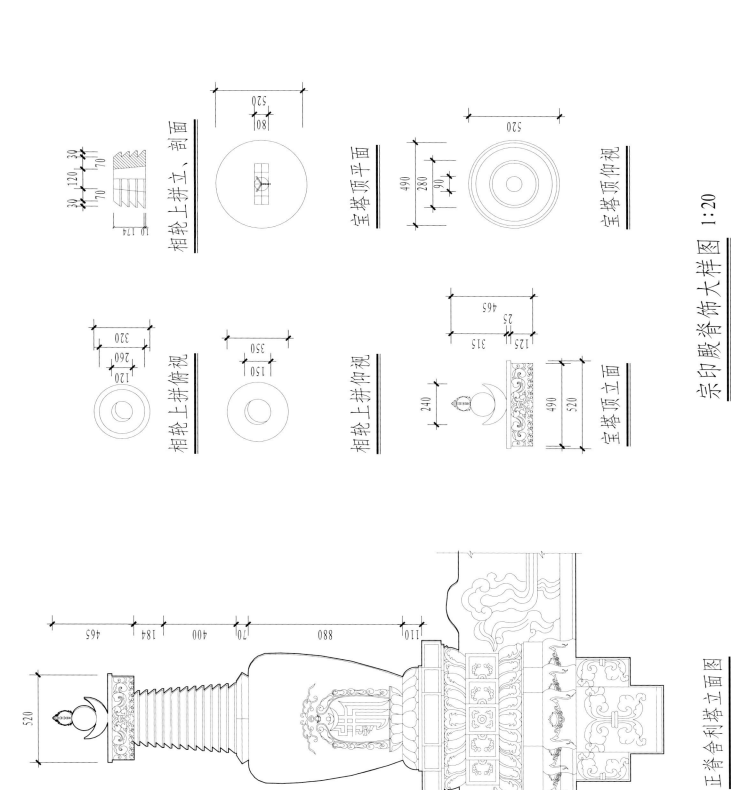

相轮上拼立、剖面

宝塔顶平面

宝塔顶仰视

相轮上拼俯视

相轮上拼仰视

宝塔顶立面

宗印殿脊饰大样图 1:20

正脊舍利塔立面图

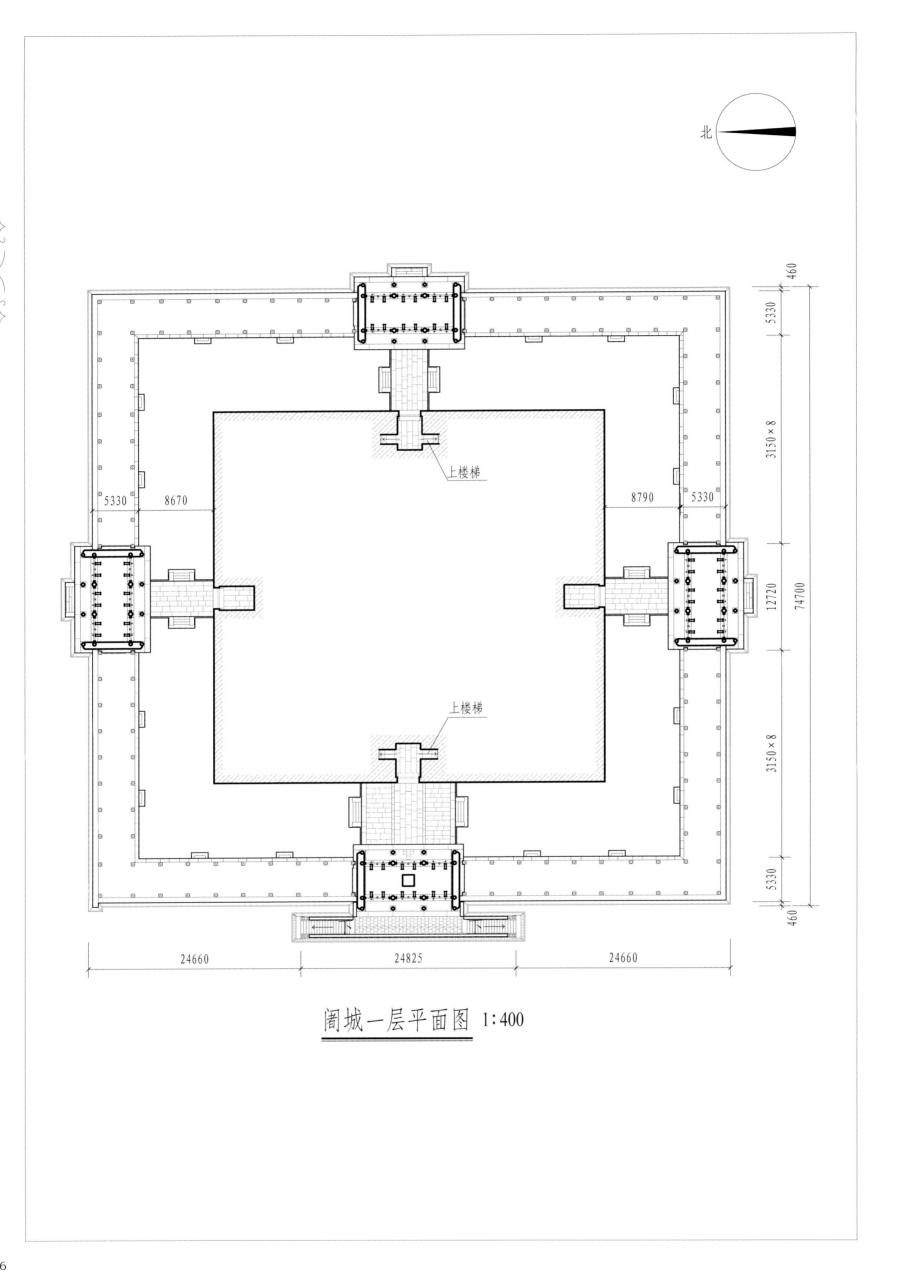

北

5330×8
3150×8
12720
74700
3150×8
5330×8
460
460

5330
8670
8790
5330

上楼梯

上楼梯

24660
24825
24660

阇城一层平面图 1:400

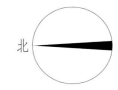

北

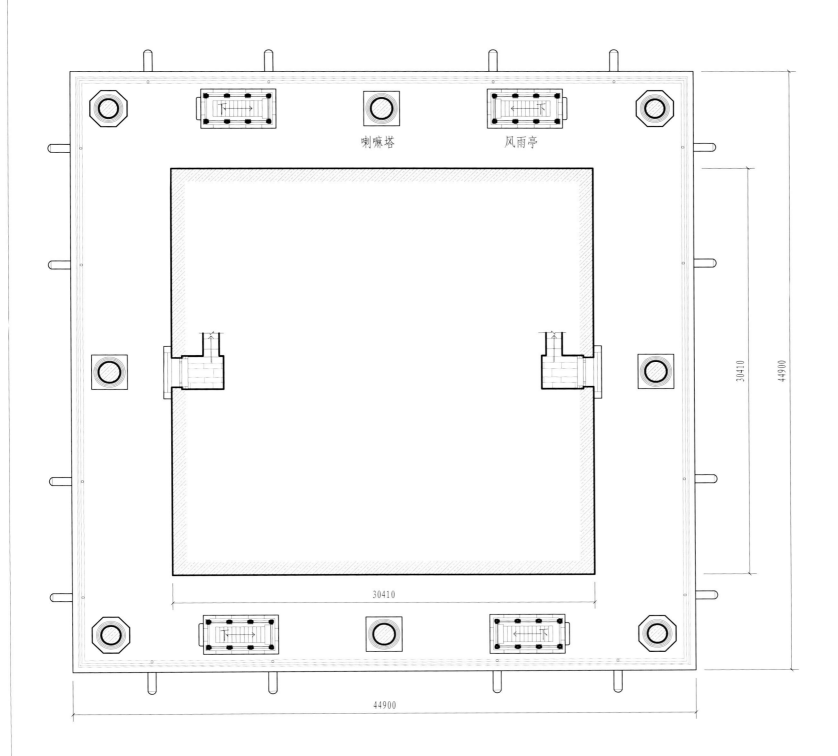

喇嘛塔　　　　　风雨亭

44900

30410

30410

44900

阇城二层平面图 1:250

北

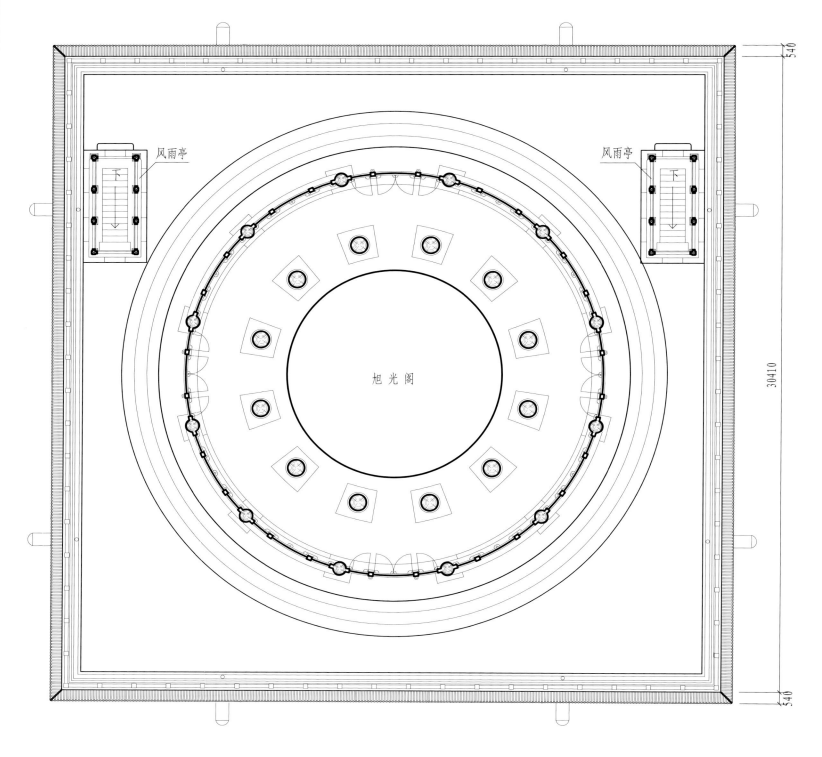

风雨亭

风雨亭

下

下

旭光阁

540

30410

540

阇城三层平面图 1:150

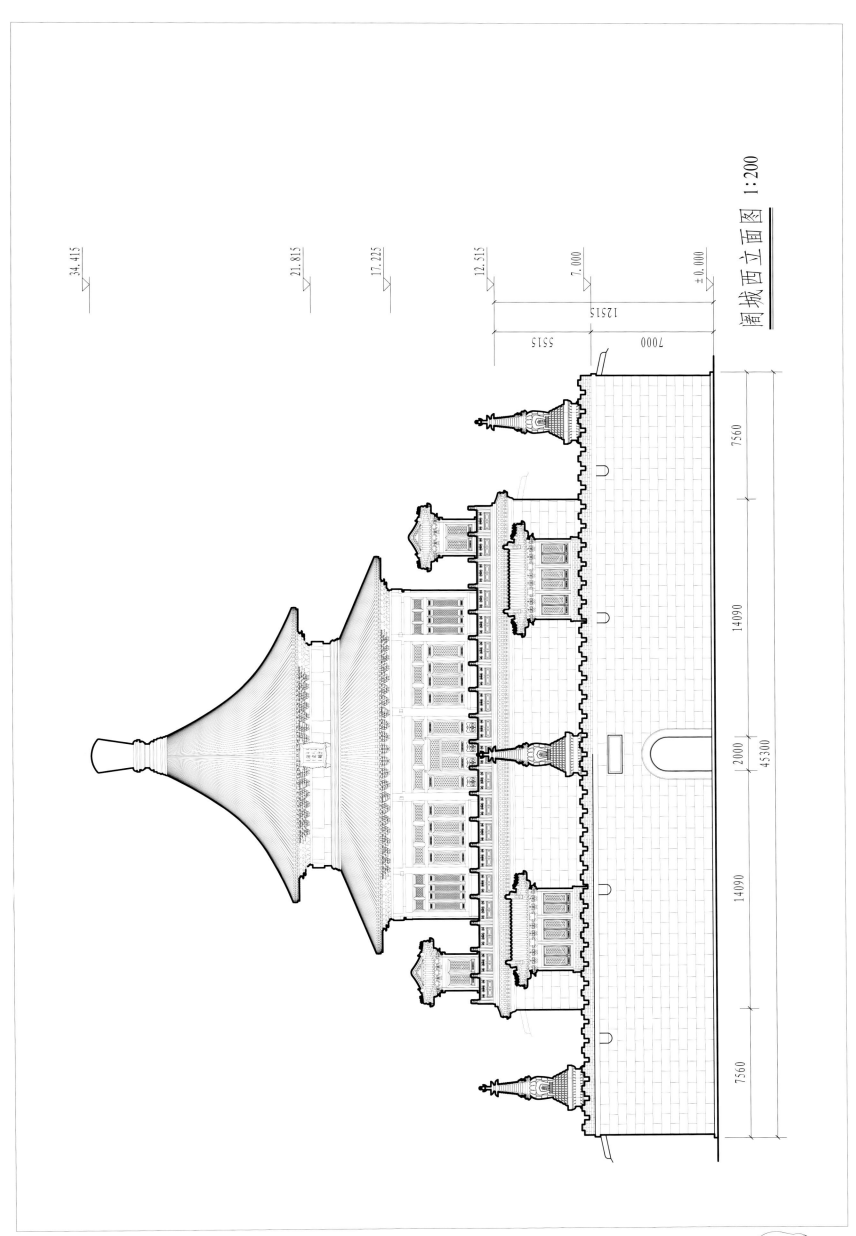

阊城西立面图 1:200

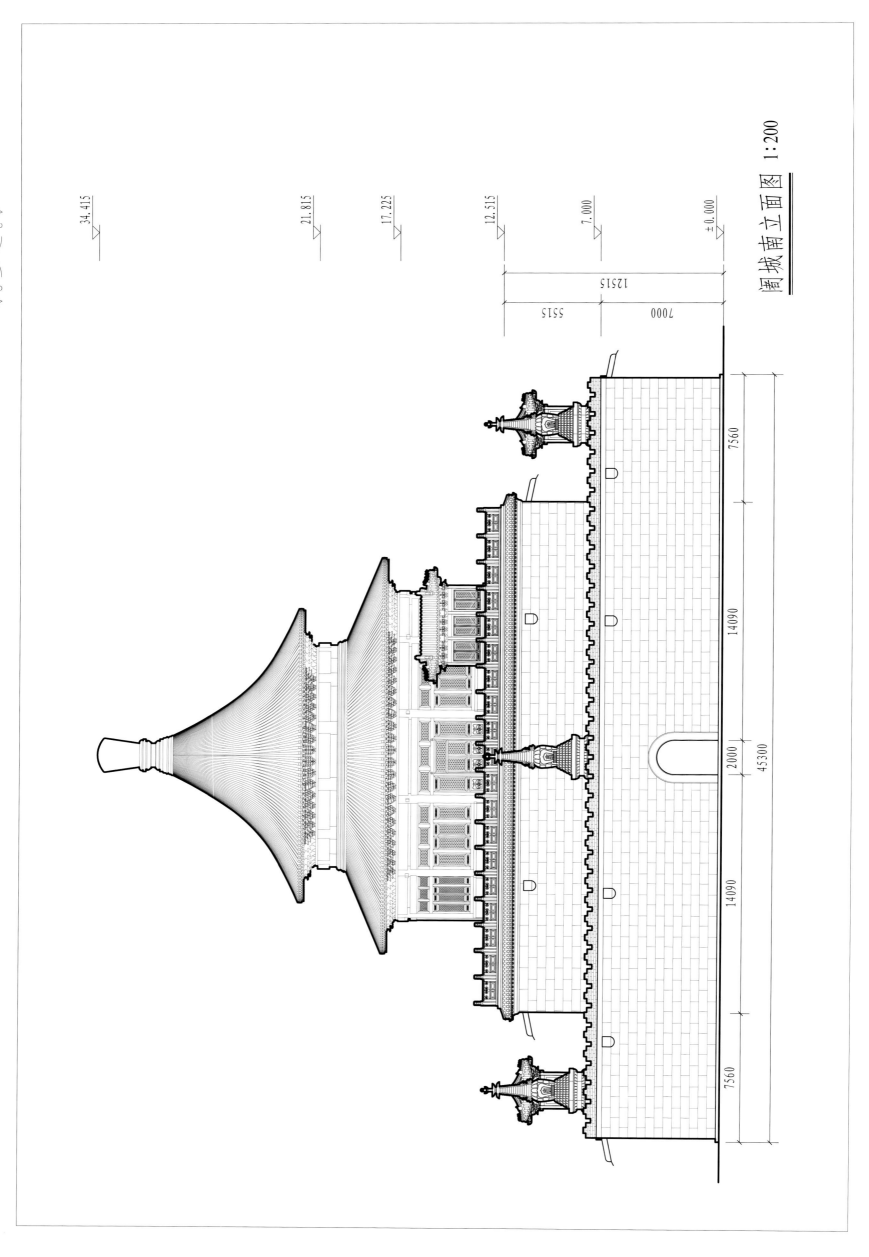

闉城南立面图 1:200

34.415
21.815
17.225
12.515
7.000
±0.000

12515
5515
7000

7560
14090
2000
45300
14090
7560

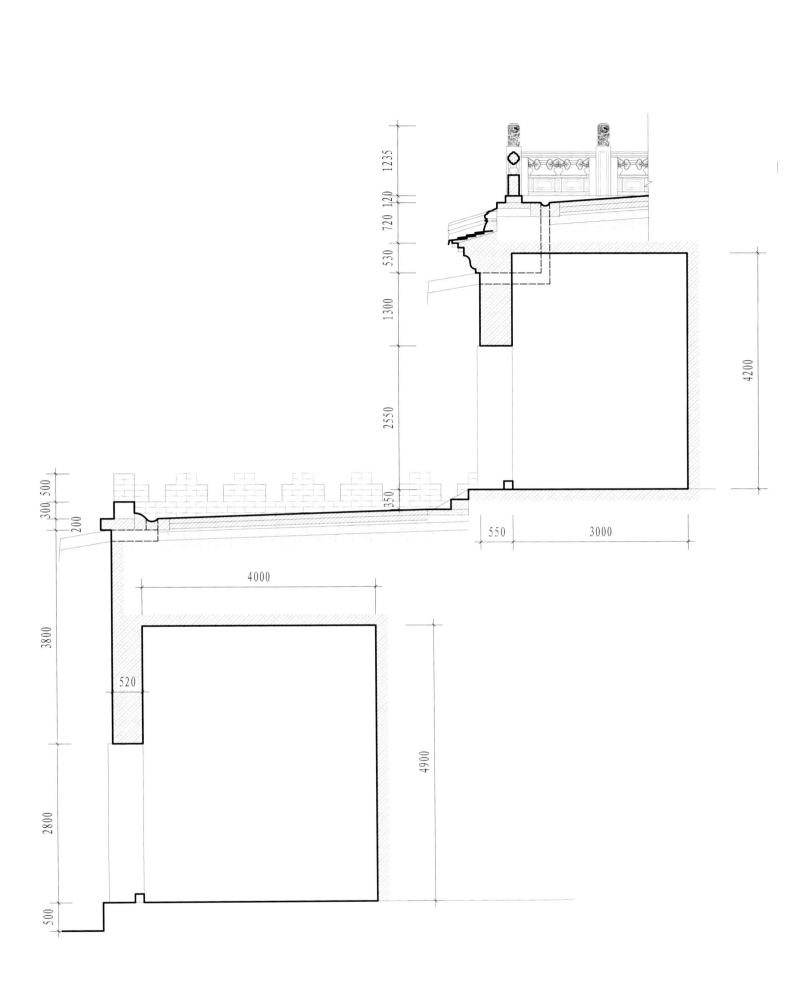

阇城二、三层剖面图 1:50

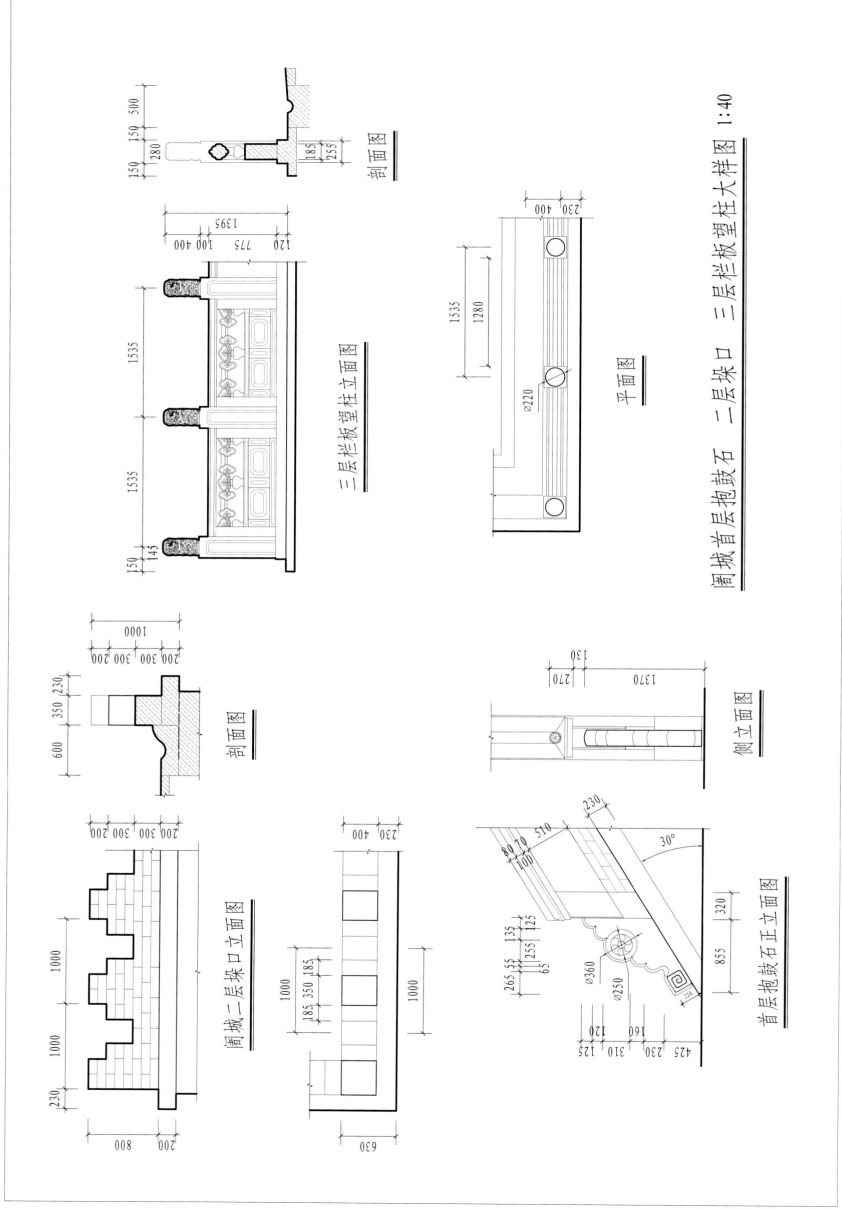

闸城首层抱鼓石 二层垛口 三层栏板望柱大样图 1:40

剖面图

三层栏板望柱立面图

平面图

剖面图

闸城二层垛口立面图

侧立面图

首层抱鼓石正立面图

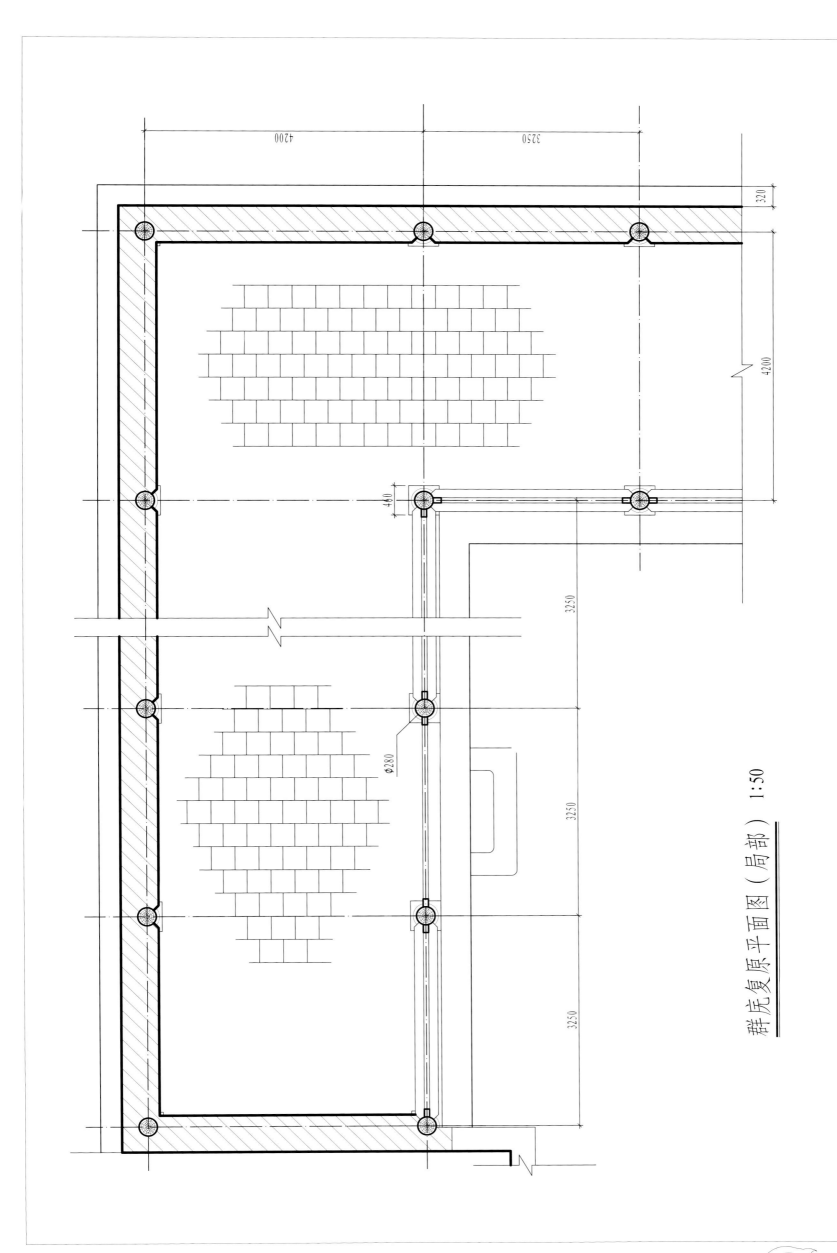

群庑复原平面图（局部） 1:50

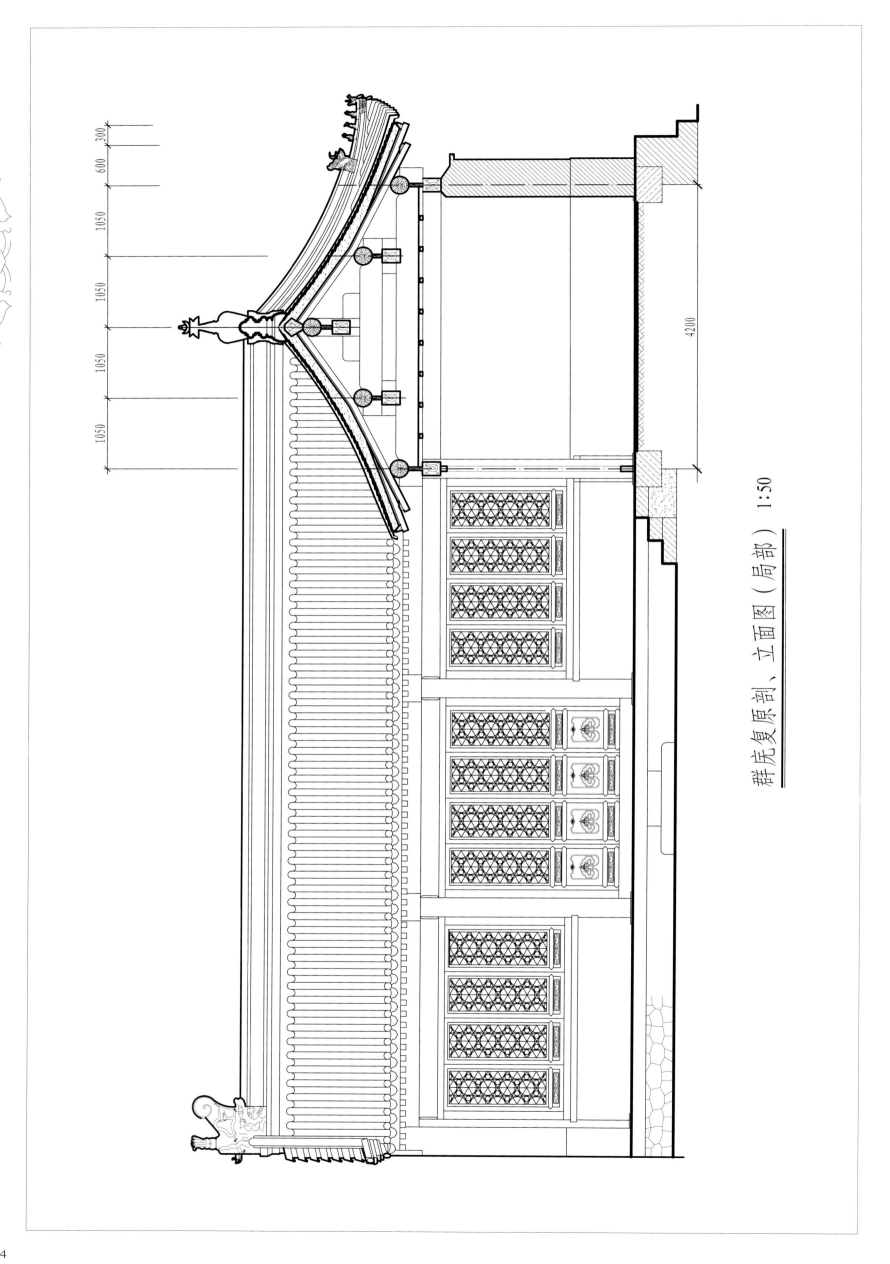

群房复原剖、立面图（局部） 1:50

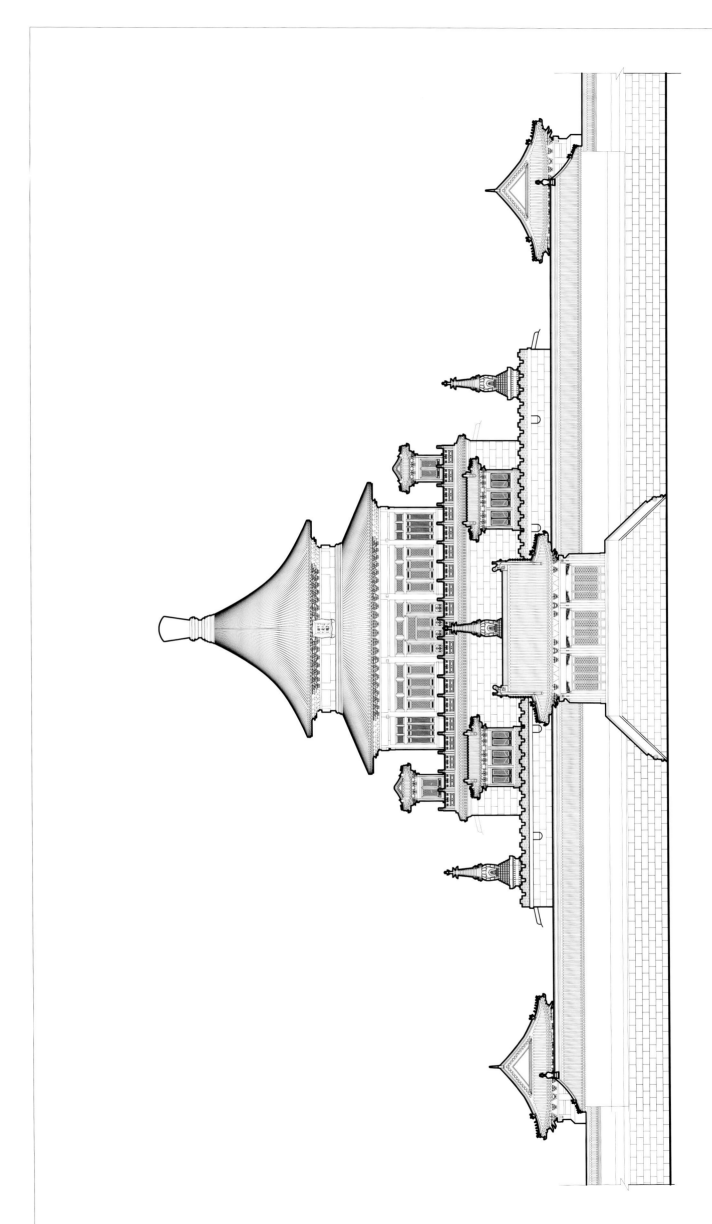

群房原址重建总立面图 1:300

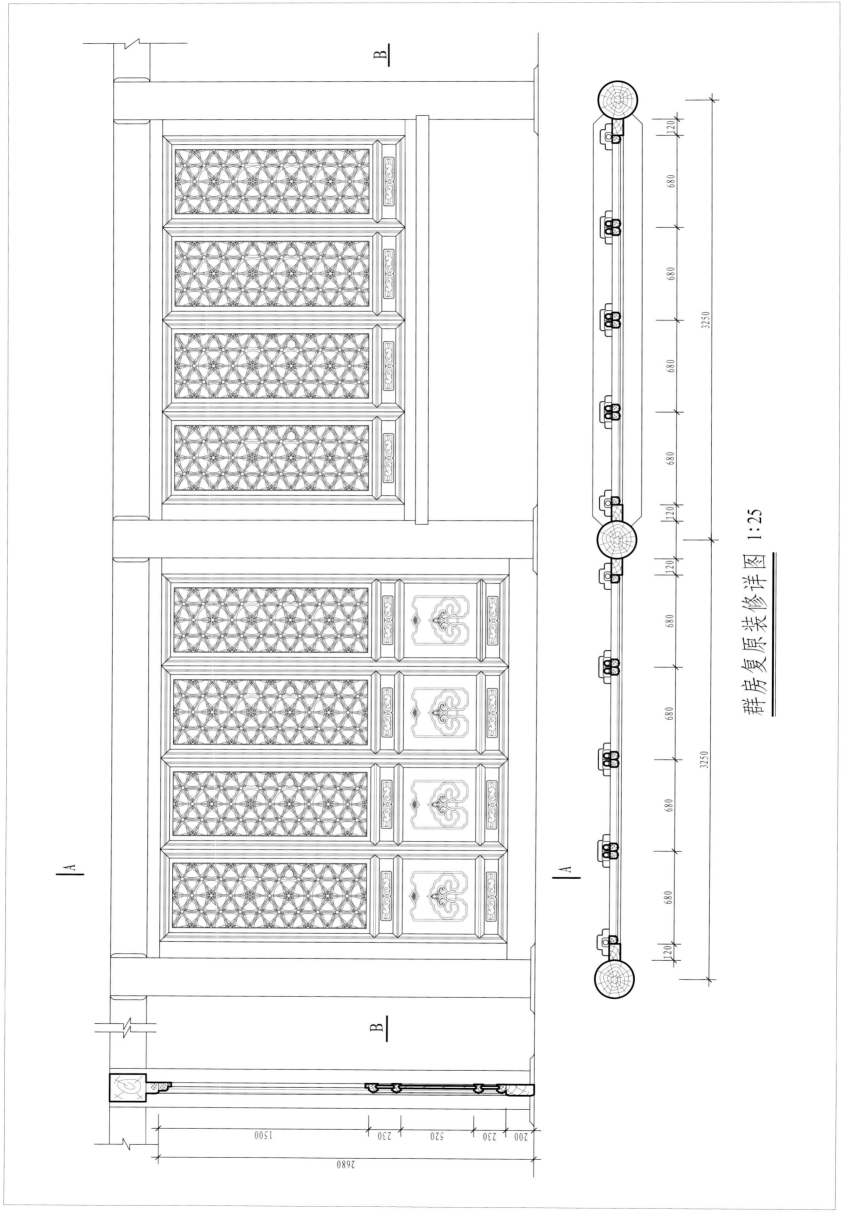

群房复原装修详图 1:25

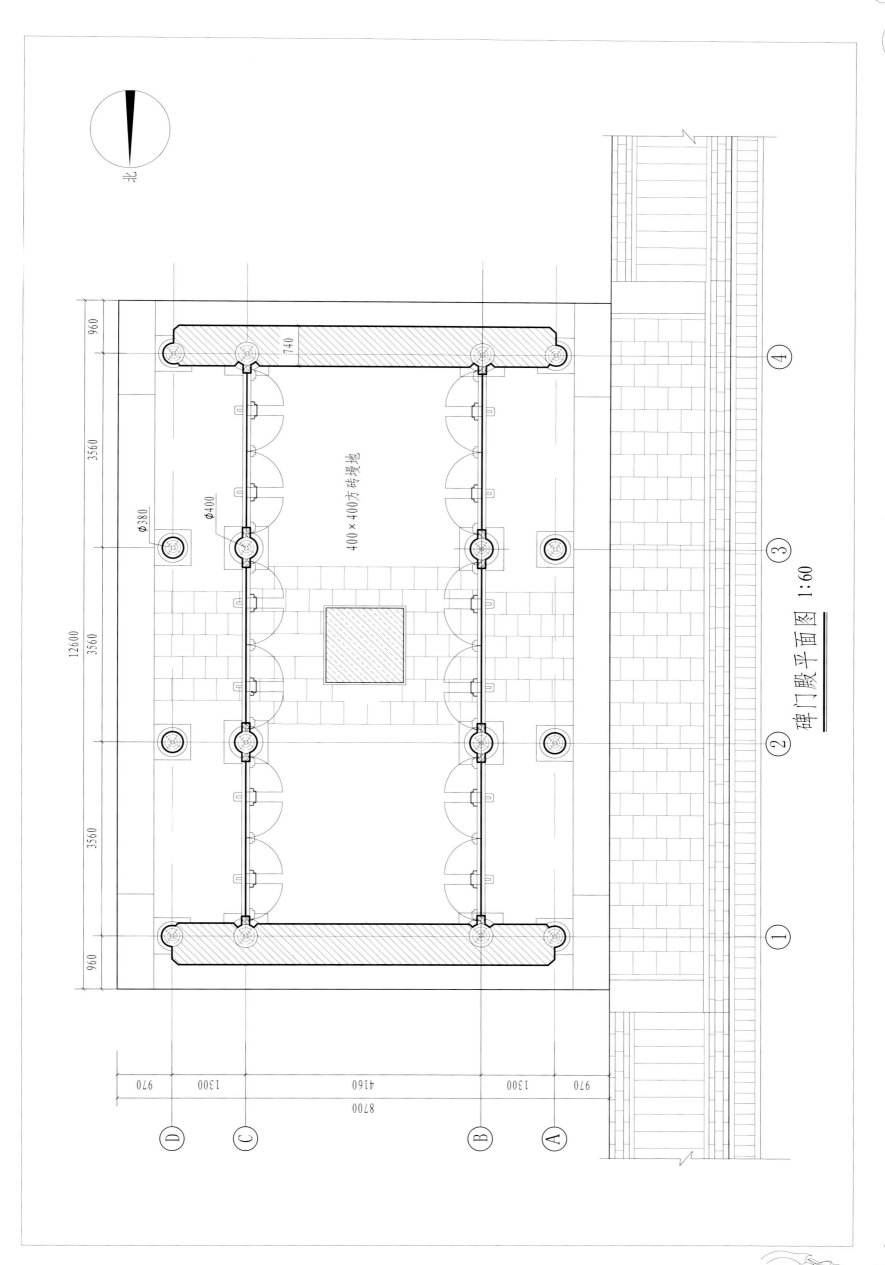

碑门殿平面图 1:60

400×400方砖墁地

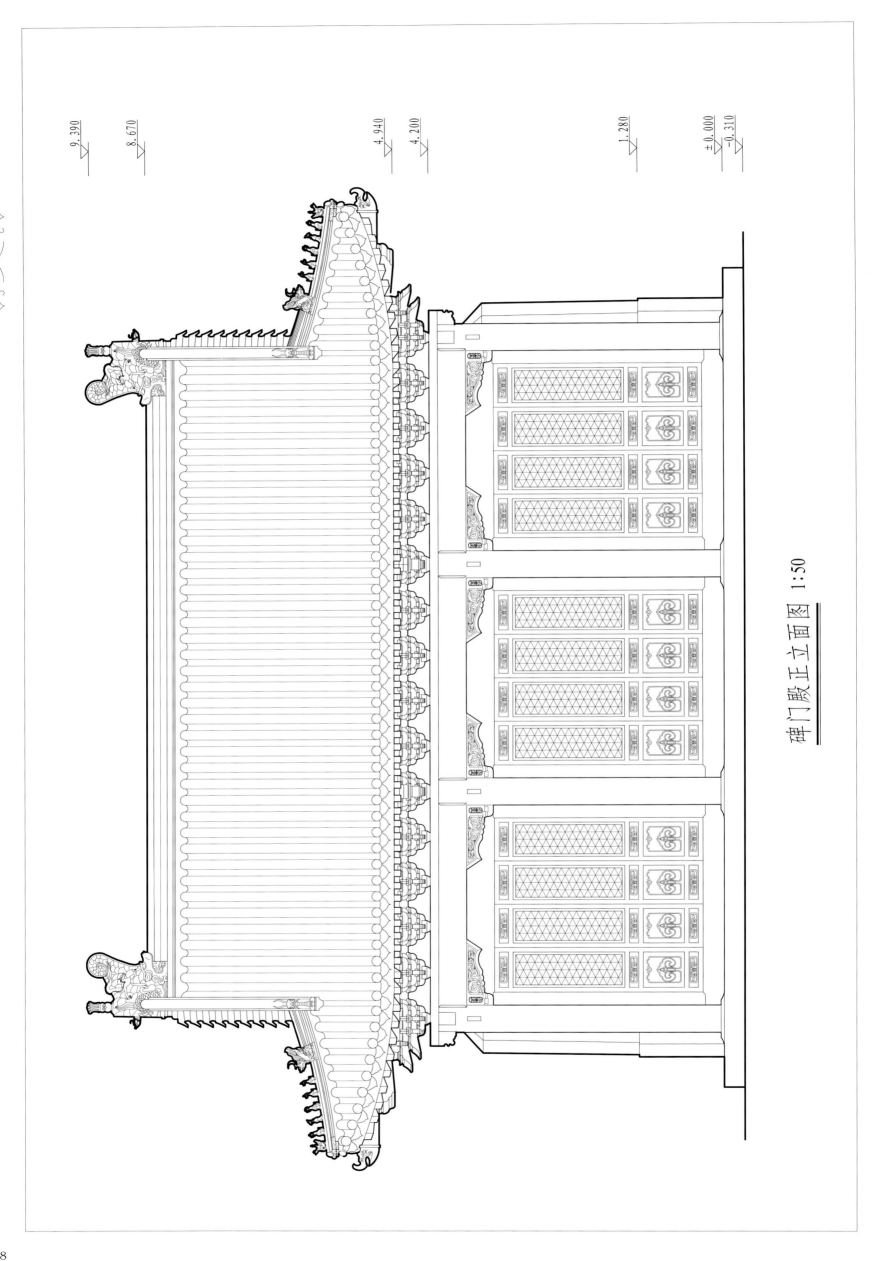

9.390
8.670
4.940
4.200
1.280
±0.000
−0.310

碑门殿正立面图 1:50

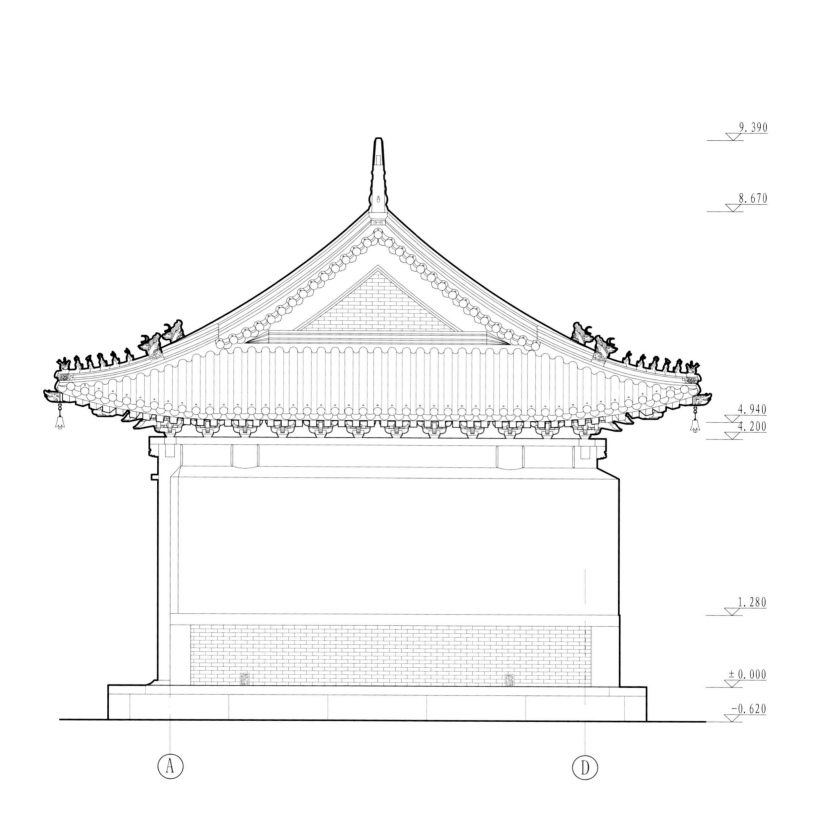

9.390

8.670

4.940
4.200

1.280

± 0.000

-0.620

Ⓐ   Ⓓ

碑门殿侧立面图 1:60

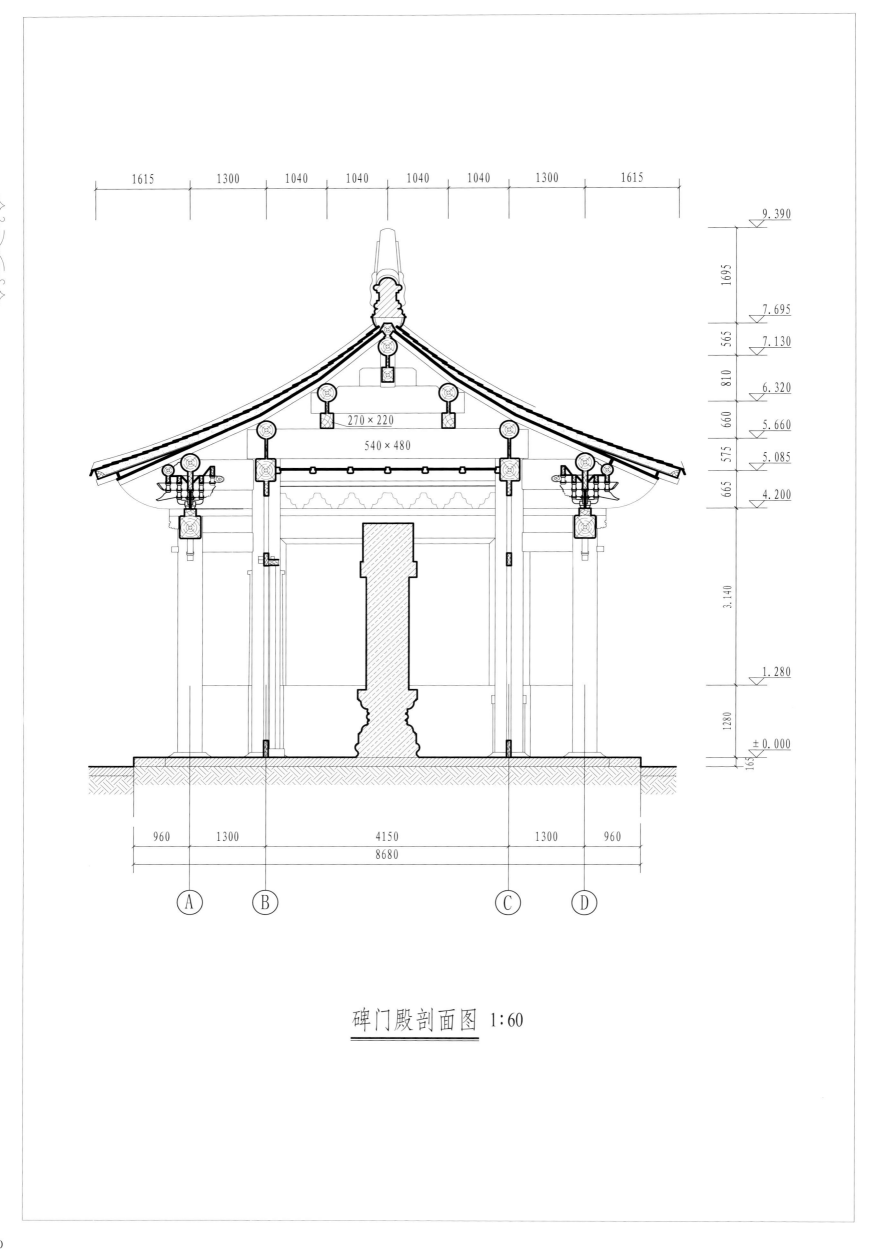

碑门殿剖面图 1:60

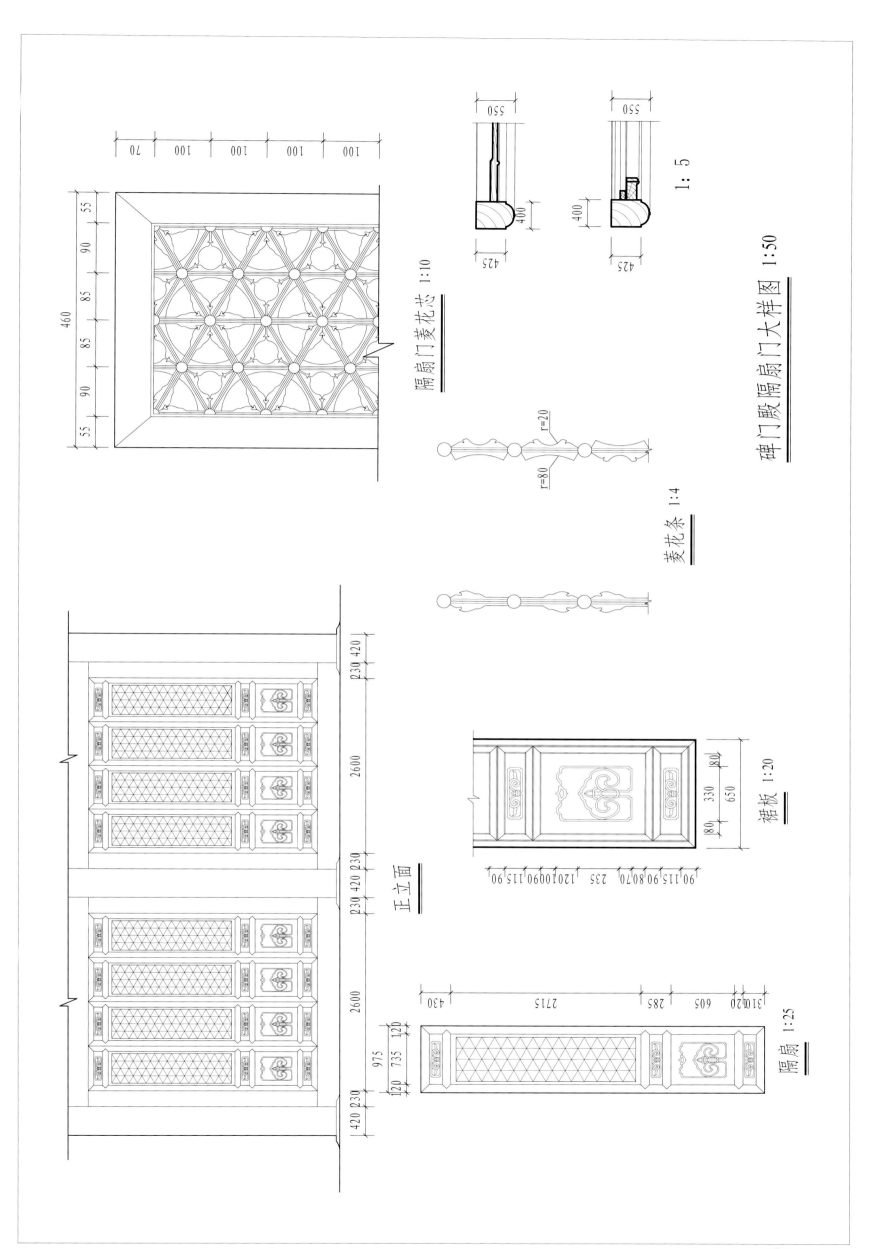

隔扇门菱花芯 1:10

1:5

碑门殿隔扇隔扇门大样图 1:50

菱花条 1:4

r=20

r=80

裙板 1:20

隔扇 1:25

正立面

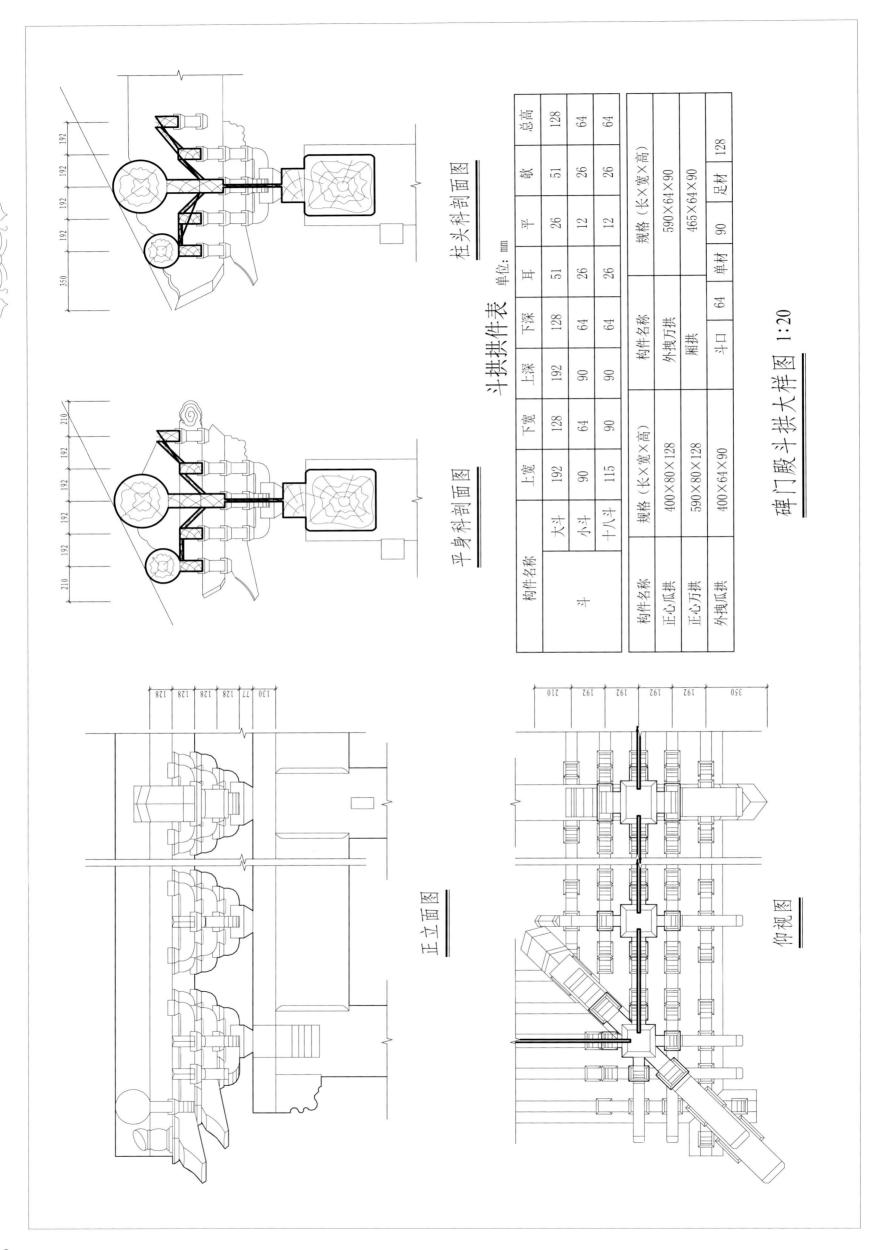

柱头科剖面图

平身科剖面图

斗拱拱件表

单位：mm

构件名称		上宽	下宽	上深	下深	耳	平	欹	总高
斗	大斗	192	128	192	128	51	26	51	128
	小斗	90	64	90	64	26	12	26	64
	十八斗	115	90	90	64	26	12	26	64

构件名称	规格（长×宽×高）	构件名称	规格（长×宽×高）
正心瓜拱	400×80×128	外拽万拱	590×64×90
正心万拱	590×80×128	厢拱	465×64×90
外拽瓜拱	400×64×90	斗口	64 单材 90 足材 128

碑门殿斗拱大样图 1:20

正立面图

仰视图

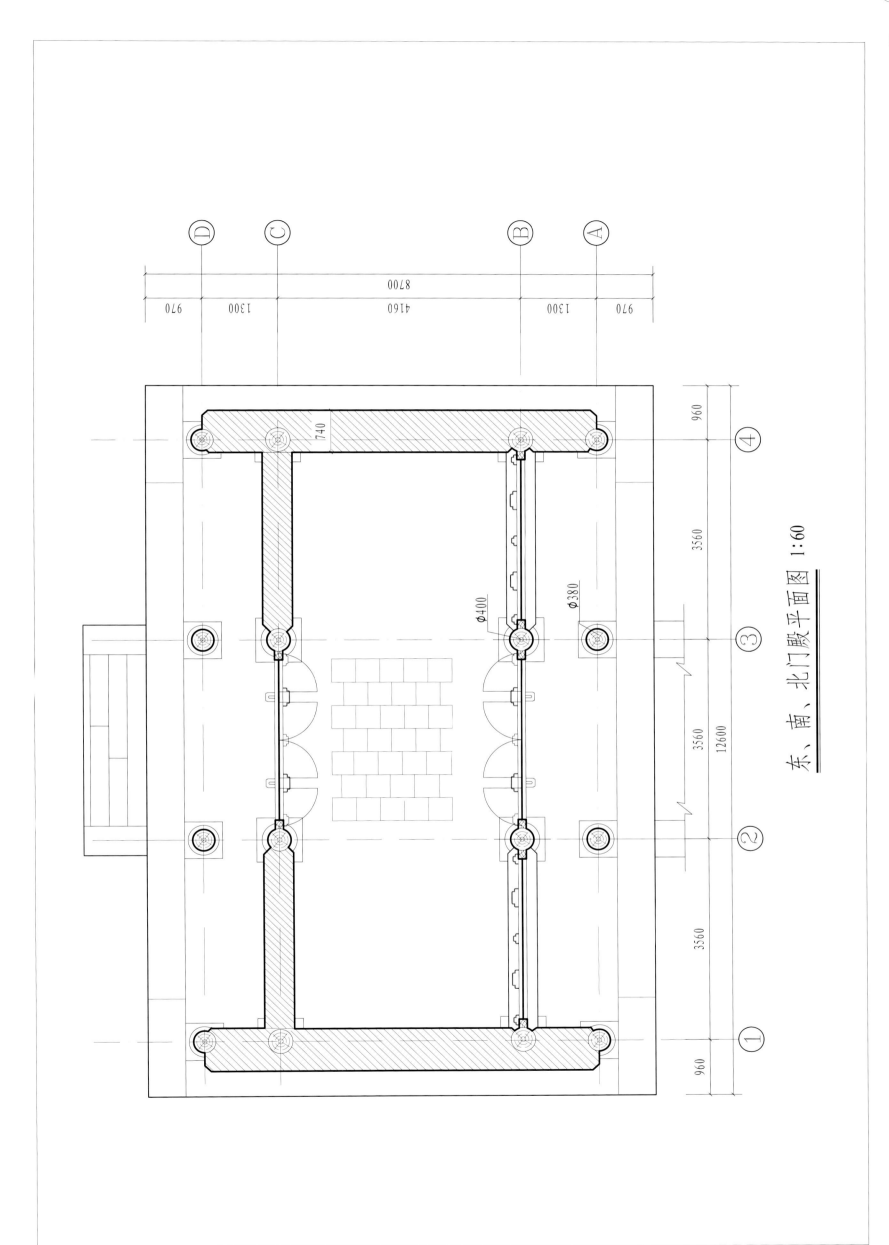

东、南、北门殿平面图 1:60

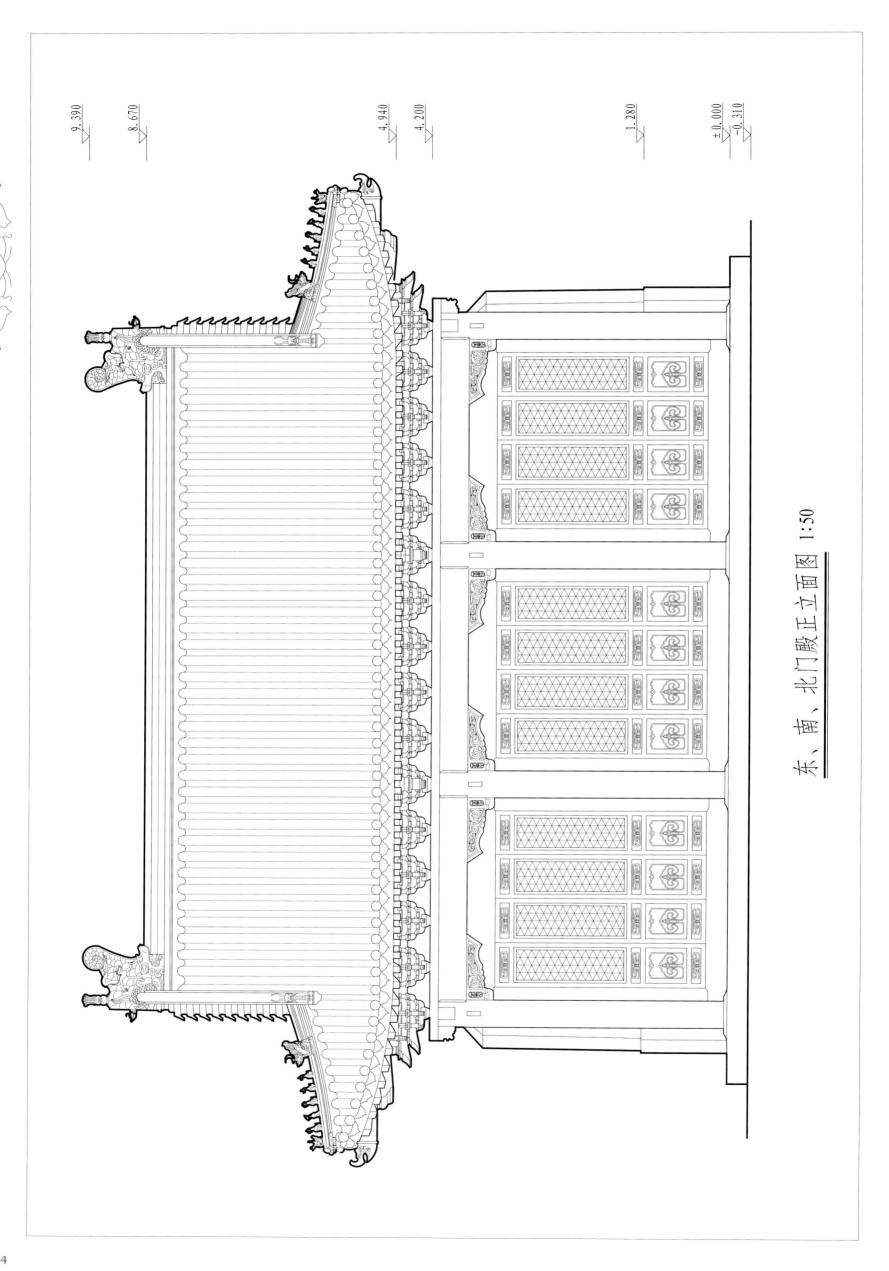

9.390

8.670

4.940

4.200

1.280

±0.000

-0.310

东、南、北门殿正立面图 1:50

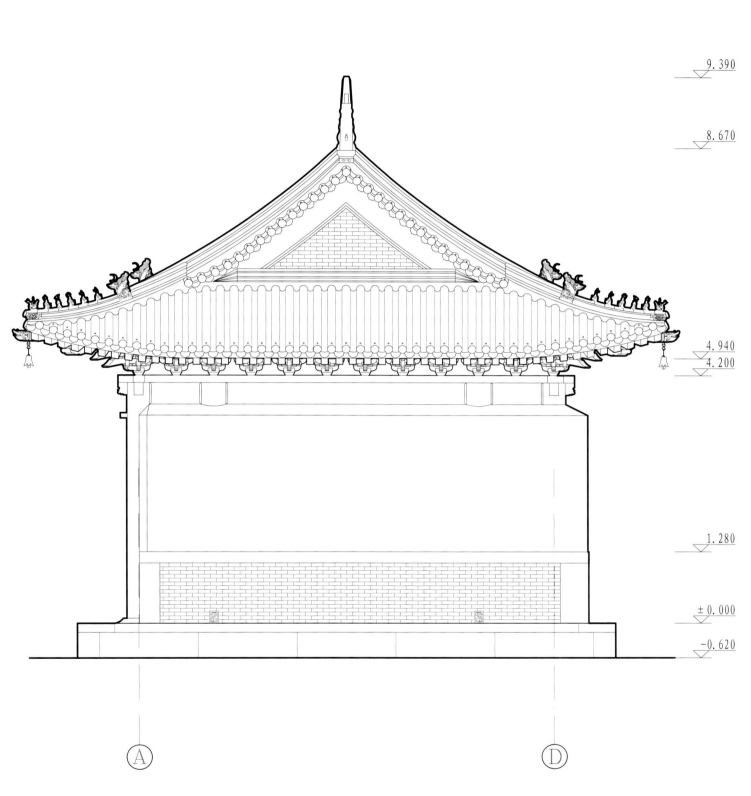

9.390

8.670

4.940
4.200

1.280

±0.000

-0.620

Ⓐ

Ⓓ

东、南、北门殿侧立面图 1:60

第四篇 文献资料篇 第三章 测绘图纸

415

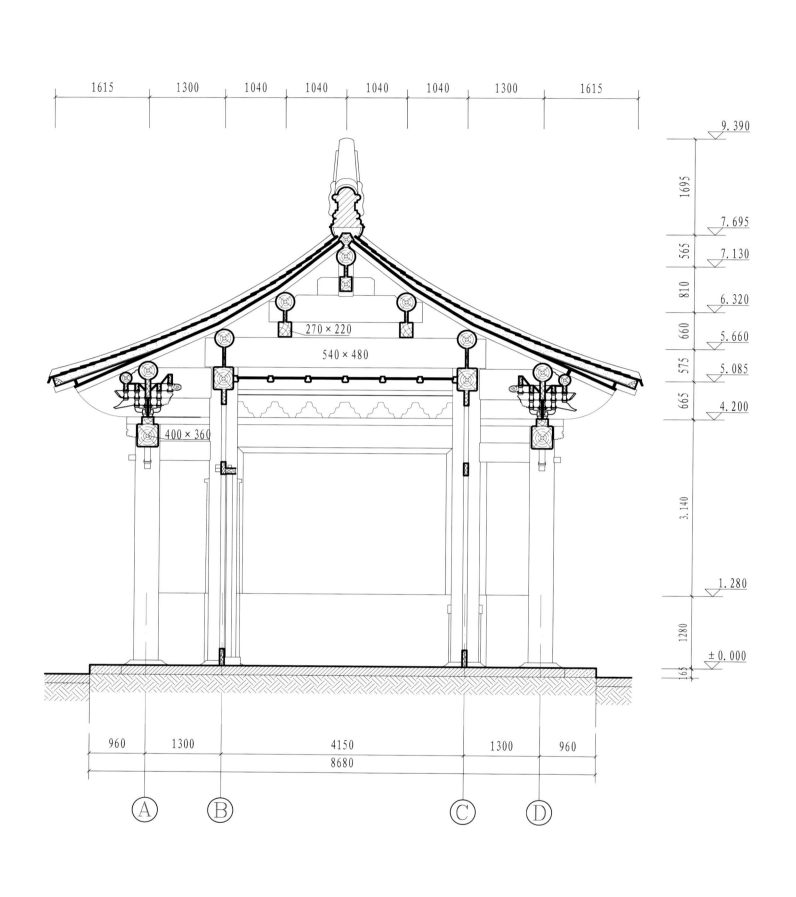

1615 1300 1040 1040 1040 1040 1300 1615

9.390
1695
7.695
565
7.130
810
6.320
660
5.660
575
5.085
665
4.200

270 × 220
540 × 480
400 × 360

3.140

1.280

1280

± 0.000

165

960 1300 4150 1300 960
8680

Ⓐ Ⓑ Ⓒ Ⓓ

东、南、北门殿剖面图 1:60

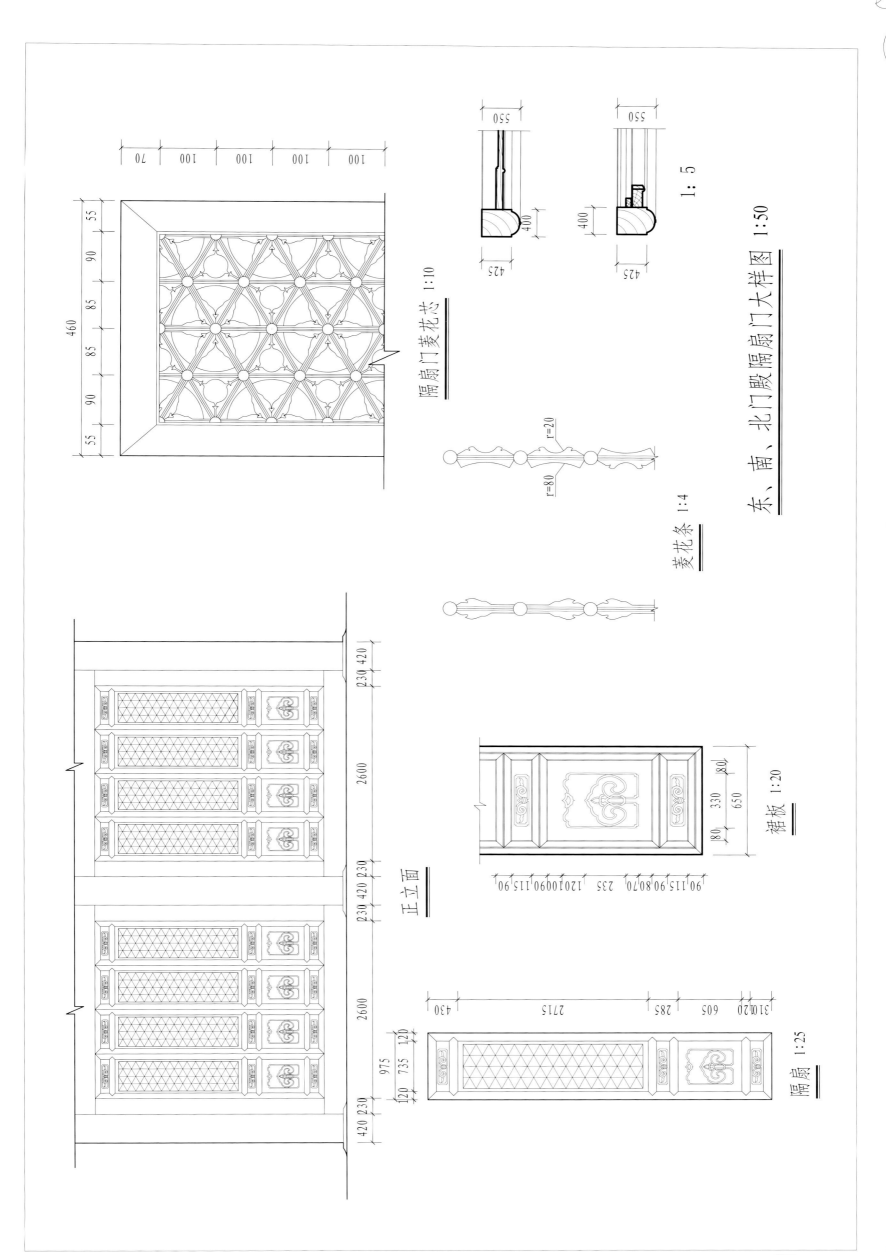

隔扇门菱花芯 1:10

1:5

东、南、北门殿隔扇门大样图 1:50

菱花条 1:4

正立面

裙板 1:20

隔扇 1:25

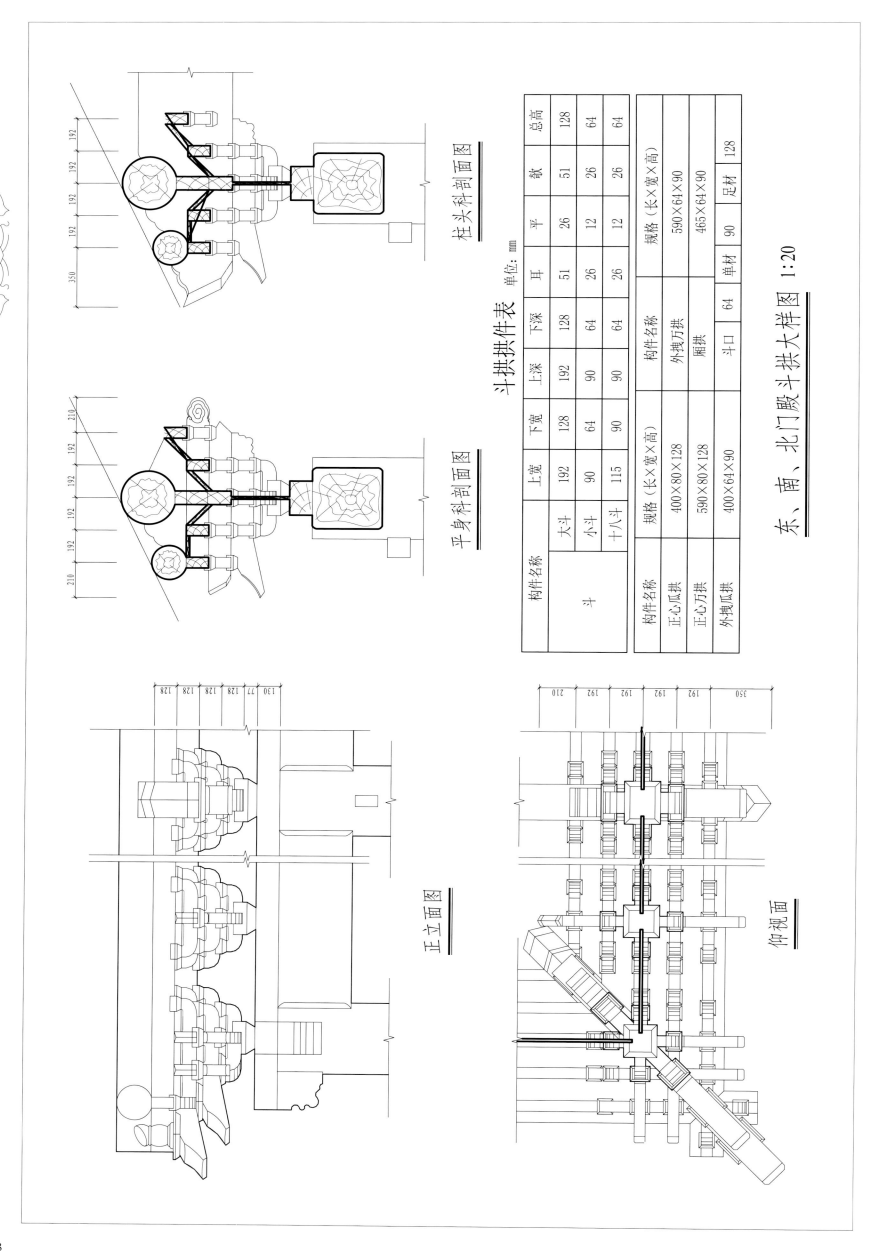

柱头科剖面图

平身科剖面图

正立面图

仰视面

斗拱拱件表　单位：mm

构件名称		上宽	下宽	上深	下深	耳	平	欹	总高
斗	大斗	192	128	192	128	51	26	51	128
	小斗	90	64	90	64	26	12	26	64
	十八斗	115	90	90	64	26	12	26	64

构件名称	规格（长×宽×高）
大斗	400×80×128
小斗	590×80×128
十八斗	400×64×90

构件名称	规格（长×宽×高）
正心瓜拱	400×80×128
正心万拱	590×80×128
外拽瓜拱	400×64×90
外拽万拱	590×64×90
厢拱	465×64×90
斗口 64	单材 90　足材 128

东、南、北门殿斗拱大样图　1:20

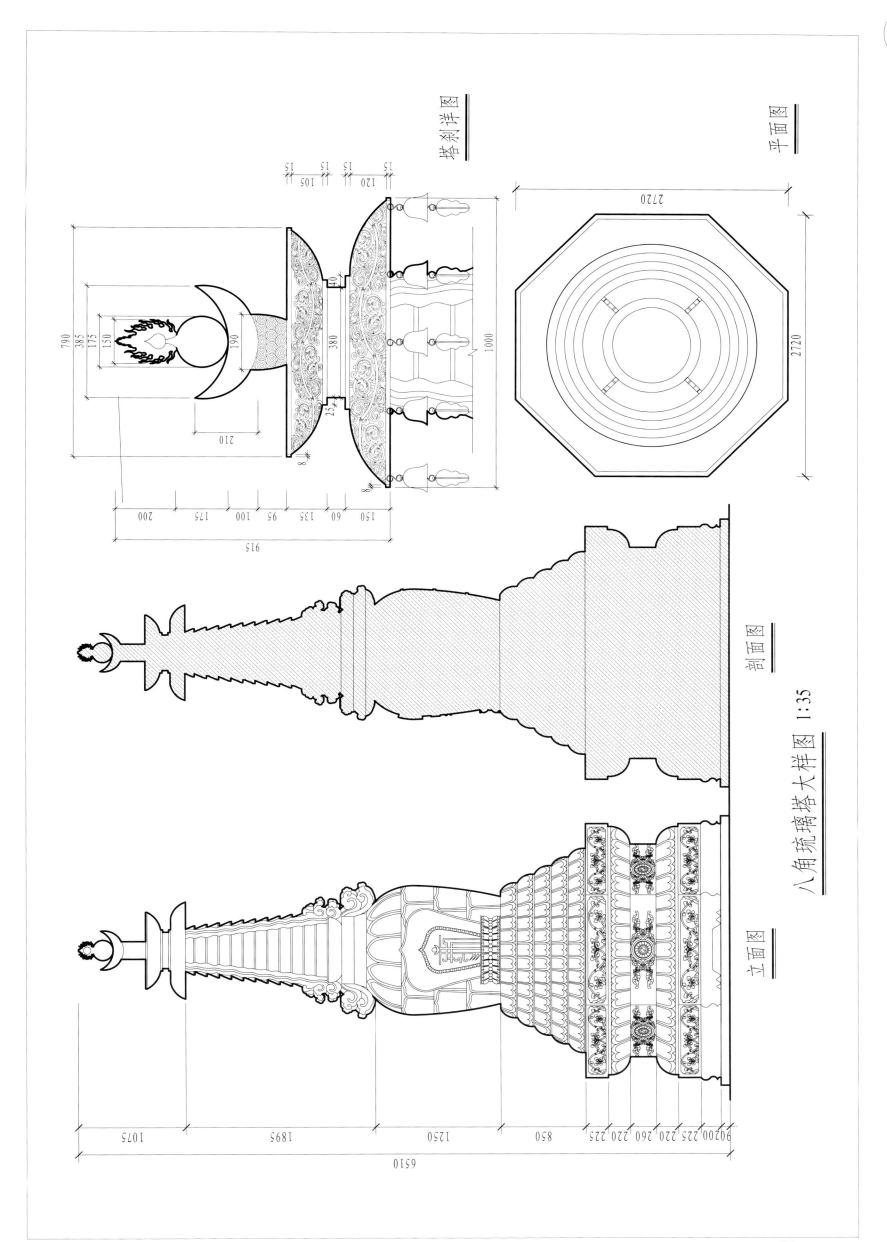

塔刹详图

平面图

2720

2720

塔刹详图

790
385
175
150
190
210
380
1000
25
8
8

15
105
15
120
15
15

200
175
100
95
135
60
150

915

剖面图

立面图

八角琉璃塔大样图 1:35

1075
1895
1250
850
90 200 225 220 260 220 225 200

6510

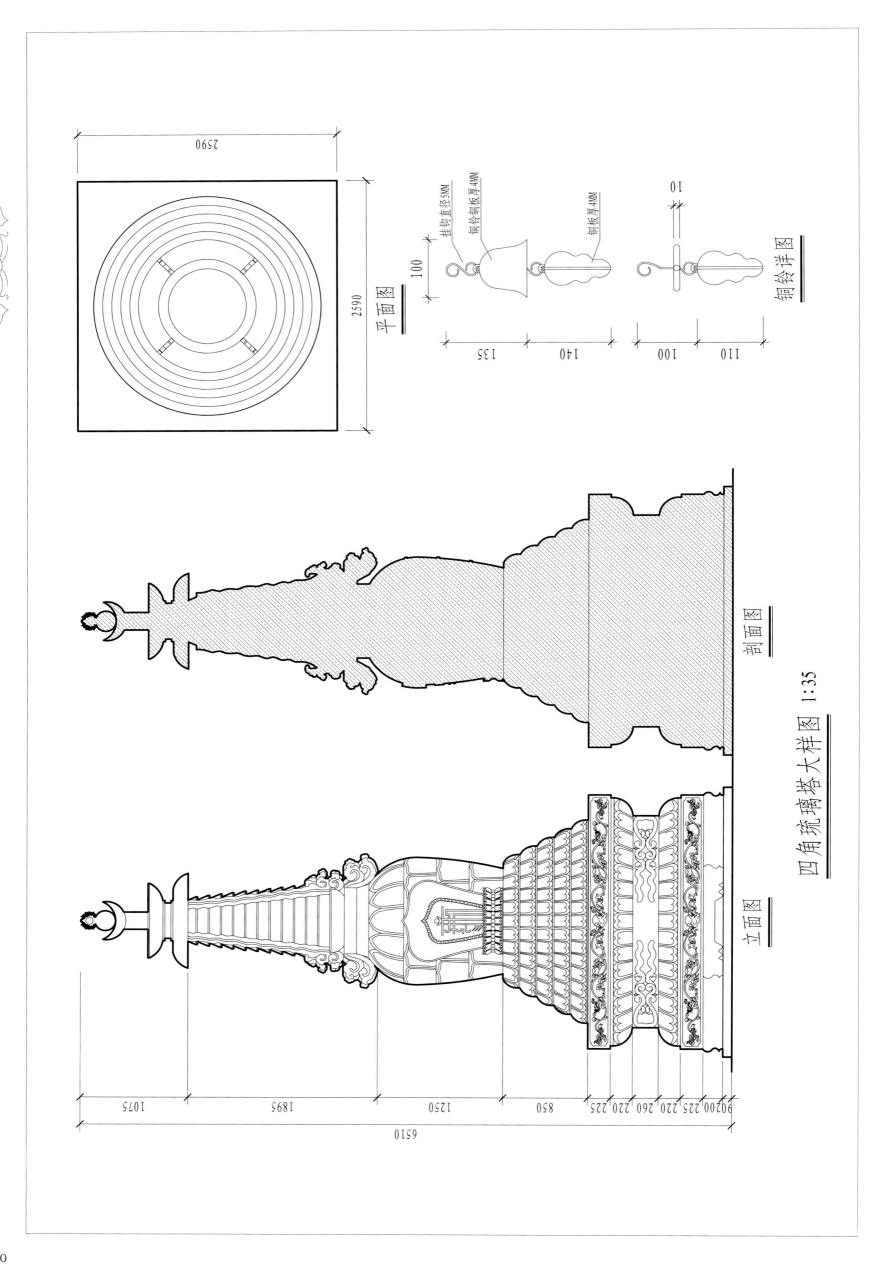

平面图

2590

2590

铜铃详图

挂钩直径5MM
铜铃铜板厚4MM

铜板厚4MM

100

135

140

100

110

10

剖面图

立面图

四角琉璃塔大样图 1:35

1075

1895

1250

850

225 220 260 220 225

90 200

6510

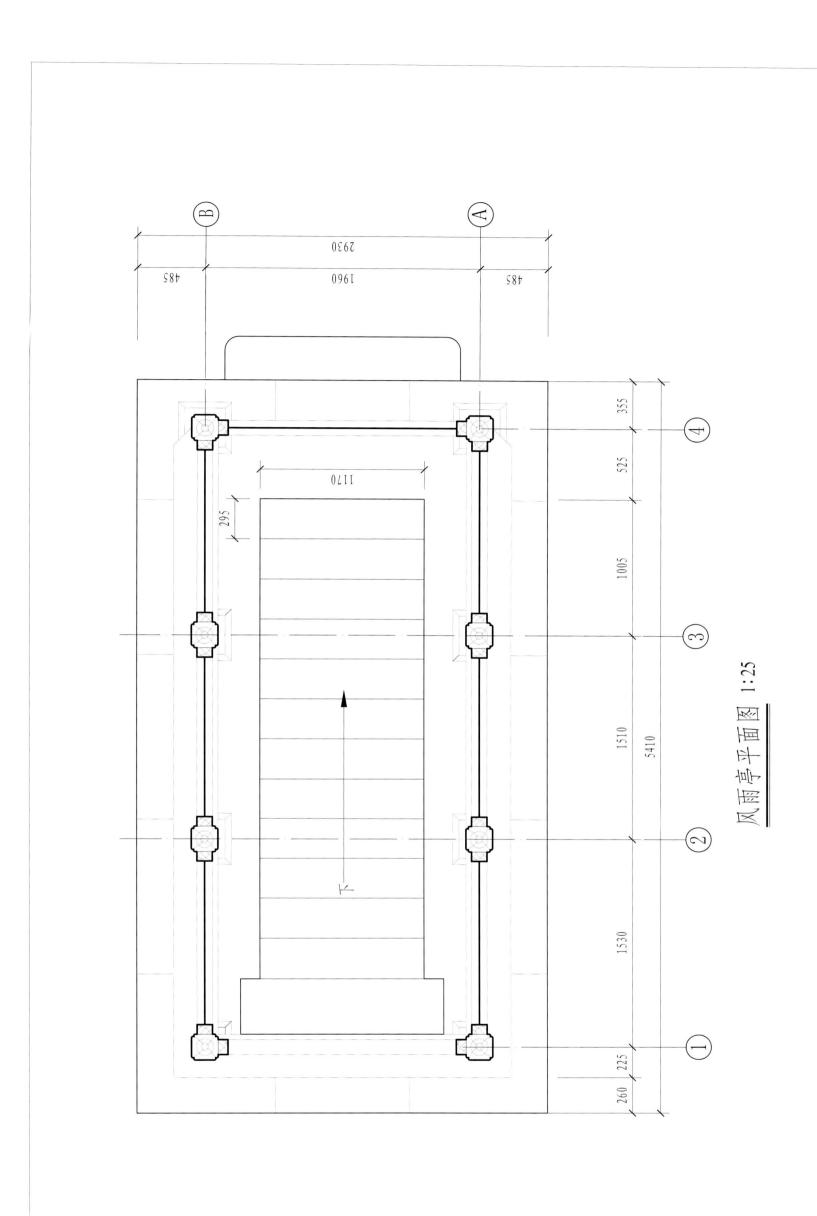

风雨亭平面图 1:25

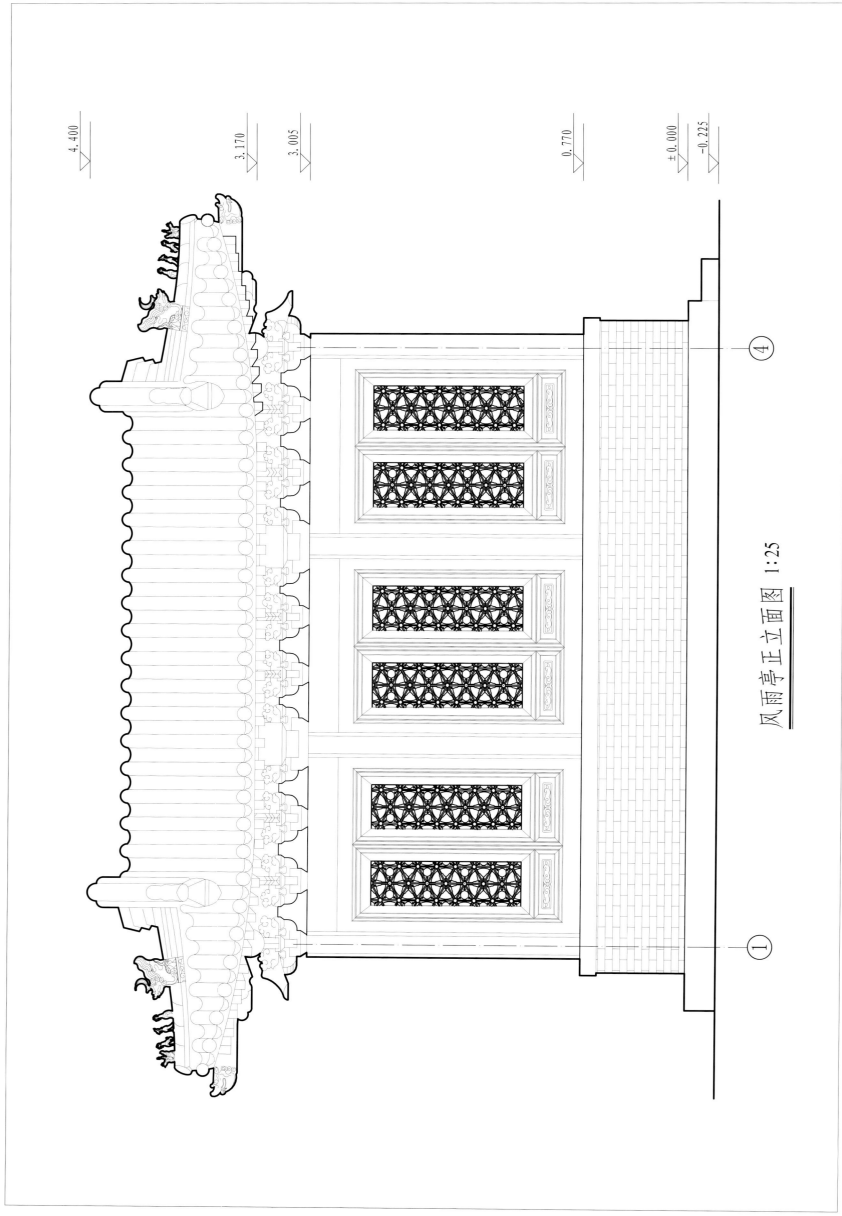

4.400

3.170

3.005

0.770

±0.000
-0.225

④

①

风雨亭正立面图 1:25

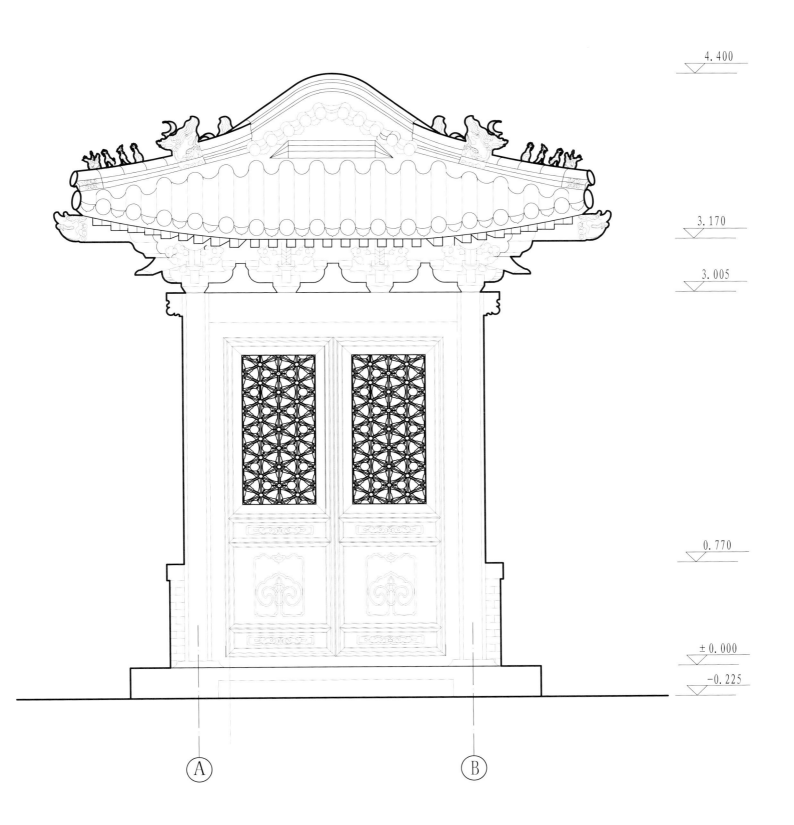

4.400

3.170

3.005

0.770

±0.000
−0.225

Ⓐ   Ⓑ

风雨亭侧立面图 1:25

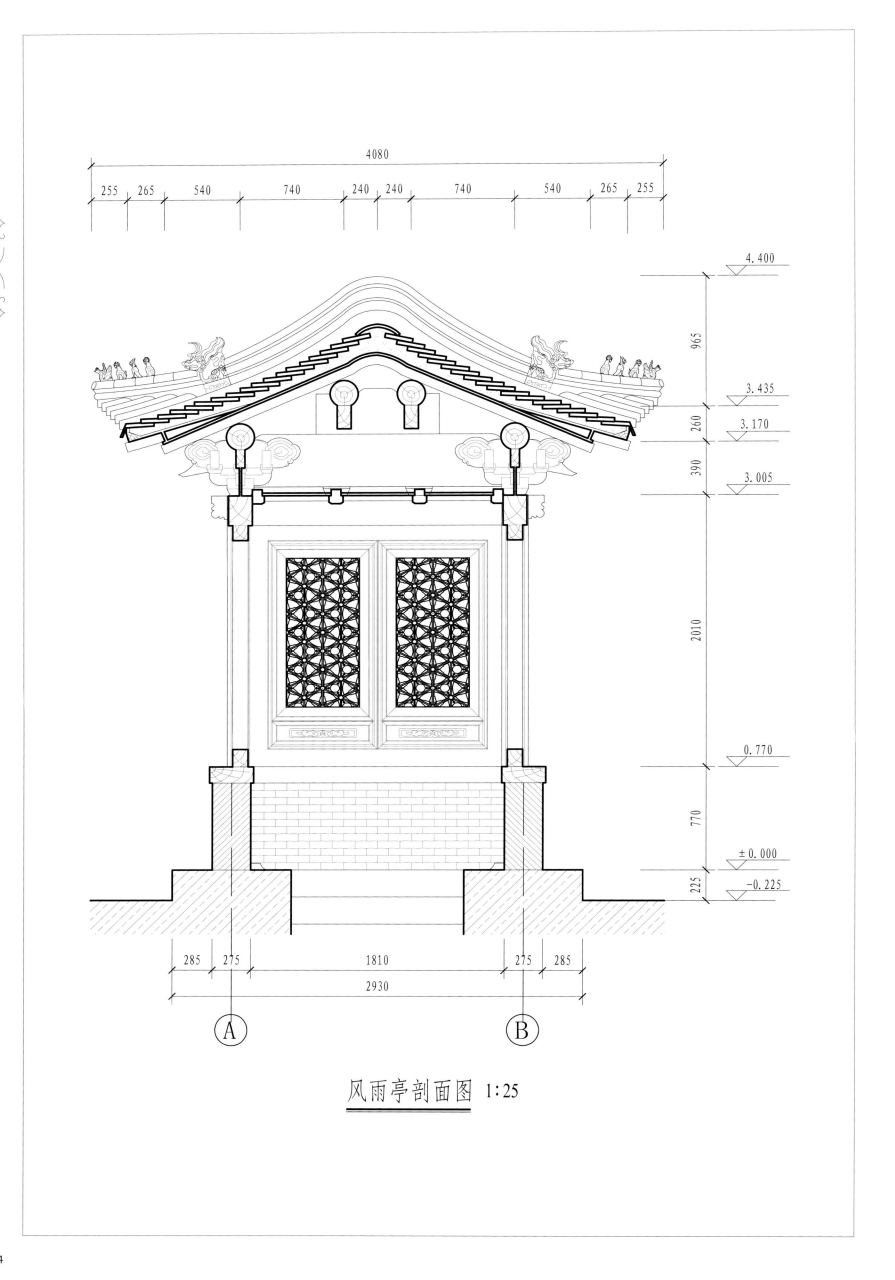

4080

255　265　540　740　240　240　740　540　265　255

4.400

965

3.435

260

3.170

390

3.005

2010

0.770

770

±0.000

225

-0.225

285　275　1810　275　285

2930

Ⓐ　　　　Ⓑ

风雨亭剖面图 1:25

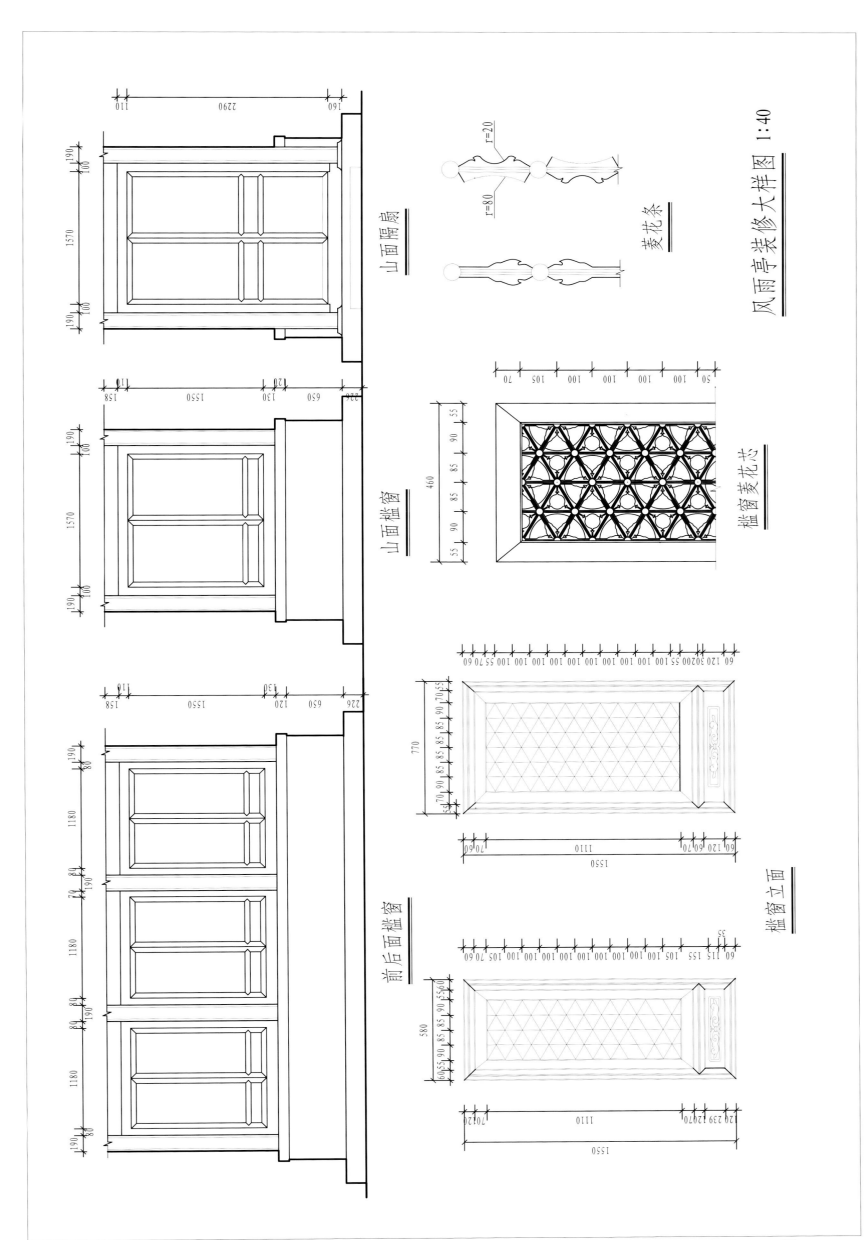

山面隔扇

菱花条

r=20

r=80

山面槛窗

槛窗菱花芯

风雨亭装修大样图　1:40

前后面槛窗

槛窗立面

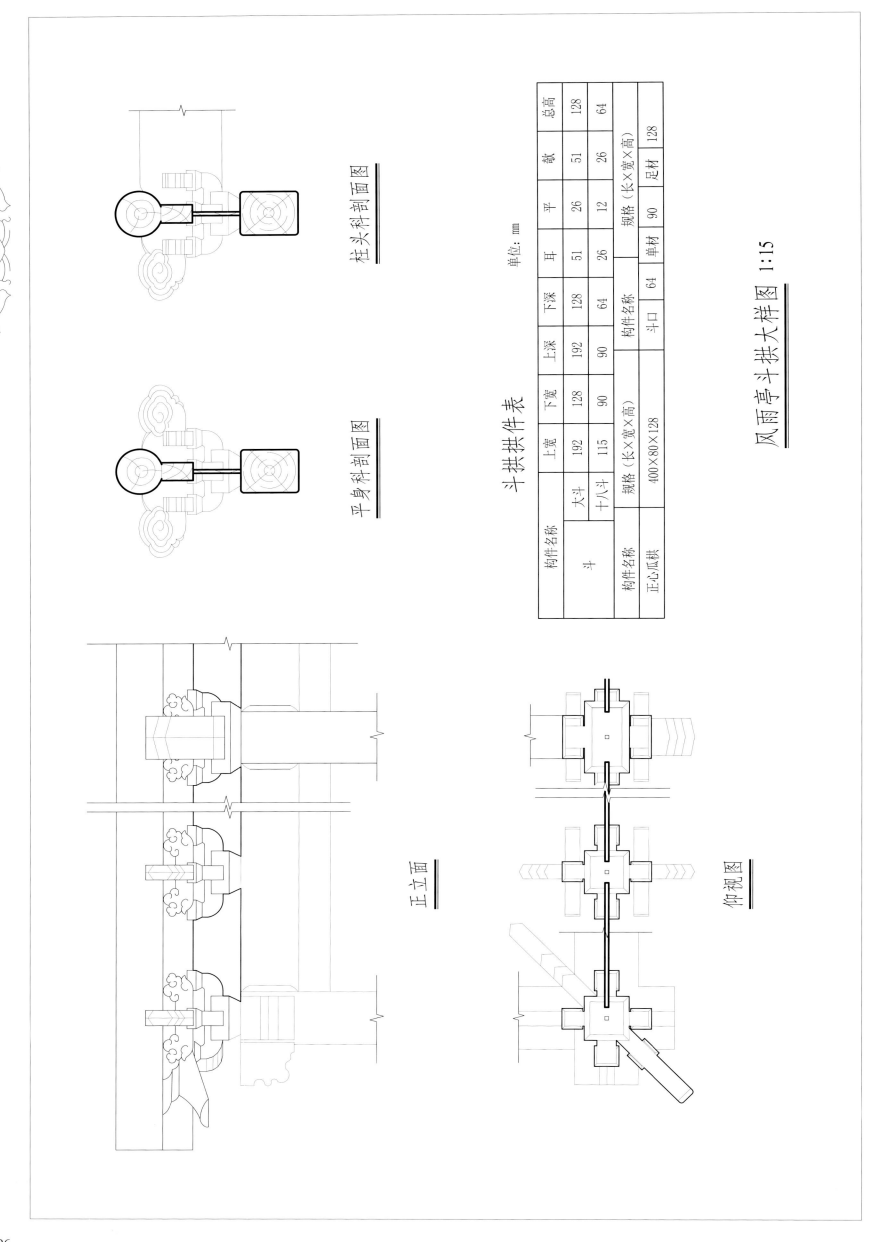

柱头科剖面图

平身科剖面图

斗拱拱件表

单位: mm

构件名称		规格（长×宽×高）	上宽	下宽	上深	下深	耳	平	敬	总高
斗	大斗	400×80×128	192	128	192	128	51	26	51	128
	十八斗	115	90	90	64	26	12	26	64

构件名称	斗口	单材	足材	规格（长×宽×高）	
正心瓜拱	64	90	128	构件名称	

正立面

仰视图

风雨亭斗拱大样图 1:15

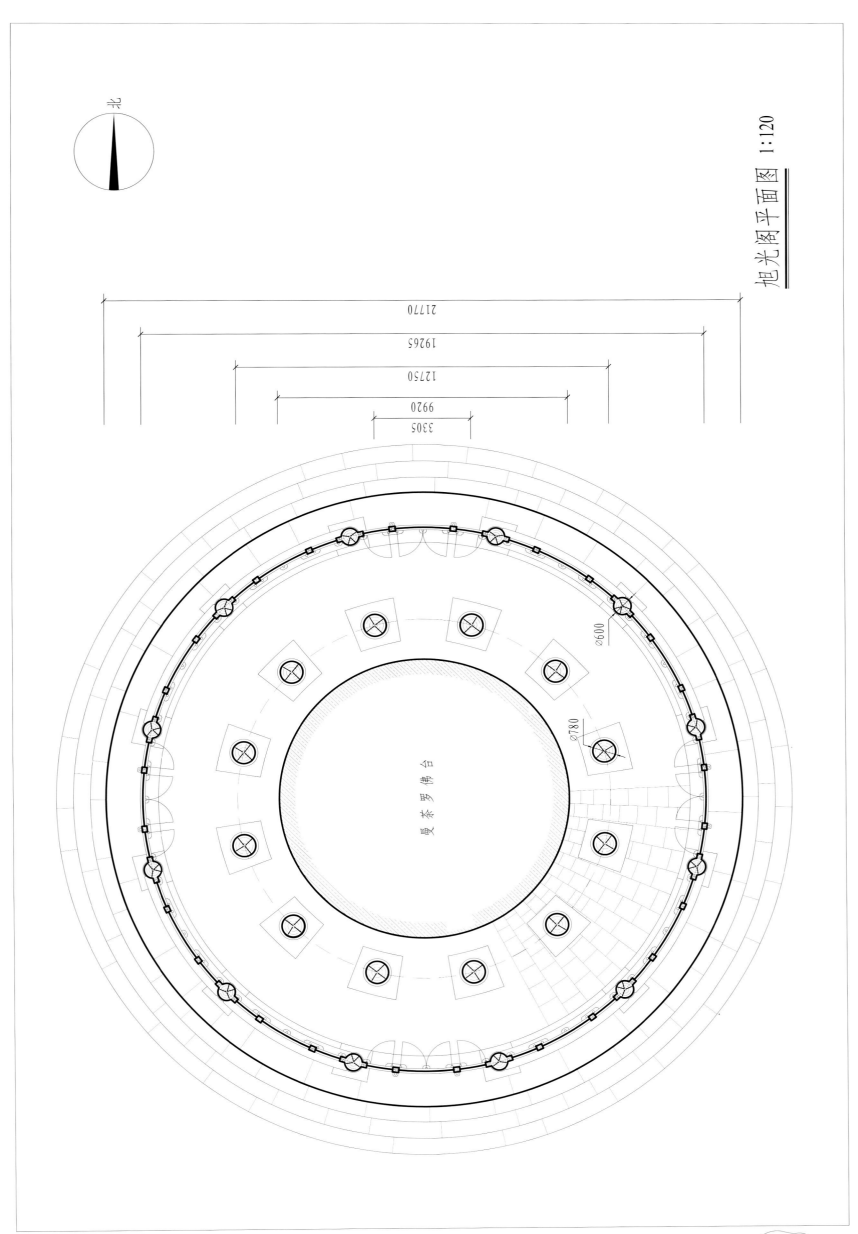

北

旭光阁平面图 1:120

21770

19265

12750

9920

3305

∅600

∅780

夏奈罗佛阁台

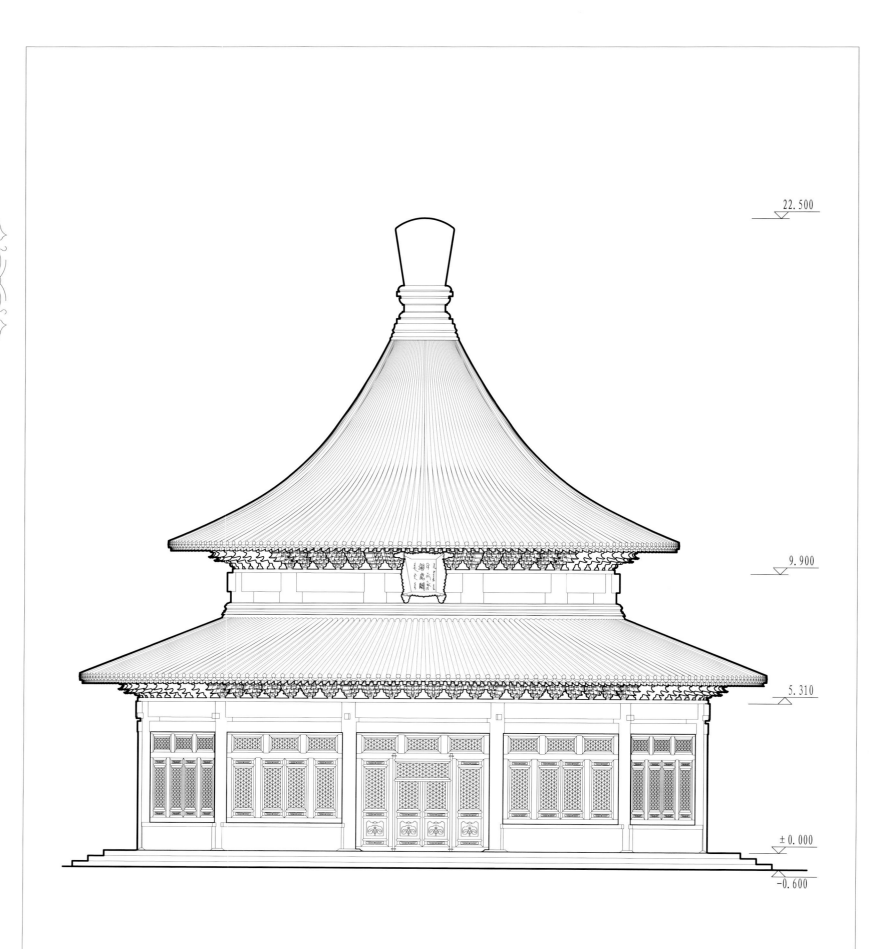

22.500

9.900

5.310

± 0.000

−0.600

旭光阁东立面图 1:120

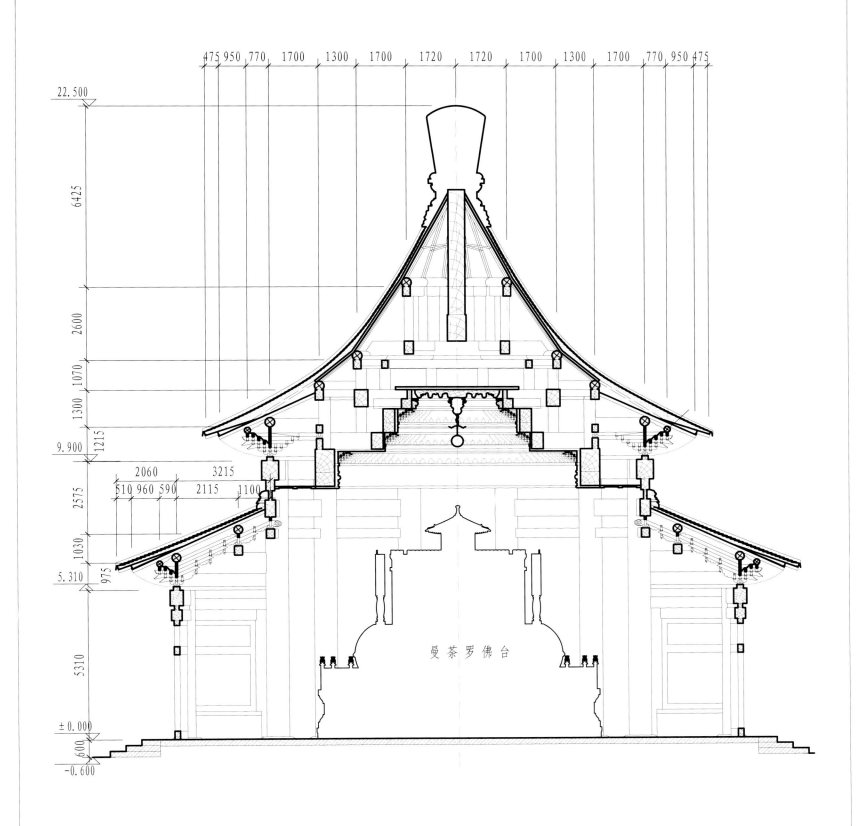

475 950 770 1700 1300 1700 1720 1720 1700 1300 1700 770 950 475

22.500

6425

2600

1070

1300

9.900

1215

2060 3215

2575

510 960 590 2115 1100

1030

5.310

975

曼荼罗佛台

5310

±0.000

600

-0.600

旭光阁剖面图 1:100

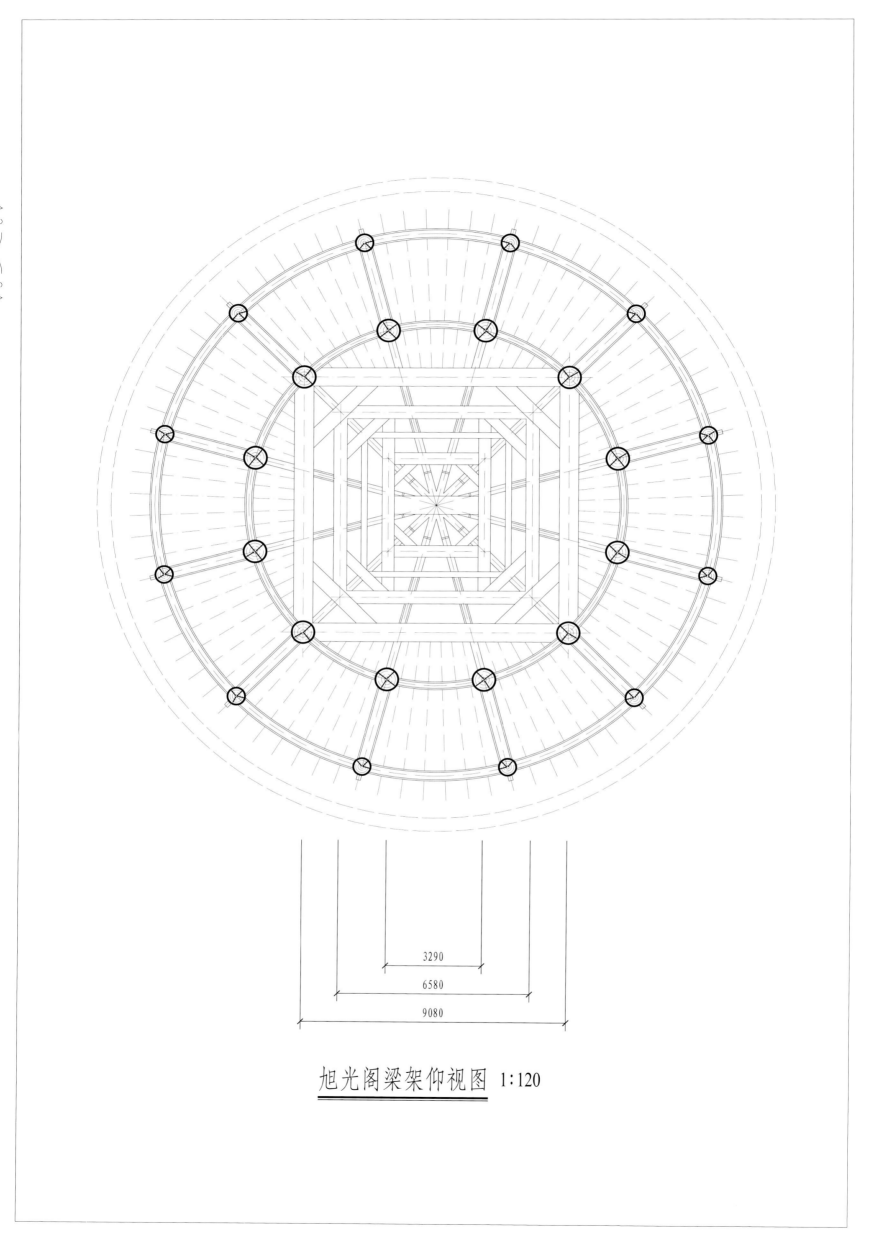

3290

6580

9080

旭光阁梁架仰视图 1:120

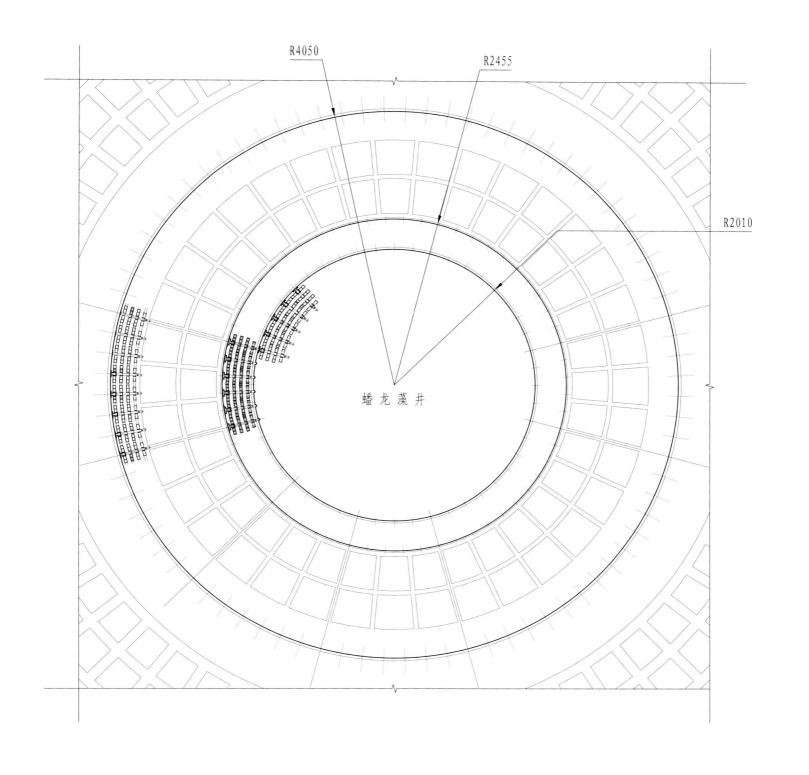

R4050

R2455

R2010

蟠龙藻井

旭光阁藻井仰视图 1:50

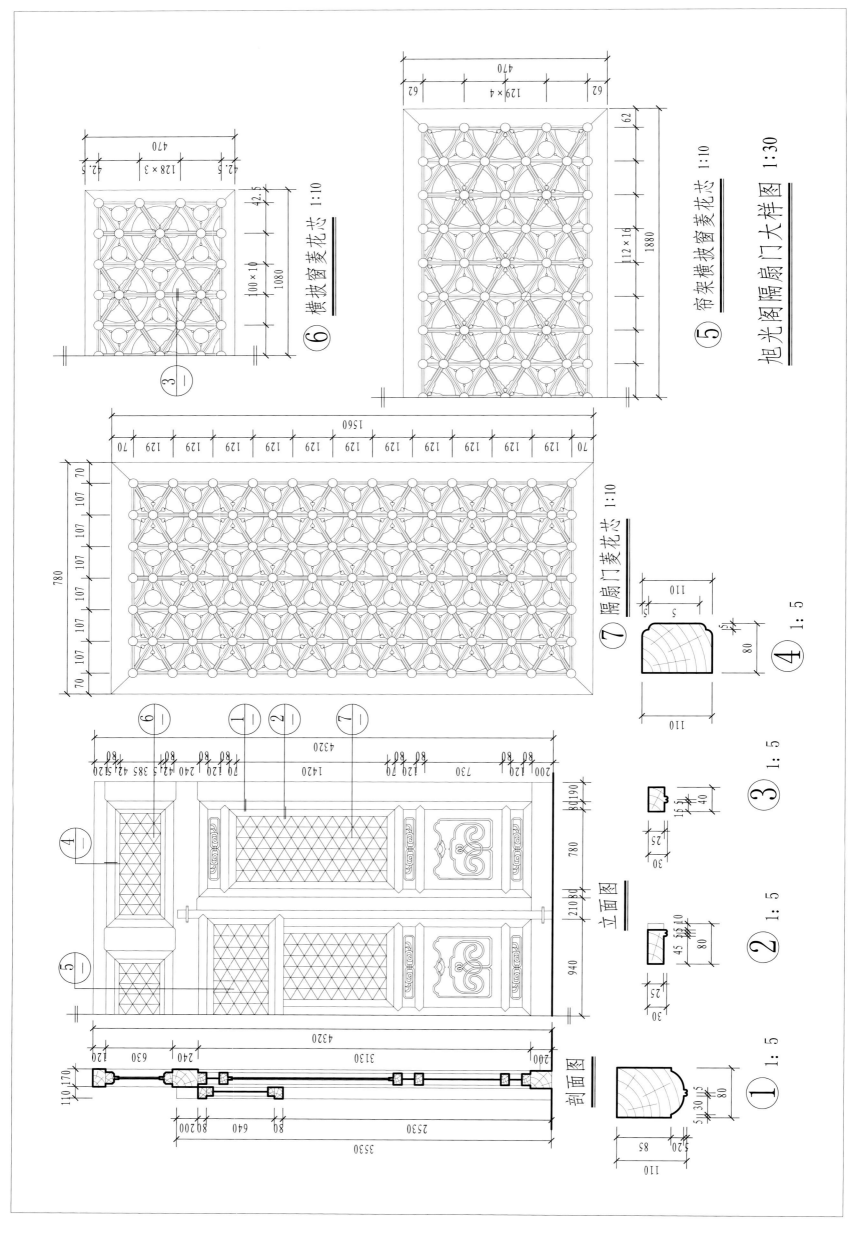

横披窗菱花芯 1:10

⑥

帘架横披窗菱花芯 1:10

⑤

旭光阁隔扇门大样图 1:30

隔扇门菱花芯 1:10

⑦

④ 1:5

立面图

剖面图

③ 1:5

② 1:5

① 1:5

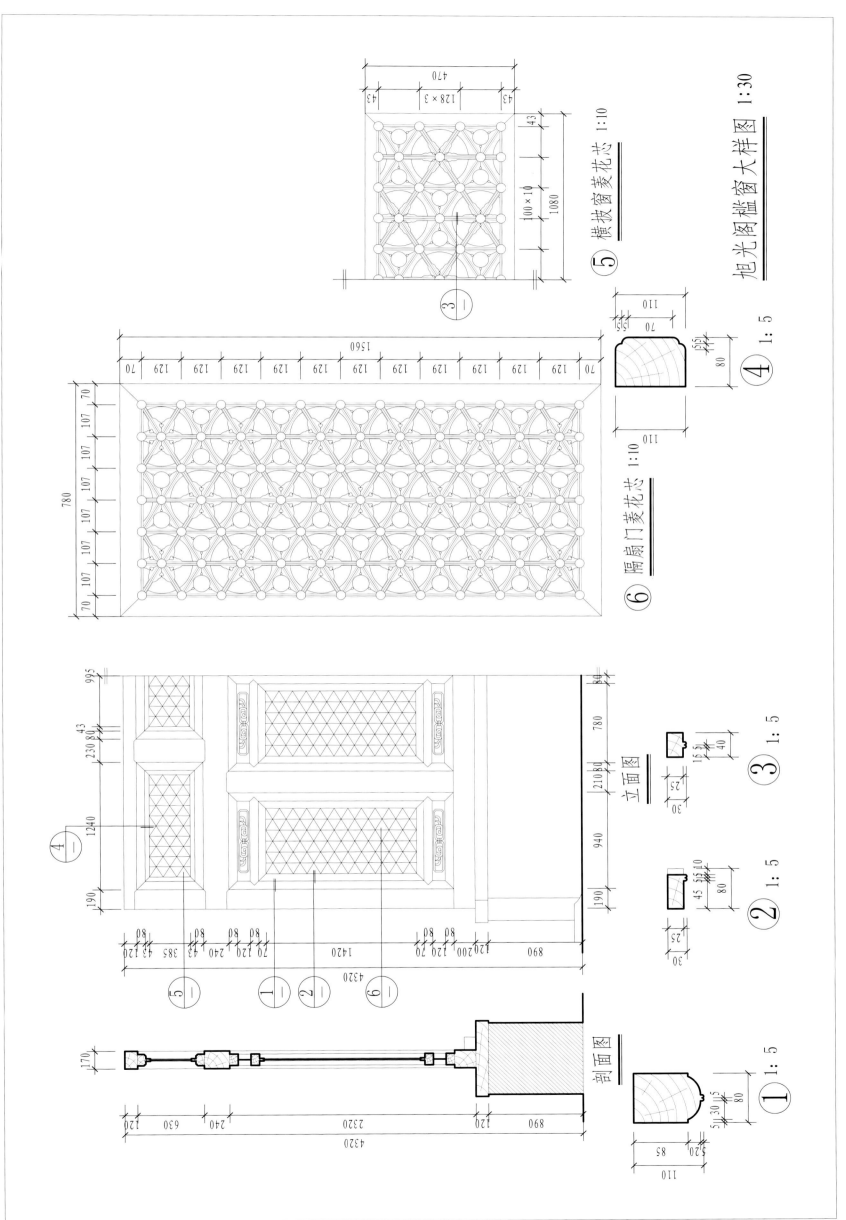

旭光阁槛窗大样图 1:30

⑤ 横披窗菱花芯 1:10

⑥ 隔扇门菱花芯 1:10

④ 1:5

③ 1:5

② 1:5

① 1:5

立面图

剖面图

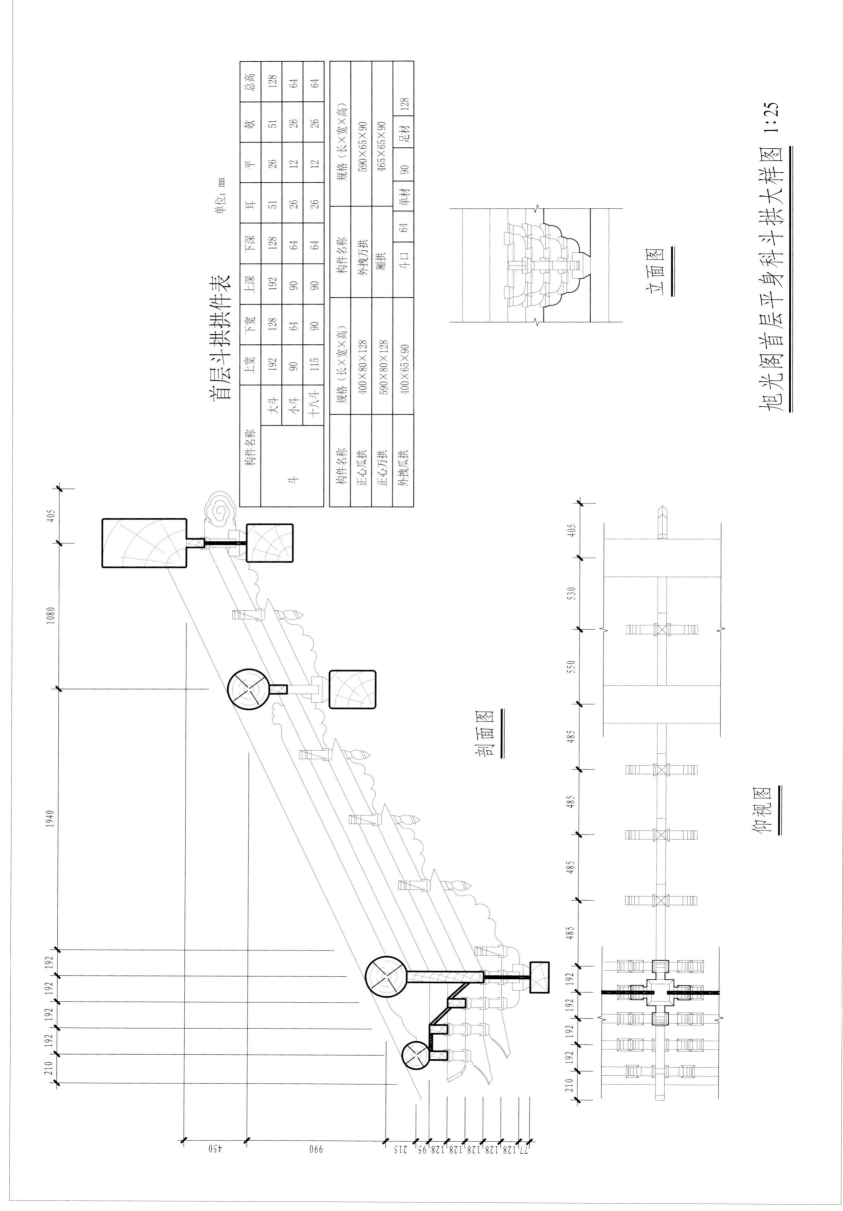

首层斗拱拱件表

单位：mm

构件名称		上宽	下宽	上深	下深	耳	平	欹	总高
斗	大斗	192	128	192	128	51	26	51	128
	小斗	90	64	90	64	26	12	26	64
	十八斗	115	90	90	64	26	12	26	64

构件名称	规格（长×宽×高）	构件名称	规格（长×宽×高）
正心瓜拱	400×80×128	外拽万拱	590×65×90
正心万拱	590×80×128	厢拱	465×65×90
外拽瓜拱	400×65×90	斗口	64	单材	90	足材	128

立面图

剖面图

仰视图

旭光阁首层平身科斗拱大样图 1:25

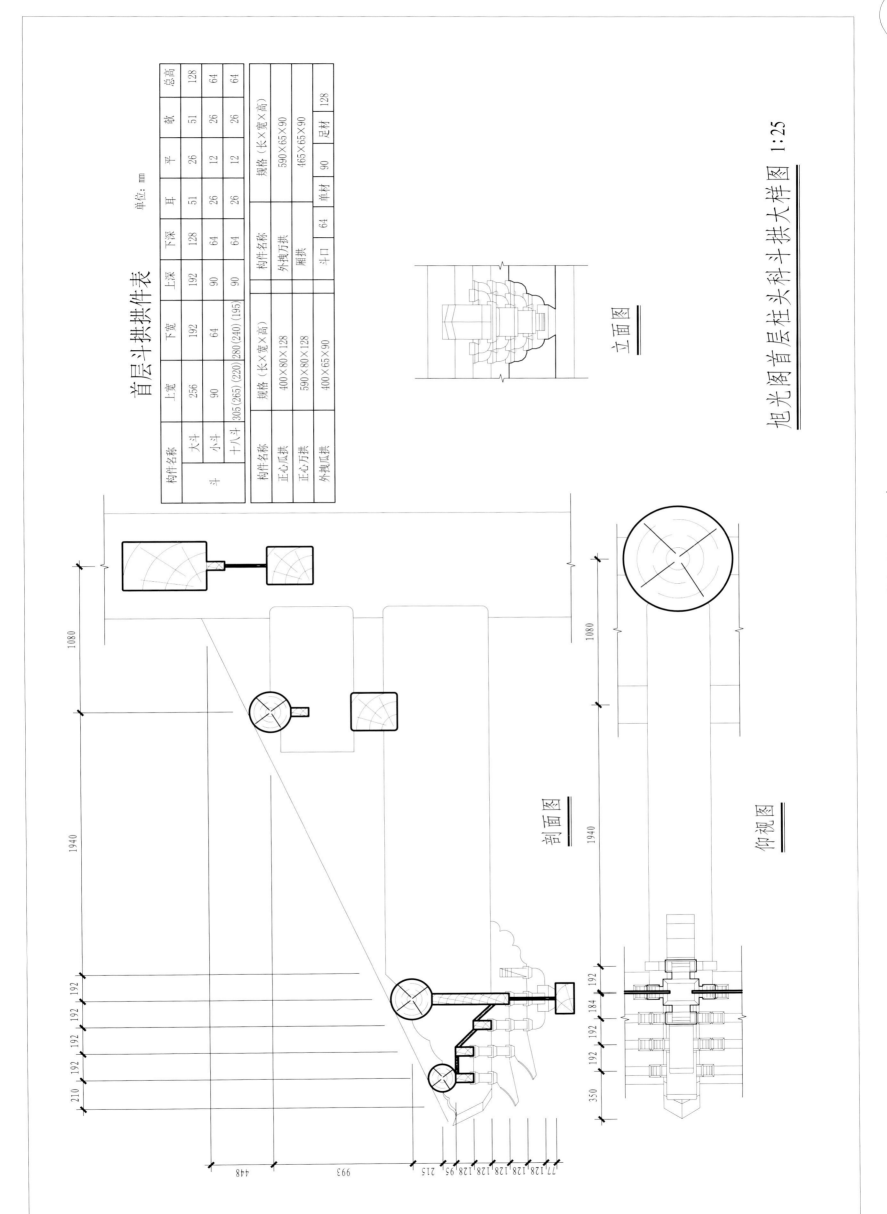

首层斗拱拱件表

单位: mm

构件名称		上宽	下宽	上深	下深	耳	平	敧	总高
斗	大斗	256	192	192	128	51	26	51	128
	小斗	90	64	90	64	26	12	26	64
	十八斗	305 (265) (220)	280 (240) (195)	90	64	26	12	26	64

构件名称	规格 (长×宽×高)
正心瓜拱	400×80×128
正心万拱	590×80×128
外拽瓜拱	400×65×90

构件名称	规格 (长×宽×高)
外拽万拱	590×65×90
厢拱	465×65×90

斗口	64	单材	90	足材	128

立面图

剖面图

仰视图

旭光阁首层柱头科斗拱大样图 1:25

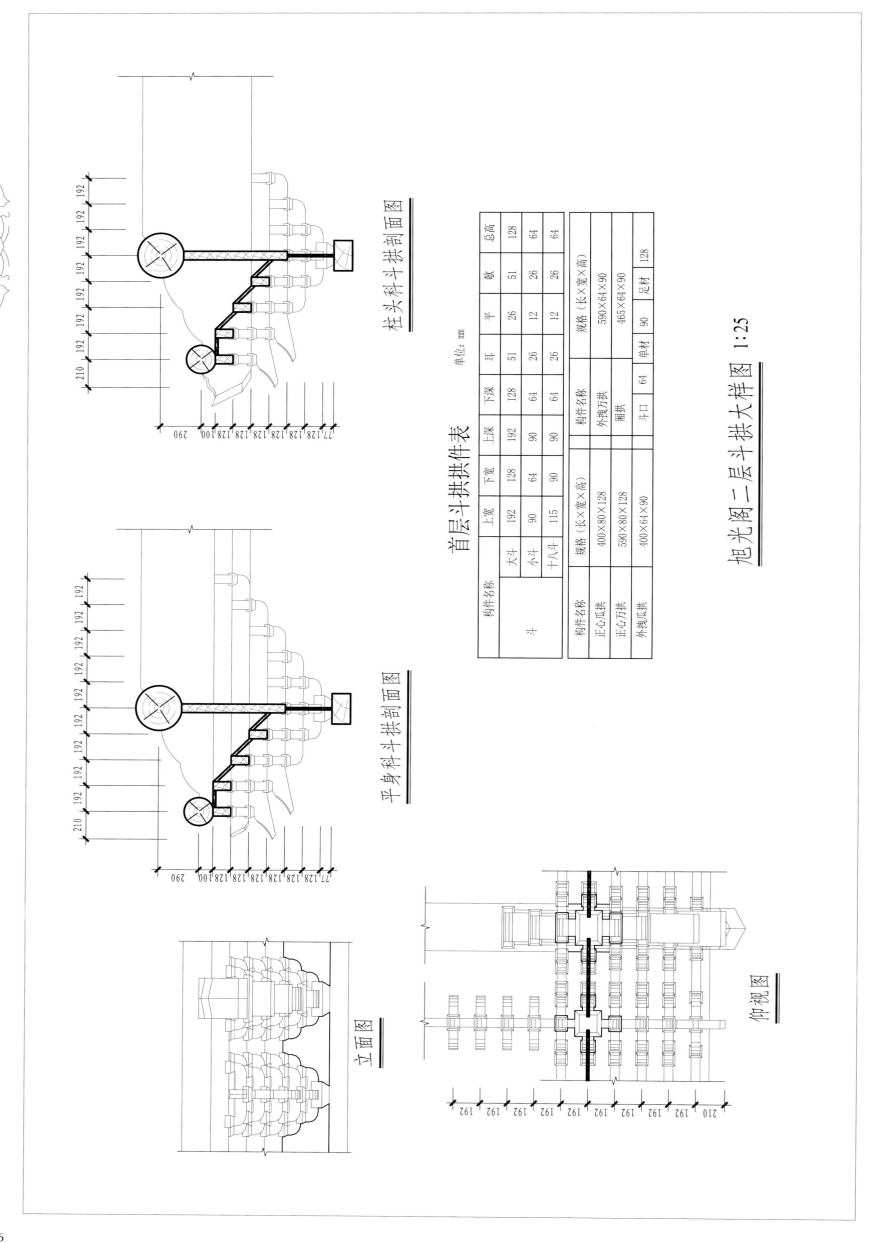

柱头科斗拱剖面图

平身科斗拱剖面图

首层斗拱拱件表

单位：mm

构件名称		上宽	下宽	上深	下深	耳	平	欹	总高
斗	大斗	192	128	192	128	51	26	51	128
	小斗	90	64	90	64	26	12	26	64
	十八斗	115	90	90	64	26	12	26	64

构件名称	规格（长×宽×高）
正心瓜拱	400×80×128
正心万拱	590×80×128
外拽瓜拱	400×64×90

构件名称		规格（长×宽×高）
外拽万拱		590×64×90
厢拱		465×64×90
斗口	64	单材	90	足材	128

旭光阁二层斗拱大样图 1:25

立面图

仰视图

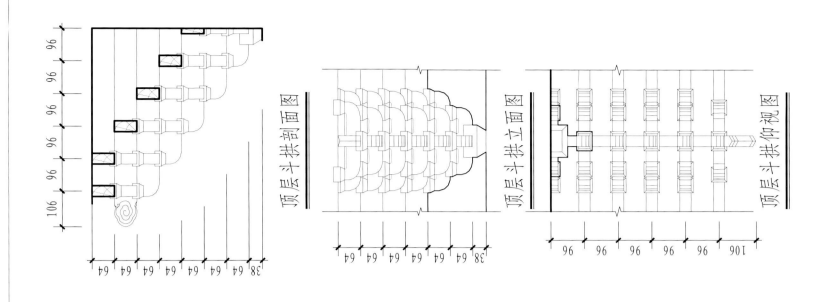

顶层斗拱剖面图　　顶层斗拱立面图　　顶层斗拱仰视图

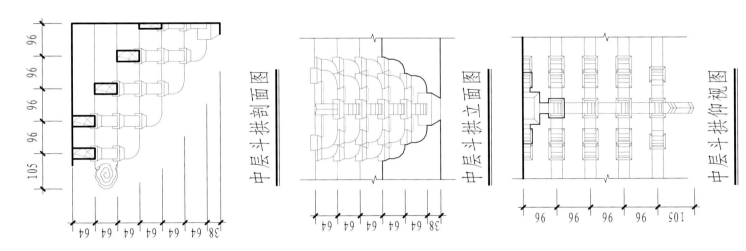

中层斗拱剖面图　　中层斗拱立面图　　中层斗拱仰视图

藻井斗拱大样图 1:10

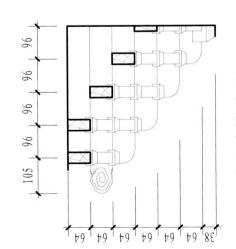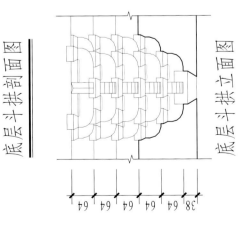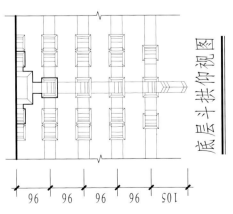

底层斗拱剖面图　　底层斗拱立面图　　底层斗拱仰视图

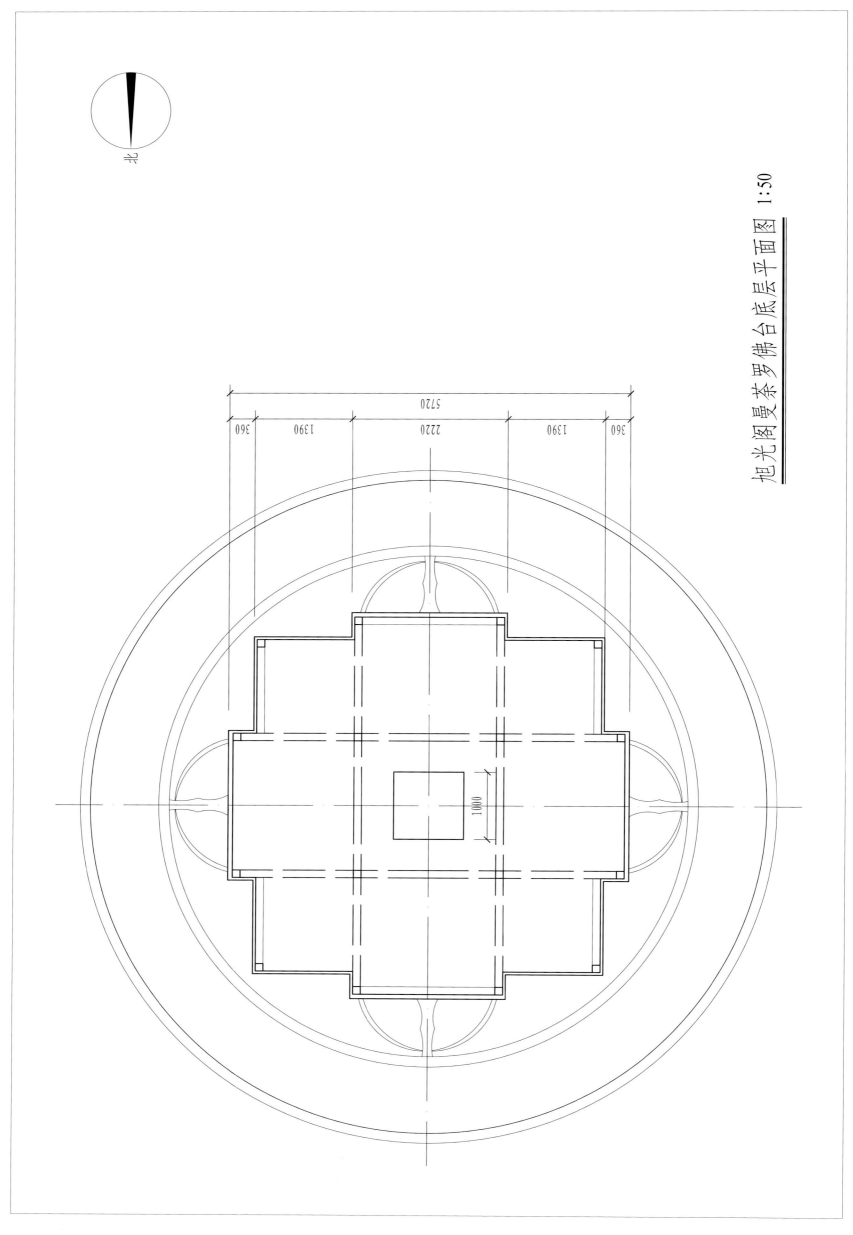

旭光阁曼荼罗佛台底层平面图 1:50

北

5720
360 1390 2220 1390 360

1000

承德普乐寺文物保护工程实录

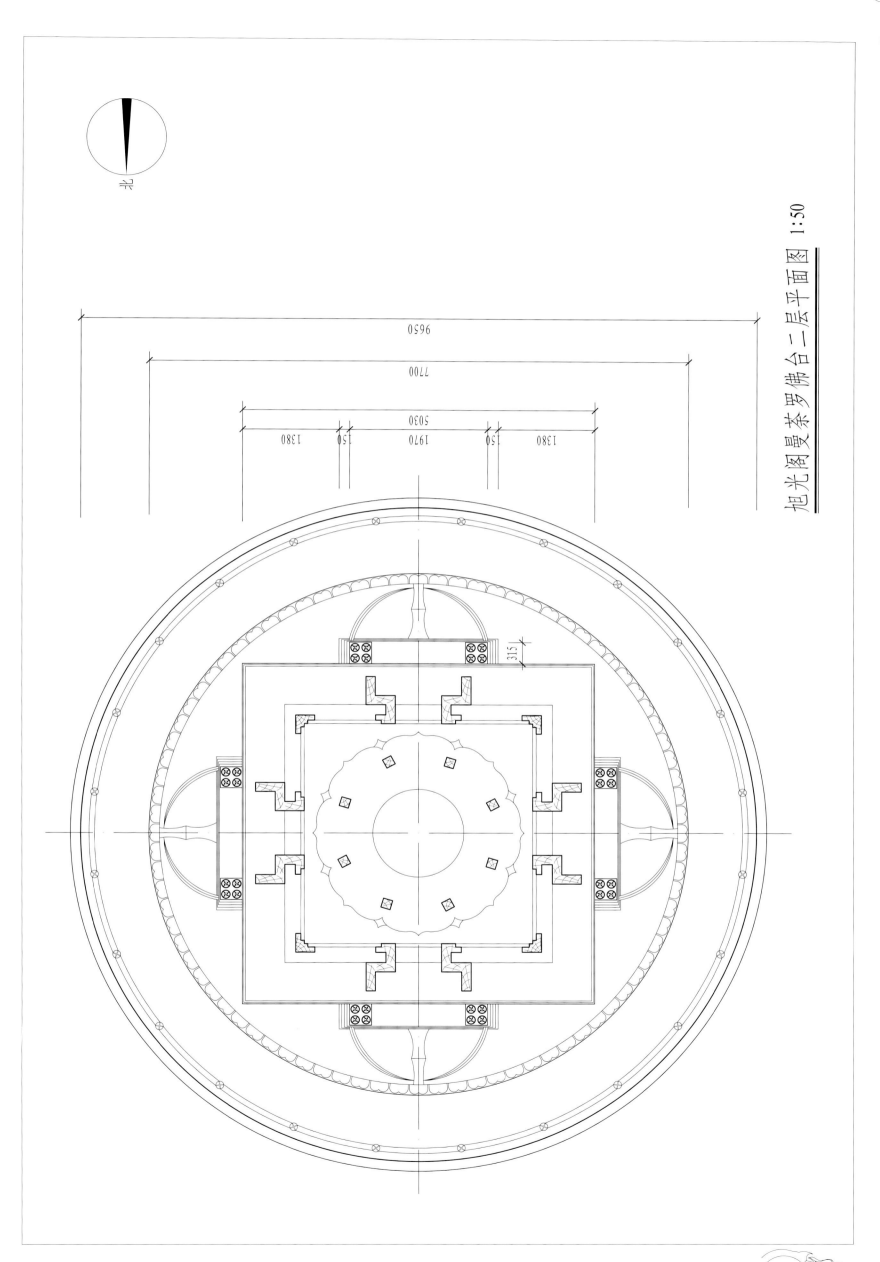

旭光阁曼荼罗佛台二层平面图 1:50

北

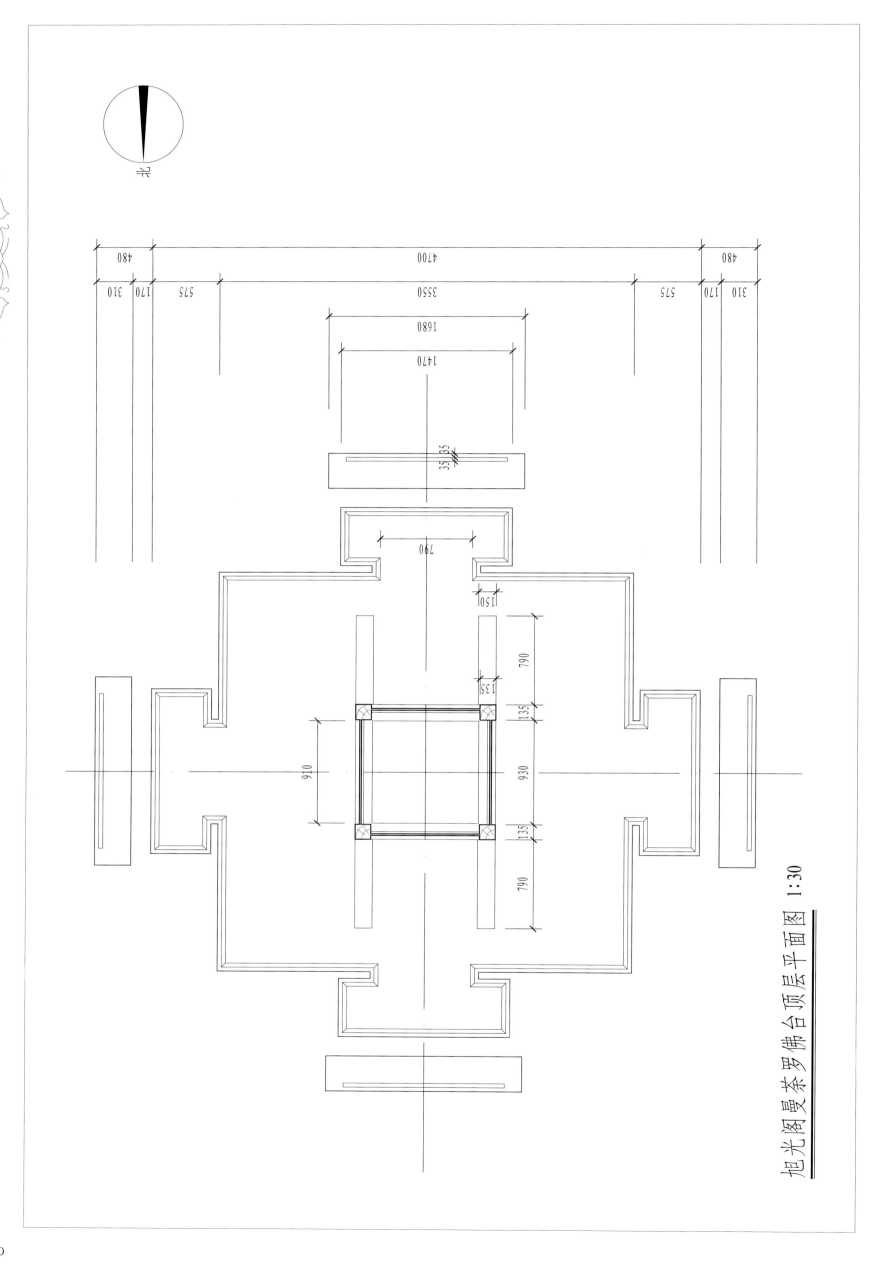

北

480 4700 480

310 170 575 3550 575 170 310

1680

1470

35 35

790

150

790

135

135 930 135

910

790

旭光阁曼荼罗佛台顶层平面图 1:30

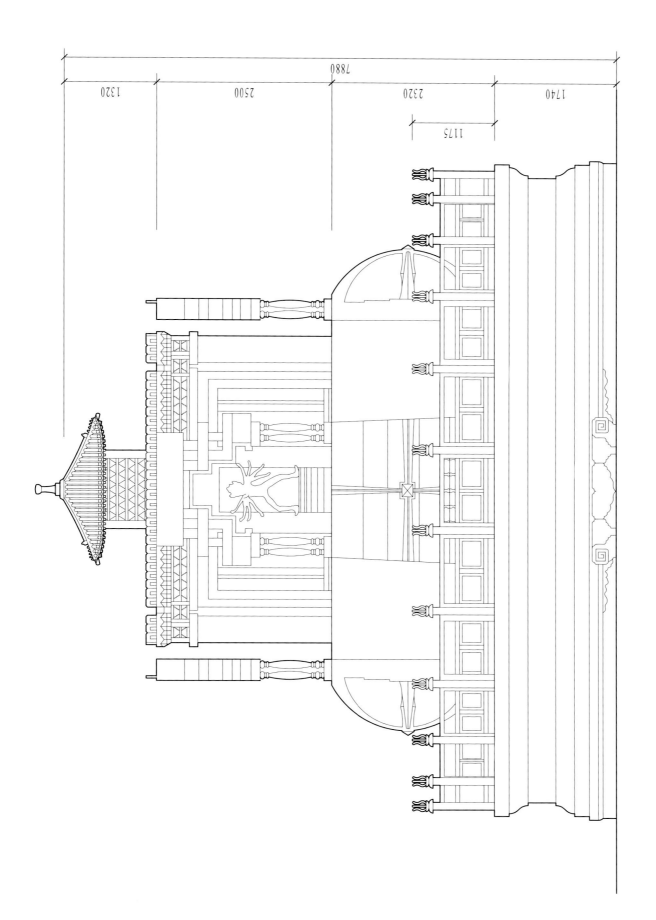

旭光阁曼荼罗佛台立面图 1:50

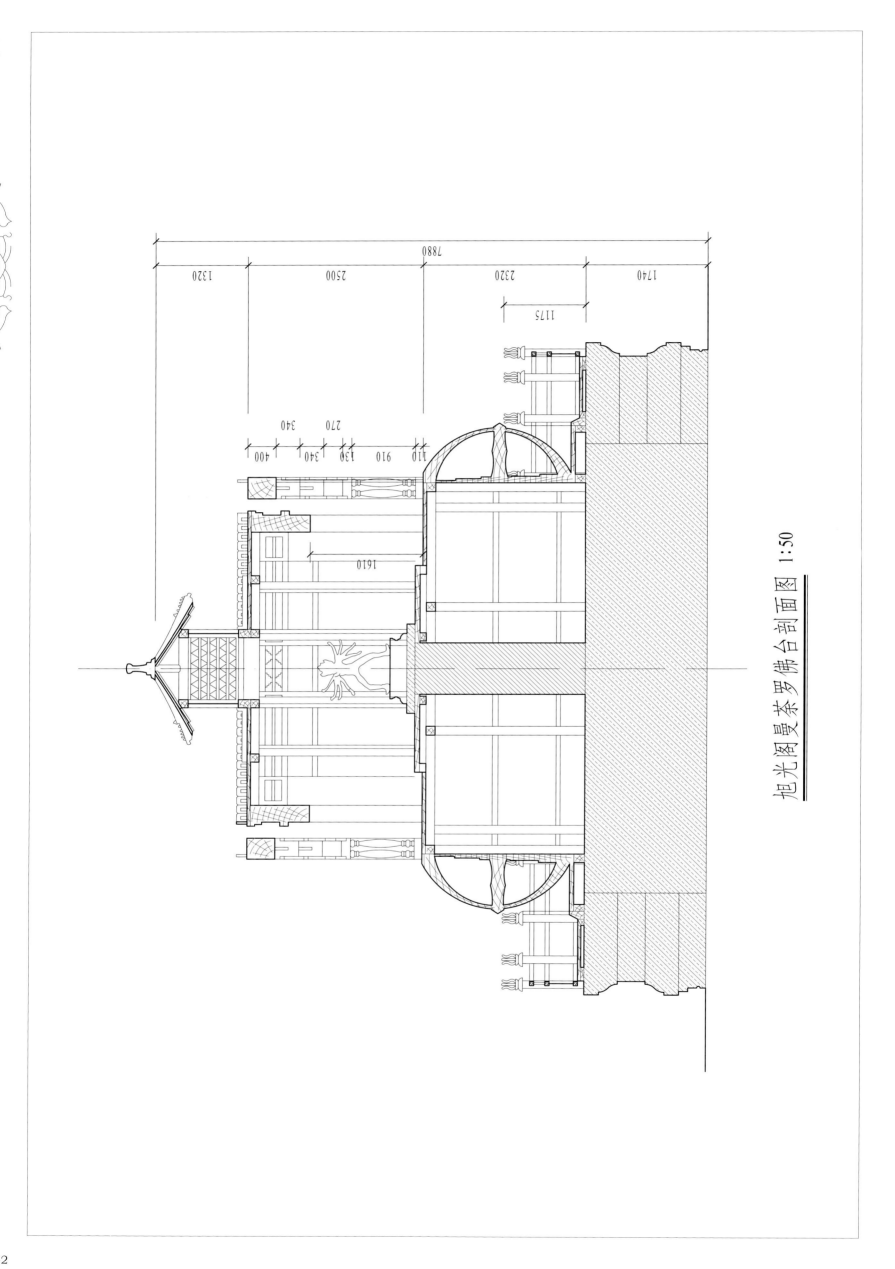

旭光阁曼荼罗佛台剖面图 1:50

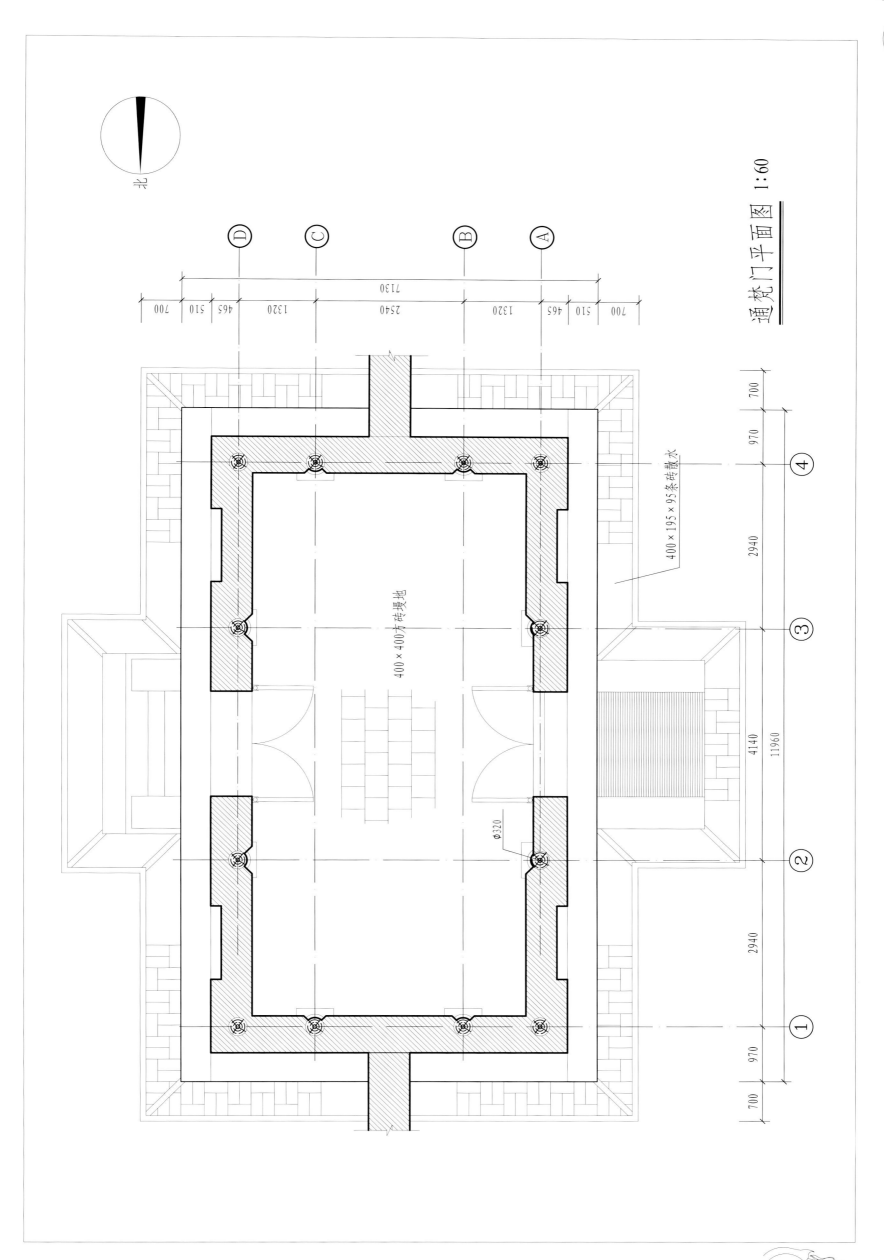

通梵门平面图 1:60

北

D
C
B
A

7130
700 510 465 1320 2540 1320 465 510 700

400×195×95条砖散水

400×400方砖墁地

Φ320

700 970 2940 4140 11960 2940 970 700

4 3 2 1

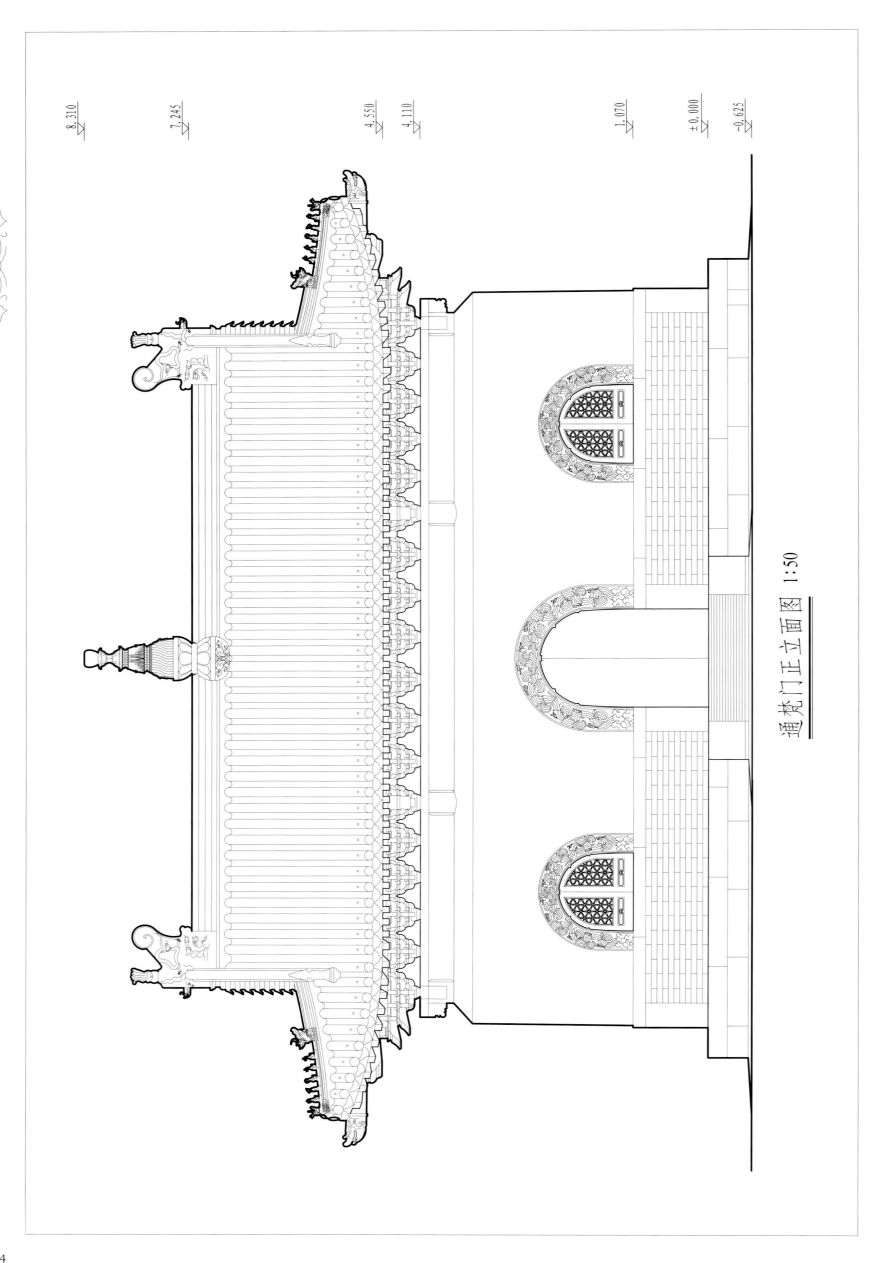

通梵门正立面图 1:50

8.310

7.245

4.550

4.110

1.070

±0.000

-0.625

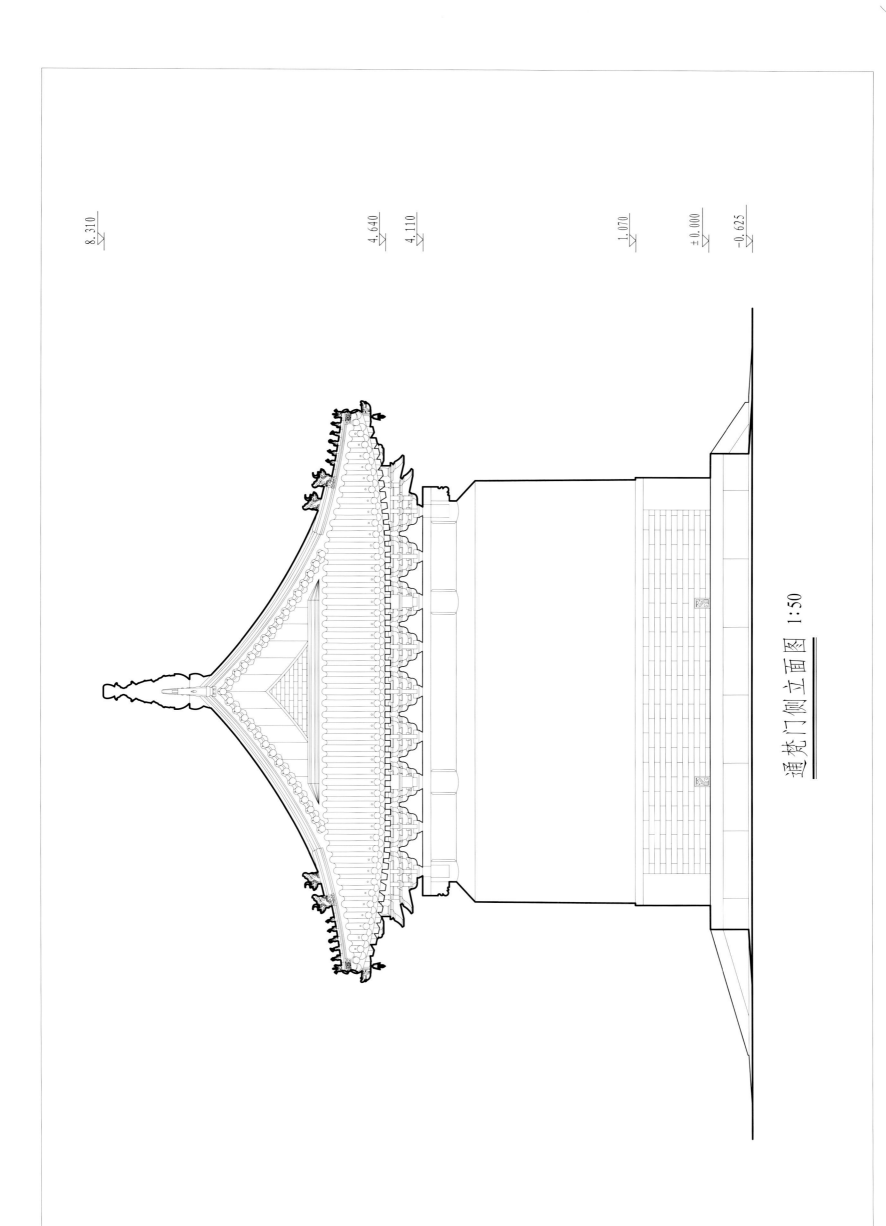

通梵门侧立面图 1:50

8.310

4.640
4.110

1.070

± 0.000
−0.625

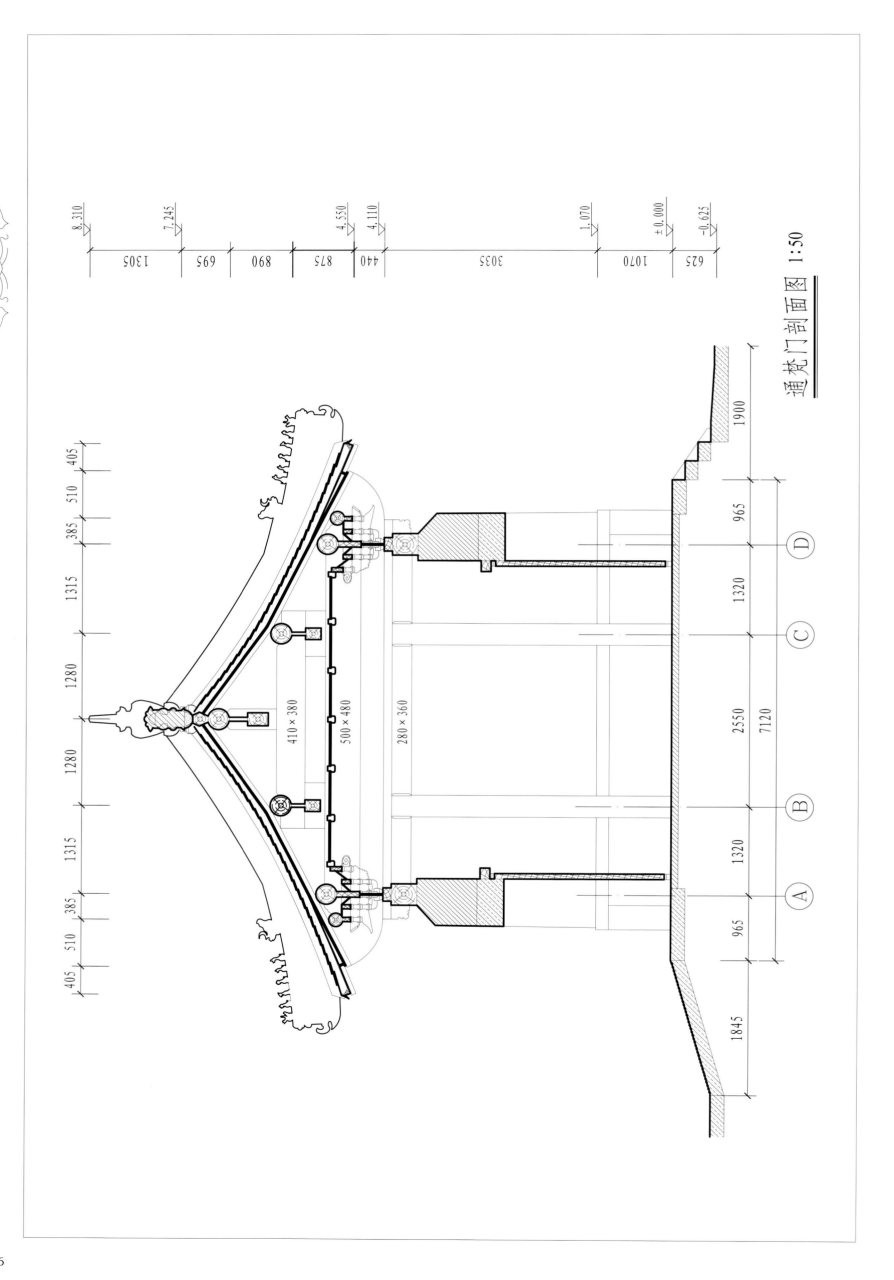

通梵门剖面图 1:50

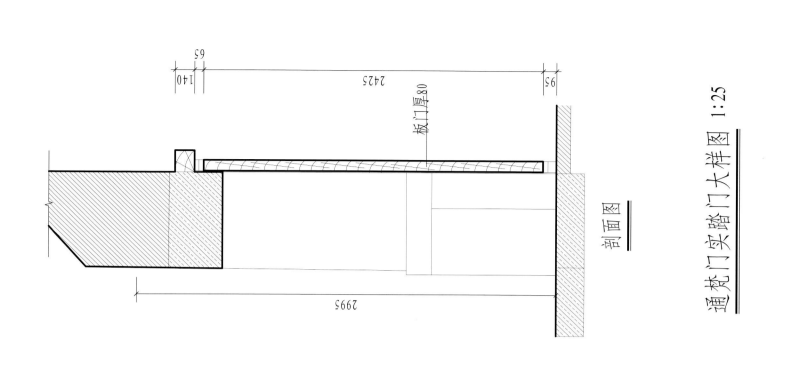

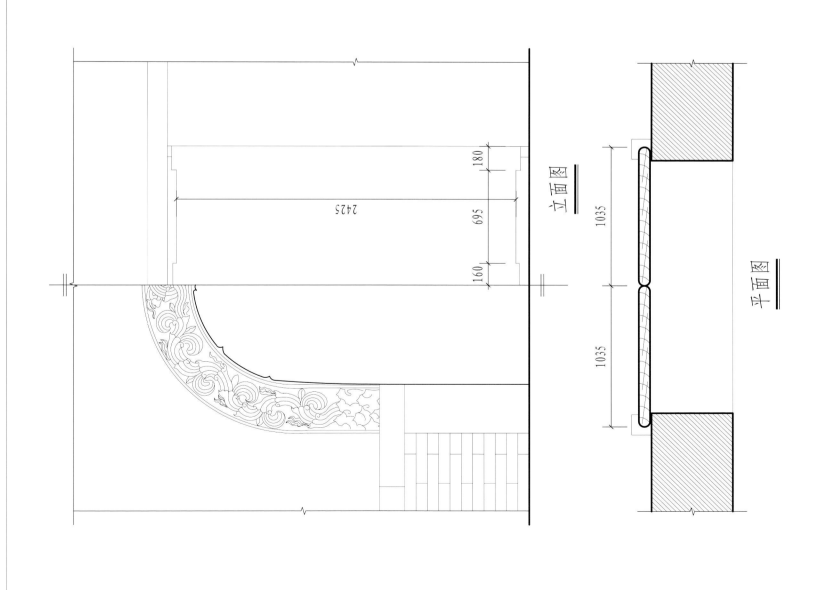

通梵门实踏门大样图 1:25

剖面图

板门厚80

65
140
2425
95
2995

立面图

180
2425
695
160

平面图

1035
1035

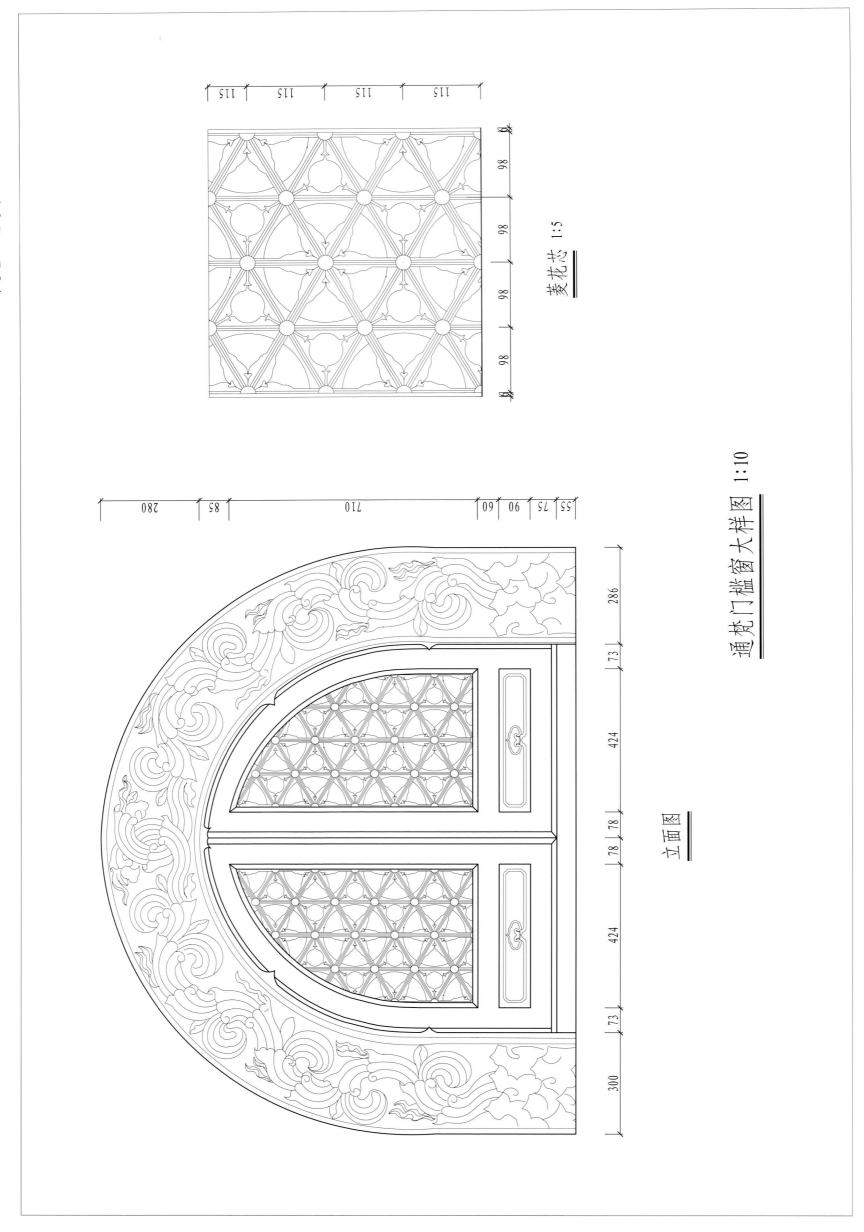

菱花芯 1:5

立面图

通梵门槛窗大样图 1:10

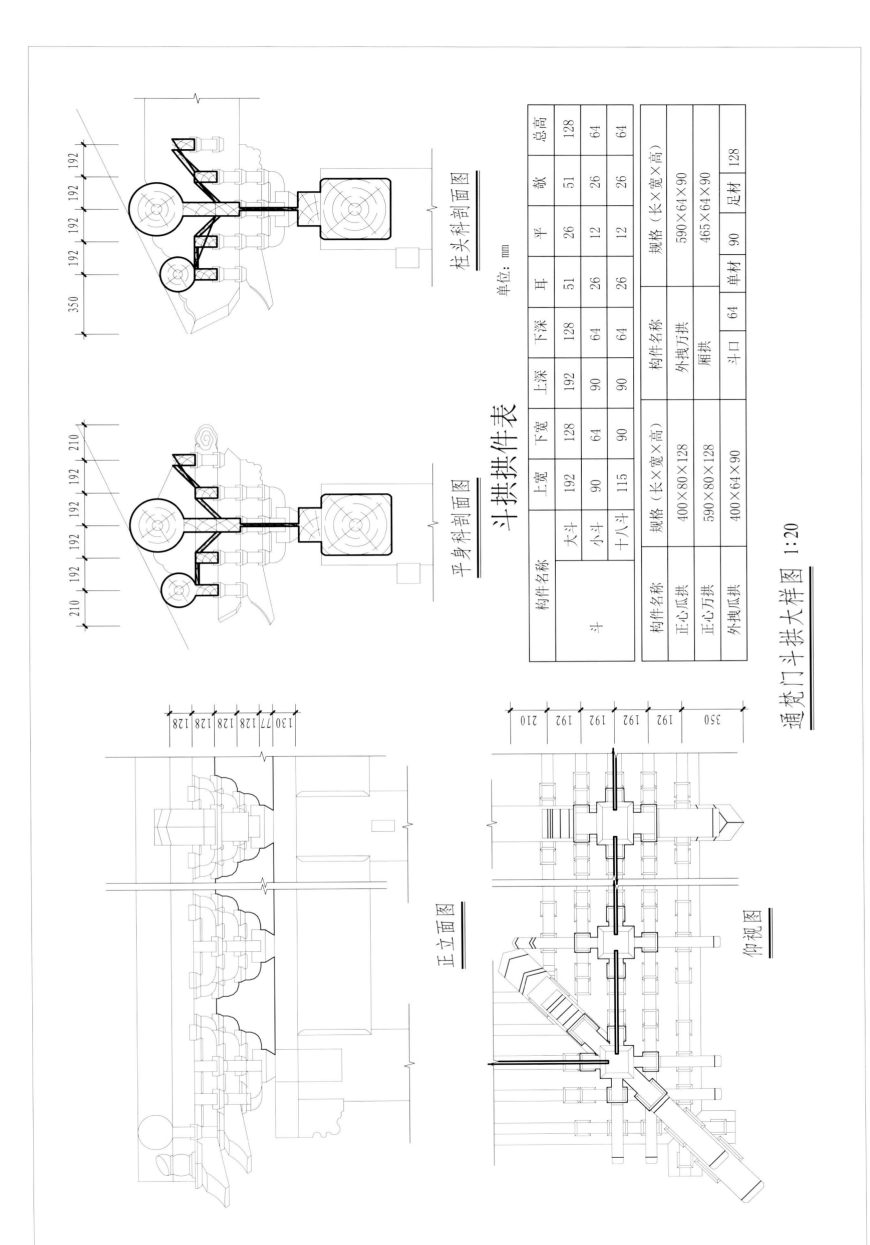

斗拱拱件表

单位：mm

柱头科剖面图

平身科剖面图

构件名称		上宽	下宽	上深	下深	耳	平	欹	总高
斗	大斗	192	128	192	128	51	26	51	128
	小斗	90	64	90	64	26	12	26	64
	十八斗	115	90	90	64	26	12	26	64

构件名称	规格（长×宽×高）
正心瓜拱	400×80×128
正心万拱	590×80×128
外拽瓜拱	400×64×90
外拽万拱	590×64×90
厢拱	465×64×90
斗口 64	单材 90　足材 128

通梵门斗拱大样图 1:20

正立面图

仰视图

普乐寺柱门大样图 1:2

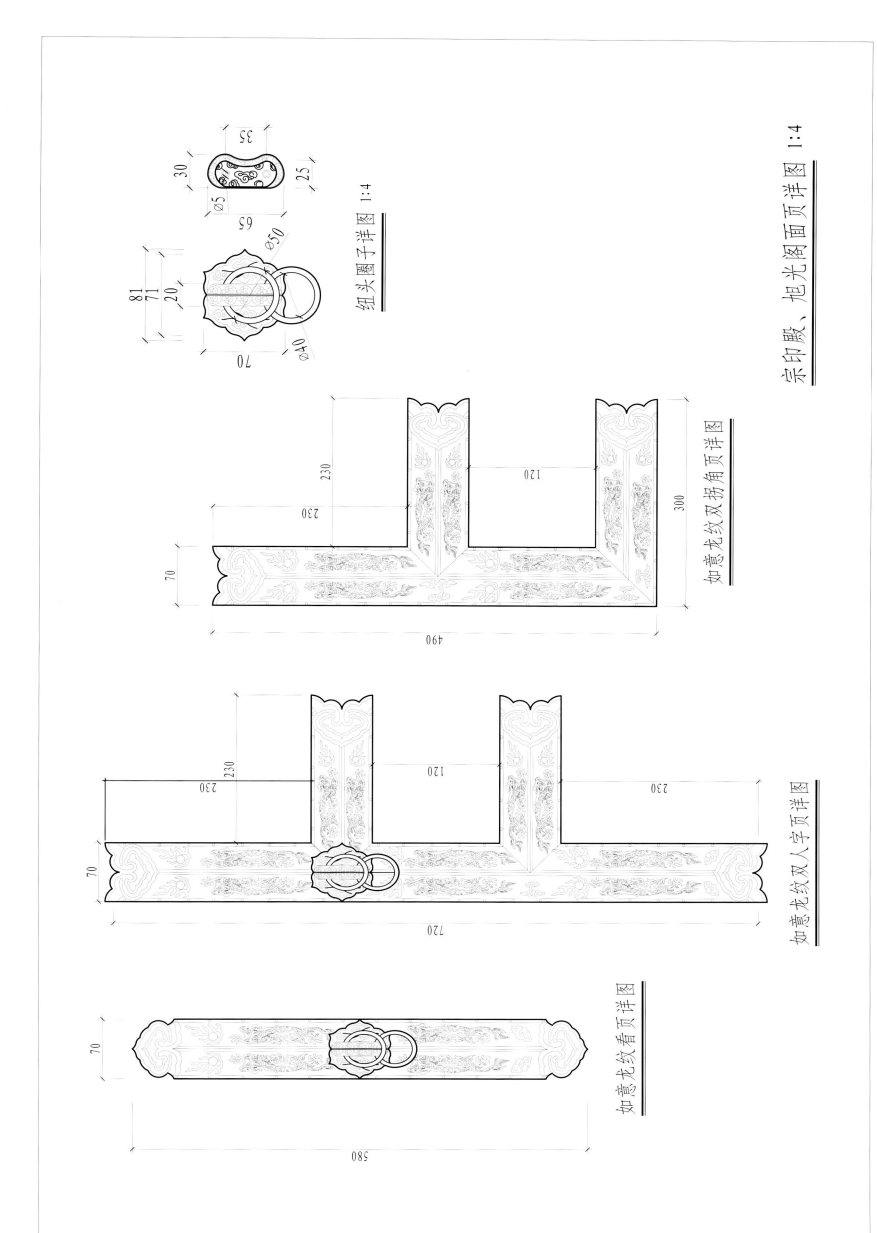

宗印殿、旭光阁面页详图 1:4

纽头圈子详图 1:4

如意龙纹双拐角页详图

如意龙纹双八字页详图

如意龙纹看页详图

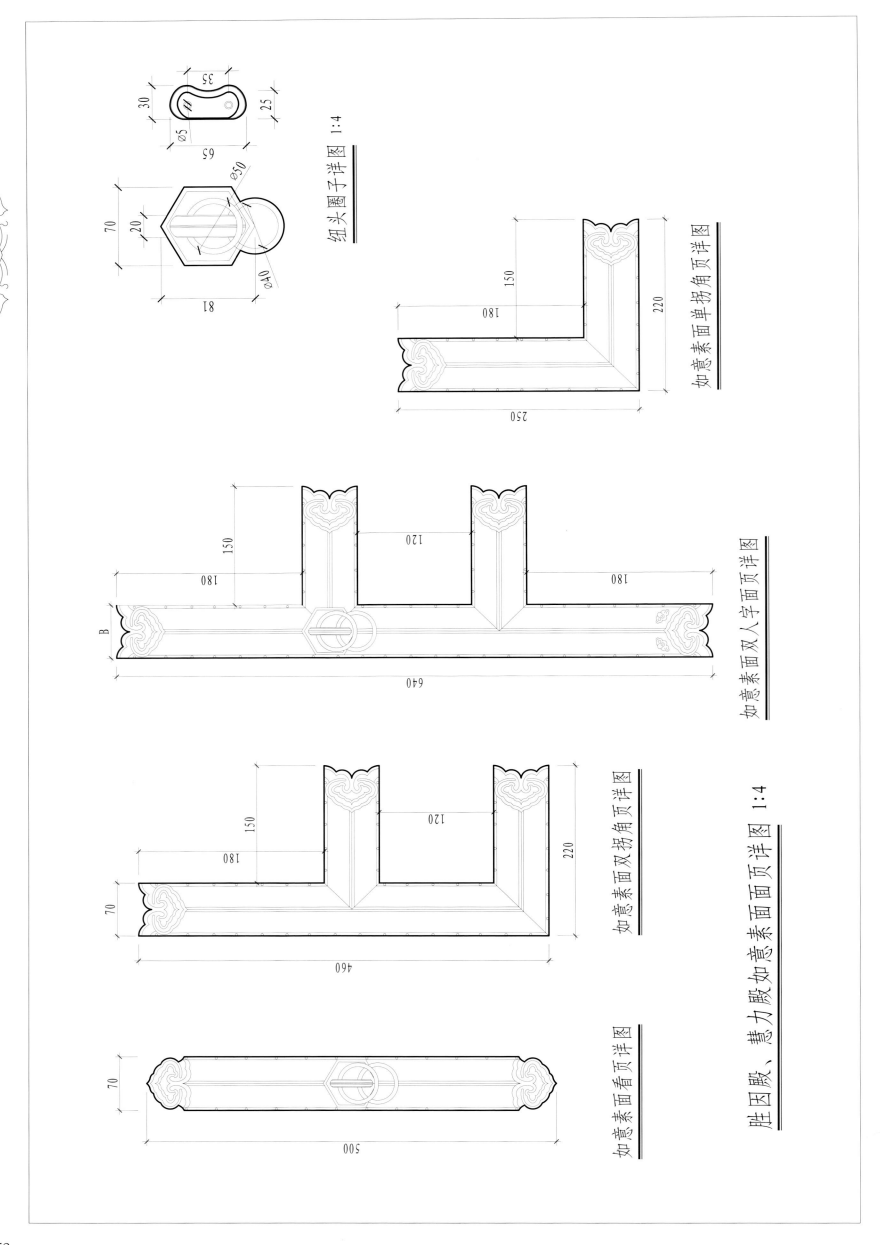

纽头圈子详图 1:4

如意素面单拐角页详图

如意素面双人字面页详图

如意素面双拐角页详图

如意素面看页详图

胜因殿、慧力殿如意素面面页详图 1:4